이상우

협동학습으로 토의·토론 수업 완전 정복

배움을 디자인하는 60가지 활동

PNC
publishing and culture
피앤씨 미디어

들어가는 말

최근 몇 년 사이에 현장에는 다양한 이론과 방법론들이 마구 쏟아져 들어왔고 지금도 진행 중이다. 특히 질문이 있는 교실, 하브루타, 온작품 읽기 등 토의·토론 관련한 활동들이 지금의 교육 현장을 지배하고 있다는 것은 확실하다는 생각이 든다. 하지만 이론이나 방법론의 명칭만 다를 뿐 그 실제적 맥락이나 활동들은 대부분 토의·토론과 직결되고 있음을 알 수 있다. 그리고 쏟아지고 있는 교사들의 실천서들을 살펴보면 그 중심에 협동학습이 적용, 응용되고 있다는 점을 조금만 들여다보면 알 수 있게 된다.

현재의 시점에서 "협동학습으로 토의·토론 수업 완전정복–배움을 디자인하는 60가지 활동"은 지금 및 향후 현장에서 이루어지고 있는 토의·토론 관련 대부분의 활동들을 이해하는데 큰 도움을 줄 수 있다고 필자는 믿고 있다. 뿐만 아니라 협동학습만 잘 이해하고 실천할 수 있는 것만으로도 매우 쉽게, 효과적으로 토의·토론 활동을 실천할 수 있도록 도움을 줄 수 있다는 차원에서 시의 적절하게 세상에 나오게 되었다고 생각하고 있다.

다양한 수업 방법론이나 이론들을 모두 내 것으로 만들려고 하기보다는 한 가지라도 깊이 있게 알아나가는 것이 교사로서 전문성을 쌓아나가기에 더 큰 의미를 지닌다고 필자는 생각하고 있다. 20년 넘게 협동학습이라는 한 우물을 깊게 파고들었던 필자의 견해로는 협동학습에 대한 생각도 바로 그러하다. 협동학습 하나만 깊이 있게 알아나가면서 그 개념이나 의미를 정확히 이해하여 교실 속으로 끌어들인다면 그것이 원천기술이 되어 또 다른 창의적 활동으로 얼마든지 적용, 응용, 변용, 발전되어갈 수 있다고 필자는 확신한다. 그리고 이런 생각을 바탕으로 이번의 집필 작업을 진행하였고 그와 관련하여 참고할 만한 실천적 내용들이 책 속에 고스란히 담겨져 있으니 꼼꼼히 읽어보고 교실 활동에 적용하여 즐거운 수업, 행복한 교실을 만들어 나갔으면 하는 마음 간절하다.

본고의 1부에서는 토의·토론에 내한 이해, 토의·노론 수업에 대한 이해를 통해 토의·토론에 대한 필수적인 사항을 짚어보고자 하였고, 2부에서는 토의·토론과 협동학습과의 관계 및 협동학습으로 토의·토론 준비하기에 대한 안내를 통해 협동학습 및 토의·토론에 대한 인식 및 관점을 달리 가져볼 필요가 있다는 점을 알리고자 노력하였다. 또한 3부에서는 협동학습으로 토의·토론 활동을 하는데 필요한 도구 및 준비, 협동학습으로 토의·토론하기의 실제에 대한 사례 사례들(다양한 교과목에서의 실제 수업 지도 계획 및 결과물 등)을 최대한 많이 소개하면서 협동학습 및 토의·토론에 대한 이해의 폭과 깊이를 좀 더 넓고 깊게 할 수 있도록 최선을 다하였다. 특히 협동학습으로 하브루타 수업하기, 협동학습으로 질문이 있는 교실 만들기, 협동학습으로 토의·토론 수학 수업하기, 협동학습 토의·토론으로 온작품 읽기 수업하기 등은 이번 집필 작업에서 최근 학교 현장의 흐름에 맞게 정리한 부분이라 할 수 있다. 아울러 협동학습 토의·토론 활동 방법도 60가지로 충분히 정리하고 실제 토의·토론 활동 사례 관련 내용을 수록하였다는 점에서 현장의 교사들에게 매우 유용할 것이라 믿는다.

이번 집필 작업을 하느라 집안일을 함께 나누지 못했음에도 불구하고 말없이 묵묵히 지켜 봐 준 나의 아내 정해영님과 사랑하는 나의 아들과 딸 이동현, 이성경에게 고마운 마음을 이렇게 글로써 전하고자 한다. 또한 이제는 하늘나라에서 지켜보고 계신 어머니 아버지께도 감사의 마음을 전하고자 한다. 아울러 이 책의 출판을 허락해주신 피앤씨미디어 박노일 대표님, 어려운 원고 수정 작업 및 편집 작업을 해 주신 피앤씨미디어 여러분들께도 감사의 마음을 전하고 싶다. 부디 이 글이 많은 분들에게 조금이나마 도움이 되었으면 좋겠다.

2022년 5월

이 상 우

차례

P/A/R/T

01

토의·토론 수업에 대한 이해

필자는 수업 가운데 토의 · 토론 수업이 제일 어렵고 힘들다.
토의 · 토론은 어렵지 않은데 토의 · 토론 수업은 매우 힘들다.
'왜일까?' 하고 생각해 보았더니 우리 사회 깊숙이 자리하고 있는
소통이라는 문화 때문이라는 결론에 도달하게 되었다.
가부장적인 전통 속에서 대화와 소통보다는 명령에 익숙한 우리들,
왕권체제 속에서 의견을 수렴하기보다는 자신과 의견이 다른 사람을 적으로 내몰았던 문화,
논리의 정당성을 바탕으로 소신껏 자신의 생각을 당당하게 말하면
상사의 심기를 불편하게 하는 버릇없는 사람이라 내몰리는 문화,
깊이 고민하지 않고 그냥 툭 던지듯이 주고 받는 대화들,
생각에 반하는 이야기나 의문을 제기하면 공격하듯이 대응하는 사람들,
권력의 남용과 오용 속에서 상대방에 대한 배려보다는
자신의 자리를 지키기 위해서 대화를 단절하고 이해를 하려 들지 않는 지도층들의 모습,
언론 매체를 통해서 전해지고 있는, 말싸움과도 같은 지성인들의 토론문화,
깊은 생각이나 논리가 부족하고 상대방에 대한 배려와는 거리가 먼 지성인 문화,
나만 아니면 된다는 생각에서 '우리'보다는 '나'만을 먼저 생각하는 특권층의 시민의식,
오블리제 없는 노블리스를 생각하게 만드는 상류 계급층의 모습 – 의무를 망각한 신분집단,
이 모든 것들을 빠르고 쉽게 배워나가는 우리 아이들,
그 속에서 자신의 생각을 솔직하게 표현하지 못하도록 만드는 여러 가지 환경 요소들,
학교에서 우리 아이들은 '토의 · 토론'하자고 하면 침묵하는 교실이 된다.
어쩌면 이런 환경 속에서 자란 아이들을 데리고 토의 · 토론 수업을 한다는 것 자체가
불가능한 도전일 것이라고 생각해 본 적도 있다.
하지만 불가능을 가능케 하는 것이 교육의 힘이라는 것 또한 믿어 의심치 않기에
학교에서 아이들과 토의 · 토론 수업을 꾸준히 해 나가고 있다.

Chapter 01

토의·토론에 대한 이해

토의·토론은 동서고금을 막론하고 오랜 세월 동안 정치, 경제, 사회, 문화, 교육 등 모든 분야에서 중요한 의사결정을 해 나가는데 큰 역할을 해 왔다. 특히 민주주의사회에서 토의·토론은 그 사회를 지탱해 나가는 중요한 축이 되고 있고,[1] 토의·토론 능력은 그 사회를 구성하고 있는 시민이 갖추어야 할 기본적인 자질이 되기에 학교 교육에서도 그 중요성과 가치를 높이 두어 적극적으로 지도하도록 하고 있다. 이 장에서는 토의·토론에 대한 이해의 폭을 넓히는데 중점을 두어 살펴보고자 한다.

1 민주주의의 발전은 토의·토론, 회의문화의 발전에 그 기반을 두고 있다. 오늘날 가정에서, 학교에서, 직장에서, 공공장소에서, 기업이나 정부, 국회나 법원 등에서 토의·토론은 끊임없이 진행되고 있으며 어떤 측면에서 보면 우리 일상생활의 한 부분이 되어버렸다고 해도 과언이 아니다.

1 토의와 토론의 정의

'토의'라는 용어와 '토론'이라는 용어는 일반적으로 서로 분리되어 사용되고 있지만 혼용되기도 한다. 이 두 가지를 바라보는 올바른 시각은 뒤에서 따로 논하도록 하고, 여기에서는 별개의 개념으로 구분하여 살펴보도록 하겠다.

1) 토의의 개념

토의에 대한 정의를 살펴보면 연구자들마다 조금씩 다른 점들이 있다.[2] 이러한 정의들을 바탕으로 종합해볼 때 필자는 토의를 다음과 같이 정의해 보고자 한다.

개념 잡기

> 토의는 참가자들이 특정한 주제나 문제를 놓고 사회자의 진행에 따라 각자의 의견을 협동적으로 제시하고 의논하며, 여러 가지 제시된 의견을 바탕으로 대안을 모색하거나 어떤 결론에 도달하려는 말하기 듣기 활동이자 문제 해결을 위한 집단의 의사소통 방식이다.

즉, 토의란 구성원들에 의해 제시된 여러 의견들을 통합하면서 그 시비를 가리고 모순점들을 보완해 나가는 일련의 과정으로서, 이를 통해서 과정에 참가하는 사람들은 지식을 습득하기도 하고, 바르게 생각하고 말하고 경청하는 자세를 배우기도 한다. 이러한 토의가 이루어지기 위해서는 아래와 같은 요소들이 있어야 가

2 대립된 의견을 통합시키기 위하여 집단 구성원이 각자의 의견을 제시하고, 그 시비를 논의하는 과정(두산백과사전), 어떤 문제에 대하여 검토하고 협의하는 것(다음국어사전), 공공 관심사가 되는 어떤 문제에 대하여 가장 바람직한 해결 방안을 찾기 위하여 집단 구성원이 협동으로 의견을 내는 과정(이경철, 2000, p.36), 공통의 관심사가 되는 어떤 문제의 가장 바람직한 해결 방안을 구하기 위해 여러 사람이 각자의 의견을 말하고 듣는 활동(정재찬 외, 1998, p.364), 어떤 주제에 대해 여러 사람들이 정보와 의견을 교환하여 그 주제에 대해 학습하거나 문제를 해결하려는 말하기 듣기 활동(성분성, 2004, p.150)

능하다.

토의가 이루어지기 위해서는 어떤 목적(문제 해결, 주제에 대한 학습이나 탐구, 지식의 공유 등)을 가지고 2인 이상의 사람들이 모여서 하나의 주제에 대하여 말하기와 듣기를 통해 정보와 의견을 교환해 나가는 과정이 있어야 한다. 그리고 경우에 따라서는 시간적(일자, 허용된 시간 등)·공간적(교실, 각종 회의 장소, 사이버 공간 등) 요소도 매우 중요한 것으로 포함시키기도 한다(최근 들어서 인터넷을 활용한 화상회의가 많이 이루어지고 있다).

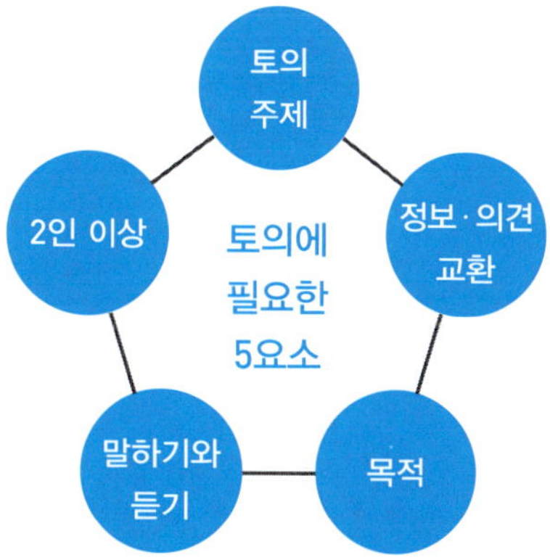

2) 토론의 개념

토론에 대한 정의 또한 연구자들마다 조금씩 다른 점들이 있다.[3] 이러한 정의들을 바탕으로 종합해볼 때 필자는 토론을 다음과 같이 정의해 보고자 한다.

개념 잡기

> 토론은 찬성과 반대의 입장이 뚜렷한 사람들이 정해진 규칙에 따라 상대방의 제안이나 의견에 대하여 근거를 들어 논리적으로 반박하고, 자신의 주장에 대한 정당성을 입증하여 상대방을 설득해 나가는 말하기 듣기 활동이다.

3 두 개인이나 집단이 어떤 문제에 대해 대립되는 견해를 뒷받침할 논거를 제시하면서 공식적으로 또는 구두(口頭)로 대결하는 것(두산백과사전), 어떤 문제에 대하여 여러 사람이 각각 의견을 말하며 논의하는 것(다음국어사전), 어떤 문제에 대하여 찬반의 의견이 분명한 사람들이 각자의 주장을 내세워 그것이 옳고 그름을 인증하는 과정(이경철, 2000, pp.35~36), 하나의 문제에 관련된 의견이나 제안에 대하여 찬반의 입장이 분명한 사람들이 나서서 그것에 대한 의사결정을 위해 함께 논의하는 방식(정재찬 외, 1998, p.370), 어떤 의견이나 제안에 대해 찬성과 반대의 뚜렷한 의견 대립을 가지는 사람들이 자기 주장의 정당함과 합리성을 내세워 논리적으로 상대방을 설득하는 논의 형태(황경주, 1999, p.64), 어떤 주제에 대해 서로 다른 주장을 하는 사람들이 논증과 실증을 통해 규칙에 따라 자기 주장을 정당화하여 다른 사람들 설득하려는 말하기 듣기 활동(정문성, 2004, p.150)

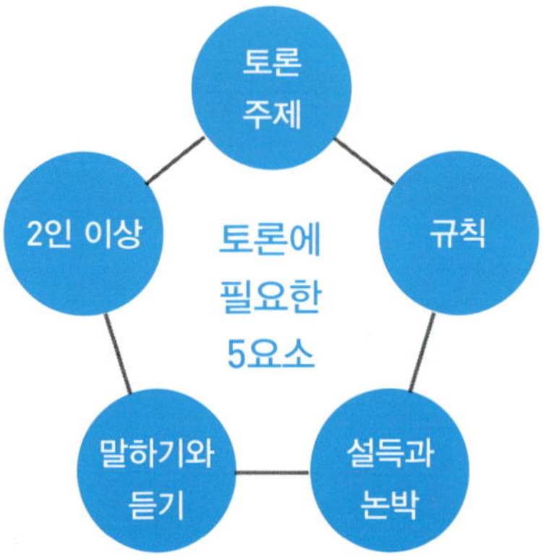

즉, 토론이란 상대방이 내세우는 주장의 오류를 지적해내고 자신의 주장에 대한 정당성을 증명해 보임으로써 상대방으로 하여금 자기 주장을 인정하도록 하고 반론의 여지를 가지지 못하게 하는 활동으로서, 토론의 주된 목적은 자신의 주장을 끝까지 고수하는 것이 아니라 의견의 일치 — 대립된 주장을 통하여 바람직한 결론에 도달하는 데 있다. 이러한 토론이 이루어지기 위해서는 아래와 같은 요소들이 있어야 가능하다.

토론이 이루어지기 위해서는 공통된 관심사를 바탕으로 하되 서로 상반된 의견으로 나누어진 여러 사람이 있어야 하며, 논증과 실증을 바탕으로 한 설득과 논박이 정해진 규칙에 따라 말하기와 듣기 과정으로 나타나야만 한다. 특히 상대방의 주장에 대한 오류를 부각시키고, 그를 바탕으로 자신의 주장을 더 강하게 말하기 위해서 적극적 듣기 과정은 매우 중요한 요소라 할 수 있다. 그리고 토의 활동과 마찬가지로 시간적(일자, 허용된 시간 등)·공간적(교실, 각종 토론장, 사이버 공간, 방송 토론 등) 요소도 매우 중요한 것으로 포함시키기도 한다(최근 들어서 인터넷을 활용한 화상토론, 아고라 등의 게시판 토론이 많이 이루어지고 있다).

3) 토의와 토론의 공통점과 차이점

우선, 토의와 토론에 대한 공통점부터 살펴보면 다음과 같다.

① 특정 주제나 문제를 해결하는 방안에 대한 논의
② 의견의 일치를 구하고자 노력함
③ 최선의 해결방안을 찾아 제시하는 방법
④ 둘 이상의 참가자가 '말하기와 듣기'를 번갈아, 반복하며 활동함

한편, 토의와 토론에 대한 차이점을 살펴보면 아래와 같다.

	토의	토론
목적	정보 · 의견 교환을 통해 의견 일치를 구하고자 함(문제해결방안 모색)	주장과 설득을 통한 의견의 일치를 구하고자 함(논증과 실증이 바탕)
주장	여러 가지 주장	찬성과 반대 2가지
말하는 사람	모든 참여자(발언 기회가 공평하게 주어지지 않음)	양측의 패널(발언 기회가 양측 모두에게 동일하게 주어짐)
상호관계	서로 협동적임	서로 경쟁적임
의사결정	의견 개진과 검토, 의견 주고 받기	갑론을박을 통한 결론 도출
방식	회의, 심포지엄, 포럼 등	2인 토론, 패널 토론 등
변화의 개념	대안 제시를 통한 변화 시도	정반합 과정을 통한 변화 시도
문제 해결 방식	집단 사고를 통해 최선의 해결책을 제시하고 선택하는 것	찬성과 반대 양측 의견의 대립과 모순으로 인한 갈등을 해소하는 것
말하기 듣기 방식	최선의 해결책 마련을 위한 합의와 이해 그리고 적극적 듣기	논증과 실증을 바탕으로 한 설득과 논박 그리고 적극적 듣기
참가자의 태도	공동의 문제를 해결하기 위해 서로 협동하고자 함	찬성(긍정)과 반대(부정)의 입장에서 서로 대립적임

토의와 토론에 대한 공통점과 차이점을 살펴보았지만 사실 이 두 가지는 서로 보완적인 관계에 있다. 왜냐하면 토론 결과를 가지고 토의로 이어갈 수도 있고, 토의 결과로 도출된 안건들을 토론으로 이어갈 수도 있기 때문이다. 그래서 현실적으로 토의와 토론을 함께 바라보며 두 용어를 결합한 "토의·토론"이라는 용어를 사용할 필요성이 생겨나게 된 것이다.[4]

4 "4대강 개발을 해야만 하는가?"라는 사안을 놓고 우리는 〈토론〉을 한다. 하지만 "천정부지로 치솟는 집값 상승 문제를 어떻게 해결할 것인가?" 하는 문제를 두고서는 서로 의견을 내고 해결책을 찾아가면서 〈토의〉를 한다. 이렇게 토론과 토의는 서로 다른 개념이지만 현실적으로 엄밀하게 구분되지 않는 경우도 많은 만큼 억지로 구분할 필요는 없으며, 단지 〈토론〉에는 서로 "대립되는 쟁점"이 존재한다는 정도로만 기억해 두어도 좋을 것 같다.

2 토의·토론 함께 바라보기

앞에서 살펴본 바와 같이 토의와 토론은 서로 다른 것임에도 불구하고 일상에서는 명확히 구분하지 않고 사용하거나 서로 호환되어 사용되기도 한다. 다시 말해서 토론을 한다고 하면서 토의를 진행하기도 하고, 때로는 토의를 한다고 하면서 토론을 벌이고 있는 모습을 많이 보이고 있다는 것이다. 그 이유를 살펴보면 분명 토의와 토론은 구분이 되는 개념이기는 하지만 실생활 속에서는 이 두 가지가 서로 따로 떨어져서 이루어지는 경우는 오히려 드물고, 토론하는 도중에 토의가 이루어지기도 하고 토의하는 과정에서 토론이 이루어지기도 하기 때문이라는 것을 알 수 있다.[5] 그렇기 때문에 현실적으로 토의와 토론을 엄격히 구분하기란 여간 힘든 것이 아니다. 그래서 '토의·토론'이라는 개념을 만들어 사용하는 것이 더 바람직하다고 말하고 있는 것이다.[6] 필자도 앞으로는 '토의·토론'이라는 용어를 사용하여 이후의 내용을 전개해 나가고자 한다.

1) 토의·토론에 대한 용어의 정의

이 용어가 가지고 있는 의미를 살펴보면 다음과 같다.[7]

☞ 정의: 목적한 바의 문제에 서로 다른 의견을 가지고 비판적으로 접근하여 합리적인 결정에 이르는 과정

5 ① 토론가미토의: 토론을 토의 활동에 가미하는 것이다. ② 토의가미토론: 토의를 토론 활동에 가미하는 것이다(천대윤, 2004, p.14). 예를 들어 토론대회에 출전하는 반대표를 뽑고자 할 때, 두 팀이 나와서 서로 나가겠다고 주장한다면 그 상황은 토론이 될 것이다. 이어서 대표 팀 선출에 필요한 기준을 마련하기 위해 논의를 하게 된다면 상황이 토론에서 토의로 전개될 것이다.

6 ① 정문성, 2008, p.18. ② 천대윤, 2004, p.12.

7 천내윤, 2004, pp.12·~13.

☞ 정의가 함축하는 의미

① 토의·토론은 최선의 해결책을 찾기 위한 목적 지향적인 활동이다.

② 토의·토론은 다양한 각도와 관점에서 서로 다른 의견을 주고받는다.

③ 토의·토론은 합리적으로 문제에 접근하고 합리적으로 의사결정을 한다.

④ 문제를 분석, 평가, 응용, 합성 등 다양한 각도에서 비판적으로 접근한다.

⑤ 토의·토론은 결과가 아니라 과정이다.

지금까지 살펴본 바와 같이 토의와 토론은 상호 보완적이고 토의·토론을 함께 사용하는 것이 더 현실적이겠지만 분명히 중심은 어느 한쪽에 있다. 논의의 중심이 토론에 있을 수도 있고, 토의에 있을 수도 있는데, 어느 쪽에 중심을 둘 것인가는 마주하고 있는 문제의 성격, 논의에 참여하고 있는 사람들의 특성, 주어진 시간, 장소, 논의가 이루어지고 있는 상황 등의 여러 요인들에 따라 달라진다.[8]

2) 토의·토론에 필요한 요소

Toulmin은 대부분의 논쟁은 여섯 가지 요소로 구성된다고 주장하고 아래와 같은 모델을 주장하였다.[9]

---

8 토의와 토론의 개념에 대한 일반적인 인식은 '토의–논의를 하여 결론을 내리는 것', '토론–찬성과 반대편으로 갈라져서 논쟁을 벌이는 것' 정도이다. 특히 '토론'이라는 것은 그냥 논쟁을 벌이다가 끝나는 것 정도로 인식되고 있다. 그러나 토의 및 토론은 생각하는 것 이상의 의미를 갖고 있다. 이들은 모두 변화를 추구한다. 현상 유지가 아니라 한 차원 더 높은 단계로 사고 및 행동방식을 발전시키기 위한 활동이 바로 토의와 토론인 것이다. 또한 토의와 토론은 상대방과의 관계를 매우 중요하게 여기는 의사소통방식이다. 그런데 현실 속에서는 토의나 토론 활동을 끝내고 나면 왠지 분위기가 이상해지는 모습을 보게 된다. 이것은 의견을 비판하되 사람을 비판하지 말아야 한다는 원칙을 지키지 않기 때문에 발생하는 문제들이다. 아울러 일반적인 토의와 토론에 대한 인식과는 달리 두 가지 개념 모두 "결론 도출"이라는 것에 무게 중심을 둔다. 하지만 '결론'에 대한 의미는 서로 간에 큰 차이를 보이고 있다. '토의'에서 추구하는 '결론'은 주로 '문제 해결을 위한 효과적인 방안'을 가리키는 것이고, '토론'에서 추구하는 '결론'은 주제와 관련된 '정반합'을 말하는 것으로서 '어떤 변화가 좋은지 나쁜지를 결정할 쟁점 해결' 그 자체인 것이다. 끝으로 토의와 토론은 결과보다 과정을 더 중시한다. 한 번 어떤 결론이 났다고 해서 결코 끝은 아니다. 토의나 토론 활동 그 자체와 거기서 얻어진 결론도 하나의 과정일 뿐이다. 결론이 났지만 새로운 상황이 발생하면 또다시 도전을 받아들여 토의나 토론을 해 나가야 한다.

9 이 부분은 『Toulmin, S. E.(2003). The Uses of Argument. Cambridge Univ Press』의 내용을 『정문성(2004), pp.19~20』에서 인용하였고, 그를 바탕으로 간략히 정리해 본 것이다.

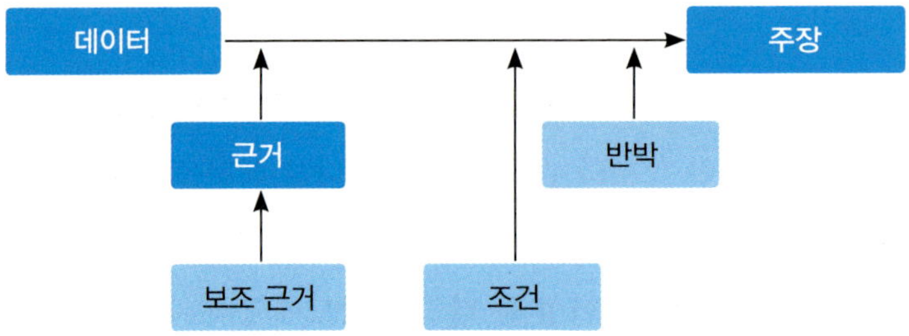

Toulmin의 모델

① 주장: 각자가 가지고 있는 생각으로 다른 사람들이 받아들이기를 바라는 것
② 데이터: 주장과 관련된 것으로 상대방 설득을 위한 중요한 자료가 됨
③ 근거: 데이터와 다른 데이터를 주장에 연결해주는 것
④ 보조 근거: 근거를 보조해주는 또 다른 근거
⑤ 조건: 주장이 적용되는 범위(모두, 일반적으로, 보통, 항상, 때때로, 대부분)
⑥ 반박: 반대 논리나 반대 사례들

한편 천대윤(2004)은 토의·토론을 성사시키는 환경적이고 광의적인 관점에서 인적 요소, 시공간적 요소, 공학적 요소로 구분하는가 하면, 토의·토론이 진행되는 협의적인 관점에서 경청, 설득, 논박 요소로 구분하기도 하였다.[10]

10 천대윤, 2004, pp.26~28.

Chapter 02

토의·토론 수업에 대한 이해

토의·토론 수업이란 토의·토론 활동을 교실 속으로 끌어들인 것으로, 수업 목표를 달성하기 위한 교수-학습방법의 하나라고 할 수 있다. 토의·토론 수업은 토의·토론 활동을 통해 교육의 효과를 극대화시키는 것을 주된 목적으로 한다.

여기에서는 토의·토론 활동 자체와는 큰 차이를 보이고 있는 토의·토론 수업에 대한 이해를 돕고자 한다.

1 토의·토론 수업 이해하기

토의·토론 수업은 토의·토론 활동 그 자체와는 전혀 다른 목적을 가지고 있다. 왜냐하면 일반적으로 토의·토론 활동 그 자체는 그 목적이 어떤 결론 도출(토의=문제해결방안 모색, 토론=논증과 실증을 통한 변화)에 있지만 토의·토론 수업은 수업 목표 달성 자체가 주된 목적이기 때문이다. 그런 이유로 인해 토의·토론 수업을 통해 얻어진 결론 그 자체는 수업 활동 과정에서 자연스럽게 얻어지는 부산물로서 어떤 면에서는 큰 가치를 두지 않는 경우도 많다. 오히려 결론보다는 그 과정에서 길러지는 교육적 효과에 더 큰 가치를 두고 있다.

1) 토의·토론 수업의 정의

토의·토론 수업이란 교사가 그 당시까지 학습한 결과를 바탕으로 학급 구성원 간에 토의·토론 활동이 활발하게 일어나도록 하여 학생들끼리 서로 묻고 가르쳐 주고, 의견도 주고받고, 논쟁도 하면서 함께 학습한 내용과 도출된 결과나 합의된 대안에 대해 확신을 갖도록 하는 것이라 할 수 있다. 토의·토론 수업은 기존의 지식을 암기하고 숙달하는 수업과는 달리 주제에 대하여 스스로 혹은 팀원들과 함께 찾은 자료를 바탕으로, 분류·분석·종합·평가·응용·합성 등을 통해 의견을 주고받으며 대안을 모색하거나 설득·논박하는 과정을 거쳐 어떤 합의에 도달하도록 함으로써 능동적으로 학습하는 방법을 학습하게 하는 Meta-인지적인 성격이 매우 강하여 사전에 세밀한 계획과 충분한 준비 및 지도가 이루어진다면 좋은 성과를 얻을 수 있는 수업 방법이라 할 수 있다.

2) 토의·토론 수업의 목적

교실에서의 토의·토론 활동 가운데 대부분이 수업이라는 것을 잊는다면 목적은 분명히 달라진다. 일반적인 토의나 토론 활동과 달리 교실 속에서 이루어지는 토의·토론 수업은 나름대로의 특별한 목적을 가지고 있다고 필자는 생각한다. 왜냐하면 대안을 모색하거나 어떤 결론을 내리는 것 자체보다 토의·토론 수업을 통해 달성하고자 하는 교육(수업) 본연의 목표가 따로 존재하기 때문이다.

필자가 바라본 교실에서의 토의·토론 수업 목적: 생각하는 힘 기르기

① 주제와 관련하여 많은 것을 알게 하고, 자신의 생각과 의견을 갖도록 하는 것
② 수업 과정에서 모든 학생이 말할 기회를 가지고 자신의 생각을 발표하도록 하는 것
③ 주제에 대한 진실에의 접근 및 이해의 폭과 깊이를 더할 수 있도록 하는 것
④ 수업을 통해 탐구력, 창의적 문제해결력, 비판적 사고력, 합리적 의사결정력 등을 신장시키려는 것(고등 정신 기능 – 고급사고력): 미래 사회에 대한 준비(지식정보화사회)
⑤ 학생들이 토의·토론을 잘할 수 있도록 만드는 것
⑥ 학생들이 토의·토론을 좋아하게 만드는 것

3) 토의·토론 수업의 교육적 효과

토의·토론 수업이 학교 현장에 꼭 필요한 이유는 수업의 결과뿐만 아니라 그 과정에서 얻어지는 인지적, 정의적인 면에서의 효과, 더 나아가 개인과 공동체의 성장을 도모하는 면에서 큰 효과가 있기 때문이다. 대표적인 교육적 효과 여덟 가지를 살펴보면 다음과 같다.

가) 사회현상을 바라보는 안목과 문제의식 배양

토의·토론 수업에서 다루는 주제는 우리 사회 현실과 깊은 관련이 있다. 실제 생활 속에서 일어나는 일들을 다루는 활동에 직접 참여함으로써 그 문제를 객관적으로 바라보고 다양한 관점에서 비판적으로 생각해보려는 시도를 하게 되며, 그 과정에서 사회 현상을 바라보는 안목과 문제의식이 자연스럽게 배양된다.

나) 민주시민의식 함양

우리 모두는 민주시민 사회의 일원으로서 평생을 살아가면서 크고 작은 의사결정의 연속을 경험하게 되지만 상당히 많은 경우는 다른 사람과 서로 영향을 주고받으며 정반합 과정을 거치거나 여러 가지 대안 중 가장 합리적인 하나를 찾아 합의하고 결정하는 과정에 이른다. 다시 말해서 의사결정을 위한 토의·토론은 이미 우리 삶의 일부가 되어 있었던 것이다. 결국 그런 삶 속에서 학생들이 합리적이고도 현명한 미래의 삶을 유지해 나갈 수 있도록 도와주기 위해서는 학교에서부터 의사결정을 위한 토의·토론 능력과 태도, 의사결정 능력을 길러주는 수밖에 없다.

다) 학습 능력 및 고등 정신 능력의 개발

토의·토론 수업을 해 나가면서 학습 능력 및 고등 정신 능력이 개발된다는 것에는 "제대로 된 토의·토론이 이루어져야만 한다."는 전제 조건이 따른다. 그냥 막연하게 모아놓고 주제에 대하여 토의하거나 충분한 준비도 없이 찬성과 반대편으로 무조건 나누어 토론한다고 해서 고등 정신 능력[1]이 개발되는 것은 아니다. 그래서 현

1 고급사고력이라고도 한다. 고등 정신 기능과 관련하여 Bloom의 인지적 영역 6단계를 분석해 볼 때, 지식 단계는 정보의 기억, 이해 단계는 정보 속에 담긴 의미를 파악하고 이해하는 것, 적용 단계는 알고 이해한 것을 다른 것에 응용하는 것, 분석 단계는 정보의 옳고 그름 혹은 정확성 등을 판단하는 것, 평가 단계는 글이나 말 속에 담긴 의도가 어떤 가치(합리성, 정당성 등)가 있는 것인가를 판단하는 것, 종합 단계는 평가를 바탕으로 적절한 대안이나 결론을 제시하는 것이라 말할 수 있다. 그런데 말하고 듣고 쓰고 글을 읽을 때 단순히 정보를 기억하거나 이해하는 수준에 머무는 것은 기본사고 단계에 머물러 있는 것에 해당된다. 한 단계 높은 고급사고로 진화하기 위해서는 말이나 글 속의 정보를 다르게 적용해보고, 정보가 정확한지 분석하며, 저자나 화자의 의도가 정당한지 혹은 가치가 있는 것인지를 평가하여, 새로운 대안을 제시(종합)하는 것까지 할 수 있어야 한다. 이렇게 볼 때 토의·토론 수업은 학생들이 고등 정신 기능을 사용하고 개발할 수 있는 환경을 자연스럽게 만들어준다는 점에서 매우 좋은 방법이라 할 수 있다. 또한 비판적 사고력도 고등 정신 기능의 한 가지라 할 수 있다. 비판적 사고력은 읽거나 들은 것을 그대로 받아들이지 않고 비판하여 받아들이는 능력(적용 및 분석을 통한 평가 결과를 바탕으로 대안을 제시하는 능력)을 말하는데, 이는 읽기, 듣기, 쓰기, 말하기의 기본이며 모든 의사소통의 기본요소라 할 수 있다. 왜냐하면 읽고 쓰고 듣고 말하는 과정에서 필자나 화자가 제시하는 의견에 당연히 비판적 사고가 포함되기 때문이다. 이러한 비판적 사고는 정보화시대를 살아가는 오늘날 넘쳐나는 정보(특히 인터넷, 각종 매체를 통해 전해지는 것들)를 제대로 걸러내기 위해서 꼭 필요한 것이기도 하다(거름장치 역할). 그 외에 문제해결능력, 창의성, 의사결정능력, 논리적 능력 등도 고등 정신 기능에 속한다고 할 수 있는데, 이 모든 능력들은 토의·토론 수업과 깊은 연관성이 있으며 그를 통해 길러질 수 있다(고급사고는 저급사고 – 정보의 기억과 이해 – 를 기본 바탕으로 하고 있어서 고급사고력 개발 시 저급사고력도 자연스럽게 확장되고 발전된다).

실적으로 학교 현장에서는 토의·토론 수업을 매우 어렵게 여기고 있으며 쉽게 해볼 엄두를 내지 못하고 있는 실정이다. 그러나 토의·토론 수업의 효과를 잘 살려내기 위해서 많은 준비를 하고, 열정을 보이면서 학생들과 함께 토의·토론 수업을 성공적으로 실천해 나가고 있는 교사들도 많다는 것을 생각하면 그냥 바라보기만 할 일은 아닌 듯싶다.[2]

라) 가치관과 태도의 변화를 통한 성장

토의·토론 수업을 통해 학생들은 공동의 이해를 바탕으로 대안을 모색하기 위한 협동적 논의 과정을 거치기도 하고, 때로는 서로 다른 입장을 가진 상대팀과 논쟁을 벌이기도 하지만 갈등을 원만히 해결하며 바람직한 결론에 도달하는 집단 사고 과정을 경험하게 된다. 그 속에서 학생 개개인은 의사소통과 관련된 태도와 예절(토론 절차와 규칙 준수하기, 끼어들지 않기, 적극적으로 들어주기, 다른 사람의 느낌과 행동에 대한 수용적 태도 갖기, 의견을 비판하되 사람은 비판하지 않기, 타인의 가치를 인정하기, 서로 의견 존중해주기, 함께 문제를 해결해 나가는 협동적 태도 등)을 배워 나감과 동시에 자신들이 갖고 있었던 잘못된 가치관이나 태도 등을 돌아보고 반성하면서 도덕적·정신적 성장(자아인식 및 자신감의 성장 등)을 하게 되고, 학급이라는 집단 자체는 협동성과 건설적 사고력, 상호 존중감을 바탕으로 한층 더 강한 정체성을 형성하며 발전하게 된다.

---

2 토의·토론이 인지적으로 효과가 크다는 것을 뒷받침하는 이론들은 다음과 같다(정문성, 2008 pp.22~23). 첫째는 인지정교화론과 인지발달론이다. 상호간의 활발한 지적 상호작용이 인지적 자극을 일으켜 인지를 발달시킨다는 것이 인지발달론이고, 자신의 생각을 발표하고 누군가에게 자신이 알고 있는 것을 가르치다 보면 더 정확하게 이해하게 된다는 것이 인지정교화론이다. 둘째는 탐구공동체이론(박범수, 2002)인데, 토의·토론수업을 위해 모인 공동체는 자기주도적이고 자발적인 학습을 유도하고, 긍정적인 상호작용에 의해 인지적, 정의적 피드백을 받아 객관적이고 일반화된 사고를 발전시켜 나간다고 한다. 셋째는 구성주의다. 토의·토론 수업은 구성주의적 사고를 통해 비로소 성공할 수가 있다. 왜냐하면 학생들은 토의·토론을 해 나가면서 사회적 상호작용을 통해 지식을 구성해 나가기 때문이다. 넷째는 협동학습이론이다. 협동학습은 학생들끼리의 상호작용이 필수적인데, 그 과정 속에서 자연스럽게 토의·토론 활동이 이루어지기 때문이다. 다섯째는 집단 사고의 효율성이다(강성철, 1999; 김홍희, 2000). 이는 집단적 사고가 개인적 사고보다 훨씬 더 정확하고 합리적이며 창의적이라는 것이다.

마) 의사 표현 능력 신장

토의·토론 수업은 기본적으로 의사 표현을 바탕으로 한다. 다시 말해서 토의·토론 활동은 경험을 통해 알게 된 사실이나 이미 알고 있는 지식, 책이나 각종 자료 속에 담겨있는 정보를 자신의 언어로 소화하여 조리 있게, 적절한 시간에 적절한 속도로 표현해야 하므로 수업에 참여하는 학생들은 의사 표현 능력 및 언어적 유창성을 기를 수 있게 된다. 하지만 충분한 준비와 활동의 구조화, 모두 참여할 수 있는 방안 모색, 엄격한 규칙의 준수와 역할 분담 등이 이루어지지 않는다면 논의 과정에서 소외되는 학생, 대화와 참여의 기회를 공평하게 얻지 못하는 학생, 독단적으로 대화와 논의의 주도권을 잡고 이끌어 나가려는 학생 등이 발생할 우려가 높은 단점도 늘 존재한다는 점을 잊어서는 안 된다.

바) 수업에 대한 흥미 및 참여도 증가

현장에서 가장 많이 이루어지고 있는 일제식(강의식) 수업은 학생들을 수동적 참여자로 만들지만 토의·토론 수업은 활동에 참여하는 학생들을 능동적 활동가로 만들어준다. 왜냐하면 토의 및 토론 활동은 기본적으로 구성원들의 적극적인 참여를 통해서 비로소 완성되기 때문이다. 학생들이 토의·토론 수업에 관심과 흥미를 가지고 적극적으로 참여하는 대표적인 이유로 다음과 같은 세 가지를 들 수 있다.

① 학생들은 다양한 사람들과 만나 상호작용하고 여러 가지 정보를 교환하면서 자연스럽게 그들의 욕구(자유롭게 말하고 움직이고 싶어 함)를 충족시킬 수 있다.

② 활동 자체가 가져다주는 약간의 긍정적인 긴장감과 긴박감(예를 들면 모둠별로 마련한 대안에 대한 평가 기대감, 승패가 가려지는 토론 활동 과정에서 한 사람 한 사람 발표한 것에 대하여 보이는 반응, 맨 마지막에 내려지는 판정 결과에 대한 기대 등)이 그들을 능동적으로 생각하고 말하게 해 준다.

③ 토의·토론 수업의 주제는 당시 그들의 관심과 흥미를 끌게 만드는 현실 속의 문제를 활용하기도 하고, 그들이 직접 선택할 수도 있기 때문이다.

사) 비교적 높은 학습 효과(학업 성취 등)

바람직한 경우의 학습은 학생 스스로 학습하고자 하는 내용이 자신의 직·간접적인 경험과 인지 구조 내의 어딘가에 구성되어 있는 지적체계와 불일치를 보일 때 가장 활발하게 일어나고, 그에 따른 학습 효과나 학업 성취도 매우 높아진다. 토의·토론 수업의 주제는 주로 참여하는 학생들의 경험이나 인지 구조와 일치하지 않는 것들이어서 내적 자극을 받음으로써 심적 불균형 상태를 경험하게 되고, 이를 해결하기 위해서 다른 학생들과 협동적 상호작용을 하거나 찬성과 반대로 나누어 논쟁을 벌이면서 주제와 관련된 다양한 내용들을 여러 관점에서 검토하고, 자신을 드러내면서 심적 평형 상태를 만들어나간다.[3] 이 과정을 인지론에서는 동화, 조절, 조직화라고 한다.[4] 그 결과로 학습 효과는 배가되고 학업 성취도 또한 높아지게 되는 것이다.

아) 사회적 기술 습득

오늘날을 살아가면서, 그리고 앞으로 미래사회를 살아갈 우리 아이들과 어른들에게 가장 필요한 것 한 가지를 꼽으라면 필자는 조금의 망설임도 없이 "사회적 기술"[5]이라고 말한다. 실제로 우리 사회에서 성공한 사람들의 특징을 살펴보면 모두

3 이런 입장을 취하고 있는 것이 구성주의적 관점이다. 구성주의적 관점에서 바라보는 지식은 사회적 존재로서 주체가 구성하는 것으로서 학습을 통해 형성된다. 여기서 말하는 학습이라는 것은 개인이 주체가 되어 이루어지는 인지적 과정으로 사회 문화적 맥락 속 에서 다른 사람들과 상호 작용 하는 가운데 이루어지는 것이다. 구성주의적 입장에서 볼 때 학습이 일어나는 상황은 학습자가 자신의 경험이나 인지 구조와 일치하지 않는 자극을 받았을 때이다. 일단 그런 자극을 받게 되면 학습자는 이전까지의 심적 평형상태가 깨어지게 되고, 이를 본래의 심적 평형상태로 만들기 위해서 환경과의 상호작용을 하게 된다. 그 과정을 거치면서 학습자는 새로운 것을 학습하게 되고 인지 구조를 변화시켜 나간다. 그 결과로 심적 불균형 상태는 다시 본래의 심적 평형상태로 돌아오게 된다.

4 인지론은 인지발달론과 인지정교화론으로 구분되는데, 이 모두는 구성주의와 깊은 관계를 맺고 있다. 인지론으로 대표되는 학자는 피아제와 비고츠키를 들 수 있다. 구성주의와 인지론에 대한 이해는 다음의 책을 참고하기 바란다. 배영주, 2005; 강인애, 1997; 강인애, 2003; 김판수 외, 2000; 한순미, 1999; 조부경 외, 2001.

5 사회적 기술: 집단에서 서로간의 생활을 원활하게 하기 위해 이루어지는 의사소통이나 규칙 혹은 약속에 따르는 행동양식을 말한다. 쉽게 말해서 공동체 생활을 해 나가는 사람들과 잘 지내기 위한 기술('다 함께 잘 살기' 기술)을 가리킨다고 할 수 있다(이상우, 2009, pp.153~187. 이상우, 2020, pp.319~350).

가 대인관계 능력이 뛰어나다는 공통점을 살필 수가 있는데, 이것을 가능케 하는 것이 바로 사회적 기술인 것이다. 이처럼 다른 사람들과 관계를 맺고 살아가면서 성공적인 삶을 살아가기 위해서 사회적 기술은 필수적인 요건이 되었다. 그리고 학교에서 이런 사회적 기술을 체득해 나가는데 좋은 활동이 바로 토의·토론 수업이라 할 수 있다. 왜냐하면 토의·토론 수업을 통해서 학생들은 상호 존중하기, 경청하고 이해하기, 협동하기, 메모하며 듣기, 과제에 충실할 수 있는 집중력과 책임감, 자신의 생각을 효과적으로 표현하기, 효과적인 조력자가 되어 주려는 마음과 방법을 알고 실천하기, 진심으로 칭찬해주기, 정중하게 도움 주고 받기, 순서와 시간 지키기, 정보를 나누기, 원만하게 갈등 해결하기, 자신의 감정을 적절하게 표현하기, 분노와 감정 통제하기 등과 같은 사회적 기술을 배워나갈 수 있기 때문이다.

자) 학습 효율성 증대

교사는 학생들을 가르치는 사람이 아니다. 학생들 스스로 깨우쳐 배울 수 있도록 돕는 사람이다. 따라서 교사가 학생들 스스로 깨우쳐 배울 수 있도록 돕기 위해서는 의사소통과 그 과정, 효과 등에 대한 명확한 이해가 필요하다.

사람들은 어떤 상황에서든 특정 주제에 대해 이야기를 나누다 보면 자신이 잘 몰랐던 부분이나 잘못 알고 있는 부분을 스스로 바로잡을 수 있게 된다. 같은 맥락에서 학생들도 수업 시간에 특정 주제에 대하여 서로 이야기를 나누다 보면 자연스럽게 배움의 목표에 도달할 수 있게 된다. 이처럼 서로를 통해 배우는 과정에 바로 토의·토론이 있고, 그것을 돕는 소통의 틀이 바로 협동학습 구조라고 필자는 주장하는 바이다. 이처럼 협동학습 토의·토론의 가장 큰 장점은 서로를 통해 배우고 지식을 습득할 수 있다는 것이다.

전통적인 교실에서 교사는 설명을 하고 학생들은 주로 듣기만 했던 교실을 떠올려보자. 그곳에서 학생들은 똑같은 학습 목표를 향하여 똑같은 방식으로 학습 활동을 하면서 서로 간에 아무런 정보도 주고받지 못하고 도움을 주고받지도 못하는 지적 이방인 상태였음이 분명하다. 그런 곳에서 학생들은 수동적일 수밖에 없다. 그리고 학생들 간의 소통이 부재된 교실은 죽은 교실과 다름이 없다.

지식이라는 것은 사회적 산물임에 분명하다. 지식이라는 것은 사회적 과정[6]에 의해 생산된 것이고, 그것을 얻는 바람직한 방법 또한 사회적이어야 한다. 여기에서 말하는 '사회적'이라는 것이 바로 의사소통 활동 및 과정, 다시 말해서 '토의·토론'을 가리키는 것이라고 한다면 협동학습 토의·토론은 자연스럽게 '사회적'이라는 현상을 만들어 주어 학생들 스스로가 자연스럽게 배움에 도달할 수 있도록 해 준다. 그래서일까, 필자의 교실에서 협동학습 토의·토론을 기본으로 하는 수업시간만큼은 늘 살아있는 교실이 만들어진다. 학생들에게서 생기가 넘쳐흐른다. 교사의 목소리보다 학생들의 목소리가 훨씬 더 크다.

한편 EBS 다큐멘터리 '왜 우리는 대학에 가는가. 5부. 말문을 터라'를 보면 말을 하며 공부하는 공부방과 혼자 조용히 공부하는 공부방의 효과를 실험한 장면이 아래와 같이 소개되고 있다.

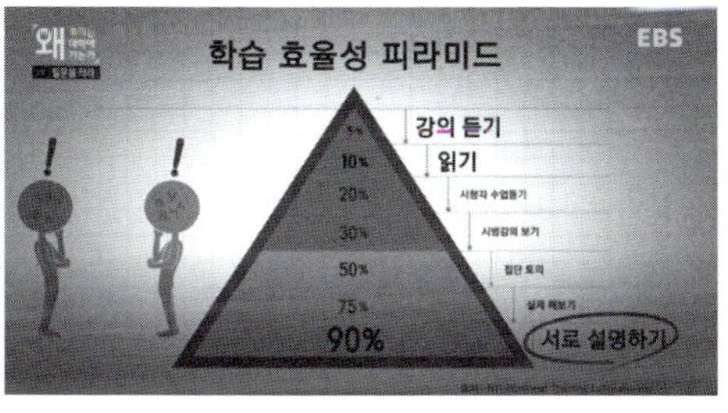

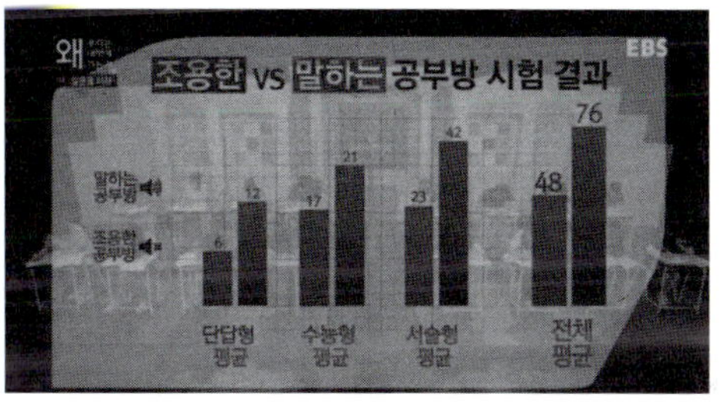

실제로 말하면서 공부하는 것이 훨씬 더 공부의 효과가 있음을 말해 주고 있다. 이에 대한 한 심리학자는 말로 설명을 할 때 인지와 메타인지 사이의 갭이 줄어들면서 자신이 아는 것이 좀 더 명확해지기 때문이라고 말하고 있다. 그리고 이에 대해 확실히 증명하기 위해 위의 사진에서 보는 바와 같은 연구 결과를 제시하고 있음을 볼 수 있다.

이렇게 볼 때 지식은 사회적 산물이라는 점, 오랜 시간을 거쳐 오면서 인류가 쌓아올린 훌륭한 문화유산 체계라는 점을 감안한다면 이를 학생들이 얻는 과정도 당연히 사회적이어야 한다는 점에 대하여 우리는 믿음과 확신을 가져야 할 뿐만 아

6 지식 – 언어를 매개로 한 사회적 상호작용을 가리킨다. 지금까지 형성된 모든 지식 및 체계는 인류가 사회적 과정을 통해 오랜 세월 동안 다듬고 쌓아올린 훌륭한 문화유산인 것이다.

니라 협동학습 토의·토론 수업이 꼭 필요하다는 것 또한 이해할 수 있을 것이라 생각된다.

4) 토의·토론 수업의 분류

토의·토론 수업은 분류 기준(교사 중심인가, 학생 중심인가, 운영방식 – 원탁식, 배심원식, 위원회 형식, 워크숍 형식, 강단식, 대화식, 브레인스토밍 등, 집단의 규모 – 대집단, 소집단, 대·소집단 통합식 등)을 어떤 것으로 하느냐에 따라 매우 다양하게 분류할 수가 있다. 여기에서는 필자가 공감하는 내용을 간략히 정리해 소개해 보도록 하겠다.[7]

가) 수업 목적에 따른 분류

수업 목적	토의·토론 방법	
아이디어 개발	⊙ 브레인스토밍 ⊙ 돌아가며 발표하기	⊙ 브레인라이팅 ⊙ 모둠문장 만들기
쟁점 분석	⊙ 대립 토의·토론 ⊙ 신호등	⊙ 찬·반 토의·토론
지식 습득	⊙ 배심 토의·토론 ⊙ 둘 가고 둘 남기	⊙ 직소우
의사결정	⊙ 만장일치 모형 ⊙ 피라미드	⊙ 상황 의사결정 ⊙ 복수선택 및 질적 의사결정

나) 집단 규모에 따른 분류

① 대집단 토의·토론 수업: 학급 구성원 전체가 참여 가능한 경우 혹은 그게 불가능한 경우 몇 명은 토의·토론 활동을 하게 하고 나머지 학생들은 관찰자 혹은 배심원 등의 활동을 하게 하는 것(배심 토의·토론 수업 등)을 말한다.

② 소집단 토의·토론 수업: 소집단별로 토의·토론 수업 활동이 끝나는 경우에 해당된다. 이 경우에는 토의·토론 수업의 주제가 소집단별로 다를 수도 있고 같을 수도 있다.

7 정문성, 2008, pp.34~35.

③ 대·소집단 통합식 토의·토론 수업: 대집단으로 시작했다가 소집단으로 끝나는 경우(집단 탐구)도 있고, 소집단으로 시작했다가 대집단으로 모이는 경우(피라미드)도 있다.

5) 토의·토론 수업이 효과적인 경우

토의·토론 수업이 효과를 거두기 위해서는 다음과 같은 상황이어야 한다.

① 어떤 영역에 대한 지식의 공유 및 이해의 폭과 깊이를 더할 수 있는 내용을 바탕으로 한 수업일 때
② 합리적 사고, 비판적 사고, 창의적 문제해결력, 탐구능력 등을 바탕으로 한 집단적 의사결정 활동이 필요한 수업일 때
③ 활발한 상호작용을 통해 마련된 대안이나 결과를 수용적으로 받아들이고, 실행 가능한 것으로 만들고자 하는 수업일 때
④ 공공의 가치, 태도, 의식 등에 대한 반성적 변화와 개발 및 활용을 꾀하고자 하는 수업일 때
⑤ 어떤 원리나 원칙의 초보적인 이해에서부터 깊이 있는 단계까지 이해하고 숙달, 응용해 나가는 능력을 기르고자 하는 수업일 때

6) 토의·토론 수업에서 일반적으로 주의해야 할 점

효과적인 토의·토론 수업을 하기 위해서 주의해야 할 점 몇 가지를 살펴보면 다음과 같다.

① 토의·토론 수업을 시작할 때 목표를 분명히 설명하여 학생들 모두가 이를 충분히 이해하고 적극적으로 받아들일 수 있도록 해야 한다.
② 토의·토론 활동이 진행될 때도 목표를 잃어버리는 일이 없도록 해야 한다.
③ 학생들의 자발적인 참여가 이루어질 수 있도록 신경을 써야 한다.
④ 평상시에 교실의 분위기를 상호 존중하고, 민주적·협동적·개방적·수용적인 방향으로 이끌어가야 한다.

⑤ 토의·토론 수업을 계획할 때 집단의 크기나 좌석의 배치, 교실 분위기 등을 충분히 고려하여야 한다.

⑥ 토의·토론 수업을 위해 주제를 선정할 때는 학생들의 의사, 흥미와 호기심이 충분히 반영될 수 있도록 해야 하며, 교사 자신도 그에 대한 충분한 배경지식을 갖고 있어야 한다.

⑦ 주제가 선정되면 토의·토론 수업을 하기 전에 미리 과제를 제시하여 충분히 준비할 수 있는 시간을 주어야 한다.[8]

⑧ 토의·토론 수업이 원활하게 이루어지기 위해서 학생들이 지켜야 할 최소한의 원칙과 규칙이 있다. 이들이 최대한 보장될 수 있어야 효과적인 수업이 이루어질 수 있다.[9]

7) 토의·토론 수업에서의 일반적인 교사의 역할

토의·토론 수업에서 교사는 사회자 역할을 할 수도 있겠지만, 더 큰 임무를 위해 사회자 역할을 학생에게 맡기고, 교사 본연의 자세로 돌아가 수업 본연의 목적 달성을 위한 역할 책임을 다해야 한다. 여기에서는 토의·토론 수업을 할 때 잊지 말아야 할 교사의 역할과 자세 몇 가지만 살펴보도록 하겠다.[10]

8 관련된 영상물을 보거나 현장 답사, 견학, 실험이나 직접적인 경험, 탐구 활동, 관련 자료를 찾아 분류, 분석, 요약, 정리, 비판적 대안 마련하기 활동 등이 가능한 시간적 여유를 충분히 줄 수 있어야 한다. 아울러 개인적인 활동뿐만 아니라 팀원들끼리 협동적으로 활동할 수 있는 여건도 마련해 줄 필요가 있다.

9 ① 차례와 시간과 질서와 예절 지키기, ② 사회자의 진행에 따르기, ③ 합리적 사고(증거나 논리적 근거에 입각, 이해하고 판단하여 관점 수용하기–독단이나 독선, 자신의 의견 고집하기 않기), ④ 진실과 책임(진실만을 말해야 하고, 그에 대한 책임을 져야 한다. 허위, 숨김, 침묵 등은 없어야 한다.), ⑤ 자유로운 의사 표현(자신의 의사를 표현하는데 방해 받지 않기–비난, 비웃음, 기타 구속 등으로부터의 자유), ⑥ 평등한 기회(누구나 고른 참여의 기회 갖기), ⑦ 상대방에 대한 존중(의견은 비판할 수 있어도 상대방의 인격이나 신상에 대한 모욕 등은 삼가기) 등이 있겠다.

10 Kindsvatter는 학생들이 볼 때, 토의·토론 수업에서 교사는 다섯 가지 사회적 권력을 가지고 있다고 설명하였다. ① 합법적인 권력(교수활동과 관련된 모든 권한), ② 보상을 줄 수 있는 권력(긍정적인 활동에 대한 강화), ③ 강제 권력(활동을 방해하거나 규칙을 지키기 않았을 때 제제할 수 있는 권한), ④ 전문가로서의 권력(학생들보다 많은 지식과 판단력을 소유했기 때문에 토의·토론 수업의 방향을 잡아 줄 수 있다는 점), ⑤ 대상 모델로서의 권력(훌륭한 시범자로서의 역할을 통해 바람직한 방향으로 유도할 수 있다는 점)–이 부분은 『Kindsvatter, R.(1990). Teacher social power and classroom discussion. In W. Wilen (Ed), *Teaching and learning through discussion: the theory, Research*

① 토의·토론 수업에 대한 준비가 철저하게 되어있는지를 점검한다(주제 선정, 패널 선정, 대·소집단 편성, 토의·토론 활동 참여를 위한 학생들의 준비도, 규칙·원칙에 대한 이해 정도, 역할 나누기, 주제 관련 자료의 조사와 탐구 등).

② 토의·토론 수업에 있어서 교사는 되도록 말을 아끼도록 하고, 침묵을 유지하면서 수업을 분석하고 과정 및 내용을 평가(논리의 적절성, 정확성 등)하는 일에 집중하도록 한다.

③ 토의·토론 수업에 있어서 학생들의 질문에 대해서는 스스로 해결책을 찾을 수 있도록 유도하는 일에 신경 쓰도록 한다.

④ 토의·토론 수업을 방해하는 요인을 적절히 차단하여 활동이 원활히 이루어질 수 있도록 도움을 주어야 한다.

⑤ 토의·토론 활동에 필요한 규칙이나 원칙이 잘 지켜질 수 있도록 교실 분위기를 만들어 나간다.

⑥ 토의·토론 수업을 특정인이 이끌어가는 일이 없도록 활동을 적절히 구조화시키도록 한다(말하는 순서 정하기, 말하기 카드 사용하기, 규칙에 따라 말하기, 역할 및 역할 책임 부여하기 등).

⑦ 토의·토론 수업에 있어서 중립적인 위치를 지킬 수 있도록 한다.

⑧ 창의적 사고를 지향하는 열린 사고 토론 수업에서는 학생의 사소한 의견에도 교사가 “좋은 생각인데!” “훌륭해요!”라고 반응하는 것이 매우 중요하다.

⑨ 토의·토론 수업에 있어서 갈등이 발생할 수 있으므로 재치와 유머를 적절히 섞어가며 좋은 분위기를 만들 수 있도록 한다.

⑩ 토의·토론 수업 과정이나 결과에 있어서 방향성을 잃어버리거나 잘못된 사실이 수용될 가능성이 높을 때, 토의·토론 활동의 중단이 길어질 때, 토의·토론

---

and Practice of the Discussion Method. Springfield: Charles C Thomas Pub.」의 내용을 「정문성, 2008, pp.47~48」에서 인용하였고, 그를 바탕으로 간략히 정리해 본 것이다.

한편, 정문성(2008, pp.49~50)은 교사가 토의·토론 수업에서 해야 할 역할을 다음과 같이 여섯 가지로 정리하였다. ① 관리자(수업 관리자로서의 역할), ② 안내자(토의·토론 수업에 대한 친절한 안내자로서의 역할), ③ 제안자(적절한 주제 제시 및 학생들의 호기심 유발을 통해 토의·토론 수업으로 이끌어 가도록 제안하는 역할), ④ 촉진자(학생들이 토의·토론 수업에 적극 참여하도록 촉진하는 역할), ⑤ 요약정리자(수업 과정이나 끝에서 토의·토론 수업 과정과 결론에 대해 요약하며 정리하는 역할), ⑥ 평가자(수업에 대한 궁극적 심판자·평가자로서의 역할)

활동이 소극적일 때, 논리적 오류가 발생했을 때, 갈등이 깊어질 가능성이 높을 때 등에는 교사의 적극적인 개입이 필요하므로 시기를 적절히 살펴서 토의·토론 수업이 원활히 진행될 수 있도록 한다.

⑪ 필요한 경우 교사가 시범을 보여서 토의·토론 활동에 학생들이 익숙해질 수 있도록 모델이 되어주어야 한다.

⑫ 토의·토론 활동 과정을 모니터링하거나 오고 가는 내용을 요약하였다가 정리하는 단계에서 토의·토론한 내용이나 결과 혹은 참관하며 느낀 점 등을 알려주어 학생들이 자신의 생각을 정리하는 단계에서 도움을 줄 수 있어야 한다.

⑬ 토의·토론 수업이 원활하게 이루어지기 위해서는 토의·토론 활동의 전반적인 사항에 대해 교사의 정확한 지식이 정립되어있어야 한다.

⑭ 토의·토론 수업을 위한 구조화가 선행되어야 한다(토의·토론 수업에 대한 철저한 계획과 준비, 체계적이고 의도적인 훈련이 필요하다 – 사회적 기술, 정보 처리 능력, 집단 편성 및 활동 방법의 구조화, 토의·토론 주제 선정 등).

⑮ 무엇보다도 토의·토론 수업이 효과적으로 이루어지기 위해서는 토의·토론 활동에 대한 교사의 지속적인 관심과 노력이 필요하다(토의·토론 수업은 어쩌다 한두 번 정도 해 보는 것으로 만족하려는 자세를 가져서는 안 된다. 토의·토론 수업이 효과를 보기 위해서는 학생들이 토의·토론에 참여할 기회를 많이 제공해야만 한다).

⑯ 도입 단계에서 학습 목표와 관련된 동기유발을 확실하게 하여 학생들이 토의·토론 수업 활동에 적극적으로 참여할 수 있도록 한다.

8) 토의·토론 수업에서 많이 나타나는 문제점

토의·토론 수업을 해 나가다 보면 학생들에게서 나타나는 몇 가지 문제점들이 있다. 그 대표적인 현상 몇 가지만 살펴보면 다음과 같다.

① 논리보다 감정을 앞세우려는 모습이 많이 보인다(자신의 의견이 비판을 받는 것에 대해 참지 못하여 감정적인 말싸움 혹은 1:1 난상토의·토론으로 변질되는 모습이 자주 목격된다) – 사회자 혹은 교사의 역할이 중요시된다.

② 주장보다는 사람 자체를 비판하려는 모습이 많이 보인다(이는 토의·토론 과정

에서 의견의 대립이나 견해의 차이가 인격적 문제가 아님을 인식하지 못하기 때문에 일어나는 일이다. 싸움은 말리고 흥정은 붙이라고 했다. 여기에서 말리라는 싸움은 인격적인 요소—감정적, 관계적 요소를 가리키는 것이고, 흥정은 갈등의 핵심인 물질적 요소—결정하고 극복해야 할 견해의 차이를 가리키는 것이다) – 인격적인 요소와 물질적인 요소를 구분할 수 있도록 꾸준한 지도가 필요하고, 특히 수업 속에서는 내 생각과 의견이 채택되지 않았다고 하여 나의 인격이 무시되거나 내게 어떠한 손해(물질적인 면이나 성취도 측면 등에서)도 돌아오지 않는다는 사실을 알게 할 필요하기 있다.

③ 토의·토론의 규칙과 질서를 무시하는 모습이 많이 나타난다(사회자를 무시하고, 다른 사람이 말하는데 끼어들거나 말꼬리를 자르는 일, 순서를 무시하는 일, 자신의 말만 하려고 하는 일, 상대방 의견을 존중하지 않는 일 등이 비일비재하게 일어나고 있다) – 사회자의 진행에 철저히 따를 수 있도록 안내가 필요하고, 규칙과 질서가 지켜지지 않을 때 적절한 시기에 교사가 토의·토론 활동을 멈추고 주의를 주거나 그런 모습을 보인 학생들에게 불이익을 줄 필요가 있다.

④ 토의·토론 수업이 감정적 싸움으로 변질되거나 수업 이후에도 그 영향력이 지속되는 경우가 많이 나타난다(토의·토론 수업 과정에서 상대에 대한 인신공격이 가장 큰 원인이 되어 일어난다) – 교사는 토의·토론 수업이 상대의 의견이나 주장에 대하여 생각과 의견을 나누는 일임을 학생들에게 인식시켜야 할 책임과 의무가 있고, 이런 일이 일어났을 때 교사가 토의·토론 활동을 멈추고 주의를 주거나 그런 모습을 보인 학생들에게 불이익을 줄 필요가 있다.

⑤ 비과학적·비논리적(타당성이나 신뢰성이 떨어짐)인 근거를 들어 말하거나 개인적인 친분 관계에 얽매이는 경향이 많이 나타난다("내 아버지께서 그렇게 말씀하셨어.", "선생님께서 이게 옳다고 말씀하셨어."와 같이 아버지, 선생님 말씀 등을 인용하여 주장하는 사례가 종종 있다. 그리고 나와 친한 친구가 하는 말이니까 타당성이나 신뢰성에 상관없이 무조건 지지하거나 반론을 펴지 못하고 소극적인 자세로 참여하는 경우, 특정인의 말이라면 옳고 그름에 관계없이 그냥 무시하고 보는 경우도 많이 나타난다. 또한 여자도 군대를 의무적으로 가야 한다는 남학생의 주장에 대해 남자도 아이를 낳아야 한다고 말하는 여학생이 있는 것처럼 억지 논리를 펴는 경우도 많다) – 토

의·토론은 과학적·논리적·실증적인 근거를 통해 자신의 주장을 정당화하는 일이며, 이 과정에서 개인적인 친분이나 권위, 사적인 견해 등이 영향을 주어서는 안 된다는 사실을 학생들이 확실히 알도록 하는 것이 중요하다.

⑥ 승패에 연연하는 모습이 많이 나타난다(오직 내 주장만을 관철시키기 위해 노력하는 아이들, 무조건 이기기 위한 토의·토론 활동을 하고 있는 아이들의 모습을 많이 볼 수 있다) – 토의·토론 수업은 승패 자체가 목적이 아니라 수업 목적을 달성하기 위한 수단으로서 토의·토론 활동을 하고 있다는 사실을 학생들이 항상 기억할 수 있도록 해야 한다. 아울러 수업의 결론이 어떻게 나든 나에게 그로 인한 피해나 손해가 돌아오지 않는다는 사실을 인식하고, 다른 사람의 주장과 근거가 내 생각보다 더 논리적이고 타당하다고 생각되면 자신의 입장을 버릴 줄도 아는 자세를 갖도록 지도해야 한다.

⑦ 자신의 생각이 아니면 안 된다는 모습이 많이 나타난다(특히 토의·토론 수업 과정에서 자신의 생각이 받아들여지지 않았다고 하여 화를 내거나 다투거나 아니면 활동 참여에 소극적이거나 참여하기를 거부하는 아이들이 많이 보인다) – 이런 아이들에게서 나타나는 공통점은 주로 사회적 기술이 많이 떨어진다는 점이다. 이를 극복하기 위해 교사는 학급운영의 모든 과정 속에서 학생들이 꾸준히 사회적 기술을 체득해 나갈 수 있도록 의도적으로 활동을 구조화시켜 나가지 않으면 안 된다.

⑧ 토의·토론 수업이 아래에서 보는 바와 같이 "자료 조사" 및 조사해온 자료를 그냥 읽고 기억하는 수준에서 머무는 경우도 많다.

개념 잡기

초등학교 교사는 사회과 토론수업을 한다고 하지만, 실제 수업을 관찰해 보면 '학습 내용을 누가 얼마나 잘 조사 및 기억하는지'를 확인하는 '변형된 암기식 수업'으로 진행되고 있다. 이러한 수업 진행에 대해 교사는 '새로운 수업 방법으로 토론수업을 접목한 것'이라고 했지만, 스스로 자신의 수업에 대해 평가할 때는 '엄격한 의미의 토론수업은 아니다'라고 하였다.

– 서근원(1997). [초등학교 토의식 수업의 문화기술적 연구]. 서울대학교 대학원 석사학위논문

위에서 보는 바와 같이 90년대 말에 나온 논문에서 지적한 현상이 수십 년이 넘게 지난 이 시점에서도 크게 달라진 것이 없는 것을 보면 이에 대한 심각성을 가히 짐작하고도 남을 것이다. 이런 현상이 발생하고 있는 그 중심에는 교사의 교수 기법 중시 풍조에 대한 '체제 순응적 행동'과 '기능과 기법 중심의 수업을 강조 내지 조장하고 있는 현실', '토의·토론 수업에 대한 바른 이해의 부족', '교육과 수업을 바라보는 관점의 문제'가 깊이 자리하고 있다고 필자는 생각한다.

⑨ 관주도적 교육현실 속에서 교사들의 체제 순응적 행동이 지금의 현실을 낳고 있다. 우리 교육의 내면을 들여다보면 교사의 역사는 '체제 순응'이라는 말로 대신할 수 있을 것이다. 중앙집권형 정치체제 속에서 살아남기 위한 가장 확실한 방법은 체제순응밖에는 길이 없었던 것일까 아니면 "어떤 식으로든지 끝까지 살아남은 자가 강한 자"라는 인식이 자리하고 있었던 것일까? 시대가 바뀌었음에도 불구하고 권력과 권위주의에 복종하는 '순한 양'과도 같은 교사들이 여전히 많이 남아있고, 사범대 및 교육대학교에서 양산되고 있다. 그렇게 학습된 탓인지 아직도 많은 교사들이 자신의 교실에서 아이들에게 또 다른 '순응'을 요구하고 강요하며, 단지 다양한 수업 기법을 적용한 화려한 수업 또는 토의·토론의 형태만을 교실로 끌어들인 수업을 진행하거나 이벤트식 학급을 운영하고 있는 모습을 쉽게 발견할 수 있게 된다. 최근 학교 현장에서 이와 같은 토의·토론 수업이 많이 이루어지고 있는 듯한 느낌을 갖게 만드는 것도 교육부나 교육청에서 자꾸만 강조하다 보니 이에 편승하여 전문적인 연구과 지식이 없이 기법적으로만 이루어지고 있는 탓은 아닐까? 이런 교실에서 '진정한 교육'이라는 것이 과연 존재할까?

⑩ 기능과 기법 중심의 수업을 소장 또는 묵인하고 있는 현실 또한 묵과할 수 없는 일이다. 앞의 서근원(1997)의 연구에서도 드러나는 바와 같은 경우의 토의·토론 수업은 외형적으로나마 일제식, 강의식 수업이 한계를 넘어서 학생 중심의 수업을 했다는 교사 자신의 만족감에서 비롯되었다고 볼 수 있다. 그에 더하여 수업을 위한 자료 준비 및 그에 대한 시간투자 등의 면에서 별 부담 없이 주제만 있으면 찬반 양측으로 나누어 서로 논쟁(따지고 보면 논쟁이

라기보다는 말다툼을 하다 끝나고 마는 상황이 더 많다)을 벌이다 종이 울리면 토의·토론 활동을 끝내버리고 마는 현실도 큰 영향을 미쳤다고 봐야 할 것이다. 이런 교실에서 과연 학생들에게 '배움'이라는 것이 일어날까?

⑪ 토의·토론 수업에 대한 바른 이해의 부족이 오늘을 만들고 있다. 토의·토론 수업을 바라보는 교사의 시각은 매우 다양하다. 그 속에서 가장 일반적으로 바라보는 시각은 〈자료 조사 및 발표와 기억, 그리고 짧은 시간 동안의 의사소통을 통한 의사결정 과정과 그 결과〉가 아닐까 싶다. 이런 속에서 고급 사고력이 길러질 수 있을까 의문이 든다. 학생들의 배움이 중심이 되고, 토의·토론은 그를 위한 수단이 되어야 한다면 교사는 반드시 배움을 목표에 두고 토의·토론을 고민해야 한다.

⑫ 교육과 수업을 바라보는 관점의 문제로 들어가 보면 더욱 심각해진다. 최근 들어 학력신장이라는 말과 함께 그 책임을 교사의 수업 능력 탓으로 모두 돌리면서 [수업 전문성 신장, 수업 방법 개선, 수업의 달인, 수업의 명인, 수업 혁신]이란 말이 교단 현장을 휩쓸고 있다. 토의·토론 수업 또한 학교 현장에서 붐을 일으키고 있는데 진정한 교육(페다고지)은 무엇인가, 수업은 왜 하는가, 그 속에서 토의·토론 수업은 무엇이고, 토의·토론을 수업 속에 왜 끌어들이려고 하는가에 대한 고민이 제대로 이루어지지 않았고, 교사가 나름대로의 목적과 의도를 가지고 수업을 재구성하지 못한 채(교과서 중심 수업의 한계를 벗어던지지 못함), 토의·토론의 외형적 틀만을 교실로 갖고 들어와 학교 환경에 적용하면서 외부로부터 주어진 권위와 시선(특히 '진정한 교육=학생 중심의 배움'이라는 측면을 소홀히 하고, 교사 중심의 '가르침'이라는 것을 지나치게 부각시켜 교사의 수업 기술, 기능, 수업 방법 적인 측면만을 강조하였다는 점)에 부응하여 수업을 진행해오고 있는 교사의 '체제 순응적 행동'이 그 도를 넘어서고 있기 때문이다. 이런 현실 속에서 잘 짜여진 토의·토론 수업을 만난다는 것은 아마도 일상적이지 않은 경험일 것이며 이런 기회를 맞이한다는 것이 '하늘에 별 따기'에 비유될 만큼 어렵고 힘든 일이 될 것이라 여겨진다.

9) 토의·토론 수업에 있어서 꼭 필요한 자세 네 가지

대가족제도의 붕괴, 가정이 가지고 있는 1차적 사회화 기능의 약화, 가족끼리의 결속력 약화, 물질만능과 쾌락주의, 부모역할의 부재와 가정의 해체 등으로 인해 앞으로의 사회를 살아가는데 없어서는 안 될 아이들의 사회적 기술은 점점 떨어져 심각한 수준에 이르렀지만 대중매체는 아이들의 흥미와 호기심만을 자극하여 다른 사람과의 직접적인 사회적 상호작용을 줄이고 쾌락과 비방과 폭력과 무질서 등을 부추기는 방향으로만 발전하고 있어서 많은 사회적 문제를 낳고 있다. 이런 아이들에게 있어서 '타인'이라는 대상은 그저 경쟁, 쾌락, 욕구 충족, 유희, 폭력과 비방의 대상일 뿐 '서로가 서로에게 살아가는 의미'가 되어주지 못하고 있는 것이 오늘날의 실정이다. 이런 아이들과 올바른 토의·토론 문화를 형성해나간다는 것이 어떻게 보면 무리일 수 있다는 생각이 들기도 한다. 하지만, 교육의 힘을 통해 조금씩 성장해가는 많은 아이들을 바라고보 있노라면 '희망의 끈'을 놓을 수 없다는 믿음을 갖기에 충분한 점들이 너무 많다. 그래서 많은 교사들이 열심히 노력하면서 토의·토론 수업을 하고 있는 것이라 여겨진다.

오늘날 우리 아이들이 토의·토론 수업에 임하기 위해 갖추어야 할 자세를 따져본다면 너무나도 많을 것이다. 하지만 '최소한 이것만은 꼭 갖추지 않으면 안 된다.'는 것, 그래서 교사는 학급운영의 모든 과정을 통해 꼭 지도하지 않으면 안 될 몇 가지만을 꼽으라면 필자는 다음의 네 가지를 말하고 싶다(이는 학생들에게만 필요한 자세는 아닐 것이다).

① 상대방의 이야기를 잘 들어주는 자세

사람은 자신이 보고 싶은 것, 듣고 싶은 것만 듣는 경향이 있다. 때문에 자신의 감정에 치우쳐서 상대방이 말하려는 의도를 무시하고 자신이 생각하는 것만 보고 듣게 된다. 그래서는 토의·토론이 이루어질 수 없다. 그런 자리는 비난과 갈등만 자리하게 된다.

학교에서 상대방의 이야기를 잘 들어주는 자세를 갖도록 하기 위해서 메모하며 듣기, 상대방의 말을 듣지 않으면 뒤에 이어지는 활동이 불가능하도록 활동을 구조화하기, 앞 사람이 했던 말을 간략이 요약하여 다시 말한 후 자신의 생각을 말하기(필자의 경우 협동학습의 다시 말하기 카드를 자주 활용 – 그러나 이에 익숙해지면 카드가 없이도 충분히 해 낼 수 있다) 등의 방법을 사용하면 효과가 있다. 또한 토의·토론 수업 속에서라면 이런 자세가 나타나지 않을 때 주의나 경고, 감점, 승패가 있는 상황에서는 패배의 원인이 되도록 할 필요도 있다.

② 상대방을 존중하고 배려하는 자세

상대방에 대한 존중감이 없는 대화 속에서는 갈등과 상호 비방, 소모성 논쟁만이 자리하게 된다. 그렇게 하는 것이 좋지 않다는 것을 알면서도 어린 시절부터 보고 자란 것이 부모끼리의 부적절한 대화, 부모와 자녀 사이의 부적절한 대화, 주위에서 일어나는 비방과 갈등과 폭력적인 논쟁들밖에 없기 때문에 아이들은 그런 말과 행동들을 그대로 따라할 수밖에 없는 현실이다.

학교에서 학생들이 상대방을 존중하는 자세를 갖도록 하기 위해서 학급운영의 목표와 방향을 그에 맞게 설정하고, 학급운영 전반에 걸쳐서 믿음과 신뢰와 배려가 물씬 풍겨나는 분위기를 만들어 가나는 것이 우선되어야 한다. 그리고 이를 바탕으로 상대방의 이야기를 논리적으로 생각하며 듣도록 하되, 상대방의 입장에서도 생각해 볼 수 있도록 지도해야만 한다. 또한 다른 사람들의 의견이나 생각들을 폭 넓게 수용하려고 노력하는 자세도 함께 지도할 필요가 있다(필자는 협동적 학급운영을 해 나가면서 공식적인 활동에는 '존칭어'와 '부탁하는 말', '사과하는 말', '칭찬하는 말' 많이 사용하기를 원칙으로 해 나가면서 상대방을 존중하고 배려하는 자세를 갖추어나가도록 하고 있다). 그리고 토의·토론 수업 과정에서 상대방을 존중하지 않고 비방이나 조롱하는 모습이 나타난다면 역시 교사의 경고나 주의, 감점, 승패가 있는 경우에는 패배의 원인이 되도록 할 필요도 있다.

③ [틀린 의견]과 [다른 의견]을 구분하는 성숙한 자세

자신을 너무 믿고 있거나, 자신과 타인의 생각이 '다를 수 있다'는 것을 인식하지 못하고 '틀렸다'라고밖에 생각하지 않기 때문에 자신의 주장을 남에게 강요하는 경우가 많다. 이런 상황 속에서 바람직한 토의·토론은 이루어질 수 없다.

학교에서 이를 극복하기 위해서는 타인의 의견이나 주장에 대하여 자신의 주장이나 의견을 말할 때 반드시 어떤 점에서 다른 점이 있고(근거를 제시하여 비교 또는 대조하기), 어떤 부분이 왜 틀렸다고 생각하는지를 명확하게 근거를 제시하여 말하도록 지도할 필요가 있다(평소에 학급운영을 통해 올바른 대화 요령에 대한 지도를 해야 한다. "제 생각은 ○○의 생각과 □□□인 면에서 다른 점이 있습니다. 그렇게 생각하는 이유는 ~ ~ 이기 때문입니다.").

④ 사람과 의견을 구분하는 자세

일반적으로 이루어지는 대화 속에서 사람과 의견을 구분하지 못해서 실수하는 경우를 많이 보게 된다. 그로 인하여 서로 감정도 상하게 되고 관계를 개선해 나가지 못하게 된다. 토의·토론 수업 속에서도 그와 같은 현상들이 매우 많이 나타나고 있기 때문에 이를 극복하기 위한 대안을 꼭 마련해야 한다.

학교에서 학생들이 사람과 의견을 구분하는 자세를 갖도록 하기 위해서는 우선 교사가 먼저 역할 모델이 되어 주어야 한다(이는 네 가지 자세 모두에 해당되는 사항인 만큼 교사 스스로의 많은 고민이 필요한 부분이다). 교사가 먼저 아이들을 인격적으로 존중하고 배려해주며, 학생들의 말을 적극적으로 들어주고, 학생들의 의견과 인격을 구분하여 대우해줄 때 학생들도 그를 듣고 보고 배우게 된다(교실에서 사회적 기술이 가장 부족한 사람이 교사 자신일지도 모른다는 생각을 가질 필요가 있다). 학생들이 자신의 생각을 말할 때도 교사 자신이 생각한 부분과 다르다고 하여 "땡, 틀렸어. 다른 사람!" 이렇게 말할 것이 아니라 "어떻게 해서 그렇게 생각하게 되었는지 말해줄 수 있겠니?"라고 말할 수 있는 교사의 지혜로움이 필요하다. 실제로 아이들의 말을 들어보면 충분히 그렇게 생각하고 말할 수밖에 없는 나름대로의 이유나 경험적 근거가 존재하는 경우도 상당히 많기 때문이다. 이울러 학급운영을 통해서 학생들이 사람과 의견을 구분하지 못하는 발언을 할 때마다 적절한 지도를 꼭 해야만 한다. "재는 원래 그래요!"라는 말이 가끔 나오곤 하는데, 원래 그런 아이들은 절대로 없다. 그러고 싶어서 그러는 아이들은 한 명도 없다. 그렇게 만들어진 것이다. 주변의 상황으로 인하여. 아이들에게도 그 점을 명확히 이해할 수 있도록 지도해야 한다. 그리고 토의·토론 수업 속에서 상대방을 존중하지 않고 비방이나 조롱

하는 모습이 나타난다면 역시 교사의 적극적인 개입을 통해 경고나 주의, 감점, 승패가 있는 경우에는 패배의 원인이 되도록 할 필요도 있다.

중요한 다른 자세들도 얼마든지 있겠지만, 최소한 이 네 가지 자세를 갖추지 못하고 토의·토론 활동에 참여하는 사람은 이미 논의할 자격을 잃는 것과 같다는 인식을 심어줄 수 있도록 신경 쓰지 않으면 안 된다. 왜냐하면 나머지 자세들의 대부분은 이 네 가지 자세가 밑바탕이 되는 것들이어서 이들만 잘 갖추어진다면 다른 것들은 자연스럽게 따라오는 것들이기 때문이다.[11]

10) 토의·토론 수업에 있어서 꼭 필요한 규칙

토의·토론 수업이 효과적으로 진행되기 위해서는 토의·토론 수업에 알맞은 나름대로의 규칙이 필요하다.

토의·토론 수업에 있어서의 일반 규칙을 제시해 보면 다음과 같다.

① 개인별로 말하는 시간 혹은 전체 활동시간에 제한을 둘 필요가 있다.
② 말하는 순서를 정해서 진행하도록 한다(찬성측, 반대측 순서 혹은 같은 모둠 내에서 번호 순으로 돌아가며 말하기 등).
③ 누구나 의견 혹은 주장을 말할 수 있도록 한다.
④ 다른 사람의 의견을 존중한다.
⑤ 발언 기회를 공평하게 가질 수 있도록 한다.
⑥ 사실과 의견을 명확하게 구분하여 말하도록 한다.

토의·토론 수업에 참가한 학생들이 지켜야 할 규칙은 다음과 같다.

① 손을 들어 말할 기회를 얻거나 순서(차례)에 따라 발표하도록 한다.

---

11 주제에 대한 진지함과 성의, 강압보다 설득, 타인의 권리와 인격 보호, 부족한 동료에 대한 도움 주고받기, 역지사지 정신, 승패가 있는 경우 이길 때도 배우지만 질 때도 배우는 것이 있다는 자세, 너그러운 승자와 명예로운 패자가 되기, 청중에 대한 예의, 바른 자세 갖기, 진지하고 여유로운 얼굴 표정 유지하기, 적극적으로 토의·토론 활동에 임하는 자세 등(이 부분은 『토론교육연구소, 2007, 토론교육, 민족사관고등학교』 내용을 『정문성, 2008, p.42』에서 인용하였고, 그를 바탕으로 필자의 생각을 더하여 간략히 정리해 본 것이다).

② 사회자가 정한 발언 시간 혹은 전체 활동에 주어진 시간을 넘기지 않도록 한다.
③ 상대방의 인격을 모독하거나 무시하는 말을 하지 않는다.
④ 타당한 근거를 제시하며 자신의 주장이나 의견을 말하되, 분명하고 간결하게 말한다.
⑤ 감정을 겉으로 드러내지 말고, 침착하고 정중하게 말한다.
⑥ 논리적으로 생각하며 상대방의 주장과 의견을 듣도록 한다(비판적으로 수용하기, 자신의 생각보다 더 타당한 의견이나 주장에 대해서는 적극적으로 수용할 수 있는 자세가 필요하다).
⑦ 다른 사람이 말하는 중간에 끼어들지 않도록 한다.
⑧ 주제와 상관없는 말은 하지 않도록 하고, 토의·토론 활동에 집중할 수 있도록 한다.

토의·토론 수업에서 사회자 혹은 진행자가 지켜야 할 규칙은 다음과 같다.

① 공정하게 토의·토론 활동을 이끌어 간다.
② 토의·토론 주제에서 벗어나지 않도록 중심을 잡는다.
③ 참가자 모두에게 말할 기회와 시간을 공평하게 준다.
④ 토의·토론에 참여하는 참가자에게 사실과 의견을 구분하여 말할 수 있도록 안내한다.
⑤ 질문과 요약을 그때그때 삽입해서 활동의 진행을 돕는다.
⑥ 될 수 있으면 말을 적게 하도록 한다.

11) 토의·토론 수업의 일반적인 절차

토의·토론 수업의 일반적인 절차는 토의 활동과 토론 활동으로 구분하여 생각해 볼 필요가 있다. 왜냐하면 토론과 토의라는 활동 자체가 가진 고유의 특징이 있기 때문이다(토의는 출발점이 같은 선상이라는 점, 토론은 출발점이 서로 다른 입장이라는 점 등).

① 토의 수업의 일반적인 절차

1. 주제선정	토의를 위한 주제를 선정하거나 교사가 주제를 제시
2. 안내하기	토의 목적, 토의 절차와 방식, 집단 크기, 역할 분담, 준비물 등
3. 토의하기	집단별 토의 주제 및 내용 확인, 토의 절차 확인, 역할 분담하기, 개인적으로 생각하기, 절차에 따라 구성원들끼리 토의하기
4. 정리하기	집단별 토의 결과 정리 및 발표, 조별 토의 활동 과정 및 결과에 대한 평가, 토의 결과에 대한 학급 전체적인 종합 정리, 반성 및 평가

② 토론 수업의 일반적인 절차

1. 주제 이해	주제 인식(왜 논쟁을 해야 하는가, 우리 삶에서 지니는 가치 인식), 주제와 관련된 경험 조직 및 정리, 나누기, 주제 관련 조사 등
2. 주제 연구	주제와 관련된 정보와 자료 수집, 정리 및 분석적 검토(주제와 관련된 지식을 자기주도적으로 획득, 조직, 분석, 체계적인 정리)
3. 토론 준비	토론 전략 및 기법에 대한 논의, 반론 제기가 어려울 정도의 논리적 근거 마련하기, 완벽한 추론 전략 세우기, 판정인이나 청중에 대한 설득력 있는 말하기 준비(준비한 근거의 확실성, 논리적 타당성, 설득력 있는 주장, 토론 수행 전략의 효율성 등에 대한 종합적인 계획과 준비) - 교사는 모든 과정과 내용을 지켜보고 사전에 검토하면서 지도할 필요가 있다.
4. 토론 수행	토론 수행하기(순발력, 기동성, 적절성, 인내심, 자제력, 협동성, 분위기 주도능력, 실수에 대한 관용력, 예측하지 못한 상황에 대한 위기 대처능력 등의 발휘)
5. 결과 검토	토론 결과 확인하기, 토론 결과에 대한 수긍, 토론의 성공과 실패 요인 검토, 토론 수업 전체에 대한 부분적·종합적 평가와 반성(토론 준비, 토론 과정, 토론 결과, 발언 내용, 토론 방법 및 전략 등), 토론을 통해서 얻은 것과 수업 목표 달성에 대한 확인(토론을 통해서 알게 된 것과 고민해야 할 점 등)

민족사관고등학교 토론교육연구소 자료 참고(http://debate.minjok.hs.kr/)

토의 활동과 토론 활동이 서로 다른 특성을 가지고 있기는 하나 두 가지 활동 모두 학습의 과정으로 수행되는 것인 만큼 교육적 목적이 최대한으로 실현되는 방향으로 진행되어야 한다는 점(수업 목표를 달성해 나가기 위한 수단으로서의 활동이라는 점) 하나만은 어떤 식으로 토의·토론 수업을 이끌어나가더라도 잊어서는 안 된다.

참 고 토의·토론에서 범하기 쉬운 논리적 오류

1. 토의·토론하는 상황의 분위기에 편승하기
2. 힘에 의존하기
3. 감정에 호소하기(동정심)
4. 인신공격하기
5. 무지에 호소하기(참, 거짓을 입증할 자료가 없음으로 인한 오류)
6. 대중에 호소하기(선동과 회유)
7. 권위에 호소하기
8. 속단적 일반화(특수한 사례를 일반화시키는 일)
9. 허위적 인과관계(우연의 일치로 인한 것을 원인이나 근거로 규정하여 일반화시키는 일－烏飛梨落)
10. 이해관계에 호소하기
11. 다수에 의지하기(다수가 그렇게 생각한다고 하여 옳다고 말하는 것)
12. 비유적 표현을 통한 취약한 논리나 증거의 은폐
13. 불합리한 반대주장 제시를 통한 양자택일
14. 순환논법의 사용(전제와 결론이 서로 의존하고 있어서 논증이라 말하기 힘든 것－그는 정직하다. 그래서 거짓말을 하지 않는다.)
15. 상대방의 주장에 대한 잘못된 해석(과장된 해석 혹은 축소된 해석)
16. 상대적 주장에 대한 절대화(상대적 주장을 모든 영역에 적용시키는 오류)
17. 틀린 증거를 빌미로 정당한 주장까지 비판하기
18. 질문공세를 통한 유리한 결론 이끌어내기
19. 쟁점 바꾸기 및 회피하기
20. 상대방의 주장에 대한 무시(이해하지 못하겠다고 하는 식)
21. 이론과 실제가 다르다고 말하기(논리적 토론은 실천 여부를 다룰 필요가 없음)
22. 복합질문 사용(상반된 정보가 함께 들어 있어 판단의 오류를 가져오게 되는 경우－착한 철수가 돈을 훔쳤다.)
23. 사실과 가치의 혼돈으로 인한 오류(현재 사실에 근거해 가치에 대한 결론을 내리는 오류)

〈최성욱 역(2003), 민족사관고등학교 토론교육연구소 홈페이지, 정문성(2008) 참고〉

12) 토의·토론 수업의 평가

토의·토론 수업에 대한 평가는 대체로 다음과 같은 평가표를 많이 활용하고 있다.

〈토의·토론 평가표〉 - 정문성(2008), p.56.

전체적 진행에 대한 평가	상	중	하
1. 주제가 적합했는가?			
2. 주제가 정확하게 제시되었는가?			
3. 용어들이 정확하게 정의되었는가?			
4. 토론자들이 적극적으로 참여했는가?			
5. 흥미로웠는가?			
6. 중요한 문제들이 다 토론되었는가?			
7. 시간을 투자한 가치가 있었는가?			
사회자에 대한 평가	**상**	**중**	**하**
1. 참여를 극대화시키도록 유도하였는가?			
2. 우왕좌왕하지 않고 토의·토론을 잘 끌고 갔는가?			
3. 공평하게 진행하였는가?			
4. 시간 관리를 잘 하였는가?			
5. 중립을 지켰는가?			
6. 중요한 요점들을 필요시 요약하였는가?			
7. 지나치게 독단적이었는가?			
8. 주제에서 벗어나지 않도록 통제를 하였는가?			
토론자들에 대한 평가	**상**	**중**	**하**
1. 정확하고 알아듣기 쉬운 목소리였는가?			
2. 생각을 잘 정리하고 발표했는가?			
3. 잘 경청하였는가?			
4. 토론의 규칙을 잘 지켰는가?			
5. 감정에 치우지지 않았는가?			
6. 상대에 대한 예의를 지켰는가?			
7. 창의성을 발휘했는가?			
8. 정직했는가?			

〈토론자 평가표〉 – 정문성(2008), p.57.

태도	상	중	하
1. 자세가 바른가?			
2. 시선 처리가 좋은가?			
3. 말의 속도, 성량, 어조가 적절한가?			
4. 듣는 사람의 관심을 끄는가?			
내용	**상**	**중**	**하**
1. 어휘 선택과 어법이 적절한가?			
2. 생각한 것을 제대로 표현하였는가?			
3. 주장이 분명한가?			
4. 주장에 대한 적절한 정보를 제시하였는가?			
5. 논리적이고 창의적인가?			
6. 중심내용과 주변내용을 구별하는가?			
7. 끝맺음이 분명한가?			

〈토론 수업 평가표〉 – 필자의 반 사례

	평가기준 (잘함 4/ 보통 3/ 부족함 2점)	배점	점수	
			찬성팀	반대팀
입론	토론의 쟁점을 바르게 이해하고 간결하고 명확하게 진술했다.	4		
	주장에 대한 논거가 객관적이고 참신하다.	4		
	확인 심문자의 질문에 효과적으로 답변했다.	4		
확인 심문1	토론의 쟁점을 명확히 하는 데 도움이 됐다.	4		
	상대방 주장의 허점을 적절하게 지적했다.	4		
반론1	상대방 입론의 핵심을 정확히 이해하고 상대 논리를 논리적으로 사실적으로 모순 없이 논박하고 있다.	4		
	주장과 주장을 지지하는 근거를 논리적으로 타당하게 연결하고 있다.	4		
	확인 심문자의 질문에 효과적으로 답변했다.	4		
확인 심문2	토론의 쟁점을 명확히 하는 데 도움이 됐다.	4		
	상대방 주장의 허점을 적절하게 지적했다.	4		
반론2	상대방 논리에 대한 심도 있는 이해와 분석을 통해 준비한 중요한 반론을 논리적으로 제기했다.	4		
	자신의 일방적인 쟁점만을 제시하지 않고 상대방의 논점을 조목조목 반박하여 설득했다.	4		
	상대방 지적에 대해 객관적으로 타당한 증거나 자료를 통해 적절하게 응수했다.	4		
확인 심문3	토론의 쟁점을 명확히 하는 데 도움이 됐다.	4		
	상대방 주장의 논리적 문제점을 확실하게 부각시켰다.	4		
반론3	상대방 논리에 대한 심도 있는 이해와 분석을 통해 남아있는 중요한 반론을 논리적으로 제기했다.	4		
	자신의 일방적인 쟁점만을 제시하지 않고 상대방의 논점을 조목조목 반박하여 설득했다.	4		
	상대방 지적에 대해 객관적으로 타당한 증거나 자료를 통해 적절하게 응수하며 종합적인 결론을 이끌어냈다.	4		
최종 발언	핵심쟁점을 중심으로 토론의 큰 흐름을 간결하고 명확하게 요약했다.	4		
	반론에서 미진했던 부분을 적절하게 보충하며 자신들의 최종 결론을 효과적으로 부각시켰다.	4		
공통 항목	토론 내용을 잘 나타내는 정확한 용어를 사용했다.	4		
	정확하고 분명하게 발음하여 쉽게 알아들을 수 있었다.	4		
	토론에 임하는 자세나 태도가 바르다.	4		
	상대방의 인격을 존중하는 태도를 보이고 있다.	4		
	토론 시간을 잘 지키고 있다.	4		
합계		100		

필자의 경우, 토의·토론 수업을 시작하기 전에 교사인 나 자신이 판정인이 되어 심사 기준을 미리 발표하고 활용을 시작했었다. 그러나 그때의 생각을 떠올려 볼 때, 처음 해 보는 토론 수업에서 위와 같은 기준을 들이대며 아이들의 활동을 평가하는 것 자체가 무리라는 것을 확실히 깨달을 수 있었다. 적어도 위와 같은 평가표는 10여 차례 평가까지 포함한 토론 수업을 차근차근 경험을 해 본 학생들에게서나 가능한 기준이라는 것을 확실하게 알 수 있었다. 그 뒤로 토론 수업을 진행할 때마다 평가 기준에 대하여 나름대로의 지도와 분석, 부족한 점에 대한 안내 등을 충분히 해가면서 아이들의 실력을 쌓아나가기도 하였다. 역시 많은 경험은 아이들을 조금씩 성장하게 만들었다. 어느 정도 실력이 쌓이면 판정인에 교사 자신과 함께 학생들을 포함시켜도 충분히 가능한 활동이기도 하다.

앞에 제시한 평가표 사례는 어디까지나 참고일 뿐, 교사가 다양한 판정 기준, 참가자 수 등에 따라 직접 만들어 사용하거나 기존의 평가표를 참고하여 더 효과적인 양식으로 변화를 준 뒤 사용하는 것이 좋을 것이라 판단된다. 가능하다면 평가표를 만들 때 학생들의 의견을 반영시키거나 직접 학생들이 만들어 보도록 하는 것도 좋은 방법이 될 것이라 여겨진다. 필자의 교실에서 실천했던 사례를 제시해 보면 아래와 같다(자료 수집표, 토론 준비표, 평가표).

논 제	학원을 통한 선행학습, 필요한 것인가?
자료내용	**자료의 출처**
"선행학습의 환상은 벗어나고 깨어나야 합니다. 공부도 제때 하는 것이 제일 효과적입니다. 저는 앞으로도 선행학습형 사교육 체제와 일전을 불사하는 마음으로 선행학습 추방 캠페인을 정책적 관점에서 벌이겠습니다."(곽노현 교육감) – 자료번호 1 서울시 교육청은 사교육(학원) 의존형 선행학습의 만연으로 인해 사교육비와 학습시간 부담이 커지고, 학생들의 자유재량 활동 및 창의력이 위축되며, 정상적인 학교교육이 어렵다고 판단하였다. 시교육청은 향후 선행학습을 유발하는 요인에 대한 분석 및 이를 개선하기 위한 방안 정리 작업 등을 지속적으로 수행할 방침이다. 아울러 이와 같은 활동의 결과를 정리하여 선행학습 추방을 위한 정책을 올해 안에 발표할 예정이다. 시교육청 관계자는 "사교육(학원) 의존형 선행학습은 학생들이 학교교육에 집중할 수 있는 능력을 떨어뜨리고, 교사의 수업의욕을 저해하는 부작용을 낳는 등, 시교육 중에서도 가장 해악이 크다"며 "선행학습 추방 운동의 필요성과 역사적 의의에 공감하는 학생, 학부모, 교사들의 자발적인 참여가 필요하다"고 말했다. – 자료번호 2	KTV 한국정책방송 케이블방송 2010.09.15(자료번호 1) i-시사미디어 기사 2010.09.15(자료번호 2) **자료의 중요성** (☆☆☆) ☆ 3개: 아주 중요하다. ☆ 2개: 보통이다. ☆ 1개: 중요도가 낮다. **자료에 적절한 주장** 학원에서의 선행학습은 학교 수업 참여를 소극적으로 만들며, 자기 주도적 학습에 도움이 되지 않는다.

※ 자료 수집표 사례: 사전 준비를 위한 활동으로 자료 수집표를 작성해 보는 것이 좋다. 토의·토론 수업의 경우 아무런 사전 지식이나 근거 자료가 없이, 막연한 생각만으로 임하게 되면 토의·토론의 논리성이 떨어져 수업의 질이 떨어지고 토의·토론의 학습 효과를 거두기가 어렵다.

(반대)측 토의·토론 준비표

날짜	200 년 월 일 요일	제 학년 반 토론자 이름 :
논제	학원을 통한 선행학습, 필요한 것인가?	

근거(이유)	예상되는 질문	자신들의 반론
① 공부에 있어서 예습보다는 복습이 더 중요하다. ② 학원에 의지해서 공부하는 것보다 자기 스스로 공부하는 것이 더 중요하다. ③ 학원에서의 선행학습은 오히려 학교의 수업을 방해한다.	① 학원의 선행학습을 통해 학교 수업 내용을 더 잘 이해할 수 있다? ② 2번 듣게 되면 오히려 공부를 더 잘 하게 된다? ③ 공부에 자신 없는 학생들에게 선행학습은 도움이 된다?	① 선행학습을 한 사람들이 수업 시간에 집중하지 않는다(알고 있다고 생각해서). ② 2번 듣는 것보다 한 번 듣고 스스로 복습하는 것이 실력 향상에 더 도움이 된다. ③ 부족한 것은 반복학습을 통해 자신감을 갖게 된다.

상대의 주장	학원을 통한 선행학습은 필요하다.

예상되는 근거	생각할 수 있는 문제점
① 학원을 통한 선행학습은 학교에서의 수업에 도움을 주어 실력이 향상된다. ② 집에서 혼자 공부하기 어려운 사람에게 학원 선행학습은 도움이 된다. ③ 학원에서의 선행학습과 학교에서의 복습, 그리고 집에서 또 한 번 공부한다면 실력 향상에 큰 도움이 될 것이다.	① 집에서도 자기 스스로 예습과 복습을 충분히 할 수 있다. ② 집에서 혼자 공부하기 어려워 학원 선행학습을 한 친구들의 실력이 좋지 않는 경우도 많다. ③ 학원이 좋다는 사람보다 다니기 싫어하는 사람이 많다(숙제, 시험 등 – 스트레스).

최종 변론	학원 선행학습이 전혀 도움이 되지 않는다고 볼 수는 없겠지만 실력이 뛰어난 사람들 가운데 많은 사람들은 선행학습을 하지 않는 사람들이고, 학원에서 선행학습을 하지 않고 학교 수업 시간에 주인이 되고 집에서 복습만 잘 이루어진다면 충분히 실력을 향상시킬 수 있으며, 학원을 다니지 않으므로 인해 시간 활용도 많이 할 수 있다는 점에서 학원을 통한 선행학습은 필요하다는 것에 대하여 반대한다.

※ 토의·토론 준비표 사례: 자료 준비표에서 의해 작성된 자료 내용을 바탕으로 토의·토론 수업을 할 경우 토론 준비표를 미리 작성하게 하면 좋다. 토의·토론 준비표에 따라 준비된 상태로 토의·토론 활동에 임하게 하면 내용이 훨씬 더 풍부해지고, 토의·토론 수업의 완성도 또한 높아질 것이다.

협동학습으로 토의·토론하기

200 년 월 일 이름:

모둠 이름

평가 내용(개인 활동 및 모둠 활동)	자기 평가			모둠 평가		
	잘함	보통	부족	잘함	보통	부족
1. 자신의 생각과 그 근거를 적절하게 제시하며 말하였는가?						
2. 상대방의 주장에 대한 반론을 펴면서 타당한 근거를 제시하였는가?						
3. 상대방의 질문에 답변을 잘 하였는가?						
4. 상대방의 말을 경청하였는가?						

※ 토의·토론 평가표 사례: 활동이 끝난 후의 반성은 다음 활동에 큰 도움을 줄 수 있다.

2 토의·토론 수업과 협동학습

토의·토론 수업과 협동학습은 여러 가지 면에서 유사한 점을 많이 갖고 있다. 필자가 본서를 집필하게 된 계기도 바로 여기에 있다. 필자는 본래 협동학습을 20년 넘게 교실로 끌어들여 현장에서 다양한 활동 및 연구를 해 왔다. 그런데 어느 순간 학생들이 협동학습 구조를 통해 활동하는 모습을 바라보니 그 모습이 마치 토의·토론 활동을 하고 있는 것과 유사한 점을 발견하게 되었다. 그 이후로 토의·토론 수업과 협동학습을 접목시키려고 많은 노력도 해 왔고, 긍정적인 부분도 많이 발견하였다. 따라서 여기에서는 토의·토론 활동과 협동학습이 접목될 수 있는 부분을 찾고, 이를 바탕으로 협동학습으로 토의·토론 수업하기에 대한 기틀을 마련하는데 중점을 두어 이야기를 전개해 나가고자 한다.

1) 협동학습과 토의·토론 수업

협동학습이란 학습자들이 공동의 학습목표를 달성하기 위해서 서로 도와가면서 학습하는 구조를 말한다.[12] 협동학습은 모둠 구성원 간의 긍정적인 상호작용을 바탕으로 인지적 발달을 추구한다는 것을 가장 큰 특징으로 하는데, 다양한 특징[13]들을 토의·토론 수업과 관련지어 좀 더 살펴보면 다음과 같다.

수업목표가 구체적이고, 각 학습자의 목표 인식도가 높다.

☞ 토의·토론 수업에서도 목표가 구체적으로 제시되고, 목표 인식도 또한 매우 높다고 할 수 있다(문제 해결 및 대안 모색, 상대방 설득을 통한 합의 등).

---

12 흔히 협동학습은 수업방법으로 인식되어지고 있지만 필자는 협동학습에 대한 패러다임을 바꿀 것을 적극 권한다. 협동학습은 수업방법론이 아니라 학급운영론인 것이다. 그 이유는 필자가 쓴 '살아있는 협동학습(이상우, 2009)', '협동학습 살아있네(이상우, 2020)'를 참고하기 바란다.

13 이상우, 2009, pp.44~48. 이상우, 2020, pp.8~23.

학습자 간에는 긍정적 상호의존성이 있다.

☞ 부족한 동료에 대한 도움 주고받기, 역지사지 정신, 승패가 있는 경우 이길 때도 배우지만 질 때도 배우는 것이 있다는 자세, 너그러운 승자와 명예로운 패자가 되기, 상대방 의견 존중하기 등은 토의·토론 수업에서 나타나는 중요한 효과들이다.

대면적 상호작용이 있다.

☞ 토의·토론 수업은 문제 해결 혹은 상대방 설득을 위해 팀 구성원 및 상대방과 대면적 상호작용을 하지 않으면 활동 자체가 이루어질 수 없다.

개인적 책무성이 있다.

☞ 토의·토론 수업도 팀 구성원 모두가 자신에게 주어진 역할(주제에 집중하여 대한 모색, 과제에 대한 책임, 토의·토론 활동에 적극 참여하여 자신의 생각과 의견, 주장 등을 내놓아야 할 책임 등)을 책임감 있게 완수해 나갈 때 비로소 성공적인 활동이 될 수 있다.

과제를 세분화한다.

☞ 토의·토론 수업은 팀 구성원 모두가 과제를 나누어 맡는다. 그러기 위해서는 과제의 세분화가 필수적일 수밖에 없다.

모둠 목표가 분명하게 존재한다.

☞ 토의·토론 수업은 시작부터 팀의 목표(문제 해결 및 대안 모색, 상대방 설득을 통한 합의 등)가 분명하게 나타난다.

이질적인 모둠 구성을 원칙으로 한다.

☞ 토의·토론 수업도 이질적인 모둠 구성을 기본 바탕으로 한다, 토론 활동은 동질성이 강조된다고 생각하겠지만, 학교 현장에서의 수업 활동은 동질성 내에서 또 다른 이질성(혹은 이질성 내에서 또 다른 동질성)을 의도적으로 계획하여 구성할 수 있기 때문(토론 팀 구성에서 남녀 동수로 섞기, 팀 구성원을 상, 중상, 중하,

하 수준으로 고르게 섞기 등)에 이질적인 모둠 구성을 원칙으로 한다고 봐도 무리가 없다.

모둠 과정을 매우 중시한다.

☞ 토의·토론 수업도 결과보다는 과정을 매우 중시한다. 왜냐하면 토의·토론 수업 자체가 과정이고, 결론이 났다고 해서 결코 끝나는 것이 아니기 때문이다. 또한 토의·토론 수업은 전 과정을 통해서 수업 목표를 달성해 나가는 고도의 교수-학습 방법이라 할 수 있기 때문에 과정 자체에 무게 중심을 많이 두고 있다.

성공의 기회가 분명하다.

☞ 토의·토론 수업은 모든 팀에서 나름대로의 대안이나 결론을 도출해낼 수 있는 수준의 것을 학습 주제로 선택하기 때문에 성공의 기회가 분명하다고 할 수 있다. 설령 승패가 있는 경우 이길 때도 배우지만 질 때도 배우는 것이 있다는 것을 전체적으로 정리하는 과정에서 교사가 강조해줄 필요가 있다(특히 수업 속에서 승패 자체는 그리 중요한 것이 아니라는 것!).

모둠의 단합을 강조한다.

☞ 토의·토론 수업은 과제의 세분화와 개인적 책무성을 기본 바탕으로 하기 때문에 모두가 성공의 기회를 자기들의 것으로 만들기 위해서 단합하지 않으면 안 된다는 사실을 깨닫게 된다.

동시다발적인 상호작용이 있다.

☞ 토의·토론 수업은 여기저기에서, 동시에 이루어질 수 있다. 물론 청중을 앞에 놓고 이루어지는 패널토론과 같은 것은 조금 다르지만 소집단 토론과 같은 활동은 교실 속에서 얼마든지 동시다발적으로 이루어질 수 있다.

사회적 기술을 직접 지도한다.

☞ 토의·토론 수업도 언어를 매개로 한 활동이면서 상대방에 대한 존중을 기본

으로 하기 때문에 사회적 기술을 직접 지도하지 않으면 안 된다. 따라서 토의·토론 수업을 하기 전이나 도중, 마무리 단계에서 교사가 적극 개입하여 사회적 기술을 직접 지도, 조절, 주의, 경고, 조언하지 않으면 안 된다. 그리고 더 바람직한 방법은 토의·토론 수업을 할 때만 사회적 기술을 지도할 것이 아니라 학급운영 전 과정에 녹아들어갈 수 있도록 지도하는 것으로서, 이렇게 하면 토의·토론 수업을 위해 따로 사회적 기술을 지도하지 않아도 된다는 장점이 있다.

2) 토의·토론 수업과 협동학습

앞에서는 협동학습을 중심에 두고 토의·토론 수업에 대하여 간략히 살펴보았다. 여기에서는 토의·토론 수업을 중심에 두고, 그것이 협동학습과 어떤 관련을 맺고 있는지를 토의·토론 수업의 정의, 목적, 교육적 효과라는 측면에서 살펴보고자 한다.

가) 토의·토론 수업의 정의 속에 나타난 협동학습과의 관련성

- ⊙ 토의·토론 수업이란 교사가 그 당시까지 학습한 결과를 바탕으로 학급 구성원 간에 토의·토론 활동이 활발하게 일어나도록 하여 학생들끼리 서로 묻고 가르쳐 주고, 의견도 주고받고, 논쟁도 하면서 함께 학습한 내용과 도출된 결과나 합의된 대안에 대해 확신을 갖도록 하는 것을 말한다.
- ⊙ 협동학습이란 학습자들이 공동의 학습목표를 달성하기 위해서 서로 도와가면서 학습하는 구조를 말한다.

위의 토의·토론 수업에 대한 정의를 살펴보면 협동학습의 정의와 큰 차이가 없다는 것을 느낄 수 있다. 협동학습에서 말하는 공동의 학습 목표가 토의·토론 수업에서는 문제 해결 방안 혹은 정반합 과정을 거치면서 어떤 결론을 도출해 내는 것으로 이해하면 무리가 없다. 또한 협동학습에서 서로 돕는다는 것이 토의·토론 수업에서는 서로 묻고 가르쳐 주고, 의견도 주고받고, 논쟁하면서 함께 학습한 내용과 결과에 대하여 확신을 갖도록 한다는 것으로 이해하면 될 것이다.

협동학습과 토의·토론 수업은 모두가 언어를 매개로 한 사회적 상호작용이 중심이 되는 활동이다.[14] 협동학습이나 토의·토론 수업을 할 때 학생들 간의 상호작용을 강조하면 그만큼 학습에 대한 학생들의 관심과 흥미를 높일 수 있고, 그에 따르는 학습 효과 또한 높일 수 있다. 왜냐하면 언어를 매개로 한 상호작용이 많아질수록 그만큼 인지 발달과 지식의 형성이 풍부해지고, 그 과정에서 자연스럽게 수업 목표를 달성할 수 있기 때문이다. 필자가 다년간 협동학습을 실천적으로 연구해 오면서 협동학습과 토의·토론 수업이 유사함을 느끼게 되었던 가장 핵심적인 부분도 바로 이 지점이다. 협동학습 활동을 해 나가는 학생들의 모습을 잘 관찰해 보면 학생들의 모습이 마치 토의·토론 활동을 하는 것처럼 보일 때가 많다는 것을 깨닫게 될 것이다.

한편 '사회적'이라는 말 속에는 협동학습과 토의·토론 수업에 참여하는 학생들 모두 한 개인으로서 존재하는 것이 아니라 한 사회를 이루고 있는 공동체의 구성원이라는 의미, 학습 목표의 달성은 학습자와 교사를 포함한 모든 환경과의 상호작용을 통해 이루어진다는 의미, 그리고 사회적 상호작용을 통해 다루는 내용들은 사회적·문화적 맥락(학생들이 살고 있는 현실 속에서 직접 겪게 되는 삶의 이야기)과 깊은 관련이 있다는 의미가 함축되어 있다는 것을 알아둘 필요가 있다. 왜냐하면 수업 활동 속에서(특히 협동학습과 토의·토론 수업) 다루는 주제나 문제점, 갈등들의 대부분은 오늘을 살아가고 있는 학생들이 직접 겪고 있는(혹은 앞으로 겪게 될) 현실적 삶(사회적 문제)과 직결되어 있기 때문이다.

---

14 '사회적'이란 구성원들 사이의 상호작용을 의미하는 것으로, 상호작용은 단순한 행동이나 표정을 주고받음으로 이루어지기도 하지만 주로 언어를 매개로 하여 일어나고 있다. Vygotsky는 이를 두고 상징적 상호작용이라 부르기도 하였다(이상우, 2009, p.39). 그리고 사람들은 상징적 상호작용을 통해서 지식을 얻고 있고, 지식을 생산해 나가고 있다. 다시 말해서 지식이라는 것은 개인의 내부에서 만들어지는 것이기는 하지만 다른 구성원들과의 사회적 상호작용을 거쳐야만 비로소 만들어진다는 것이다(지식은 곧 사회적 상호작용의 산물이라는 의미). 이를 염두에 두고 바라본다면 학생들이 지식을 얻는 방법(학교에서 이루어지고 있는 교수-학습 활동 자체)도 사회적이어야 함이 마땅하다고 말할 수 있겠다. 이런 관점에서 바라볼 때 협동학습이나 토의·토론 수업은 충분히 사회적이라고 말할 수 있다.

나) 토의·토론 수업의 목적 속에 나타난 협동학습과의 관련성

필자는 앞서서 토의·토론 수업의 목적 네 가지를 제시한 바 있다. 이를 바탕으로 협동학습과의 관련성을 하나씩 풀어나가 보도록 하겠다.

목적 ①: 주제와 관련하여 많은 것을 알게 하고, 자신의 생각과 의견을 갖도록 하는 것

협동학습의 목적 또한 이와 무관하지 않다. 협동학습 속에서 학생들은 주제와 관련된 많은 것들을 먼저 생각하고 조사하고 정리한 뒤, 이를 바탕으로 자신의 생각과 의견을 만들어 다른 구성원들과 나누면서 많은 것을 알아 나간다. 협동학습을 해 나가면서 학생들이 자신의 생각이나 의견을 갖고 있지 못하면 활동은 절대로 이루어질 수 없다. 때문에 협동학습을 할 때 모든 활동의 첫 순서로 "혼자 생각하기"라는 요소를 반드시 넣어야 한다고 필자는 매우 강조하고 또 강조하고 있다.[15] 결국 협동학습도 학생들의 인지적 발달과 성장을 돕기 위해 개별학습이나 경쟁학습의 대안으로 나타난 것이라는 점을 이해한다면 협동학습으로 토의·토론 활동이 충분히 가능하다는 것을 알 수 있다.

목적 ②: 수업 과정에서 모든 학생이 말할 기회를 가지고 자신의 생각을 발표하도록 하는 것

협동학습에는 밑바탕이 되는 기본 원리 5가지가 있다.[16] 그 가운데 하나가 "동등한 참여"라는 것이다. 사회적 상호작용이라는 관점에서 사회적 구성원 모두가 동등하게 참여하여 말할 기회를 가지고, 자신의 생각을 말하며 그 결과로 어떤 합의나 결론에 이르게 된다면 소기의 목적은 달성한 것이라 봐도 될 것이다. 협동학습은 모

15 Kagan은 협동학습에서 말하는 구조를 이루는 3가지 요소를 '미시적 구조'라 이름 붙이고, 그에 대하여 "개인, 짝, 그룹(3인 이상)"이라고 소개하였다(Kagan, 1999, pp.86~87). 협동학습 구조들은 이 3가지 요소가 유기적으로 결합하여 만들어진 것인데, 여기에서 잊지 말아야 할 것 한 가지는 '혼자 생각하기(개인)' 요소는 모든 구조 활동을 해 나갈 때 가장 먼저 하지 않으면 안 된다는 것이다. 왜냐하면 어떤 과제나 질문에 대하여 생각할 시간도 없이 바로 활동에 들어가면 어떻게 말하고 활동해야 할지 몰라서 상호작용 없이 우왕좌왕하고 시간만 보낼 가능성이 많기 때문이다(이상우, 2009, p.107. 이상우, 2020, p.404).

16 협동학습의 5가지 기본 원리▶[① 긍정적인 상호의존, ② 개인적인 책임, ③ 동시다발적인 상호작용, ④ 동등한 참여, ⑤ 한 사람도 포기하지 않기] 여기에서 동등한 참여가 강조되는 이유로 필자는 "학생들의 참여를 통해 생산되어진 다양한 의견이나 생각들이 수업의 소중한 학습 자료원이 되기 때문"이라 판단한다(⑤번 원리는 필자가 개발한 것임: 2부 1장 참고).

두 자신의 생각과 의견을 갖는 것에 그치는 것이 아니라 밖으로 자신의 생각을 당당하게 드러내는 것을 매우 중요하게 여긴다. 이를 위해서 "동등한 참여"의 원칙은 필수적일 수밖에 없다고 본다면 협동학습으로 토의·토론 수업이 충분히 가능하다는 것을 알 수 있다.

목적 ③: 주제에 대한 진실에의 접근 및 이해의 폭과 깊이를 더할 수 있도록 하는 것

협동학습이나 토의·토론 수업이 학생들의 인지 발달에 효과가 있다는 것은 이미 입증된 바이다. 여기에는 동기론이나 인지론, 구성주의 등에 학문적 바탕을 두고 있기 때문이다. 이에 대해 간략히 소개하자면 다음과 같다.[17]

- ⊙ 동기론: 목표동기가 협동적일 때 학생들은 긍정적인 상호작용을 극대화하는 노력을 하며, 그 과정 속에서 긍정적인 태도를 형성하게 되고, 그 결과 학업 성취도(관련 주제에 대한 이해의 폭과 깊이)까지도 높아지게 된다.
- ⊙ 인지론: 인지발달론과 인지정교화론으로 나누어지는데, 인지발달론에서는 학생들의 긍정적인 상호작용이 그들의 지적 능력을 향상시킨다고 주장하고 있고, 인지정교화론에서는 어떤 정보를 암기하거나 이미 가지고 있는 정보와 관련시켜서 그 정보자료를 인지적으로 재조직하거나 정교화할 때 학습효과가 가장 크다고 주장하고 있다(예를 들면, 다른 사람에게 자신이 알고 있는 것을 설명해 주는 경험을 할 때 그 내용을 더 잘 이해하고 오래 기억하게 된다는 것).
- ⊙ 구성주의: 고급 사고력을 지닌 학습자를 기르고, 자기주도적 학습이라는 관점에서 학습자들에게 많은 자율성과 선택권을 주며 그들의 목소리와 요구, 흥미와 관심에 가치를 두어야 한다는 시대적 요구를 이론적으로 뒷받침하는 학습이론으로, 여기에서 강조되는 것 가운데 근접 발달 영역과 비계라는 것이 있다.

17 이상우, 2009, pp.34~40. 이상우, 2020, pp.35~53.

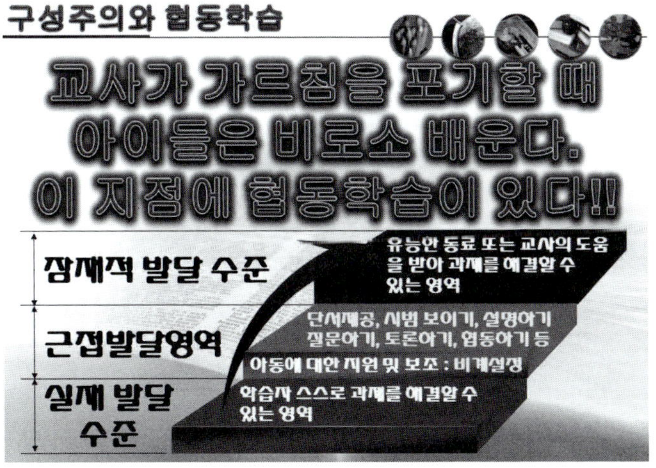

목적 ④: 수업을 통해 탐구력, 창의적 문제해결력, 비판적 사고력, 합리적 의사결정력 등을 신장시키려는 것(고등 정신 기능)

앞서서 언급한 바와 같이 이들을 모두 고등 정신 기능 혹은 고급사고력이라고 말한다. 협동학습의 주된 목적은 고급사고력 신장에 있다고 해도 과언이 아니다.

고급사고력은 지식의 습득과 이해를 바탕으로 한 적용, 분석, 종합, 평가 등과 관련이 있는데, 교실에서 학생들이 주어진 과제에 대해 협동적으로 해결해 나가는 과정을 살펴보면 그러한 기능들을 수행해 나가고 있다는 점을 알 수 있게 된다(협동학습은 집단과정을 통해 다양한 구성원들이 자신의 생각과 의견 또는 주장을 표현하고, 토의·토론한 뒤 이를 바탕으로 소집단 의사를 합리적으로 결정하고 합의하는 경험을 학생들에게 가져다준다). 또한 구조 중심 협동학습은 크게 암기숙달, 사고력 신장, 정보교환, 의사소통 기술(의사결정 포함)의 4가지로 나누어지는데,[18] 그 가운데 사고력

18 Kagan이 말한 구조 네 가지를 간략히 소개하면 다음과 같다(Kagan, 1999, pp.187~295).
① 암기숙달 구조: 학습한 내용을 충분히 익히고, 숙달하게 하여 완벽하게 암기할 수 있도록 도와주는 구조
② 정보교환 구조: 개인이나 집단이 가지고 있는 지식이나 정보를 서로 나누고 공유할 수 있도록 하고, 더 나아가 시너지를 느낄 수 있도록 도와주는 구조
③ 사고력 신장 구조: 고차원적인 사고력을 기르기 위해 학습자 간에 활발한 상호작용을 일으켜 통합적으로 사고할 수 있도록 도와주는 구조
④ 의사소통 기술 구조: 동료들의 생각을 토대로 무엇인가를 발전시키거나 있는 그대로 인정하고 받아들일 수 있도록 도와주는 구조.

신장 구조는 고급사고력 신장 면에서, 의사소통 기술 구조는 토의·토론 활동을 위한 의사소통 능력 향상 및 바람직한 태도 형성과 사회적 기술면에서 토의·토론 수업과 깊은 관련이 있다. 구조 중심 협동학습을 처음으로 시작한 Kagan의 말을 빌려보면 다음과 같다.[19]

개념 잡기

"교육의 성공이라는 것에 대하여 [정보를 기억하는 양이 아닌 좀 더 넓은 의미의 문제 만들기, 종합, 분류, 재분류, 평가, 적용하는 능력]으로 정의하는 추세가 많은 설득력을 얻고 있다. 즉 정보의 내용 그 자체보다는 사고력이 우선시되고 있다는 것을 보여주는 것이다. 정보의 분류 능력은 정보화 시대의 필수 도구가 되었다. 정보의 내용은 그 다음이다. 그런데 이를 가능하게 만드는 보다 더 중요한 힘이 바로 사고력이다. 그래서 교실에서도 사고력 신장을 위한 학습 구조가 꼭 필요한 것이다."

Kagan이 말하는 사고력 신장 학습 구조 여섯 가지

① 생산적, 반성적 사고: 사고 및 반성 능력을 신장시키는 구조
② 관계적 사고: 정보들 간의 관계를 탐구하는 구조
③ 분석적 사고: 복잡한 전체를 분석하고, 그 구성요소를 검토하는 구조
④ 개념의 획득과 응용: 특정 사실에서 일반적인 법칙과 개념을 추출하거나 일반 법칙을 특정한 상황에 적용할 수 있도록 하는 구조
⑤ 분류: 특정한 예들을 종류에 따라 분류할 수 있도록 해 주는 구조
⑥ 문제 만들기와 답하기: 일정 사고 범위에서 질문을 만들거나 대답하는 구조

살펴본 바와 같이 사고력 신장, 의사소통 기술 구조가 있다는 것은 협동학습으로 충분히 토의·토론 수업이 가능하다는 것을 입증해주는 것이라 할 수 있다.

19 Kagan, 1999, pp.216~217.

다) 토의·토론 수업의 교육적 효과 속에 나타난 협동학습과의 관련성

필자가 앞서 제시한 토의·토론 수업의 교육적 효과와 비교해볼 수 있는 협동학습의 교육적 효과[20]를 살펴보면 다음과 같다.

토의·토론 수업의 교육적 효과	협동학습의 교육적 효과
① 사회현상을 바라보는 안목과 문제의식 배양 ② 민주시민의식 함양 ③ 학습 능력 및 고등 정신 능력의 개발 ④ 도덕적 가치와 태도의 변화를 통한 개인과 집단의 성장 ⑤ 의사 표현 능력 신장 ⑥ 수업에 대한 흥미 및 참여도 증가 ⑦ 비교적 높은 학습 효과(학업 성취 등) ⑧ 사회적 기술 습득	① 학생들이 수업시간의 주인이 되어 수업시간이 즐겁다고 느끼게 된다. ② 타인을 배려하는 태도를 길러준다. ③ 고급사고력을 길러준다. ④ 원만한 대인관계를 유지를 돕는다. ⑤ 지적 모험을 할 수 있는 기회를 제공한다. ⑥ 긍정적 자아개념을 갖게 해 주고, 강한 소속감을 심어준다. ⑦ 자기주도적 학습을 가능하게 한다. ⑧ 학습에 대한 만족도가 높다.

위의 표에서 보는 바와 같이 두 가지의 교육적 효과(장점)은 거의 같다는 것을 알 수 있다(토의·토론 수업의 교육적 효과 속에 있는 "사회현상을 바라보는 안목과 문제의식 배양"도 협동학습의 교육적 효과 속에는 고스란히 녹아들어 있다고 봐야 한다. 왜냐하면 협동학습도 학생들이 살아가는 오늘날의 사회적 현상과 문제들을 주된 학습 주제로 삼기 때문이다. 또한 "의사 표현 능력 신장"이라는 토의·토론 수업의 교육적 효과도 협동학습에서는 자연스럽게 달성될 수 있다. 왜냐하면 협동학습은 기본적으로 언어적 상호작용을 매개로 하고 있으며, 구성원 모두가 동등하게 참여하여 자신의 생각과 의견을 반드시 내놓을 수 있도록 구조화시키고 있기 때문이다).[21]

20 협동학습의 장점(교육적 효과)에 대한 자세한 내용은 [이상우, 2009, pp.53~58; 이상우, 2020, pp.8~23; 전문성, 2002, pp.52~57; Kagan, 1998, pp.18~57]을 참고하기 바란다.

※ 인지적, 정의적, 사회적 기술 측면으로 나누어 해석을 해보면 다음과 같다.

(1) 인지적 측면에서의 효과: 고급사고력 신장, 사고의 폭과 깊이 확대, 지적 성장과 발달(양적인 면과 질적인 면 모두) 및 그 활용능력 신장(학습능력 향상)

(2) 정의적 측면에서의 효과: 수업의 참여도 향상(흥미, 동기), 학습태도의 긍정적 변화, 자신의 경험을 배움의 소중한 기회로 인식함, 도덕적 가치와 태도의 변화, 민주시민의식 발달

(3) 사회적 기술 측면: 사회적 기술의 향상(의사소통 능력, 수용 능력, 배려, 존중, 경청 등)

21 산업사회에서는 물건의 생산과 소비가 경제의 중심이었지만 포스트산업사회(이런 흐름을 포스트모더

지금까지 협동학습과 토의·토론 수업과의 비교를 통해서 두 가지가 서로 유사한 점을 많이 갖고 있다는 점을 살펴보았고, 이를 통해서 협동학습으로 토의·토론 수업이 충분히 가능하다는 것도 알게 되었다. 물론 협동학습과 토의·토론 수업은 분명히 큰 차이점도 갖고 있다(예 토의·토론의 다양한 형태, 토의·토론 규칙이나 원칙, 활용되는 영역 등). 하지만 다양한 토의·토론 활동의 각 단계를 세세하게 나누어 분석해 보면 각 단계마다 협동학습 구조를 적용하여 활동이 가능하다는 점을 우리는 알 수 있게 된다(예 모든 과정에서 자신의 의견을 말할 때 "다시 말하기 카드" 활용하기, "다시 말하기 카드" 활용하기, 돌아가며 말하기, 번호순으로, 인터뷰하기, 생각 내놓기 등). 이처럼 협동학습은 어떤 과정에서든지 어떤 내용이라도 담을 수 있는 훌륭한 그릇이자 틀로서 발전된 학문이며 실천을 바탕으로 한 이론이라는 것을 꼭 알아두었으면 한다.

필자가 이 장에서 마지막으로 하고 싶은 말이 있다면 다음과 같다. 토의·토론이라는 수업을 어렵게 생각하면 끝이 없다. 하지만 쉽게 생각하면 무척 손쉽게 교실 현장으로 끌어들일 수 있는 것이기도 하다. 토의·토론 수업을 보다 쉽게 이해하기 위해서는 토의·토론 수업과 일반적으로 이루어지고 있는 토의·토론과의 차이점을 분명히 이해하고, 잘못 이해하고 있었던 개념을 수정하고, 토의·토론이라는 수업을 "토의·토론 대회"를 한다는 것에 한정짓거나 그와 비슷한 형태(꼭 찬반으로 갈려서 대립된 양상을 보이도록 하거나 서로 다른 의견을 가진 대표자 – 패널을 선정해서 논쟁을 벌이는 것)로 해야만 토의·토론 수업을 제대로 하고 있는 것이라 생각하지 말기를 강력하게 부탁하고 싶다. 이렇게 토의·토론 수업에 대한 상을 유연하게 가져갈 수 있다면 협동학습으로 "토의·토론 수업하기"는 얼마든지 가능하다는 것을 깨달을 수 있으며, 그동안 어렵게만 느껴졌던 토의·토론 수업이 어느 순간에 가깝게 여겨

니즘이라 한다)에서는 정보나 지식의 교환과 대인 서비스 제공이 경제활동의 중심이 된다. 그래서 포스트산업사회를 지식정보화사회라고도 한다. 이런 사회에서는 물건의 생산과 소비 대신 지식의 창조와 교류가 경제의 중심이 된다. 그렇다면 교육도 그에 맞게 변화를 주어야 한다. 산업사회에서는 일방적 주입식·암기식 교육이 개인과 경제와 국가의 발전에 도움을 줄 수 있었겠지만 포스트산업사회에서는 지식의 고도화와 복잡성에 대응할 수 있는 질 높은 배움을 실현할 수 있는 교육, 새로운 지식과 정보의 창출 및 학생들의 다양성과 상상력이 발현될 수 있는 교육, 자율성과 인간관계능력 향상에 도움을 줄 수 있는 교육이 필요하다. 그리고 그런 교육은 주로 협동적 활동에 의한 토의·토론, 문제해결 수업, 프로젝트 수업 등을 필요로 한다.

지고 손쉽게 해 나갈 수 있는 것으로 인식되어 교수-학습 활동이 보다 내실 있고 윤택해져 아이들도 신나고 선생님도 신나는 교실이 만들어질 것이라 믿어 의심치 않는다.

물론 오해는 없기 바란다. 협동학습도 결코 쉽지만은 않다는 점, 그리고 협동학습도 그 진가를 깨달으려면 단순히 수업 기법이나 방법론으로 인식해서는 안 된다는 점, 협동학습의 진정한 가치는 학급운영이라는 관점에서 바라볼 때 비로소 느낄 수 있다는 점, 그래서 그 길은 매우 어렵고 길고 험난한 길이라는 점을 필자는 강조하는 바이다. 부디 본서의 제목이 "협동학습으로 토의·토론 수업 완전정복"이라고 하여 협동학습을 단순히 수업 방법론이나 수업 기법 정도로 가벼이 여기고 있다고 생각하지 않기를 바란다(이상우, 2009, 『살아있는 협동학습』, 이상우, 2020, 『협동학습 살아있네』 참고).

끝으로 필자는 협동학습에 대한 올바른 이해와 연구하려는 노력 없이 여기에서 제시하는 기법과 같은 요소만 받아들여 수업방법으로만 활용하려고 하시는 분들에게 협동학습에 대한 이해와 깊이를 더할 것을 권하고 싶다.

P/A/R/T

02

협동학습으로 토의·토론 준비하기

Chapter 03 | 협동학습에 대한 이해 |

Chapter 04 | 협동학습으로 토의 · 토론 준비하기 |

“

평범한 교사는 학생들에게 지식을 가르치려 말을 한다.

좋은 교사는 학생들의 이해를 돕기 위해 설명을 한다.

뛰어난 교사는 학생들의 교육을 위해 몸으로 시범을 보인다.

훌륭한 교사는 학생들의 배움을 위해 토의 · 토론의 장을 제공한다.

”

Chapter 03

협동학습에 대한 이해

협동학습으로 토의·토론 수업을 하기 위해서는 적어도 협동학습에 대한 올바른 이해가 밑바탕이 되어 있지 않으면 안 된다. 왜냐하면 지금의 교육 현장 속에는 협동학습을 한다고 하면서 겉모습만 번지르르한 협동학습, 껍데기뿐인 협동학습을 하고 있는 모습들이 너무나도 많이 보이기 때문이다. 하지만 여기에서 협동학습에 대한 모든 것을 논하기에는 무리가 있는 만큼, 가장 핵심적인 부분만을 추리고 또 추려서 안내해 보고자 한다. 협동학습에 대한 철학적·학문적·실제적 이해가 필요하신 분들은 안내하는 협동학습 서적을 읽어보기 바란다.[1]

1 협동학습 살아있네(이상우, 2020); 살아있는 협동학습(이상우, 2009); 협동학습과 탐구(이종일 외, 2008); 협동학습(Kagan, 1999); 협동학습의 이해와 실천(정문성, 2002)

1 협동학습과 학급운영 – 협동적 학급운영

협동학습은 학생들 간의 협동적인 상호작용을 통해 학습의 효과를 극대화하고자 하는 학습 구조의 한 가지로서, 흔히 알고 있는 것처럼 단순히 4명으로 구성된 모둠을 만들어 놓고, 서로 의견을 주고받는 정도의 활동을 시키면 협동학습을 하고 있는 것이라 말하고, 믿고 있는 정도의 것과는 매우 거리가 멀다. 왜냐하면 협동학습을 통해서 학습자의 인지구조에 질적인 변화가 나타났을 때 비로소 협동학습을 했다고 볼 수 있기 때문이다.

이런 협동학습은 모둠원 모두가 공동의 목표를 갖는다는 점, 구성원 모두가 평등한 관계를 유지한다는 점, 개인적인 책임이 매우 강조된다는 점, 긍정적인 상호의존을 경험하게 된다는 점, 과정 및 결과 모두에 공동의 책임을 진다는 점에서 다른 학습 구조와 구별된다. 이러한 협동학습의 특징과 효과에 대해서는 1부에서 이미 살펴본 바가 있으므로 여기에서는 다른 이야기로 넘어가 보도록 하겠다.

1) 협동학습의 중요성

사람들은 언어를 매개로 한 사회적 상호작용을 통해 의미를 구성(지식의 습득)해 나간다. 협동학습은 이런 인식을 바탕으로 학습도 학교라는 환경 속에서 이루어지는 상호작용의 한 측면이라는 점을 강조하고 있다. Vygotsky가 말하는 근접 발달 영역이라는 개념에서 이해할 수 있듯이 학생들은 상호작용을 통해 새로운 것을 배워 나간다. 이런 측면에서 본다면 오늘날 학교 현장에서 협동학습은 필수적인 것이라 할 수 있다.

협동이라는 행위를 통해 언어의 습득과 인지 구조를 변화시켜 나가는 과정을 한 개인의 내적인 측면과 사회적인 측면으로 나누어 살펴보면 다음과 같다.

개인의 내적인 측면	지식을 습득해 나가는 개인 내부의 인지 구조 변화에 초점을 두고 있다.
사회적인 측면	개인 간의 사회적 상호작용이 개인의 인지 구조 변화에 미치는 영향에 초점을 두고 있다.

오늘날 협동학습이 많은 장점을 갖고 있음에도 불구하고 교사의 치밀한 계획과 준비가 부족하거나 학생들의 협동하는 능력이 부족하거나 학생 개개인이 개인적 책무성을 소홀히 한다던가 개인적 책임을 제대로 수행하지 못하는 상황이 발생한다면 실패할 수밖에 없다는 큰 단점을 갖고 있다. 제대로 된 협동학습을 위해 교사와 학생 모두가 많은 시간과 노력을 투자하지 않으면 안 되는 만큼 협동학습은 교사나 학생 모두에게 부담이 되는 학습 구조라는 것, 그래서 신중한 접근과 적용을 필요로 한다는 것을 깨달을 필요가 있다.

2) 협동학습의 바른 적용을 위해 살펴야 할 필수 요소

협동학습을 처음 접한 교사들은 협동학습의 매력에 쉽게 빠져든다. 그럴 수밖에 없다. 왜냐하면 소위 말하는 협동학습 구조(창문열기, 3단계 인터뷰 등)라는 다양한 형태의 모형(구조 중심 협동학습을 처음 시작한 Kagan은 구조를 모형이라 불렀다)을 접하면서 거의 대부분의 교사들이 "수업 방법의 갈증 해소를 위해 꼭 필요한 연수였습니다."라는 반응을 보이면서 그것들을 다양한 형태의 수업 기법(수업 방법)으로 인식하여 받아들이기 때문이다. 하지만 학교로 돌아가 막상 실천해 나가려면 여기저기에서 들어오는 도전과 압박에 어려움을 느끼기 시작하고, 그러다가 얼마 지나지 않아 예전의 모습을 돌아가 버리는 것이 일반적이다. 그게 아니면 그냥 모둠을 구성하고 형식적으로만(협동학습 구조가 갖고 있는 절차적 틀) 적용해 나가면서 협동학습을 한다고 말하거나, 거의 모든 수업을 협동학습으로 해 보려고 하는 모습 또는 그 반대의 모습(어쩌다가 한두 번 사용하는 모습)을 보이기도 한다. 따라서 이런 상황을 극복하기 위해 꼭 필요한 것들을 몇 가지만 살펴보면 다음과 같다.

① 협동학습의 적용이 가장 효과적인지를 살핀다.

협동학습은 모든 교과, 모든 영역에서 적용이 가능하다. 다만 협동적 상호작용을 통해 학습 효과를 극대화시킬 수 있는 경우에만 적용해야만 한다는 점을 잊어서는 안 된다. 내용에 따라서는 협동학습보다 더 효과적인 학습 구조(개별식, 경쟁식, 강의식 구조)나 수업 모형이 있을 수 있음에도 불구하고 협동학습으로만 수업을 해 보려 하는 것은 협동학습을 위한 협동학습을 할 뿐이다. 협동학습은 다른 학습 구조나 수업 모형에 비하여 시간과 많은 노력을 필요로 하는 만큼 학습 과제나 문제 해결에 협동적 상호작용이 꼭 필요한 상황이나 교과서 내용의 재구성을 통해 그런 상황을 만들어 적용하는 것이 좋겠다.

② 학급 환경이나 분위기가 협동학습에 적합한지를 살핀다.

협동학습의 밑바탕에는 상호존중과 신뢰가 깔려 있다. 그런데 학급 환경이나 분위기가 경쟁적 상황으로 흘러간다면 그런 교실에서 이루어지는 협동학습은 무늬만 협동학습일 가능성이 크다. 협동과 경쟁은 극과 극이기 때문이다. 따라서 학급운영의 목표 자체를 "협동"이라는 것에 두고 교실의 모든 환경과 분위기를 그에 맞게 가져가는 일에 최선을 다하는 일은 꼭 필요하다.

③ 여유를 가지고 협동학습을 운영하도록 한다.

교사와 학생 모두는 대체로 협동학습에 익숙하지 못하다. 왜냐하면 교사도 경쟁적 상황 속에서 잘 살아남은 사람 가운데 대표적인 존재이고, 학생들도 지금까지 경쟁적 상황에 내몰리면서 어떻게 말하고 행동하고 상호작용하는 것이 협동적인 것인지 잘 알지 못하는 것이 지금의 현실이다. 그런 속에서 교사가 단순히 협동적으로 과제를 해결하라고 해서 학생들이 쉽게 따를 것이라 믿는 교사가 있다면 어리석은 생각이 아닐 수 없다. 이를 극복하기 위해서는 교사 자신이 먼저 "우리 사회는 협동사회이다."라는 시각을 가지고, 교육 및 학급운영에 대한 철학과 목표를 그에 맞추어 계획하고 실천하고 피드백 해 나가야만 한다. 그러면서 익숙하지 않은 협동학습에 적응하기 위한 시간적 여유를 충분히 가지고 천천히, 쉬운 구조나 모형부터 적용해 나가야 한다. 그와 함께 학년 초기부터 사회적 기술의 필요성과 중요성을 학생과 교사가 모두 깨닫고 이것이 몸에 밸 수 있도록 수시로 지도하고, 실천해 나가야 한다.

④ 교사가 협동학습 전 과정을 확실히 이해하고 있어야 한다.

어떤 수업이든 교사가 교수-학습 활동의 전 과정을 확실하게 이해하지 못하면 실패할 수밖에 없는 일이다. 가끔 보면 "협동학습을 하면 교사가 너무 편해요."라고 말하고 다니는 교사들이 있다. 필자가 20년 넘게 협동학습을 적극적으로 적용해 오면서 하루도 편한 기억은 없었다. 교사가 너무 편하다고 말하는 교사들은 아마도 학생들에게 과제를 부여해 놓고 방관하다시피 수업을 진행하거나 다른 업무나 다른 일을 해 나가거나 하면서 그렇게 말할 가능성이 농후하다. 이렇게 해서는 협동학습이 추구하는 목적을 달성하기는 어렵다. 그것은 협동학습이 아니다. 제대로 된 협동학습을 하기 위해서는 교사가 수업 활동에 대한 그림을 충분히 그려 놓고, 어떤 단계에, 어떤 곳에서 적절한 안내와 지도, 개입이 필요한지를 계획하고 살피면서 지속적으로 관찰·상담·평가·피드백해 나가야만 한다.

⑤ 내용이(단원, 차시, 주제, 학습 목표 등) 학생들 간의 협동적 상호작용을 필요로 하는 것이어야 한다.

가끔 보면 협동학습으로 꼭 하지 않아도 될 내용이나 주제를 가지고 협동학습을 해 나가는 경우를 보게 된다. 협동학습을 했다고 해서 학생들에게 '배움'이 일어나는 것은 분명 아니다. 반드시 협동학습을 통해서 학생들이 배워 익히고 알게 된 것이 있어야 하며 그를 통해 학생들에게 어떤 변화(인지적인 면이나 정의적인 면에서)가 일어나야만 제대로 된 협동학습을 했다고 말할 수 있다. 따라서 협동학습을 하기 전에 반드시 "이 내용을 꼭 협동학습에 담아야 할 것인가? 협동학습에 담기 좋은 내용인가?"를 먼저 살피고 고민하는 일이 필요하다.

⑥ 시간적 융통성을 갖는 일이다.

협동학습에는 2가지 큰 흐름이 있다. 구조 중심 협동학습과 모형 중심 협동학습이 그것이다. 현재 우리나라에는 구조 중심 협동학습이 주를 이루고 있는데, 그 이유는 교과서 내용이나 수업 시간의 융통성, 교육 과정의 중앙 집권화, 학교 교육과정 편성 등 여러 가지 면에서 협동학습 모형의 적용을 통한 활동이 쉽지 않게 여겨지고 있는 반면, 구조 중심 협동학습은 수업 시간 40분 가운데 10분 혹은 15분 정도의 짧은 시간만으로도 적용이 가능하며, 수십 가지에 이르는 다양한 구조가 개발, 보급되어 있어서 교수-학습 활동이 다양하게 이루어질 수 있기 때문이다. 하지만 그렇다고 하여 모든 구조 중심 협동학습이 40분 안에 끝나야만 한다는 고정관념을 버리지 않으면 안 된다. 협동학습은 분명 많은 시간과 노력을 필요로 하기 때문에 어떤 경우에는 두 차시 이상 운영해 나가거나 경우에 따라서는 며칠이나 몇 주에 걸쳐 진행해야 하는 상황도 있을 수 있다는 점을 잊어서는 안 된다(필자는 교과서 내용의 재구성을 많이 하는 편인데, 이럴 경우 대부분은 한두 차시에 끝나는 경우가 드물고 80분 블록 수업을 하는 경우도 많다).

이 책에서 논하고자 하는 "협동학습으로 토의·토론하기"도 여기에서 말한 여섯 가지(토의·토론 수업에서 협동학습의 필요성, 토의·토론 수업을 위한 학급의 모든 분위기, 토의·토론 수업을 위한 여유, 토의·토론 수업 전 과정에 대한 교사의 이해와 전문성, 학습 주제나 문제가 토의·토론 활동을 꼭 필요로 하는가에 대한 교사의 판단과 확신, 토의·토론 수업을 위한 시간적 융통성) 요소를 벗어나서 이루어질 수는 없다. 자세히 살펴보면 더 많은 이야기들이 이루어질 수 있겠지만 이 여섯 가지 요소만이라도 잘 기억하고 주의를 기울인다면 훌륭한 협동학습, 훌륭한 토의·토론 수업이 될 수 있을 것이라 확신한다.

참고 필자가 바라는 것(걱정하는 것) 한 가지

이 글을 쓰면서도 걱정되는 것 한 가지가 있다. 협동학습에 대한 전문성이나 정확한 이해와 지식도 없이 뒤에서 전개되는 "협동학습으로 토의·토론하기"의 실제 사례만 가져다가 그대로 적용하려고 하는 분들이 분명 있을 것이라는 점이 바로 그것이다. 협동학습은 그런 분들에게 결코 자신을 내어주지 않는다. 이것은 진리이다. 어떤 학문이 쉽게 자신의 자리를 내준다면 그것은 학문이라 말할 수 없다는 것이 필자의 생각이다. 부디 협동학습에 대한 깊은 이해와 지식을 바탕으로 본서를 바라 봐 줄 것, 부족하다면 협동학습 공부를 먼저 해 줄 것을 당부하는 바이다.

3) 학급운영과 협동학습, 그리고 토의·토론

"협동학습으로 토의·토론하기"를 논하면서 왜 학급운영을 이야기하는가에 대하여 의문을 제시할 분들이 많을 것이다. 그에 대한 답을 핵심적인 부분만 짚어 가면서 제시해 보고 넘어가도록 하겠다.

① 협동학습에서 말하는 "협동"은 수단이나 방법일 수 없다.

협동학습에 접근하는 대부분의 교사들은 협동학습을 "수업 내용을 전달하는 수단이나 방법"으로 인식하고 있다. 그러나 "협동"이라는 것이 결코 수단이나 방법이어서는 안 된나는 것이 필자의 생각이다. 그렇게 된다면 목적을 달성했을 때 그 수단이나 방법이 더 이상 무의미해지게 되는데, "협동"이라는 것이 그렇게 쉽게 생각할 것은 아니지 않는가. "협동"이라는 것은 원리이자 목적 그 자체이어야 한다고 필자는 강력히 말하고 싶다.

② "협동"이라는 것이 원리이자 목적 그 자체가 되어야 한다면 교실 속에서 그 의미가 실현되는 과정은 곧 학급운영인 것이다.

학급운영에는 교사 나름대로의 경영 철학과 목표가 존재한다. 협동학습은 분명히 그와 궁합이 맞아야 한다. "최고가 되라!"는 식의 1등 지상주의를 꿈꾸는 교실에서 "협동"이라는 철학과 "협동학습"이 제대로 실현될 수는 없는 일이다. 그렇게 본다면 협동학습도 학급운영의 입장에서 바라보지 않으면 안 될 것이라는 필자의 생각에 충분히 동의할 만하지 않겠는가.

③ 협동학습은 학급운영론임에 틀림이 없다.

학급운영 차원에서 협동학습을 바라본다면 학급운영론으로 바라볼 수밖에 없고, 그렇게 볼 때 "협동적 학급운영"을 상위 개념으로 놓고, 이를 "시스템 학급운영"이라 이름 붙인다면, 협동적 학급운영을 가능케 하는 학급운영 시스템은 곧 "협동학습"이라는 것이 필자의 주장이다.[2]

④ 학급운영 속에는 2개의 큰 축이 존재한다.

보통 학급운영이라 말하면 행사나 생활지도 등을 먼저 떠올린다. 그에 반하여 교수–학습 활동을 1순위로 떠올리는 교사는 거의 없다. 그 지점에서 학급운영에 대

2 이에 대한 자세한 내용은 "살아있는 협동학습(이상우, 2009), 협동학습 살아있네(이상우, 2020)"에 안내되어 있다.

한 오해가 생겨나고 있는 것이다. 학급운영에는 2개의 큰 축이 존재한다. 하나는 "학급활동(수업 이외의 모든 활동)"이고 다른 하나는 "교수-학습 활동"이다. 이 두 가지가 하나의 목표를 향해서 일관성 있게 추진되어 나가야만 비로소 학급운영 목표에 도달할 수 있게 된다. 다시 말해서 수업도 학급운영 속에 포함되는 하위 개념인 것이다.

⑤ 통합적 학급운영이 필요하다.

학급운영의 2가지 축인 학급활동과 교수-학습 활동을 별개의 것으로 여길 것이 아니라 하나라는 생각으로, 학급활동을 통해 교수-학습 활동의 목표를 달성할 수 있고, 교수-학습 활동을 통해 학급활동의 목표를 달성할 수도 있다는 통합적 사고를 바탕으로 두 개의 축이 학급운영 목표라는 큰 틀을 향하여 나아갈 수 있도록 학급을 운영해 나가는 자세가 필요하다. 공동체적 삶은 추구하는 학급활동과 객관적 지식의 암기 및 경쟁적 활동과 줄 세우기식 평가를 바탕으로 한 교수-학습활동이 동시에 공존하는 학급에서, 교수-학습 활동과 학급활동을 별개의 것으로 놓고 따로 구분 지으려는 학급에서 바람직한 모습의 통합적 학급운영(진정한 협동적 학급운영)은 불가능한 것이라는 사실을 결코 잊어서는 안 된다.

⑥ 통합적 학급운영의 목표가 "협동-다 함께 잘살기"이어야 한다.

교사들 모두에게는 나름대로의 학급운영 목표가 존재한다. 그 목표가 "협동"이라는 것과 맞아떨어지지 않으면 협동학습(협동적 학급운영)은 절대로 성공할 수가 없다. 학급활동과 교수-학습 활동 모두가 "협동-다 함께 잘살기"라는 목표 아래 일관성 있게 이루어질 때 목표를 달성할 가능성이 높아진다.

⑦ "토의·토론"도 협동적 학급운영을 위한 하나의 수단일 뿐이다.

학교 현장에서 이루어지는 다양한 형태의 토의·토론 활동이나 수업은 토의·토론을 한다는 것 자체가 목적은 아니다. 분명 수업 목적을 달성하기 위한 수단으로서 토의·토론을 활용하고 있는 것이다. 결국 토의·토론 활동은 그 자체가 가진 교육적 목표 및 효과나 학문적 바탕을 근거로 바라볼 때 교실을 협동적으로 만들어 나가는데 꼭 필요한 수단이자 방법이라 말할 수 있다. 또한 협동학습과 유사한 점이 많다는 면에서도 이 점은 충분히 짐작할 수 있는 사실이다(협동학습 구조도 마찬가지다. 많은 교사들이 협동학습 구조만 바라보고 협동학습을 공부하려고 하는데, 구조는 협동학습이라는 학문의 극히 일부일 뿐이다. 그리고 그 구조들은 협동적으로 학급운영을 해 나가는 과정에서 목표를 이루기 위한 하나의 보조적이면서도 아주 효과적인 수단일 뿐이지 그 자체가 목적은 아니다. 구조만 가지고 학급을 협동적으로 만들어나갈 수는 없다. 구조만을 바라보고, 구조만을 적용하면서 협동학습을 한다는 것은 결코 협동학습이라 말할 수 없는 일이다).

2 협동적 학급운영을 위한 10가지 열쇠

토의·토론 수업도 학급운영 과정 중 하나(수업은 학급운영의 커다란 축)라는 관점을 가지고 볼 때, 토의·토론 활동 자체도 협동적 학급운영이라는 큰 틀 속에서 바라보는 것이 바람직하다는 결론에 도달하게 된다. 이에 따라 토의·토론 활동이 협동적 학급운영 과정 속에 자연스럽게 녹아들어갈 수 있도록 하기 위해 꼭 필요한 것 몇 가지가 있는데 이를 10가지로 나누어 살펴보면 다음과 같다.[3]

열쇠 ①: 교사의 철학

진정한 협동적 학급운영을 원한다면 교사 자신부터 '협동'이라는 낱말 속에 담긴 철학으로 철저하게 무장하고, 삶의 전 과정을 통해 그 자세를 실천해 나갈 수 있어야 한다. 교사가 세상을 경쟁적 시각으로 바라본다면 협동적 학급운영은 불가능할 수밖에 없는 일이다. 학교에서 협동적 자세와 마음이 가장 부족한 사람이 바로 '교사 자신'이라는 필자의 견해에 대해 곰곰이 생각해 보기 바란다.

☞ 토의·토론 수업에도 교사의 철학은 필요하다. 단순히 해결방안을 모색하고, 찬반으로 나누어 논쟁을 벌이는 것만으로는 부족하다. 왜냐하면 현실의 문제를 주로 다루는 토의·토론 수업은 유목적적이기도 하지만, 그 활동 속에서 분명히 '가치'의 문제를 다루고 있으며, 때로는 그들끼리 충돌하는 문제가 발생하는 경우도 많기 때문이다. 따라서 수업을 통해 학생들이 어떤 방향성을 추구해 나가야 할 것인가에 대한 중심은 분명히 필요한 것이고, 이는 교사가 가지고 있는 철학에 따라 많이 달라질 수 있을 것이다. 그렇게 볼 때, '협동'이라는 철학은 우리 사회에서 볼 때 전통적으로도, 현실적으로도 큰 거부감이 없는 것이기도 하거니와 오늘날 우리들에게 가장 부족한 것이기도 하기에 토의·토론 활동을 통해 추구해 나아가야 할 방향성에 단초를 제공해 줄 수 있는 것으로 손색이 없을 것이라 생각한다.

3 이에 대한 자세한 내용은 "살아있는 협동학습(이상우, 2009), 협동학습 살아있네(이상우, 2020)"를 참고하기 바란다.

열쇠 ②: 학급운영의 목표 – 다 함께 잘살기

어떤 활동을 하더라도 목표를 가장 먼저 세우는 일이 우선되어야 한다. 목표를 세우는 일에 꼭 필요한 세 가지 고민이 있는데, 그것은 [무엇(내용)을, 왜(철학과 목표), 어떻게(방법)]이라 할 때, 목표를 먼저 세워야만 그를 달성하기 위해 필요한 내용적 고민을 하게 되고, 이를 바탕으로 방법적 고민을 제일 나중에 하게 된다. 그리고 협동적 학급운영을 위한 목표를 세우는 일이 가장 먼저라고 볼 때, 위와 같은 목표를 세우고 난 뒤 그에 따르는 교사 자신만의 중요한 원칙을 반드시 세워 두는 것 또한 매우 중요한 일이라 할 수 있다.

☞ 토의·토론 수업에 꼭 필요한 철학적 바탕이 '협동'이라면 이를 바탕으로 한 바람직한 목표를 세울 필요가 있는데 필자는 이를 '다 함께 잘살기'라고 정해놓고 이를 이루기 위해 모든 것들을 계획하고 실천해 나간다. 다시 말해서 토의·토론 수업 속에서 내려지는 결론이나 대안들이 특정 개인이나 집단에 이익을 가져다주어서도 안 되고, 반대로 특정 개인이나 집단이 그로 인한 피해를 봐서도 안 된다는 생각을 가지고(비록 수업 활동이기는 하지만 내가 살고 있는 사회와 국가와 세상에서 직접 경험하고 있는, 곧 나의 문제일 수도 있다는 관점에서) 책임감 있게 활동에 임할 수 있도록 해야만 철학이 있는 수업 활동이 이루어지는 것이고, 학급운영 목표를 향하여 한 발짝 더 가까이 다가갈 수 있는 것이라 확신한다.

열쇠 ③: 학급운영에 대한 통합적 시각

철학을 바탕으로 목표를 세웠다고 하여 협동적 학급운영이 저절로 이루어지지는 않는다. 바람직한 협동적 학급운영을 위해서는 앞에서도 강조한 바와 같이 학급운영을 바라보는 통합적 관점이 필요한데, 그런 관점을 중심에 두지 못하면 학급활동 목표 따로, 교수–학습 목표 따로 갖게 되면서 학급운영의 커다란 두 축이 서로 따로 놀게 되는 현상이 나타날 수밖에 없다. 예를 들자면 학급활동은 '협동'을 추구하면서 교수–학습 활동은 개인별·모둠별 '경쟁'을 부추기고 있는 모순된 상황을 펼쳐나가고 있는 경우가 대표적인 사례이다. 이를 극복하기 위해서는 목표에 따라 학급활동과 교수–학습활동이 일관성 있게 계획되고 진행되어야 하는데, 그렇게

만 된다면 학급운영을 잘하는 교사가 수업을 잘하는 교사, 수업을 잘하는 교사가 학급운영을 잘하는 교사라는 등식이 성립될 수 있을 것이다.

☞ 토의·토론 활동은 그 나름대로의 활동에 대한 목표를 바탕으로 수업 속에서 가장 활발하게 일어나고 있지만 단순히 수업 활동을 넘어서 현실적으로 교실 속에서 일어나고 있는 다양한 갈등 상황을 풀어내기 위한 수단적 활동으로 많이 활용되기도 한다. 그리고 이런 상황을 단순히 학급활동 속에서 일어나는 문제로 바라보기보다는 교수-학습 활동의 중요한 재료(갈등은 곧 교육의 기회)로 삼아 수업 목표를 뽑아낸 뒤 토의·토론 활동을 통해 학생들 스스로 갈등을 극복해 나가도록 한다면 그 자체가 훌륭한 수업 활동이기도 하면서 동시에 학급활동(예를 들자면 학급회의)을 해 나가고 있는 것이라 말할 수 있다. 이런 관점을 가지고 학급운영을 해 나간다면 통합적 학급운영은 충분히 가능할 것이고, 그 속에서 토의·토론 활동은 큰 빛을 발하게 될 것이다.

열쇠 ④: 학습 구조에 대한 이해

수업 = 내용 + 구조

(내용 = 수업을 위한 재료, 구조 = 재료를 담는 그릇)

- ⊙ 수업: 학습내용과 학습구조의 상호작용의 결과로 이루어진 일련의 활동
- ⊙ 구조: 학생과 학생 사이에 일어나는 상호작용 관계방식의 틀
- ⊙ 목표동기에 따른 구조의 분류: 개별식 구조, 경쟁식 구조, 협동식 구조, 일제식 구조(상호작용의 주체를 교사도 포함시킬 경우)
- ⊙ Kagan이 말하는 구조: 협동학습 수업 기법들을 협동학습 구조라는 개념으로 이해하면 된다. 협동학습 구조를 분석해 보면 구조를 이루는 3요소(혼자, 짝, 3인 이상의 그룹)가 유기적으로 결합되면서 '배움'이 효과적으로 일어날 수 있도록 조합되었다는 것을 알 수가 있다.

'구조'를 '그릇'에 비유한 이유는 그릇마다 저마다 나름의 용도가 따로 있는 것처

럼 '구조'라는 것도 적절한 목적과 용도(알맞은 사용처와 시기)를 갖고 있다는 것을 말하고자 했기 때문이다(접시에 국을 담아 먹을 수는 있지만 접시는 국이라는 내용물을 담기에 적절한 그릇이 아니라는 것!). 이렇게 본다면 협동학습, 경쟁학습, 개별학습, 강의식 구조는 그 나름대로 담기에 좋은 내용이 따로 있다는 것을 짐작할 수 있을 것이다. 아울러 Kagan이 말하는 협동학습 구조(3단계 인터뷰, 창문열기, 돌아가며 말하기 등) 또한 그 구조에 담기 좋은(그 구조로 활동하기에 알맞은) 내용이 따로 있다는 것을 알고, 각각의 구조가 갖고 있는 목적과 특성을 잘 파악해야 협동학습을 제대로 실천할 수 있다는 사실을 꼭 기억하도록 하자.

☞ 토론이라는 활동 때문에 경쟁적 관점으로 바라보기 쉽겠지만, 토론 활동도 궁극적으로는 '(협동적 목표동기에 의한 구성원들의)합의'에 이르는 것을 목표로 하기 때문에 협동적 자세가 필수적인 것이라 할 수 있다. 이런 생각을 바탕으로 토의·토론 수업을 학습 구조론적 관점에서 바라본다면 협동식 구조에 가깝다고 말할 수 있다. 또한 토의와 토론활동 모두 기본적으로는 팀원들끼리의 협동을 기반으로 하고 있기 때문에 더욱더 그런 시각을 가질 수 있는 것이기도 하다.

열쇠 ⑤: 협동학습의 5가지 기본 원리(필자가 개발한 원리 1가지 추가)

어떤 활동이 협동학습을 적용한 것이라고 한다면 기본적으로 5가지 기본 원리가 녹아들어 있다고 보면 된다(일반적으로 4가지 원리가 많이 알려져 있지만 필자가 오랜 세월 동안 협동학습을 실천해오면서 1가지 원리를 개발하여 추가하였다). 이것이 없다면 협동학습이라 말할 수 없다. 협동학습을 실천하는 교사가 협동학습의 5가지 기본 원리를 모르고 있거나 제대로 이해하고 있지 못하고 있다면 100% 기능적으로만, 껍데기만 가져다가 사용하고 있을 가능성이 높다. 그런 곳에서 협동학습은 절코 결을 쉽게 내어주지 않는다.

하나: 긍정적인 상호의존(너의 이익이 곧 나의 이익이고, 나의 이익은 곧 너와 우리 모두의 이익이다!)

둘: 개인적인 책임(내가 맡은 일은 내가 책임진다!)

셋: 동시다발적인 상호작용(다 같이, 동시에, 여기저기에서!)

넷: 동등한 참여(우리 모두 다 같이 참여해요!)

다섯: 한 사람도 포기하지 않기(전원 목표 달성하기) ⇨ 필자가 개발한 것

☞ 잘 생각해보면 토의·토론 수업은 협동학습의 5가지 기본 원리에 입각해서 바라볼 때 그 원리들이 잘 녹아들어갈 수 있는 대표적인 활동이라는 것을 깨달을 수 있다. 5가지 기본 원리를 좀 더 깊이 있게 안내하면 다음과 같다.

필자가 바라본 협동학습 5가지 기본 원리의 역할	
1. 협동적 학급운영 시스템의 기본 원칙 (시스템 작동의 기본 원리)	2. 자신의 교실에서 협동학습이 잘 이루어지고 있는지를 판단하는 기본 척도

하나. 긍정적인 상호의존

너의 이익이 곧 나의 이익이고, 나의 이익은 곧 너(우리)의 이익이야!

이는 나의 노력이 모둠의 목표 성취에 매우 중요하고 꼭 필요한 것이라는 생각을 담고 있는 것으로 협동학습의 중요한 특징일 뿐만 아니라 협동학습의 존재 의미를 생각하게 해주는 매우 소중한 문구이기도 하다.

그런데 이는 우리 학생들이 가진 정서상 그에 반하는 원리일 수도 있다. 왜냐하면 핵가족 시대를 살면서 그들이 경험적으로 갖게 된 기본 정서는 '네 것은 내 것이고, 내 것도 내 것이다.'일 가능성이 높기 때문이다. 그러나 관심과 의지를 가지고 꾸준히 지도해 나간다면 학생들도 분명히 바뀐다.

긍정적 상호의존성이 나타나는 경우	1. 구성원 간의 믿음과 신뢰가 밑바탕에 존재할 때
	2. 한 학생의 성취(실패)가 집단 전체의 성취(실패)와 밀접한 관계가 있을 때(나의 노력=모두의 이익을 위함)

학생들이 긍정적 상호의존 관계를 형성토록 하기 위해 존슨 형제의 연구 결과를 그대로 활용한다면 큰 도움이 될 것이다.[4]

4 이상우, 2020, pp.36~38.

Johnson과 Johnson이 연구한 사회적 상호의존성 이론

결과적 상호의존성	목표의 상호의존	개인 ⇔ 타인과 협동적으로 연결, 함께 목표 달성 가능성이 높음, 긍정적 목표 상호의존성이 존재(사회적 상호의존성 이론 기반)
	보상의 상호의존	각 구성원의 성공적 공동과제 완수 ⇨ 주어지는 보상의 공동 분배, 긍정적 보상 상호의존성이 존재(동기론에 기반)
수단적 상호의존성	자원의 상호의존	각 구성원은 과제 완수에 필요한 정보, 자원, 자료의 유일한 보유자, 목표 달성을 위해 각 구성원의 자료가 서로 필요할 때 자원 상호의존성이 존재(인지론에 기반)
	역할의 상호의존	각 구성원은 과제 완성을 위한 책임을 맡음, 역할책임이 주어졌을 때 역할 상호의존성이 존재(인지론에 기반)
	과제의 상호의존	각 구성원은 전체 과제의 한 부분씩 책임지고 있음, 각 구성원이 각각의 책임을 완수해야 과제가 완성될 때 과제 상호의존성이 존재(인지론에 기반)

※ 핵심만 간추리면 다음과 같다. ① 학습목표 공유, ② 보상/격려/공유, ③ 정체성 공유, ④ 약간의 경쟁 가미(깊은 고민 필요), ⑤ 혼자 하기 어려운 과제 세분하여 제시, ⑥ 과제 분담, ⑦ 상상력 공유, ⑧ 제한적 자료 활용, ⑨ 자원 및 정보 공유, ⑩ 역할 분담하기

둘. 개인적인 책임

내가 맡은 일은 내가 책임을 진다!

이는 협동적인 관계를 만들어나가기 위한 개인 내적인 기본자세를 말하고 있는 것으로, 학습과정에 있어서 집단 속에서 자신을 감추는 일이 없도록 개인에 대한 구체적인 역할을 제시하고 그에 대한 책임을 묻는 것이라 할 수 있다.

개인적인 책임이 갖는 기능	1. 긍정적인 상호의존성을 보조(각 개인의 책임 완수 ⇨ 시너지 효과로 연결됨)
	2. 무임승차, 일벌레, 훼방꾼, 봉 효과, 부익부 현상, 덜 효율적 행위자, 강력한 분쟁 유발자, 억제자 등의 예방[5]

그런데 개인적인 책임이 집단의 성공과 연관성이 떨어지게 되면 각 개인은 위의

5 1. 부익부 현상: 학습능력이 높은 학습자가 더 많은 반응을 보임으로써 학업성취가 향상될 뿐만 아니라 소집단을 장악하게 되는 현상
2. 일벌레 현상: 소집단 내에서 과제를 도맡아 하는 소수의 학생이 발생하게 되는 현상
3. 무임승객 효과: 학습능력이 낮은 학습자가 적극적으로 학습에 참여하지 않고도 높은 학습 성과를 공유하게 되는 현상
4. 봉 효과: 학습능력이 높은 학습자가 자기의 노력이 다른 학습자에게 돌아가기 때문에 어느 순간부터 학습 참여에 소극적이 되는 것

표에서 나타난 부정적인 모습을 보이게 되고 결국에는 모둠 전체가 실패를 경험하게 되며 평가의 공정성, 구성원 간의 협동적 관계 또한 훼손될 수밖에 없게 된다. 따라서 교사는 이를 극복하기 위한 방안을 충분히 마련해 두어야 한다(필요시 교사가 개입하여 비계 역할을 해야 함).

개인적인 책임 원리 활성화 방안

과제	1. 모두가 참여할 수 있도록 세분화 2. 과제 완수를 위한 각 개인의 역할 명시: 교사가 정해주거나 모둠 내 협의 후 결정[6] 3. 개인의 과제 완수와 모둠 성취 사이의 관계 이해 돕기
활동	1. 각자 맡은 과제가 퍼즐 조각처럼 잘 맞추어져 공동의 과제 완수에 이를 수 있도록 활동을 구조화하기 2. 어느 한 개인이 과제 완수를 하지 못하면 다음 단계로 넘어갈 수 없게 하기(필요시 모둠원에게 도움 받기) 3. 다양한 활동과 연계: 다중지능과 연계(반드시 글로써 제시할 필요는 없음: 노래, 신체 표현, 이미지, 영상물 등 다양) 4. 과제뿐만 아니라 모둠 내 활동 과정에서 듣는 것도 책임, 차례가 왔을 때 참여하는 것도 책임, 다른 사람 방해하지 않는 것도 책임, 모둠 내 이끔이, 지킴이, 기록이, 도우미 등의 역할을 다 하는 것도 책임이라는 사실을 잊지 않게 하기
평가	1. 과정 평가(보상)와 결과 평가(보상)를 구분하기: 개인 보상과 모둠 보상을 이원화하기, 책임을 다하지 않으면 평가에 불이익을 당한다는 사실 알게 하기(개인별로도 평가가 이루어짐을 알게 하기) 2. 과정 평가: 모둠 내에서 학생 스스로(자기 평가, 동료 평가) 3. 모둠 평가: 과제 완성도를 교사가 평가

---

5. 적극적 행위자: 소집단 내에서 과제가 무엇이고 어떻게 해야 하는지 잘 알면서 실제로 과제 해결을 위해 적극적으로 나서고 활동을 엄청나게 도와주는 구성원
6. 효율적 행위자: 소집단 내에서 과제가 잘 해결될 수 있도록 기꺼운 마음으로 참여하여 노력하는 구성원. 대부분의 구성원이 효율적 행위자일 때 가장 이상적임
7. 덜 효율적인 행위자: 소집단 내에서 과제 해결을 위해 어느 정도 도우려고 하기는 하나 그 의 기여가 전체적인 결과에 그다지 영향을 미치지 않는 구성원을 가리킴
8. 강력한 분쟁 유발자: 소집단 내의 과제 해결 과정에서 도움과 분쟁 유발 사이를 오고가는 구성원을 가리킴(과제 완수를 힘들게 하기도, 덜 힘들게 하기도 함)
9. 억제자: 소집단 내의 과제 해결 과정에서 과제 해결 임무를 돕는 척하면서도 구성원들이 보지 않을 때는 과제 해결에 전혀 도움을 주지 않거나 오히려 방해하는 구성원 또는 과제 해결 임무 자체를 거부하거나 도움을 주려 하지 않는 구성원을 가리킴

6 정확히 1/n을 하기는 매우 어렵다. 따라서 과제를 세분화한 뒤 모둠 내 구성원의 역량에 따라 잘하는 학생은 좀 더 어렵고 분량이 많은 것을, 도움이 많이 필요한 학생은 그나마 수월하고 분량이 그리 많지 않은 것을 분담하여 해결하는 것이 좋다.

결과	1. 자신이 한 결과에 대하여 책임을 지게 하기: 누구든지 발표할 수 있어야 함(무작위, random), 각 개인별로 맡은 부분을 표시하기(색깔펜 또는 별도의 구분, 맡은 분량 표시 등) 2. 보상의 이원화: 개인 보상과 모둠 보상

셋. 동등한 참여

우리 모두 다 같이 참여해요!

이는 모둠 구성원 모두가 적극적으로 참여할 수 있도록 유도하면서 소수의 학생에 의해 모둠의 의견이나 활동이 독점되는 경우를 막고, 반대로 학급이나 모둠에서 소수의 학생들이 활동에서 소외되는 일이 없도록 하자는 것을 말한다.

동등한 참여의 대의와 소의	1. 소의(부정적인 면 억제): 활동을 소수의 학생이 독점하거나 소수의 학생이 소외되는 현상을 억제
	2. 대의(긍정적 효과 발생): 누구나 평등한 참여 기회, 역할과 책임을 동등[7]하게 나누어 갖기

한편, 소극적인 학생들에게 있어서 참여는 또 한편의 어려움이 존재한다. 특히 자존감이라는 측면에서 볼 때 참여라는 것은 극복해야 할 큰 문제가 아닐 수 없다. 이런 교실에서는 '틀려도 괜찮아'[8]라는 인식을 심어줄 수 있도록 해야 한다.

(1) 손을 들지 못하는 학생들이야말로 발표를 통해 참여 기회를 더 많이 가져야 할 필요가 있음

(2) 참여를 통해 자신감, 자존심 회복의 기회를 늘려주어야 함

(3) '틀렸다'는 것은 곧 '배움의 기회'임을 인식할 수 있도록 사고 전환시키기

(4) '틀렸다'는 것을 통해 메타인지를 깨닫는 기회가 됨

7 여기에서 말하는 동등함이란 기회의 동등함이라는 의미가 가장 크다. 아울러 과제에 있어서 동등함이란 1/n을 말하는 것이 아니다. 사람마다 장점, 특성, 역량 등은 모두 다르다. 이를 고려하여 구성원들이 적절히 과제를 나누어 갖고 역할을 분담할 수 있는 지혜를 발휘하도록 지도해야 한다.

8 틀렸다는 것은 배움을 향해 내딛는 첫걸음이라는 것을 아이들이 깨달을 수 있도록 도와주는 활동들이 지속적으로 이루어져야만 한다. 배움이란 시도하고 배우고 다시 시도하는 것임을 알게 해주는 수업, 이것이 바람직한 협동학습 수업의 근본이자 방향성이다. 틀려도 괜찮은 교실을 만들어야 아이들은 이를 통해 자신의 생각을 당당하게 말하고 그 과정에서 배우게 된다.

(5) '틀렸다'보다 '발표하였다'는 것에 더 무게를 두어 적극 칭찬하기(발상의 전환을 통한 칭찬 샤워)

동등한 참여 원리 활성화 방안 [10]

제공해야 할 것들

1. 모든 활동에 역할과 책임을 동등하게 나누어 갖도록 하기
2. 다양한 활동 참여 기회가 모두에게 고르게 돌아갈 수 있도록 하기(돌아가며 모둠 내 역할 분담)[9]
3. 협동학습 구조나 도구를 적극 활용(말하기 칩, 번호순으로 등)
4. 활동 순서 제공, 활동 시간 지정, 과제의 양 등
5. 개인 사고를 충분히 가질 수 있는 시간 제공하기[10]
6. 기록하게 하기: 노트에 기록하는 것은 곧 발표를 의미. 기록은 곧 사고의 결과물이고 타인과 공유를 통해 변화, 수정, 발전해 나간다는 것을 학생이 깨달을 수 있도록 돕기(배움의 과정)
   - 고쳐야 할 부분은 지우지 말고 다른 색깔 펜으로 누가하여 기록
   - 생각의 수정은 곧 배움이고 오개념의 수정: '틀렸다는 것'에 대한 인식은 곧 '사고하고 있음=의식이 깨어 있음'을 의미 ⇨ 이것이 바로 '참여'의 진짜 의미
   - 발표할 때 기록한 것을 보고 할 수 있음을 알게 하기
   - 기록의 장점: 사고가 보다 정교해지고 체계가 형성됨

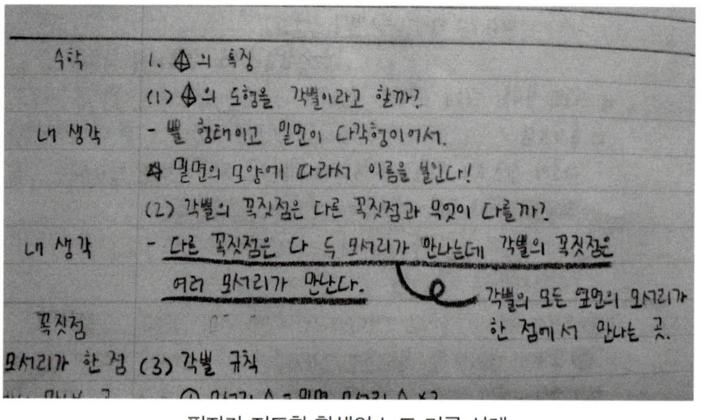

필자가 지도한 학생의 노트 기록 사례

9 특히 이끔이, 지킴이, 칭찬이, 도우미 등의 역할은 고르게 돌아가며 하는 것도 방법이겠지만 상황, 학생 수준, 역할 수행 능력 및 책임 내용 등에 따라서 맡은 역할의 전문성 강화, 효율성이라는 측면에서 접근할 필요도 있다. 판단은 어디까지나 교사의 몫이다.

10 학생들을 참여로 이끄는 가장 좋은 방법은 바로 '개인 사고 갖기'이다. 충분한 시간을 가지고 혼자만의 생각을 정리할 수 있게 하라는 것이다. 참여를 위해서는 자기만의 생각과 사고가 필요하다. 수업 시간에 의자에 앉아 있다고 하여 참여를 하고 있다고 말할 수는 없다. 자신만의 생각과 사고 없이 앉아 듣기만 하는 것은 참여가 아니라 물리적 공간만 차지하고 있는 '출석'의 의미밖에 지니지 못한다.

제거해야 할 것들	1. 모둠 구성원들의 성향이 치우치지 않게 하기: 어떤 모둠은 구성원 모두가 활동적이거나 그 반대의 경우가 되지 않게 하기 2. 욕구가 넘쳐나는 학생들의 조급함은 갈등의 씨앗 ⇨ 기다림 3. 지적인 불균형: 교사가 제시한 과제나 발문에 대한 지적 불균형 현상이 일어나면 학생들은 동등한 참여라 느끼지 못함(선행학습 문제, 학생 간-모둠 간 수준 격차가 큼으로 인한 문제) ⇨ 교육과정 재구성을 통해 해결(확산적 발문·과제를 통해 극복)

넷. 동시다발적인 상호작용

다 같이, 동시에, 여기저기에서!

이는 전통식 수업과 비교하여 학생들의 참여를 훨씬 더 효과적, 효율적으로 이끌어낼 수 있도록 한다는 점에서 매우 의미가 크다고 할 수 있다.[11] 이에 대하여 아래와 같이 순차적 구조와 동시다발적 구조를 통해 이해를 돕고자 한다.

선동적 수업의 순차적 구조와 협동학습 수업의 동시다발적 구조 비교

활동	순차적 구조	동시다발적 구조
각종 자료 배분	교사가 한 분단씩(한 모둠씩) 다니면서 활동지를 직접 헤아려서 나누어준다.	각 모둠별 전달함에 넣어두고, 책임을 맡은 모둠원이 가져다가 나누어준다.
발표하기	한 번에 한 명씩 자기 의견을 발표한다.	모든 학생이 모둠 혹은 짝을 지어 자기 생각을 발표한다.
질문에 대답하기	한 번에 한 명씩 지명하고, 답을 한다.	모두가 한 목소리로 동시에 답을 말하거나 모둠 칠판에 써서 들어올린다.
도움 받기	손을 들고 교사가 다가오거나 질문을 받아줄 때까지 기다린다.	각 모둠 내에서 친구들에게 묻고 답하면서 즉각적으로 도움을 주고받는다.
책 읽기	손을 들은 학생들만 지명하여 읽게 한다.	각 모둠에서 돌아가며 읽기 구조를 활용하여 동시다발적으로 읽게 한다.

11 '동시다발적'이라는 용어의 상대어는 '순차적'이다. 20명 학생이 순차적 구조를 통해 1분씩 발표한다면 20분이 필요하다. 이에 비하여 4인 1모둠씩 5개 모둠에서 모둠원끼리 동시다발적으로 1분씩 발표를 한다면 4분이면 족하다. 다른 모둠 학생들이 들을 수 없다는 단점은 모둠 활동 이후 번호순으로 구조 또는 발표 스틱 등을 통해 몇 명의 학생을 선정하여 발표하게 하거나 모둠칠판을 활용, 칠판나누기 구조로 연결 지어 공유하도록 하면 충분히 보완할 수 있다. 가히 예술적이라 할 수 있다. 또한 전통적인 수업에서 교사의 질문에 대한 발표는 소수 학생이 독점하지만 협동학습 수업에서는 동시다발적으로 모든 모둠에서 고르게 참여할 수 있다.

동시다발적 상호작용 원리 활성화 방안

과제	1. 어떤 과제이든 소집단 활동 결과 ⇨ 대집단 공유로 반드시 이어질 수 있도록 함(오개념, 난개념 형성 시 매우 위험할 수 있음) 2. 오개념, 난개념은 대집단 활동과 연결 지어 수정, 극복해 나갈 수 있도록 하는 것이 좋음 3. 학생 스스로 극복이 어려울 경우 교사가 약간의 힌트 제공하기 4. 과제 책임 명확히 하기
활동	1. 동시 시작, 동시 멈춤이 필요(모든 활동을 구조화: 위의 표 참고) 2. 개인 활동과 짝 활동, 개인 활동과 모둠 활동, 모둠과 모둠 간의 활동 등으로 다양하게 상호작용이 이루어질 수 있도록 하기 3. 모둠 활동 중 개별 학생의 질문이 있을 때 '모둠 질문' 으로 대응(먼저 모둠 내에서 해결 ⇨ 안 되면 옆 모둠에게 ⇨ 그래도 안 되면 모둠원 모두 손을 들어 모둠 질문하기) 4. 주어진 시간 내 과제 해결 완수하기: 100% 완수하기를 기다릴 경우 상황에 따라서는 일찍 마친 모둠에서 너무 많이 기다릴 수 있음 ⇨ 과제 몰입도 높이기, 다음 활동 단계에서 동시에 보완이 이루어질 수 있게 하기 5. 본래 모둠을 벗어났다가 다시 돌아올 수도 있어야 함: 직소 모형, ○가고 ○남기 구조, 하나 주고 하나 받기, 동심원 구조 등

다섯. 한 사람도 포기하지 않기

전원 목표 달성하기, 한 사람의 실패는 모두의 실패

이는 오랜 시간 동안 협동학습을 실천해 오면서 시행착오를 거듭하며 필자가 처절하게 깨닫고 개발한 중요한 원리라 할 수 있다. 이 원리를 깨닫기 전에는 몇 사람이 실패를 해도, 몇 사람이 목표에 도달하지 않아도 '그럴 수 있지 뭐.' 하고 그냥 넘겼었다. 또한 어떤 모둠에서 한두 명이 목표에 도달하지 않더라도 그냥 넘기기도 하였다(예를 들자면 수학 시간에 소수의 학생이 그 시간에 활동한 것을 잘 모르고 지나더라도 그냥 그렇게 넘겼다). 그런데 협동학습을 한다면서 '한 명이라도 놓치거나 포기하면 안 되는 것 아닌가?'하는 물음이 내면에서 일어나기 시작하였다.[12] 그 이후

12 나의 내면과 대화를 통해 또 하나의 각성을 이루어낸 결과가 바로 다섯 번째 원리라 할 수 있다. 그리고 하나 더 알아낸 것이 있다면 '교사가 한 사람이라도 포기하게 되면 두 번째, 세 번째 포기하는 학생이 나타날 수 있다는 점'이고 그것을 학생들은 귀신같이 알아냄과 동시에 그들도 친구들을 포기하기 시작한다는 점이었다. 이런 내용들을 최초로 공식화하여 2020년에 "살아있는 협동학습"의 전면 개정판 "협동학습 살아있네"를 세상에 내놓았다. 그리고 2020년을 기점으로 하여 필자는 협동학습의 핵심원리를 5가지로 적극 소개하고 있는 중이다. 이곳에서도 같은 맥락으로 글을 써내려가고 있는 만큼 여러분 스스로 잘 읽고 판단해주기 바란다.

부터 교실에서 어떤 활동을 하든지 모두가 성취를 이루어낼 때마다 적극적으로 칭찬을 하고 격려를 해주었고 소수의 학생이라도 목표에 도달하지 못하면 아쉬운 마음과 함께 실패를 선언하고 다음에 더 잘할 수 있기를 기대한다고 격려를 해주었다. 그랬더니 어느 순간 학생들은 한 명이라도 목표에 도달하지 못하면 그 학생 개인의 책임으로 돌리기보다는 모두의 책임으로 함께 인식하려는 모습, 도움이 필요한 친구들을 더 적극적으로 도와주려는 모습이 보이기 시작했다. 그리고 시간이 지날수록 목표에 도달하는 횟수는 점점 늘어나기 시작하였다. 그제야 비로소 필자는 '아, 바로 이것이었구나. 한 사람도 포기하지 않는 것!' 하고 '유레카'를 마음속으로 외쳤다. 그 이후부터 필자는 협동학습의 기본 원리를 1가지 더 추가하여 5가지로 수정하였고, 그 원리가 교실 속에 넘쳐날 수 있도록 하기 위해 지금도 최선을 다하고 있는 중이다.

아직은 더 연구하여 알아내야 할 것이 많겠지만 필자가 이 원리를 각성한 뒤에 나름 고민하고 실천하고 피드백하며 시행착오를 통해 알아낸 결과들을 정리하면 다음과 같다.

(1) 이상적인 협동학습 모둠

① 잘하는 학생이 도움이 필요한 학생을 적극적으로 지지하고 지원

② 나머지 학생도 함께 나서서 도움이 필요한 학생을 적극적으로 지지하고 지원

③ '함께 배움, 한 사람도 포기하지 않는 배움'이 실현됨

④ '나 좀 도와줄래?'라고 부탁하기 및 '도움이 필요한 사람 없니?'라고 질문하기가 자연스럽게 이루어짐[13]

13 이상적이지 않은 모둠에서는 도움이 필요한 학생에 대한 지원을 잘하는 학생에게만 일임하는 경향이 강하다. 그리고 나머지 학생들은 이에 대해 신경도 안 쓰고 놀고 장난치거나 개별 활동에 몰두하려고 한다. 그러다가 어느 순간 잘하는 학생은 '왜 나 혼자만 하지? 힘든데?'라고 생각하게 된다. 그게 몇 번 반복되면 잘하는 학생은 결국 도움이 필요한 학생에 대한 지원을 끊고 만다. 다시 말해서 포기하고 신경을 쓰지 않으려 하거나 귀찮아하기 시작한다. 그리고 힘들어하는 모습을 보면서도 모른 척하는 모습을 보이기 시작한다.

(2) 일반적인 협동학습 모둠의 퇴락 과정(다섯 번째 원리가 적용되지 않았을 경우)

1단계	대체로 3~4주 정도 가까이는 그럭저럭 잘 지내는 것처럼 보임
2단계	잘하는 학생이 도움이 필요한 학생을 포기 또는 소홀히 하거나 귀찮게 생각하기 시작하고 까칠하게 대하는 모습이 나타나기 시작함. 이와 함께 나머지 모둠원도 관심을 보이지 않으려 함(과제 수행에 대한 부담 때문)
3단계	도움이 필요한 학생에 대한 모둠원의 인식이 '싫음'으로 변질되기 시작 ⇨ 더 지나면 '비난' 수준으로 악화 ⇨ 이런 분위기를 잘하는 학생이 주도, 나머지 모둠원은 이를 방관하거나 비난에 동조하기 시작(과제 수행에 대한 책임 전가)
4단계	도움이 필요한 학생에 대한 잘하는 학생의 행동이 '비난' ⇨ '공격'으로 변질됨. 나머지 모둠원은 이를 방관하거나 동조하게 됨. 도움이 필요한 학생은 모둠에서 '소외 또는 왕따'를 경험하게 됨. 결국 도움이 필요한 학생은 모둠에서 벗어나고 싶은 마음을 토로하게 됨(모둠 언제 바꿔요?)

이렇게 심각한 단계에 이르게 되면 모둠을 바꾸어줄 수밖에 없는데, 그 학생만 바꾸어주게 되면 일시적으로 비난과 공격의 대상이 사라져 누구에게도 방해받지 않고 과제를 수행하게 된다. 그런데 비슷한 수준의 또 다른 학생이 오거나 이전에 있던 학생 다음으로 도움이 필요한 수준의 학생이 모둠 내에 있을 경우 앞의 2~4단계를 다시 경험하게 될 가능성이 높다. 결국 모둠은 붕괴될 수밖에 없게 된다.

협동적 학급운영을 실천하는 교실에서 위와 같은 모둠을 만들지 않기 위해서는 교사가 가장 먼저 도움이 필요한 학생에게 관심을 보이고, 그 친구를 모두가 적극적으로 지원하는 것이 결국에 가서는 구성원 모두의 득(得)으로 돌아오게 된다는 사실을 학생들에게 확실히 알려주어야 한다. 결국 모둠의 퇴락은 교사의 마음과 의지에서 온다고 볼 수 있다. 교사가 솔선수범하여 '나는 한 사람도 포기하지 않을 것이다.'라는 강력한 의지를 표명함과 동시에 학급 구성원 모두가 한 사람도 포기하지 않는 실천력을 보여주었을 때 모두에게 충분한 보상(물질적인 것일 수도 있고, 학업 성취의 향상일 수도 있고, 학생 모두가 원하는 그 어떤 것을 갖게 되는 것일 수도 있음)을 제공함으로써 학생 모두에게 득이 된다는 것을 직접 몸으로 느낄 수 있도록 해주어야만 모든 모둠은 성공할 수 있다는 것이 필자의 각성 내용이었다. 그렇게 또 한 번의 각성을 통해 필자는 매우 큰 기쁨을 얻게 되었고 협동학습에 더 깊이 빠져들게 되었다. 다섯 번째 원리에 대한 더 많은 연구를 위해 이 글을 읽는 독자 여러분도 꾸준히 연구를 거듭하여 나름의 깨달음을 얻는 순간을 경험해보기 바란다. 아마도 그 순간이 여러분이 협동학습에 대한 완전한 몰입의 세계에 빠지는 순간이 될 것이라 필자는 확신한다.

(3) 모둠의 퇴락을 막고 포기하지 않는 성장으로 갈 수 있게 돕는 방법

① '나, 이것 잘 모르겠는데. 가르쳐 줄 수 있니?'라고 부탁하는 것은 권리이며 능력임을 알게 하기
② '도움이 필요한 사람 없니?'라고 물어보는 것은 민주시민의 소양이며 능력임을 알게 하기
③ 교사는 그 권리와 능력의 가치를 학생들이 소중히 여길 수 있도록 하기

위와 같은 교실을 만들기 위한 기본 원칙은 앞서서도 밝힌 바 있다.

① 철학 기반의 협동적 학급운영을 통한 다 함께 배움의 실현
② 경쟁을 통한 성공이 아님 ⇨ 자발적 협동을 통한 민주시민 양성
③ 나 혼자만 잘 사는 것이 아님 ⇨ 한 사람도 포기하지 않음, 다 함께 잘 살기

위의 원리에 입각하여 한 사람도 포기하지 않는 모둠, 교실을 만들 수 있는 구체적인 방법은 다음과 같다.

첫째, 기존의 수업에 대한 관행을 극복하는 것으로부터 한 사람도 포기하지 않는 배움 중심 협동학습 수업이 시작될 수 있게 해야 한다.[14]

기존 수업 관행	필자가 제안하는 배움 중심 협동학습 수업
동기유발 ⇨ 학습문제 제시 ⇨ 전개(활동 1, 2, 3) ⇨ 정리[14]	목표(과제) 제시 ⇨ 과제 해결 ⇨ 형성평가

① 수업 시작과 동시에 5분 안에 목표 및 과제 제시, 반드시 필요한 설명, 어떻게 전원 목표 달성 여부를 확인할 것인지에 대하여 명확히 제시하기(시간 및 노력 투자에 비하여 효율성이 떨어지는 동기유발은 과감히 생략하기 ⇨ 한 사람도 포기하지 않음으로 인하여 얻게 되는 전원 통과, 전원 목표 달성이라는 기쁨과 희열 자체가 바로 내적 동기이기 때문: 배움의 심화, 학력의 신장, 목표 달성의 기쁨 등)

14 교사들은 '도입(동기유발), 전개(활동 1, 2, 3), 정리'라는 3단계 수업 실제를 마치 절직인 양 지키고 있는 모습을 볼 때마다 무엇인가 불편해지는 느낌을 갖는다. 수업 시작과 동시에 곧바로 중심 활동으로 들어가면 안 되는가? 활동은 왜 항상 1, 2, 3인가? 활동 1만으로 수업 시간을 다 쓰면 안 되나? 이런 관행으로부터 하루 빨리 벗어나야만 한다.

[목표 및 과제 제시 사례]

예 1 ◎쪽 ○번 문제를 전원이 해결하고 설명할 수 있도록 하기
예 2 교과서 ◌쪽~◌쪽까지 모두가 코넬식 또는 마인드 맵 형식으로 핵심만 뽑아 요약 정리하기

[반드시 필요한 설명 사례]

예 1 '나 잘 모르겠는데 도와줄 수 있는 사람?' 하고 도움 구하기
예 2 '아직 못해서 도움이 필요한 사람?' 하고 물어보고 주변 살피기
예 3 다른 사람의 것을 그대로 베껴 쓰지 않기 ⇨ 완전히 이해하여 자신의 입말로 바꾸어 설명하기 ⇨ 모든 모둠원에게 확인 받기(1대 1로 확인 받기 ⇨ 2~3회 반복하여 설명하고 검증 받기, 필요시 사인하기)

[평가 방법 안내]

예 1 30분 뒤에 3명 정도를 무작위로 뽑아 설명할 수 있게 한다.
예 2 30분 뒤에 '번호순으로' 또는 '칠판 나누기' 구조를 활용하여 확인한다.

② 제한 시간 두기: 최대한 모든 시간을 학생들에게 전부 투자하기, 30분 정도의 시간을 학생들에게 통째로 넘겨주기(협동적 과제 해결), 평가 시간만 남겨두기

예 1 시간은 정확히 30분 준다. 그 안에 전원 목표 달성을 이룬다. 30분을 넘기면 전원 목표 달성은 아쉽지만 실패로 돌아가게 될 것이다. 자, 이제 시작!
예 2 타이머 시간을 잘 확인하기 바란다. 시간은 30분이 주어진다. 시작!

둘째, 교사가 가르침을 포기함으로써 학생들 스스로 한 사람도 포기하지 않는 배움 중심 협동학습 수업이 이루어질 수 있게 지혜를 발휘한다.

① 바람직한 협동학습 수업은 가능한 모든 배움을 학생 스스로 이룰 수 있게끔 수업을 디자인한다.

② 교사는 가르침을 포기함으로써 학생 스스로 배울 수 있도록 수업을 디자인한다.

③ 가르침을 포기한다는 것은 학생 간의 도움 주고받기를 통한 배움이 일어나도록, 스스로 배우도록·스스로 배우게 하도록 수업을 디자인한다는 것을 의미하는 것이다.

④ 이를 위해 알맞은 미션 과제, 핵심 발문을 개발(분량, 난이도 조절)하려는 교사의 연구, 노력이 필요하다.

예 1 교사는 적당히 학생들과 거리를 두고 관찰만 하기

예 2 누가 힘들어 하는지, 누가 과제를 잘 해결하였는지, 누구에게 좋은 아이디어나 정보가 있는지 관찰하여 넌지시 정보를 흘리기(와우, 좋은 정보를 발견했네! 야, 누군가는 좋은 아이디어를 갖고 있네! 어머나, 생각주머니가 정말로 크고 창의적인 사람이 있네!, 아직 해결하지 못한 사람이 있네! 혼자 힘들어하는 사람이 있는 것 같은데?)

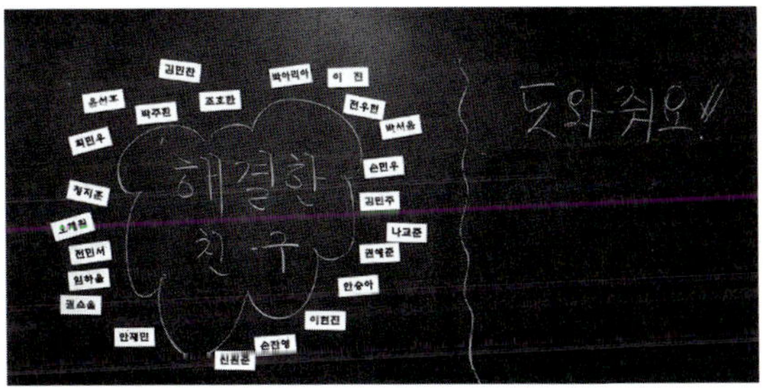

필자의 교실 자석 이름표 사례

예 3 빨리 과제를 해결한 학생이 가시적으로 드러나게 하기 ⇨ 이를 통해 도움이 필요한 학생 스스로 도움을 요청할 수 있는 기회 제공하기

예 4 필요시 정보 탐색가 활동이 가능하다는 것 알리기 ⇨ 알아온 내용은 반드시 모둠원에게 확실히 전파하기(모둠원 문제 먼저 해결 ⇨ 이후에 타 모둠 돕기)

예 5 모둠원 전부 해결 완료하면 잘하는 학생이 전문가 자리로 이동할 수 있도록 자리 마련하기 또는 도움 필요한 모둠·학생 찾을 수 있도록 하기(도움이 필요한 학생이 모둠 내에서 해결이 안 되면 도움을 줄 수 있는 학생을 스스로 선택할 수 있게 하기)

예 6 모든 문제는 1차적으로 모둠원끼리 먼저 해결 ⇨ 2차적으로 주변 모둠 해결 돕기 ⇨ 3차적으로 학급 구성원 전원의 문제 해결 돕기

예 7 도움이 필요한 학생은 이해가 될 때까지 물어보고 또 물어보기, 여러 사람에게 도움 구하기

예 8 선생님 찬스는 최후의 보루로 남겨두기: 필요할 때는 약간의 힌트만 제공

셋째, 과제와 수업과 평가가 일체화될 수 있게 지혜를 발휘하여야 한다. 다시 말해서 수업 시간에 제시한 과제 그대로 또는 그와 유사한 질문을 통해 평가를 하여야 한다는 말이다(가르친 대로 평가하기, 수업과 평가가 다르지 않게 하기).

① 평가 시기, 방법, 인원 등을 수업 시작과 동시에 명확히 밝힌다.[15]

② 평가는 과제와 동일하거나 유사한 것이어야 한다.

예 1 끝나기 5분 전에 발표자 뽑기 막대로 3명을 뽑아 목표 달성 여부를 확인하도록 하겠다(또는 칠판 나누기, 번호 순으로 활용하기).

예 2 테스트 방법은 칠판 앞에 나와 선생님이 제시하는 문제를 풀고 설명하기다.

예 3 모두 문제 풀이 및 설명을 완료하면 오늘 목표는 달성한 것으로 한다. 만일 한 명이라도 해결하지 못하면 오늘 목표는 실패한 것으로 간주한다.

예 4 평가가 완료되면 과정을 돌아보며 수업 과정 및 태도 등에 대한 성찰 시간도 간간이 갖는다(특히 전원 과제 해결 목표에 도달하지 못하였을 경우 한 사람도 포기하지 않기 위해 열심히 노력을 하였는지, 부족한 점은 없었는지, 더 잘하려면 어떻게 해야 하는지 등에 대한 반성: 자기 평가 및 동료 평가 실시).

넷째, 진정한 과제는 주어진 학습 문제의 해결이 아니라 한 사람도 포기하지 않는 교실(과제 해결 100% 달성하기) 만들기라는 사실을 모두가 명확히 깨달을 수 있게 해야 한다. 이를 위한 방안은 아래와 같다.

예 1 실력 및 학력 신장으로 이어질 수 있게 하기, 이를 통한 희열 느끼게 하기

예 2 전원 해결을 이루면 학급 온도계 등을 올려주기

예 3 특별한 보상 제시(약간의 물질적, 정신적 보상 등: 이 경우에도 경쟁은 절대 금지)를 통해 모두에게 이득이 됨을 피부로 느낄 수 있게 하기

한 사람도 포기하지 않기 원리 활성화 방안

학생들이 꼭 쌓아 나가야 할 능력	1. '나 좀 가르쳐줄 수 있겠니?' 하고 부탁하는 능력 2. '누구 도움이 필요한 사람 없니? 누구 도와줄까?' 하고 물어볼 수 있는 능력 3. 홀로 힘들어하는 친구가 있는지 살필 줄 아는 능력
위의 능력을 키워주기 위한 방안	1. 학생: 적극적으로 도움 구하기 '나 좀 도와줘!' 2. 학생: 적극적으로 도움 주기 '도움 필요한 사람 있나요?(주변을 살피고 확인하기)' 3. 교사: 가르침을 포기함으로써 가르치기

15 이를 명확히 하지 않으면 학생들은 과제에 대한 인식 수준, 해결에 대한 의지, 학습동기 등이 현저히 낮아질 수밖에 없다(무엇을, 언제, 어떻게 평가하는지 확실하게, 구체적으로 밝혀야 한다).

이를 위한 팁 몇 가지	1. 전원이 달성할 수 있을 정도 수준의 목표, 과제를 제시하기 2. 목표(과제) 제시와 과제 해결, 평가가 서로 일치하게 하기(과제 자체가 곧 평가: 가르친 내용 그대로 평가) 3. 언제 과제에 대한 평가가 이루어질 것인지 명확히 알리기 4. 도움을 주는 친구보다 가르쳐 달라고 말하는 친구를 더 먼저 칭찬하기(가르치는 행위는 그다음): '도움 구하기'의 위력('모름'의 극복 ⇨ '모두의 앎'으로 전환)을 인식하게 하라! 5. 친구의 것을 그대로 베끼는 행위는 철저히 경계하기 ⇨ 반드시 자신의 입말로 이해하여 모둠원 모두에게 설명하고 검증받기 ⇨ 이것이 안 되면 예고된 평가에서 이해하고 있지 않음이 그대로 드러나 모두의 실패로 이어지게 됨 ⇨ 이렇게 되지 않게 하는 것도 '책임'이며 '능력'임을 경험으로 느낄 수 있게 하기

열쇠 ⑥: 모둠에 대한 인식과 운영을 위한 노하우[16]

협동적 학급운영이라고는 하지만 그 기본 운영은 학급운영의 큰 틀을 깨지 않는 범위 내에서의 '모둠'운영에 바탕을 두고 있다. 때문에 교사 자신은 모둠에 대한 철학적 인식(기본적으로 모둠 간 경쟁을 추구하지 않으려는 생각)과 이를 바탕으로 한 모둠 구성 및 다양한 형태의 모둠 운영 능력(협동적 학급운영에 있어서 모둠 활동의 중심은 학급활동보다는 협동학습 구조의 적용을 통한 교수-학습 활동에 놓이게 된다. 그러나 학급활동 속에서도 협동학습 구조가 유용하게 활용될 수 있다는 점을 생각해보면 굳이 그렇게 생각할 것만도 아니라는 점을 잊어서는 안 된다. 이를 위해서는 학급운영의 모든 활동을 구조화시키려는 노력이 필요하다)을 갖추고 있어야 한다.

☞ 토의·토론 수업은 모둠(팀)을 어떻게 조직하고 운영하느냐에 따라서 매우 다양하고 상이한 결과를 볼 수 있다. 바람직한 결과를 보기 위해서는 효과적인 토의·토론 활동이 일어날 수 있도록 숙고해서 모둠이나 팀을 구성하고, 수많은 활동들이 모둠을 중심으로 이루어질 수 있도록 의도적으로 활동을 계획하고, 구조화시켜야 한다. 아울러 교사의 끊임없는 지도와 반복적 훈련이 있어야 하겠지만 기본적으로는 모든 활동들이 학급이라는 큰 틀을 깨뜨릴 수 있는 심각한 경쟁적 활동이어서는 안 된다는 사실을 잊지 말아야겠다.

16 모둠 구성 및 운영과 관련하여 본서 2부 2장에도 간략히 기술되어 있지만 보다 자세한 내용은 [이상우, 2020, pp.224~253]을 참고하기 바람

열쇠 ⑦: 협동하려는 마음(모둠세우기, 학급세우기)[17]

협동적으로 학급운영을 해 나가고자 아무리 노력해도 학생들 자체가 협동하려는 마음이 없으면 아무런 소용이 없다. 이런 속에서는 협동학습 구조를 활용한 수업을 한다고 하여 협동학습이 이루어지지 않는다. 그냥 학생들은 시키는 대로 절차에 따라서 협동학습을 위한 협동학습을 하고 있을 뿐이다. 이를 극복하기 위해서는 가장 먼저 상호관계를 돈독히 하고 긍정적인 관계를 만들어 나갈 수 있는 환경을 만들어 구성원들이 비전과 목적, 공동체 의식을 서로 나눌 수 있도록 학급 세우기 활동을 해 나가야 한다. 그리고 이를 바탕으로 실제 학급 구성원들의 구체적 삶(다양한 학급활동과 교수-학습 활동)이 이루어지는 모둠 내에서 구성원들끼리 밀접하게 관계를 맺어 나가면서 긍정적 상호의존의 의미를 이해하고, 서로 도와 가며 의지하는 데 필요한 기술들(사회적 기술 등)을 배우고 깨닫도록 하기 위해서 모둠세우기 활동을 동시에 병행해 나가야 한다. 여기에서 주의할 점은 두 가지 활동 모두 어느 한 시점에서만 해 주어서는 안 된다는 점이다. 학급이 구성된 이후 학년이 마무리될 때까지, 모둠이 구성되고 해체되는 순간까지도 꾸준히 해 주지 않으면 안 될 활동이라는 점을 꼭 기억해야만 한다.

☞ 토의·토론 수업도 모둠(팀)원들끼리 혹은 상반된 의견으로 인하여 팀이 갈려서 활동을 하더라도 작게는 모둠이라는 조직의 일원이기도 하면서 크게는 학급이라는 커다란 공동체의 일원이라는 사실을 잊어서는 안 된다. 이 사실을 잊는 순간 팀원들끼리의 단합은 깨어질 수밖에 없고, 심각한 경쟁과 갈등 속에서 학급이라는 큰 틀은 무너질 수밖에 없게 된다. 따라서 어떤 식으로 토의·토론 활동을 하더라도 모둠(팀)원들끼리의 정체성을 충분히 나누고 공유할 수 있는 분위기를 만들어 나감과 동시에 활동 과정이나 결과로 인하여 학급 내의 공동체의식이 깨어지지 않도록 교사가 세심하게 관찰하고 적절한 시기에 개입하여 지도하려는 노력과 자세가 필요하다(어떤 순간에도 '수업활동'이라는 사실 또한 학생과 교사 모두가 잊지 말아야 할 중요한 것이기도 하다).

17 학급세우기, 모둠세우기에 대한 자세한 내용은 [이상우, 2020, pp.254~318]을 참고하기 바람

열쇠 ⑧: 사회적 기술 – 다 함께 잘 사는 기술[18]

학급과 모둠 내에서 구성원들끼리 인간관계를 맺어나가면서 서로 간의 생활을 원활하게 유지해 나가기 위해 이루어지는 의사소통이나 규칙 혹은 약속에 따르는 행동양식을 사회적 기술이라고 말하는데, 구성원 모두가 이 기술을 잘 갖추고 있다면 모두가 행복하게 잘 살아나갈 수가 있을 것이리라 확신한다. 그러나 현재 우리 아이들의 모습을 보면 이 기술들이 상당히 부족한 상태임에 틀림이 없다. 아무리 사회적 기술을 지도하고 가르쳐도 학급 구석구석에는 편가름과 폭력, 시기와 질투, 무책임함과 무관심, 싸움과 증오의 불씨들이 활활 타오르려 하고 있다. 그렇다고 하여(가르쳐도 변화의 모습이 눈에 들어오지 않는다고 하여) 포기할 수는 없는 일이다. 지금 당장은 눈에 띄지 않을 수도 있겠지만 먼 훗날 아이들이 자신의 미래 삶을 살아가면서 겪게 되는 어려움들을 극복하는 데 작은 힘이 될 수 있을 것이라는 기대와 믿음을 가지고 지도해 나가야만 한다. 그게 바로 百年之大計(백년지대계)를 꿈꾸는 교육자적 소임인 것이다.

☞ 토의·토론 수업 또한 상대방의 생각과 의견에 대한 존중감 없이는 제대로 이루어질 수 없다. 이를 위해서 사회적 기술(대표적으로 다음과 같은 기술을 가지고 토의·토론 활동에 참여할 수 있도록 해야 한다. ㉠ 상대방의 이야기를 잘 들어주기, ㉡ 상대방을 존중하고 배려하기, ㉢ 틀린 의견과 다른 의견을 구분하기, ㉣ 사람과 의견을 구분하여 말하는 자세)의 지도는 필수라 할 수 있으며, 토의·토론 활동이 원활하게 이루어질 수 있도록 하기 위해 갈등 해결 기술[19] 또한 지도할 필요가 있다.

열쇠 ⑨: 교사의 사회적 기술 – '적극적 듣기'와 '나 메시지' 전달하기[20]

앞서서도 한 번, 교실에서 사회적 기술이 가장 떨어지는 대표적인 사람이 바로 교사 자신일 수도 있다고 말한 적이 있다. 교사에게 가장 필요한 사회적 기술을 꼽으라면 필자는 망설임 없이 '적극적 듣기' 기술과 '나 메시지' 전달하기 기술이라고 말한다.

18 사회적 기술에 대한 자세한 내용은 [이상우, 2020, pp.330~350]을 참고하기 바람

19 본서 2부 2장의 끝부분을 참고하기 바람

20 교사의 사회적 기술에 대한 자세한 내용은 [이상우, 2020, pp.319~329]를 참고하기 바람

'적극적 듣기'를 위한 요령[21]

1단계	학생의 감정과 얼굴 표정, 행동 등을 주의 깊게 살피면서 말을 듣는다.
2단계	교사는 학생의 말과 행동, 표정 등을 통해 학생의 현재 감정 상태를 읽고, 학생이 그런 감정 상태를 갖게 된 원인과 이유를 파악한 대로 말한다.
3단계	교사가 학생의 현재 감정 상태를 다시 한 번 확인한다.

'나 메시지'를 전달하는 방법[22]

1단계	있는 그대로를 관찰한다.
2단계	관찰한 결과로 자신이 갖게 된 느낌, 감정의 상태를 표현한다.
3단계	자신의 욕구를 말로 표현한다.
4단계	상대방에게 부탁한다.

☞ 토의·토론 수업 속에서 활동의 중심은 물론 학생들이어야 하지만 교사 또한 활동 중심의 또 다른 한 축으로서 주도적인 안내자 역할을 해 나감과 동시에 중요한 조정자, 중재자, 심판관 역할을 해 나가지 않으면 바람직한 모습의 토의·토론 수업은 볼 수가 없을 것이다. 왜냐하면 활동에 참여하는 학생들은 아직까지는 미성숙한 단계이어서 활동의 중심을 잡아주고 엇나간 부분들을 바로잡아줄 수 있는 누군가가 필요한데, 또래들보다는 활동에 있어서 권위가 있는 사람(즉 교사)이 자신의 활동에 대한 나름의 조정과 중재, 판단을 해 줌으로서 자신들의 모습을 생각·고민·반성해 나가는데 도움이 되기 때문이다. 이렇게 볼 때 교사가 어떤 사회적 기술을 갖고 있느냐에 따라 교사의 가르침에 대한 학생들의 '배움에 대한 자세'는 많이 달라질 수 있다고 판단된다. 학생들이 고민해서 만든 해결방안이나 주장들이 교사의 생각과 다르다고 하여 "그건 아니지." 또는 "땡! 틀렸어!"라는 반응을 바로 보이게 되면 학생들은 마음에 상처를 받으며 곧바로 실망스런 표정을 보일 수밖에 없다. 하지만 사회적 기술에 능숙한 교사는 "어떤 근거를 바탕으로 그렇게 생각하게 되었는지 한 번 말해주렴."이라고 말해주거나 "그렇게 생각할 수도 있겠구나. 그런데 ○○라는 면에서 한 번만 더 생각해보면 어떨까?"라고 반응을 보이면 학생들은 또 다른 사고

21 Thomas Gordon, 2003, pp.99~119.

22 Marshall B. Rosenberg, 2004, p.22.

를 통해 자신의 오류를 수정해 나가게 된다. 교사들은 학생들의 답변에 대하여 "○○게 생각한 것은 ◇◇면에서 좋은 생각인 것 같아."라고 많이 표현해 주어야 한다. 그렇게 하면 학생들은 그 지점에서부터 "배움"이라는 것을 느껴가기 시작한다.

열쇠 ⑩: 협동적인 학급운영 기술

분명히 학급운영을 해 나가는 데도 노하우가 필요하다. 이는 꼭 협동적 학급운영을 위해서만은 아니다. 각종 준비물들과 그의 활용, 다양한 자료와 도구들의 준비 및 활용, 각종 규칙과 약속들, 바람직한 평가와 보상의 기술들 등은 어떤 식의 학급운영에서든 모든 활동들에 날개를 달아줄 수 있을 것이라 확신한다.

☞ 토의·토론 수업도 그 운영에 있어서 교사의 많은 경험을 바탕으로 한 노하우가 필요하다. 무조건 자리를 마련하고 주제만 던져준다고 해서 학생들이 토의·토론 활동을 해 나가지 않는다. 이를 위해서는 적절한 준비물(예를 들면 말하기 카드나 다시 말하기 카드 등)이나 활동지, 활동 방법 안내, 일상생활 속에서 경험하는 다양한 일들 가운데 중요한 가치가 담긴 소재나 갈등, 발생한 현안 문제들을 토의·토론 수업활동의 재료로 삼아 학급활동과 교수-학습 활동이 어우러진 통합적 학급운영 활동을 해 나갈 수 있는 경험과 시각 및 재구성 능력, 효과적인 의사 전달 방법에 대한 고민, 원활한 토의·토론 활동을 위한 각종 규칙·약속을 마련하고 실천방안 마련하기 등 많은 노하우가 필요하다.

Chapter 04

협동학습으로 토의·토론 준비하기

지금까지 "협동학습으로 토의·토론하기"의 실제를 위해 필자가 오늘에 이르기까지 겪었던 시행착오와 생생한 경험을 바탕으로 아주 기초적인 것에서부터 나름대로 깊이가 있는 부분까지 차근차근 살펴보았다. 여기에서부터는 필자가 현장에서 펼쳐 나갔던 실제 사례를 중심으로 '협동학습으로 토의·토론하기'의 준비 활동에 대하여 안내해 보고자 한다.

1 협동학습으로 토의·토론 수업 준비하기

협동학습으로 토의·토론하기는 그냥 협동학습 방법만 가져다 적용하면 되는 것은 아니라 생각한다. 여기에는 또 다른 많은 준비와 과정이 필요하다. 그것에 대하여 중요한 몇 가지를 살펴보면 다음과 같다.

1) 독서는 '협동학습으로 토의·토론하기'의 에너지원

필자는 자신의 주장(생각)에 살(근거)을 붙이기 위한 활동으로서 독서 활동을 매우 중요하게 생각한다. 그리고 이런 생각을 바탕으로, 교실에서 곧바로 실행에 옮겼던 것이 바로 '10분 독서' 활동과 '아이들과 함께 책 읽는 선생님, 아이들에게 책 읽어주는 선생님'이 되고자 했던 일이었다. '책 읽어주는 선생님'의 효과는 이미 널리 알려진 사실이고, 이에 더하여 아이들과 함께 10분 동안만이라도 차분히 책을 읽는 모습을 보여주는 것이 교사로서 아이들에게 좋은 모델이 되어줄 것이라는 생각도 있었다. 그 생각은 틀리지 않았다. 그동안 아이들에게 비쳐진 많은 선생님들의 모습은 공부시간에 무엇인가를 가르쳐주시는 모습, 업무를 보시느라 바쁜 모습, 컴퓨터 앞에 앉아 무엇인가 열심히 보시고 계신 모습, 피곤에 지쳐 쓰러진 모습 등이 대부분이었던 것에 비해, 비록 짧기는 하지만 매일 이어지는 10분 동안의 독서하는 진지한 선생님 모습은 아이들의 생각을 바꾸어 놓기에 충분한 일이었다. 많은 아이들의 일기에 이런 글들이 올랐다. "우리 선생님도 책을 엄청 많이 읽으신다. 아침마다 우리들과 함께 책을 읽고 계신다." 그리고 학부모님도 가끔 학교에 오셔서 아이들 말을 전하곤 한다. "선생님, ○○가 그러는데 아이들과 함께 책을 많이 읽으신다면서요?"라고 말이다. 아이들도, 학부모도 그 모습이 그렇게 신기했나보다. 그리고 그 시간만큼은 아이들도 무척 진지해지고 조용해졌다. 그도 그럴 것이, 모두가 책을 읽고 있는데 소란을 피울 생각을 하는 사람은 거의 없거니와 그 시간에 선생님도 책을 읽고 계신데 감히 누가 그를 방해하려고 하겠는가 말이다.

사실 교사로서 아이들에게 매일 10분 정도 책 읽는 모습을 보여주는 것이 그리 힘들고 어려운 일도 아닌데 불구하고 왜 그 모습을 보여주기가, 그런 모습을 찾아보기가 이리도 힘든지 모르겠다.

> 아이들의 삶을 가꾸어 주는 일은 별기 아니라 생각한다. 아이들과 함께 숨 쉬고 호흡하는 일, 교실에 들어오는 아이들과 눈을 마주쳐 따뜻하게 맞이해 주고, 그들의 표정을 읽어주고, 부드러운 말 한 마디로 마음을 만져주는 일, 아이들 하나하나에 관심을 가져주는 일(어제와 달라진 모습 등), 따뜻하게 쓰다듬어주고 안아주는 일, 때로는 그들의 놀이에 참여하여 함께 웃어주고 실수도 해주고, 선생님도 못하는 것이 있음을 솔직히 보여주는 일, 아이들의 관심사에 함께 동참해주는 일 등이 아이들의 삶을 의미 있게 가꾸어주는 일이라고 필자는 확신한다. 아침에 출근하여 제일 먼저 컴퓨터 앞에 앉아 스위치를 누르고, 모니터만 쳐다보는 일(인터넷을 뒤지고 다니는 일, 아주 급한 업무를 보거나 꼭 필요한 공문을 처리하는 일)에서 벗어나 아이들과 함께 호흡하는 아침 시간을 가져볼 것을 적극 권한다(설령 급한 업무일지라도 잠시 뒤로 미루어두기를 권한다. 뒤로 미루었다고 해서 큰 일은 결코 일어나지 않는다. 교사로서 학교에서 아이들의 삶보다 중요한 업무가 어디 있겠는가!).

최근 들어서 교실에서 독서활동을 할 수 있는 다양한 아이디어들이 많이 나타나고 있다. 그 밑바탕에는 '온작품 읽기' 관련 국어 교육과정의 변화도 한 몫을 했다고 볼 수 있다. 교육과정이 개정되면 독서 단원이 나름의 큰 의미를 바탕으로 현장에 자리매김을 했다고 볼 수 있기 때문이다. 이 외에도 다양한 방식으로 독서 활동을 교실에서 진행할 수 있으니 자신의 여건에 맞는 방법을 찾아 꾸준히 실천해 나갈 것을 권해드린다.

독서 활동을 위한 여러 아이디어[1]

① 국어 독서 단원을 재구성하여 온작품 읽기 활동 진행하기 – 창의적 체험활동 시간을 추가 배정하여 진행하거나 타 교과와 연계하여 주제통합 수업을 진행할 수도 있다(온작품 읽기 관련하여 다양한 실천서들이 많이 나와 있으니 한 권 정도는 정독하고 자신의 교실에 맞게 재구성하여 적용해보려는 노력 또한 필요하다. 그게 아니라면 교내에서 학년별 전문적 학습 공동체를 조직하고 온작품 읽기 활동을 위한 교육과정을 재구성한 뒤 교육 계획을 세워 실천하는 것 또한 매우 바람직하다 볼 수 있다).

② 주기적으로 돌아오는 학급별 도서실 이용 시간을 잘 활용한다.

③ 학급별 다모임 시간에 특별한 안건이나 사안이 있는지 살펴보고 논의할 사안이 없다면 그 시간을 독서 카페 등의 활동으로 전환하여 차와 독서와 음악이 흐르는 시간으로 얼마든지 사용이 가능하다.

④ 교과 수업 중에 발생하는 다양한 여유 시간, 자투리 시간을 틈새 독서 시간, 아침 시간 활용 10분 독서 활동 등을 활용할 수도 있다.

2) 독서를 위한 고민

책읽기는 시대와 장소를 불문하고 모든 사람들이 가장 많은 정성을 들이는 공부

1 사람들은 다양한 경험과 독서를 통해 그들의 스키마를 변화시켜 나간다. 스키마란 개인이 가지고 있는 지식이나 경험의 총체로서 '사전지식 혹은 배경지식'이라는 말로 쓰이기도 한다. 보통 우리는 '아는 만큼 보이고 본 만큼 안다(새로운 무엇인가를 탐구하고 살피고자 할 때 특히 많이 적용되는 말이다. 학생들과 함께 현장체험학습을 하기 전에 사전학습으로 교실에서 관련된 내용이나 먼저 알아야만 할 것들을 살피는 이유도 바로 여기에 있다)'는 말과 '하나를 가르치면 열을 안다(하나의 원리를 이해한 후 그를 다른 유사한 현상에 적용하여 문제를 해결해 나갈 때 쓰이는 말이다. 동기유발전략에서는 보통 이를 이용하되 기존의 스키마를 벗어나는 사례를 제시하고, 학생들이 그 문제점을 해결하면서 새로운 스키마를 형성해 나가도록 하는 방법을 많이 쓰곤 한다)'는 말을 많이 쓰는데, 스키마 이론은 이와 관련이 깊다. 사전지식이 많을수록 새로운 지식의 습득 및 활용도가 높아진다고 할 수 있는데, 최근 학습이론의 주된 관점을 살펴보면 '학습이란 이미 알고 있는 배경 지식(스키마)과 새롭게 알게 된 내용을 연결시켜주는 행위'로 파악하고 있는 경향을 보이는 것 같다. 이렇게 볼 때 새로운 학습이 시작될 때 교사가 적절한 사전학습 상태의 점검을 통해 이미 형성된 학생들의 스키마를 보완 및 활성화시킨 후, 효과적인 동기유발전략을 통해 기존의 스키마를 새롭게 알아나가야 할 내용에 적절히 연결시켜주기만 한다면 학생들은 새로운 내용을 더 쉽게 이해할 수 있게 되고, 기존에 알고 있던 것들과 새롭게 알게 된 것들을 잘 융합시켜 새로운 스키마를 만들어 나갈 수 있게 되며, 이렇게 배운 지식(스키마)은 학생들에게 더 오래 기억될 수 있게 된다.

가운데 하나일 것이다(제도권 내에서의 교육은 특히 그렇다). 필자는 책읽기가 아이들 스스로의 생각을 키우고, 아이들이 살고 있는 세상을 배우도록 해주며, 아이들 스스로 궁금한 것을 찾아 깨우쳐 나가도록 해주는 힘이라 생각한다. 때문에 독서를 통해 힘을 얻는 아이들이 자신의 삶을 가꾸어 나가고 마음을 살찌우는데 그 힘을 사용할 수 있도록 하고, 그들의 일상적 삶 속에서 앞에 놓인 공동의 문제를 해결해 나가는데 기꺼이 자신의 힘을 내 놓을 수 있도록 필자는 학급에서의 모든 것들을 의도적으로 계획하고 실천해 나가고자 최선을 다한다. 그런 활동 가운데 대표적인 것이 바로 "토의·토론 수업"인 것이다.

처음에 아이들 앞에 서서 책을 읽으라고 말을 하면서 나 스스로도 〈왜, 무엇을, 어떻게〉 책을 읽는 것에 대한 답을 갖지 못하였던 기억이 있다. 그저 상식적인 선에서 이야기하고 말하는 것이 고작이었다. 아래와 같이.

개념 잡기

1. 왜 책을 읽어야 하는가?

오늘날(정보화 시대)을 살아가는데 필요한 지식과 정보를 얻기 위해서, 간접적으로라도 많은 경험을 얻기 위해서, 그리고 논술을 대비하기 위해서!(너무나 짧은 생각이었음을 반성한다.)

2. 무엇을 읽어야 하는가?

(막연하게)좋은 내용이 담긴 책을 읽어야 한다.

3. 어떻게 읽어야 하는가?

많이 읽기, 내용을 잘 이해하며 읽기, (무작정)창의적으로 읽기 등

① 지식과 정보를 얻기 위한 책읽기?

빠르게 변하는 지식 정보화 사회에 적응하기 위한 지식과 정보를 얻기 위해 책을 읽는다는 것은 그럴듯하게 보일런지 모르지만 "빠르게" 변하는 사회 속에서 "빠르게" 지식과 정보도 얻을 수 있어야 하는데, 독서가 과연 "빠르게" 지식과 정보를 얻는 방법인가를 생각해보면 "아닌데!" 하고 고개를 흔들게 된다. 오히려 "빠르게

지식과 정보를 얻는 방법" 하면 소위 말하는 "인터넷"이 더 먼저 떠오르는 것은 필자만의 사례일까? 지식과 정보를 얻기 위해서라면 반드시 책을 읽을 필요는 없다고 필자는 생각한다. 그보다는 인터넷이나 각종 매체를 통해서 훨씬 빠르고 풍부한 지식과 정보를 얻을 수 있다고 본다면 "각종 매체와 인터넷을 많이 이용해야 한다."고 말하는 것이 더 마땅할 것이다. 그런데도 우리는 "책을 많이 읽어야 한다." 고 강조하고 또 강조하고 있다. 왜일까?

② 논술 대비를 위한 책 읽기?

대학 입학을 위한 시험제도가 바뀌면서 새롭게 생겨난 풍속도가 바로 (독서)논술이다. 초등학생 아이들부터 중고등학생에 이르기까지 논술 관련 학원을 다니는 사례를 많이 접할 수 있다. 중고등학생은 그렇다 치고, 초등학교 중학년 학생들도 먼 훗날의 미래를 미리 대비하는 마음으로(그때가 되면 대입 제도가 어떻게 바뀔지도 모르지만) 논술 학원을 다니고 있다. 언젠가 그들에게 물어본 적이 있다.

교사 논술 학원을 왜 다니니?
학생 글을 잘 쓰려고요.
교사 글은 잘 써서 뭐 하게?
학생 좋은 대학에 가려고요. 엄마가 그렇게 해야 한대요.
교사 그러면 대학에 안 가면 논술 학원을 안 다녀도 되겠네?
학생 그건 잘 모르겠는데요.(난감한 표정으로 웃음)
교사 논술 학원에서 주로 뭐 하니 ?
학생 책을 많이 읽고 이야기도 하고 글도 써요.
교사 그러면 책을 많이 읽는 것도 논술을 잘하기 위해서인가?
학생 네, 맞아요.
교사 음, 그렇구나. 그러면 논술을 하지 않는다면 책은 안 읽어도 되겠네.(쓴 웃음)

이런 이야기를 나누면서 왠지 마음 한 구석에는 안타까움만이 훨훨 타올랐다. 물론 책을 많이 읽는 것이 논술에 큰 도움을 줄 수 있다는 것은 사실이다. 그러나 '논술'이라는 목적이 사라지면 '왜 책을 읽지?'라는 물음에 어떻게 답을 해야 할 것인가?(논술 학원에 다니지 않는 수많은 아이들에게도 그 답은 필요하기 때문이다.) 위의 사례처럼 그냥 웃고 넘길 일인가?

한편, 어떤 일에 목적이 정해지면 그로 인해서 많은 영역에 선을 긋고, 경계를 정하게 되며, 기술적인 읽기 요령과 공식과도 읽기 방법이 결합하게 된다. 예를 들어 논술이라는 목적이 정해지면 그에 따라 꼭 읽어야 할 책, 읽을 필요가 없는 책, 글을 읽는 방식과 요령, 글을 읽을 때 중점을 두어야 할 사항 등. 책을 읽는 것이 중요한 학생 시기에 이런 방식으로 책을 읽는다면 얼마나 안타까운 일인가. 물론 글쓰기는 더할 나위 없는 일이고. 다른 것을 떠나서 몇 년 뒤에 있을 일(대입 논술)을 위해 책을 읽고, 글을 쓰라고 한다면 아이들은 이에 대해서 흥미와 호기심을 가질 수 있을까? 그런 일이 과연 재미는 있는 것일까? 게다가 논술이라는 목적을 벗어난다면 그들은 과연 무엇을 위해 글을 읽을 것인가? 궁금해지지 않을 수 없는 일이다.

③ 독서기록장을 채우기 위한 읽기?(과제를 위해, 수상을 위해)

독서활동과 관련하여 학교에서 이루어지는 진풍경 가운데 하나가 바로 이것이다. 독서왕 선발 및 상장 수여. 그 기준을 보면 정말 어이가 없다. 그냥 무작정 책을 많이 읽은 사람에게 상장을 준다는 것이다. 그러다 보니 많은 아이들과 학부모들은 상장을 받기 위해 책을 읽고, 책을 읽도록 강요하고 있다. 그러면 상장을 주지 않는다면 책을 읽히지 않을 것인가? 요즈음 우리 아이들의 잘못된 책읽기 습관 가운데 하나가 바로 질적 독서를 하지 않는다는 것이다. 양적으로만 독서를 하다 보니 읽은 책은 많은데 그 내용은 기억하지 못한다. 그런데도 불구하고 읽은 책의 양만 가지고 시상을 한다. 그게 학교의 현실이다. 어찌 보면 잘못된 독서 습관을 갖게 된 주원인은 학교일지도 모른다. 학교가 양적으로 하는 독서습관이 들도록 자꾸만 조장하고 있는 것은 아닐런지.

④ 책은 왜 읽는가? ⇨ 모두의 행복한 삶을 가꾸기 위함!

지금까지 잘못된 독서에 대해 몇 가지 살펴보았다. 필자가 볼 때 바람직한 독서는 논술이나, 상장이나, 단지 지식 습득을 목적으로 하는 것이 아니라 책을 읽는 자신의 현재 삶을 살아가면서 행복한 삶을 꿈꾸는 것으로의 독서, 꿈꾸어 온 삶을 행복하게 만들어가기 위한 에너지원으로서의 독서가 되어야 한다고 생각한다. 자신의 기쁨과 슬픔, 자신 앞에 놓인 고민과 문제 상황을 극복해 나가는데 도움이 되는 책읽기, 자기 삶을 돌아보는 활동으로서의 책읽기. 이것이 바로 삶을 가꾸고 마음을 살찌우고 모두가 행복해지는 책읽기가 아닐까?

⑤ 행복한 삶을 가꾸어 나가는 독서에 꼭 필요한 것 세 가지

[하나] 책이라는 것이 갖고 있는 힘을 믿는 것

책을 읽는 현실적인 이유야 여러 가지가 있겠지만 가장 근원적인 부분을 들여다보면 책이 가진 무한한 힘을 믿는 것에서부터 독서가 시작된다고 말할 수 있을 것이다.

▶ 우리가 갖고 있는 책에 대한 믿음 ◀

책은 사람들의 생각을 키워주고 사람들을 지혜롭게 만들어주며
사람들을 행복의 길로 인도하는 힘이 있다.

[둘] 독서는 즐거운 일이라는 것을 알게 하는 것

사람들은 즐거움이 있는 곳에 오래 머물기를 원한다. 그리고 그 곳에 머물면서 행복함을 느끼게 된다. 독서는 바로 그런 것이어야 하고, 충분히 그럴 수 있다. 필자도 독서의 즐거움을 깨달아 지금도 많은 책을 읽고 있기에 자신 있게 말할 수 있는 것이다. 그렇다면 학교에서 아이들이 자신의 삶을 가꾸어 나가고 마음을 살찌우고, 모두가 행복해질 수 있도록 하기 위해 독서는 즐거운 일이라는 사실을 알게 하고, 독서 자체의 즐거움을 많이 경험하도록 해 주는 일이 필요하다.

[셋] 책 속에 길이 있음을 알게 하는 것

'책 속에 길이 있다.'는 말이 있다. 여기서 말하는 '길'이란 한마디로 '행복해지는 길'이 아닐까 생각한다. 그렇게 본다면 교사는 아이들이 관심과 흥미를 갖고 있는 것, 그래서 알고 싶어 하는 것이 책 속에 들어 있다는 사실을 학생 스스로가 깨닫도록 해 주어 책 속에 행복해지는 길이 있음을 알게 해 주어야 한다.

결국 먼 미래에 있을 논술과 대입이라는 부담스런 이유로, 상장이라는 당근과 채찍으로, 지식과 정보의 습득이라는 막연한 이유로 아이들에게 독서를 강요하기보다는 책이 갖고 있는 진정한 힘과 독서의 즐거움, 그리고 책 속에 들어 있는 길을 깨닫도록 해 주는 일이 가장 시급한 학급운영의 과제라는 것을 교사가 먼저 깨달아야 아이들에게도 이를 안내해 줄 수 있는 것이라는 결론을 내려 본다.

⑥ 자연스럽게 책을 읽게 만드는 토의·토론

책을 읽는다는 것이 그렇게 행복한 것임을 알면서도 몸은 마음처럼 쉽게 따라주지 않는다. 그래서 교사는 마음과 몸이 하나가 될 수 있도록 다양한 방법으로 동기를 부여해야 하며, 책을 읽지 않으면 안 되도록 의도적으로 계획하고 구조화시켜야만 한다.

[사례 1] 교사가 아이들에게 흥미진진한 책을 매일 조금씩 읽어주다 보면 그 뒷이야기가 궁금해진 아이들은 참지 못하고 곧바로 도서실로 달려가 책을 단숨에 끝까지 읽어버리고 만다. 아주 훌륭한 동기유발이 아닐 수 없다.

[사례 2] 수업시간에 감동적인 내용이 담긴 책의 일부를 흥미진진하게, 감동이 그대로 전해지도록 읽어주기만 해도 아이들은 그 책을 찾아 읽고야 만다.

[사례 3] 수업 준비 차원에서 과제를 효과적(흥미와 호기심으로 인하여 읽지 않으면 안 될 만큼)으로 제시하면 아이들은 그 문제를 해결하기 위해 책을 찾아 읽고자 한다.

[사례 4] 배움의 과정에서 만난 도전적 과제나 문제점, 선택의 상황에서 자신들의 생각과 선택이 옳음을 스스로 증명하기 위해 아이들은 다양한 책을 기꺼이 찾아 읽고자 한다.

[사례 5] 슬로 리딩 또는 온작품 읽기를 하다 보면 읽는 과정에서 발생하는 궁금증, 역사적 사실, 중요한 사건이나 현상 등에 대한 이해가 필요할 때가 많다. 이럴 때 관련 도서를 찾아서 추가적으로 읽음으로써 작품을 읽고 내용을 이해하는 데 큰 도움을 받을 수 있다.

특히 [사례 4]와 같은 활동은 토의·토론 활동 과정에서 많이 일어나는 일인데,

아이들이 토의·토론 수업을 많이 경험하면 할수록 자연스럽게 알아가는 것 한 가지가 있다. 그것은 바로 책을 읽지 않으면 안 된다는 사실이다. 토의·토론 수업은 ㉠ 주제와 관련된 많은 자료들을 스스로의 힘으로 찾아내고 문제를 해결하기 위해 자연스럽게 독서활동으로 안내해준다는 점에서(주제는 실생활의 문제와 깊은 관련이 있고, 그 문제를 해결하기 위한 길들이 책 속에 들어있음을 자연스럽게 깨닫게 됨), ㉡ 자신의 선택이나 주장이 옳음을 증명하기 위해 그를 뒷받침할 수 있는 근거를 찾아 자연스럽게 책을 가까이 하게 된다는 점에서, ㉢ 그리고 그 과정에서 느껴보는 감정들(아쉬운, 성취감, 도전의식, 많은 반성들)이 아이들의 지적·정서적 성장을 크게 도와준다는 점에서 자발적인 독서 동기를 유발시키고 독서 습관을 기르는데 손색이 없는, 훌륭한 방법이라 할 수 있다.

물론 토의·토론 수업이 모든 문제를 다 해결해준다고 말할 수는 없다. 토의·토론 수업이 독서 동기 유발 및 독서 습관을 기르는데 아무리 좋다고 해도 교실 속에는 학습에 대한 흥미와 수준, 동기, 도전의식, 수업 참여도, 과제 해결 능력, 책임감 등이 높은 수준에서부터 낮은 수준에 이르기까지 다양한 스펙트럼을 가진 아이들이 모여 있기 때문에 토의·토론 수업 한 가지만으로 아이들을 독서 활동으로 이끌어간다는 것은 무리일 수밖에 없다. 그럼에도 불구하고 토의·토론 수업은 다른 어떤 학습 방법보다도 아이들이 즐겁게, 흥미를 가지고, 자발적으로 참여하려는 자세를 보이는 활동인 만큼 아이들에게 독서 동기를 유발시키고, 독서 습관을 형성시키는 데 효과적인 방법이라 자신 있게 권한다.

⑦ 무엇을(어떤 책을) 읽어야 하는가? ⇨ 좋은 책을 읽어라!

좋은 책이란 어떤 책을 말하는가? 이에 대한 답은 이오덕 선생님의 말을 빌려와 대신하고자 한다.[2]

(1) 사람다운 마음을 가지게 하는 책
(2) 사람의 마음을 자유롭게 하는 책
(3) '자기만 잘 살고 즐겁게 지내면 그만'이란 생각이 아주 잘못되었음을 깨닫게

2 어린이도서연구회, 1991, pp.73~74.

하는 책

(4) 일하는 사람이 훌륭하다는 생각을 가지게 하는 책

(5) 민주적인 삶의 태도를 갖게 하는 책

(6) 자연에 대한 이해와 사랑을 심어 주는 책

(7) 바르고 깨끗한 우리말로 써 보인 책

한편 폴 아자르는 좋은 책에 대하여 다음과 같은 글을 남기기도 하였다.[3]

(1) 나는 예술의 본질에 충실한 책을 사랑한다. 그것이 어떤 책인가 하면 직관에 호소하고 사물을 직접 느낄 수 있는 힘을 어린이들에게 주는 책, 어린이들도 읽자마자 이해할 수 있는 소박한 아름다움을 지닌 책, 어린이들의 영혼에 깊은 감동을 주어 평생 가슴 속에 추억으로 간직되는 책, 그런 책 말이다.

(2) 나는 또 어린이들이 즐겨 머릿속에 그리는 것을 그대로 담은 책을 사랑한다. 온 세상 삼라만상 속에서 특히 어린이들의 취향에 맞추어 선택된 것, 어린이들을 해방시키고 기쁘게 하며 행복하게 하는 이미지, 눈 깜짝할 사이에 어린이들한테 덤벼들어 그들을 현실 세계의 굴레로 얽매어 버리지 못하도록 지켜 주는 신비의 세계, 그런 것을 어린이들에게 주는 책을 나는 사랑한다.

(3) 어린이들에게 감상이 아니라 감수성을 자각시켜 주는 책, 인간다운 고귀한 감정을 어린이들의 마음에 불어넣는 책, 동식물의 생명뿐 아니라 삼라만상의 생명을 모두 중시하는 마음을 심어주는 책, 천지의 만물과 그 만물의 영장인 인간 속에 있는 신비스러운 것을 헛되이 하거나 소홀히 하는 마음을 결코 어린이들에게 심어 주지 않는 책, 그런 책을 나는 사랑한다.

(4) 놀이라는 것이 대단히 소중하고 중요한 일임을 인식하고 있는 책, 지성과 이성을 단련하는 것은 반드시 당장에 이익을 낳거나 실제 생활에 이용하기 위한 목적이 아니며, 목적으로 해서도 안 된다는 점을 분별하고 있는 책, 그런 책을 나는 사랑한다.

(5) 나는 지식을 주는 책을 사랑한다. 그러나 그 책이 무엇이든 쉽게 깨닫게 해

3 Paul Hazard, 1999, pp.59~63.

주는 것처럼 가장하고는 감쪽같이 어린이들을 유인해서 즐거운 시간을 낚아채려고 한다면 이야기는 달라진다. 그런 것은 말도 안 된다. 또 실제로 엄청나게 수고하지 않으면 깨달을 수 없는 것이 많으므로 그런 방법 자체가 터무니없다고 하겠다. 나는 어설프게 다른 것으로 가장한 문법이나 수학이 아니라 솜씨 좋고 적절하게 지식을 가르치려는 의도로 쓰여진 책을 사랑한다. 어린이 영혼의 싹을 짓뭉개 버리는 주입식 책이 아니라, 영혼 속에 지식의 씨앗을 뿌리고 건강하게 기르려는 그런 책을 사랑한다. 지식을 과대평가하고 만물의 척도로 삼는 과오를 저지르지 않는 책, 즉 지식의 한계를 올바로 이해하고 있는 책을 사랑한다.

(6) 내가 사랑하는 책은 모든 인식 가운데 가장 어렵지만 가장 필요한 것으로, 곧 인간의 심성에 대한 인식을 어린이들에게 심어 주는 책이다.

(7) 내가 사랑하는 책은 높은 도덕성을 지닌 책이다. 그러나 내가 말하는 도덕성은 가난한 사람에게 동전 두 닢을 주었다고 해서 자신을 자비로운 사람으로 여기는 그런 째째한 근성의 도덕이 아니다. 언제까지나 변하지 않는 진리, 인간의 영혼을 생기 있고 분발하게 하는 진리를 풍부하게 지니고 있는 책을 나는 사랑한다. 이기적이지 않고 성실한 애정을 갖고 있는 사람은 언젠가는 반드시 보답을 받을 것이고, 설령 다른 사람이 보답하지 않더라도 스스로에게 득이 될 만한 점이 많다는 사실을 가르치는 책, 선망이나 시샘이나 탐욕이 얼마나 추하고 저열한 것인지 보여 주는 책, 나는 진리와 정의에 대한 신뢰를 북돋는 역할을 하는 책을 사랑한다.

좋은 책에 대한 이야기는 아무리 해도 끝이 없고, 말하는 사람마다 차이가 있기는 하지만 결국 좋은 책은 '사람들의 삶을 가꿀 수 있도록 도와주는 책'이라고 필자는 생각한다. 그리고 그런 책들은 우리들 주변에 너무나도 많다. 하지만 아무리 좋은 책이라도 독자가 읽지 않는다면 그것은 책이 아니라 하찮은 종이뭉치에 불과할 뿐이다. 대부분의 부모들과 교사들은 내 아이들이 책을 많이 읽었으면 좋겠다는 바람과 내 아이들에게 좋은 책을 읽도록 해주겠다는 생각을 갖고 있다. 하지만 책을 읽을 수 있는 여건과 환경을 마련해주지 않은 채, 책을 읽어야 할 필요와 동기를 제공해주지도 않은 채, 책을 읽으라고 강요만 하는 것은 아이들을 진흙탕 속에 넣어두고 옷을 버리지 말라고 말하는 것과 같다. 책을 좋아하는 아이들이 되길 원한다면 책을 늘 가까이 할 수 있는 환경과 책을 보고자 하는 동기를 제공해 주어야 하는데, 그 일을 해야 할 가장 적합한 사람은 바로 교사 자신이 아닐까 생각한다. 그리고 가장 좋은 방법으로 토의·토론 수업을 적극 권하고 싶다.

끝으로 "교육을 전혀 염두에 두지 않았을 때 우리는 얼마나 훌륭한 교사였던가!" 라고 말한 다니엘 페나크의 〈무엇을 어떻게 읽든 침해할 수 없는 독자의 권리 10가지〉를 소개해 본다.[4]

(1) 책을 읽지 않을 권리
(2) 건너뛰어 읽을 권리
(3) 끝까지 읽지 않을 권리
(4) 다시 읽을 권리
(5) 아무 책이나 읽을 권리
(6) 보바리즘[5]을 누릴 권리
(7) 아무데서나 읽을 권리
(8) 군데군데 골라 읽을 권리
(9) 소리 내서 읽을 권리
(10) 읽고 나서 아무 말도 하지 않을 권리

⑧ 책을 어떻게 읽어야 하는가? ⇨ 잘 !?

그래도 여전히 남은 고민과 걱정 한 가지는 바로 "어떻게 읽는 것이 잘 읽는 것인가?" 하는 점이다. 그 누구도 딱 한 마디로 잘라서 말할 수는 없겠지만 그래도 중요한 방법 몇 가지는 이야기할 수 있을 것이라 여겨진다. 필자도 여기저기에서 배웠던 방법 및 필자가 자주 사용하고 있는 방법을 아이들에게 소개하고, 지도하고 있는데 아이들에게서 좋은 반응도 나오고 있어 꾸준히 해오고 있다. 그 내용 가운데 몇 가지만 소개해 보면 다음과 같다.

4 Daniel Pennac, 2004, pp.193~226,

5 Daniel Pennac, 2004, p.212: '오로지 감각만의 절대적이고 즉각적인 충족감'에 다름 아니다. 즉 상상이 극에 달해 온 신경이 떨려오고 심장이 달아오르며 아드레날린이 마구 분출되는 가운데 주인공의 세계에 완전 동화되어, 어처구니없게도 대뇌마저 잠시나마 일상과 소설의 세계를 혼동하기에 이르는….

(1) 탐구를 위해서는 같은 부류의 책을 여러 권 읽어라.

이 세상에 완전한 책은 없다. 빠진 부분이 있기 마련이다. 그 빠진 부분은 다른 저자가 쓴 책에서 언급되는 경우가 많다. 그리고 책을 달리 하면서 여러 권 읽다 보면 자연스럽게 관련된 내용이 머릿속으로 들어오게 된다.

(2) 어떤 종류의 책이든 전체적으로 내용을 이해하는데 주로 신경을 써라.

이 세상에서 제일 똑똑한 사람이라고 해도 그 사람이 알고 있는 지식의 양은 CD롬 한 장의 분량도 되지 않는다고 한다. 따라서 지식을 많이 알고 있는 것도 중요하지만 모른다고 하여 큰 걱정을 할 필요는 없다고 생각한다. 그 대신 "자신이 원하는 내용이 어디에 있는가?" 하는 것만은 꼭 기억하도록 하고, 책을 읽을 때 최대한 내용의 이해에 중심을 두는 것이 좋겠다.

(3) 중요한 부분은 줄을 치고 낙서도 하고, 포스트잇도 사용하라(여백 활용).

이렇게 해 놓으면 나중에 필요할 때 쉽게 찾을 수 있다. 하지만 그냥 줄만 긋는 것보다는 줄을 긋게 된 이유, 생각해 볼 점, 공감이 가는 점, 이해되지 않는 부분, 더 생각해 볼 점 등을 옆의 공간에 써 넣거나, 여의치 않으면 포스트잇과 같은 쪽지에 자신의 생각을 써서 붙여놓으면 나중에 찾기도 쉽고, 그 때의 느낌이나 생각에 대하여 다시 한 번 돌이켜 볼 수 있게 된다. 그리고 자신의 생각을 적는 데 있어서도 자신만의 기호를 만들어 체계화 하면 더 큰 도움이 된다. 필자도 오래전에 접한 서적[6]을 통해 아래와 같이 기호를 만들어 책을 읽어오고 있는 중이다.

참고 필자의 사례

💡: 새로운 아이디어	? : 궁금함, 이해 안 됨
S: 정리하기	T: 생각해보기(고민)

☆: 중요한 부분(중심 생각) – 정도에 따라 개수를 달리 표시함.

6 Stephanie Harvey · Anne Goudvis, 2008, p.109 참고

(4) 주어진 환경 속에서 가능한 자세를 바로 하고 읽어라.

자세가 좋지 않으면 그 자세를 유지하기 위해서 또 다른 신경을 쓰게 되는데, 그만큼 집중력은 떨어지게 된다. 따라서 되도록 좋은 자세를 유지하기 위해 노력하도록 하는 것이 좋다.

(5) 읽은 내용을 남에게 이야기기 해주도록 하라.

혼자 읽은 것에 그치지 말고 읽은 내용 중 감명 받은 부분이나 소개하고 싶은 내용 등을 다른 사람에게 설명해 주거나 이야기를 해주면 읽은 내용을 다시 생각하게 되고, 남에게 설명을 해주는 과정에서 자연스럽게 자신의 것으로 만들어지기 때문이다.

(6) 읽은 내용을 가공해서 재활용하라.

자신의 일이나 과제, 현재 몰두하고 있는 활동에 신선한 아이디어로 가공하여 재활용하는 것도 좋은 방법이다. 이를 위해서 필자는 교수-학습 활동과 독서 활동과의 연계성을 매우 중시하고, 가공을 위한 기본 자료로 독서 기록장 쓰기, 한 줄 메모(독서한 내용에 대한) 등을 활용하고, 아이들에게도 지도하고 있다.

(7) 반복해서 읽어라.

요즈음 학생들이건 어른들이건 같은 책을 반복해서 읽는 경우를 보기가 매우 드물다. 좋은 책은 자주 읽어서 전혀 해로울 게 없다. 오히려 읽을 때마다 새롭기 때문에 자신에게 보약과도 같은 역할을 하는 것이 좋은 책들이 가진 장점이다.

(8) 자투리 시간을 잘 이용하라.

어떻게 보면 요즈음 같은 바쁜 시대에 책 읽는 시간을 따로 정해놓는다는 것은 생각하기에 따라 시간 활용을 잘 하고 있는 것이 아닐 수도 있다. 필자는 책 읽는 시간이 따로 있는 것은 아니라 본다. 가능한 틈새 시간을 활용하면 하루에도 매우 많은 분량의 책을 읽을 수 있다. 예를 들자면 아침 자습 시간, 화장실에 있는 시간, 잠자리에 들기 전, 점심시간, 수업 시간에 과제 활동을 먼저 마무리한 후 남는 시간, 쉬는 시간 등. 우리 주변에는 자투리 시간이 널려 있다. 어찌 보면 흐름이 끊어져 내용 파악이 힘들 수도 있지만 모든 책들이 다 그런 것은 아니다.

(9) 상상을 즐기며 읽어라.

책은 눈으로만 읽는 것이 아니다. 귀로도 읽어야 하고, 머리로도 읽어야 한다. 우리가 가진 감각기관을 최대한 많이 동원할수록 내용을 이해하기가 쉽고 기억하기가 쉬워진다. 동화나 소설 등의 책을 읽을 때는 장면을 머리에 떠올리면서 읽어간다면 훨씬 더 많은 것을 느끼고 이해할 수 있게 된다.

(10) "왜?"라는 질문을 가지고 읽어라.

책을 읽다 보면 궁금한 점들이 많이 생긴다. 왜 이런 글이 나오게 되었을까? 왜 주인공은 이렇게 말하고, 행동하게 되었을까? 작가는 왜 이런 글을 쓰게 되었을까? 이 내용은 무엇을 뜻하는 것인가? 뒤에는 어떤 글이 이어질까? 등. 이에 대한 궁금증을 해결하기 위해 노력하며 글을 읽게 된다면 글을 통해서 느끼고 깨닫고 배우는 것들이 더 많아지게 될 것이다. 아울러 그 질문에 대한 답을 찾기 위해 노력하는 점도 잊어서는 안 될 것이다.

(11) 억지로 읽지 말라.

무엇보다도 필자가 제일 중요하게 여기는 원칙 가운데 하나이다. 아무리 좋은 책도 억지로 읽게 되면 전혀 머리에 들어오지 않는다. 때문에 학교에서도 되도록 깐깐한 독서 지도를 하지 않으려 하고 가정에서도 내 자녀들에게도 이 점 하나만큼은 꼭 강조하곤 한다. 억지보다는 자유롭고 편안한 분위기에서 여유를 가지고 느긋하게 책을 접할 수 있다면 금상첨화가 아닐까? 억지로 아이들에게 책을 강요하는 것(독서 기록장을 채우기 위해, 상장 수여를 위해, 정해진 분량을 채우기 위해, 의무적으로, 강제로)은 오히려 아이들이 책에서 멀어지게 하는 것이라는 걸 잊지 말자.

필자는 독서에도 전략이 필요하다고 생각한다. 이에 대한 내용은 앞서서 한 번 소개한 바 있는 "독서 몰입의 비밀(Stephanie Harvey · Anne Goudvis, 2008)"을 참고하기 바란다. 너무나 좋은 내용들이 많이 읽는 여러분들에게 큰 도움이 될 것이라 확신한다. 다만 한 번 정도 읽는 데에서 그친다면 별로 도움 될 일은 없을 것이라 생각한다.

3) 설득력 있는 주장을 갖도록 하기 – 6단 논법 지도

최근에 〈6단 논법〉이라는 것이 학교 현장에서 큰 반응을 얻고 있는데, 그 이유를 살펴보면 설득력 있는 주장에 매우 효과적이기 때문이라는 것을 알 수 있다. 6단 논법은 영국인 Stephen Toulmin에 의해서 시작되었다. Toulmin은 1958년에 영국 케임브리지 대학에서 박사 학위를 받았는데, 학위 논문이 〈논술의 활용〉 The Uses of Argument(1958)이었다. Toulmin은 그 논문에서 전통 논리의 쓸모없음을 지적하는 공격적 이론을 전개하였다. 그 내용의 핵심이 바로 "실용 논리"이고, 그의 실용 논리 모형에는 모두 여섯 가지의 요소가 들어 있다. 그런 이유로 많은 사람들은 Toulmin의 실용 논리를 6단 논법이라 부르고 있다. 그 당시 Toulmin은 영국 학계의 냉대와 지탄을 받기도 하였지만, 미국에 건너가서는 1990년 미국의 토론학회가 토론분야의 탁월한 학자와 공로자에게 수여하는 큰상을 받게 된다. 이 6단 논법은 말하기, 글쓰기 등의 의사소통 과정에 활용하면 그 효과를 뚜렷이 볼 수 있다는 점에서 포항공대 김병원 교수가 우리나라에 소개하였다.[7]

한편, 6단 논법을 활용할 때 주의해야 할 점 몇 가지를 제시하면 다음과 같다.

① 반드시 그 순서대로 사고나 표현의 전개를 해야 하는 것은 아니다. 사용자가 상황에 따라 적절히 바꾸어도 된다.

② 6단계를 모두 포함할 필요는 없다. 필요에 따라 4단, 5단 논법으로 얼마든지 변형할 수 있다.

③ 6단 논법만으로 모든 사고를 만족시킬 수는 없다는 점을 이해하여야 한다. 필요에 따라 전통적인 3단 논법 등의 활동도 염두에 두어야 한다.

지금까지 소개한 6단 논법을 체계적으로 끌어내서 효과적으로 쓰기 위해서는 꾸준한 '연습'이 필요하다. 연습을 한다는 것은 바로 '생각하는 힘'을 기르는 것이다. 6단 논법으로 생각해 보고, 그것을 글로 써서 논술로 만들어 보고, 다시 그것을 말로 해 보면 설득력 있는 주장을 펼칠 수 있게 된다(6단 논법은 '안건'에 대하여 창의적

7 김병원, 2001, 생각의 충돌, 자유지성사; 6단 논법에 대하여 비교적 자세히 소개하고 있는 책 한 권을 더 소개하면 다음과 같다. 여희숙, 2007, 토론하는 교실, 노브. 이 두 권의 책은 토의·토론 및 6단 논법의 공부와 지도를 위해 반드시 읽어야 할 필독서라 할 수 있다.

6단 논법

단계	구분	내용
1단계 안건	설명	어떤 상황이 일어난 상태로, 찬성과 반대가 서로 맞설 수 있는 주제이면서 학생들의 수준에 맞는 것이면 된다.
	예시	"컴퓨터 게임, 해도 좋은가?", "TV를 없애야 하는가?"
2단계 결론	설명	찬성인가 반대인가에 대한 자신의 결론을 먼저 내린다.
	예시	나는 그 안건에 대하여 찬성한다. 나는 그 안건에 대하여 반대한다.
3단계 이유	설명	2단계에서 결정한 '결론'에 대한 '이유'를 말한다. 왜 찬성하는가, 왜 반대하는가에 대한 명확한 이유를 찾아야 한다. 이유는 반드시 안건과 깊은 관계가 있어야 하며, 여러 가지 것들을 모두 포함할 수 있는 '큰 생각' 한 가지면 충분하다(이유가 옳으면 결론도 옳다!).
	예시	그 이유는 ~ 이기 때문이다.
4단계 설명	설명	3단계 이유에 대한 설명을 하는 단계이다. 이유에 대하여 자세하게 설명하는 단계로, 논리적 근거를 들어서 설명하는 과정이다. 이 과정에서 이유에 대한 옳고 그름을 본격적으로 생각하게 된다.
	예시	설명 방법: 실험 결과, 통계, 신문 보도 자료, 인터넷 자료, 직접 경험, 간접적으로 보고 들은 것, 신념, 비교나 비유 등의 방법을 통해 이루어진다.
5단계 반론꺾기	설명	반대측에서 말할 것이라는 가정 하에 '상대방이 갖고 있을 것이라 생각하는 중요한 이유'를 미리 예상하여 꺾어버리는 것을 말한다. 다시 말해 내 주장에 대한 반대 의견(반론)이 있을 것이라고 미리 예상하고 미리 그에 대한 반박이나 논란의 소지를 잠재우는 것을 말한다.
	예시	물론 ~ 할 수도 있지만 ~ 하다. 그렇게 생각할 수도 있지만 ~ 라는 점을 잊어서는 안 된다. ~ 라고 말할 수도 있으나 ~ 다.
6단계 정리	설명	어떤 일이든 절대적인 것은 없다고 보고, 그에 대한 예외를 찾아 말하면서 자기의 주장을 확실히 하는 것이다. 예외가 없는 것은 그 자체가 토론의 대상이 될 수 없다. 예외란 찬성과 반대 모두를 포함하고 있거나 현실적으로 양쪽 모두를 어느 정도 만족시키는 최선의 선택은 무엇인가에 대한 고려를 말한다. 이 부분까지 정리해야 비로소 모든 단계가 완성된다.
	예시	1단계부터 5단계까지의 이야기를 종합적으로 정리하여 결론을 내린다. 물론 ~ 라는 예외는 있을 수 있겠지만 ~ 이다.

※ 토론의 본질은 이유와 설명이기 때문에 6단 논법에서 가장 핵심적인 부분 또한 〈3단계〉와 〈4단계〉라 할 수 있다.

으로 이유를 생각해 내고 찬성과 반대 주장의 옳고 그름을 알아내는 과정에서 탐구력이 생기도록 도와준다. 이런 경험은 학생들의 학습과 발전에 큰 도움이 될 것이다). 따라서 4학년 정도 이상 되는 학생들에게는 꾸준히 지도할 필요가 있다고 판단된다. 이를 위하여 관련 교과 시간 또는 일기 쓰기 활동 등과 연계시키는 방법도 고려해 볼 만하다.

필자가 6단 논법을 중요하게 여기는 이유

'언어사고력'을 키우기 위해서이다. 다시 말해서 생각하고 말하는 방법을 알도록 하기 위해서이다. 6단 논법으로 글을 쓰면 '논술'이 되고 그것을 다시 말로 하면 '토론'이 된다.

필자는 "생각의 충돌(김병원, 2001)"과 "토론하는 교실(여희숙, 2007)"을 바탕으로 아래와 같이 교실에서 아이들에게 6단 논법을 지도하고 익히도록 하였다.

가장 먼저 6단 논법의 중요한 요소들을 순서대로 익힐 수 있도록 간단한 1도 화음 선율에 6단 논법의 각 단계를 순서대로 담은 뒤, 왼쪽에 제시한 바와 같이 악보로 만들어 배부하고, 자주 불러서 익숙해질 수 있도록 하였다.

다음으로 글쓰기 시간(국어시간 또는 창·체 시간 등)을 활용하여 각 단계별로 자세한 설명과 안내를 통해 6단 논법을 이해할 수 있도록 하고, 이를 바탕으로 아이들이 6단 논법에 좀 더 가까이 다가갈 수 있도록 하였다(특히 3단계 핵심 이유 찾기,[8] 4단계 이유를 뒷받침하는 근거를 들어 효과적으로 설명하기 부분에 여러 시간을 할애하여 예를 들어 설명하고, 직접 써 보게 하고, 첨삭 지도하고, 발표하게 하고, 발표한 내용에 대하여 함께 생각해보고 ~ 하는 시간을 수시로 가졌다). 또한 재량 시간만으로는 부족하여 교과 수업 시간에 찬/반 대립이 가능한 상황이나 주제가 보이면 수업 목표 달성에 힘쓰면서도 약간의 시간을 할애하여 그 주제에 대한 개인적인 의견을 6단 논법으로 쓰고 발표하기 혹은 쓴 것을 게시물로 활용하기, 6단 논법을 활용한 일기 쓰기(공통 주제를 제시하거나 스스로 안건을 만들어 그에 대한 6단 논법 쓰기) 등의 방법을 꾸준히 활용하였다. 많이 하는 만큼 아이들은 6단 논법에 익숙해졌고, 자신의 생각을 비교적 논리 있게 표현할 수 있게 되었다.

필자의 반에서 지도한 사례: 6단 논법 쓰기 및 게시물

8 핵심 이유 찾기를 할 때, 아래와 같이 범하기 쉬운 오류들을 학생들이 이해할 수 있도록 지도하면 좋다. 김병원 교수는 그의 저서 "생각의 충돌(2001)"에서 좋지 못한 이유 3가지(무관, 확대, 편협)와 빠져서는 안 될 다섯 가지 함정(대표성의 함정, 유일 이유의 함정, 증거 없음의 함정, 가정의 함정, 주관의 함정)을 제시하였다(pp.86~151).
① 무관: 안건과 관계가 확실하지 않은 이유
② 확대: 의미와 적용 범위가 지나치게 넓은 이유
③ 편협: 객관적이지 않고 부분적으로만 적용이 가능한 이유
④ 대표성의 함정: 하나의 사례로 전체를 대표하려 하는 경우
⑤ 유일 이유의 함정: 이유 하나로 모두를 설명하려 하는 경우
⑥ 증거 없음의 함정: 증거가 없다고 하여 반드시 부정(혹은 긍정)은 아니다. 증거가 필요 없는 경우도 있을 수 있다.
⑦ 가정의 함정: 가정적 진술은 사실성이 없다. 가정은 증거가 될 수 없다.
⑧ 주관의 함정: 주관의 일방적 주장은 타당성이 희박하다. 객관적 사고와 증거가 있어야 한다.

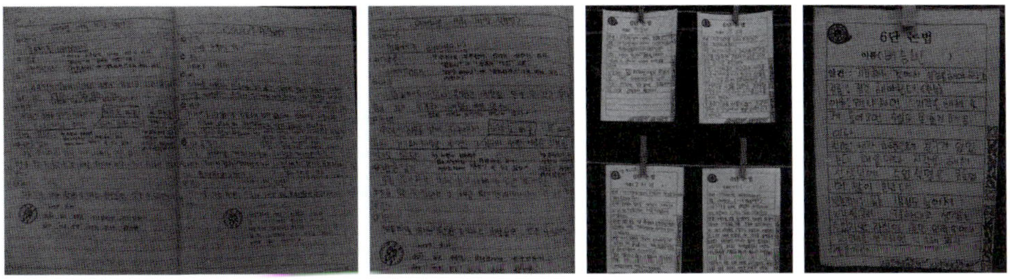

필자의 반에서 지도한 사례: 6단 논법으로 일기 쓰기 및 게시물 사례

필자가 직접 만든 "6단 논법 노래"의 악보를 보며 노래를 부르는 장면

한편 6단 논법의 활용에 보다 익숙해질 수 있도록 하기 위해서 사이버 공간에 까지 그의 활용을 확대, 주기적으로 알맞은 주제를 주고 그에 대한 자신의 생각을 6단 논법으로 정리하여 학급 홈페이지에 올릴 수 있도록 하였고, 게시된 글에 대해서는 지도 조언을 해 주고자 최선을 다하였다. 이런 면에서 본다면 인터넷은 교수-학습 활동을 위한 굉장히 좋은 매체이며 도구가 아닐 수 없다.

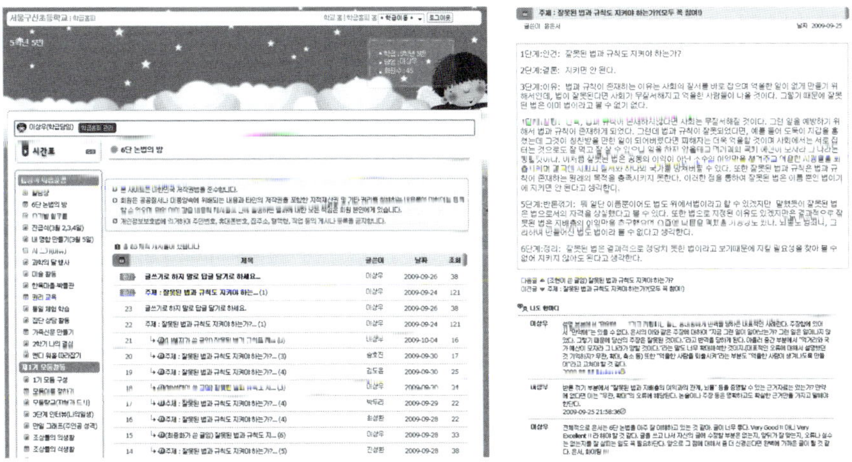

필자의 반 학급 홈페이지 6단 논법 게시판의 게시 글 및 지도 조언 사례

4) 말하기/듣기의 기본 훈련 – 협동학습 구조의 적극 활용

토의·토론 수업은 '참여'를 기본 전제로 한다. 학급 구성원의 참여가 이루어지지 않는다면 토의·토론 수업은 절대로 이루어질 수 없다. 따라서 자신의 생각과 의견을 언제 어디서나 자유롭게 밖으로 표출할 수 있는 자신감을 키워주고 그런 분위기를 조성하는 일은 교사에게 있어서 매우 중요한 소임이라 말할 수 있다. 그리고 이런 소임을 완수하기에 매우 효과적인 협동학습 구조가 있는데, 그것이 바로 '번갈아 말하기, 돌아가며 말하기' 구조다. 이 두 가지 구조는 개발 목적 자체를 '참여의 극대화'에 두고, 구성원의 생각과 의견을 밖으로 최대한 이끌어내기 위한 노력의 결실로 빛을 보게 되었다.

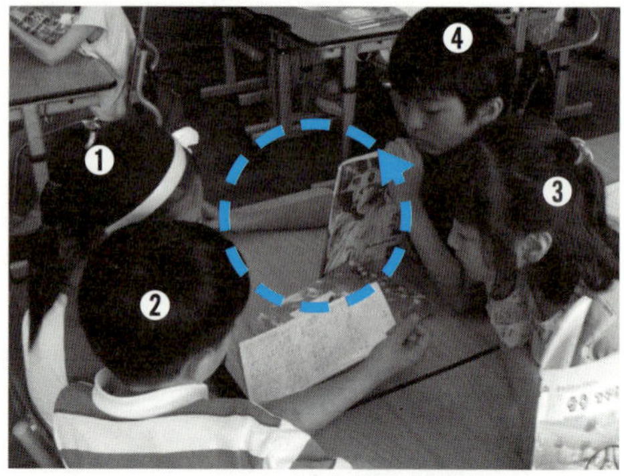

모둠 내 돌아가며 말하기

짝끼리 번갈아 말하기

필자는 토의·토론 수업에서 학생들이 적극적으로 참여할 수 있도록 하기 위한 기본 훈련 과정으로 자신의 생각이나 의견을 모둠 내에서 자연스럽게 표현할 수 있도록 도와주는 두 가지 협동학습 구조를 교수–학습 활동 시간에 수시로 적용하면서 발표에 대한 자신감을 조금씩 키워 나갔다.

얼굴짝과 어깨짝에 대한 이해

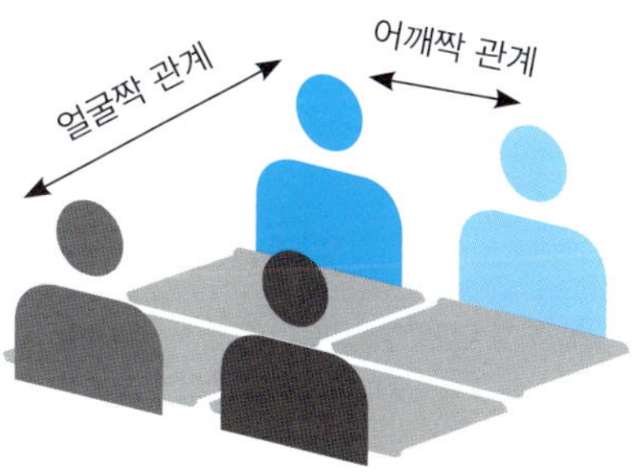

협동학습을 하게 되면 보통 오른쪽 그림에서 보는 바와 같이 자리배치를 하게 된다. 이럴 경우 2명씩은 서로 어깨를 나란히 하고 앉게 되고, 2명씩은 서로 얼굴을 마주보며 앉게 된다. 이 때 어깨를 나란히 하며 앉게 된 친구들을 "어깨짝"이라고 부르고, 얼굴을 마주보며 앉게 된 친구들을 "얼굴짝"이라고 부른다. 따라서 한 모둠에는 얼굴짝 2쌍 또는 어깨짝 2쌍이 존재하는 셈이 되는데, 활동에 따라서 어깨짝끼리 하면 좋은 활동이 있는가 하면 얼굴짝끼리 하면 좋은 활동이 있기도 하다. 어떻게 상호작용하는 것이 훨씬 효율적인가 하는 면을 잘 생각해보고 짝 활동에 대한 방법을 생각하는 것도 수업의 효과를 높이기 위한 방법일 수 있다는 점을 잊지 말자.

한편 구조를 적용한 활동을 해 나가면서 학생들이 "얼굴짝 혹은 어깨짝"이라는 용어를 알고 있으면 활동에 대한 안내나 설명을 할 때 훨씬 용이함을 느낄 수 있다. 따라서 모둠활동을 시작할 때는 학생들에게 그 관계부터 설명하는 것이 순서일 것이라 생각한다.

번갈아 말하기 구조 활동

(1단계) 주어진 주제에 대한 자신의 생각을 정리한다.

(2단계) 모둠 내에서 둘씩 짝을 지어 마주본다.(얼굴짝)

(3단계) 얼굴짝끼리 서로 자신의 생각을 번갈아가며 나눈다(한 사람이 주어진 시간 동안 이야기를 하면 다른 사람은 그 사람의 이야기를 잘 들어준다. 이 때 듣는 사람은 절대로 이야기를 하지 않도록 한다. 한 사람의 이야기가 끝나면 역할을 바꾸어 한 번 더 반복한다).

(변형 – 4단계로 확장) 모둠 내 다른 짝(어깨짝)과 함께 3단계에서 나눈 얼굴짝의 생각이나 의견을 먼저 이야기하고 자신의 생각을 번갈아 나눈다(영철이는 지난 일요일에 가족들과 함께 서울랜드에 가서 범퍼카·바이킹·우주열차 등을 타고 김밥도 먹으며 신나게 놀았다고 합니다. 그리고 나 민수는 지난 일요일에 가족들과 함께 외식을 하였는데, 집

근처에 있는 중국 요리 전문점에 가서 오랜 만에 먹은 자장면과 탕수육의 맛은 참 일품이었습니다). 필요한 경우에는 다른 사람의 생각이나 의견을 기록하거나 메모할 수 있는 활동지를 나누어주고 중요한 부분을 기록해가면서 듣도록 할 수도 있다. 이렇게 하면 모둠 내에서 네 사람 모두의 생각이나 의견을 나누고 들을 수 있다.

❶

먼저 두 명씩(얼굴짝 혹은 어깨짝끼리) 짝을 정한 후, 일정 시간 동안 생각하기.

❷

얼굴짝끼리 개인적으로 생각한 의견들을 주어진 시간 동안 번갈아가며 나눈다.

❸

앞서 짝과 나눈 내용을 먼저 말하고, 자신의 생각을 이어서 말한다.(번갈아가며)

❹

필요한 경우, 모둠원들의 생각들을 종합, 정리하여 발표할 준비를 한다.

활동의 팁

번갈아 말하기 또는 돌아가며 말하기 구조를 실제로 적용해 나갈 때, 학생들이 "시작"신호와 함께 바로 자신의 생각이나 의견을 말하는 것보다는 간단한 인사말이나 칭찬의 말, 감사의 말 등을 먼저 나누고 나서 활동 주제나 과제에 대하여 언급을 한 뒤 본론으로 들어가도록 하는 것이 더 좋다. 이는 입을 여는 연습의 차원에서 하는 것으로, 하는 만큼 충분한 효과가 있다.

예 만나서 반가워요. 오늘도 함께 하는군요. 오늘은 머리 스타일이 참 예쁘군요. 오늘은 옷이 참 잘 어울립니다. 좋은 말씀 잘 들었습니다. 좋은 아이디어였습니다. 감동적인 말이었습니다. 칭찬해 주어서 고맙습니다. 이해하여 주어서 감사합니다. 이번에는 제가 "○○○는 꼭 필요한 것인가?"에 대하여 의견을 말해 보도록 하겠습니다. 저는 "○○○의 해결방안"으로 이런 것들을 생각해 보았습니다.

돌아가며 말하기 구조 활동

(1단계) 주어진 주제에 대한 자신의 생각을 정리한다.

(2단계) 모둠 내에서 정해진 번호 순서에 따라 자신의 생각이나 의견을 발표한다(다른 친구들은 발표하는 모둠원의 생각이나 의견을 잘 듣는다).

(3단계) 1, 2, 3, 4번 순서로 돌아가며 모두 발표한다.

(변형) 2, 3단계 진행할 때, 자신의 생각이나 의견만 발표하지 말고, 바로 앞에 발표한 친구의 생각이나 의견을 먼저 말하고, 자신의 생각이나 의견을 발표하게 하면 듣기 능력까지도 향상되어 더 큰 효과를 볼 수 있다(앞서 말한 민수는 자신의 장래 희망이 의사라고 하였습니다. 왜냐하면 의사가 되어서 병이 있어도 가난하여 병원에 갈 수 없는 사람들을 도와주고 싶기 때문이라 하였습니다. 그리고 저의 장래 희망은 탐험가입니다. 왜냐하면 탐험가가 되어서 지구 곳곳에 있는 알려지지 않은 많은 것들을 사람들에게 소개해 주고 싶기 때문입니다).

모둠 내에서 말할 순서를 정한 후, 주제에 대하여 각자 생각할 시간을 갖는다.

정해진 순서에 따라 자신의 생각을 말하고 듣는다.(돌아가며 말하기)

필요한 경우, 모둠원들의 생각들을 종합, 정리하여 발표할 준비를 한다.

활동의 팁

번갈아 말하기 또는 돌아가며 말하기 구조를 실제로 적용해 나갈 때, 말할 차례가 되지 않는 학생들은 절대로 이야기하지 말아야 하고, 상대방을 바라보면서 중요한 내용을 기록(메모)하기도 하고, "음, 그렇군요!" 또는 "아하! 그거였군요!", "와우, 정말 대단합니다!" 등의 반응을 적극적으로 보여줄 수 있도록 지도하는 것이 좋다. 그렇게 되면 말하는 상대방은 자신의 말을 들어주는 것에 대한 고마운 마음과 함께 기분이 좋아지는 것을 느껴서 서로의 관계도 돈독해진다.

다시 말하기 구조 활동

토의·토론 수업에서는 자신의 생각이나 의견을 말하는 것도 중요하지만 듣기 활동도 매우 중요한 활동이다. 따라서 듣기 능력을 향상시키기 위한 방안도 마련해 두지 않으면 안 된다. 바로 이런 때를 위해 개발된 협동학습 구조 중 한 가지가 '다시 말하기(카드)' 구조인 것이다. 이 구조는 다른 구조 활동을 보완해주는 역할을 해주는데, 특히 듣기 활동에 큰 도움을 주고 있다.

(1단계) 각 모둠에 "다시 말하기 카드"를 나누어준다(모둠별 1개).

(2단계) 각 모둠원은 순서를 정하여 말하거나 자유롭게 생각이나 의견을 나눌 때, 바로 앞서서 말한 사람의 생각이나 의견을 그대로 혹은 간단하게 정리하여 말한 후, 자신의 생각이나 의견을 말할 수 있도록 한다(뒷사람이 잘못 말하거나 수정해야 할 부분이 있으면 앞서서 말한 사람이 그 부분을 수정할 수 있도록 도와준다).

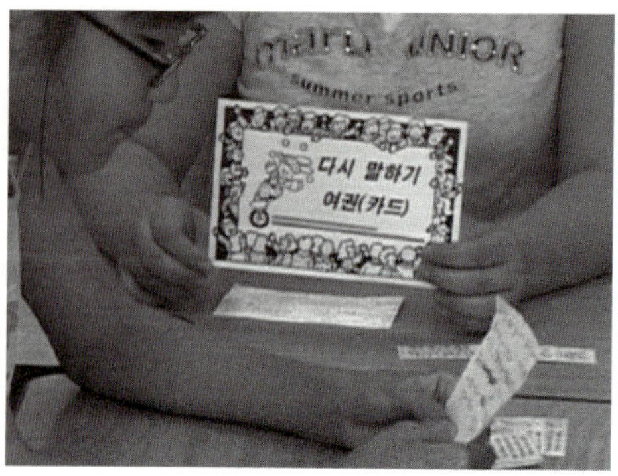

모둠 내 다시 말하기 여권 활동 사례

활동의 팁

번갈아 말하기 또는 돌아가며 말하기 구조를 실제로 적용해 나갈 때, 학생들에게 시간 규칙을 확실하게 알려주도록 하고, 학생들이 시간의 흐름을 알 수 있도록 하는 방법을 다양하게 마련해 주어야 한다. 예를 들자면 타이머를 프로젝션 TV에 띄워 주거나, 교사가 직접 스톱워치(초시계)를 갖고서 시간을 재면서 "3분 지났습니다.", "앞으로 2분 남았습니다.", "30초 뒤에 마무리하겠습니다."와 같이 이야기를 해 주면, 학생들은 스스로 자기의 이야기를 정리하고 시간을 조절하는 능력을 기를 수 있게 된다.

말하기/듣기 기본 훈련 사례(번갈아 말하기, 돌아가며 말하기, 다시 말하기)

상대방의 이야기를 적극적으로 들어주고(경청) 차례를 지켜가며 서로 존중하는 마음으로 이야기를 주고받는 것은 좋은 토의·토론 수업을 해 나가기 위해 학생들이 꼭 갖추어야 할 자질이라 할 수 있는데, 이 세 가지 구조 활동은 바로 그런 자질들을 길러나가는데 매우 효과적이라 할 수 있다. 이 세 가지 구조 활동을 통해 학생들은 상대방의 말에 끼어들지 않고, 상대방의 말할 권리를 지켜주며, 이야기의 핵심을 파악할 수 있도록 하는 연습을 해 나갈 수 있다. 활동의 끝마무리 차원에서 모든 대화의 내용(상대방의 내용 혹은 자신의 이야기까지 포함)을 정리해서 여러 사람 앞에서 발표를 할 수 있도록 해 준다면 더 좋은 활동이 될 수 있다. 왜냐하면 자신만의 것을 말하는 것보다는 모두의 생각과 의견을 모아서 발표하는 것이 발표하는 사람의 부담을 줄여주기 때문이기도 하고(내 생각만 발표하는 것이 아니라서 자신이 책임져야 할 부분을 그만큼 나누어 가질 수 있기 때문이다. 그리고 상대방 혹은 모둠원 모두의 이야기가 더해져 할 이야기가 많아지기 때문에 자신의 생각이나 의견이 조금 빈약하다고 느껴지거나 할 이야기가 별로 없어서 곤란한 상황에 놓여 있더라도 부담이 많이 줄어들게 된다), 서로 나눈 생각이나 의견들을 종합하고 정리하여 발표하는 힘을 키워줄 수도 있기 때문이다.

세 가지 구조의 가장 큰 효과

① 정해진 시간 동안 자기 의견 말하기 능력 향상(참여)
② 적극적으로 다른 사람의 말을 들어주는 능력 향상(경청)
③ 의견을 정리하고 종합하여 발표하는 능력 향상(발표)

이 세 가지 구조는 토의·토론 수업뿐만 아니라 거의 모든 교수-학습 활동 및 학급 활동에서 매우 효과적으로 활용되고 있는데, 그 사례를 제시해 보면 다음과 같다.

① 수업의 시작 단계에서 동기 유발 차원에서의 활용

예 1 오늘 수업의 주제가 "태양계"에 대한 것이라면 ["태양계" 하면 생각나는 것을 한 가지씩 번갈아/돌아가며 이야기해 봅시다.]와 같이 동기유발 차원에서 도입부를 이끌어갈 수 있다.

예 2 수업 내용과 관련 있는 영상물이나 사진 자료, 각종 도표 등을 보여준 뒤, ["이 자료를 통해서 알 수 있는 것, 알아낸 것, 궁금한 것, 알고 싶은 것" 등을 번갈아/돌아가며 이야기해 봅시다.]와 같이 수업을 시작할 수 있다.

예 3 수업 시작과 함께 먼저 이야기를 읽게 하거나 들려주고, ["내가 이 이야기 속의 주인공이라면 어떤 내용으로 세 가지 소원을 빌었을 것인가?"에 대하여 번갈아/돌아가며 이야기를 나누어 봅시다.]와 같이 수업을 진행해 나갈 수 있다.

예 4 이야기 속의 그림 한 장면을 보여주고, ["이 그림은 무엇을 하고 있는 모습인가? 왜 이런 모습을 하고 있을까? 뒤에는 어떤 장면이 이어지게 될까?" 등에 대하여 번갈아/돌아가며 이야기해 봅시다.]와 같이 수업을 시작할 수 있다.

예 5 다양한 자료(이미지 혹은 이야기)를 나누어 주고, [나누어준 이야기나 그림 속에서 "가장 중요하다고 생각되는 것은 무엇인가?"에 대하여 번갈아/돌아가며 이야기를 나누어 봅시다.]와 같이 수업을 시작할 수 있다.

② 수업의 마무리 단계에서 공부한 내용 되짚어보기 차원에서의 활용

예 1 계획을 가지고 수업을 5분 정도 일찍 마무리한 후에, 그 시간을 통해서 배워서 새롭게 알게 된 것, 중요하다고 생각되는 점, 가장 기억에 많이 남는 것, 더 알고 싶은 점 등에 대하여 번갈아/돌아가며 이야기해 보도록 한다(노트 필기 시간으로 가져도 좋겠다).

예 2 오늘 공부한 내용 가운데, 여러분이 만약 선생님이라면 평가 문제로 내고 싶은 것 한 가지씩 각자 생각해 보고, 모둠 내에서 번갈아/돌아가며 퀴즈 활동을 해 봅시다(모둠 내에서 한 사람〈기록이〉은 그 내용을 정리하여 교사에게 제출하고, 교사는 그 문항들 가운데 좋은 것을 선정하여 평가 문항에 활용할 수도 있을 것이다).

③ 수업의 전개 부분에서 중요한 질문, 해결방안 등을 이끌어내고자 할 때 활용

예 1 중요한 것들에 대한 설명을 마친 뒤, 궁금한 점들에 대하여 한 가지씩 질문을 생각해 보게 한 다음, 먼저 모둠 내에서 각자가 만든 질문들을 "번갈아/돌아가며" 나눌 수 있도록 하고, 그중에서 좋은 것이라 생각되는 것들만을 골라 학급 전체 앞에서 교사에게 질문을 하도록 할 수도 있다. 이렇게 서로 질문을 주고받다 보면 자연스럽게 그에 대한 답을 얻을 수 있는 경우도 생기고, 또래 가르치기 현상도 나타나게 된다. 그런 과정을 거치면서 모둠 내에서 해결되지 않은 것들이 전체 질문으로 자연스럽게 나오게 된다.

예 2 핵심 과제를 학생들에게 제시한 뒤, 그 과제에 대한 중요한 해결방안이나 대안 등을 모둠 내에서 번갈아/돌아가며 말하도록 한 뒤, 그 내용은 정리하여 모둠 발표를 하게 할 수도 있다.

④ 핵심 질문에 대한 학생들의 대답을 이끌어내고자 할 때 활용

예 1 중요한 질문 한 가지를 학생들에게 한 뒤, 그에 대한 답을 찾기 위해 번갈아/돌아가며 말하기 과정을 거치면서 서로 의견을 나누고, 필요한 경우 정답에 대하여 서로의 합의를 이끌어 내도록 할 수도 있다. 그렇게 되면 교사가 어떤 사람에게 질문을 하더라도 서로 나누었던 내용을 쉽게 이야기할 수 있게 된다.

⑤ 학급활동(학급회의 등)에서 중요한 안건에 대하여 논의할 때 활용

예 1 지난주 목표에 대한 반성을 한 가지씩 번갈아/돌아가며 말한 뒤 종합하여 전체 앞에서 발표하도록 할 수도 있다.

예 2 새롭게 시작되는 한 주에 목표로 알맞은 것을 한 가지씩 번갈아/돌아가며 말한 뒤 종합하여 전체 앞에서 발표하도록 할 수도 있다.

예 3 새롭게 선정된 목표를 달성하기 위한 실천사항으로 알맞은 것을 생각한 뒤 번갈아/돌아가며 말하기로 나눈 뒤, 종합하여 전체 앞에서 발표하도록 할 수도 있다.

예 4 학급 내에서 일어나는 다양한 현상이나 활동에 대하여 학생들의 솔직한 생각이나 의견을 듣고 싶을 때, 그에 대하여 먼저 학생들끼리 번갈아/돌아가며 말하기로 나누도록 한 후에 그 내용을 종합, 정리하여 전체 앞에서 발표하도록 할 수도 있다.

5) 이야기 글의 6하 원칙[9] 지도(동화, 소설, 전기문 등)

토의·토론 수업은 독서 활동과도 깊은 관련이 있다. 최근 온작품 읽기, 독서 토론 활동 등이 매우 활성화되고 있는 것도 그런 이유 때문이라 할 수 있다.

토의·토론 수업의 소재는 매우 다양하다고 할 수 있는데, 실생활에서 일어나는 일들뿐만 아니라 이야기 글(동화, 소설, 전기, 짧은 예화 자료, 교과서 속에 있는 이야기 등) 속에 있는 상황들 모두가 토의·토론 수업의 소재가 될 수 있다.

주어진 글을 읽고 토의·토론 수업에 참여하기 위해서는 글 속에 담긴 내용을 제대로 이해할 수 있어야 하는데, 우리 아이들이 이 부분에 있어서 또한 취약함을 드러내고 있어 자신의 생각이나 의견을 자신 있게 말하지 못하고 있는 현실이다. 이를 극복하기 위해서 아래와 같은 방법을 사용하여 이야기 글을 정리할 수 있도록

9 여희숙 선생님이 이름 붙인 것(토론하는 교실, 2007, pp.115~118를 참고)

꾸준히 지도하였다.

⊙ 이야기의 주인공은 누구인가?(주인공)

⊙ 주인공은 어떤 상황에 놓여 있는가?(상황)

⊙ 그 상황에서 주인공이 한 행동은 무엇인가?(행동)

⊙ 왜 주인공은 그런 행동을 한 것인가?(동기)

⊙ 주인공의 행동을 방해(힘들게 하는 것)하는 것들은 무엇이었는가?(방해)

⊙ 이야기의 결과는 어떻게 되었는가?(결과)

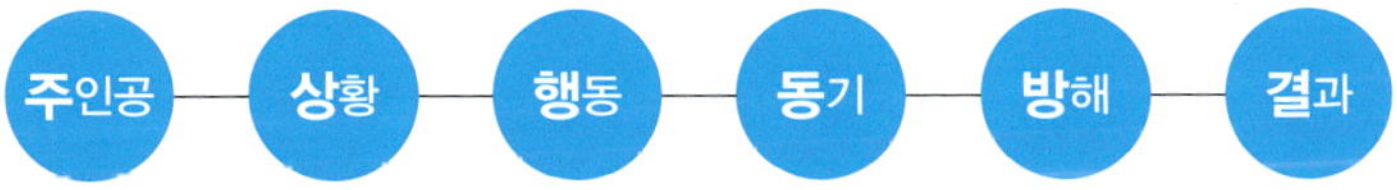

(주－상－행－동－방－결)

신문기사의 경우, 6하 원칙을 적용하여 글을 쓰거나 정리해서 이해하게 되면 전체 구조를 쉽게 이해할 수 있는 것과 같은 이치라 할 수 있다. 때문에 아이들에게 책을 읽고 나서 읽은 책의 내용을 독서 기록장에 정리할 때 혹은 국어시간이나 도덕시간 또는 예화자료를 활용하는 시간이면 어김없이 이야기 글의 6하 원칙에 따라 내용을 먼저 정리할 수 있도록 안내하였고, 아이들은 꾸준히 이 과정을 겪어 나가면서 읽기 능력 및 내용 이해 능력과 독서에 대한 흥미를 점점 키워나갈 수 있었다(아이들이 이야기의 전체 구조를 쉽게 파악할 수 있게 되었고, 내용 이해도 쉬워져서 글에 대한 부담감을 한층 줄여나갔다).

이야기 글 6하 원칙 지도 장면

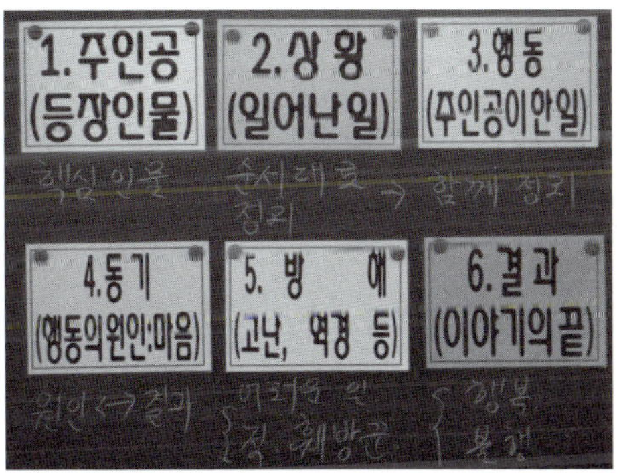

이야기 글 6하 원칙 판서

이야기 글 6하 원칙 필기

6하 원칙에 따라 글 요약하기

노트 필기 및 활동 사례(1)

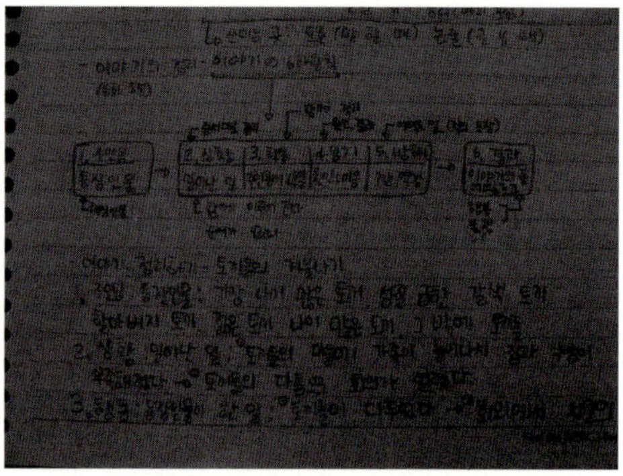

노트 필기 및 활동 사례(2)

활동의 팁 1

독서 토의·토론을 할 때 아래와 같이 진행하면 보다 효과적이다.

1단계: 먼저 책의 내용을 "이야기 글의 6하 원칙"에 따라 정리한다.

2단계: 정리한 내용을 바탕으로 자신의 주장이나 생각을 "6단 논법"에 맞게 정리한다.

특히 국어, 도덕, 독서와 관련된 창의적 체험활동시간 등에 글을 읽고, 이야기 글의 6하 원칙에 따라 각자 정리한 뒤 발표(모둠 내 발표 혹은 학급 전체 발표)도 해 보게 하였고, 그 과정에서 아이가 빠뜨린 부분이 있다면 중간 중간에 간단한 질문을 통해서 스스로 그 부분을 보완할 수 있도록 지도해 나갔다.

"주인공은 참 힘들었겠구나."

"네, 저라면 저렇게 못했을 것 같아요."

"네가 만약 그 상황에 놓인다면 어떻게 할 것 같니?"

"저라면 조금 노력은 해 보겠지만 쉽게 포기할 것 같기도 해요."

"저런, 쉽게 포기하면 안 되지. 너도 잘할 수 있을 거야. 그런데 주인공은 왜 그 상황에서 그렇게밖에 할 수 없었을까? 자신만의 행복과 이익을 위해서 그랬던 것일까?"

"아, 맞다. 그 부분을 빠뜨렸네요. 주인공은 큰 것을 위해서 작은 것을 희생하는 것이 낫다고 생각했기 때문에 그렇게 행동할 수밖에 없었어요."

그러다 보니 이야기 자료 속에 나오는 상황을 중심으로 토의·토론 수업(특히 독서 토의·토론)을 할 때도 사건이나 논점에 대한 명확한 이해를 바탕으로 하고 있어서 엉뚱한 이야기가 나오거나 사건과 관련 없는 말을 하는 빈도가 훨씬 줄어들게 되었다.

활동의 팁 1

글의 구조와 내용 이해, 글쓰기 등을 위해서 아이들에게 아래의 3가지는 꼭 지도할 필요가 있다. 중고학년 이후부터는 이를 지도하기 위한 교사의 노력이 요구된다.

1. 기사 글의 6하 원칙(누가, 언제, 어디에서, 무엇을, 어떻게, 왜)
2. 이야기 글의 6하 원칙(주인공, 상황, 행동, 동기, 방해, 결과)
3. 주장하는 글의 6단 논법(안건, 결론, 이유, 설명, 반론 꺾기, 정리)

6) 생각의 고삐 풀기

토의·토론 수업을 해 나가면서 해결해야 할 난제 가운데 하나가 생각의 고삐를 풀도록 하는 일이다. 이 일이 중요한 이유는 아래와 같은 모습을 보이는 학생들이 많기 때문이다.

① 생각이나 의견을 내놓기 전에 스스로가 먼저 어떤 판단을 내리게 되고, 그로 인하여 발표에 자신감을 잃어버리는 일이 많아지게 되었다.

② 타인의 생각이나 의견을 들을 때, 우선적으로 "옳음"과 "그름", "나쁜 생각"과 "좋은 생각"으로 어떤 기준에 따라 판단이나 분류부터 하려 하다 보니 발표하는 사람은 부담스런 마음이 먼저 앞서게 된다(자신에게 돌아올 비난이나 비판에 대한 두려움을 가질 수밖에 없는 일이다).

그러다 보니 아이들은 토의·토론을 하자고 하면 침묵으로 일관하는 현상을 보일 수밖에 없게 되었다. 타인의 생각이나 의견을 어떤 기준에 따라 판단하고 분류하기 이전에, 먼저 타인의 입장을 적극 수용할 수 있는 방향으로 교실의 분위기가 개선되지 않는다면 토의·토론 수업은 매우 어려울 수밖에 없는 일이다.

따라서 이를 개선하기 위한 교사와 학생 모두의 꾸준한 노력이 필요한데, 필자는 아래와 같은 활동들을 학생들이 자주 경험하도록 하여 그들의 "생각의 고삐"를 푸는 일(창조적이고 유연한 사고를 하며, 타인의 생각이나 의견에 대하여 수용적인 태도를 갖도록 하는 일)에 도움을 주고 있다.

가) 꼬리에 꼬리를 무는 이야기

⊙ 필요한 시간: 약 5분 ~ 10분

⊙ 진행 방법: 모둠원들끼리 돌아가면서 혹은 두 사람씩 짝을 지어 번갈아가며 한 구절 혹은 한 문장씩 이야기를 이어가는 활동이다(예 A 일단, B 냄비에, A 물을, B 3컵, A 붓고, B 고추장을, A 5스푼, B 풀어준 다음, A 물이, B 끓을 때까지, A 기다렸다가, B 물이, A 끓으면, B 떡을, A 넣고…).

⊙ 활동의 팁

① 처음 시작할 때, 교사가 모두에게 한 구절 혹은 한 문장을 불러주면(예 "옛날에 어느 노인이 살고 있었는데"라고 먼저 교사가 시작을 해 주면) 그 다음부터 학생들이 이어갈 수 있도록 해도 되고, 그냥 주제나 방향성만을 알려준(예 "맛있게 떡볶이 요리를 하기", "사냥꾼과 오리", "즐거운 놀이 공원" 등) 후 순서에 따라 계속 돌아가며(번갈아가며) 이야기를 이어나갈 수 있도록 하면 된다.

② 말로 이어나가도 좋고, "절대로 말하지 않기"라는 규칙을 만든 후에 종이 위에 글로 써 나가도 좋다.

③ 진행은 최대한 빠르게 하도록 한다. 서로 시선을 마주하며 경청하도록 하고, 상대방이 잘 들을 수 있도록 또렷하게 말하도록 한다.

④ 이야기가 끝을 맺을 때까지 또는 약속된 시간이 다 될 때까지 계속된다.

⑤ 한 번 활동이 끝나면 서로 평가를 해 보도록 한다(예 말할 때 머뭇거리지 않았는가? 머뭇거렸다면 왜 그랬는가?).

⑥ 평가를 한 후 다시 게임을 해 보도록 한다. 할 때마다 머릿속에 가장 먼저 떠오르는 것을 무조건 내뱉도록 한다. 상대방의 말이 우습거나 낯설거나 독창적이지 않더라도 따뜻한 웃음과 표정으로 받아들이도록 한다. 그리고 게임이 끝날 때마다 다시 평가를 하도록 한다(이런 활동은 한 번으로 끝나는 것이 아니라 꾸준히, 실천·반복되어야 한다).

⊙ 주의할 점

① 말을 할 때 거침없이 이어가도록 안내하고 익숙해지도록 한다(말을 하기 전에 머뭇거렸다는 것은 두뇌 속에서 검열 장치가 작동되었다는 것을 뜻한다. 검열 장치가 작동되기 전에 떠오르는 말들을 막힘없이 내놓을 수 있도록 한다).

② "음 ~", "어 ~"와 같은 소리를 내며 생각할 시간을 주어서는 안 된다.

③ 말로 활동을 할 때, 상대방의 말을 잘 듣지 못했더라도 "뭐라고 ~"하는 식으로 되묻지 않도록 한다(물론 이런 일이 발생하지 않도록 경청하며 듣는 자세를 갖도록 한다). 그냥 들은 대로 상대방의 말을 추측하여 계속 이어나가도록 한다.

④ 말이 되는가, 되지 않는가에 관심을 갖지 말도록 한다. 그래서는 활동의 의미

가 사라질 수 있다.

⑤ 물론 아무리 "거침없이 말을 해도 좋다."고는 해도 교육적 활동임을 잊지 않도록 한다(너무 거친 말, 욕설, 음란한 이야기, 입에 담지 못할 말 등은 금지).

⊙ 활동 후 생각해 볼 점

① 활동의 속도가 빨라지면서 어떤 일이 벌어졌는가?
② 활동의 속도가 빨라지면서 어떤 느낌이 들었는가?
③ 활동을 하면서 느꼈던 긍정적인 점은 무엇인가?
④ 활동을 하면서 느꼈던 부정적인 점은 무엇인가?
⑤ 두뇌 속에서 작동되는 검열 장치는 "생각의 고삐"를 푸는데 도움이 되는가?

⊙ 이 활동이 가지는 의의

① "상대방은 어떤 말이라도 내뱉을 수 있다"는 사실을 인지하고 배려하도록 해 준다.
② 상대방의 말을 판단과 비판 없이 일단은 "그래. 네가 생각을 말했구나." 하고 받아들이도록 해 준다.
③ 자기 생각을 어떤 틀 안에 가두고 있는 "생각의 고삐"를 풀어버릴 수 있도록 해 준다.
④ "생각의 고삐"를 풀고 여유를 갖게 되면 어떤 일이 벌어지게 되는가를 이해할 수 있도록 해 준다(특히 대안을 모색해 나가는 토의·토론 활동에서 꼭 필요).

나) 생각 상자 열기

⊙ 필요한 시간: 약 10분

⊙ 진행 방법: 적당한 크기의 상자 2개를 준비("비타 500" 음료 박스 정도의 크기면 충분)한 후 교사가 박스에서 무엇인가 계속해서 빠르게 꺼내는 동작을 하면 학생들이 그 물건의 이름을 말하도록 한다(실제로 박스 안에는 아무 것도 없지만 있다고 상상하여 활동을 한다).

① 박스 1에는 독창적인 물건만 들어 있다고 가정을 하고 활동을 한다.

② 박스 2에는 독창적이지 않은 물건만 들어 있다고 가정을 하고 활동을 한다.
③ 하다 보면 박스 1에서는 두뇌 활동이 자꾸만 멈추어 버리게 된다. 그렇다고 하여 당황스러워 하지 않도록 한다.
④ 박스 2에서는 활동이 비교적 오랜 시간 지속된다. 따라서 활동이 멈출 때까지 최대한 빠르게, 많이 꺼낼 수 있도록 한다.
⑤ 활동이 끝나면 박스 1 활동과 박스 2 활동을 하면서 어떤 생각과 느낌이 들었는지 충분히 나눌 수 있도록 한다(이 활동을 반복하도록 한다).

⊙ 활동의 팁

① 아이들이 볼 수 있는 상자의 면에 박스의 이름을 크게 써 붙이면 좋다.
② 박스에서 꺼낼 때 교사가 "마임" 활동을 함께 해 나가면서 어떤 동작이나 표정을 지어보이면 아이들은 사고의 폭을 더 넓혀 나갈 수 있다.
③ 활동을 하면서 드는 느낌이나 생각을 잘 새겨두도록 강조한다.

⊙ 주의할 점

① 아무런 대답이 나오지 않는다고 하여 기다려주지 말아야 한다. 바로 답변이 나오지 않으면 또 다른 물건을 끄집어내는 동작을 보여 주어야 한다. 그래야만 먼저 사고에서 벗어날 수 있다.
② 활동 중 어떤 답이 나오더라도 받아들이려는 교사의 자세가 필요하다.
③ 어떤 활동을 하더라도 장난스런 활동은 하지 않도록 지도할 필요가 있다.
④ 교사는 학생들의 생각을 판단과 비판 없이(독창적인가, 그렇지 않은가) 받아들이면서 "좋았어! 다음!"이라고 외치며 계속 넘어가도록 한다.

⊙ 활동 후 생각해 볼 점

① 박스 1 활동을 하면서 어떤 생각과 느낌이 들었는가?
② 박스 2 활동을 하면서 어떤 생각과 느낌이 들었는가?
③ 박스 1 활동에서 나온 것들이 과연 독창적이라 할 수 있는 것인가?
④ 박스 2 활동에서 나온 것들이 혹시 놀랄 만큼 독창적인 것은 없었는가?
⑤ "독창적인 것"이라는 말이 생각 상자를 여는데 도움이 되었는가?

⊙ 이 활동이 가지는 의의

① "사람은 누구나 어떤 생각이든지 밖으로 꺼낼 수 있다"는 사실을 인지하고 배려하도록 해 준다.

② 자기 생각을 어떤 틀(독창적이어야 한다는 틀) 안에 가두고 있는 "생각의 고삐"를 풀어버릴 수 있도록 해 준다.

③ "생각의 고삐"를 풀고 여유를 갖게 되면 어떤 일이 벌어지게 되는가를 이해할 수 있도록 해 준다(독창적인 것이 아닐 것 같지만 나중에 보면 놀랄 만큼 독창적인 것일 수 있다는 것, 그 반대인 경우도 있을 수 있다는 것).

④ 독창적이라는 것에 초점을 맞추지 않을 때 우리는 훨씬 더 많은 생각을 해 낼 수 있다는 것, 그리고 그 과정에서 훨씬 더 많은 일들이 이루어진다는 것을 깨닫도록 해 준다(특히 대안을 모색해 나가는 토의·토론 활동에서 꼭 필요).

다) 참 다행이야!

⊙ 필요한 시간: 약 10분

⊙ 진행 방법: 교사는 미리 활동지(A4용지를 8등분한 정도의 크기)에 부정적인 상황이나 사건을 적어 두도록 한다(한 장에 한 가지씩 적도록 하되, 너무 어렵거나 복잡한 상황을 적지 않도록 한다).

예 이런, 컴퓨터가 또 망가졌잖아! 내일 여행가기로 했는데 갑자기 태풍이 온다네! 어이쿠, 물건을 사려는데 지갑이 없네!

① 교사는 활동지를 2~3회 접은 뒤 작은 상자에 넣어 흔든 뒤, 한 장을 뽑은 뒤, 내용을 살피도록 한다.

② 아무 학생이나 지목하여 쪽지에 적힌 내용을 있는 그대로, 읽어나간다.

③ 학생은 선생님이 읽은 내용에 대하여 반드시 "참 다행이야! 왜냐하면 ~이기 때문이거든."이라고 답변(이유 포함)을 하도록 한다. "당연하지", "훌륭해"와 같은 말로 시작을 해도 좋다.

예 교사: 어이쿠, 물건을 사려는데 지갑이 없네!

학생: 참 다행이야. 이것은 꼭 필요한 것이 아니라 생각했었는데, 지갑이 없으니 그만큼 돈을 아낄 수가 있게 되었잖아.

④ 위의 1번, 2번, 3번 활동을 계속 반복해 나간다.

⑤ 한 번 뽑았던 활동지는 다시 접어서 상자에 넣은 뒤, 섞은 상태에서 다시 활동지를 뽑아서 새로운 학생에게 이야기를 읽어주도록 한다(같은 것이 또 나올 수 있다).

⊙ 활동의 팁

① 보다 많은 학생들의 이야기를 들어보는 차원에서 교사가 학급 전체 학생들을 대상으로 진행하는 것이 더 좋다(물론 모둠별로 해도 별 무리는 없겠지만). 이럴 경우 2단계에서 뽑은 활동지를 학생들 모두에게 읽어준 뒤, 무작위로 학생을 한 명씩 여러 명을 지목하여 답변을 들어보도록 하면 된다(이 때 생각할 시간을 약간 주어도 좋겠다).

② 학생들의 답변에 대하여 나머지 학생들이 반응을 적극적으로 보일 수 있도록 분위기를 조성한다(때로는 반응 정도에 따라서 칭찬 박수, 상점이나 칭찬 티켓 등을 주는 것도 방법일 수 있겠다. 이럴 경우는 신중하게 하도록 한다).

③ 되도록 오래 생각한 후 답변이 나오지 않도록 시간제한을 두는 것이 좋다. 실제 상황은 우리들에게 오랜 시간을 주지 않기 때문이다(3~5초 정도 안쪽).

④ 먼저 뽑았던 활동지는 박스 안에 넣지 않고 진행할 수도 있다. 이럴 경우 시간이 충분하다면 박스 속에 활동지가 한 장도 없을 때까지 진행하는 것도 좋을 것이라 사려된다.

⊙ 주의할 점

① 학생들이 대답을 할 때는 부정적인 말, 반박하는 말이 나오지 않도록 한다.

② 너무 오래 고민하거나 생각하여 답변하지 않도록 한다. 이를 위해서는 수용적인 분위기를 만들어 나가는 것이 좋다. 또한 어떤 답변이 나오더라도 적극적으로 칭찬해주는 학생들이 반응이 필요하다(다만 장난스런 활동이 되지 않도록 할 필요성은 있다).

③ 특이한 것, 독창적인 것, 재미있는 답변을 찾으려고 노력하지 않도록 유도한다. 그냥 머리에 떠오르는 긍정적인 생각(다행이네!)을 자연스럽게 말하도록 한다.

④ 활동을 하면서 어떤 생각이나 느낌이 드는지를 잘 기억해 두도록 한다.

⊙ 활동 후 생각해 볼 점

① 나쁜 일에서 좋은 점을 찾기란 어떠한가?

② 나쁜 일에서 좋은 점을 찾았을 때의 기분은 어떠했는가?

③ 왜 그런 느낌을 갖게 되는가?

④ 이 활동을 통해서 우리가 가져야 할 자세는 어떤 것이 있겠는가?

⊙ 이 활동이 가지는 의의

① "사람은 누구나 실생활에서 부정적인 상황에 놓일 수 있다"는 사실을 인지하고, 그 속에서 어떻게 대처하는 것이 좋은가를 생각하도록 해 준다.

② 우리의 삶 속에서 순수한 기쁨, 순수한 절망이란 거의 없다는 것, 그렇기 때문에 아무리 힘들고 어려운 상황 속에서도 한 줄기 빛은 있기 마련인 것, 아무리 좋은 일이 있더라도 그와 함께 좋지 않은 일이 따라오기 마련인 것이라는 것을 깨닫도록 해 준다.

③ "생각의 고삐"를 풀고 여유를 갖도록 하되, 되도록 긍정적인 자세로 문제를 해결해 나가다 보면 분명히 길은 있다는 것, 그를 통해 우리들의 삶이 많이 바뀔 수도 있다는 것을 깨닫도록 해 준다(특히 문제 상황을 맞이하여 그 해결방안을 모색해 나가는 토의·토론 활동에서 꼭 필요).

④ 어떤 사건이나 일에 대하여 그를 바라보는 시각이 얼마나 중요한 것인가를 깨닫도록 해 준다.

7) 모둠의 구성과 훈련

협동학습으로 토의·토론 수업을 해나가기 위해서는 기본 바탕인 모둠의 효과적인 조직과 운영은 필요충분조건이라 할 수 있다. 그렇다면 모둠은 어떻게 조직하는 것이 효과적이며, 토의·토론 수업을 위하여 모둠을 어떻게 운영해 나가는 것이 좋은가에 대하여 살펴보도록 하겠다.

가) 모둠 구성하기

협동학습은 기본적으로 4인 1모둠, 이질 모둠을 원칙으로 하는데, 4인 1모둠을 권장하는 이유는 모둠의 규모나 짝 활동 및 상호작용의 효율성 면에서 가장 효과적이기 때문이다.

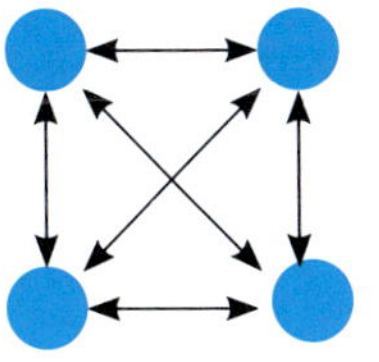

구성원	장점	단점
2명	상호의존성이 매우 높다. 상호작용이 활발해지고, 참여의 기회가 확대되어 저학년의 경우에 더 효과적이다.	한 사람에 대한 의존도(결석, 인원수가 홀수일 때)가 너무 크고, 다양한 사고와 접할 기회(여러 사람과의 상호작용)가 적어 사고 확장에 한계가 있다.
3명	작은 규모로 회의가 가능하며 의사결정이 필요할 때 어떤 식으로든 쉽게 이루어진다.	상호작용의 효율성이 떨어지고 짝 활동을 할 때 소외되는 학생이 발생하며, 교실의 특성상 공간 활용이 비효율적이다.
4명	교실 상황에서 규모가 가장 이상적이고 상호작용을 위한 경우의 수가 가장 효율적이며 자리배치 면에서 융통성이 크다.	한 사람이 결석할 때 소외되는 학생이 발생하게 되고, 의사결정이 어렵다(2:2 상황).
5명	사람 수만큼 다양한 생각과 의견을 접할 수 있고 의사결정이 쉽게 이루어진다(회의에 가장 적절한 인원이라 할 수 있다).	홀수가 되어서 짝 활동을 할 때 소외되는 학생이 발생하게 되고, 교실의 특성상 공간 활용이 비효율적이다(책상 배치 등).
6명	사람 수 만큼 다양한 의견을 얻을 수 있고 어려운 활동도 거뜬히 해낼 수 있다.	규모가 커서 단합이 어렵고, 한 사람이 결석할 때 소외되는 학생이 발생한다.

또한 협동학습은 이질 모둠(남녀의 성비, 학습력, 다중지능적 특성, 인성, 행동특성 등을 다양하게 고려하여 모둠을 구성한다)을 권장하고 있는데, 그 이유는 다양한 특성들이 상호간의 단점을 보완해주고, 시너지효과를 발휘하게 해 주며(누군가의 강점 지능이 다른 모둠원의 약점 지능을 보완해주면서 함께 성장해 나감), 또래 가르치기가 효과적으로 이루어지기 때문이다. 또한 이성간의 관계 향상에도 도움을 주고, 높은 학업성취도를 가진 학생의 보조교사 역할이 학급운영의 모든 면(학급활동, 교수-학습 활동)을 용이하게 해주기 때문이다. 이를 위해서는 교사가 의도적으로 치밀하게 계

획하여 모둠을 구성하는 것이 제일 좋다.[10]

나) 모둠원 훈련하기

모둠을 구성한 후에는 모둠 정체성을 세우고 구성원 간에 결속력을 다지면서 다양한 상호작용을 위한 기본의사소통 훈련을 해 나가야 한다. 그래야 협동학습을 활용한 토의·토론 수업 속에서 문제가 발생하는 상황을 줄일 수 있다.

① 기본 훈련 1: 존칭어로 말하기

공식적인 수업 활동 속에서의 모든 대화(특히 토의·토론 수업에서의 의견 개진)는 "존칭어 사용하기"를 원칙으로 하게 되면 불필요한 말을 줄일 수 있고, 의사소통 과정에서 발생하는 여러 가지 문제점(특히 소란스러움과 여러 갈등 상황)들을 최소화시킬 수 있다. 그리고 이왕이면 학생들에게 말이 가진 힘에 대해서도 함께 지도할 필요가 있다. 이를 지도하는데 가장 좋은 자료를 꼽으라면 망설임 없이 "물은 답을 알고 있다 1, 2편(2008, 에모토 마사루 지음, 홍성민 옮김, 더난 출판사)"라는 책을 추천한다. 다음은 필자가 이 책을 읽고 나서의 생각과 느낌을 정리해 본 것이다(아이들에게 들려주었고, 학급 홈페이지에도 올렸다).

〈필자의 학급 홈페이지에 올렸던 글〉

말이 가져다주는 힘

에모토 마사루가 쓴 「물은 답을 알고 있다」에 흥미 있는 내용이 있습니다. 물이 전하는 놀라운 메시지가 있다는 것입니다. 한마디 긍정적인 말이 기분을, 분위기를, 세상을 바꾸는 힘이 된다는 것입니다. 아름다운 생각과 음악도 그러한 원동력이 된다는 것입니다.

'사랑과 감사'라는 글을 보여주었을 때, 물은 비할 데 없이 아름다운 육각형 결정을 나타냈습니다. '악마'라는 글을 보여주었을 때는 중앙의 시커먼 부분이 주변을 공

10 모둠에 대한 자세한 내용은 이상우, 2020, pp.224~253을 참고

격하는 듯이 보였습니다. 쇼팽의 '빗방울'을 들려주자 정말 빗방울처럼 생긴 결정이 나타났고, '이별의 곡'을 들려주자 결정들이 잘게 쪼개진 형태가 되었습니다.

어떤 글을 보여주든, 어떤 말을 들려주든, 어떤 음악을 들려주든, 물은 그 글이나 말이나 음악에 담긴 인간의 정서에 상응하는 형태를 취했습니다. 그래서 물도 의식을 갖고 있다는 것이라고 결론을 내릴 수 있을 것입니다.

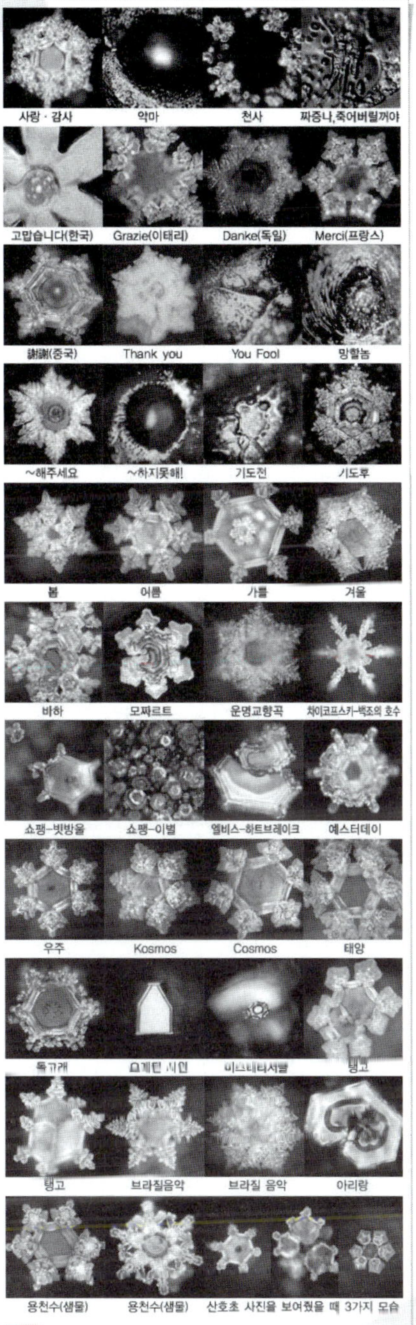

[물은 답을 알고 있다]
책 속에 있는 사진들

우리의 몸은 70%가 물이라고 합니다. 그래서 말이 중요합니다. 말한 대로 이루어집니다. 상대방에게 어떤 말을 하느냐에 따라 상대방의 표정과 태도가 달라지는 것을 여러분은 경험을 통해 잘 알고 있을 것입니다. 자신에게 긍정적인 말을 하고 신념의 말로 자기 최면을 거는 사람은 말한 대로 그렇게 될 가능성이 높습니다. 그 근거는 바로 자기 자신, 사람을 믿는 것에 있습니다.

일본의 파동학자 에모토 마사루는 『물은 답을 알고 있다』라는 그의 책에서 물도 사랑에 반응한다는 것을 보여주었습니다. 우리가 물을 향해 심한 모욕의 말을 하면 물의 결정체가 흉하게 깨져 그 모양이 형편없이 변합니다. 그런데 물을 보고 "고맙습니다. 감사합니다."라는 긍정적인 말을 하면 물의 결정체는 아름다운 육각형을 띠고, 나아가 "너를 사랑해!"라고 물을 향해 말하면 가장 아름다운 결정체로 물의 분자가 변한다는 것입니다. 사랑의 주파수가 물 분자에 영향을 미쳤기 때문이라는 것이죠. 이처럼 물도 사랑을 받으면서 생기가 나고 아름다워집니다. 하물며 사람의 인체는 70%가 물로 형성되었는데 어떻겠습니까?

서로를 미워하고 저주하고 분노의 마음을 품으면 인체에 있는 물 분자가 흉하게 일그러져 이상한 모양을 띠고 파괴되어서 온갖 병으로 나타나는 것입니다. 그러나 우리가 서로 감사하고 칭찬하며 또 사랑하면서 서로를 격려하고 긍정적이며 적극적인 말을 나누면 우리 몸의 60%나 되는 물이 아름다운 육각형의 결정체를 만들어 건강해지고 생기가 넘치는 것이죠.

우리가 왜 서로 존중을 해 주어야 하는지, 왜 존칭어로 서로 생각을 주고 받을 필요가 있는지, 왜 서로가 좋은 말을 주고받아야 하는지에 대해서 이해할 수 있겠습니까 ? 우리 몸은 그 답을 알고 있습니다. 물은 그 답을 알고 있습니다.

위와 같이 이야기도 들려주고, 동영상도 보여주고(인터넷에서 책 제목으로 검색을 해 보면 오래전에 방송을 통해서 소개된 영상물을 많이 발견하게 된다) 그에 대한 느낌도 함께 나누면서 이어지는 활동으로 존칭어 쓰기, 욕설 하지 않기 등을 함께 지도하기도 한다. 특히 필자의 교실에서는 학년 초에 이 활동을 어김없이 펼쳐 나간다. 그리고 학급 규칙에도 "바른 말, 고운 말 사용하기(욕 하지 않기)"라는 항목을 꼭 넣고, 이를 어겼을 시에는 "모든 사람에게 1일 동안 존칭어를 사용하며 생활하기"라고 보조 규칙을 더 추가한다. 또한 존칭어 규칙을 지키지 않는 학생들은 1일씩 더 추가해나간다는 약속까지 포함시키는 것은 필수이다. 그렇게 하면 얼마 지나지 않아 교실에서 욕설이 거의 사라지는 모습을 보게 된다(때로는 욕설 및 존칭어 규칙을 잘 지키지 않아서 벌칙으로 "존칭어 사용하기 수십일"을 실천해야 하는 학생들도 가끔 보게 되는데, 이 학생의 경우는 상담을 통해서 다양한 방법으로 일수를 줄여나갈 수 있도록 지도할 필요가 있다. 필자는 이럴 경우 그 학생과 대화를 통해 "학급 내 봉사활동"으로 일수를 줄여주는 방법을 많이 사용한다). 그리고 교실 한 곳에 큰 글씨고 "욕설 없는 교실 ○○일째"라고 크게 글씨를 써 붙인 뒤, 하루하루 날짜를 늘려가게 되면 아이들도 그 현상을 바라보면서 욕을 더 하지 않으려고 노력하게 된다. 실제로 필자의 교실에서는 "100일째"를 넘긴 적이 있었는데(1학기부터 2학기까지 이어져서), 그를 축하하는 의미로 학급에서 파티를 한 적이 있었다.

② 기본 훈련 2: 적극적으로 듣기

인어를 매개로한 상호작용 활동을 하면서 우리 아이들이 제일 못하는 것 한 가지만 꼽으라면 필자는 "경청하기"를 꼽는다. 상대가 이야기를 하면 말의 핵심을 찾아 이해하거나 공감하는 힘이 많이 떨어진다. 또한 상대가 이야기할 때 자꾸만 불필요한 이야기를 덧붙이거나 끼어들기를 하여 활동을 방해하기도 한다. 때문에 수업시간이 매우 소란스러워지고 과제완성이나 '배움'의 수준이 많이 떨어진다. 이를 극복하기 위해서는 타인이 이야기할 때 끝까지 아무 말도 하지 않고 들어주도록 하는 훈련과 꾸준한 지도가 필요하다. 필요한 경우에는 메모지 혹은 노트에 중요한 내용을 기록하며 듣도록 하고, 반대 혹은 다른 의견이 있을 때는 한 사람이 말을 마치고 난 후 이야기하도록 지도해야 한다.

③ 기본 훈련 3: 사회적 기술의 지도[11]

사회적 기술이란 인간관계를 맺어 나가는 데 필요한 전반적인 기술로, 집단에서 서로 간의 생활을 원활하게 하기 위해서 이루어지는 의사소통이나 규칙 혹은 약속에 따르는 행동양식을 말한다. 사회적 기술이 떨어질 경우 집단은 많은 갈등을 경험하게 되는데, 개인주의적이거나 어떤 문제 또는 갈등을 타인에게 미루는 일이 보통이며 자신의 실수를 먼저 인정하려 들지 않는 일이 가장 빈번하다. 이는 함께 활동하려는 마음이 부재와 함께 사회적 기술(협동기술=다 함께 잘 사는 기술)이 부족하기 때문인데, 이를 극복하기 위해서는 적극적인 사회적 기술이 지도가 요구된다.

11 Kagan, 1999, pp.297~347. 이상우, 2009, pp.153~181. 이상우, 2020, pp.319~350을 참고.

단계별 사회적 기술[12]

기초 단계	기본 단계	발전 단계
▶ 자리에 머물러 있기 ▶ 발표지 쳐다보기 ▶ 모둠 과제 완성 돕기 ▶ 자료 공유하기 ▶ 아이디어 공유하기 ▶ 차례 지키기 ▶ 이름 불러주기 ▶ 작은 목소리로 말하기 ▶ 과제에 집중하기	▶ 점검하기 ▶ 질문하기 ▶ 타인을 인정하기 ▶ 의사소통 기능 사용하기 ▶ "내 생각에는" 용어 사용 ▶ 적극적으로 듣기 ▶ 재진술하기 ▶ 칭찬하기	▶ 사람이 아니라 의견 비판 ▶ 사람이 아니라 행동 묘사 ▶ 관점 채택하기 ▶ 바꾸어 말하기 ▶ 문제 해결하기 ▶ 합의하기 ▶ 요약하기 ▶ 의견 구별하기 ▶ 정당하게 반대하기

주요 사회적 기술[13]

주요 사회적 기술	사회적 기술의 부족으로 인한 문제 상황
감정적 대응 억제하기	말다툼, 폭력, 싸움 등
토의하기(합리적 의사결정)	언쟁과 불화, 의견 충돌, 말다툼, 싸움 등
역할 분담하기	책임 회피 및 의사 독점, 무임승차, 봉 효과, 일벌레 등
서로 도움 주고받기	무관심, 불신, 의욕 상실, 갈등, 열등과 우월감 등
적극적 듣기(경청)	무시하기, 무관심, 이해 부족, 오해 등
수용적 자세(상대방 의견 존중)	무시하기, 싸움, 갈등, 폭력, 말다툼, 의견 충돌 등
의견만 비판하기	사람을 비판함으로 인한 갈등과 다툼, 감정 악화 등
칭찬과 격려 아끼지 않기	무관심, 경쟁, 열등감과 우월감, 의욕 상실 등
차이점 존중하기	우월감과 열등감, 부정적인 인식, 무시하기 등
문제 및 해결방안 공유하기	방해하기, 무관심, 도움 주고받기 거부 등

④ 기본 훈련 4: 갈등해결 기술의 지도

우리 모두의 일상 속에서 갈등은 늘 상존한다. 교실도 마찬가지다. 하지만 일상과 다르게 교실에서의 갈등 상황은 보는 시각에 따라 매우 달라진다. 왜냐하면 교실 속에서의 갈등은 곧 "교육"의 기회이기 때문이다. 따라서 다음의 3가지만 꼭 기억한다면 갈등 해결에 큰 도움이 될 것이다.

12 정문성, 2002, p.105.

13 Vanston Show, 2007, p.360.

개념 잡기

하나. 교실 속에서 일어나는 갈등은 피해야 할 것이 아니라 좋은 교육의 기회
둘. 갈등 없는 학급은 둘 중에 하나 – 최선이거나 최악 !
셋. 갈등이 발생하면 그에 대한 면밀한 분석이 먼저 !(특히 원인 분석)

교실에서 발생하는 갈등의 원인을 보면 주로 다음과 같다.

갈등상황에서 학생들이 흔히 보이는 말과 행동[14]

상대방의 말을 경청하지 않기	상대방에 대한 감정적 대응
다른 사람의 실수는 크게 부풀리고, 자신의 실수는 은폐 또는 축소하기	문제와 그것에 대한 해결방안을 공유하지 않기
상황에 대하여 모든 것을 남 탓으로 돌리기(다른 사람 핑계 대기)	이기적이고 책임감이 없고, 나태하고 게으른 행동하기
다른 사람의 생각을 수용해도 전혀 손해 보는 일이 없음에도 자신의 말만 옳다고 주장하기	목표의식이 없어서 활동에 적극적으로 활동하지 않기
역할분담 하지 않기	

위와 같은 갈등을 분석해 보면 아래와 같이 3가지로 분류된다.

갈등의 3가지 유형[15]

자원의 갈등	여러 사람이 원하는 것에 대하여 공급이 부족할 때 생기는 갈등(교사의 관심, 각종 도구의 사용, 다양한 자료, 친구 관계 등). 일반적으로 해결이 쉽다. 학교생활에서 흔히 접할 수 있다.
필요에 의한 욕구의 갈등	학생들도 성인들과 같이 기본적으로 심리적인 욕구들을 가지고 있다(힘, 우정과 집단에의 소속감, 자존감, 성취감 등). 이 경우는 이유가 명확하지 않은 경우가 많아 자원의 갈등에 비하여 해결이 어렵다.
가치의 갈등	우리가 가장 친밀하게 느끼고 있는 신념으로 인한 갈등(종교적, 정치적, 문화적, 가족, 목표 등)

위에서와 같은 갈등을 잘 이겨내기 위해서는 다음과 같은 기술이 필요하다.[16]

14 Vanston Show, 2007, pp.82~91을 참고.

15 Vanston Show, 2007, p.360.

16 Vanston Show, 2007, pp.82~91을 참고.

갈등 해결 기술(STOPHAC)	설명
나누기(Share)	자료나 자원을 나누는 일
차례 지키기(Take turns)	질서, 차례 지키는 일
외부의 도움 받기(Outside help)	당사자의 힘으로 해결하기 힘든 갈등일 때 도움 받기
보류(Postpone)	일단 그 상황의 갈등을 다음으로 미루기
유머(Humor)	그 상황에서 한 걸음 물러나서 재미있는 면을 보기
회피(Avoid)	서로 관여할 만큼 중요하지 않은 갈등은 피하기
타협(Compromise)	Win-Win 의 방법, 서로 조금씩 양보하기

⑤ 기본 훈련 5: 역할 부여 및 역할 책임[17]

어떤 집단 내에서 한 사람에게 기대되는 행동을 우리는 역할이라고 한다. 협동학습을 위한 모둠 조직 내에서도 성공적인 활동을 위해서 바람직한 역할을 만들고, 그에 맞는 역할 책임을 부여하여 그에 대한 책임감과 모둠에 대한 소속감을 느끼게 하고, 활동 과정에서 서로 돕는 모습을 보이게 하고 있다. 필자의 경우는 주로 이끔이, 지킴이, 칭찬이, 기록이 등으로 역할을 나누어 맡도록 하고 그에 따른 역할 책임을 부여하여 실천할 수 있도록 안내하고 지도한다.

이렇게 역할을 나누어 과업을 부과하면 소그룹 내에서 자기의 역할이 분명해지고 책임감을 느끼고 최선을 다하게 된다. 구성원 중 자기의 맡은 역할을 충실히 하는 학생에게는 그때그때마다 적절한 칭찬을 해 줌으로써 긍정적인 상황을 만들어 나갈 수 있다.

17 이에 대한 자세한 내용은 이상우, 2020, pp.249~253을 참고.

토의·토론 수업에 필요한 역할별 이끔말 사례

이끔이	지금부터 ○○○○○라는 주제에 대하여 각자 생각할 시간을 갖도록 하겠습니다. 지금부터 "○○○○○○(예 돌아가며 말하기)"로 자신의 생각을 발표해 보도록 하겠습니다. 이번에는 "○○"가 의견을 말할 차례입니다. 말씀해 주세요. 주어진 시간 동안 "○○○"에 대한 생각이나 의견을 쪽지에 적어주시기 바랍니다. 그렇게 생각하는 이유도 함께 말씀해 주세요. 다시 한 번 이야기해 주시기 바랍니다. 왜 그런 생각을 하였는지 말씀해 주시기 바랍니다. 더 이상 다른 의견이 없으면 활동을 마무리하도록 하겠습니다. 지금까지 상황으로 볼 때 " ~ 라는 의견"과 " ~라는 의견"으로 생각이 나누어진 것 같습니다. 그 밖에 다른 의견이 없다면 이 두 가지 중에 한 가지로 결정하도록 하는 것이 어떻겠습니까? 지금 토의·토론의 주제는(과제) "~"인데, 지금 말씀하신 것은 주제와 조금 거리가 번 것 같습니다.
지킴이	지금 토의·토론의 주제는(과제) "~"인데, 지금 말씀하신 것은 주제와 조금 거리가 먼 것 같습니다. 지금은 "○○"가 발표하고 있는 중입니다. 차례를 지켜주시기 바랍니다. 지금 "○○"의 목소리가 조금 큰 것(작은 것) 같습니다. 목소리 크기를 조절해 주세요. 시간이 다 되어 갑니다(이야기를 마무리 해 주세요. 활동을 마무리해야 할 때가 다가옵니다). 주어진 시간이 다 되었습니다. 마무리 해 주시기 바랍니다.
칭찬이	예, 저도 그 생각에 동의합니다. 아주 좋은 의견입니다. 고맙습니다. 그런 방법도 있군요(와, 그런 생각을 할 수도 있겠군요). 발표를 논리적으로 잘 해주셨습니다. 수고하셨습니다. 어떠한 생각도 꺼리지 말고 이야기 해 주신다면 활동에 큰 도움이 될 것입니다. 마음속으로 갖고 있는 의견들을 솔직하게 말씀해 주시면 고맙겠습니다.
기록이	방금 말한 것을 다시 한 번 더 말씀해 주시기 바랍니다. 기록하는데 힘이 드는군요. 조금만 더 천천히 말씀하여 주시기 바랍니다. 목소리가 작아서 잘 알아듣지 못하였습니다. 기록을 위해 조금만 더 크게 말씀해 주세요.

⑥ 기본 훈련 6: 기본적인 토의·토론 훈련(말하기 훈련)

학년 초부터 다음과 같이 3단계로 나누어 꾸준히 지도하도록 한다.

기초 단계	발전 단계	정착 단계
• 한 사람 한 사람이 간단한 이야기를 할 수 있도록 지도한다(1분 말하기, 3분 말하기, 5분 말하기 등). • 매일 자기의 일상생활 경험을 바탕으로 짝끼리 또는 모둠원과 번갈아가며 혹은 돌아가며 이야기를 주고받도록 한다. • 발전적 단계로 학습 문제와 관련하여 대화하는 방법도 지도한다.	• 상대의 말과 관계가 있는 화제를 골라 대화가 끊기지 않고 이어지도록 지도한다. • 특정 아동 혼자서 의사진행을 독차지하지 않고 순서를 정하여 번갈아가며 혹은 돌아가며 이야기를 주고받도록 한다. • 어느 정도 익숙해지면 순서 없이 말하기 카드를 활용하여 꼭 필요한 말만, 다른 사람들과 공평한 기회를 가지면서 말할 수 있도록 한다.	• 하나의 주제(주로 수업 속에서의 과제)를 중심으로 서로 대화가 끊임없이 이어지도록 지도한다. • 들으면서 자기의 생각을 비교, 분석, 정리하고, 들을 때 또는 말할 때 메모를 하는 습관을 갖도록 지도한다. • 이유나 근거를 들어 자기 의견을 말하도록 지도한다(이 시기에 6단 논법을 본격적으로 지도한다.-아래 사항 참고).

6단 논법 지도 요령

㉠ 일단 3단계까지(안건, 결론, 이유) 확실하게(명확한 1가지 이유를 잘 찾을 때까지) 지도한다.

㉡ 어느 정도 익숙해지면 4단계인 "설명" 단계를 예를 들어 설명하고, 확실한 근거자료 2~3개 정도를 써 내려갈 수 있도록 꾸준히 지도한다.

㉢ "설명" 단계까지 익숙해지면 5단계인 "반론 꺾기" 단계에 대한 다양한 예를 들어주면서 꼼꼼하게 설명(제일 어려워하는 단계)하고, 자기 입장에 대한 "반론과 그 이유"를 꺾을 수 있는 명확한 근거를 찾아 써 내려갈 수 있도록 지도한다.

㉣ 마지막으로 6단계인 "정리"에서 이전 단계까지의 내용을 종합적으로 정리하여 결론을 짧게 정리해서 쓸 수 있도록 꾸준히 지도한다.

㉤ 위와 같은 단계를 거치는 과정에서 홈페이지, 글쓰기 공책, 일기 등을 이용하여 특정 주제에 대한 자신의 생각을 6단 논법으로 정리해서 쓰도록 한다.

8) 자료 조사 및 정리하기

토의·토론 수업을 하면서 학생들이 잘하지 못하는 것 가운데 하나가 바로 자료 조사하기이다. 일반적으로 학생들에게 "자료 조사"를 과제로 주면 거의 대부분은 "인터넷"을 활용하는데, 자료를 찾으면 바로 "인쇄"를 하거나 "복사"를 하여 문서 편집 프로그램에로 불러들인 뒤 정리도 하지 않은 재 "인쇄"를 하여 학교로 들고 온다. 그런 상황이다 보니 자료 조사를 해온 학생과 해오지 않은 학생과의 차이는 오직 "성의"뿐, 나머지 부분은 모두 똑같은 상황이다. 그리고 토의·토론 수업에 참여해서도 조사해온 자료를 그냥 읽고 기억하는 수준을 넘어서지 못하는 경우도 많아서 모양만 토의·토론의 모습을 갖추었을 뿐이라는 평가를 벗어나기는 힘들다. 적어도 "자료 조사"과제를 내 주는 이유는 자료를 조사하면서 그에 대한 기본적인 이해와 자신의 생각 및 의견을 충분히 갖고 오라는 데 있을 것이다. 그렇다면 바람직한 토의·토론 수업을 위한 자료 조사 및 정리하기는 어떻게 하는 것이 좋은가? 이에 대한 몇 가지 방안을 살펴보면 다음과 같다.

① 토의·토론 주제는 무엇이고, 왜 토의·토론을 하려는지 이해시킨다.

② 토의·토론에 필요한 배경 지식은 무엇인지를 알려준다(지식의 토대가 없으면 토의·토론을 할 수가 없다는 것을 알게 한다).

③ 자신이 이미 알고 있는 것(강점)은 무엇이고, 더 조사해야 할 것(약점)은 무엇인지를 이해시킨다.

④ 필요한 경우에는 토의·토론 수업 전체를 관통하는 핵심 문제를 여러 개로 잘게 쪼개서 제시하고 그에 대하여 스스로 정리하거나, 모둠별로 역할을 부담한 뒤 맡은 부분에 대한 자료를 찾아서 정리한 뒤 한 자리에 모여 정보 나누기를 할 수 있도록 한다. 그래야 학생들이 문제와 문제를 연결하면서 핵심 문제를 어떻게 해결할지 미리 생각해 볼 수 있다.

⑤ 필요한 자료를 찾았으면 바로 인쇄하거나 그대로 카피하지 않고, 알고자 하는 핵심적인 부분을 찾아 읽어가며 최대한 짧고 간단하게 요약, 정리하도록 한다.

⑥ 요약, 정리할 때 중요한 용어나 낱말(잘 모르는 것, 더 찾아서 알아두어야 할 것 등), 통계자료나 사진자료 등도 함께 찾아두도록 한다.

⑦ 정리한 후에 자기의 것이 되도록 충분히 읽고 이해한 후 수업에 참여할 수 있도록 한다(이를 위해 토의·토론 수업을 하기 전까지 충분한 시간적 여유를 주고, 자료 조사 및 정리 상태를 수시로 점검해 가면서 살피도록 한다).

⑧ 협동학습의 경우 토의·토론 수업을 하기 전에 모둠별로 알아온 사항에 대하여 서로 나누고 점검할 수 있도록 자리를 수시로 마련한다.

⑨ 때에 따라 자료 수집표, 토의·토론 준비표 등을 마련하여 학생들에게 나누어 주고, 그 양식에 따라 자료를 수집, 정리, 준비하도록 할 필요가 있다.

9) 원활한 소통을 위한 활동 팁

토의·토론 수업은 주로 말을 매개로 하는데, 자칫하면 교실이 소란스러움 속으로 빠져들어 무질서하게 여겨질 수도 있다. 물론 "배움이 일어나는 긍정의 소음"이라 생각하여 그냥 둘 수도 있겠지만 지나치게 되면 오히려 하지 않는 것보다 못할 수도 있으므로 상황에 맞는 적당한 목소리 크기를 찾고, 지속적으로 훈련하여 소음을 적절히 조절할 수 있도록 신경을 쓰는 것이 좋다. 보통은 아래와 같이 목소리 단계 조절표를 활용하여 학생들에게 상황에 따른 적당한 목소리의 크기를 체험할 수 있도록 하고 있다.

목소리 조절(볼륨 조절) 단계표와 상황표 및 모둠 마이크 사례

0단계	혼자 생각하기(머릿속으로 생각하기)
1단계	소곤소곤 말하기(귓속말 크기로 말하기: 짝끼리 활동)
2단계	도란도란 말하기(조금 작은 소리로 말하기: 모둠 활동)
3단계	발표하기(모든 사람 앞에서 큰 소리로 발표할 때)
4단계	환호하기(운동장에서 큰 소리로 다른 사람을 부를 때)

소곤소곤 말하기

(1) 일명 "귓속말"이라고도 한다.
(2) 둘씩 짝지어서 상호작용할 때는 무조건 "소곤소곤" 말하기로 한다.
(3) "소곤소곤"은 성대의 떨림이 없이 말하는 크기로, 극장과 같은 곳에서 영화상영 중 옆 사람과 이야기하고자 할 때, 보통 귀에 대고 작은 목소리로 속삭이듯이 말하곤 한다. 바로 그 크기가 "소곤소곤" 말하기인 것이다.
(4) "소곤소곤" 말하기를 할 때 자신의 손을 쫙 편 상태에서 목의 성대가 있는 곳에 가까이 대고 말해보면 평상시처럼 말할 때에 비하여 성대의 떨림이 느껴지지 않는 것을 알 수가 있다.
(5) "소곤소곤" 말하기로 활동을 할 때 필요한 자세가 있다. 바로 짝과의 상호작용 거리(얼굴과 얼굴 사이의 거리)를 30cm 정도 이하로 유지하는 것이 꼭 필요하다. 등을 의자의 등받이에 기대고 앉아 "소곤소곤" 말하기를 하면 서로의 목소리가 잘 들리지 않아 자연스럽게 목소리가 점차로 커질 수밖에 없다. 활동 시작 신호와 동시에 학생들은 짝과의 거리를 최대한 좁히고 그 간격을 끝까지 유지할 수 있도록 하는 것이 성공적인 활동의 지름길이라 할 수 있다.

도란도란 말하기

(1) 모둠원들과 상호작용할 때는 무조건 "도란도란" 말하기로 한다.
(2) "도란도란" 말하기는 성대의 떨림은 있으되 목소리의 크기를 최대한 낮추어 말하는 것으로, 사람의 목소리가 모둠의 반경에서 멀리 떠나지 않도록 말하는 것을 말한다.
(3) "도란도란" 말하기로 활동을 할 때 필요한 자세가 있다. 바로 4명의 모둠원끼리 상호작용하는 거리(얼굴과 얼굴 사이의 거리)를 50cm 정도 이하로 유지하는 것이 꼭 필요하다. 등을 의자의 등받이에 기대고 앉아 "도란도란" 말하기를 하면 서로의 목소리가 잘 들리지 않아 자연스럽게 목소리가 점점 커질 수밖에 없다. 활동 시작 신호와 동시에 학생들은 모둠원 간에 거리를 최대한 좁히고 그 간격을 끝까지 유지할 수 있도록 하는 것이 성공적인 활동의 지름길이라 할 수 있다.

마음으로 말해요(혼자 생각하기)

(1) 개인적인 사고를 할 때는 마음으로 말한다(생각하기).

(2) 이 과정에서는 되도록 말을 아끼려는 노력이 필요하고, 꼭 필요한 이야기(궁금한 점, 정말로 잘 모르겠다고 하는 점, 이해가 되지 않는 점 등)가 있다면 그 때만 소곤소곤 말하기 크기로 대화를 해 나갈 수 있도록 한다.

(3) "혼자 생각하기" 과정이 없이 바로 활동에 들어가면 다양한 사고나 깊이 있는 생각을 필요로 하는 질문에 대한 답변을 쉽게 하기 어렵기 때문이 대부분의 구조에서 이 과정은 필수적이라고 말할 수 있다.

협동학습으로 토의·토론하기 총정리

1단계: 협동학습으로 토의·토론하기를 위한 기본 훈련

구분	
내용	협동학습으로 토의·토론하기를 위한 기초 훈련 단계로 모둠 내에서 의사소통이 원활하게 이루어질 수 있도록 하기 위한 훈련을 집중적으로 한다.
활동	1. 목소리 높낮이 조절 2. 역할 책임 훈련 3. 시간 지키기 훈련 4. 듣기

2단계: 협동학습으로 토의·토론하기를 위한 말하기/듣기 훈련

구분	
내용	협동학습으로 토의·토론하기를 위해서는 다른 사람의 말을 경청하고, 사회적 기술을 잘 발휘하여 의사소통이 원활하게 이루어질 수 있도록 하기 위한 훈련을 집중적으로 한다.
활동	1. 기초단계 말하기/듣기 훈련(1분 or 3분 말하기 등) 2. 존칭어로 말하기 3. 기본 구조 활용 훈련(돌아가며·번갈아 말하기, 다시 말하기, 마이크 활용) 4. 경청하기(메모하기) 5. 사회적 기술 지도하기 6. 독서 지도하기

3단계: 협동학습으로 토의·토론하기를 위한 생각의 고삐 풀기 훈련

구분	
내용	협동학습으로 토의·토론하기를 위해서는 자신의 생각을 자연스럽게, 논리적으로, 적적한 표현을 찾아 전달할 필요가 있는데, 이를 위한 훈련을 집중적으로 한다.
활동	1. 발전단계 말하기/듣기 훈련 2. 말하기 카드 활용 3. 생각 상자 열기 4. 꼬리에 꼬리를 무는 이야기 5. 참 다행이야 6. 6하 원칙 지도하기 7. 이야기의 6하 원칙 지도하기

4단계: 협동학습으로 토의·토론하기를 위한 생각 정리하기 훈련

구분	
내용	협동학습으로 토의·토론하기를 위해서는 짧은 생각으로 참여해서는 큰 낭패를 볼 수 있다. 따라서 발전적인 토의·토론을 위해 좋은 자료의 수집 및 정리, 이를 바탕으로 논리적으로 말하고 쓰는 훈련을 집중적으로 한다.
활동	1. 정착단계 말하기/듣기 훈련 2. 6단 논법 지도 3. 갈등 해결 기술 지도 4. 자료 찾기 및 정리(자료 수집표, 토의·토론 준비표) 5. 개인·모둠 평가 6. 협동학습으로 토의·토론하기를 위한 손쉬운 구조 적용하기(생각 내놓기, 동전 내놓기, 신호등 토의·토론, 브레인스토밍, 하나 주고 하나 받기, 동심원 등)

5단계: 협동학습으로 토의·토론하기 활동 강화

내용	기본적인 협동학습 구조를 활용해 토의·토론하기 활동에 익숙해지면 좀 더 난이도가 있고 깊이 있는 활동을 할 수 있는 구조를 적용하여 학생들이 토의·토론 활동에 익숙해질 수 있도록 한다.
활동	1. 6단 논법으로 말하기/쓰기 일반화 2. 토의·토론 수업 비중 늘리기 3. 협동학습 구조의 활용 확대하기(가치 수직선, 직소 모형, ○가고 ○남기 구조, 모둠 문장, 3단계 인터뷰, P.M.I. 구조, K·W·L 차트, 모둠 인터뷰 등)

6단계: 협동학습으로 토의·토론하기 활동의 생활화

내용	협동학습 구조를 활용해 토의·토론하기 활동에 익숙해지면 일상생활 속에서 토의·토론 활동이 자연스럽게 이루어질 수 있도록 한다(시간 확보 – 재량시간 등).
활동	1. 학급 내 토의·토론 문화 정착(어린이 회의 등) 2. 학급 내 토의·토론 대회 3. 고차원적인 토의·토론 활동(Stahl의 의사결정 모형, 피라미드 토의·토론 등)

※ 협동학습 구조의 적용과 관련하여 교사마다 구조의 적용 단계(난이도)에 대한 생각의 차이는 얼마든지 있을 수 있으므로 자신의 학급 아동 수준 및 활동 주제, 활동 여건 등을 고려하여 적절하게 활용하려는 지혜가 요구된다.

※ 협동학습 구조의 적용에 있어서 다양한 구조를 적용하는 것보다는 학생들이 소수의 구조를 지속적으로 반복·익힐 수 있도록 하는 것이 훨씬 효과적이라 할 수 있다.

※ 이 분류는 필자의 경험에 따른 것이므로 생각에 따라 달리 적용할 필요가 있음을 밝혀둔다.

[참고문헌]

가토 마사하루(2003). 박세훈 역. 생각의 도구. 21세기북스.

강병재(2007). 생각의 힘을 기우는 토론 수업. 교보문고.

강성철(1999). 창조적 집단사고 활동을 위한 지리수업의 구조화. 지리·환경교육 7(1).

강인애(1999). 왜 구성주의인가. 문음사.

강인애(2003). 우리 시대의 구성주의. 문음사.

구정화(2009). 학교 토론수업의 이해와 실천. 교육과학사.

권낙원(1996). 토의수업의 이론과 실제. 현대교육출판사.

김병원(2001). 생각의 충돌. 자유와 지성사.

김주환(2009). 교실토론의 방법. 우리학교.

김판수·박수자·심성보·유병길·임재성·허승희·황홍섭 공저. (2000). 구성주의와 교과교육. 학지사.

김홍희(2000). 집단사고 이론의 비판적 고찰. 한국행정논집 12(3).

박범수(2002). 철학적 관점에서의 토의수업 모형. 한국초등교육 13(2).

부산광역시교육청(2005). 손에 잡히는 토의·토론 학습

배영주(2005). 자기주도학습과 구성주의. 원미사.

서근원(1997). 초등학교 토의식 수업의 문화기술적 연구. 서울대학교 대학원 석사학위논문.

서울특별시교육청(2008). 교과서와 함께하는 독서·토론·논술 교육

서울특별시교육청(2009). 시나리오로 풀어가는 초등 토론·논술

서울특별시교육청(2010). 교과서와 함께하는 독서·토론·논술 지도(2009년 겨울 초등교사 직무연수 교재)

어린이도서연구회(1991). 재미있는 동화 읽기 어떻게 지도할까. 돌베개.

에무토 마사루(2008). 홍성민 역. 물은 답을 알고 있다 1, 2편. 더난출판사.

여희숙(2007). 토론하는 교실. 노브.

이경철(2000). 토론문화정착을 위한 토의학습의 활성화. [부산교육], 294. pp.35~42.

이상우(2009). 살아있는 협동학습. 시그마프레스.

이상우(2020). 협동학습 살아있네. 시그마프레스.

이상우(2020). 협동학습 토의·토론 초등수학교육을 혁신하다. 시그마프레스.

이상우(2019). 초등수학 분수 이렇게 가르쳐라. 시그마프레스.

이상우(2016). 5학년 수학 수업 협동학습으로 디자인하다. 시그마프레스.

이상우(2018). 6학년 수학 수업 협동학습으로 디자인하다. 시그마프레스.

이종일·김미영·김상룡·김영민·송언근·이명숙·이원희·조영남·조용기· 최석민·최신일 공저. (2008). 협동학습과 탐구. 교육과학사.

전성연·최병연·이흔정·고영남·이영미 공저. (2007). 협동학습 모형 탐색. 학지사

정문성(2002). 협동학습의 이해와 실천. 교육과학사.

정문성(2004). 토의토론수업의 개념과 수업에의 적용모델에 관한 연구. [열린교육연구] 12집 1호. pp.147~168.

정문성(2008). 토의·토론 수업방법 36. 교육과학사.

정재찬·이성영·서혁·박수자(1998). 국어과 토의·토론 학습의 수업모형 개발 연구. [서울사대선청어문]. 26. pp.359~414.

조부경·김효남·백성혜·김정준 역(2001). 구성주의 이론, 관점, 그리고 실제. 양서원.

천대윤(2004). 토의토론 회의 방법론. 선학사.

최명숙(2002). 의사결정형 협동학습이 초등학교 학생의 가치 선택 능력 신장에 미치는 효과. 석사학위논문. 진주교육대학교 교육대학원.

최성욱 역(2003). 쇼펜하우어의 토론의 법칙. 원앤원북스.

한국부잔센타(1994). 반갑다 마인드 맵. 사계절.

한순미(1999). 비고츠키와 교육. 교육과학사.

황경주(1999). 학교토론문화의 정착을 위한 토론식 교수-학습 전개방안. [전북교육]. 9. pp.63~70.

토론교육연구소(2007). 토론교육. 민족사관고등학교.

민족사관고등학교 토론교육연구소 자료 참고(http://debate.minjok.hs.kr/)

위키백과사전

Daniel Pennac(2004). 이정임 역. 소설처럼. 문학과 지성사.

Doug Buehl(2002). 노명완·정혜승 역, 협동적 학습을 위한 45가지 교실 수업 전략. 박이정.

Kagan(1999). 기독초등학교 협동학습연구모임 역. 협동학습. 디모데.

Marshall B. Rosenberg(2004). Katherine Hahn 역. 비폭력 대화. 바오출판사.

Nancy Margulies(1995). 조은상 역. 마인드 맵 배우기. 영교·브레인파워.

Paul Hazard(1999). 햇살과 나무꾼 역. 책 어린이 어른. 시공주니어.

Stephanie Harvey·Anne Goudvis(2008). 남택현 역. 독서몰입의 비밀. 커뮤니티

Thomas Gordon(2003). 김홍옥 역. 교사역할 훈련. 양철북.

Vanston Shaw(2007). 박영주 역. 공동체를 세우는 협동학습. 디모데.

P/A/R/T

03

협동학습으로 토의·토론하기의 실제

전통적인 교육방식은 학생들의 비판적, 창조적 사고력을 키워주지 못한다.
그리고 오늘날의 교사들 또한 비판적, 창조적으로 사고하는 방법을 배우지 못했다.
때문에 교사들은 비판적, 창조적인 면에서 치명적인 약점을 갖고 있다.
그래서 학생들의 비판적, 창조적 사고력을 키우는데 취약할 수밖에 없다.
하지만 비판적, 창조적으로 사고하는 방법을 전혀 배우지 못했다 하더라도
교사들은 빠르게 변화하는 세상 속에서 변화에 발맞추어 살아가야 할 학생들에게
창조적, 비판적으로 사고하는 법을 가르치지 않으면 안 될 상황에 놓여 있다.
무릇 오늘날을 살아가고 있는 교사라면 학생들이 장차 사회에 나가
창조적, 비판적으로 자신의 능력을 발휘할 수 있도록 북돋아주고
그들의 능력을 키워주어야 하고, 또 그 방법을 가르쳐야 한다.
어떤 곳에서 어떤 일을 하던 학생들의 상상력에 날개를 달아주고
생각의 고삐를 풀어 다양한 생각들이 펑펑 솟아나게끔 해 주어야 한다.
그러기 위해서는 교사가 먼저 아이들에게 모범을 보여 주어야 한다.
오랜 세월을 살아오는 동안 길들여진 사고방식을
어떻게 바꿀 수 있겠느냐고 반문할 수도 있겠지만
다행스럽게도 우리들 모두는 창조적, 비판적으로 사고하는 힘을 타고났다.
그래서 우리들의 미래는, 우리 아이들의 미래는 희망적이라 말할 수 있다.
그 희망을, 그 꿈을 현실로 바꾸기 위해서 교사들은
자신 스스로가 토의 · 토론 활동에 익숙해질 수 있도록 노력해야 하며
교실에서는 학생들이 토의 · 토론 활동에 익숙해질 수 있도록 환경을 조성하고
의도적 · 교육적으로 토의 · 토론 활동이 이루어질 수 있는 상황을 만들어 나가야 한다.

Chapter 05

협동학습 토의·토론을 위한 도구 준비

협동학습으로 토의·토론하기란 협동학습의 기본원리를 바탕으로 한 협동학습 구조를 토의·토론 수업에 적용하는 것이라 말할 수 있는데, 일반적인 협동학습 수업과 마찬가지로 많은 협동학습 도구들이 필요하다. 여기에서는 필요한 도구들에 대한 소개 및 설명을 자세하게 해 봄으로써 실제 토의·토론 수업에 들어가기 위한 준비를 돕고자 한다.

1 보드마카, 마카 펜 지우개, 모둠 칠판

모둠의견을 기록하고 정리할 필요가 있을 때 이면지, 연습장, 메모지 등에 기록하는 것보다 쓰고 지우는 활동을 반복하면서 정리할 수 있도록 하기 위해 많이 사용되는 것이 모둠칠판이다. 어떤 재료로 만드느냐에 따라 장단점이 있는데, 코팅된 장판으로 약간 크게(A3 사이즈 정도) 만드는 것을 권하고 싶다. 크게 만들어 모둠별로 1개씩 사용하되, 글씨를 크게 써서 교실 앞에 걸어놓고 발표하면서 뒤에 앉은 사람도 볼 수 있도록 하기 위함이다.

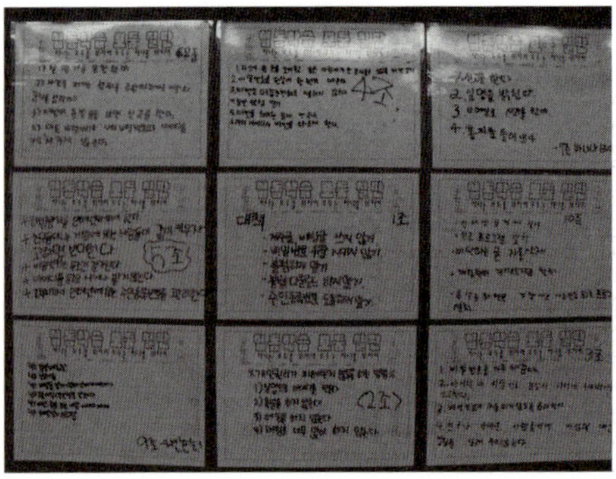
코팅하여 쓴 사례

코팅된 장판 사례

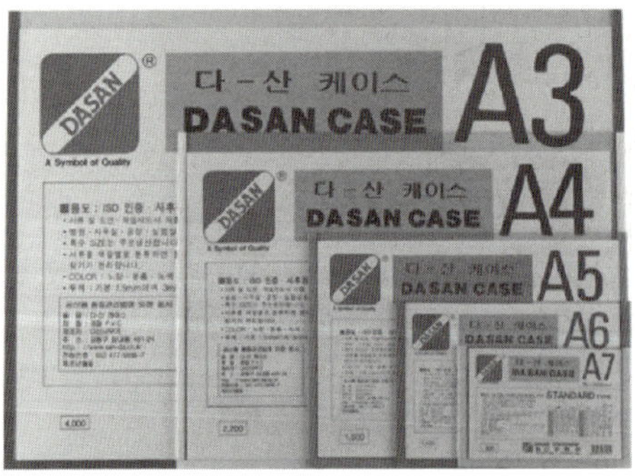

다산 케이스 사례

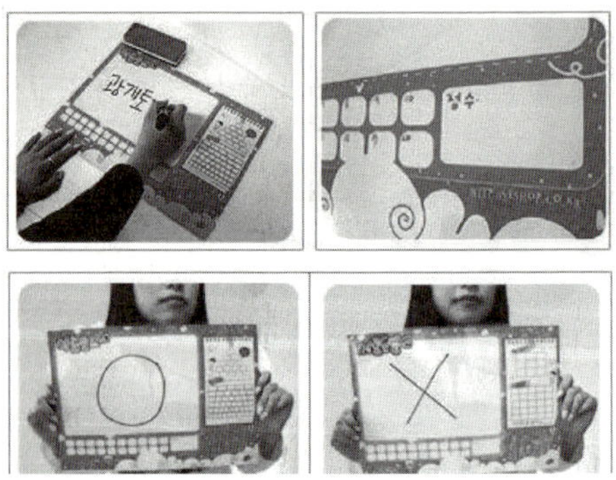
골든벨용 학습보드

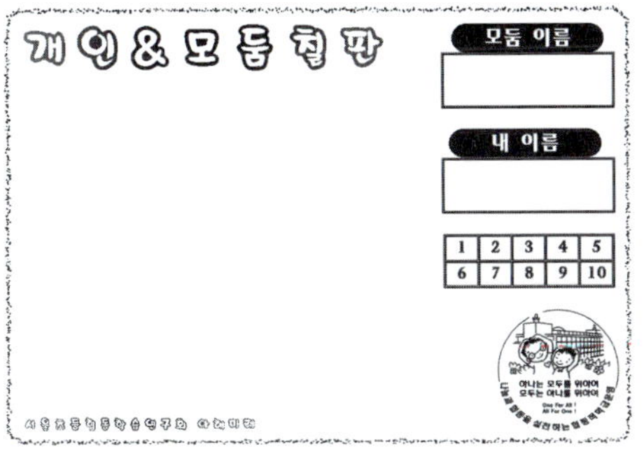

만들어 코팅한 사례

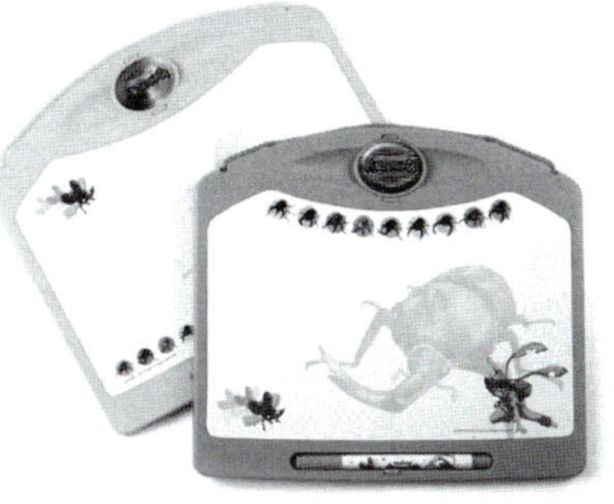

문구점 판매 보드

전용 화이트보드

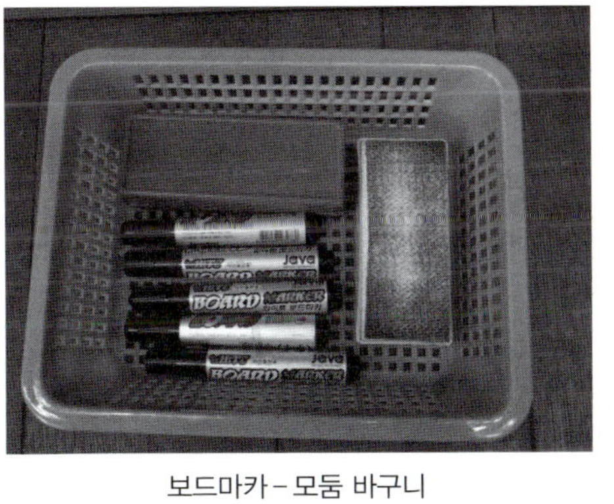

보드마카 – 모둠 바구니

모둠별 보드마카 수납장

이 밖에도 적당한 크기의 화이트보드 구매(가격이 비싸고, 무거우며 보관이 쉽지 않다는 단점이 있음), 마분지에 OHP 필름을 붙여 사용하기(금방 망가져서 또 만들어야 하고, 잘 지워지지 않음), 골든벨용 학습보드(티처빌 원격연수원 쇼핑몰 판매 – 코팅한 것과 비슷하며 잘 지워지지 않아 사용해본 교사들의 만족도는 떨어짐) 구매, 다산케이스 구매(만들기에 공을 들이지 않아도 되고, 양면 모두 사용이 가능하며, 디자인이 잘 된 속지만 끼워서 사용하면 되는데, 목적에 따라 속지를 바꾸어 끼우고 다양한 용도로 사용할 수 있으며 아크릴 보드와 같은 특징을 갖고 있어서 잘 지워지고 써지기는 하나 깨지기 쉽고, 긁히지 않도록 보관해야 하며 개당 가격이 매우 비싼 것이 흠: A3 사이즈로 3,500원 정도), 문구점 판매 보드 구매(쉽게 망가지고 크기가 작아 사용에 불편함) 등의 방법이 있으나 코팅된 장판을 활용하는 것만큼의 만족도를 보이는 것은 없다.

그리고 모둠별로 보드마카펜과 지우개를 보관(관리)할 수 있도록 바구니 또는 작은 수납장(1,000원 숍에 가면 적당한 것을 마련할 수 있다)을 마련해 두는 것도 좋은 방법이라 할 수 있다.

2 말하기 카드

말하기 카드는 이를 이용하여 활동에 소극적인 학생, 참여를 잘 하지 않고 수업활동에서 벗어나려는 학생, 논의에 대한 주도권을 독점하려고 하는 학생 등의 발생을 최소화시키고자 함에 그 목적이 있다. 이 카드는 모든 구성원들이 동등하게 말할 수 있도록 해주고 어느 한 사람이 이야기를 독점해 나갈 수 없도록 해준다. 활동에 모둠 구성원들이 익숙해지면 궁극에 가서는 카드 없이도 자연스럽게 대화에 적극적으로 참여할 수 있게 되며 동등한 참여의 원리를 내면화하게 된다. 활동 방법은 아래와 같다.

말하기 카드 활용 장면

말하기 카드를 활용한 교사 연수

① 교사는 토론 주제를 제시한다.

② 모둠원 중 아무나 말하기 카드를 한 장씩 내려놓으면서 토의 토론 활동을 시작한다. 학생들은 각자 토의·토론활동을 할 때 모둠의 중앙에 말하기 카드를 내려놓는다. 그들은 모든 모둠원이 말하기 카드를 한 장도 들고 있지 않을 때까지 계속 활동한다.

말하기 카드 활용 장면

③ 말하기 카드를 모두 내려놓은 모둠원은 더 이상 발언권이 없다.

④ 모둠원 전체가 말하기 카드를 다 사용했는데도 불구하고 논의가 끝나지 않았으면 말하기 카드를 똑같이 나누어 가진 뒤 1, 2, 3단계를 반복한다.

⊙ 활동의 팁

① 말하기 카드를 색깔카드로 만들어 사용하면 교사가 한눈에 누가 대화를 독점하는지, 누가 대화에 참여하고 있는지, 참여하고 있지 않는지를 확인할 수 있어서 매우 좋다.

② '네/아니오'의 대답은 말하기 카드를 내지 않아도 된다.

3 다시 말하기 카드

다시 말하기 카드를 활용하는 이유는 상대방이나 이전에 발표한 사람의 말을 그대로 혹은 자기가 이해한 대로, 자기 말로 정리하여 말한 다음에 자기의 생각을 말할 수 있도록 하기 위함이다. 자신의 의견을 말할 때는 반드시 이전 사람의 말을 되풀이하여 말해야 하는데, 이를 위한 권한을 표시하면서 활동 자체의 목적을 잊지 않도록 하기 위해서 상징적으로 활용하는 도구인 것이다. 다시 말하기 카드는 첫째, 듣는 사람이 없이 각자 자기 말만 하는 상황을 해소시켜주고, 둘째, 자신의 생각을 상대방이 어떻게 이해하고 듣는지 알게 되어 의사소통기술에 관한 힌트를 얻게 되며, 셋째, 발표를 하기 전에 이전 사람의 말을 다시 한 번 반복하여야 하기 때문에 발표하는 사람의 이야기를 집중해서 듣도록 해 준다는 좋은 점이 있다(협동학습과 토의·토론 활동의 많은 공통점 가운데 한 가지가 바로 "듣기"를 매우 강조한다는 점에서, 또한 최근 들어 듣기 교육이 강조되고 있다는 점에서 이 활동은 유용하다 할 수 있다).

다시 말하기 카드 활용 장면

다시 말하기 카드 활용 장면

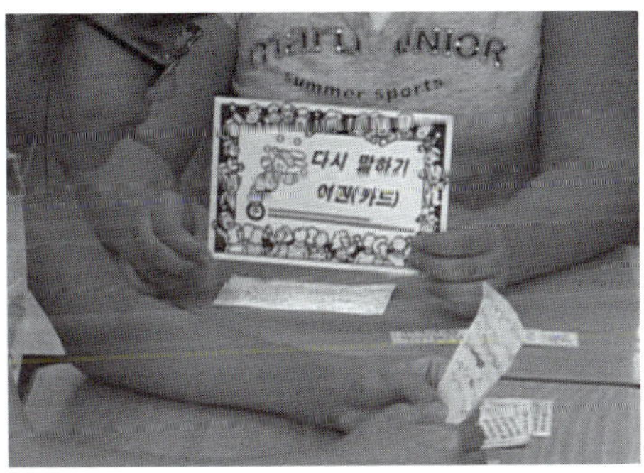

다시 말하기 카드 활용 장면

⊙ 활동의 팁

① 다시 말하기 카드는 모둠 내에서 1장만 만들어 사용해도 된다(필자는 모둠별로 1장만 활용하여 진행하는 경우가 더 많다. 1장만 활용하게 되면 카드의 크기를 조금 크게 만들 수 있게 되고, 그럴 경우 각 모둠별로 누가 말하고 있는지를 확인할 수 있게 된다).

4 칭찬 카드

학생들에게 일정 수의 칭찬 카드를 나누어주고 모둠 토론·토의 등을 할 때 사용하게 한다. 모둠원의 의견을 인정하거나 찬성할 때 혹은 좋은 아이디어라고 생각할 때 이 카드를 사용한다. 이 카드를 내 놓을 때는 "너는 정말 최선을 다해 문제를 해결하려고 애쓰는구나! 너는 진심으로 모두를 위해 옳은 일을 하는구나! 아주 좋은 생각입니다!" 등과 같이 의사 존중 발언을 해 준다. 이렇게 함으로써 모둠원은 다양한 의견을 듣고 충고나 비판 없이 서로의 생각을 존중해주는 법을 배우게 된다.

칭찬 카드 – 말하기 카드 활용

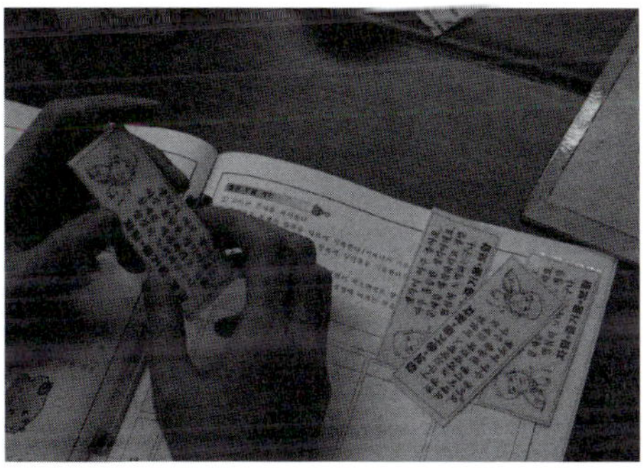
칭찬 카드를 활용하기

칭찬 카드를 활용 – 교사 연수

⊙ 활동의 팁

① 다시 말하기 카드나 말하기 카드 등과 함께 활용할 수 있다.

② 활동이 끝난 후 모둠 내에서 가장 많이 받은 모둠원에게 개인 보상을 할 수도 있다.

③ 활동 중 이 카드가 사고를 방해한다면 사용하지 않는 것도 고려해야 한다.

아래 안내된 카페에 가면 이런 도구들을 다운 받아 이용할 수 있다(직접 만들어 쓰는 것이 제일 좋다. 왜냐하면 만들면서 한 번 더 고민하게 되기 때문이다. 그냥 색종이나 빨대, 도미노 칩 등을 이용해도 얼마든지 가능하다.) 필자가 활동하고 있는 연구회 카페: 서울초등협동학습연구회 아해미래(https://cafe.daum.net/hwork).

말하기 카드

다시 말하기 카드

5 모의 화폐

필자가 만들어 활용하는 모의화폐

모의 화폐는 의사결정을 할 때 활용하는 것으로써, 만장일치의 경우 단수 선택을 하게 되지만 모의 화폐를 사용할 경우 복수 선택을 하게 하고 각 의견에 표시한 금액의 가치(질적)만큼으로 의사를 표현하게 만들어준다(이런 이유로 모의 화폐를 사용하여 의사결정을 할 때 "복수 선택 질적 의사결정"이라는 용어를 쓰기도 한다. 하지만 같은 활동이 여러 이름으로 사용되는 것보다는 보다 알기 쉽고, 이해하기 쉬운 명칭으로 불러주는 것이 필자는 좋다고 본다. 그냥 "동전 내놓기" 하면 얼마나 좋은가!).

모의 화폐를 이용한 활동은 학생 각자가 모의 화폐를 동일한 액수만큼 나누어 갖도록 한 다음, 제시된 의견에 대하여 액수를 정하여 제시하게 하고, 각 항목에 놓은 총금액을 합산하여 결정을 내리도록 하면 된다. 신속한 결정을 내려야 할 경우에 "모의 화폐"를 활용한 "동전 내놓기" 구조를 활용하면 매우 유용하다. 이 방법은 투표와 달리 분명한 승자와 패자를 만들지 않는다는 큰 장점을 가지고 있어서 많이 활용되고 있다. 모의 화폐가 없을 때는 각 개인별로 가상의 금액을 갖고 있다고 가정하고, 각각의 의견이나 대안에 분산하여 가치를 표현하게 한 뒤 끝에 가서 총액을 집계, 맞추어 보면 된다.

교사 대상의 협동학습 직무연수과정에서 동전 내놓기 활동을 하고 있는 모습

⊙ 활동의 팁

① 한 가지 의견에 모의 화폐를 몰아서 의사표현을 하지 않도록 한다. 왜냐하면 대체로 수많은 의견들은 나름대로의 가치를 포함하고 있기 때문이다(의견 가운데 마음에 들지 않는 것이 있더라도 최소한의 가치 표현은 반드시 하기).

② 활동을 통해서 결정된 사항에는 반드시 따라야 한다는 약속과 규칙이 필요하다.

③ 화폐의 종류, 나누어 가진 모의 화폐의 액수, 가치를 표현해야 할 의견의 가지 수 등 여러 가지 변수에 따라 상당히 흥미진진 상황이 전개된다. 따라서 교사는 할 수 있는 한 다양한 상황에 대하여 예측하고 대비책을 마련해 두어야 한다.

④ 의견이 너무 많이 나와 있을 경우에는 토의·토론을 통해서 적절한 수로 줄여주는 작업이 선행된다면 더 좋은 활동이 될 수 있다.

⑤ 화폐가 아니어도 된다(도미노 칩, 스티커, 별표 등 – 최고 3개, 중간 2개, 보통 1개).

6 신호등 카드

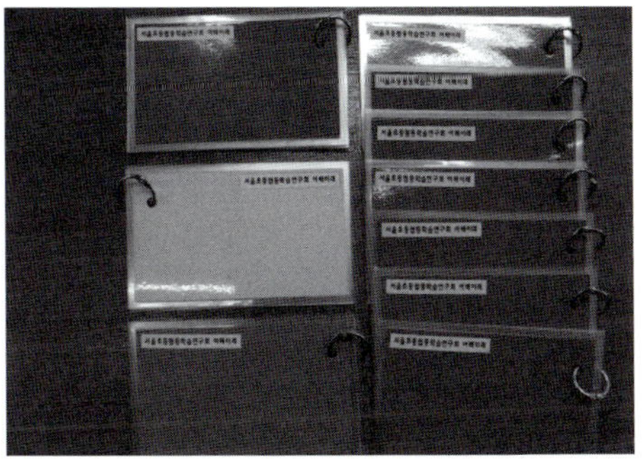

필자 교실의 신호등 카드

신호등 카드는 주로 "신호등 토의·토론"을 할 때 의사표현을 위한 도구로 활용되는 것으로, 찬성의 경우는 녹색 카드를, 반대의 경우는 빨간색 카드를, 찬성도 반대도 아닐 경우(중립)에는 노란색 카드를 들어 표현하도록 한다. 개인별로 3장의 카드를 모두 갖고 활동할 수 있도록 하는데, 한 장의 카드 앞면과 뒷면이 모두 같은 색이 되도록 하는 것이 좋고(앞에 앉은 사람도 뒤에 앉은 사람도 어떤 방향에서 바라보든지 카드를 든 사람의 의사를 확인할 수 있도록 하고자 함이다), 오래 사용·보관을 위해서 코팅하여 만드는 것이 좋다.

7 이면지(메모지) - 포스트 잇 대용

필자 교실의 이면지 바구니

협동학습으로 토의·토론 수업을 하다 보면 학생들이 자신 또는 타인의 생각이나 의견을 기록하고 정리할 필요가 있음을 알게 되는데, 이럴 때 사용할 수 있는 가장 좋은 것이 바로 이면지다. 학교 복사기 옆이나 교실에서 발생하는 각종 이면지(보통은 A4 크기)를 4등분하여 교실의 약속된 어느 한 장소에 늘 비치해 두고 필요할 때마다 가져가서 사용할 수 있도록 하면 된다. 또한 '생각 내놓기' 구조 활동을 할 때도 '포스트 - 잇'을 사용하는 것보다 이면지를 사용하는 것이 여러 면에서 훨씬 더 바람직하다다. 왜냐하면 '포스트 - 잇'은 단위 문구당 가격이 매우 비싼 편이어서 한 번 쓰고 버리기에는 낭비가 심하다고 볼 수 있기 때문이다.

4가지 색깔펜

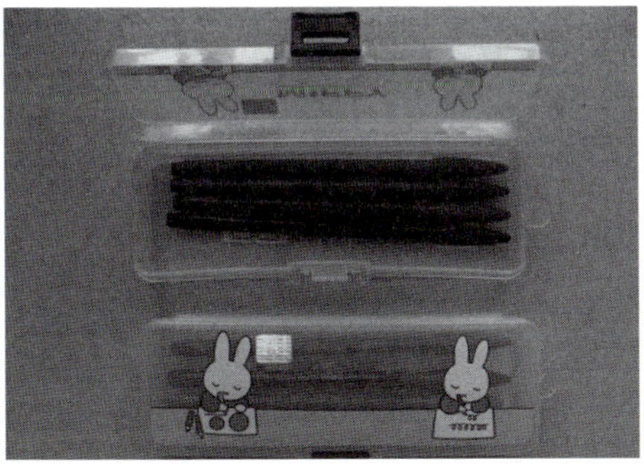

필자 교실의 사례

협동학습으로 토의·토론 수업을 할 때, 모둠 내에서 각 모둠원이 내놓은 의견이나 생각을 알고자 할 때는 색깔펜을 활용하기도 한다. 때에 따라서 말로 하는 토의·토론 대신 글로써 자신의 생각이나 의견을 표현하기도 하는데(실제로는 본격적인 토의·토론을 하기 전에 각자의 의견이나 생각을 글로써 표현해 보도록 하고, 이를 바탕으로 논의를 하는 경우가 많다), 이럴 경우 색깔펜은 누가 어떤 생각을 적어놓았는지, 각 모둠원이 모둠 내에서 자신의 생각을 충분히 나누고 있는지, 모든 모둠원이 동등하게 참여를 하고 있는지, 참여를 하지 않는 사람은 누구인지, 사고 활동이 부족했던 모둠원은 누구인지 등을 파악해 볼 수 있도록 해준다(필자의 경우, 각 모둠별로 사용할 4가지 색깔펜 – 플러스펜을 따로 필통에 넣어서 필자가 직접 한꺼번에 보관, 관리한다. 색깔펜을 사용할 때에는 1번은 검정, 2번은 빨강, 3번은 파랑, 4번은 녹색을 쓰도록 약속을 하고 사용한다).

9 기타 도구들

협동학습으로 토의·토론 수업을 하려면 그 밖의 다양한 준비물들이 필요하다. 투명 테이프, 시간 조절 타이머, 목소리 높낮이 조절판, 모둠 마이크(없을 경우 연필이나 보드마카 펜 등으로 대신해도 같은 효과를 낼 수 있다), 각종 활동지 등(협동학습을 수년간 해온 필자의 경험으로 볼 때 가장 좋은 활동지는 "이면지"라고 생각한다. 자원의 낭비도 막고, 주어진 틀이 없는 만큼 의도에 따라, 상황에 따라 잘라가면서 크기를 달리 하고, 내용과 활용 방법에 다양한 변화를 주어가며 사용할 수 있기 때문이다.)

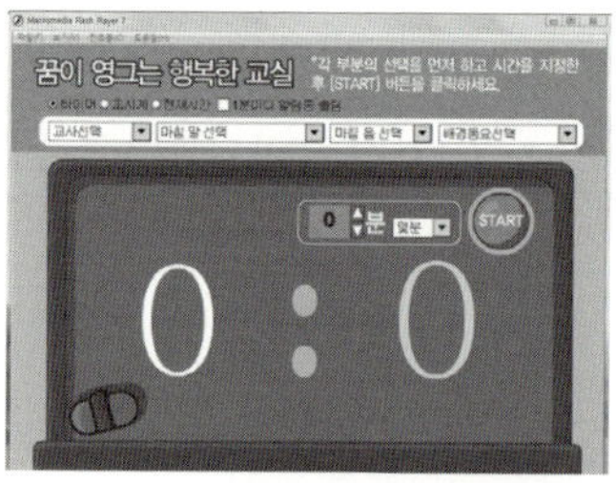

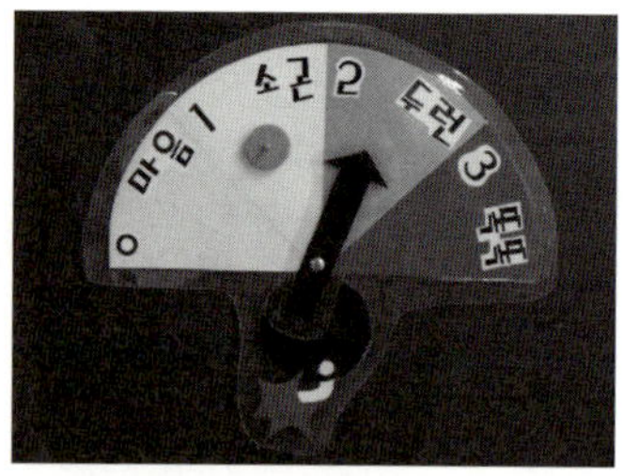

4	운동장 (힘차게 외쳐요 !)
3	발표 (큰 소리로 말해요 !)
2	모둠 (소곤소곤 말해요 !)
1	짝꿍 (귓속말로 말해요!)
0	침묵 (마음으로 말해요!)

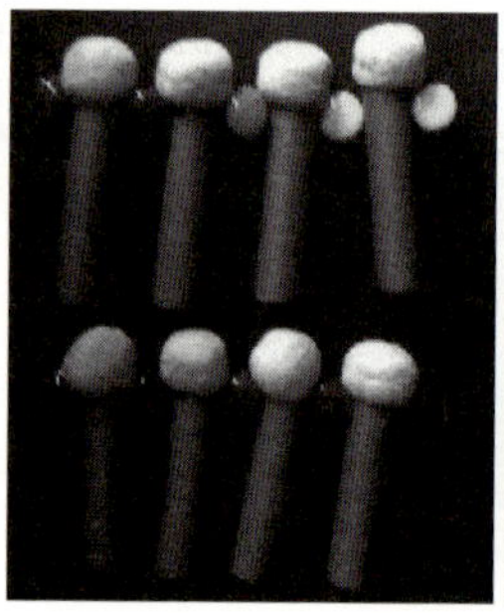

10 다양한 활동지

협동학습 구조를 적용하여 토의·토론 수업을 할 때, 구조에 따라 활동지를 필요로 하는 경우가 꽤 있다. 그런데 활동지가 정형화된 틀로 활용되는 것이 그다지 바람직하지 않다고 본다면 활동의 성격(주제, 활동상의 특징, 활동 형태 등)과 교사의 생각에 따라 활동지를 다양한 형태로 제작, 변형(재구성)시켜 활용하려는 노력을 아끼지 말아야 할 것이다(다양한 활동지는 아해미래 카페에서 공유되고 있다. https://cafe.daum.net/hwork).

Chapter 06

협동학습으로 토의 · 토론하기의 실제

토의 · 토론의 필요성	협동학습 구조
아이디어 개발	생각 내놓기, 브레인스토밍, 마인드 맵, 모둠 문장, SWOT 분석, 만다라트, P.M.I. 구조, 돌아가며 쓰기 · 말하기, 짝 토의 · 토론, 만일 그래프
쟁점 분석	말하기 카드 활용하기, 신호등 토의 · 토론, 가치 수직선, 두 마음 토의 · 토론, 찬반 논쟁 학습(Pro-con), 토의 · 토론망(Discussion Web), 증발 구름
지식 습득	직소 모형, ○가고 ○남기, 모둠 내 직소, 동심원, K·W·L 차트, 하나 주고 하나 받기, 모둠 인터뷰(Hot-Chair), 집단 탐구(Co-op Co-op), Bloom의 학습지, 함께 차트, 전시장 관람 구조
의사결정	결정 흐름 차트, 동전 내놓기, 창문열기, 피라미드 토의 · 토론, Stahl의 의사결정모형
기타 다양한 구조들	위에 정리되지 않은 다양한 협동학습 활동 27가지 소개

※ 위의 4가지 분류체계는 정문성(토의 · 토론 수업방법 36, 2008, p.34.)에 따른 것이고, 협동학습 구조는 필자의 경험을 바탕으로 정리한 것이다.

※ 토의 · 토론을 활용한 수업이 의사결정이나 쟁점 분석에만 관련된 것이라 흔히 알고 있지만 보다 다양한 상황에서 토의 · 토론 활동이 가능하다는 것을 이해할 필요가 있다

※ 위의 4가지 구조 분류 사례는 절대적인 것이 아니라는 점을 미리 밝혀둔다. 협동학습 구조는 활용하는 사람의 생각에 따라, 얼마든지 다른 필요에 의해 활용될 수 있다.

1 협동학습 토의·토론의 실제

협동학습으로 토의·토론하기의 실제에서는 수업 속에서 토의·토론이 필요한 4가지 각각의 상황에 따라 잘 활용될 수 있는 구조를 선정하고, 그에 대한 자세한 설명과 실제 활동 사례를 제시하여 쉽고 빠른 이해를 돕고자 최선을 다하였다. 이곳에 제시된 구조 활용 사례는 절대적인 것이 아닌 만큼 교사의 생각·노력에 따라 매우 다양하게 활용될 수 있다는 것을 미리 밝혀둔다.

또한 주로 협동학습을 바탕으로 소집단 속에서의 토의·토론하기에 포커스를 맞추어 소개하고자 하였기에 대집단 토의·토론이나 대회 토의·토론 혹은 패널 토의·토론 등에 대한 자세한 안내를 기대했던 교사들에게는 아쉬움이 남을 수도 있을 것이다. 하지만 학교 현장에 협동학습이 어느 정도 알려져 있다고 판단되고 있는 현 시점에서 토의·토론 수업을 쉽게 시도해보기 어렵다는 기존의 고정관념을 넘어설 수 있다는 생각과, 협동학습을 이용하여 토의·토론 수업을 좀 더 부담 없이 교실 속으로 끌어들이고 학생들이 그 속에서 '배움'을 얻어나갈 수 있도록 하기 위함인 만큼 충분한 가치와 의미가 있을 것이라 판단된다.

끝으로 이곳에 소개된 내용들이 앞서서 표현했던 바와 같이 협동학습에 대한 철학적·학문적 이해, 배움과 가르침에 대한 철학적 이해, 토의·토론 수업에 대한 깊이 있는 고민이 없이 그냥 따라하기 방식, 수업 기술이나 수업 방법론적인 차원에서 현장에서 이용되어지는 것에 대하여 우려의 마음을 표하면서 늘 "왜"에 대한 답을 가지고 "협동학습으로 토의·토론하기의 실제"를 분석해 나갈 것을 당부하고자 한다. 그 이유는 협동학습 구조 혹은 모형을 적용하면 토의·토론 수업이 쉽다고 생각할 수 있겠지만 현실은 그렇지만은 않기 때문이다. 교과서 내용은 협동학습이나 토의·토론 활동, 기타 프로젝트 활동 등을 쉽게 적용할 수 있도록 구성되어 있지도 않고, 시간적 여건과 지도해야 할 분량이나 난이도 측면에서도 협동학습, 토의·토론 활동, 프로젝트 활동 등을 쉽게 도입하지 못하도록 구성되어 있으며, 교사가 교과서 및 교육과정을 어떤 시각으로 바라보고 재구성할 것인가에 따라서 많이 달라지기도 하는 것이 현실이다. 결국 협동학습이나 토의·토론 수업, 프로젝트 수업 등의 성패는 수업을 바라보는 교사의 시각과 노력(특히 교과서 내용을 주제 중심으로, 통합적으로 재구성하는 일)이 무엇보다도 우선적으로 요구된다는 것을 잊어서는 안 될 것이다. 그렇지 않으면 협동학습을 위한 토의·토론 수업, 협동학습 구조를 배우고 익히는 토의·토론 수업으로 변질될 가능성이 농후하다는 사실을 반드시 기억해야만 한다.

수업을 시작하기 전에: 토의·토론 주제 정하기

토의·토론 수업 주제에 대한 고민도 토의·토론이 필요한 상황 찾기만큼 중요한 일이다. 어떤 것을 주제로 하여 토의·토론 수업을 할 것인가(토의·토론 주제에서 강조하는 것은 무엇인가)를 교사가 먼저 알고, 이해하는 것이 선행되지 않으면 그 수업은 결코 성공적일 수 없기 때문이다. 따라서 여기에서는 토의·토론 수업을 위한 주제의 종류를 몇 가지만 살펴보고자 한다.[1]

① 토의·토론 주제에서 강조하는 것이 무엇인가에 따른 분류

1) 사실을 판단하는 주제: 구체적인 자료를 통해 참, 거짓을 입증해야 하는 것을 말한다(사실 확인을 위해 수많은 자료를 통해 객관적인 논증을 거쳐야만 하는 것으로, 과학적 사실이나 수리 토론 또는 법정에서 이루어지는 판단 등이 이에 해당된다).

예 공기도 무게가 있다.(증명하기)

2) 가치를 선택해야 하는 주제: 사람에 따라 선호하는 가치가 다름으로 인해서 대립이 일어나는 경우로, 사회의 다양한 장면에서 발생한다(사람에 따라 다양한 자신만의 가치를 근거로 하여 서로 다른 판단을 할 수밖에 없는 가치가 개입된 주제이다).

예 인터넷 게임은 스트레스 해소에 도움이 되는가?

---

1 구정화, 학교 토론수업의 이해와 실천, 2009, pp.90~92 참고: 이를 바탕으로 교과서 내용의 재구성, 주제를 중심으로 한 여러 교과 간 통합, 지도 시기의 조정 등을 통해 충분한 시간 확보를 한다면 다양한 토의·토론 수업을 할 수 있을 것이라 판단된다. 이를 위해서는 교육과정의 면밀한 분석이 선행되어야 한다(토의·토론 수업을 벗어나 협동학습만을 이야기한다고 해도 교과서 내용의 재구성 능력은 필수적이라 할 수 있다).

3) 정책적인 면을 다루는 주제: 대부분의 정책적인 주제는 논쟁문제로서의 성격을 지닌다. 왜냐하면 그와 관련하여 "사실적인 판단"과 함께 "가치적인 판단"이 함께 어우러져서 어떤 결정을 내려야만 하기 때문이다(사회 곳곳에서 일어나는 토의·토론의 대부분은 정책적인 주제가 대부분이다).

예 개발이 우선인가, 보존이 우선인가?

② 토의·토론 주제의 특성에 따른 분류

1) 가치 갈등이 강조되는 주제: 대립되는 가치가 개입되어 있는 질문을 던지고 어떤 가치를 더 우선해야 하는지를 토의·토론하는 것을 말한다.

예 죽어가는 아내를 살리기 위해 도둑질을 한 남편은 정당한가?

2) 사회문제 해결을 강조하는 주제: 현재 사회에서 일어나고 있는 문제를 다루는 경우에 해당된다.

예 도시의 교통문제를 해결할 수 있는 방법은 없는가?

3) 의사결정을 강조하는 주제: 현안 쟁점문제에 대하여 어떤 대안을 선택해야 하는 문제를 말한다.

예 4대강 개발 사업을 해야 하는가 ?

4) 사회적 역사적으로 의미를 부여하는 주제: 과거의 역사적 사건이나 사회적인 사건에 대하여 정당성이나 의미를 부여할 수 있는지 판단해야 하는 주제를 말한다.

예 위화도 회군은 역사적으로 정당한가?

③ 토의·토론 주제 정하기

1) 교육과정(교과서) 속의 내용을 그대로 토의·토론하기: 사회과, 국어과, 과학과 등의 교과서 속에서 자주 등장하는 사례이다.

2) 교과서 내용 중에서 토의·토론으로 재구성할 수 있는 주제: 국어 교과서의 문학

작품을 바탕으로 교사가 나름의 의도를 가지고 토의·토론 수업으로 이끌어갈 수 있다. 특히 사회나 도덕 교과서의 많은 사례는 재구성을 통한 토의·토론 수업이 가능한 것들이라 할 수 있다. 또한 수학 교과 내용을 중심으로 중요한 개념에 대하여 토의·토론이 가능한 문제를 제시하여 진행할 수도 있다.

3) 교과내용과 관련이 없지만 시사적인 문제, 학생들의 관심을 끄는 문제로서 토의·토론 활동이 가능한 주제: "빼빼로데이, 화이트데이 등을 꼭 지켜야만 하는가?" 등과 같이 주로 토의·토론 자체를 목적으로 하는 경우에 해당된다고 볼 수 있다.

2 협동학습 토의·토론의 5단계(O-S-Li-P-P)

협동학습 토의·토론 수업은 단답형 질문과 답변이 오고가는 수업을 말하는 것이 아니라 다양한 생각과 정보가 오고가면서 탐구, 발견, 깊이 있는 사고, 질 높은 의사소통이 이루어지는 수업을 가리킨다. 이런 협동학습 토의·토론 수업은 대체적으로 다음과 같은 단계를 거치면서 진행되고 있음을 필자는 깨닫고 이를 체계화하였다.

1단계	자신의 생각 열기(Open)
2단계	타인과 생각 공유하기(Sharing)
3단계	타인의 생각 경청하기(Listen)
4단계	타인의 생각에 동참하기(Participation)
5단계	자신의 생각에 깊이 더하기(Plus)

1단계) 자신의 생각 열기(Open): 마음으로 말하기

주어진 질문에 대하여 충분한 시간을 가지고 혼자만의 생각을 정리(마음으로 말하기 – 내면과의 대화)하는 시간이다. 토의·토론 활동은 참여를 기본 전제로 한다. 참여를 위해서는 자기만의 생각과 사고가 필요하다. 토의·토론의 장에 앉아 있다고 하여 참여를 한다고 말할 수는 없다. 자신만의 생각과 사고 없이 앉아 듣기만 하는 것은 참여가 아니라 물리적 공간만 차지하고 있는 '출석'의 의미밖에 지니지 못한다. 따라서 협동학습 토의·토론 수업에서 학생들을 참여로 이끌 수 있는 가장 좋은 방법은 바로 '자신만의 생각'을 가질 수 있도록 충분한 시간을 주는 일이다.

1단계 자신의 생각열기를 위한 레시피

1. 충분한 시간이 주어지는 동안 학생은 자신의 생각을 공책에 정리하도록 한다.[2]
2. 토의·토론 과정에서 생각의 변화가 나타나면 지우고 다시 쓰지 말고 다른 색깔 펜으로 밑줄을 긋고 어떻게 자기 생각의 변화가 일어났는지 누가하여 기록한다. 이는 자신의 반성적 사고 과정을 소중하게 여기도록 하기 위함이다.
3. 생각의 수정을 경험하면서 틀렸다는 것에 대한 부담을 줄여나가게 되고 오답 또는 오개념을 말하거나 기록하고 수정하는 과정 속에서 본인 스스로 '사고하고 있음'을 깨닫게 된다.
4. 이렇게 정리하고 나서 발표를 하면 발표가 훨씬 간결하고 논리적으로 이루어질 수 있다.
5. 필요시 기록한 내용을 보고 발표할 수 있게 한다.
6. 공책에 자신의 생각을 기록하는 것 자체가 1차 발표(마음으로 말하기)인 셈이라는 사실을 학생들도 깨달을 수 있도록 한다.
7. 자신의 생각을 갖고 기록하는 순간 사고는 보다 정교해지고 그 폭과 깊이는 훨씬 넓고 깊어진다는 것을 깨달을 수 있다.

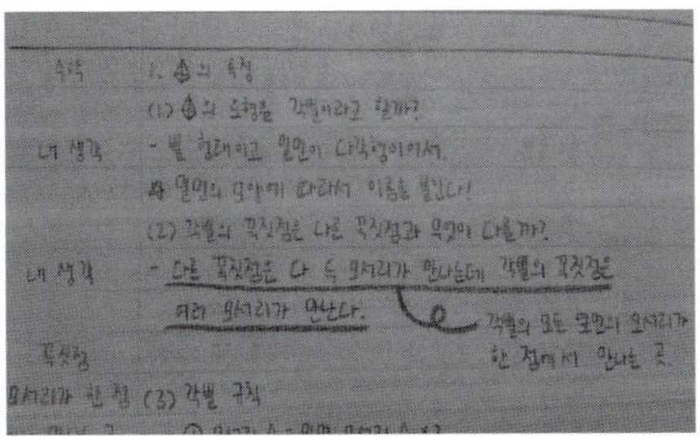

필자가 지도했던 학생의 공책사례 1

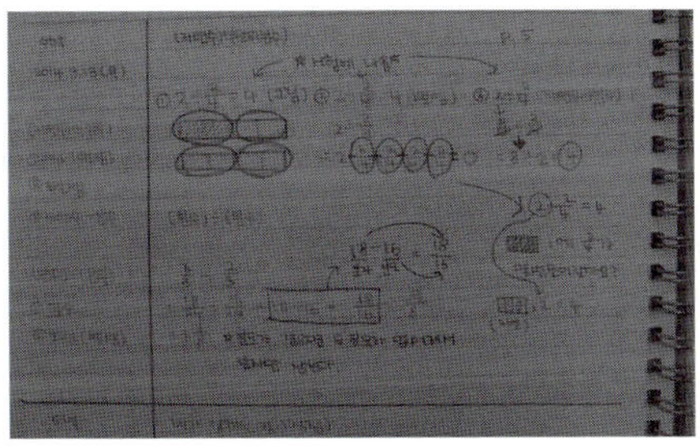

필자가 지도했던 학생의 공책사례 2

2단계) 타인과 생각 공유하기(Sharing)

필자는 협동학습을 실천하면서 자신의 생각을 공책에 기록하는 행위를 1차 발표라 하고, 타인과 공유하며 말하는 행위를 2차 발표라 구분하여 지도하고 있는데 2단

2 수업 중 무엇인가를 스스로 기록한다는 것은 그 수업에서 주인이 되었다는 것을 의미한다. 그리고 공부하고 있는 내용과 관련된 기억을 떠올려 자신만의 언어로 정리한다는 것은 그것을 완전히 자신의 것으로 만들기 위한 자기주도적인 노력이라 말할 수 있다.

계 타인과 생각 공유하기는 바로 2차 발표에 해당되는 활동이라 할 수 있다.

2단계 활동을 할 때 모둠원과 다양한 생각, 정보를 공유하면서 의견을 정리 또는 합의에 이르게 되면 소집단 토의·토론이 되고, 학급 전체와 생각, 정보를 공유하면서 의견을 정리 또는 합의에 이르게 되면 대집단 토의·토론이 된다.

2단계 타인과 생각 공유하기를 위한 레시피

1. 협동학습 토의·토론 과정에서 모든 학생들은 완전하든 불완전하든, 전부이든 일부이든 자신이 이해한 만큼 자신만의 언어로 생각을 정리하고 다른 사람들과 씩씩하게 공유할 수 있도록 분위기를 조성한다.
2. 틀릴까 걱정하지 않아도 되는 교실, 틀려도 괜찮은 교실을 만들어 나가야 한다. 이런 교실이 만들어지면 누구나 자신 있게 본인의 생각을 말할 수 있게 되고 비로소 학생들의 목소리가 들리기 시작하며 학생들의 목소리에 살아있는 기운이 넘치게 된다.
3. 오답에 대한 교사의 관점이 바뀌어야 한다. 학생이 오답을 말한다는 것은 바로 사고하고 있다는 증거이기 때문에 칭찬을 가장 먼저 해 주어야 한다. 다만 어떤 지점에서 오개념이 형성되었는지, 어떤 부분에서 난개념이 형성되었는지를 주의 깊게 관찰하면서 추가적인 토의·토론이 이어질 수 있도록 해야 한다.
4. 오답을 곧바로 토의·토론 재료로 만들기 위한 노력이 필요하다. 왜냐하면 한 명의 오답이 곧 여러 명에게 오개념이 형성되어 있음을 알리는 중요한 단서가 될 가능성이 높고, 그 오답과 관련하여 모두 함께 참여하는 토의·토론 활동이 정확한 개념이해로 이끌어갈 수도 있기 때문이다.
5. 소집단 토의·토론의 경우 협동학습 구조를 적용하면 매우 유용하다. 특히 짝과 번갈아 말하기, 모둠원과 돌아가며 말하기, 모둠원끼리 모두 일어서서 나누기 등의 활동만 적재적소에 잘 활용해도 훌륭한 협동학습 토의·토론 수업을 만들 수 있다.

돌아가며 말하기(모둠 토의토론)

1. 교사가 질문을 제시한다.
2. 각자 질문과 관련된 생각을 정리하여 공책에 기록한다.
3. 모둠 내에서 번호순으로(1번, 2번, 3번, 4번) 돌아가며 자신의 생각을 나눈다(여러 번 돌아가며 토의 · 토론 활동을 한다. 첫 번째는 돌아가며 말하고 두 번째부터는 순서에 상관없이 토의 · 토론 활동을 해도 좋다).
4. 토의 · 토론한 내용을 전체와 공유한다.

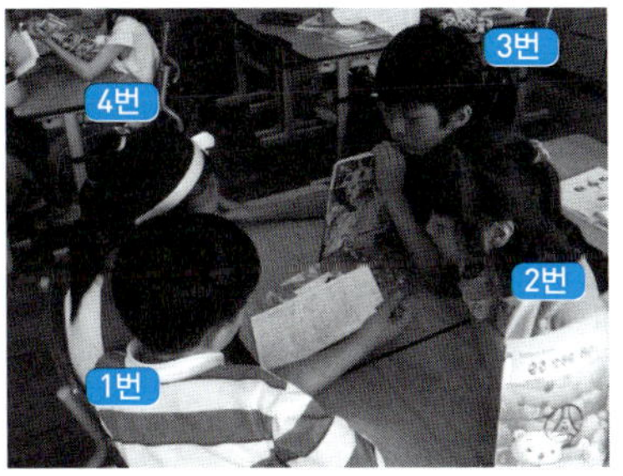

필자의 교실 사례

번갈아 말하기(짝 토의토론)

1. 교사가 질문을 제시한다.
2. 각자 질문과 관련된 생각을 정리하여 공책에 기록한다.
3. 모둠 내에서 짝을 정해 번갈아가며 자신의 생각을 반복적으로 나누면서 토의 · 토론한다.
4. 토의 · 토론한 내용을 전체와 공유한다.

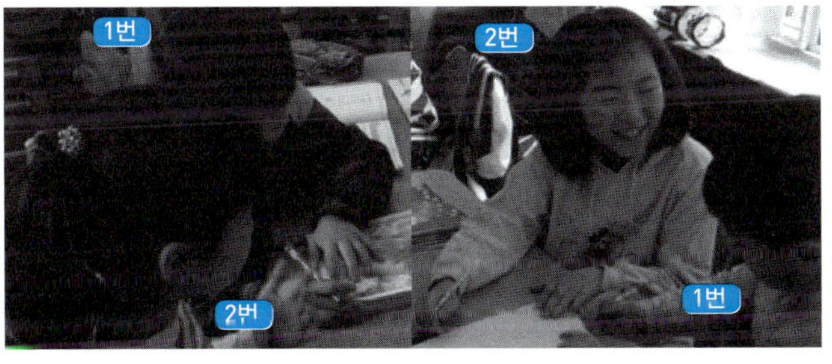

필자의 교실 사례

3단계) 타인의 생각 경청하기(Listen)

토의·토론의 핵심은 말하기에 있는 것이 아니라 듣기에 있다. 왜냐하면 정과 반이 만나 합에 이르는 과정이 토의·토론(들은 내용을 통해 이해의 폭을 넓히고 개념 형성 및 배움의 목표에 도달하는 과정이 바로 토의·토론 활동)이라고 할 때 주어진 상황에 대한 생각과 정보를 공유하면서 자신의 생각을 조정해야만 합에 도달할 수 있기 때문이다. 따라서 타인의 발표를 경청하여 듣고 이해하려는 노력이 뒷받침되지 않는다면 토의·토론 활동은 그 목적을 잃어버리게 된다.

한편 협동학습 구조를 적용한 소집단 토의·토론은 3단계~5단계 활동이 자연스럽게 이루어지고 있다고 봐도 무리가 없다. 다만 모둠 내에서 생각이 정리되거나 합의에 도달하게 되면 다시 대집단 활동으로 토의·토론 활동의 범위를 넓혀 3단계~5단계를 다시 한 번 거치게 된다는 것만 다를 뿐이다.

3단계 타인의 생각 경청하기를 위한 레시피

1. 타인의 생각을 경청할 때 가능하면 공책에 메모하며 듣는 습관을 가질 수 있도록 지도한다.
2. 특히 대집단 토의토론 활동을 하면서 자신의 생각을 말할 때 가능하면 앞서서 발표한 사람의 생각을 짧게 간추려 말하게 한 뒤 자신의 의견을 덧붙이는 방식으로 말할 수 있게 하는 것이 좋다.
3. 모둠 내에서 짝끼리 번갈아 말하기 활동을 한 뒤 대집단 활동으로 확장시킬 때 발표 차례가 오면 그 학생은 먼저 짝의 생각을 정리하여 발표한 뒤 자신의 의견을 덧붙이는 방식으로 말할 수 있게 하는 것이 좋다.
4. 다른 학생이 발표한 내용에 대하여 잘 알아듣지 못했거나 이해가 되지 않는 부분이 있다면 추가 설명, 반복 설명을 반드시 부탁할 수 있도록 지도한다.
5. 타인의 발표를 경청하여 듣고 있는지에 대하여 무작위로 학생을 지목하여 들은 내용들을 다시 말해보도록 하는 것이 방법일 수 있다.

4단계) 타인의 생각에 동참하기(Participation)

토의·토론 활동은 자신의 생각과 타인의 생각을 함께 고민하고 비교해 보면서 타인의 생각에 반응을 보이는 것이다. 여기서 말하는 '반응'이란 타인의 생각이나 주장을 이해하고 받아들일 수 있음에 대하여 자신만의 이유를 들어 말하기, 타인의 생각이나 주장에 대하여 이해가 되지 않는 부분에 대하여 보충 또는 추가 설명을 요청하는 말하기 등을 가리킨다.

4단계 활동은 토의·토론 수업의 가장 중요한 과정이라 말할 수 있는데 효과적으로 이루어지기만 한다면 토의·토론 수업의 목표를 확실히 도달할 수 있다는 점에서 교사는 매우 큰 심을 가지고 신중하게 접근, 진행, 지도해 나가야 한다.

4단계 타인의 생각에 동참하기를 위한 레시피

1. 다른 학생의 발표가 잘 이해되지 않거나 애매모호한 섬이 있을 때에는 시간이 촉박하거나 여유가 없더라도 그냥 넘어가지 않도록 반드시 짚고 넘어갈 수 있게 한다.[3]
2. 다른 학생의 발표 또는 현재 이루어지고 있는 토의·토론 내용을 잘 이해하고 있는지, 동의 또는 동의하지 않는지, 다른 생각이 있는지 등에 대하여 수시로 점검해 보는 것도 하나의 방법일 수 있다.
3. 자체적인 규칙 또는 아이디어를 개발하여 가능한 모든 학생들이 자신의 생각을 발표할 수 있게 한다(무작위로 학생을 지목하여 타인의 생각에 동참할 수 있도록 수시로 점검한다).
4. 토의·토론 과정에서 틀린 의견과 다른 의견을 구분하여 접근할 수 있도록 하되 가능하면 옳고 그름의 관섬보다는 다름의 관점으로 접근할 수 있도록 지도한다.

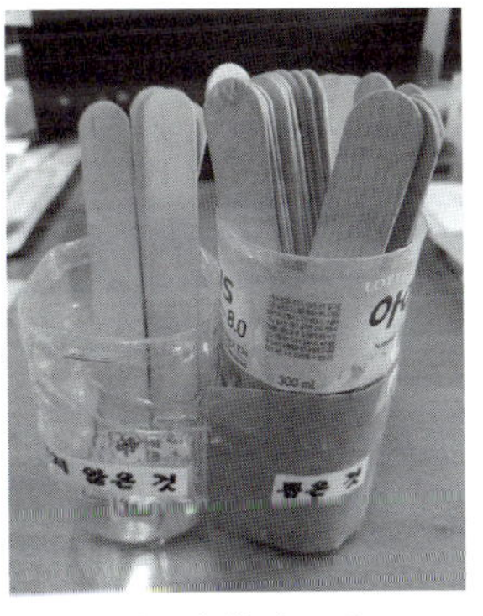

발표지 뽑기 스틱

3 이 부분을 소홀히 다루게 되면 학생들은 토의·토론에 적극적으로 참여하려는 마음을 갖기 어려울 뿐만 아니라 타인의 생각에 대한 이해에 장애가 발생하거나 학생들과 교사 모두 타인의 생각을 진심으로 알고 싶어 한다는 믿음을 주지 못할 가능성이 높아져 토의·토론 수업은 실패로 돌아갈 수밖에 없게 된다.

5단계) 자신의 생각에 깊이 더하기(Plus)

자신의 생각이나 의견에 이해의 깊이를 더하여 주어진 상황에 대한 논리적인 주장을 보다 확실하게 펼쳐나가는 것을 말한다. 이 단계가 잘 마무리된다면 학생들은 보다 확실한 이해 수준에 도달하게 될 가능성이 높아진다. 따라서 교사는 이 단계에 도달하게 되면 학생들이 끊임없이 자신의 주장을 논리적으로 이어나갈 수 있도록 이끌어 나가야 한다.

5단계 자신의 생각에 깊이 더하기를 위한 레시피

1. 학생들이 왜 그런 생각을 하게 되었는지 설명하는 활동에 익숙해질 수 있도록 끊임없이 질문을 한다.
2. 자신의 생각이나 주장에 대하여 자신이 이해한 대로 자신만의 언어로 다양한 예를 들어 발표할 수 있도록 끊임없이 자극한다.
3. 자신의 생각에 대하여 보완하거나 보충할 것이 있는지를 살펴 언제나 누구든지 보태서 말하기 활동을 할 수 있도록 교실 분위기를 만들어 나간다.
4. 4단계와 5단계의 경우 두 단계 사이에 반드시 위계성이 존재한다고 볼 필요는 없다(3단계까지는 순서적, 절차적 의미가 강하지만 4단계와 5단계 사이에는 그런 의미가 없다고 봐도 무방하다).
5. 학생에게서 오개념이 발견되었을 때 적극 활용하면 스스로 오개념을 수정해나갈 수 있도록 도울 수 있다.

협동학습으로 하브루타 수업하기 3

최근 몇 년 동안 하브루타 수업이 유행처럼 번지고 있다. 그런데 한 가지 걱정은 오래갈 것 같지 않다는 점이다. 무엇을 하든지 제대로 하면 좋은데, 필자는 무엇을 하든 잠깐 하고 말 것이라면 아예 손도 대지 않았으면 좋겠다. 꾸준히 할 것이라면 제대로 연구하면서 할 것을 권한다. 그렇게 하면 무엇을 하더라도 잘 될 수 있다. 그리고 그것의 핵심을 원천기술로 삼는다면 다른 어떤 것에도 전이가 가능하다는 것이 필자의 견해이다.

1) 협동학습과 하브루타의 유사점

아무튼 필자의 눈으로 바라본 하브루타는 협동학습과 아주 유사한 점이 많다. 이를 바탕으로 협동학습으로 하브루타 수업 사례 몇 가지를 분석하여 설명해보고자 한다. 여러분도 필자의 분석을 살펴보고 설득력이 있다고 판단된다면 협동학습을 원천기술 삼아 하브루타 수업을 교실에서 잘 실천해보기 바란다.

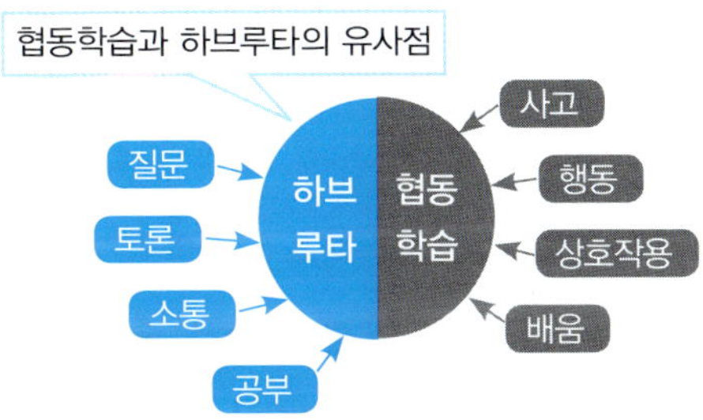

* 하브루타: 질문과 토론을 통해 소통하며 공부하는 활동이다.

* 협동학습: 사고하고 행동하고 상호작용하면서 배우는 활동이다.

⇨ 둘은 서로 통하는 부분이 매우 많다.

⇨ 여기에서의 공부=배움: 다양한 사고, 다양한 생각 추구 ⇨ 정보의 암기가 아니라 생각하는 힘, 의사소통능력, 창의적 사고력 등을 기르는 것이 목적

협동학습과 하브루타의 공통적인 핵심 요소
= 질문하기(도움 구하기와 같은 맥락)

협동학습과 하브루타는 모두 질문하기를 통해 메타인지 능력(자기 내면을 들여다 보는 힘)을 향상시키는 데 매우 큰 도움이 된다. 그렇게 하여 새로운 것, 알고 싶은 것과 연결 짓는 과정이 바로 배움, 공부, 학습인 것이라 말할 수 있다.

한편 하브루타의 기본 과정은 '학생 스스로 질문하고 답하며 짝과 생각 주고받기'인데 이는 학생들끼리 생각을 주고받으면서 토의·토론하기 활동이라고 말할 수 있다. 그리고 이 활동은 협동학습에서 짝끼리 활동하는 여러 가지 구조로 얼마든지 대체가 가능하다. 이러한 협동학습과 하브루타의 배움 과정을 도식화해보면 다음과 같다.

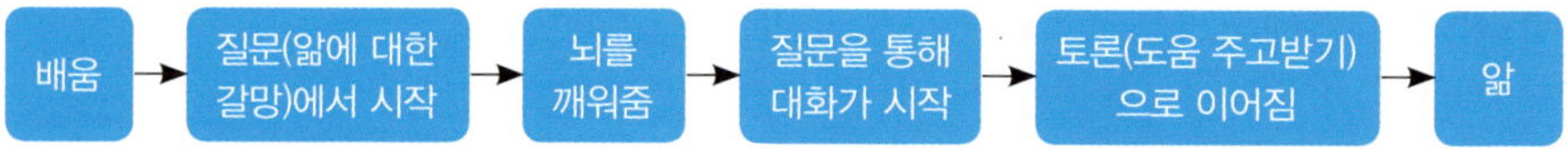

"오늘 공부한 것 중 대분수를 가분수로 고쳐서 분모는 분모끼리, 분자는 분자끼리 곱하는 것은 알겠는데(알고 있는 내용) 분배법칙을 통해 대분수끼리 곱하는 것은 잘 모르겠어.(모르는 내용 ⇨ 여기에 집중하면 됨) 나 좀 도와줄래?"

이렇게 볼 때 학습에 대한 협동학습과 하브루타의 공통점은 바로 '가르치며 배운다는 것(설명하기가 대표적인 방법)'이라 말할 수 있다.[4] 그리고 두 활동은 모두 정답보다 토의·토론 과정을 매우 중시하고 있음을 알 수 있다. 왜냐하면 자신이 알게 된 것을 타인에게 설명하는 과정에서 도움을 주는 학생은 진짜 앎을 경험하기 때문이고 도움을 받는 학생 또한 몰랐던 것을 알게 되는 1석 2조의 효과를 볼 수 있기 때문이다.

2) 협동학습으로 하브루타 구현하기

알려진 바로는 2인 토의·토론을 하브루타라 하고 모두 모여 질문하고 토의·토론하는 활동을 쉬우르라고 하는데 이 모든 과정을 협동학습으로 얼마든지 구현할 수 있다. 그래서 협동학습에 대한 각성 수준이 매우 깊다면 자신도 이미 하브루타, 쉬

4 이에 대한 효과는 교사가 가장 잘 알고 있다. 늘 학생들을 지도하기 위해 다양한 정보, 자료를 찾아 지도하고 나면 어느새 자신의 것이 되어 있다는 사실을 깨닫게 되니까 말이다.

우르를 실천하고 있었다는 사실을 알게 된다. 간단한 사례를 통해 살펴보면 다음과 같다.

(1) 하브루타로 자기 소개하기 활동과 협동학습 구조로 자기 소개하기 활동 비교하기

하브루타 활동

① 짝끼리 서로 주고받을 질문 만들기(학년 수준에 따라 모두 만들어줄 수도 있고 모두 스스로 만들게 할 수도 있고 일부는 제시하고 일부만 만들게 할 수도 있음. 주어진 시간에 따라 질문 수 조절하기)

② 질문을 1가지씩 주고받거나 1명씩 만든 질문에 대하여 모두 묻고 답한 뒤 역할을 바꾸어 진행하기: 이 때 즉문즉설을 하면서 질문에 대한 답이 돌아오면 곧바로 다음 질문으로 넘어가지 말고 답변에 대한 추가, 보조적인 질문을 계속 이어갈 수 있도록 하는 것이 바람직함(예 너의 장래 희망이 뭐니? ⇨ 난 요리사가 되는 게 꿈이야. ⇨ 와우, 요리사라. 왜 그런 꿈을 갖게 되었어? ⇨ 난 평소에 요리에 관심이 많고 집에서도 요리를 자주 해서 먹는데 그게 재미있어. ⇨ 아. 그렇구나. 그러면 어떤 요리에 주로 관심이 있나? ⇨ 난 일식 요리에 관심이 많아. ⇨ 와, 그래? 그중에서도 특히 더 관심이 있는 것은? ⇨ 면과 관련된 요리에 관심이 많아. 우동이나 라멘 등 ⇨ 이런 방식으로 충분히 꼬리에 꼬리를 물고 계속 이야기를 이어 나갈 수가 있다.)

협동학습 활동

(사례 1) '짝 인터뷰' 구조로 얼마든지 가능하다. 3단계 인터뷰로 확장하여 서로 질문을 통해 짝에 대하여 알게 된 내용을 모둠 내 다른 친구에게 대신 소개하는 활동으로 전개해 나갈 수 있다(3단계 인터뷰를 생략하고 학급 친구 모두에게 인터뷰 내용을 소개하는

동심원 활동 장면

활동으로 변형하여 진행해 나가도 얼마든지 좋은 활동이 될 수 있다).

(사례 2) 동심원 구조로 얼마든지 활동이 가능하다. 학생들에게 2중 원(안쪽 원과 바깥쪽 원)을 만들어 서게 한 뒤 서로 짝을 지어 위와 같은 과정으로 충분한 시간 동안 질문을 주고받게 하면 된다. 그런 뒤에 안쪽 원은 오른쪽으로, 바깥쪽 원은 왼쪽으로 1칸씩 회전 이동하게 하면서 이전과 같은 질문 주고받기 활동을 몇 차례 계속 반복하여 진행하면 보다 많은 학생들과 이야기를 나눌 수 있게 된다.

시간 조절은 필수

하브루타 활동이든 협동학습 활동이든 적절한 시간 조절은 꼭 필요하다. 한 사람씩 질문을 모두 마무리하는 데 필요한 적당한 시간을 미리 예상하여 타이머 등을 띄워두고 시간을 봐 가면서 질문 활동을 이어나갈 수 있게 하는 것이 좋다. 그렇지 않으면 한 사람이 모든 시간을 다 쓸 수도 있고 어떤 짝은 질문이 너무 빨리 끝나 다른 사람들이 끝날 때까지 기다리기만 할 수도 있다.

(2) 하브루타 수학 수업과 짝 점검 협동학습 구조 활용 수학 수업 비교하기

하브루타 활동

① 특정 주제, 개념, 원리(보통 단위 차시 활동) 등과 관련하여 학습한 내용(미리 공부해 왔거나 그 시간에 배워 알게 된 내용을 바탕으로 함)에 대하여 짝끼리 서로 가르치고 배우는 활동을 한다.
② 가르치는 학생에게 배우는 학생은 반드시 질문을 하면서 듣도록 한다.
③ 해당 활동이 끝나면 입장을 바꾸어 앞 단계 활동을 진행한다.
④ 서로 활동하는 과정에서 잘 이해가 되지 않거나 어렵게 생각되는 부분을 전체 질문으로 만들어 제시한다.
⑤ 전체 질문으로 나온 것에 대하여 전체 토의·토론을 진행한다.
⑥ 교사가 최종적으로 정리한다.

협동학습 활동

① 교사가 단위 차시 활동에 대한 짝 점검 활동지를 제시한다.

② 어깨짝끼리 짝을 지어 활동을 한다.

③ 모둠 내 자리번호 1번은 홀수번호 문제를, 자리번호 2번은 짝수번호 문제를 서로에게 알려주는 방식으로 한 문항씩 번갈아 설명하면서 문제를 차근차근 해결해 나간다. 이 때 설명하는 방법은 아래와 같이 할 때 가장 효과적이다.

1. 두 학생 중 한 명이 주어진 문제에 대하여 짝에게 질문하는 방식으로 문제 해결 과정을 설명해주는 식으로 해결한다.
2. 예를 들어서 $\frac{2}{3}+\frac{3}{4}$문제를 짝에게 짝 점검 활동으로 질문을 주고받으면서 설명한다고 할 때 이 문제를 맡은 학생은 본인이 풀어가면서 짝에게 설명하는 것이 아니라 한 단계씩 차근차근 짝에게 질문을 하면서 문제를 해결해 나간다.
3. 질문 $\frac{2}{3}+\frac{3}{4}$을 해결하려면 가장 먼저 무엇부터 해야 할까?

   답변 음, 통분을 먼저 해야 해.

   질문 응, 맞아. 그렇다면 분모를 얼마로 통분할까?

   답변 12로 통분하면 돼.

   질문 왜 그렇게 생각하지?

   답변 12는 분모 3과 4의 최소공배수이니까.

   질문 좋아, 그렇다면 분모를 12로 통분하면 $\frac{2}{3}$는 얼마로 바뀌지? 왜 그렇게 생각하지?

   답변 음, 12가 되려면 분모 3에 4배를 해야 하니까 분자 2에도 똑같이 4배를 해서 $\frac{2}{3}$는 $\frac{8}{12}$이 돼.

   질문 그렇다면 $\frac{3}{4}$은 어떻게 바뀌지?

   답변 $\frac{3}{4}$에서 분모가 12가 되려면 4에 3배를 해야 하니까 분자 3에도 3배를 해서 $\frac{3}{4}$은 $\frac{9}{12}$가 돼.

   질문 좋아, 그러면 식이 어떻게 바뀌지?

   답변 $\frac{8}{12}+\frac{9}{12}$가 된다.

   질문 그렇게 되면 답은 얼마가 될까?

   답변 $\frac{17}{12}$, 대분수로는 $1\frac{5}{12}$가 된다.

   질문 좋아, 잘 해결되었네.

④ 이와 같은 방법으로 한 문제씩 번갈아가면서 계속 주어진 짝 점검 활동지를 해결해 나간다.

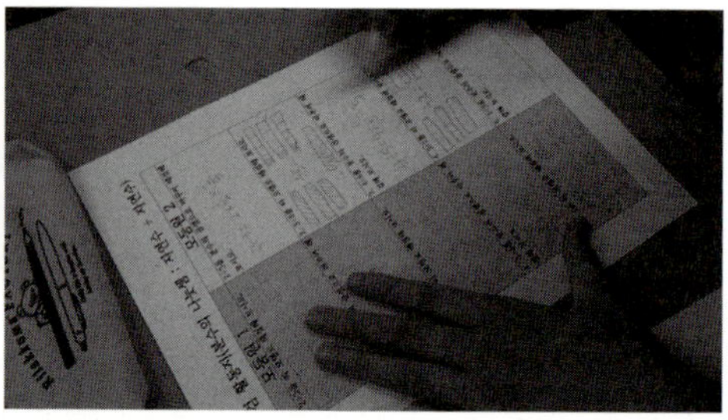

필자의 교실 짝 점검 활동 장면 및 활동 사례

⑤ 이 과정에서 배움이 느린 학생에 대해서는 함께 활동하는 짝이 질문자가 될 때도, 답변자가 될 때도 질문을 주도하여 배움이 느린 학생의 이해를 도울 수 있도록 하는 것이 좋겠다.

⑥ 활동 과정에서 어려운 점, 잘 이해가 되지 않는 부분에 대해서는 전체 질문으로 만들어 학급 전체 토의·토론 활동으로 제안한다.

⑦ 학급 전체적으로 과제의 전원 완수가 달성되었다면 마지막으로 몇 명을 지목한 뒤 해당 학생이 칠판 앞으로 나와 활동했던 문제에 대하여 다른 학생들에게 설명하는 방식으로 문제를 해결하게 할 수도 있다.

위에서 보는 바와 같이 하브루타 수업은 협동학습 구조를 활용하여 얼마든지 실현이 가능하다고 볼 수 있다. 물론 하브루타 수업의 형태는 다루는 내용이 무엇이냐에 따라 매우 다양하게 나타난다고 볼 수 있는데 개발된 협동학습 구조의 종류도 매우 다양하여 어떤 형태의 하브루타 수업이든 협동학습으로 실현되지 못할 것은 없다고 필자는 보고 있다.

3) 대표적인 하브루타 수업 모형을 협동학습으로 구현하기

우리나라에 알려진 몇 가지 대표적인 하브루타 수업 모형을 살펴보면 아래와 같은 과정으로 진행되고 있는데 이에 대한 분석적 접근을 통해 어떻게 협동학습으로 구

현되는지 설명해보고자 한다.[5]

(1) 텍스트 읽어가며 질문 만들기 하브루타

질문 만들기	짝 도론	모둠 토론	전체 공유	쉬우르
한 문장 또는 한 문단씩 번갈아 읽으면서 질문 주고받기(think aloud)	나온 질문 중 좋은 질문만 골라서 토의·토론으로 확장하기 ⇨ 그중 좋은 질문 1~2개 ⇨ 모둠 질문으로 제시	모둠에 나온 모둠 질문을 함께 토의·토론 ⇨ 가장 좋은 질문 1개 선정하여 전체 질문으로 제시	각 모둠에서 선정된 좋은 질문 발표하기 ⇨ 모둠 토의·토론 결과도 함께 공유하기	교사가 쉬우르 활동으로 학생들과 함께 정리하기

위의 과정을 좀 더 자세히 살펴보면 아래와 같은 하브루타 수업이 이루어질 수 있는데 필자는 이와 같은 활동에 대하여 뒤에 이어질 '협동학습으로 질문이 있는 교실 만들기'에서 별도의 장으로 구성하여 다루어보고자 하였다. 왜냐하면 질문 만들기 활동과 관련하여 다양한 사고의 훈련과 과정이 필요하기 때문이다.

> 사회 또는 국어 등의 활동에서 주어진 텍스트를 읽어 가면서 그 내용에 대하여 서로 궁금한 점(기본적으로 낱말의 뜻부터 시작하여 내용상 궁금한 점 등)을 중심으로 질문으로 만들어 주고받으려면 질문을 만드는 역량 또한 상당히 요구된다고 볼 수 있다. 이런 활동 과정을 살펴보면 아래와 같다.
>
> (1) 주어진 텍스트에 대하여 한 문장씩 또는 한 문단씩 번갈아 읽어 가면서 'think aloud(소리 내어 생각하기)' 활동을 진행하기[6]

5 여기에서 소개하는 수업 모형의 각 단계는 반드시 꼭 지켜져야 한다는 것이 아니라고 이해하기 바란다. 협동학습 구조도 마찬가지겠지만 학생의 상황, 수준, 환경 등 다양한 변인에 따라 얼마든지 축소, 변형 등이 가능하다. 예를 들어 특히 저학년의 경우 짝끼리 활동은 가능하지만 모둠 토의·토론까지 운영하기가 매우 어렵다. 특히 다른 사람의 질문으로 토의·토론하기를 매우 힘들어한다. 이럴 경우 모둠 토론 단계 이후는 과감히 생략하여 활동을 해도 좋다. 어떤 것이든 절대적인 것은 없다.

6 교사가 먼저 직접 사례를 보여주면서 읽어가는 것이 좋다. 그 방법은 다음과 같다. [① 텍스트를 읽기, ② 읽으면서 떠오르는 생각에 대하여 말하기, ③ 읽으면서 느끼는 점에 대하여 말하기, ④ 읽으면서 궁

(2) 모든 텍스트에 대하여 같은 과정을 반복하기[7]

(3) 앞의 과정 가운데 만들어진 가장 좋은 질문 또는 해결이 안 된 질문 ◌개 선정하기 (보통 2~5개 정도를 선정함)

(4) 모둠 토의·토론으로 확장하여 모둠 내에서 두 팀이 서로 선정된 질문에 대하여 함께 고민해 보면서 모둠원이 선정한 좋은 질문, 해결 안 된 질문 ◌개 선정하기(역시 2~5개 정도를 선정함: 물론 모둠에서 토의·토론을 통해 도출해 낸 답도 함께 제시하면 더 좋음)

(5) 이렇게 걸러진 좋은 문제나 해결 안 된 질문은 전체 질문으로 확장시킴[8]

(6) 전체 질문으로 제시된 것을 놓고 학생 모두가 함께 해결해 나가면서 최종적으로 교사가 정리해주기(쉬우르)

이와 같은 활동을 하기 위해서는 평소에 아래와 같은 질문 만들기 활동에 익숙해질 수 있도록 하는 것이 좋다.

'다까바주' 활동

이 활동은 일반적으로 문장이 '다'로 끝맺음을 하는데 이를 '까?'로 바꾸어 간단히

금한 점에 대하여 질문 형식으로 말하기, ⑤ 읽으면서 알게 된 사실 또는 깨닫게 된 사실 말하기 ⑥ 읽으면서 텍스트 내 앞 뒤 관계 따져보기, ⑥ 읽으면서 내용 간략히 말해보기 등] 이때 듣는 학생은 읽으면서 말하는 학생에게 질문을 던지라고 하면 된다. 예를 들면 이렇다. [① 잘 모르는 것, ② 왜 그렇게 말하였는지, ③ 왜 그런 생각을 하였는지, ④ 들으면서 궁금한 점이 무엇인지, ⑤ 들은 내용과 자신의 생각이 달라서 확인하고 싶은 것 등]

7 학생들의 수준에 따라 이런 활동은 어려울 수도 있다. 또한 다루는 교과 및 내용이 무엇이냐에 따라서도 달라질 수 있다. 따라서 이렇게 활동에 변화를 줄 수도 있다. ① 주어진 내용에 대하여 개인적으로 읽어본 뒤에 ◌개 정도 내외로 질문을 만들어보기(보통 10개 정도 내외의 질문 만들기, 학생 수준에 따라 그 이상도 만들어 냄), ② 2명씩 짝을 지어 만든 질문에 대하여 번갈아 질문하고 답을 주고받기(이 과정에서도 꼬리에 꼬리를 물고 계속 질문과 답변을 이어간다면 더 좋을 수도 있음) 이렇게 변화를 주면 뒤에서 살펴볼 텍스트 읽은 후 문제 만들기 하브루타 수업이 된다. 필자는 초등학생을 지도하고 있어서 문제 만들기 하브루타 수업이 더 애착이 간다. 왜냐하면 학생들 가운데 질문 만들기 하브루타 수준에 못 미치는 학생이 너무 많기 때문이다. 그런데 문제 만들기 하브루타는 그리 어렵지 않게 해 나갈 수 있어서 필자는 더 많이 활용하고 있는 중이다.

8 개인이 만든 많은 질문을 짝끼리 ◌개로 추리고, 그것을 모둠 내에서 다른 짝과 합쳐서 다시 ◌개로 줄여가면서 활동해 나가는 과정을 보면 협동학습으로 토의 · 토론하기 과정의 하나라고 할 수 있는 피라미드 토의 · 토론 활동과 매우 유사하다는 점을 발견할 수 있게 된다. 다시 말해서 이런 활동은 좋은 질문 만들기를 위한 협동학습 피라미드 토의 · 토론 활동이라 말할 수 있는 것이다.

질문으로 만든 후 질문 주고받기를 할 수 있도록 하기 위해 개발한 것이다. '다'를 '까?'로 바꾸어 주고받는 활동. 여기에 '6H' 요소만 간단히 결합시킨다면 매우 훌륭한 질문 만들기 활동을 이어나갈 수 있다. 예를 들자면 다음과 같다.

이솝 이야기 '개미와 비둘기'

개미가 강물에 빠져 생사를 오락가락 하고 있었다. 마침 하늘을 날던 비둘기가 개미를 보고 나뭇잎 하나를 떨어뜨려 주었다. 비둘기가 던져 준 나뭇잎에 의해 목숨을 구하게 된 개미는 이 은혜를 꼭 갚겠다고 말했다. 어느 날 개미는 나뭇가지에 앉아 있는 그날의 비둘기에게 사냥꾼이 총을 겨누고 있는 것을 목격하게 된다. 개미는 득달같이 달려들어 사냥꾼의 발목을 물었고, 사냥꾼은 물린 고통에 소리를 질렀다. 그 소리를 듣고 비둘기는 날아올라 위기를 모면하게 된다. "개미야, 고마워!"

(철수) 개미가 강물에 빠져 생사를 오락가락하고 있었다.

(영희) 개미가 강물에 빠져 생사를 오락가락하고 있었을까?

(철수) 그래, 맞아.

(영희) 왜 강물에 빠졌을까?

(철수) 음, 아마도 물을 마시려다가 그랬을 것 같아.

(영희) 그럴 수도 있겠다. 마침 하늘을 날던 비둘기가 개미를 보고 나뭇잎 하나를 떨어뜨려 주었다.

(철수) 나뭇잎 하나를 떨어뜨려 주었을까?

(영희) 응, 그랬어.

(철수) 큰 나뭇잎이었을까?

(영희) 생각해보니까 개미를 살리려고 옆에 있는 나뭇잎을 보이는 대로 아무거나 가져다가 떨어뜨려주었을 것 같아. 고를 여유가 없었을 거야. 급해서.

(철수) 아, 듣고 보니까 네 말이 맞을 것 같다.

(영희) 우리도 급하면 생각할 여유가 없잖아.

(철수) 맞아. 다음 읽을게. 비둘기가 던져 준 나뭇잎에 의해 목숨을 구하게 된 개미는 이 은혜를 꼭 갚겠다고 말했다.

(영희) 은혜를 꼭 갚겠다고 말했을까?

(철수) 응. 그렇게 말했어.

(영희) 정말 은혜를 갚을 수 있을까?

(철수) 아마도 갚을 수 있을 거야.

(영희) 정말 그랬으면 좋겠는데….(이후는 생략)

자신이 평소 경험한 일, 특별한 경험, 교과서 속에 주어진 문장, 수학 시간에 문제 해결 과정 설명하기 등을 위와 같이 바꾸어보는 활동을 몇 번만 하게 되면 학생들은 점차 질문 만들기 활동에 익숙해져 매우 자연스러운 모습을 보이게 된다. 또한 그 과정에서 합리적인 의심, 궁금함, 호기심도 생겨 또 다른 질문으로 이어지기도 한다.

(1) 경험한 일 바꾸기: 어제 에버랜드에 갔습니다. ⇨ 에버랜드에 갔습니까? ⇨ 네. 가서 재미있게 놀았습니다. ⇨ 무엇을 하며 놀았습니까? ⇨ 놀이기구를 탔습니다. ⇨ 어떤 놀이기구를 탔습니까? ⇨ 독수리요새도 타고 회전관람차도 타고 바이킹도 타고 T익스프레스도 탔습니다. ⇨ 와우, 그중에 어떤 것이 제일 재미있었나요? …

(2) 교과서 문장 바꾸기: 평소에 그냥 읽고 지나치기만 했던 교과서 문장이 위의 개미와 비둘기 이야기 활동에서 보는 바와 같이 색다르게 학생들 머릿속으로 들어와 교과서 속 글도 다시 한 번 곱씹어보게 되는 효과도 매우 커진다. 특히 이 활동은 배움이 늦어 질문 만들기 활동을 어려워하는 학생들에게 매우 큰 도움이 된다.

(3) 수학 시간 활용하기: 13×4는 답이 52가 된다. ⇨ 어떻게 해서 52가 되었을까? ⇨ 13은 10개짜리가 몇 개일까? ⇨ 1개 ⇨ 그러면 낱개로 몇 개일까? ⇨ 3개 ⇨ 10개짜리 1개를 4배하면 얼마가 될까? ⇨ 40 ⇨ 좋았어. 그러면 3개 묶음을 4배하면 얼마가 될까? ⇨ 12 ⇨ 그러면 10개짜리 40과 방금 계산한 낱개 묶음 12개를 더하면 얼마가 될까? ⇨ 아, 그래서 52가 되는 것이구나.

(4) 학년 초 말하기 훈련, 질문 주고받기 훈련: 교사가 제시하는 주제어를 가지고 관련된 질문을 1~2개 정도 만들어본 뒤에 서로 질문 주고받기 활동을 진행하게 하

도록 하면 된다. 예를 들어 주제가 '새 학년'라고 한다면 이렇게 진행될 수 있다. 새 학년이 되었는데 기분이 어떠합니까? ⇨ 좋습니다. ⇨ 왜 좋습니까? ⇨ 한 학년을 더 올라가서 좋습니다(여기에서 이렇게 상황을 전환시킬 수도 있다. 이렇게 되면 질문을 받던 학생이 질문을 하는 위치에 서게 된다. "그런데 당신은 새 학년이 되어서 기분이 어떠합니까?" 이 질문에 따라 뒤에 이어질 이야기가 색다르게 전개될 수 있게 된다). ⇨ 한 학년 올라가면 무엇이 좋습니까? ⇨ 동생들이 더 많아지니까 좋습니다. ⇨ 그것 말고 또 좋은 것이 있습니까? ⇨ 새로운 친구들도 만날 수 있어서 좋습니다. … 이렇게 진행한 뒤에 한 사람이 만든 질문을 다 사용하고 나면 역할을 바꾸어 같은 과정으로 반복 진행하면 된다.

(5) 일상의 것에 대하여 깊이 생각해보는 질문 만들기 활동: 주제는 공기다. 이를 주제로 다양한 질문 만들기가 가능해진다. 그리고 이를 통해 일상에서 깊이 생각해보지 못했던 것들에 대한 중요성을 느끼는 시간을 가질 수 있게 된다. ① 우리 곁에 늘 공기가 있을까? ② 공기가 있어서 좋은 점은 무엇일까? ③ 공기가 없다면 어떤 일이 벌어질까? ④ 공기가 있다는 것을 어떻게 확인할 수 있을까? ⑤ 공기는 어떻게 만들어질까? ⑥ 공기도 이동을 할까? ⑦ 공기의 이동은 무엇으로 알 수 있을까? ⑧ 공기가 오염된다면 어떻게 될까? ⑨ 왜 공기가 오염될까? … 이렇게 다양한 질문을 만들어놓고 함께 생각하고 고민하는 시간을 가진다면 학생들은 그 주제에 대하여 많은 생각과 고민을 쏟아내면서 다양한 관점에서 바라볼 수 있게 된다.

(6) 생각의 꼬리에 꼬리를 무는 질문('생각꼬꼬무질'): 예를 들자면 이렇게 하나의 주제 또는 평소에 궁금했던 것을 이용하여 생각의 꼬리에 꼬리를 무는 질문 주고받기 활동을 할 수 있다. "수학 공부는 왜 할까? ⇨ 음, 생활에 편리한 때문에 하는 것 같아. ⇨ 어떤 것이 편리할까? ⇨ 돈 계산할 때 편리하잖아. ⇨ 그런데 요즈음은 계산기가 있어서 꼭 그런 것은 아니지 않을까? ⇨ 계산기가 없을 때도 있으니까 알아두어야 할 것 같아. 그런데 너는 그게 왜 궁금하니?(질문자의 위치가 전환되는 순간임) ⇨ 응, 나는 평소에 수학 공부가 너무 힘들고 하기 싫어서 그래. ⇨ 어떤 점이 힘들까? ⇨ 너무 어려워. 잘 모르겠어. 아무리 설명을 들어도 잘 이해가 되지 않아. …"

(2) 텍스트 읽은 후 문제 만들기 하브루타

문제 만들기	➡	문제 다듬고 검토	➡	모둠 질문 선정	➡	전체 공유	➡	쉬우르
주어진 교과서 내용이나 자료를 읽고 문제 만들기		짝끼리 서로 질문을 주고받으면서 해결하고 문제 다듬기 ⇨ 좋은 문제 2~5개 선정		모둠에 제시된 문제를 함께 풀어보면서 다듬어 좋은 문제 선정하기 ⇨ 2~5개		모둠에서 선정된 좋은 문제를 전체와 공유(문제 선정 이유도 함께 발표하기)		교사가 쉬우르 활동으로 학생들과 함께 정리하기

이와 관련된 사례는 뒤에 이어질 '협동학습으로 질문이 있는 교실 만들기'에서 별도의 장으로 구성하여 다루보고자 하였기에 여기에서는 생략하기로 한다.

(3) 또래 가르치기 하브루타

또래 가르치기	➡	질문 주고받기	➡	역할 바꾸기	➡	이해 못한 것 질문	➡	쉬우르
두 사람 가운데 한 사람이 먼저 친구에게 설명하며 가르치기		배우는 친구는 들으면서 궁금한 점, 이해되지 않는 점에 대해 질문하기		이전 단계까지의 활동에 대하여 역할을 바꾸어 반복적으로 진행하기		활동하면서 이해 못한 내용을 모두 정리하여 전체 질문으로 제시		교사가 쉬우르 활동으로 학생들과 함께 정리하기

이와 관련된 사례는 앞에서 짝 점검 활동을 통해 사례를 한 번 제시한 바 있다. 그 외에 다른 사례를 한 가지 더 제시해본다면 다음과 같다.

하브루타 활동

① 이 경우 보통은 주어진 교과서나 교사가 제시한 자료를 바탕으로 먼저 공부하거나 사전에 과제로 제시된 것을 철저히 공부해 온 뒤에 실시된다(교과서나 제시된 자료의 경우 교사가 적절히 두 부분으로 나누어주기: 주로 수학, 과학, 사회 등의 활동에서 많이 활용되고 있음).

② 한 학생이 먼저 다른 학생에게 자신이 공부한 내용을 가르쳐준다.

③ 설명을 듣는 친구는 들으면서 적극적으로 질문하기

④ 활동이 마무리되면 역할을 바꾸어 같은 과정 수행하기

⑤ 서로 설명하고 질문을 하면서 이해하지 못한 내용 또는 더 알고 싶은 내용 등을 정리하여 전체 질문으로 확장시키기

⑥ 교사가 전체 학생과 함께 쉬우르 활동으로 정리하기

협동학습 활동

모둠 내 직소 활동 사례

위와 같은 과정으로 이루어지는 활동과 거의 일치하는 활동이 바로 모둠 내 직소 협동학습 활동이라 할 수 있다. 물론 시간이 충분하다면 직소 모형을 적용하는 것이 더 좋다고 할 수 있겠다.[9]

모둠 내 직소 구조는 큰 틀에서는 직소 모형(Jigsaw)과 차이가 없다. 하지만 모둠 내 직소 구조는 직소모형의 장점을 도입하되 전문가 집단으로 흩어졌다가 다시 본래의 집단으로 돌아오는 과정을 생략하고 각 모둠 내에서 과제에 대한 역할 분담을 한 뒤, 각자가 각 과제에 대하여 개별적으로 충분히 공부하고 숙지하여 모둠 내 다른 모둠원에게 설명하고 나눌 수 있도록 한 활동이라 할 수 있다.[10] 활동 과정은 다음과 같다.

① 교사가 과제를 미리 두 부분 또는 네 부분으로 나누어준다(교과서나 자료 또는 각자 조사한 과제를 따로 제시하여 사전 조사하게 하기: 두 부분으로 나누어주면 모둠 내에서 둘씩 짝지어 두 팀으로 활동하고 네 부분으로 나누어주면 모둠원이 함께 활동

9 약간 다른 형태로 색다른 변화를 준다면 ◌가고 ◌남기 구조, 텔레폰 구조 등으로 활동이 얼마든지 가능하다고 볼 수 있다.

10 모둠 내 직소 구조의 특징은 다음과 같다. ① 전문가집단을 구성하지 않음, ② 모둠 내에서 각 개인이 스스로 전문가 역할을 함, ③ 혼자 과제를 해결함, ④ 과제 수준은 중중 또는 중하 수준이 적당, ⑤ 모든 자료를 교사가 마련해 주거나 각자 조사하여 마련(교과서 그대로 활용해도 좋음), ⑥ 1차시 내에서 소화할 수 있는 정도의 분량이 적당

하면 된다).

(예시 1) 세종대왕이 한글을 만든 이유, 신하들이 한글 반포를 반대한 이유

(예시 2) 도시의 특징, 촌락의 특징에 대한 탐구

(예시 3) 토양 오염, 공기 오염에 대한 탐구

② 각자 맡은 과제에 대하여 조사해 오거나 철저히 공부한다.

③ 각자 공부해 왔거나 조사한 내용을 짝에게 설명한다.

④ 듣는 학생은 적극적으로 들으면서 궁금한 점을 질문한다.[11]

⑤ 활동이 끝나면 역할을 바꾸어 진행한다.

⑥ 활동 중에 나온 질문이나 궁금한 점 가운데 해결이 안 된 것을 모둠원과 함께 나누면서 해결한다. 해결 안 된 질문은 전체질문으로 제시한다.

(실제 필자의 교실에서 나온 질문 사례) 한글 창제 이유와 신하들의 반대 이유에 대한 다양한 모둠 질문 사례

(1) 세종대왕과 집현전 학자들이 한글을 함께 만든 것인가? 누가 제일 큰 역할을 했을까?
(2) 세종대왕은 어떻게 한글을 만들었을까?
(3) 세종대왕은 어떻게 한글을 백성들에게 알렸을까?
(4) 백성들 모두는 정말로 쉽게 배워서 사용했을까?
(5) 그렇다면 양반들은 한글을 사용하지 않았나?
(6) 백성들은 한글을 사용하게 두고 양반들은 그대로 한자를 사용하면 되는 것이 아닌가?

⑦ 모둠에서 다음어진 질문을 발표하고 함께 해결한다.[12]

위에서 보는 바와 같이 일반적인 또래 가르치기 하브루타 수업은 모둠 내 직소 협동학습 구조 활동과 거의 흡사하다는 점을 알 수 있다.

11 한 사람의 활동이 끝나면 역할을 바꾸기 전에 자신이 설명한 것에 대하여 짝이 잘 들었는지 확인하는 차원에서 미리 만들어 온 문제를 읽어주고 답을 말하도록 할 수도 있다(하얀 거짓말 활동 등).

12 마무리 단계에서 교사가 학습한 내용에 대하여 퀴즈 방식으로 점검을 할 수도 있다(번호순으로 활동, 하얀 거짓말, 모두 일어서서 나누기, 5단계 O·X 퀴즈, 개인칠판에 각자 쓰고 확인하기 등).

(4) 분석하기(공통점과 차이점) 하브루타

대상 정하기	➡	짝과 토론	➡	모둠 토론	➡	전체 공유	➡	쉬우르
분석할 대상을 정하여 각자 조사 또는 자기 생각 정리		짝과 토의 · 토론하면서 공통점, 차이점에 대하여 정리 ⇨ 궁금한 점에 대한 토의 · 토론 및 질문 만들기 (2~5개)		만든 질문을 모둠원과 공유하고 토의 · 토론하며 다듬기 ⇨ 모둠 내에서 좋은 질문 뽑기 (2~5개)		엄선한 질문을 전체와 공유하기(좋은 질문으로 선정한 이유도 함께 공유하기)		교사가 쉬우르 활동으로 학생들과 함께 정리하기

위와 같은 분석하기 하브루타 수업과 관련하여 유사한 형태의 협동학습 활동 사례를 살펴보면 대표적으로 벤다이어그램 구조가 있음을 알 수 있다.

협동학습 활동

벤다이어그램 구조는 서로 다른 두 개의 사건이나 사람, 사물 등을 비교, 대조, 분석하거나 한 가지 주제에 대한 서로의 생각을 비교해보는 활동에 많이 활용되고 있다. 이 구조는 어떤 두 사물이나 대상의 공통점과 차이점을 찾아봄으로써 관찰력과 사고력을 발전시킬 수 있도록 해주고, 그 결과로 학생들은 대상에 대한 분명한 이해를 가질 수 있게 도와준다. 활동 방법은 아래와 같다.

① 교사는 비교해야 할 사물이나 대상 혹은 주제가 적힌 활동지를 제시한다.
② 학생들은 종이와 색깔 펜을 준비한다.
③ 각각 개인용 활동지에 자신의 생각으로 정리한 공통점과 차이점을 적는다.
④ 각자 적은 내용을 바탕으로 짝끼리 토의·토론하면서 정리해 나간다.
⑤ 정리한 내용을 모둠 내에서 함께 나누면서 종합 정리한다.
⑥ 모둠에서 정리한 내용을 전체와 공유하면서 함께 토의·토론한다.

위와 같은 과정을 거치면서 수업을 했던 실제 사례는 다음과 같다.

◎ 6학년 각기둥과 각뿔 단원: 각기둥과 각뿔 비교하기 – 벤다이어그램 활용

준비물: 다양한 각뿔 및 각기둥 입체도형 모형(2인 또는 4인 1세트)

수업 흐름

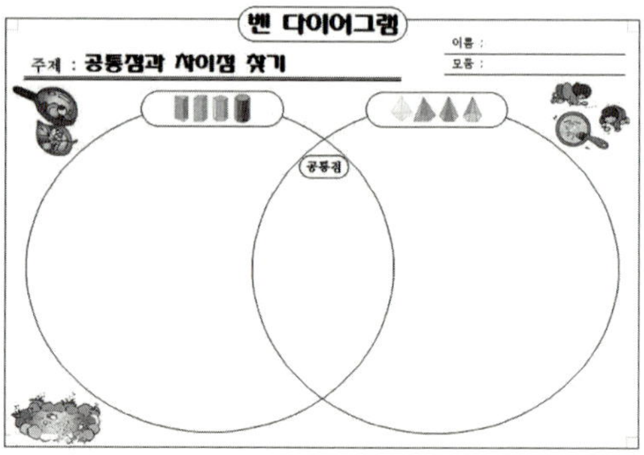

- 교사가 먼저 미리 분류해둔 두 그룹의 입체도형 그룹을 제시하면서 학생들도 자신들이 갖고 있는 입체도형을 똑같이 분류하도록 한다.
- 발문: (입체도형을 각뿔과 각기둥으로 나누어놓은 뒤) 보는 바와 같이 A그룹과 B그룹으로 나누어보았다. 지금부터 분류된 입체도형을 관찰하면서 A, B 각 그룹만의 고유한 특징(두 그룹 간의 차이점) 및 두 그룹의 공통점을 찾아 정리해보도록 하자(아직 명칭은 이야기하지 않는다. 특징을 찾은 후 자연스럽게 명칭과 연결지일 수 있도록 함).
- 벤다이어그램 활동지 제시(10분 정도 동안 개인 생각 ⇨ 15분 정도 동안 짝 ⇨ 모둠원과 생각을 공유하며 공통점과 차이점 정리하기)
- 각 모둠에서 나온 의견들을 모둠 순서대로 발표하고 교사는 학생들에게서 나온 의견에 대하여 수용 여부를 물어가면서 칠판에 정리한다(칠판에도 커다란 벤다이어그램을 그려놓고 함께 정리).

짝과 함께 입체도형 관찰 및 공통점, 차이점 찾는 수업 장면

짝끼리 정리 ⇨ 모둠 의견 정리 ⇨ 전체 발표 과정에서 오답도 나왔지만 그에 대한 생각들을 다른 학생들과 연결지어주면서 스스로 오답을 수정할 수 있도록 하였다(예 "공통점에서 모든 면이 다각형이다."라는 의견이 있었다. 이것을 함께 생각하면서 학생들 스스로 "모

든 면은 다각형이 아니라 밑면만 다각형이고 A그룹은 옆면이 직사각형, B그룹은 옆면이 삼각형이다."라고 정리하였다). 그런데 관찰 및 탐구 과정에서 어떤 학생들은 각기둥 모형을 가지고 블록 쌓듯 쌓아가며 조작 활동을 해 놓고도 각기둥 모양은 쌓을 수 있지만 각뿔 모양은 쌓아가기가 어렵다는 것을 발견해내는 모둠은 하나도 없었다. 그래서 마무리 정리 과정에서 필자가 "A그룹(각기둥)은 차곡차곡 쌓아갈 수 있지만 B그룹(각뿔)은 그렇게 할 수가 없단다. 여러분들은 그렇게 조작활동을 해 놓고도 이런 사실을 깨닫는 사람들이 한 명도 없어서 아쉬운 마음이 들었다."라고 말을 하였다. 그랬더니 여기저기에서 "아하, 정말 그렇군요." 하는 식의 탄식이 터져 나왔다. "다음부터는 자신이 한 행위에 대한 어떤 것이든 있는 그대로, 빠짐없이 관찰하고 기록하려는 노력을 해줄 것을 당부한다."라고 말한 뒤 수업을 마무리하였다. "칠판에 함께 정리한 내용은 각자의 노트, 활동지에 잘 기록해 두기 바랍니다."라는 말로 1시간을 마무리하였는데 시간은 40분을 약간 초과하였다.

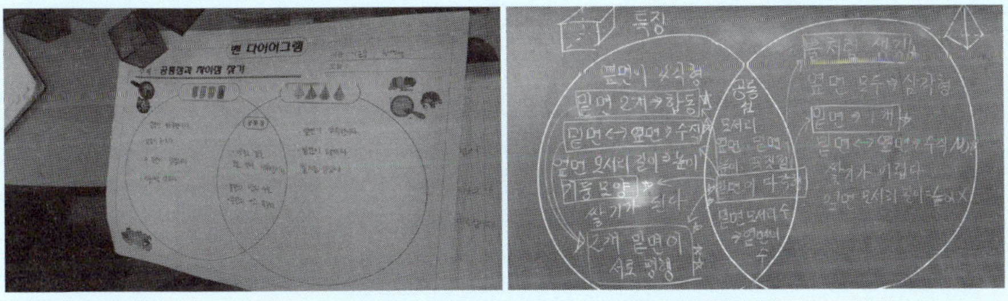

짝끼리 해결한 벤다이어그램 활동지 및 전체 공유 내용을 정리한 칠판 판서 사례

4 협동학습으로 질문이 있는 교실 만들기

바로 앞에서 하브루타 수업 모형 가운데 질문 중심 하브루타 수업 모형과 문제 만들기 중심 수업 모형을 이곳에서 다루기로 한 가장 큰 이유는 '질문과 문제'의 성격이 애매하기 때문이다.

'질문'은 소위 자잘한 것에서부터 심도 깊은 것까지, 개인적인 궁금함, 답이 없는 질문, 상상력을 동원한 것까지 무엇이든 포함한다는 점에서 좀 더 포괄적이라 할 수 있고 '문제'는 중요한 것만을 다루고 있다는 점에서 수렴적이라 할 수 있다. 그렇지만 이 두 가지를 너무 깊이 다루면서 구별하여 다룰 필요까지는 없다고 필자는 생각한다. 질문 중심이든 문제 만들기 중심이든 그런 구분에 너무 매몰되지 말고 '학생들이 만들어내는 다양한 생각을 통해 서로 묻고 답하며 토의·토론하는 활동'이라는 것에 집중하는 것이 더 중요하다고 판단된다. 어찌 되었든 필자는 그 두 가지를 크게 구분 없이 다루면서 협동학습 구조를 활용해서 설명해 보고자 한다.

1) 학생들을 질문 소비자에서 질문 생산자로 바꾸기

지금까지 대부분의 학생들은 질문 소비자로 살아왔을 것이다. 늘 시험을 보고 교사로부터 질문을 받고 그것에 답을 해 오기만 했다. 그런데 이런 질문을 학생들은 별로 즐기지 않는다. 왜냐하면 자신들이 평가를 받는다고 느껴 부담을 가질 수밖에 없기 때문이다. 그런데 같은 질문이나 문제가 '퀴즈'라는 상황으로 바뀐다면 학생들은 매우 큰 흥미와 호기심을 가지고 달려든다. 왜일까? 결론은 하나다. 평가받는다는 부담이 없기 때문이다. 그리고 '퀴즈'라는 용어 속에는 왠지 모르게 '게임, 재미, 즐거움, 약간의 도전 및 경쟁심'과 같은 요소가 포함되어 있는 것처럼 느끼기 때문이다.[13] 그리고 질문의 소비자에서 직접 질문을 만드는 생산자로 바꾸어

13 똑같은 질문으로 '퀴즈 활동이다.' 하고 말하면 난리를 치며 좋아한다. 그런데 '시험이다.'라고 하면 갑자기 어두운 표정을 짓는다. 교사라면 학생들의 이런 점들을 수업에 반영시켜 수업을 설계하려는 지혜가 필요하다. 협동학습으로 질문이 있는 수업하기는 바로 이런 점들과 관련이 있다고 말할 수 있다.

놓으면 그 활동에 더 깊이 빠져든다. 왜냐하면 자신이 만든 질문을 통해 다른 사람들이 일희일비할 수 있다는 희열과 만족을 느낄 수 있기 때문이다. 이와 같은 질문 또는 문제 만들기 활동을 통해 학생들은 아래와 같은 내적 보상을 스스로 받게 된다. 그래서 이런 활동에는 별도의 외적 보상을 줄 필요가 없다. 외적 보상은 오히려 활동을 방해하고 학생 간의 관계를 부정적으로 흐르게 할 뿐이라는 사실을 잊지 말자.

내적 보상의 사례

1. 성취에 대한 만족: "내가 이것을 해냈어!(내가 문제를 내고 학생들이 그것에 적극적으로 반응을 했어!)"
2. 자신감: "이런 일은 내가 정말 잘해. 자신 있어(나도 할 수 있어. 나도 문제를 잘 낼 수 있구나!)."
3. 흥미로운 경험: "오, 완전 재미있는데!"
4. 역할 모델에 대한 욕구: "나도 저런 사람처럼 될 거야!(나도 ○○처럼 문제를 잘 내고야 말거야. 나도 저런 문제를 만들어야지!)"
5. 자기 칭찬: "(나 스스로)정말 잘 했어!"

2) '질문'에 내재된 '배움'의 가치

질문은 단순히 '물음'이라는 의미만 갖고 있지 않다. 특히 교육적 상황에서 질문은 '배움'이라는 현상을 만들어내는 매우 큰 가치를 지니고 있다. 특히 토의·토론을 전제로 한 질문은 더욱더 그러하다. 그래서 필자는 '질문'을 매우 중요하게 다루고 있다.

좋은 교육은 학생들에게 배움의 상황을 만들어주는 일이다.
좋은 질문은 학생들에게 배움의 장을 제공해준다.
그런 질문은 교사만 만들 수 있는 것이 아니다.
그러니 학생들을 좋은 질문 프로슈머로 만들어라.

학생들끼리 다양한 질문을 주고받는 활동은 '배움'에 매우 큰 도움을 준다. 그 효과를 살펴보면 다음과 같다.

학생들끼리 질문 주고받기 활동이 가져다주는 효과

1. 공부할 내용에 대하여 깊이 있게 이해할 수 있도록 해준다(예습, 미리 조사 및 탐구를 가능하게 함).
2. 주어진 자료, 내용(교과서 등)을 여러 번 곱씹어볼 수 있도록 해준다.
3. 학생 스스로 배움, 앎에 이름, 탐구, 발견, 깨달음을 얻을 수 있다.

이를 위해 반드시 지켜야 할 원칙은 아래와 같다.

1. 교사가 의도한 방향으로 몰고 가지 않기(가르치고 싶은 내용이 있어도 꾹 참고 기다려주기)
2. 학생 스스로 목표에 도달할 수 있으리라는 믿음 갖기
3. 학생들끼리 탐구하기의 중요성, 가치를 학생들에게 각인시키기

학생들에게 "수업에 참여하라. 수업시간에 주인이 되어라!"고 백 번 말하는 것보다 그럴 수 있는 환경을 제공하고 수업을 구조화하는 일, 그런 재료를 제시하는 것[14]이 백 배 더 낫다. 이를 필자는 환경의 구조화라고 한다.[15] 그리고 그런 다양한 요소를 적절히 조합하여 바람직한 배움이 일어날 수 있도록 계획하고 설계하는 일을 필자는 수업 설계라고 한다.

좋은 수업 설계 노하우: 환경이 말하게 하라. 질문이 말하게 하라.

14 질문만으로 좋은 수업을 하기는 어렵다. 좋은 질문을 만들기 위해서는 다양한 질문을 만들 수 있는 재료가 필요한데 이에 가장 좋은 것은 '우화'라 할 수 있다. 그 이유는 다음과 같다. ① 짧은 이야기, ② 그 속에 많은 심오한 의미(지혜, 지식 등)가 담겨 있음, ③ 이야기 속에 담긴 교훈이나 지식, 지혜 등이 겉으로 쉽게 드러나지 않음, ④ 이해를 위해 자연스럽게 생각하도록 만들어줌, ⑤ 이해를 위해서는 어느 정도 지성을 갖추어야 함, ⑥ 명확한 해석이 제시되지 않은 이야기는 성찰의 기회를 제공, ⑦ 학생 스스로 문제를 고민하면서 배우도록 해줌, ⑧ 교사로 하여금 말로 가르치지 않도록 해 줌, ⑨ 내용 이해를 위해 다양한 질문을 주고받을 수 있는 흥미로운 재료가 되어 줌, ⑩ 정답을 쉽게 찾기 힘들어 열띤 논쟁이 가능한 내용(침묵으로 가르치기, 도널드 L. 핀켈 저, 문희경 옮김(2010, 다산초당), pp. 41~47).

15 환경의 구조화를 위한 노력 가운데 중요한 것 한 가지는 바로 자리 배치이다. 질문 주고받기 활동에 가장 좋은 자리배치는 모둠 중심 배치이고, 전체 활동이 효율적일 수 있는 형태는 ㄷ자형 배치라 할 수 있다.

그렇다면 '질문'이 왜 그런 효과를 보일까? 왜 좋은 '질문'이 좋은 수업을 만들까? 이에 대해 필자는 이렇게 설명하고 싶다.[16]

'질문 주고받기'는 곧 '학생들의 흥미'와 동의어다.
'Interest'의 유래 = 'Inter(~사이) + esse(있다)'라는 라틴어에서 유래

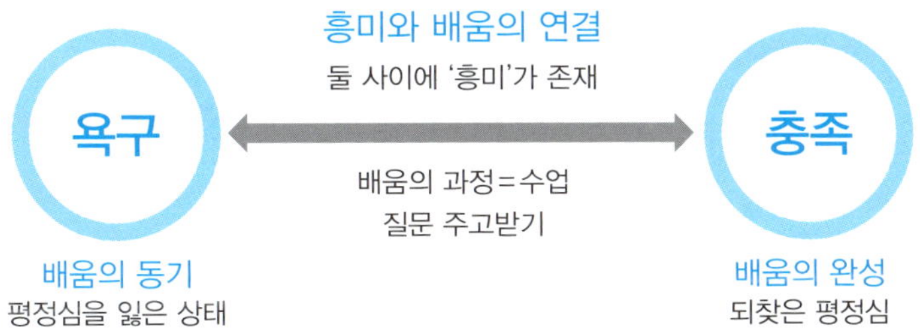

개념 잡기

- '배움의 과정(질문 주고받기)'='학생들의 흥미'와 동의어
- 휴대전화에 대한 흥미는 '찾고 싶다'는 욕구와 '찾았다'는 충족 사이에 존재
  - 예 핸드폰 분실(평정심을 잃은 상태-불안) ⇨ 찾으려는 욕구가 생김 ⇨ '휴대전화'에 대한 흥미가 욕구 충족 상태를 만들기 위해 다양한 사고를 불러일으킴 ⇨ 욕구 충족을 위한 다양한 방안 모색, 다양한 전략 세움, 실천, 결국 찾게 됨 ⇨ 욕구가 충족되어 심적 평형상태에 놓이게 됨
- 배움의 동기(알고 싶다는 욕구)와 배움(앎: 욕구의 충족) 사이에 배움의 과정이 존재함 (욕구 충족에 이르는 다양한 전략적 활동: 그것 가운데 매우 중요한 한 가지 활동이 바로 학생들끼리 '질문 주고받기' 활동)
- 그것을 만들어내는 것이 바로 수업 설계 ⇨ 여기에 협동학습이 큰 역할

16 여기서 말하는 질문은 교사가 던지는 부담스러운 질문이 아니라 학생들끼리 부담 없이 주고받는 질문만을 가리킨다.

3) 학생들을 질문 프로슈머로 만드는 절차와 요령

(1) 학생들을 질문 프로슈머로 만드는 절차

일반적으로 국어, 사회, 역사 등의 교과에서 학생들끼리 질문을 만들어 주고받는 수업 활동을 보면 대체로 다음과 같은 절차로 이루어진다.

① 개인적으로 질문 최대한 많이 만들기(과제로 만들어 올 수도 있고 수업 시간에 즉석에서 만들 수도 있음)

② 짝 또는 모둠원과 만든 질문 주고받기(개인적으로 질문을 충분히 만들어 둘씩 짝지어 활동한 뒤 2~5개를 엄선하여 다듬기 ⇨ 모둠 내 다른 짝과 만든 질문을 서로 공유하고 토의·토론하여 다시 좋은 질문 2~5개를 엄선하고 다듬기: 피라미드 토의·토론과 유사하게 진행됨)[17]

③ 다음은 질문을 전체와 공유하기(이 때 사회자는 학생들의 수준에 따라 교사가 할 수도 있고 학생들이 진행할 수도 있음)

④ 사회자는 각 모둠에서 나온 질문들을 일단 칠판에 모두 기록하기

⑤ 각 모둠에서 질문이 모두 나오게 되면 전체 학생들이 질문들을 함께 살피면서 어떤 질문에 대한 토의·토론부터 해야 할지 결정하기

⑥ 결정된 순서에 따라 토의·토론하기(자연스럽게 다음 질문으로 넘어가기도 하고, 학생들의 요구에 따라 다음 질문으로 넘어가기도 함)

(2) 질문을 만들 때 많은 시간을 할애하기

과제로 질문을 만들어 오게 하는 상황이 아니라면 최대한 질문을 많이 만들어보게 하면서 시간을 많이 할애하는 것이 좋다. 그 이유는 다음과 같다.

① 사소하다고 생각되는 자잘한 질문에서부터 심도 깊은 질문까지 최대한 많이 만들기 위해서는 당연히 많은 시간이 필요

17 질문을 많이 만들어 서로 주고받는 활동을 한 뒤 좋은 질문을 엄선하여 다듬고 나면 내용과 관련된 사실 질문은 모두 사라지고 추론, 가정, 평가, 적용 등과 관련된 질문만 남게 된다. 그리고 이런 질문들 가운데 정답이 없는 질문들이 학생들을 토의·토론으로 빠져들게 한다(이 단계에서 협동학습 구조가 매우 유용하게 활용될 수 있다).

② 마지막 단계에 있을 심도 깊은 토의·토론 활동 과정에서 사소한 이야기로 맥락에서 벗어나는 현상을 줄여주기 때문

③ 사소한 것에 대하여 살피고 검증하는 과정이 줄어들기 때문에 시간 절약

④ 여러 질문 가운데 진지한 고민을 통해 토의·토론 주제를 선정할 수 있음

⑤ 질문을 만드는 과정 자체가 학생들이 흥미를 모으는 중요한 전략이기 때문

⑥ 토의·토론을 위한 질문의 서열화 작업이 자연스럽게 이루어져 질문에 대한 가치평가 능력, 질문 제작 능력, 질문 다듬기 능력, 좋은 질문을 고르는 시각, 질문과 관련된 다양한 사고력 등이 향상되기 때문

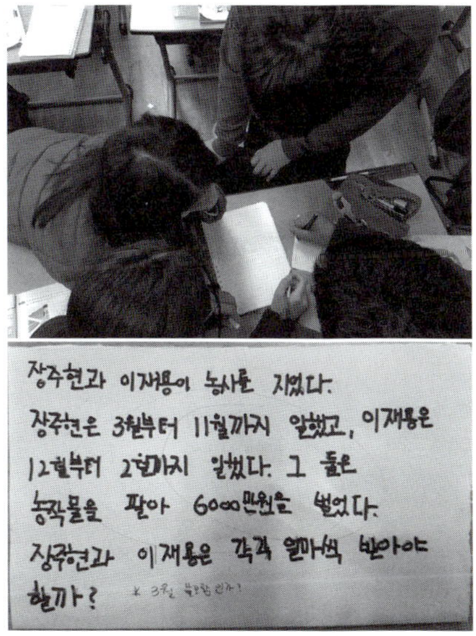

질문 만들기 및 다듬기

(3) 교사의 역할

① 질문 만드는 노하우를 학생들에게 충분히 안내하고 질문을 만들 기회를 자주 제공

② 질문을 만들고 주고받는 활동에서 최대한 통제하지 않기(다만 예절을 지키기, 긍정적인 수업 분위기 조성에만 신경 쓰기)

③ 필요시 활동의 중심 잡아주기(특히 중요한 질문을 엄선하여 전체 토의·토론을 진행할 때; 핵심 발언이나 중요한 점 짚어주기)

④ 학생들에게서 중요한 질문이 나오지 않을 경우 교사도 예시 질문을 만들어 제시

⑤ 시간 조절하기: 중요한 주제에 시간을 집중, 한 가지 주제에 너무 오래 머무르지 않게 하기, 다음 주제로 넘어갈 수 있게 하기

⑥ 학생들이 미처 찾지 못한 중요한 요소, 근거, 단서 등을 짚어줌으로써 토의·토론의 깊이를 더할 수 있게 돕기

⑦ 토의·토론 결과를 돌아보고 성찰할 수 있는 기회 제공하기

특히 사소한, 자잘한 질문 무시하지 않게 하기
⇨ 자잘한 질문들이 모여 전체에 대한 이해를 만들어주고, 그것들이 서로 연결되어 큰 질문들로 이어지기 때문이다.

4) 다양한 질문 만들기 방안

어떤 교과, 어떤 주제, 어떤 내용을 다루느냐에 따라 효과적인 질문 만들기 방안은 달라진다. 몇 가지 사례를 제시하면 다음과 같다.

CSI 질문 만들기

이 방법은 특히 수학 교과에 많이 활용될 수 있는 전략인데 개인적으로 각자 먼저 해결하고 짝끼리 번갈아 질문하고 답하기 또는 짝 점검 구조 등으로 해결할 수 있다.

C단계 Comprehension	문제를 이해하는 단계. 문제를 본격적으로 풀기 전에 문제를 제대로 이해하기 위해 기초적인 질문을 던지는 단계. - 무엇을 구하려고 하는 것인가? - 주어진 조건은 무엇인가?
S단계 Solving	문제를 본격적으로 풀어내는 단계. C단계 활동을 기반으로 식을 세우고, 바르게 세웠는지 확인하고, 풀이하는 과정으로 이루어짐. - 식을 어떻게 세워야 하나? - 왜 그렇게 식을 세웠는가? - 어떻게 풀어야 할까? - 대략 답은 얼마가 될까? - 결과 값은 얼마인가?
I단계 Inquiry	문제를 푼 후 제대로 풀었는지, 다른 방법은 없는지 등을 추가로 탐구하고 생각을 해보는 단계. - 풀이한 결과가 예상과 일치하는가? - 합당한 답이 나왔는가? - 다르게 풀 수 있는 방법이 있는가?

이 활동은 학생들이 익숙해지기 전까지 교사가 질문 사례를 몇 번만 안내해주면 된다. 그다음부터는 학생들 스스로 각 단계별로 질문을 만들고 짝끼리 질문을 주고받으면서 문제를 해결할 수 있게 된다.

필자의 경우 수학 수업은 원리, 개념의 이해, 탐구 및 발견을 목적으로 하여 핵심 발문이나 미션 과제 등을 제시한 후 토의 토론 중심으로 진행하기 때문에 CSI 질문 만들기 활동을 그리 많이 사용하는 편은 아니지만 단원 학습 말미에 응용 및 문장제 문제 해결을 하는 단계에서 가끔 활용하고 있기는 하다. 교사마다 생각은 다르니 자신만의 아이디어로 이 활동을 효과적으로 활용할 수 있는 수업을 설계해 나가기 바란다. 활동지는 http://cafe.daum.net/hwork을 참고하기 바란다.

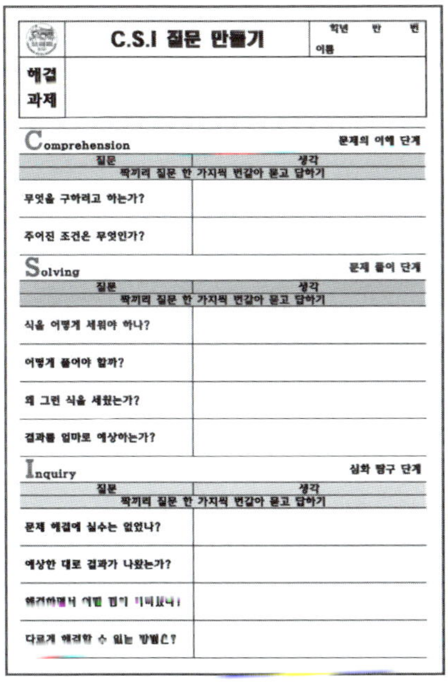

C.S.I 질문 만들기	학년 반 번 이름
해결 과제	

Comprehension 문제의 이해 단계

질문	생각
짝끼리 질문 한 가지씩 번갈아 묻고 답하기	
무엇을 구하려고 하는가?	
주어진 조건은 무엇인가?	

Solving 문제 풀이 단계

질문	생각
짝끼리 질문 한 가지씩 번갈아 묻고 답하기	
식을 어떻게 세워야 하나?	
어떻게 풀어야 할까?	
왜 그런 식을 세웠는가?	
결과를 얼마로 예상하는가?	

Inquiry 심화 탐구 단계

질문	생각
짝끼리 질문 한 가지씩 번갈아 묻고 답하기	
문제 해결에 실수는 없었나?	
예상한 대로 결과가 나왔는가?	
해결하면서 어떤 점이 어려웠나?	
다르게 해결할 수 있는 방법은?	

질문: 2.5m 길이의 나무 막대가 있습니다. 이 막대로 15m를 가려면 몇 번을 옮겨야 할까요?

C 단계	• 구하고자 하는 것은? ⇨ 15m를 가려면 몇 번 옮겨야 하나? • 주어진 조건은? ⇨ 막대 길이가 2.5m
S 단계	• 어떤 식을 세울까? ⇨ 나눗셈으로 해결하기 • 식을 세워 풀이한다면? ⇨ 15÷2.5 • 왜 그런 식을 세웠는가? ⇨ 15인데 2.5가 몇 번 들어가는지 알아야 하니까 • 결과를 예상한다면? ⇨ 5가 넘을 것 같다.
I 단계	• 예상한 결과가 나왔는가? ⇨ 2.5가 5번 들어가면 13 정도가 되니까 맞음 • 다르게 해결할 수 있는 방법은? ⇨ 2.5를 15가 나올 때까지 계속 더해간다.

7단계 실분: 사실 질문(5W)+왜(Why)+만일 질문(If) 만들기

6하원칙을 기반으로 하여 관련된 질문을 만들어보는 방법이라 할 수 있다. 그리고 이를 기반으로 하여 내용과 관련된 질문을 몇 가지 추가하여 동시에 진행할 수 있다. 보통 6하원칙을 기반으로 한 질문을 만들 때 답이 주어진 텍스트 속에 그대로 있는 것으로만 만든다면 이를 한 마디로 '사실 질문'이라고 말하기도 한다.[18] 이후에 보다 심화된 단계로 몇 가지 질문을 추가하여 2차 질문 만들기 활동으로 이어가면 더 좋은 활동이 될 수 있다. 그리고 2차 질문 만들기 활동에는 '추론 질문 Why~?(왜?), If~?(만약~이라면?)' 등이 있을 수 있다. 2차 질문 만들기 활동도 그 범위는 주어진 텍스트를 기반으로 하여 추론이 가능한 질문을 만들도록 한다. 보통 설명하는 글, 정보를 소개하는 글 등은 2단계에서 끝내는 경우가 많다. 그 사례를 보면 다음과 같다.[19]

사실 질문, 왜 질문, 만일 질문 만들기 ⇨ 모둠 내 문제지 돌려가며 문제 풀기

모둠 내 질문 다듬기 및 좋은 질문 선정하기 협의 과정, 활동지 결과물

좋은 질문을 뽑아 다듬고 전체 질문으로 제시하여 칠판 나누기 활동하는 장면, 결과물

---

18 Why 질문만 제외하고 '누가, 언제, 어디서, 무엇을, 어떻게'와 관련된 질문만 '사실 질문'이라 말하기도 한다. '왜'질문은 '사실 질문'보다 한 단계 높은 수준의 '추론 질문'으로 두기도 하기 때문이다.

19 질문을 만든 후에는 짝끼리 번갈아 질문 주고받기, 모둠 간 문제 돌리기, 모둠 내 돌아가며 문제 내기, 쪽지마다 1문제씩 적은 후 번호순으로 문제 뽑기, 부채모양 뽑기 등의 구조를 활용할 수 있다.

6단계 질문: 블룸의 6단계 질문 만들기

Bloom의 6단계를 활용한 질문지(활동지) 제작 요령은 다음과 같다.

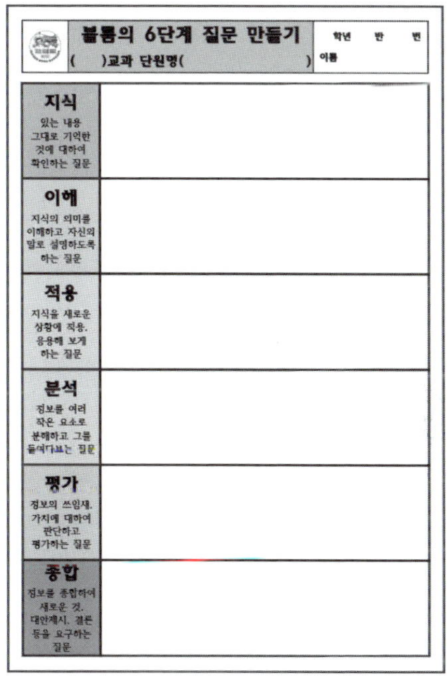
블룸의 6단계 질문 만들기

학년 반 번

( )교과 단원명( )

이름

지식 있는 내용 그대로 기억한 것에 대하여 확인하는 질문	
이해 지식의 의미를 이해하고 자신의 말로 설명하도록 하는 질문	
적용 지식을 새로운 상황에 적용, 응용해 보게 하는 질문	
분석 정보를 여러 작은 요소로 분해하고 그룹 들여다보는 질문	
평가 정보의 쓰임새, 가치에 대하여 판단하고 평가하는 질문	
종합 정보를 종합하여 새로운 것, 대안제시, 결론 등을 요구하는 질문	

- 지식: 정보의 기억 및 인식 ⇨ 기억하라, 무엇인가? 누구인가?
- 이해: 정보 속에 남긴 의미를 파악하고 이해하여 자신의 입말로 풀어서 설명하는 것 ⇨ 자세히 쓰기, 설명하기, 이유를 쓰기, 고쳐 쓰기, 사례를 들어 설명하기, 비교하기, 대조하기
- 적용: 기억하고 이해한 것을 다른 것(상황)에 적용(응용)하는 것 ⇨ 적용하기, 분류하기, ~에 따라 선택하기, ~을 바탕으로 해결하기
- 분석: 어떤 사실을 여러 요소로 분해하고 그에 따라 설명하는 것, 정보의 옳고 그름을 정확히 판단하는 것 ⇨ 근거를 바탕으로 추론하기, 근거를 바탕으로 결론 내리기, 원인 찾기, 분석하기
- 평가: 주어진 목적을 달성하기 위해 사실을 판단하는 능력, 주어진 글 속에 담긴 의도, 가치 등을 판단하는 것 ⇨ 무엇이 더 나은가, 장점과 단점 찾기, 비평하기, 개선점 찾기
- 종합: 새로운 것을 만들기 위하여 부분을 모으는 것, 평가를 바탕으로 대안이나 적절한 결론 제시하기, 문제 해결 방안 제시, 앞으로 상황 예측하기 ⇨ 계획하기, 해결하기, 개발하기, 해결방안 찾기, 창의적으로 고안하기

* 블룸의 6단계는 다분히 위계성을 갖고 있다. 학생들이 학습한 내용을 이런 위계성에 따라 분류하고 그 수준에 맞는 질문을 난이도순으로, 체계적으로 만드는 연습을 몇 번만 해 본다면 이후에는 적절한 수업 단계마다 블룸의 6단계 질문지를 제작하여 활동할 수 있다. 저학년 학생들은 직접 제작하기 어려울 수 있

다. 이럴 경우에는 교사가 직접 제작하여 학생들에게 제시하고 학생들이 협동학습 구조를 활용하여 해결할 수 있도록 하면 된다(학생들이 만들 경우 모둠 내에서 '돌아가며 문제 풀기' 등의 활동을 통해 직접 해결해보고 모둠 내에서 질문 다듬기 및 엄선하기 활동을 통해 모둠별 '블룸의 6단계 활동지' 작성하기를 하면 된다. 이렇게 작성된 모둠별 활동지는 모둠 간 '문제 보내기' 구조를 활용하여 해결하면 된다).

수학 교과 사례

1. 지식: 1시간은 몇 분인가요?, 반시간은 몇 분인가요?, 큰 바늘이 가리키는 것은 무엇인가요?, 작은 바늘이 가리키는 것은 무엇인가요?

2. 이해: 아래 시계가 가리키는 시각은 몇 시인가요?

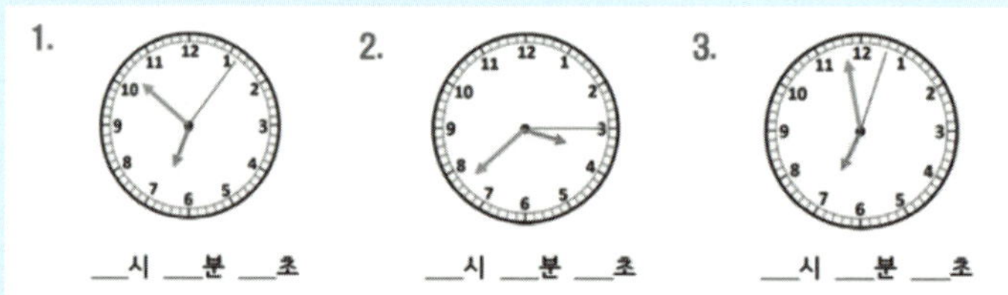

3. 적용: 다음 시각을 시계에 나타내어 보세요.
   – 9시를 오른쪽 시계에 그려보세요.

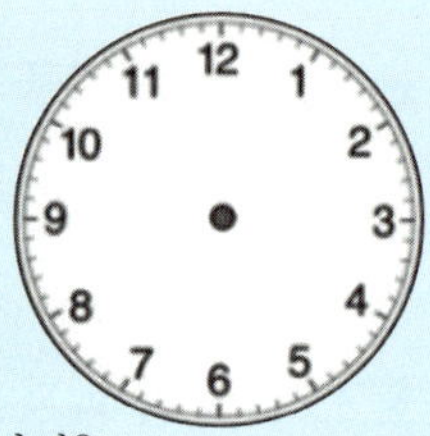

4. 분석: 하루는 24시입니다. 시침은 하루에 몇 바퀴를 돌아야 합니까?

5. 평가: 아래 시계 가운데 어떤 시계가 읽기 쉬운가요?

   – 그렇게 생각하는 이유를 1가지만 써 보세요.

6. 종합: 철수는 영희네 집에 1시에 도착했습니다. 2시간 동안 영희네 집에서 놀았습니다. 집에 돌아오는 데 1시간 걸렸습니다. 집에 돌아온 시각은 몇 시인가요?

* 심화 질문: 각자 아래에 해당되는 자신의 시각을 적어 보세요.
(1) 잠자는 시각 (　　)　　(2) 아침 식사 시각 (　　)
(3) 저녁 식사 시각 (　　)　　(4) 좋아하는 TV 프로그램 시작 시각 (　　)

5단계 질문-1: 4W+O·X 질문 만들기(닫힌 질문)

질문 유형, 수준, 개수와 약간의 창의적 아이디어를 가미하여 교과, 내용, 상황에 맞게 질문 만들기 활동을 재구성한다면 얼마든지 다양한 질문이 있는 수업을 펼쳐나갈 수 있다. 이번 5단계 질문도 그런 맥락으로 이해하면 좋을 것이라 생각된다.

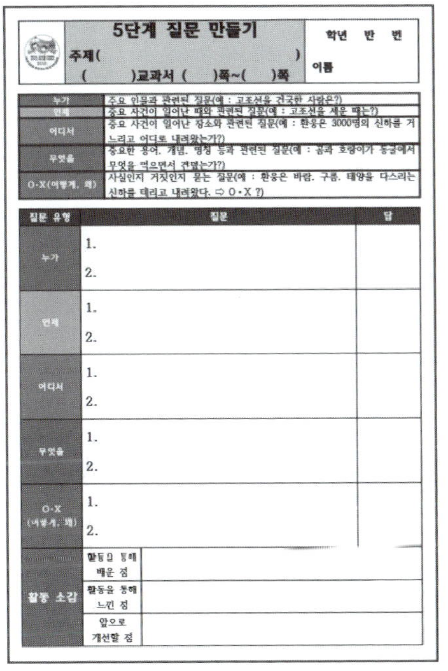

5단계 질문 만들기

주제(　　　　　　　　　　　　)
(　　　　)교과서 (　　)쪽~(　　)쪽

학년　반　번
이름

누가	주요 인물과 관련된 질문(예 : 고조선을 건국한 사람은?)
언제	중요 사건이 일어난 때와 관련된 질문(예 : 고조선을 세운 때는?)
어디서	중요 사건이 일어난 장소와 관련된 질문(예 : 환웅은 3000명의 신하를 거느리고 어디로 내려왔는가?)
무엇을	중요한 용어, 개념, 명칭 등과 관련된 질문(예 : 곰과 호랑이가 동굴에서 무엇을 먹으면서 견뎠는가?)
O·X(어떻게, 왜)	사실인지 거짓인지 묻는 질문(예 : 환웅은 바람, 구름, 태양을 다스리는 신하를 데리고 내려왔다. ⇨ O·X ?)

질문 유형	질문	답
누가	1. 2.	
언제	1. 2.	
어디서	1. 2.	
무엇을	1. 2.	
O·X (어떻게, 왜)	1. 2.	

활동 소감	
활동을 통해 배운 점	
활동을 통해 느낀 점	
앞으로 개선할 점	

4W+O·X 질문 만들기 활동은 질문 만들기 범위를 사실 질문(닫힌 질문 또는 수렴적 질문: 답이 주어진 텍스트나 자료 속에 다 있음, 주로 내용의 기억, 암기 등에 활용할 수 있는 방법)에 국한시켜 답이 정해진 질문(단답형)을 중심으로 퀴즈 형식으로 질문 주고받기 활동을 진행하고자 할 때 활용할 수 있는 방법이다. 그 내용은 다음과 같다.

누가	주요 인물과 관련된 질문
언제	중요 사건이 일어난 때와 관련된 질문
어디서	중요 사건이 일어난 장소와 관련된 질문
무엇을	중요한 용어, 개념, 명칭 등과 관련된 질문
O·X (어떻게, 왜)	사실인지 거짓인지 묻는 질문, '어떻게, 왜' 질문에 대한 답은 난납형과 거리가 멀기 때문에 이를 소재로 하여 O·X퀴즈 형식으로 질문을 할 수 있도록 한 것

위와 같이 질문을 만든 후 물레방아 학습 구조를 활용(섞이고-짝-나누기 구조를 활용해도 좋음: 이때 시간 체크를 하여 신호 뒤에 짝 바꾸기), 계속 돌아가면서 질문 주고받기 활동을 할 수 있도록 하면 된다. 이때 짝끼리 질문 주고받는 시간은 교사가 적절히 예상하여 안내하고, 시간 체크를 하여 정해진 시간이 될 때마다 종소리, 박수 신호를 주어서 학생들이 짝을 바꿀 수 있게만 해주면 된다.

내용 살피며 국어책 함께 읽기, 4W+O·X 질문 만들어 주고받기 활동 및 결과물

5단계 질문-2: 5단계 O·X 질문 만들기

협동학습 구조 5단계 O·X퀴즈 활동은 이미 너무나도 잘 알려져 있기 때문에 소개할 필요가 없는 활동이라 말할 수 있다. 이 활동은 가장 먼저 개인적으로 5단계 질문을 완성한 후 모둠 내에서 번호순으로 돌아가며 5단계 O·X퀴즈 활동을 진행한 뒤에 모둠원이 함께 5단계 O·X퀴즈 질문을 엄선하고 다듬어 학급 전체를 대상으로 5단계 O·X퀴즈 활동을 진행한다면 더 좋은 활동이 이루어진다고 할 수 있다. 이 활동은 많이 알려져 있으므로 더 이상 설명하지 않도록 하겠다.

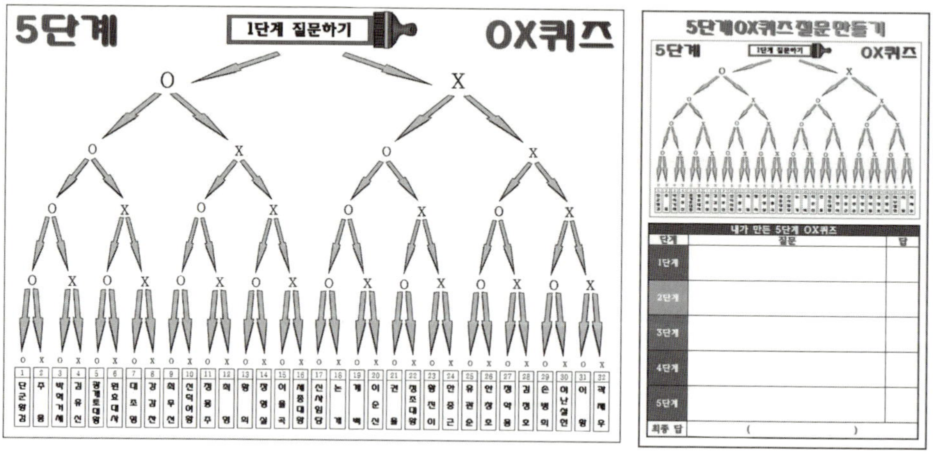

활동지는 http://cafe.daum.net/hwork에서 공유(다른 활동지도 함께 공유)

4단계 질문: 사실-심화-적용-종합 질문 만들기

이 활동은 보통 이야기, 소설이나 동화 등을 읽고 활동할 때 많이 활용되는 방법이다. 그 내용은 다음과 같다.

사실 질문	심화 질문	적용 질문	종합 질문
'낱말의 뜻, 누가, 언제, 어디서, 무엇을, 어떻게'에 해당되는 질문, 내용 확인 및 공유와 관련된 질문 - ~은 누가 했는가? 언제인가? 어디에서 있었나? 무슨 일이 있었나? 등	내용에 대한 이해, 맥락에 대한 이해, 특별한 문장·특별한 표현의 의미 이해와 관련된 질문, 문제점 찾기(비판) - ~의 잘못은? ~의 말과 행동에서 잘못된 점은? 이유는? ~에 문제점은? 등	나-우리의 실제 삶으로 가져온 질문(비슷한 경험이 있었나? 그 때 어떻게 했나? 만약 〈비슷한 상황에 처했다면〉~라면?, 해결방안은? 이런 상황에 나라면 어떻게 대처하였을까? 등)	이를 통해 깨달은 교훈, 수업에서 좋았던 점, 잘 이해가 안 되는 점, 좀 더 알고 싶은 점, 아쉬운 점 등 - 교훈은 무엇? 반성할 점은 무엇? 우리에게 말하고자 하는 바는 무엇? 등

최근 들어 교육과정이 바뀌면서 초등 국어과에는 매 학기마다 '독서 단원'이 들어가 있어 '온작품 읽기' 활동이 매우 중요하게 다루어지고 있다. 이와 관련하여 내용 이해 단계에서 해볼 수 있는 활동이 바로 4단계 질문 만들기 활동이라 할 수 있다.

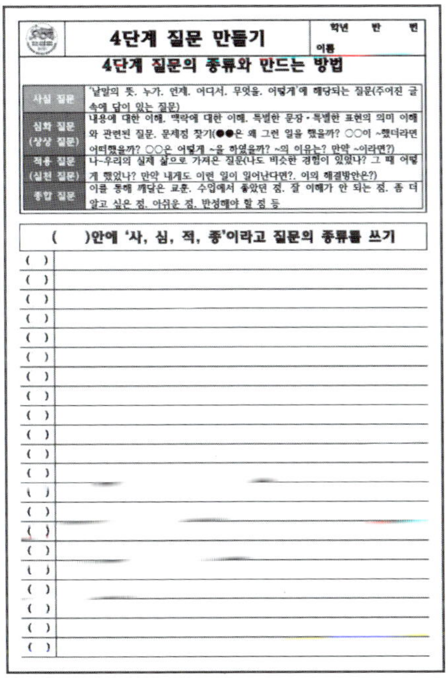

4단계 질문 만들기 학년 반 번 이름

4단계 질문의 종류와 만드는 방법

사실 질문	'낱말의 뜻, 누가, 언제, 어디서, 무엇을, 어떻게'에 해당되는 질문(주어진 글 속에 답이 있는 질문)
심화 질문 (상상 질문)	내용에 대한 이해, 맥락에 대한 이해, 특별한 문장·특별한 표현의 의미 이해와 관련된 질문, 문제점 찾기(●●은 왜 그런 일을 했을까? ○○이 ~했더라면 어떠했을까? ○○은 어떻게 ~을 하였을까? ~의 이유는? 만약 ~이라면?)
적용 질문 (실천 질문)	나-우리의 실제 삶으로 가져온 질문(나도 비슷한 경험이 있었나? 그 때 어떻게 했었나? 만약 내게도 이런 일이 일어난다면?, 이의 해결방안은?)
종합 질문	이를 통해 깨달은 교훈, 수업에서 좋았던 점, 잘 이해가 안 되는 점, 좀 더 알고 싶은 점, 아쉬운 점, 반성해야 할 점 등

( )안에 '사, 심, 적, 종'이라고 질문의 종류를 쓰기

( )
( )
( )
( )
( )
( )
( )
( )
( )
( )
( )
( )
( )
( )
( )
( )
( )
( )
( )
( )
( )

4단계 질문 만들기 활동을 할 때는 학생들이 보다 쉽게 질문을 만들 수 있도록 질문의 종류, 어떻게 만들어야 하는지 등에 대한 자세한 설명과 예시 질문을 제시해주어야 한다. 물론 조금 익숙해질 때까지는 교사가 각 단계별로 사례 질문을 2~3개 정도 제시해주고 학생들이 추가로 더 많이 만들어보게 하면 된다. 익숙해지면 아무런 질문 예시도 없는 활동지만 주고 모두 직접 만들어보게 하면 충분히 질문을 많이 만들 수 있게 된다. 또한 처음 시작할 때는 긴 이야기를 활용하는 것보다 짧은 이야기를 이용하여 몇 번 연습해본 뒤에 긴 이야기 활동으로 들어가는 것이 훨씬 좋다. 끝으로 질문을 만들 때 제한 시간, 질문의 개수 등도 어느 정도 정해주는 것이 좋다.[20] 이렇게 질문이 완성되면 협동학습의 다양한 구조를 적용하여 활동을 하게 하면 질문이 있는 수업, 질문이 있는 교실을 만들 수 있다.

온작품 읽기로 선정한 책 사례

질문을 만든 뒤 주고받기 활동을 할 때는 다음과 같은 점에 주의하여 질문 주고받기 활동 및 토의·토론 활동을 이어가는 것이 좋다.

참고 온작품 읽기 활동을 통한 질문 주고받기 활동 시 주의할 점

1. 최대한 질문을 많이 만들고 서로 질문을 주고받기
2. 다양한 질문 가운데 좋은 질문 몇 개만 선택하여 보다 깊이 있게 토의 토론하고 다듬기
3. 특정 질문에 대해서는 다시 한 번 꼼꼼하게 텍스트를 곱씹으면서 토의 토론
4. 다양한 생각 및 관점을 통해 답을 찾아나가기
5. 필요시 내용을 몇 번이고 반복하여 읽으면서 문제 해결의 실마리 찾기
6. 반드시 교사와 학생 모두 활동 직전에 책을 읽기 ⇨ 생생한 기억이 필요

20 '심화 질문=상상 질문=추론 질문'이라 생각하면 된다. '적용 질문=실천 질문=성찰 질문'이라 생각하면 된다. 또한 4단계 질문에서 마지막 '종합 질문'을 빼고 3단계만 진행해도 아무런 문제가 없다.

하브루타 책 읽기
번갈아 질문하기

심화 질문 토의 · 토론
– 생각 내놓기

전체 토의 · 토론 준비
– 질문 뽑고 다듬기

적용 · 종합 질문 토의 · 토론
(월드 카페 활동)

질문에 대한 더 많은 분류 및 특징

1. 사실적 질문: 내용에 담겨 있는 사실을 확인하는 질문
   - 심청이는 어떤 집안에 태어났는가?
   - 홍길동은 어떤 집안에서 태어났는가?
2. 핵심적 질문: 학습 목표와 관련지어 책의 주제나 작가의 의도, 이야기의 중요한 포인트, 내용 이해에 꼭 필요한 점에 대한 질문
   - 심청이가 인당수에 몸을 던진 이유는 무엇인가?
   - 홍길동은 왜 아버지를 아버지라고 부르지 못했는가?
3. 분석적 질문: 글에 나타난 여러 요소를 바탕으로 내용을 보다 깊이 이해할 수 있게 하기 위한 질문
   - 심봉사는 심청이를 키우면서 어떤 어려움이 있었겠는가?
   - 홍길동은 자라면서 어떤 고민을, 왜 하게 되었는가?

4. 관계적 질문: 인물, 사건, 배경과 관련된 질문
   - 홍길동전의 시대적 배경은?
   - 심청이와 뺑덕 어멈과의 관계는?
5. 과정적 질문: 사건의 중요한 흐름, 과정에 관한 질문
   - 심청이는 어떻게 하여 왕비가 될 수 있었는가?
   - 홍길동은 어떻게 하여 활빈당을 조직하게 되었는가?
6. 표현적 질문: 책 속의 중요한 문장, 관심을 끄는 표현에 관한 질문
   - 공양미 삼백 석에 담긴 의미는 무엇인가?
   - "아버지를 아버지라 부르지 못하고 형을 형이라 부르지 못하니 이 얼마나 억울합니까?"라는 말은 무엇을 의미하는가?
7. 경험적 질문: 내용과 관련하여 읽는 사람의 경험이나 배경지식에 관하여 묻는 질문
   - 장애를 가진 사람들과 함께 생활해본 경험이 있는가? 어떤 경험을 하였는가?
   - 똑같은 상황은 아니지만 길동이처럼 차별을 받았던 경험이 있는가? 어떤 경험을 하였는가?
8. 감정적 질문: 내용과 관련하여 읽는 이의 소감, 느낌, 정서를 묻는 질문
   - 심청이가 인당수에 몸을 던질 때 어떤 생각이 떠올랐는가?
   - 홍길동이 집을 떠나는 모습을 보면서 어떤 생각이 들었는가?
9. 수용적 질문: 글을 읽으면서 받은 느낌에 대한 개인적 견해 등을 묻는 질문
   - 심청이가 아버지를 위해 인당수에 몸을 던지는 것 말고는 할 수 있는 일이 없었을까?
   - 홍길동은 자신의 꿈을 펼칠 수 있는 길이 의적이 되는 길밖에 없었나?
10. 평가적 질문: 등장인물의 행동, 생각, 내용에 대한 가치 판단, 내용상의 문제점, 해결 방안 등에 대한 질문
   - 아버지를 두고 인당수에 몸을 던진 심청이의 행동은 과연 효도라고 볼 수 있는가?
   - 홍길동이 탐관오리들의 재물들을 훔쳐 어려운 사람들에게 나누어주는 일은 과연 옳은 일이라 할 수 있는가?
11. 상상적 질문: '만약에' 라는 가정을 통해 색다른 상상을 해볼 수 있는 질문
   - 심청이가 공양미 삼백 석에 팔려가지 않았다면 어떻게 살았을까?
   - 만약 홍길동이 아버지 밑에서 자신의 능력을 발휘하며 살았다면?
12. 실천적 질문: 글의 내용과 관련하여 자신의 삶과 연결 지어 생각해볼 수 있도록 하는 질문
   - 나에게도 길동이처럼 차별적 상황이 닥친다면 나는 어떻게 극복해 나갈 수 있을까?
   - 나에게도 갑자기 가족 중 누군가가 어려운 상황에 놓인다면 그 가족을 위해 자신은 어떤 일을 할 수 있겠는가?

3단계 질문 - 1: 왜 - 만약 - 어떻게 질문 만들기(열린 질문)

'만약, 어떻게, 왜'에 대한 해석을 다음과 같이 내린다면 문제 해결 상황이 아니라 내용 이해 상황으로 바꾸어 활용할 수 있다. 이 방법에 따라 질문을 만들 때는 모두 정답이 반드시 있어야 한다고 생각할 필요는 없다. 모든 단계의 질문에서 답이 있어도 좋고 없어도 좋다. 왜냐하면 답이 없을수록 훨씬 더 좋은 토의·토론 활동이 진행될 수 있기 때문이다.

어떻게 질문 (수단, 방법)	과정과 변화와 관련된 질문 - 조선이 건국된 이후 백성들의 생활은 어떻게 달라졌는가? - 왕건은 어떻게 왕권 강화를 위해 노력하였는가? - 세종대왕은 어떻게 한글을 만들었을까?
왜 질문 (원인, 이유)	어떤 사건, 결과에 대한 이유, 근거를 묻는 질문 - 고려는 왜 멸망하였는가? - 신진사대부는 왜 이성계와 힘을 모으게 되었는가? - 왜 이완용은 나라를 배신하였을까?
만약 질문 (가정, 의견)	가정을 통해 앞으로 일어날 수 있는 상황에 대하여 묻는 질문 - 만약 고구려가 삼국을 통일하였다면? - 만약 봉림대군이 아니라 소현세자가 왕이 되었다면? - 만약 정조 임금이 일찍 돌아가시지 않았다면?

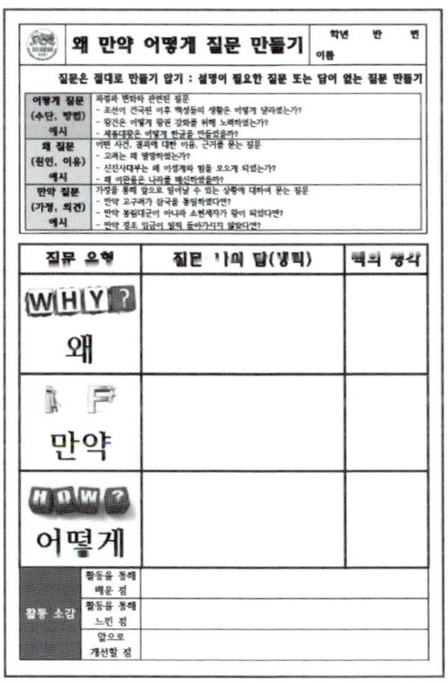
왜 만약 어떻게 질문 만들기
학년 반 번
이름
질문은 절대로 만들기 않기 : 설명이 필요한 질문 또는 답이 없는 질문 만들기

어떻게 질문 (수단, 방법) 예시	과정과 변화와 관련된 질문 - 조선이 건국된 이후 백성들의 생활은 어떻게 달라졌는가? - 왕건은 어떻게 왕권 강화를 위해 노력하였는가? - 세종대왕은 어떻게 한글을 만들었을까?
왜 질문 (원인, 이유) 예시	어떤 사건, 결과에 대한 이유, 근거를 묻는 질문 - 고려는 왜 멸망하였는가? - 신진사대부는 왜 이성계와 힘을 모으게 되었는가? - 왜 이완용은 나라를 배신하였을까?
만약 질문 (가정, 의견) 예시	가정을 통해 앞으로 일어날 수 있는 상황에 대하여 묻는 질문 - 만약 고구려가 삼국을 통일하였다면? - 만약 봉림대군이 아니라 소현세자가 왕이 되었다면? - 만약 정조 임금이 일찍 돌아가시지 않았다면?

질문 유형	질문	
WHY? 왜		
만약		
HOW? 어떻게		

활동 소감	
활동을 통해 배운 점	
활동을 통해 느낀 점	
앞으로 개선할 점	

이 활동은 다음과 같은 방법으로 하면 좋다.

(1) 질문을 만들고 난 후에 짝끼리 질문 주고받기

(2) 토의·토론을 한 후 각 유형별로 좋은 질문을 1개씩 골라 다듬기

(3) 모둠의 다른 짝들과 다시 한 번 질문을 주고받으면서 토의·토론을 한다.

(4) 보눔 내에서 각 유형별로 1개 또는 전체 중에서 1개만 뽑아 다듬기

(5) 전체 질문으로 제시하기

(6) 모든 모둠에서 나온 질문을 바탕으로 학급 전체와 토의·토론하기

(7) 토의·토론이 마무리되면 개인적으로 활동 소감을 기록하고 수업 마무리하기

※ 5, 6단계 활동을 '교실 산책' 또는 '월드 카페' 활동으로 진행하여도 좋은 활동이 될 수 있다.

♣ [교실 산책 구조로 생각 나누기]

(1) 활동지 중앙에 원을 그려 질문만 쓰고 모둠 책상 위에 올려놓는다.

(2) 자유롭게 모든 모둠을 돌아다니면서 활동지에 적힌 질문을 읽고 자신의 생각을 활동지에 기록한다(다른 사람들이 쓴 답도 함께 읽어보기).

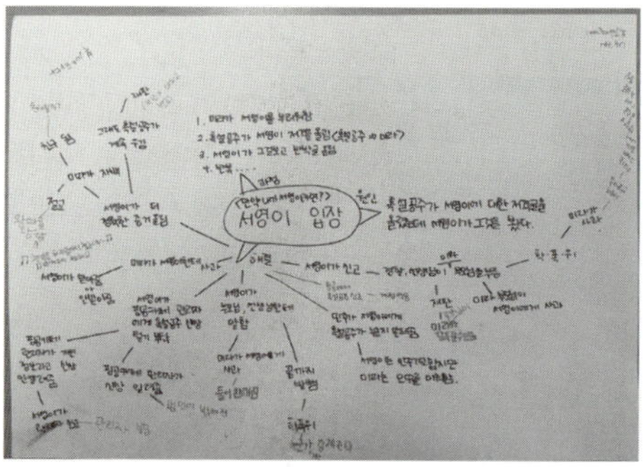

교실 산책을 통한 생각 나누기

(3) 모든 모둠을 다니면서 기록을 다 하였으면 자리로 돌아와 앉는다.

(4) 모두 자리에 앉으면 질문을 만든 모둠에서 기록된 다양한 생각과 자기 모둠원이 토의·토론하여 정리한 답과 어떻게 같고 다른지 설명하고 느낌을 발표한다.

(5) 모든 활동을 최종 정리하면서 활동 소감을 기록하고 수업을 마무리한다.

♣ [월드 카페 토의·토론으로 생각 나누기]

월드 카페 홈페이지

월드 카페 토의·토론이란 사람들이 카페와 유사한 공간에서 창조적인 집단 토의·토론을 함으로써 지식의 공유나 생성을 유도하는 활동을 말한다. 이 활동은 1995년 Juanita Brown과 David Isaacs에 의해 개발되었다.

활동 방법은 다음과 같다.

(1) 각 모둠별로 호스트를 선정한다. 호스트는 절대로 이동하지 않는다.
(2) 적절한 시간 동안 활동을 한 뒤 신호에 따라 다음 모둠으로 호스트를 뺀 나머지 사람들이 계속 이동하면서 토의·토론 활동을 하면 된다.
(3) 호스트는 새로운 사람들이 올 때마다 그전까지 주제와 관련하여 사람들이 한 이야기들을 간략하게 정리하여 알려주고 새로 이동해 온 사람들은 이야기를 들으면서 이전까지 사람들이 기록해 놓은 활동 결과들을 꼼꼼히 살펴본다.
(4) 그런 뒤에 자신들의 의견을 개진하고 토의·토론을 한 뒤에 글 또는 그림으로 추가하여 기록을 남기면 된다.
(5) 모든 활동이 끝나면 모두 자리로 돌아간다.
(6) 호스트는 각 테이블에서 나온 이야기 및 활동 결과물을 정리하여 발표한다.

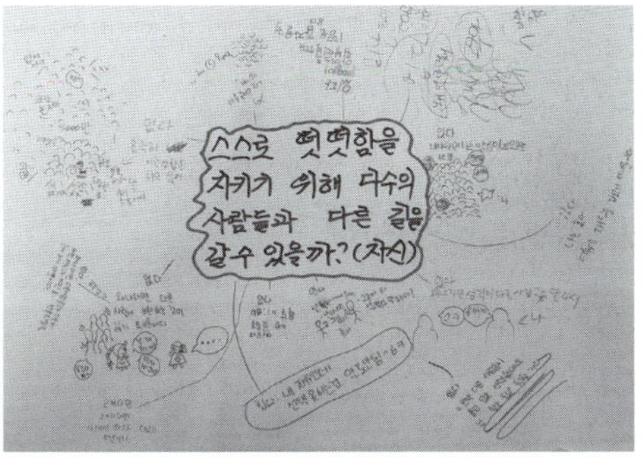

월드 카페 토의 · 토론 사례 및 결과물

3단계 질문 - 2: 왜 - 만약 - 어떻게 질문 만들기(문제 해결 상황)

이 활동은 보통 도덕, 사회, 과학, 이야기 상황, 실제 삶의 문제 해결 상황에서 많이 활용되는 방법이라 할 수 있다. 그 내용은 다음과 같다.

질문을 만들고 짝 또는 모둠원과 나누면서 의견을 정리할 때는 다양한 협동학습 구조를 활용하면 된다(생각 내놓기 구조, 돌아가며 쓰기 구조, 동시다발적으로 돌아가며 쓰기 구조, 돌아가며 말하기 구조를 활용하면서 기록이가 정리하기 등).

<table>
<tr><td>왜 질문</td><td>문제의 본질이 무엇인지에 대하여 적극적으로 파고 들어가는 질문을 말한다. 이를 위해서는 주어진 상황(실제 사건 또는 주어진 텍스트)을 정확히 이해하고 난 뒤 문제 상황과 관련된 원인, 이유, 결과 등에 대하여 다양한 관점에서 '왜?'라고 묻도록 해야 한다. 그리고 그 가운데서 가장 중요하다고 생각되는 질문 1~2가지를 골라 더욱 깊이 파고들어 가도록 한다.</td><td rowspan="2">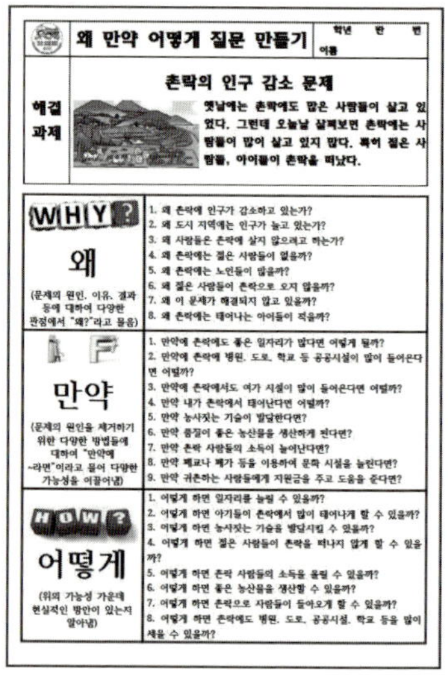
http://cafe.daum.net/hwork에서
활동지 공유</td></tr>
<tr><td>만약 질문</td><td>문제 상황의 본질을 파악하였다면(전반적인 이해) 이의 해결방안 모색에 필요한 마중물을 마련하는 차원에서 만드는 질문을 말한다. 문제 상황의 원인을 제거하기 위하여 다양한 방법을 적용한다면 어떤 현상이 벌어질지에 대하여 '만약에~라면'이라고 물어 다양한 가능성을 추론해낼 수 있도록 돕는 질문이라 할 수 있다.</td></tr>
<tr><td>어떻게 질문</td><td colspan="2">만약 질문에서 추론한 다양한 가능성들을 현실로 가져오기 위한 방안에는 어떤 것들이 있는지에 대한 탐구를 돕는 질문을 말한다. 이 단계를 거치면 보다 현실성 있는 문제 해결 방안을 마련할 수 있다.</td></tr>
</table>

왜 만약 어떻게 질문 만들기 학년 반 번 이름

해결 과제: **촌락의 인구 감소 문제**

옛날에는 촌락에도 많은 사람들이 살고 있었다. 그런데 오늘날 살펴보면 촌락에는 사람들이 많이 살고 있지 않다. 특히 젊은 사람들, 아이들이 촌락을 떠났다.

WHY? 왜 (문제의 원인, 이유, 결과 등에 대하여 다양한 관점에서 "왜?"라고 물음)

1. 왜 촌락에 인구가 감소하고 있는가?
2. 왜 도시 지역에는 인구가 늘고 있는가?
3. 왜 사람들은 촌락에 살지 않으려고 하는가?
4. 왜 촌락에는 젊은 사람들이 없을까?
5. 왜 촌락에는 노인들이 많을까?
6. 왜 젊은 사람들이 촌락으로 오지 않을까?
7. 왜 이 문제가 해결되지 않고 있을까?
8. 왜 촌락에는 태어나는 아이들이 적을까?

IF 만약 (문제의 원인을 제거하기 위한 다양한 방법들에 대하여 "만약에 ~라면"이라고 물어 다양한 가능성을 이끌어냄)

1. 만약에 촌락에도 좋은 일자리가 많다면 어떻게 될까?
2. 만약에 촌락에 병원, 도로, 학교 등 공공시설이 많이 들어온다면 어떨까?
3. 만약에 촌락에서도 여가 시설이 많이 들어온다면 어떨까?
4. 만약 내가 촌락에서 태어난다면 어떨까?
5. 만약 농사짓는 기술이 발달한다면?
6. 만약 품질이 좋은 농산물을 생산하게 된다면?
7. 만약 촌락 사람들의 소득이 늘어난다면?
8. 만약 폐교나 폐가 등을 이용하여 문화 시설을 늘린다면?
9. 만약 귀촌하는 사람들에게 지원금을 주고 도움을 준다면?

HOW? 어떻게 (위의 가능성 가운데 현실적인 방안이 있는지 알아냄)

1. 어떻게 하면 일자리를 늘릴 수 있을까?
2. 어떻게 하면 아기들이 촌락에서 많이 태어나게 할 수 있을까?
3. 어떻게 하면 농사짓는 기술을 발달시킬 수 있을까?
4. 어떻게 하면 젊은 사람들이 촌락을 떠나지 않게 할 수 있을까?
5. 어떻게 하면 촌락 사람들의 소득을 올릴 수 있을까?
6. 어떻게 하면 좋은 농산물을 생산할 수 있을까?
7. 어떻게 하면 촌락으로 사람들이 들어오게 할 수 있을까?
8. 어떻게 하면 촌락에도 병원, 도로, 공공시설, 학교 등을 많이 세울 수 있을까?

3단계 질문 - 3: 사실 질문 - 확장 질문 - 종합 · 적용 질문 만들기

[1단계] 사실 확인 질문 3~5개 정도 만들기(낱말의 뜻, 사실 확인, 내용 파악, 관찰한 것 등에 관련된 질문): 자료를 읽거나 살펴보고 주어진 시간 동안 사실 질문 만들기

창문 열기 활동지에 사실 질문을 만들고 활동지를 회전시키면서 답을 쓰는 활동 진행 ⇨
확장 질문을 만든 후 모둠원에게 질문을 던지면서 토의 · 토론 진행(4단계에서 활동 종료)

[2단계] 만든 질문 회전시키기(8절 혹은 4절지 등에 만들어 90° 회전시키기 또는 개인 활동지를 모둠 내에서 번호순으로 1칸 돌리기) ⇨ 자신에게 온 질문을 읽고 문제 풀이하기(답 쓰기)

[3단계] 사고 확장 질문 2~3개 정도 만들기(사고를 확장시키는 질문: 내용에 대한 감상, 문장 표현, 느낌, 의견, 추측 등을 묻는 질문 ⇨ 왜 ~일까? ○○은 무엇을 하고 있는 것일까? ~는 현재 어떤 기분일까? 만일 ○○이 ~이라면 어떻게 될까?)

[4단계] 활동지를 번호순으로 1칸 돌리거나 다시 한 번 90° 회전시키기 ⇨ 자신에게 온 질문을 읽고 자신이 생각하는 답 기록하기(학생 수준, 활동 내용 등에 따라서 4단계에서 마무리할 수도 있음)

[5단계] 종합·적용 질문 만들기(우리 삶과 관련지어 질문하기, 가정하여 질문, 종합적인 질문: 만일 너라면~, 만일 네가 ~ 한다면, 당신도 그런 경험이 있었나요?, 지금 당신이 하고 싶은 것이 있다면?)

[6단계] 활동지를 돌리면(회전 또는 활동지를 넘기기) 자신에게 온 질문을 읽고 자신의 생각 기록하기(정답이 없기 때문에 자유롭고 솔직하게 기록)

[7단계] 다시 한 번 활동지를 돌리거나 회전시키면 처음 자리로 되돌아오게 된다. 모둠원은 전체적으로 다양한 질문과 답변을 읽어보면서 토의·토론을 펼친다(7단계에서 토의·토론으로 확장시키지 않고 간단히 이야기를 나누면서 마무리를 해도 좋다).

[8단계] 시간이 충분하면 모둠 내에서 가장 좋은 질문 1개를 엄선하고 다듬어 전체 질문으로 제시한다.

[9단계] 각 모둠에서 나온 질문들에 대하여 학급 전체가 토의·토론을 한다.

[10단계] 교사가 활동을 정리해주고 각 개인은 활동에 대한 자신의 소감 등을 기록하면서 마무리한다.

필자는 개인적으로 사실-확장-적용 질문 만들기 활동을 가장 많이 활용하는 편이다. 단계가 복잡하지도 않고 많지도 않아 적재적소에 잘 활용할 수 있어서 좋다.

♣ [김홍도의 씨름에 대한 설명]

1. 단옷날 씨름경기가 벌어지는 광경을 표현
2. 사람들이 들고 있는 부채는 단옷날 어른들이 아랫사람에게 주는 것(다가올 더운 여름에 농사일을 할 젊은이들에게 부채를 주는 풍습이 있었음)
3. 갓을 쓴 양반들과 일반 평민들이 다 같이 씨름 경기를 보고 있음: 영·정조 시대에 들어서면서 엄격한 신분제도가 서서히 완화되고 있음을 추론할 수 있음
4. 배경을 생략, 씨름하는 가운데 사람들에게 시선을 집중시킴. 이를 위해 주변의 구경꾼들을 빙 둘러 원형으로 배치

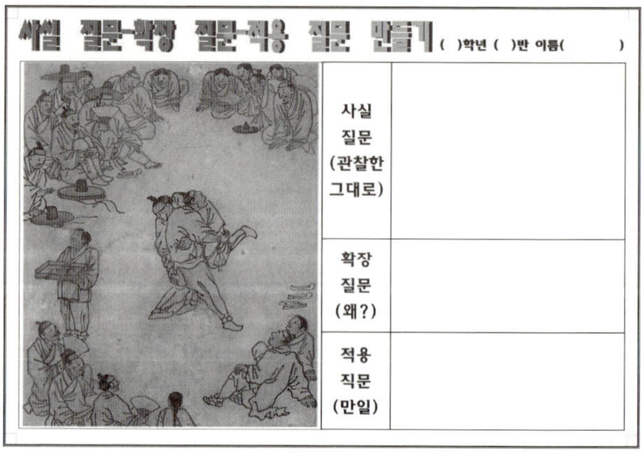
사실 질문-확장 질문-적용 질문 만들기 ( )학년 ( )반 이름( )

	구분	
	사실 질문 (관찰한 그대로)	
	확장 질문 (왜?)	
	적용 직문 (만일)	

필자가 사회시간에 활용한 질문 만들기 활동지
(김홍도 씨름 이미지: 국립중앙박물관)

5. 구경하는 사람들은 위에서(높은 곳) 내려다보는 듯한 시선으로 처리. 모든 사람들을 고르게 볼 수 있음
6. 씨름하는 두 사람은 구경꾼의 시선으로 그려 그림을 보는 사람도 씨름을 보는 듯한 느낌을 가질 수 있게 함
7. 왼쪽 아래에 있는 엿장수만 시선이 다른 곳을 보고 있음(엿장수의 시선은 바깥을 향하고 있음. 사실 신발의 앞코도 바깥을 향하였음). 시선이 가운데로만 쏠리는 것을 방지하기 위해 이렇게 일부의 시선을 다른 곳으로 돌렸음
8. 두 켤레의 신발 중 한 켤레는 가죽신, 한 켤레는 짚신임. 다시 말해서 씨름을 하는 두 사람 중 한 명은 양반이고 한 명은 평민이라는 것임
9. 왼쪽에 있는 등을 돌리고 씨름을 하고 있는 사람이 평민일 가능성이 높음(팔에 근육과 힘줄, 엄청난 힘으로 상대를 들어 올리고 있음). 넘어가려는 사람은 질 것 같아 울상을 짓고 있음. 양반이 지고 있음. 구경꾼 중 왼쪽 위에 갓을 쓰고 부채를 들고 있는 양반과 똑같은 옷차림을 한 사람도 양반임. 팔목까지 오는 길고 품이 넓은 소매의 옷을 입고 종아리에 행전을 찼는데 이는 갓을 쓴 양반의 의복이라 할 수 있음
10. 왼쪽 위의 부채 들고 갓 쓴 양반 바로 아래 손깍지를 낀 채 무릎을 붙여 앉은 사람은 경직된 자세를 보이고 있음. 이 사람은 다음 경기에 참여할 선수라 짐작할 수 있음. 긴장된 모습과 표정에서 짐작, 한쪽에 신발을 벗어둔 것만 보아도 선수임을 짐작할 수 있음
11. 전체적으로 등장하는 인물은 22명, X자 방향으로 각각 12명씩 배치되어 있음(가운데 2명은 양쪽 방향에 모두 속함), 12는 완전수를 의미

지금까지 여러 종류의 질문 만들기를 활용한 협동학습 활동 사례를 알아보았다. 꼭 알아두어야 할 것은 지금까지의 사례는 반드시 이렇게 해야만 한다는 것이 아니라는 점이다. 나름대로 변형, 축소, 확장시켜서 다양하게 활용이 가능하니 나름의 생각을 반영하여 창의적으로 활용하기 바란다. 제시된 활동지 또한 얼마든지 변형하여 활용할 것을 권하고 싶다.

5 학생들을 살아 움직이게 만드는 협동학습 토의·토론 수학 수업

현장에서 협동학습이 많이 실천되고 있는데 수업 사례를 보면 제일 찾기 힘든 사례가 바로 수학이 아닐까 생각한다. 협동학습 수업 사례로 제일 많이 공유되고 있는 자료들을 살펴보면 사회, 국어가 대다수를 차지하고 있다. 그래서 많은 사람들은 "사회 수업엔 협동학습이 제격이야. 협동학습, 국어 수업에 딱 좋아."라고 말한다. 왜 수학 수업에 대하여 협동학습을 꾸준히 활용하지 못하는 것일까? 왜 수학 교과와 관련된 협동학습 토의·토론 수업 사례가 제일 부족한 것일까? 이에 대한 핵심 이유를 살펴본 결과 우리나라 수학 교육에 대한 관점의 문제에서 비롯되었다는 것이 필자의 견해이다.

이제는 바꾸어야 한다. 지금까지의 수학 교육에 대한 관점을 다시 디자인해야만 수학 수업을 바꿀 수 있다. 그래야만 수학 교육에도 변화와 혁신의 바람이 불 수 있다. 그렇게 된다면 그 어떤 교과목보다 수학 교과가 협동학습, 특히 토의·토론에 '딱'이라는 사실을 비로소 알게 될 것이다. 여기에서는 이에 대하여 차근차근 풀어나가 보고자 한다.

1) 수학 수업, 문제 풀이 방법에 대한 설명이 아니다.

우리나라 수학 교육은 과거부터 지금까지 문제 풀이 방법을 설명하는 교사와 그것을 그대로 따라 배워 익힌 후 여러 문제를 풀고 좋은 점수를 받을 수 있도록 끊임없이 훈련과정을 반복하는 학생들, 왜 그렇게 되는지 몰라도 답만 맞으면 된다는 식의 생각을 바탕으로 학생들을 점수 따는 기계로 생각하게 만든 학원교육과 학부모, 그것에 암묵적으로 동조한 교육계와 우리 사회가 만들어낸 비극적 상황이 전부였다고 해도 과언이 아니다. 때문에 여전히 수학이라는 과목에 대하여 과거나 현재나 학생들은 쉽게 접근하지 못하는 성스러운 영역처럼 인식하고 있다. 많은 학생들이 수학 때문에 '학습부진'이라는 꼬리표를 달고 부진아 수업반, 방과후 보충 활동반, 사교육시장을 전전긍긍하고 있다. 초등학교 3학년부터 수포자가 양산되고 있는 현실, 수학을 못하면 공부를 포기해야 한다는 말이 정설인 것처럼 받아들여지고 있는 안타까운 현실이 우리나라 수학 교육의 현주소다. 특히 중·고등학교 학생들에게 수학 교과는 '이생망(이번 생은 망했어)'인지 아닌지를 가르는 핵심 근거가 될 정도이다.

늦었다고 생각할 때가 가장 빠른 시기라고 했던가. 이제부터라도 변해야 한다. 단순히 교사가 문제풀이 방법, 결과를 빠르게 알아내는 방법을 설명해주고 학생들은 그것을 그대로 받아들여 수많은 문제를 반복적으로 풀이한 결과 시험에서 몇 점을 받았는지 확인하여 학생들을 줄 세우는 도구로 수학 교육을 전락시켜서는 안 된다.

수학 교육은 학생들이 실생활과 관련된 많은 영역에 대하여 탐구해 나가는 과정 속에서 자신들이 무엇을 하고 있고, 그것이 자신들의 삶과 어떤 관련을 맺고 있는지 수학적으로 알아가는 과정이어야 한다. 또한 개념을 정확하게 이해하는 과정에서 왜 그렇게 되는지를 협동적으로 탐구해 나가고 왜 그렇게 되는지를 설명할 수 있는 방향으로 바뀌어야 한다. 이런 관점을 수학 교육을 바라본다면 협동학습 토의·토론을 실천하기 가장 좋은 교과가 바로 수학이라는 것을 알게 된다. 왜냐하면 각자 배움의 속도와 수준, 폭과 깊이가 다른 학생들이 같은 모둠에 소속되어 과제를 해결해 나가면서 도움을 주고받고 개념과 원리를 탐구, 발견, 이해하고 사고력 및 문제해결력을 자연스럽게 키워나갈 수 있도록 수업을 디자인할 수 있는 대표적인 과목이 바로 수학이기 때문이다.

2) 수학은 학생 스스로 개념, 원리를 탐구하여 설명하는 활동

수학은 개념부터 명확히 이해하여 자신의 것으로 만드는 것이 매우 중요하다. 왜냐하면 개념과 개념 사이의 체계성이 매우 강한 학문이기 때문이다. 따라서 학생이 어떤 단계에서 수학적 개념을 명확히 이해하고 설명할 수 없다면 그 개념과 연관된 이후의 수학적 개념을 학습하는 데 매우 어려울 수밖에 없게 된다.[21]

21 학습이 발달을 선도한다는 비고츠키의 근접발달영역 개념을 확실히 따르고 있는 학문이 바로 수학이다. 때문에 자신의 교실 상황과 학생들 수준에 맞게 비계를 설정하고 학생들 간의 적절한 상호작용이 일어날 수 있도록 하는 일은 수학 교육의 기본이자 핵심이라 할 수 있다. 이런 측면에서 볼 때 협동학습은 수학교육에 잘 맞는 활동이 아닐 수 없다.

예를 들어 분수의 개념을 명확히 이해하고 설명하지 못하는 학생이 분수나 소수의 덧셈 원리를 이해한다는 것은 거의 불가능한 일이다. 물론 이해는 하지 못하더라도 나름대로 문제만은 풀 수 있다. 문제 풀이 방법을 익히는 일은 개념, 원리를 이해하는 것과 별개의 문제이니까 말이다. 그러나 문제를 풀었다고 해서 그것을 이해하고 있다고 말할 수는 없는 일이다. 또한 원주와 원의 지름 간의 관계를 제대로 이해하지 못한 학생이 원 둘레의 길이나 원 넓이 구하는 원리를 확실히 이해한다는 것도 있을 수 없는 일이다. 물론 기계적으로 공식을 외워서 그와 관련된 문제를 해결할 수는 있을 것이다. 하지만 왜 그런 공식이 만들어졌는지 설명은 할 수 없을뿐더러 얼마 시간이 지나지 않아 "그 공식이 기억이 나지 않아요."라고 말할 수밖에 없게 된다. 결국 이렇게(단순한 암기, 반복, 훈련에 의존) 자란 학생들은 자신들의 삶 속에서 맞이하게 될 여러 가지 수학적 문제 상황에 대한 대처 능력이 현저히 떨어질 수밖에 없다.

이런 문제점을 극복하기 위해서는 학생들이 각 과정 및 단계별로 수학적 개념, 원리를 탐구, 발견하고 이를 충분히 설명할 수 있는 수준, 주어진 과제 또는 문제를 함께 해결해 나가면서 전원 과제 완수 수준에 도달할 수 있도록 교사가 나름의 교육과정, 나다움이 물씬 풍겨나는 교육과정을 설계하고 차근차근 펼쳐 나갈 수 있어야 한다. 그리고 이를 위해서 교사 자신은 의미 있는 수학 교육을 위한 살아있는 교육과정 그 자체여야만 한다.

그렇다면 어떻게 자신의 교실에서 살아있는 수학 교육과정의 실현을 경험할 수 있을까? 아직도 학원 강사, 적지 않은 교사, 대부분의 학부모들은 학생들이 수학적 개념을 바르게 이해하고 있는지 여부와 상관없이 공식 또는 알고리즘의 암기, 다양한 유형의 문제를 반복적으로 풀기만 하면 충분히 성적을 올릴 수 있다고 믿고 있다. 하지만 이런 방식의 수업 속에서는 고학년으로 갈수록 수학 부진아가 점점 늘어날 수밖에 없다. 자신의 교실에서 의미 있는 수학 교육과정을 실

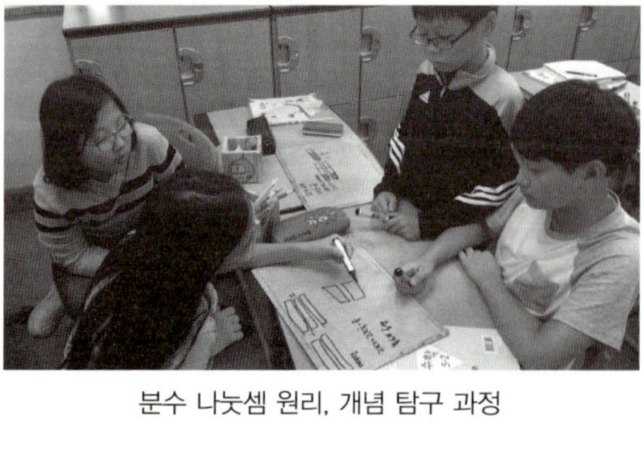

분수 나눗셈 원리, 개념 탐구 과정

현하려면 학생들이 그 개념이나 원리를 충분히 이해할 수 있을 때까지 학생들끼리 상호작용(토의·토론)하면서 사고한 것을 자신의 언어로 다른 학생들과 나누고 공유할 수 있도록 해야 하며 그 과정을 교사가 차근히 지켜보며 기다려주어야 한다. 그 이유는 아래와 같다.

(1) 정답을 말하는 것보다 '왜 그런 답이 나왔는지 전원이 설명할 수 있다.'에 목표를 두도록 하자. 그래야만 학생들끼리 서로 생각과 도움을 주고받으면서 개념과 원리를 정확히 이해할 수 있게 되기 때문이다.[22]

(2) 학생들이 정답을 이야기하는 것보다 오답을 이야기하는 것에 더 관심을 가지고 수업의 중요한 재료로 삼도록 하자. 왜냐하면 학생들이 오답을 말한다는 것은 그들이 사고하고 있다는 것의 증거, 배움을 위한 자기 나름의 노력을 하고 있다는 증거이기 때문이다.[23]

(3) 배움이 수준이 서로 다른 학생들끼리 함께 모여 도움을 주고받으면서 수학적 개념과 원리를 탐구, 발견해 나가는 활동은 수학적 나눔과 배려, 협동의 실천, 수학적 의사소통능력 및 수학적 사고력 신장에 도움이 되기 때문이다.

학생들의 사고력 및 집중력은 우리 교사들이 생각하는 것 이상으로 뛰어날 뿐만 아니라 학생들 스스로는 사고 과정을 통해 알아낸 것들에 대하여 말하고 검증받고자 하는 욕구가 매우 강하다. 하지만 짧은 시간에 너무 많은 것을 가르쳐주려는 욕심 또는 의무감 때문에 학생들이 수학적 원리나 개념을 충분히 탐구하거나 사고하지 못한 채 암기를 해버리고 마는 식의 수학 수업, 학습지나 문제지를 나누어주고 문제풀이만을 반복하게 하는 수학 수업, 정답만을 강요하며 오답에 대하여 그렇게 생각한 이유를 말할 기회 및 스스로 생각하여 배울 수 있는 기회를 주지 않는 수학 수업, "땡, 틀렸어!"라고 말하며 경쟁적으로 정답을 말할 수 있는 또 다른 학생을 찾아 눈을 돌리면서 학생들의 자존감에 상처를 내고 마는 수학 수업, 학생들의 사고

22 특히 수학은 메타인지와 더욱더 중요한 관련성이 있다. 학생이 어디서부터 모르는지 정확히 알고 있어야만 도움을 주고받을 수 있는 지점이 만들어지기 때문이다.

23 학생들에게서 나오는 '오답'은 협동학습 수학 수업의 중요한 재료이자 훌륭한 토의·토론 자료가 되기도 한다. 이를 잘 다룰 줄 아는 교사가 진짜 협동학습 전문가라 할 수 있다.

력 및 집중력을 향상시켜주지 못하는 일방적인 설명 및 문제풀이 위주의 지루하고 재미없는 수학 수업, 오직 점수와 결과만을 중시 여기는 수학 수업, 학생들 간의 상호작용은 고려하지 않은 채 교사와 학생들 간의 일방적인 상호작용만을 고집하면서 학생들끼리 교실 속에서 지적인 이방인으로 살아가게 만들고 있는 수학 수업, 학생들의 상상력과 창의성을 오히려 말살시키고 있는 수학 수업이 학교 현장을 지배하고 있는 것 같아서 안타깝기만 하다. 학생들은 문제 푸는 기계가 아니다. 이제부터라도 이런 것들에 대한 심각한 반성과 고민이 필요하다. 그리고 그 고민에 대한 해결책으로 협동학습 토의·토론 수학 수업은 충분히 대안이 될 수 있다고 믿는다.

3) 협동학습 토의·토론 수학 수업을 위한 레시피 몇 가지

협동학습으로 수학 수업을 진행하다 보면 교과 나름대로의 특성이 토의·토론과 어떻게 연결되는지를 고민하게 된다. 그리고 그 결과로 수학과 관련된 협동학습 토의·토론 수업 레시피가 만들어진다. 교사들마다 바라보는 시각과 관점은 분명히 다르겠지만 그동안 나름대로 수학 교과에 대하여 고민해 오면서 정리한 협동학습 토의·토론 수업에 대한 비결 몇 가지를 정리해보고자 한다. 필자가 수학 교과를 연구하고 실제로 협동학습 토의·토론 수업을 실천해 온 사례들은 필자가 집필한 아래의 서적에 고스란히 담겨 있으니 참고하기 바란다. 필자가 집필한 서적에는 왜 그렇게 재구성하여 협동학습 토의·토론 수학 수업을 할 수밖에 없었는지에 대한 고민과 흔적들, 분석적 내용들이 세밀하게 담겨 있다.

뒤에 제시된 수학 수업 실제 사례도 필자가 집필한 위의 서적 속에서 발췌한 것임

(1) 가능한 교과서를 버려라! – 재구성을 통한 내용 줄이기 및 핵심에 집중하기

초등학교 1학년 과정부터 수학 교과서를 보면 내용이 너무 많아 미처 소화하지 못하고 학년을 올라가게 되어 결국 '수학'을 힘들어하고 싫어하는 학생들이 양산되고 있다. 학생들이 수학을 좋아하고 잘하게 하려면 교과서 내용부터 확 줄여야 한다. 교육과정이 바뀔 때마다 교과서 내용을 줄이겠다고 하였지만 제대로 실행된 적은 거의 없을 뿐만 아니라 계산 및 문제 풀이, 알고리즘 익히기(기능) 중심으로 구성되어 있어서 '학습 부진아'라는 꼬리표를 달게 되는 학생들이 늘어날 수밖에 없는 현실이다. 어디까지나 수업 설계의 주체는 교사인 만큼 교사 스스로가 직접 줄이려는 노력 또한 가능한 일이라고 본다면 가능한 교과서를 버리고 각 단원, 차시마다 핵심이 무엇인가에 집중하여 꼭 지도해야 할 내용만 뽑아 학생들이 확실하게 이해하고 넘어갈 수 있도록 교과서 내용을 재구성하는 것이 더 좋다.

(2) 침묵으로 가르치기 – 교사의 말을 줄이고 학생들이 생각하고 말하고 행동하게 하기

들은 것은 잊어버리고 본 것은 기억되나 직접 해본 것은 이해된다.

– 공자

흔히 수학 수업을 보면 학생들이 처음 배우는 것들에 대하여 교사들이 친절하게 처음부터 끝까지 먼저 설명을 해주고 학생들이 그것을 따라하도록 하는 방식을 택하고 있다. 이 방식이 좋은 내용도 있지만 모든 과정과 내용이 다 그런 것은 아니다. 때로는 학생들이 처음부터 직접 탐구하고 생각하고 질문도 하고 또래들과 상호작용하면서 스스로 찾아내는 방식이 좋은 내용도 꽤 많다.

예를 들어 평면도형의 넓이를 공부하면서 공식이 만들어지는 과정을 교사가 직접 설명하는 것이 아니라 학생들이 직접 조작 활동을 통해 탐구하여 공식을 만들어가는 수업을 할 수도 있다.
겨냥도를 그릴 때에도 그리는 방법을 직접 설명해주는 것이 아니라 어떤 순서와 방법으로 그려야 정확하게 제대로 그릴 수 있는지를 학생들이 스스로 찾아내도록 하는 수업을 할 수도 있다.

직육면체 겨냥도 그리기 – 스스로 겨냥도 그리는 방법, 그리는 순서, 주의할 점을 찾는 모둠활동 사례

많은 경우 교사가 열강을 한다고 하지만 학생들이 정말 무엇인가를 배우기는 한 것일까 하고 의구심을 갖게 만든다. 교사가 지적인 언어로 무엇인가를 마구 쏟아내고 학생들이 교사의 생각대로 좇아간다고 하더라도 '배움'이 일어났다고 말할 수는 없는 경우도 많다. 좋은 수학 수업이란 학생들에게 경험을 통해 중요한 수학적 지식을 습득할 수 있는 배움의 상황(학생들이 수학적 지식을 배우고자 하는 마음을 갖게 만드는 모든 교실 환경)을 만들어주는 일이다. 특히 수학이라는 교과는 '말로 가르치기'를 포기할 때 다양한 형태의 수업이 떠오른다는 것, 그리고 그 지점에 협동학습 토의·토론이 있다는 것을 잊지 말아야 한다(사고하기 ⇨ 상호작용하기 ⇨ 배움의 과정을 경험하도록 하기).

(3) 공부한 내용을 스스로 기록하고 정리하게 하기

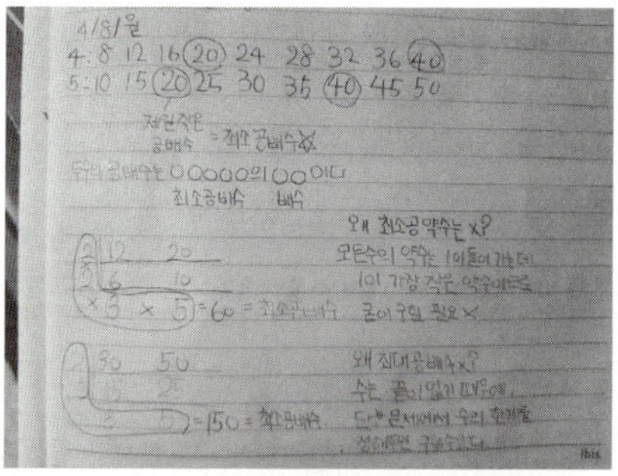

수업 중 무엇인가를 스스로 기록한다는 것은 수업에 주인이 되어 있다는 것이다. 그리

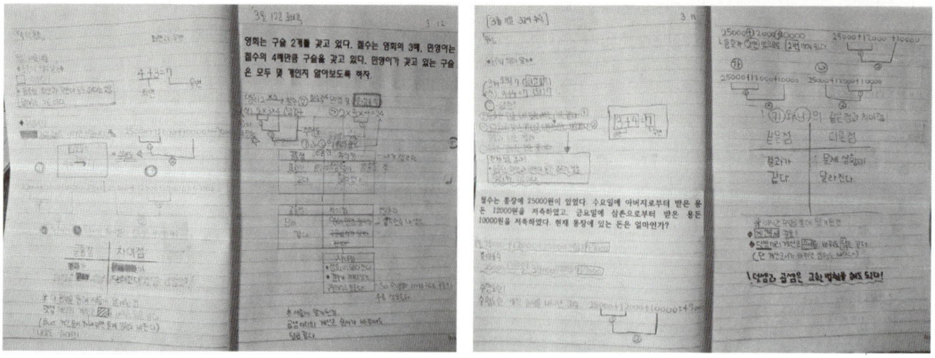

필자가 지도한 학생의 노트 정리 사례

고 공부한 기억을 떠올려 스스로 정리한다는 것은 그것을 완전히 자기의 것으로 만들기 위한 자기주도적 노력이라 할 수 있다. 이를 위해 학년 초에 노트 및 스스로 배움공책 2가지를 준비할 수 있게 하고 노트 기록 방법(특히 코넬식, 마인드 맵) 및 스스로 배움공책 쓰는 방법을 적극적으로 알려주고 지도하는 것이 좋다. 노트 정리든 스스로 배움공책이든 제일 중요한 것은 교사가 판서하는 것을 그대로 적는 것보다 자신이 들은 것들을 바탕으로 알게 된 사실, 이해한 내용, 생각과 느낌이 고스란히 드러나도록 하는 일이다. 이것을 지속적으로 실천해 나가다 보면 학생들의 수업 집중력과 이해력이 높아지고 질문하는 학생들의 수도 점점 늘어나게 된다.

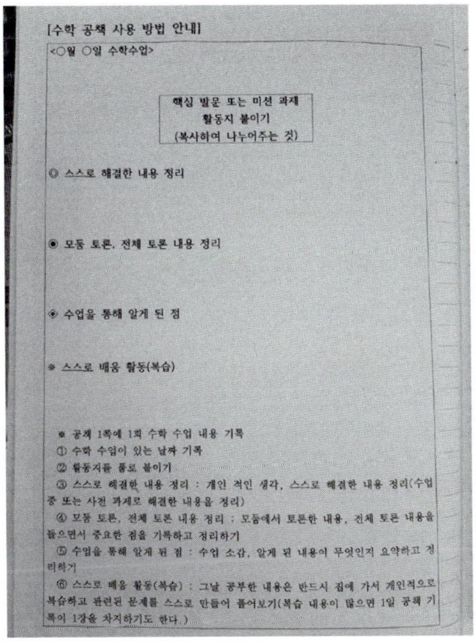
[수학 공책 사용 방법 안내]

<○월 ○일 수학수업>

핵심 발문 또는 미션 과제
활동지 붙이기
(복사하여 나누어주는 것)

◎ 스스로 해결한 내용 정리

◉ 모둠 토론, 전체 토론 내용 정리

◈ 수업을 통해 알게 된 점

※ 스스로 배움 활동(복습)

※ 공책 1쪽에 1회 수학 수업 내용 기록
① 수학 수업이 있는 날짜 기록
② 활동지를 풀로 붙이기
③ 스스로 해결한 내용 정리 : 개인 적인 생각, 스스로 해결한 내용 정리(수업 중 또는 사전 과제로 해결한 내용을 정리)
④ 모둠 토론, 전체 토론 내용 정리 : 모둠에서 토론한 내용, 전체 토론 내용을 들으면서 중요한 점을 기록하고 정리하기
⑤ 수업을 통해 알게 된 점 : 수업 소감, 알게 된 내용이 무엇인지 요약하고 정리하기
⑥ 스스로 배움 활동(복습) : 그날 공부한 내용은 반드시 집에 가서 개인적으로 복습하고 관련된 문제를 스스로 만들어 풀어보기(복습 내용이 많으면 1일 공책 기록이 1장을 차지하기도 한다.)

필지의 교실 수학 노트 정리 안내 자료(공책 앞에 붙임)

(4) 모두 일어서게 하기

자기 사고를 바탕으로 다른 사람들과 생각을 공유하며 협동적 배움을 실천해 나가는 일은 협동학습 토의·토론 수업의 핵심이다. 특히 협동학습의 최대 적은 무임승차와 일벌레, 봉 현상이라고 할 때 이를 어떻게 최소화하느냐가 곧 협동학습 토의·토론 수업의 성패를 좌우한다고 볼 수 있다. 이를 극복하기 위해 학생들 모두를 일어서게 하는 방법은 특히 협동학습 토의·토론 수학 시간에 매우 유용한 활동이라 할 수 있다. 물론 이에는 전원 과제 완수하기를 목표로 한 협

모두 일어서서 나누기 활동 – 분수의 뺄셈을 띠 모델로 해결하기

동학습의 기본원리 중 다섯 번째 '한 사람도 포기하지 않기'가 바탕에 깔려 있다고 말할 수 있다.

(5) 오답은 살아있는 수학 수업 재료 – 고민의 결과는 즉시 말하기, 오답은 살리기

우리나라 학생들은 틀리는 것을 매우 두려워하고 창피해 한다. 물론 이는 학습된 것이고 그 뒤에는 그런 상황을 만든 교사의 잘못이 있다. 천재 발명가 에디슨이 전구를 개발할 때 99번의 실패를 부끄러워했을까? 오히려 99번의 안 되는 이유를 알아낸 것에서 희망을 찾았을 것이고 그것이 결국 전구를 발명하게 만들었던 것 아닐까?

마찬가지로 협동학습 토의·토론 수학 수업 시간에도 학생들 스스로가 고민 끝에 생각해낸 산물들을 과감하게 교실 전체로 던져보거나 실행시켜 볼 필요가 있다. 물론 그 생각을 교실 전체에 던져보거나 실행하는 과정에서 어떤 지점에서 생각이 부족했는지, 어떤 부분을 고려하지 못했는지, 자신의 생각에 어떤 장점과 단점이 있었는지, 자신의 생각을 어떻게 보완을 해야 될지 등의 반성적인 사고 과정은 반드시 필요할 것이다. 이러한 과정을 통해 학생들은 수학적 개념의 이해 및 수학적 사고력을 보다 심화, 발전시키고 수학적 문제 해결력을 향상시킬 수 있게 된다.

자신의 생각 발표하기 장면 – 분수의 곱셈

이를 위해 무엇보다도 틀려도 괜찮은 교실 환경을 만드는 일이 중요하다. 학생들이 오답을 말한다는 것은 그들이 사고하고 있다는 증거이기도 한 만큼 왜 그렇게 생각했는지를 묻고 어떤 지점에서 좀 더 생각해볼 필요가 있는지를 스스로 찾아낼 수 있도록 해야 한다. 여기에는 오답을 말한 학생들을 더욱더 칭찬하고 격려하는 교사의 사고 및 태도 전환이 선행되어야 한다. 교사가 바뀌면 학생들은 수학적 개념을 이해하기 위해 고민은 하되 생각난 아이디어는 망설이지 않고 발표로 연결 짓거나 실행에 옮긴다(오답이 나올 경우 그대로 적어두고 학생들 간의 연결 짓기를 통해 수학적 의사소통을 돕고 비슷한 문제 상황에 봉착한 다른 학생들의 또는 완전히 이해하고 있지 못한 학생들의 이해를 돕거나 오류가 발생한 지점을 찾을 수 있도록 돕는다. 이 과정은 말 그대로 살아 있는 협동학습 토의·토론 수학 수업을 만든다).

(6) 심진 일으키기 – 핵심 질문 뽑아내기

심진(心震)을 일으킨다는 것은 어떤 상황이나 주제와 관련하여 지적인 불완전함을 이용하여 장애물을 설치해둔다는 것(학생들이 갖고 있었던 기존의 생각이나 신념을 무너뜨리는 일)을 의미한다. 실제로는 잘못된 상황을 제시하고 그것이 정답인 것처럼 포장하여 학생들의 사고에 혼란을 가져다주는 활동이라 말할 수 있다. 오른쪽 상황과 같은 사례가 바로 그것이다.

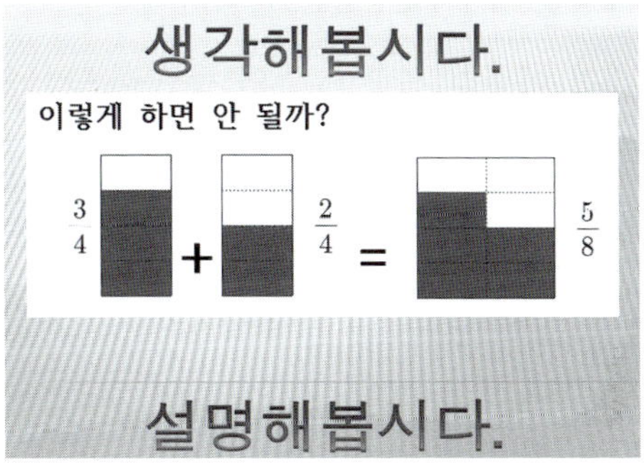

분수의 덧셈 과정에서 기존 사고를 뒤집는 심진 일으키기 질문 사례

보통 이런 상황은 부족하지만 학생들 자신이 현재 상황에 만족하거나 어렴풋하게 알고 있는 것을 좀 더 확실하게 이해할 수 있도록 돕고자 할 때, 학생들 자신이 어떤 주제나 상황에 대하여 잘 알고 있다는 착각에 빠져 있을 때 그들의 생각과 믿음에 지각변동을 일으키거나 부정하게끔 만들어 자신들의 기존 지식과 사고체계를 재구성해나갈 수 있도록 돕기 위해 만들어진다(필자의 경우 주로 답 내기 중심의 학원 선행학습을 한 학생들이 많을 때, 지난 학년에서 완전히 개념을 이해하지 못하고 넘어온 영역에 대하여 출발점 행동을 점검하고자 할 때 많이 활용한다).

이러한 발문을 위해서는 교과서를 버리고 핵심에 집중한 교육과정 및 교과서 내용의 재구성을 하지 않으면 안 된다. 왜냐하면 그 수업에서 굉장히 중요한 핵심 질문일 경우에 주로 사용하는데 이 경우 시간이 꽤 많이 필요하기 때문이다. 불필요한 것 또는 덜 중요한 것에 학생들이 집중하지 않게, 시간을 보내지 않게 하는 일은 반드시 선행되어야 한다(교과서를 보고 덜 중요하거나 핵심에서 벗어나는 것들, 이것저것 묶어서 해도 큰 무리가 없는 활동들, 생략해도 좋은 활동들은 과감히 덜어낸다는 판단과 의지가 필요하다. 굳이 교과서 속 내용을 빠짐없이 모두 다루어야 한다는 생각은 버리도록 하자). 그래야 학생들은 현재 발달 수준을 바탕으로 근접발달영역 내에서 협동적 상호작용을 통해 잠재적 발달영역으로 넘어가게 된다. 학생들이 모든 것을 알게 한다는 것은 단지 교사의 욕심일 뿐이다.

(7) 충분히 생각할 시간을 주고 기다리기

생각할 시간을 주고 기다린다는 것은 '배움'이라는 차원에서 학생에 대한 배려일 뿐만 아니라 학생이 수업 속으로 들어올 수 있는 기회를 제공하는 일이다. 교사들이 학생들을 수업 속으로 끌어들여 수업에 주인이 될 수 있는 많은 방편들을 찾고 있지만 '학생들 스스로 자기 생각 갖기'만큼 쉬운 방법은 없다. 수업에 참여하는 학생과 그렇지 않은 학생의 가장 큰 차이점은 바로 자기 생각을 갖고 있느냐 없느냐 하는 점이다. 자기 생각을 갖고 있는 학생들 치고 참여하지 않는 학생은 찾아보기 힘들다. 상대적으로 자기 생각을 갖고 있지 못한 학생들 치고 제대로 참여하는 학생 또한 찾아보기 힘들다. 이를 위해 교사는 미리 교재 연구를 통해 준비한 중요한 질문들에 대하여 충분히 생각할 시간을 주고 기다리는 자세가 필요하다. 그러면서 학생들을 세밀하게 관찰하고 잘 생각이 떠오르지 않는 학생들, 잘 모르는 것이 있는 학생에게는 먼저 모둠원에게 도움을 구하고 그래도 안 될 때 교사에게 도움을 요청하도록 안내하는 것이 필요하다. 무조건 교사에게만 도움을 요청한다면 학생들은 협동학습 토의·토론 수학 수업에 대한 필요성을 느끼지 못한다. 학생들에게 있어 가장 좋은 조력자는 교사가 아니라 팀 동료라는 사실을 늘 일깨워주어야 협동학습 토의·토론 수학 수업이 잘 이루어질 수 있다.

(8) 생활 속에서 수학적 개념 및 원리를 학습하게 하기 – 수학적 도구 및 스토리텔링

살아있는 협동학습 토의·토론 수학 수업을 만들어 나가기 위해서 생활 속에서 그 수학적 개념이나 원리를 학습할 수 있도록 재구성하라는 것이다. 학생들이 수학을 싫어하는 이유 중 하나는 "재미가 없다"는 것이다. 자신의 피부에 와 닿지 않을 뿐만 아니라 배움과 자신의 삶과의 연결고리를 찾지 못해 왜 배워야 하는지 깨닫지 못하기 때문이다. 하지만 생활 속에서 수학적 개념을 탐색하는 활동은 학생들에게 무한한 흥미와 재미를 제공해준다. 예를 들어 길이를 학습할 때 줄자로 나의 키,

팔 길이, 다리 길이를 실제로 측정해보고 냉장고, 모니터 등 집 안에 있는 여러 가지 가전제품의 길이 관계를 탐색해본다면 학생들이 얼마나 재미있어 할까.

또한 신문이나 잡지 등을 이용해서도 수학 공부를 할 수 있다. 그 속에는 다양한 수학적 도구들이 들어 있다. 실제 이야기, 실제 상황을 시각화한 다양한 도표와 이미지(시각 모델 및 상황 모델) 등의 자료를 통해 학습한 학생들은 단지 수학교과라는 추상적인 학문을 접한 것이 아니라 자신을 둘러싼 실제 현실을 간접적으로 경험하면서 수학이 실제 현실과 어떻게 접목되고 우리가 왜 수학을 공부해야 하는지, 실생활 속에서 관련된 주제나 단원의 개념이 우리 삶 속에 어떻게 스며들어 있는지 등을 잘 이해할 수 있고 응용능력도 높아지게 된다.

아주 오랜 옛날 어느 산골 마을에 3년 고개라는 이름을 가진 고개가 있었습니다. 이 고개에서 넘어지면 3년 밖에 살지 못한다는 전설이 있었기 때문에 붙여진 이름입니다. 그런데 어느 날 할머니 한 분이 장에 갔다 돌아오는 길에 그만 3년 고개에서 넘어지고 말았습니다. 할머니는 '이젠 3년 밖에 살지 못하는구나.'하고 깊은 시름에 빠져 집에 돌아오자마자 자리에 눕게 되었습니다. 건강하시던 할머니께서 3년 고개에서 넘어져 깊은 시름에 빠졌다는 소문은 금세 온 마을에 퍼졌지요. 마을 사람들은 모두 할머니의 건강이 몹시 걱정되었습니다. 그러던 어느 날 동네에 살고 있던 영리한 소년이 찾아와 이렇게 말했습니다.

배수와 약수의 단원 학습 – 우리 전래동화
3년 고개 이야기로 시작하기(스토리텔링)

한편 학년, 단원, 차시별 내용에 따라서는 억지로 만들어진 이야기보다 이미 있는 이야기를 통해 수학적 상황을 제시하고 배우는 즐거움을 경험하게 할 수 있다. 특히 저학년에서는 매우 유용한 방법이 될 수 있다.

(9) 개념·원리가 가진 구성요소들 사이의 관계를 논리적으로 탐색하게 하기

이는 그 개념이나 원리가 가진 구성요소들 사이의 논리적인 관계를 탐색하게 하는 것이다. 이런 논리적 관계의 탐색 과정에서 학생들은 수학적인 구조를 더 명확히 해 그 개념이나 원리를 보다 확실하게 이해할 수 있게 된다.

예를 들어 직사각형과 정사각형을 서로 비교할 때 두 도형을 구성하고 있는 구성요소인 변, 꼭짓점, 각을 논리적으로 탐색하도록 한다는 것이다. 이때도 그냥 알아서 비교해보라고 하는 것보다 다음과 같이 학생들 수준에 맞게 사고할 수 있는 다양한 형태의 틀(벤 다이어그램 또는 비교 분석표)을 주는 것도 필요하다.

		정사각형	직사각형
공통점	꼭짓점		
	변		
	각		
차이점	변		

(10) 직접 구체물 조작하게 하기

이를 직접 자르고 회전, 이동시키면서 등적변형을 통해 도형의 넓이를 구하는 공식 만들기 활동

학생들은 연령대에 따라 추상적 사고 수준이 매우 다르다. 그리고 수학 교육에서만큼은 고등학생들까지도 추상적인 과정 중심의 수학 수업을 매우 힘들어한다. 이런 시기에 수학 공부를 단지 문제 풀이 또는 답 찾기 식처럼 추상적으로 진행한다면 학생들은 매우 힘들어하고 수학 포기자가 양산될 수밖에 없다. 저학년부터 고학년까지 필요에 따라 모든 학생에게 구체적인 조작물(구체적 경험이 가능한 상황 제시)을 나누어주고 알맞은 활동을 하여 그들의 이해를 도울 수 있는 방법 또는 자료들을 고민해봐야 한다.

(11) 협동적으로 함께 문제를 해결하는 즐거움 선사하기 – 미션 과제

똑같은 활동이라도 그냥 활동지 형식으로 제시하면 학생들은 힘들어한다. 그러나 미션활동이라고 포장하여 도전의식을 갖게 하면 학생들은 눈빛이 반짝거린다. 게다가 혼자 하는 것보다 모둠원들이 함께 해결하고 한 사람도 빠짐없이 다 설명할 수 있어야 한다는 조건(전원 과제 완수)을 내걸면 학생들은 더 활동적으로 움직인다. 왜냐하면 개별학습지 형식으로 나누어주면 학생들은 마치 시험을 보는 것과 같은 착각을 경험하며 부담을 느끼게 된다. 하지만 모둠 미션 과제나 협동학습 구조인 짝 점검 활동 등을 하게 되면 이 활동을 게임이나 놀이처럼 인식하여 도전의식을 갖게 된다. 아울러 모둠 미션과제 및 짝 점검 등의 협동적 활동은 혼자라는 부담감이 줄어들고 개인적인 책임 또한 감소하며 또래 동료들과 서로 도움 및 칭찬 주고받기, 정보 및 아이디어를 공유하기 때문에 자연스럽게 상호작용을 통해 목표에 도달할 수 있다는 장점 및 학생들의 자존감을 살려줄 수 있는 효과도 얻을 수 있다. 여기에서 주의해야 할 점 한 가지가 있다면 무임승차, 일벌레, 봉 현상, 경쟁 현상을 어떻게 극복할 것인가 하는 것이다. 필자의 경우 미션과제나 협동적 활동이 끝나면 모둠원 가운데 아무나 대표설명을 하게 될 것이라고 미리 안내를 한다. 그러면 학생들은 한 명도 빠짐없이 완전학습을 위해 노력하는 모습을 보이게 된다(필자가 개발한 협동학습의 5번째 원리 또한 일상 속에서 충분히 강조한다면 훨씬 더 효과가 클 것이다).

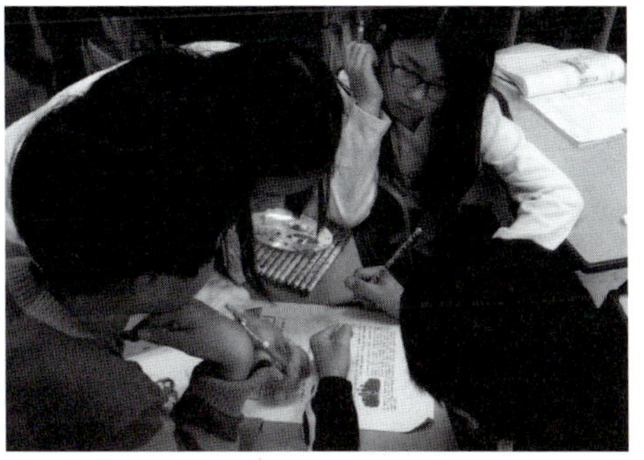

미션과제 해결 장면

한편 미션과제를 잘 해결하면 상점을 준다거나 +α라도 무엇인가 걸려 있다면 학생들은 이해가 부족하거나 도움이 부족한 학생들과 부정적 상호작용을 하게 되어 협동학습의 중요한 기반을 뒤흔들 우려가 있으니 주의하기 바란다.

(12) 몸으로 배우게 하기

반 힐에 의하면 초등학교 시기의 학생들은 제 2수준(기술적 수준)에 해당된다. 이 수준의 학생들은 사물을 직관적으로 관찰하고 귀납적으로 판단하며 정의한다(피아제의 구체적 조작기에 해당되기도 하는데 피아제도 이 단계의 학생들은 구체적인 대상 없이 언어적

신문지로 1㎡ 단위넓이를 만들어
실제로 여러 종류의 넓이 측정해보기

명제만을 다루는 형식적 수준에는 이르지 못한다고 하였다). 따라서 도구나 구체물을 이용하여 수학적 활동을 하는 것과 함께 몸으로 수학적 개념을 이해하고 몸이 수학적 개념을 기억하도록 하는 일은 매우 중요한 일이 아닐 수 없다.[24]

몸으로 배운다는 것은 이런 것이다. 예를 들어 학생들이 처음 수를 익힐 때 학생마다 그 개념 및 의미를 쉽게 받아들이는 방법이 다르다. 어떤 학생들은 예를 들어 설명하는 것만으로도 충분히 이해를 하는가 하면 어떤 학생들은 바둑돌, 공기, 수 모형, 구슬 등을 이용하여 조작적으로 설명해야 이해를 잘 하게 된다. 또 다른 학생들은 몸으로 뛰거나 걸음을 걷거나 하면서 수에 대한 개념을 몸으로 경험하고 몸으로 받아들이기도 한다. 이처럼 몸이 수학적 개념을 받아들이고 이해할 수 있도록 하는 일은 특히 초등학교 단계의 학생들에게 매우 적합한 활동이라 할 수 있다(이 외에도 길이 개념, 거리 개념, 넓이 개념, 도형의 특성을 활용한 역할극 하기 등에도 얼마든지 적용될 수 있다).

중등 수학교육에서의 사례 – 삼각비 이해하기

EBS 문명과 수학 삼각법 동영상

삼각비를 이용하여 건물이나 물체의 높이를 재는 활동을 교실에서 추상적으로만 하지 말고 실제로 운동장에 나가서 건물이나 나무의 높이를 측정하는 방법으로 삼각비를 이해할 수 있게 하면 학생들은 몸으로 삼각비를 훨씬 더 잘 이해할 수 있게 된다.

삼각측량법이라고 불리는 이 방법을 이용하여 가장 높은 산이라고 알려진 산의 높이를 8.8㎞로 정밀하게 측정한 사람은 조지 에버리스트였다. 이를 기념하기 위해 세계 최고

24 중·고등학생들에게도 수준에 맞는 방식으로 몸으로 배우게 할 필요가 있다. 네덜란드의 반 힐 부부(Dina van Hiele–Geldof, Pierre Marie van Hiele)에 의해 제시된 수학 학습 이론에 따르면 수학 학습의 과정에서 학생들의 수준을 시각적 수준, 기술적 수준(도형 분석적 수준: 초등 단계의 학생들이 여기에 해당됨), 국소적인 논리적 관계를 파악하는 이론적 수준(비형식적 추론 수준), 형식적인 연역적 체계를 파악하는 수준, 논리적 법칙의 본질을 파악하는 수준(기하학의 엄밀화 수준)의 5개 사고 수준으로 구별할 수 있다. 반 힐은 본래 기하 영역의 학습을 염두에 두고 자신의 수준 이론을 개발해 왔으나 후에 이러한 생각을 일반화하여 자신의 이론이 모든 수학의 학습에 적용될 수 있다고 주장하였다.

봉의 이름을 에베레스트라 부르기 시작한 것이다. 오늘날 삼각비를 함수로 표현한 삼각함수가 다양한 분야에서 세상을 움직이는(음악에서부터 심리학 등 거의 모든 영역까지 이용되고 있음) 중요한 도구로 응용되고 있다는 사실을 실생활 속 경험을 통해 이해할 수 있도록 돕는 일, 그것이 삼각함수를 가르치는 수학 교육의 본질이자 이상이 아닐까 생각한다.

EBS 하늘을 그리는 비율 삼각비

(13) 놀이와 접목시키기 – 즐거움과 배움 연결 짓기

학생들은 놀면서 공부할 때 가장 즐겁게 배운다. 기는 놈 위에 뛰는 놈 있고 뛰는 놈 위에 나는 놈 있다고 하지만 나는 놈도 당해내지 못하는 놈이 바로 노는 놈이다. 여기서 말하는 논다는 것은 그것을 즐긴다는 뜻이다. 수학 수업을 학생들이 가장 즐길 때는 바로 놀이 자체가 자연스럽게 배움과 연결될 때라고 말할 수 있다.

분수의 곱셈 단원 – 돌아가며 문제 내기 게임 활동 장면

예를 들어 1학년 학생들이 짝수와 홀수를 공부할 때 바둑돌이나 공깃돌 또는 콩알로 홀짝 알아맞히기 게임을 하거나 수 세기 놀이를 할 수 있다. 5학년 배수와 약수를 공부할 때도 3, 6, 9게임을 하면 학생들은 매우 즐거워하며 배수 개념을 익힐 수 있다. 어떤 수학적 개념이나 상황을 안내할 때 스무 고개 형식으로 제시할 수도 있다. 큰 수의 덧셈과 뺄셈을 익히기 위해 시장 놀이 또는 알뜰시장 활동을 하거나 실제 화폐를 들고 학생들 각자가 사고 싶은 물건을 사고 계산하게 할 수 있다. 곱셈 구구 활동을 하면서 소위 말하는 '구구단을 외자. 구구단을 외자' 하는 활동을 하는 것도 학생들이 굉장히 즐기는 활동 중 하나다.

(14) 수업 연구를 게을리 하지 않기 – 수업의 기록

교사의 가장 1순위 업무는 수업 연구 및 수업 활동이다. 특히 수학 수업은 제대로 준비하지 않으면 문제 풀이 방법이나 알고리즘을 익혀 반복 학습하는 정도의 수준을 넘어서기 힘들다. 따라서 협동학습 토의·토론 수학 수업을 하기 위해서는 수업 전, 수업의 실제, 수업 후의 성찰까지 잘 연계된 수업 연구가 반드시 수반되어야 한다. 이렇게 꾸준히 지속된 기록은 분명히 교사의 전문성 신장을 가져다줄 것이다(그러나 단순히 어떤 내용을 지도하고 어떤 순서로 하였다는 식의 기록은 별 의미가 없다. 여기서 말하는 기록은 협동학습 토의·토론 수학 수업을 위한 고민의 흔적, 나다운 수업을 고민한 흔적, 특별한 것이 아닌 일상의 흔적이 잘 드러나게 하라는 말이다. 무슨 행사 치르듯이 하는 공개수업처럼 화려하게 계획하고 고민하라는 말은 아니다. 공개수업은 특별한 수업이기에 일상의 수업 모습은 아니다. 그런 활동에서 교사의 수업 성찰과 성장은 결코 이루어지지 않는다). 쉽지만은 않다. 초등학교 교사는 여러 과목을 매일 동시에 지도하기 때문에 모두 확실하게 연구한다는 것은 어려운 일이다. 필자의 경우 몇 년을 주기로 중심 연구 교과를 선정하여 꾸준히 연구하는 습관을 들였다. 그리고 혁신학교에 와서는 동학년 선생님들과 각자 자신 있는 교과에 대하여 공동 연구를 하고 정보 및 자료를 공유하면서 좋은 수업을 위해 꾸준히 동학년 수업 회의를 지속해 오고 있다.

기록하는 방법은 자기에게 맞는 틀을 만들되 핵심 내용, 핵심 질문, 중심 활동에 대한 고민, 수업의 흐름, 중요한 교구나 자료 등을 간략히 적어두면 된다. 굳이 세세하게 기록할 필요는 없다.

성장하는 교사 치고 기록과 자기성찰을 하지 않는 교사 없고
기록과 자기성찰을 하는 교사 치고 성장하지 않는 교사 없다.

(15) 칠판은 아직도 가장 유용한 도구

멀티미디어가 들어오고 난 뒤부터 칠판의 활용은 현저히 줄어들었다. 교과서 내용을 그대로 옮겨서 온라인 서비스를 하고 있는 업체들도 늘어나면서 이를 이용하는 교사 수가 증가하여 칠판은 마치 장식물처럼 되어버린 것 같아 아쉽다.

과거 칠판은 교사 중심 수업, 일방적인 전달 및 설명 위주의 수업, 암기 중심 수업을 대표하는 교구였다. 빈틈없이 가득 채워진 판서와 받아 적기 바쁜 학생들의 모습 그리고 "다 썼니? 지운다?" 하고 외치던 선생님의 모습이 아직도 눈에 선하다. 그러나 아직도 칠판은 유용한 학습 도구이다. 특히 협동학습 토의·토론 수학 수업에서는 더 그러하다. 칠판은 학생들 간 소통의 장이기도 하고 교사와 학생들의 소통 도구이기도 하다. 게다가 칠판 판서는 수업의 흐름을 고스란히 담을 수 있는 매우 중요한 공간이다. 필자는 협동학습 토의·토론 수학 수업을 하면서 오히려 멀티미디어를 거의 쓰지 않는다. 오히려 수업 연구를 하면서 칠판을 이용하여 어떻게 수업 흐름을 나타내고 학생들의 배움의 과정을 고스란히 담아낼 것인지를 고민하고 실제 수업에서 그것을 실천한다. 학생들에게 자신의 배움을 담는 노트가 있다면 교사에게는 학생들의 배움을 안내하는 칠판이 있다.

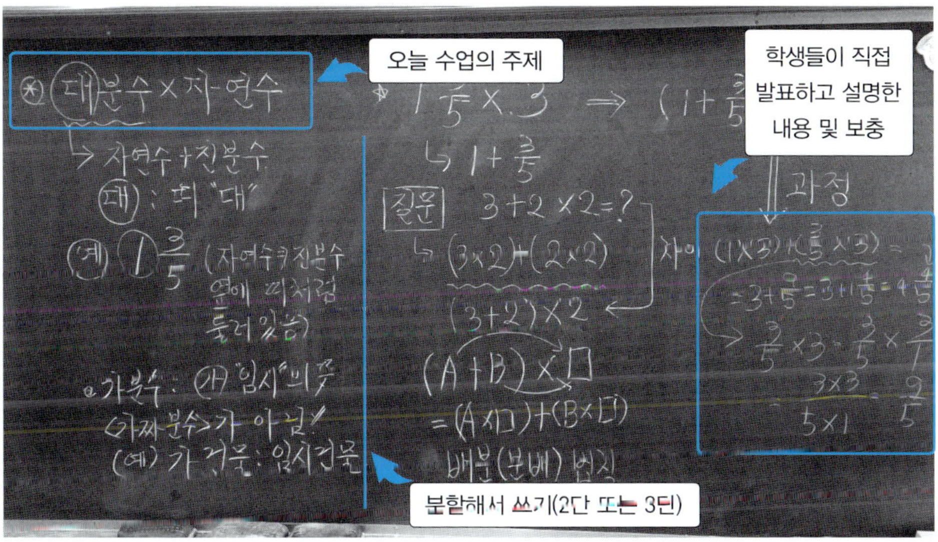

분수의 곱셈 수업 판서 사례: 필자의 경우 과거처럼 단원 제목 쓰고 단원 목표 쓰고 하는 식의 칠판 판서는 하지 않는다. 오늘 수업 목표는 짧게 주제 제시 방식으로 첫머리에 반드시 기록한다.

(16) 모둠칠판을 적극 활용하기

개별적인 이해도 점검(수행 과정)

모둠칠판은 협동학습 교구 가운데 학생들이 가장 좋아하는 것이다. 학생들은 이것만 손에 쥐면 골든벨 퀴즈 활동을 하는 것처럼 여긴다. 협동학습 토의·토론 수학 수업 시간에 모둠칠판은 개별 활동 차원에서 각자의 생각을 적어 들어보게 하는 데 활용되기도 하고 모둠 의견을 정리하여 제시하는 데 쓰이기도 하며 모둠원끼리 돌아가며 문제 내기 활동을 하거나 5단계 OX퀴즈 활동을 할 때도 사용된다(필자의 반에서는 뒷면에는 5단계 OX퀴즈 활동판이 있다). 보드마카는 사용한 뒤 마개를 꼭 막아두기만 하면 오래 사용할 수 있고, 모둠별 보드마카 및 지우개를 담는 바구니, 모둠칠판을 보관하는 수납장을 마련하기만 하면 굉장히 깨끗하게 영구히 활용할 수 있는 훌륭한 교구라 할 수 있다. 시중에 매우 비싼 가격으로 판매되기도 하지만 필자의 경우 오래전 수업 개선 연구교사를 할 때 연구 지원비를 활용하여 장판으로 직접 만들어 20년 가까이 잘 쓰고 있다.

(17) 적재적소에 알맞은 협동학습 구조 활용하기

모둠별 부채 모양 뽑기 활동 장면

협동학습 구조는 협동학습을 거드는 활동일 뿐이다. 그러나 적재적소에 잘 활용만 한다면 협동학습의 효과를 배가시킬 수 있는 훌륭한 사고의 틀이다. 따라서 각 사고의 틀이 갖고 있는 특성과 장점 및 주의해야 할 점들을 교사가 잘 파악하고 있다면 협동학습을 통해 생기가 넘치는 살아있는 토의·토론 수학 수업을 만들 수 있다(필자의 경우 벤다이어그램, 돌아가며 말하기, 돌아가며 문제 내기, 부채

모양 뽑기, 생각 내놓기, 모두 일어서서 나누기, 모둠별 문제 내기, 짝 점검, 모둠 토의·토론, 칠판 나누기 등의 활동을 자주 활용하는 편이다).

(18) PCK – 교사 자신이 살아있는 수학 교육과정 그 자체

교육과정 및 교과서 내용의 재구성도 그 교과, 단원, 차시에 대한 핵심, 무엇을, 왜, 어떻게 가르쳐야 하는가 등에 대한 종합적인 전문지식을 갖추었을 때 비로소 가능한 이야기다. 그것이 없다면 무분별하면서도 일관성 없는 재구성밖에 이루어지지 않는다. 그런 수업은 절대로 좋은 수업일 수 없다. 교사가 수학은 왜 배워야 하고 왜 가르치려고 하는가에 대한 생각을 바탕으로 지도하고자 하는 단원에 대한 수학적 전문지식을 학생들 눈높이에 맞게 교수학적 변형을 할 줄 알아야 재구성이 제대로 이루어질 수 있다. 그것이 없다면 단지 교과서 속 문제를 잘 풀 수 있는 방법이나 알고리즘만 가르치는 수업이 될 수밖에 없다. 그런 교실에서 수학 포기자는 지속적으로 양산될 수밖에 없다. 그런 수업은 학교 밖의 학원에서 많이 볼 수 있다. 그런 학교 교육은 학원 교육과 다를 것이 없다. 분명히 학교 교육은 학원 교육과 달라야 한다. 그래야 학부모가 학원보다 학교 교육을 신뢰할 수 있고 무너진 공교육을 다시 일으켜 세울 수 있다.

살아있는 협동학습 토의·토론 수학 수업에서
가장 중요한 것은 교사 자신이다.

살아있는 협동학습 수업을 위해
교사 자신이 곧 살아있는 교육과정이어야 한다.

4) 필자가 디자인하고 실제로 수업한 협동학습 토의·토론 수학 수업 사례

5학년 과정 〈분수의 덧셈과 뺄셈〉 학습을 위한 출발점 상황 점검하기

수학 5-1	4. 분수의 덧셈과 뺄셈 출발점 상황 점검 - 워밍업	서울○○초등학교 5학년 ○반 번 이름 :

◎ 워밍업 - 1. $\frac{2}{4}+\frac{1}{4}$은 얼마인가?

(확장질문1 - 1) 왜 분모는 그대로 두고 분자끼리만 더할까?

(확장질문1 - 2) 이렇게 하면 안 될까?

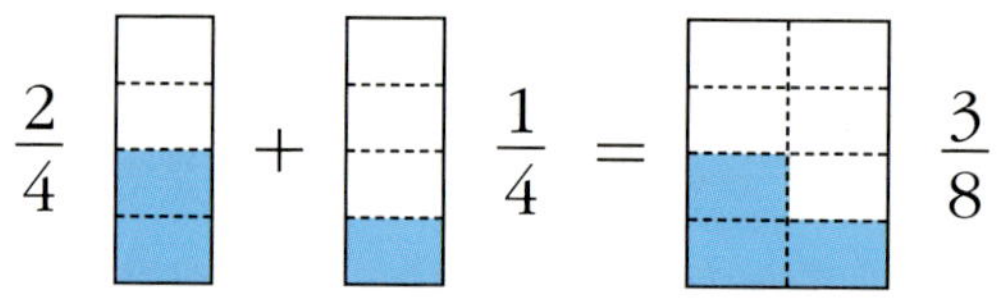

동분모 분수의 덧셈과 뺄셈에 대한 기초가 제대로 잡혀 있지 않았거나 4학년 과정에서 학습한 핵심 개념, 원리를 대부분 잊었을 것이라는 생각을 가지고 위와 같은 수업을 디자인하였다. 예상은 맞아떨어졌다. 출발점 상황 점검을 1시간으로 마무리할까 생각하다가 2시간으로 늘려서 잡은 것도 바로 이런 우려 때문이었다.

우선 $\frac{3}{4}$은 어떤 뜻이냐는 질문으로 수업을 열었다. 손을 든 학생 한 명을 지목하여 발표를 시켜보았더니 "1을 4등분 한 것 중 3개입니다."라는 대답이 나왔다. 더 이상 다른 의견은 없었다. "$\frac{1}{4}$이 3개인 분수"라는 대답은 한 명도 없었다. 일단은 그렇게 넘어갔다. 이어서 $\frac{2}{4}+\frac{1}{4}$은 얼마인가를 물었더니 바로 $\frac{3}{4}$이라는 답변이 나왔다. 왜 $\frac{3}{4}$이 되었는지 설명해보라고 하였더니 분자끼리 더하면 된다는 답변이 돌아왔다. 그래서 확장질문 1 - 1 '왜 분모는 그대로 두고 분자끼리만 더할까?(분모끼리도 더하면 안 되는 것일까?)'를 바로 제시하고 답을 들어보고자 하였지만 의미 있는 답변은 나오지 않았다. 어떤 학생은 이런 답변을 하였다. "분모는 더하면 안 되는 것이니까요. 학원에서 분자만 더하는 것이라고 알려주었습니다. 학원에서 그런 것은 안 가르쳐주었습니다." 이런 대답이 나올 때면 굉장히 속이 상하고 마음이 씁쓸하다. 이런 대답밖에 할 수 없는 이유는 분자 및 분모의 의미와 그 속에 담긴 정보가 무엇인지를 의미하는지, 그리고 단위분수 개념 및 그 역할에 대한 명확한 이해가 없었기 때문일 것이라 생각되었다.

필자는 "$\frac{3}{4}$은 무엇을 의미하는가?"라는 질문으로부터 분수의 의미와 단위분수의 개념 및 역할에 대하여 처음부터 다시 지도하고자 마음을 먹었다. 칠판에 아래와 같은 그림을 먼저 제시하면서 설명을 이어나갔다.

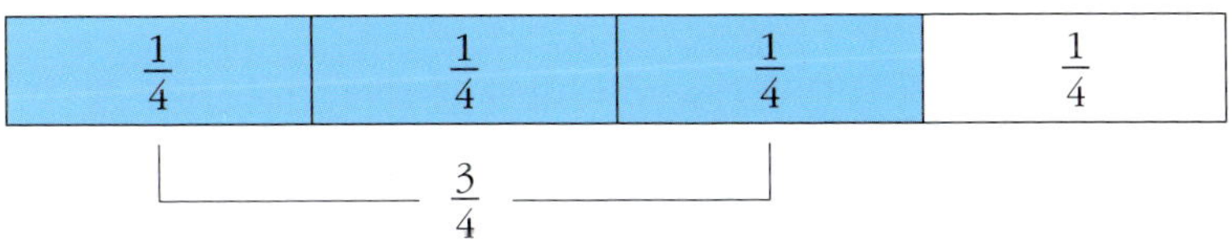

위의 그림에서 보는 바와 같이 전체 1을 똑같이 4등분하였을 때 그 한 조각을 $\frac{1}{4}$이라고 한다면 $\frac{3}{4}$은 그 $\frac{1}{4}$이 3개 있는 것이라는 사실을 확실히 알려주면서 분수의 개념부터 명확히 하였다. 그리고 여기에서 $\frac{1}{4}$과 같이 똑같이 나누어진 1조각을 단위분수라고 한다는 것도 다시 한 번 짚어주었다. 그랬더니 학생들은 곧바로 받아들이기 시작하였다. 사실 단위분수 명칭과 개념은 3학년에서 공부했던 것인데도 제대로 강조된 적이 없어서 모두 소홀히 다루었던 것이라 여겨졌다. 어찌 되었든 "$\frac{4}{5}$는 $\frac{1}{5}$이 4개인 분수입니다."와 같은 답변이 술술 나오기 시작하였다. 이제야 단위분수를 기초로 하여 분수의 개념을 깨닫기 시작하는 것 같았다.

이제 막 깨닫기 시작한 분수의 개념을 바탕으로 동분모 분수끼리의 덧셈 원리 이해를 돕기 위해 아래와 같은 질문을 제시하고 협동학습 토의·토론 과정에 들어섰다. 이런 질문을 던지자마자 학생들은 필자가 미리 예상한 대로 갑자기 혼란 속으로 빠져들기 시작하였다. 분명히 식으로 풀 때는 답이 $\frac{3}{4}$이었는데 그림으로 보니까 $\frac{3}{8}$도 맞는 것처럼 다가왔기 때문이었다.

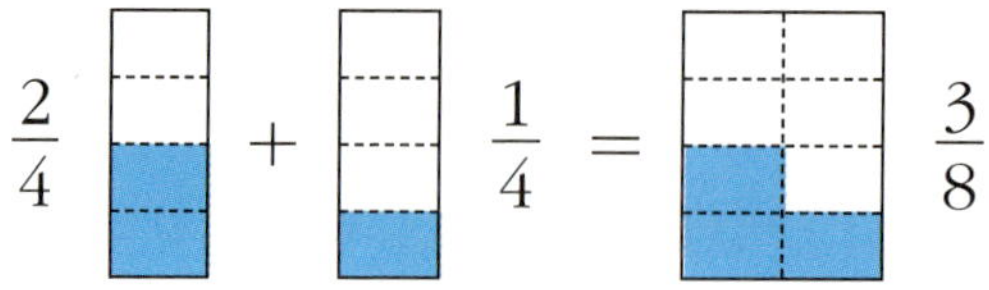

교사: 이 질문에 대한 답이 맞는지 틀리는지 생각해보고 그 이유까지 공책에 먼저 정리해 보도록 하겠습니다. 반드시 그림으로 설명할 수 있어야 합니다. 충분히 시간을 가지고 깊이 있게 생각해 보기 바랍니다. 그리고 자신의 생각이 정리된 사람은 자리에서 일어서기 바랍니다.

> **협동학습 토의 · 토론 수학 1단계**
> **자신의 생각 열기(Open)**
>
> 주어진 질문에 대하여 충분한 시간을 가지고 혼자만의 생각을 정리하는 시간이다.

학생: 주어진 시간 동안 자신의 생각을 정리하여 공책에 기록한다. 생각이 정리된 학생은 자리에서 일어난다. 대부분 학생들이 자리에서 일어서면 모둠별로 토의·토론 활동에 들어간다.

교사: 모든 모둠이 토의·토론을 마치고 자리에 앉은 것을 보니까 모둠별로 생각이 어느 정도 정리가 된 것 같습니다. 그러면 모둠별로 정리된 의견들을 발표로 이어가 보도록 하겠습니다. 먼저 김○○이 발표해 보도록 하겠습니다.

모두 일어서서 나누기 구조 활동 적용 단계

1단계: 혼자 생각하기

2단계: 자신의 생각이 정리된 사람은 자리에서 일어서기

3단계: 모둠원이 모두 일어서면 돌아가며 말하기 활동을 통해 1번씩 자신의 생각을 발표한다.

4단계: 모둠원의 생각에 대하여 자유롭게 토의·토론을 진행한다.

필자의 교실 사례 – 모두 일어서서 나누기 활동

5단계: 모둠원의 생각이 정리 또는 합의에 도달하면 모두가 자리에 앉는다.

6단계: 모둠에서 정리 또는 합의된 의견을 학급 전체와 공유한다.

학생 김○○: 저희 모둠에서는 $\frac{3}{8}$이 맞다고 정리하였습니다. 그림에서 보는 것처럼 $\frac{2}{4}+\frac{1}{4}$을 하게 되면 전체 8칸 중 3칸이 색칠되어지기 때문입니다.

교사: 그렇군요. 그러면 이○○ 모둠은 김○○ 모둠의 의견에 동의하나요?

학생 이○○: 동의하지 않습니다. 왜냐하면 $\frac{2}{4}+\frac{1}{4}=\frac{3}{4}$인데 $\frac{3}{8}$이라고 했기 때문입니다.

교사: 그렇군요. 그렇다면 이○○ 모둠에서는 $\frac{3}{8}$이 아니라 $\frac{3}{4}$이 된다는 것을 그림으로 어떻게 설명할 수 있는지요?

협동학습 토의 · 토론 수학 2단계 타인과 생각 공유하기(Sharing)

각자 정리한 생각을 모둠원 또는 학급 전체와 자유롭게 공유하면서 토의 · 토론하는 과정이다. 모둠원들과 공유하면서 생각을 정리하거나 합의에 이르게 되면 소집단 토의 · 토론, 학급 전체와 공유하면서 생각을 정리하거나 합의에 이르게 되면 대집단 토의 · 토론이 되는 것이다.

학생 이○○: 저희 모둠에서는 답은 알겠는데 왜 $\frac{3}{4}$이 되는지에 대해서 그림으로 설명하기가 어려웠습니다.

교사: 처음 발표했던 김○○의 모둠원은 어떻게 생각하나요?

학생 최○○(처음 발표했던 김○○과 같은 모둠원): 이○○가 $\frac{1}{4}+\frac{2}{4}=\frac{3}{4}$이라고 발표한 것을 듣고 보니 저희 모둠 생각에 틀린 부분이 있다는 것은 알겠습니다. 그런데 그림으로 어떻게 $\frac{2}{4}+\frac{1}{4}=\frac{3}{4}$이 되는지에 대해서는 아직 생각이 잘 떠오르지 않습니다.

교사: 다른 사람들은 어떻게 생각하나요?

학생: 저희들도 $\frac{2}{4}+\frac{1}{4}=\frac{3}{4}$이라는 것은 알겠는데 그림으로는 어떻게 설명해야 하는지 아직 생각이 떠오르지 않았습니다.

교사: 그렇군요. 그러니까 수식으로는 해결할 수는 있겠는데 그림으로는 어떻게 해결하고 설명해야 하는지를 잘 모르겠다는 것이지요?

학생: 네.

교사: 그렇다면 앞서서 선생님과 함께 알아본 단

협동학습 토의 · 토론 수학 3단계 타인의 생각 경청하기(Listen)

토의 · 토론의 핵심은 말하기에 있는 것이 아니라 듣기에 있다. 타인의 발표를 경청하여 듣고 이해하려는 노력이 뒷받침되지 않는다면 토의 · 토론 활동은 그 목적을 잃어버리게 된다. 아울러 협동학습 구조의 적용 과정은 소집단 내에서 3단계~5단계 활동이 자연스럽게 이루어진다고 봐도 무리가 없다.

위분수 개념을 그림으로 해결하기와 연결지어보면 어떨까요? 잠깐 생각할 시간을 줄게요. 다시 자신의 생각을 공책에 정리해보기 바랍니다.

학생: 각자 자신의 생각을 정리한다.

교사: (학생들이 생각을 정리하는 동안 교실을 돌아보면서 의미 있는 생각을 정리한 학생이 있는지 살펴본다. 필요하다면 그 학생을 먼저 지목하여 발표할 수 있게 한다.)

교사: 어느 정도 정리되었으면 자신의 짝과 서로의 생각을 교환하여 말하기를 시작해 봅니다.

학생: 짝과 번갈아 말하기 활동을 진행한다.

교사: 짝과 이야기를 나누었지요? 그렇다면 먼저 홍○○가 먼저 발표해 보도록 하겠습니다.

학생 홍○○: 제 짝은 $\frac{1}{4}$ 2개와 $\frac{1}{4}$ 1개를 더하니까 $\frac{1}{4}$이 3개가 되어서 $\frac{3}{4}$이 된다고 말했습니다. 그런데 저는 $\frac{2}{4}$에 $\frac{1}{4}$을 옮겨서 붙이면 $\frac{3}{4}$이 된다고 생각하였습니다.

교사: 홍○○가 한 말을 칠판에 그림으로 그려가면서 자세히 설명해 줄 수 있나요?

학생 홍○○: 칠판에 아래와 같은 그림을 그리고 한 번 더 설명한다.

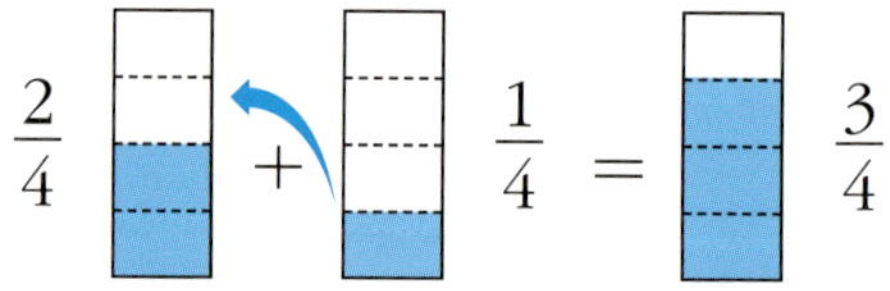

교사: 두 사람의 생각에 대하여 여러분들은 어떤 생각을 갖는지요? 두 사람 생각은 다른 것인지 아니면 같은 것인지, 혹은 다른 생각이 있는지요?

학생 임○○: 두 사람 생각은 같은 것이라 생각합니다. 왜냐하면 두 사람 설명에 모두 $\frac{1}{4}$ 2개는 $\frac{2}{4}$라고 표시되어 있고, 홍○○의 짝은 $\frac{1}{4}$ 1개를 더한다는 것을 홍○○는 $\frac{1}{4}$을 $\frac{2}{4}$쪽으로 옮겨 붙인다고 말했지만 두 가지 생각은 결국 같은 생각이라는 것이 그림 속에도 나타나기 때문입니다. 결

협동학습 토의 · 토론 수학 4단계
타인의 생각에 동참하기
(Participation)

토의 · 토론은 자신의 생각과 타인의 생각을 함께 고민하고 비교해 보면서 타인의 생각에 언어적, 논리적 반응을 보이는 활동이 중심이 된다. 협동학습에서는 이를 '참여, 소통'이라고 말하는데, 소집단 내 구조의 적용 활동을 통해 자연스럽게 이루어진다고 보면 틀림이 없다.

론적으로 답은 $\frac{3}{4}$이 맞습니다.

교사: 그렇군요. 다른 사람들은 임○○의 생각에 동의하나요?

학생: 네.

교사: 그렇다면 처음 그림으로 돌아가서 왜 $\frac{3}{8}$이라고 답을 하면 안 되는 것일까요? 왜 분모는 더하면 안 되는 것일까요?

학생: (잠시 침묵이 흐른다. 답을 찾지 못하는 것 같은 표정이 눈에 띈다.)

교사: 분모는 무엇을 뜻하는 것인지, 분모는 어떤 정보를 담고 있는지에 대하여 생각해보기 바랍니다. 그리고 물병을 예로 들어 생각해보기 바랍니다. 힌트입니다

학생 윤○○: (잠시 생각할 시간을 가진 뒤에 손을 들어 발표 의사를 밝힌다.) 분모는 원래 전체 1을 몇 등분하였는가를 나타내는 것입니다. 그런데 분모를 더하게 되면 더하기 전에 등분했던 것과 숫자가 달라지기 때문에 더하면 안 되는 것입니다.

교사: 덧셈을 하기 전에 분모는 4였는데 더하고 나면 분모가 8이 되어서 처음과 달라지기 때문에 분모를 더하면 안 된다는 말인 것이지요? 그런데 다른 사람들은 이 말의 뜻이 잘 이해가 되나요? 좀 더 이해하기 쉽게 설명할 수는 없는 것일까요?

학생 윤○○: 예를 들어 설명하면 이렇습니다. 2개의 물병이 있는데 1개의 물병에는 물이 $\frac{2}{4}$만큼 들어있고, 다른 1개의 물병에는 물이 $\frac{1}{4}$만큼 들어있다고 할 때 두 물병의 물을 합하게 되면 물병 안의 물만 합쳐지는 것이지 물병까지 합쳐지는 것이 아니잖아요. 처음의 그림에서 $\frac{3}{8}$이 된 것은 마치 물병도 합쳐진 것처럼 그려져 있어서 잘못된 것이라 할 수 있습니다. 여기에서 물 1병의 크기는 처음에 있었던 크기와 같아야 하고, 두 물병의 물을 합친 뒤에도 물병 1병의 크기가 바뀌어서는 안 됩니다. 그래서 분모를 더하면 안 되는 것입니다.

> **협동학습 토의 · 토론 수학 5단계**
> **자신의 생각에 깊이 더하기(Plus)**
>
> 자신의 생각이나 의견에 이해의 깊이를 더하여 주어진 상황에 대한 논리적인 추론을 보다 확실하게 펼쳐나가는 것을 말한다. 이 단계가 잘 마무리된다면 학생들은 보다 확실한 이해 수준에 도달하게 될 가능성이 높아진다.

학생: 와, 이제 알겠습니다. 그런 것이구나. 아~하 !!

교사: 좋습니다. 윤○○가 아주 정확히 설명을 해 주었습니다. 다른 사람들도 윤○○

가 설명한 것에 대하여 잘 이해하였나요? 들은 것을 이해한 대로 누가 다시 한 번 설명해 볼까요? 최○○이 발표해볼까요?

학생 최○○: 2개의 물병 속에 물을 합하면 1개의 물병에 물을 다른 1개 물병에 옮겨 담는 것과 같은 것이기 때문에 더하기 전과 더하고 난 뒤의 물병 크기는 변하지 않는 것처럼 두 분수를 더할 때는 분모는 더해서는 안 되는 것입니다.

위의 사례는 학생들이 분모가 다른 분수의 덧셈과 뺄셈을 학습하기 전에 이전 학년에서 배운 내용을 다시 한 번 점검해보는 차원에서 진행했던 실제 수업 사례이다. 이렇게 진행했던 이유는 수학이라는 교과 특성상 체계성이 매우 강한 학문이라서 이전 단계의 이해를 확실히 해야만 다음 단계를 이해하는 데 훨씬 더 큰 도움이 되기 때문이기도 하고 오랜 시간 동안 수학 교과를 연구해 오면서 어떤 지점에서 학생들에게 오개념, 난개념이 형성되어 있는지를 경험적으로 알고 있었기 때문이기도 하였다. 또한 이 문제를 해결하는 과정에서 일방적인 설명보다 학생들 간에 일어나는 생각의 충돌을 이용, 그 차이점을 이해하고 간극을 메우기 위해 서로의 생각을 공유하면서 토의·토론하는 활동이 학생들의 배움과 개념 이해에 훨씬 더 많은 도움이 된다는 것을 확신하였기 때문이기도 하다.

6학년 과정 〈각기둥과 각뿔〉 단원 2차시 각기둥을 설명할 수 있어요.

* 준비물: 다양한 각기둥 입체도형 모형(2인 또는 4인 1세트)

수업 흐름	교사의 발문
도입	- 기둥 모양 입체도형의 특징을 다시 한 번 생각해보기(협동학습: 5단계 OX퀴즈) - 발문: 이런 모양의 입체도형이 갖추어야 할 필수 조건 2가지를 다시 한 번 생각해봅시다. ⇨ (1) 위와 아래에 있는 2개의 면이 서로 평행, (2) 두 개의 밑면이 합동: 모두 일어서서 나누기 - 이렇게 생긴 입체도형을 무엇이라고 부르는가? ⇨ 각기둥, 왜 각기둥이라 이름을 붙였을까? ⇨ 밑면이 다각형이며 기둥모양으로 생겼기 때문이다.
전개	- 발문: 다양한 모양의 각기둥을 관찰해보고 각각의 각기둥에 이름을 붙이려고 한다. 무엇에 따라 이름을 붙이면 좋을지 생각해보자. 왜 그렇게 생각하는지 이유도 함께 생각한다. ⇨ 모두 일어서서 나누기 ⇨ 번호순으로 구조 활용하여 발표(구두발표 또는 모둠칠판에) - 각기둥의 각 부분을 살펴보며 명칭 익히기(실제 모형을 손으로 만져가면서 확인하기): 밑면, 옆면, 모서리, 높이, 꼭짓점 등 - 활동 안내: 여러 각기둥을 살피면서 밑면의 모양, 옆면의 수, 모서리의 수, 꼭짓점의 수를 확인하고, 그 속에서 규칙을 발견해보도록 하자(교과서 29쪽 표에 정리: ㉮, ㉯, ㉰).
정리	- 발견한 규칙을 함께 공유하기 - 정리 발문(모둠토론): 책상 위에 놓인 어떤 각기둥을 정면보다 약간 아래 각도에서 바라보았더니 오른쪽 같은 모양이었다. 이 각기둥의 이름은 무엇일까? 그렇게 생각하는 이유는 무엇인가? (답: 삼각기둥, 사각기둥) 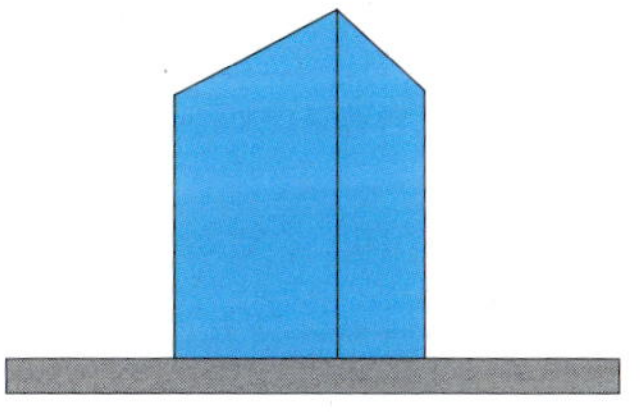 - 교과서 속 문제 해결

2차시 수업 소감 지난 시간에 활동한 기억을 떠올리며 5단계 OX퀴즈 활동으로 시작을 열었다. 퀴즈 문제는 PPT로 만들어 제시하였다.

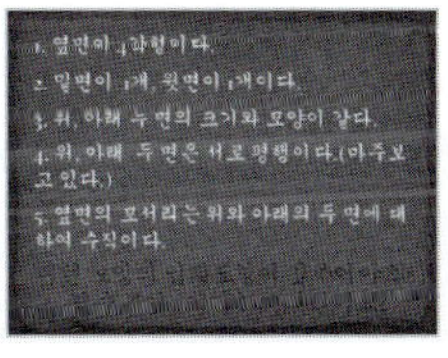

역시 퀴즈식 활동은 아이들이 무척 흥미를 갖고 참여하며 적극적이다. 거의 대부분 아이들이 잘 이해하고 있었다. 이어서 각기둥이란 입체도형이 갖추어야 할

노트 기록 사례: 1차적으로 자신의 생각 기록하기 ⇨ 다른 사람의 의견을 듣고 자신의 생각을 수정해야 할 곳은 다른 색깔 펜으로 다시 기록하며 생각의 변화 과정이 그대로 드러날 수 있도록 한다.

핵심 요소 2가지를 묻는 질문을 제시하고 모두 일어서서 나누기 활동을 해보았다. 일단 모두 자리에서 일어서게 한 뒤 자신의 생각을 노트에 먼저 기록하고 2가지 요소를 모두 생각한 사람은 우선 자리에 앉도록 하였다. 생각보다 많은 아이들이 자리에 앉았다. 물론 자리에 앉았다고 하여 정확한 답을 썼다고 볼 수는 없는 일이다. 시간이 지나면서 지극히 일부 아이만 남고 모두 자리에 앉았다. 서 있는 아이도 일단 자리에 앉게 하고 무작위로 이름을 호명하며 자신이 기록한 노트의 내용을 한 가지씩 발표하도록 하였다. 그 과정에서 일부는 오답을 이야기하기도 하였다. 그러나 그것에 대한 다른 사람들의 생각과 연결지어주면서 어떤 부분에서 오류가 있었는지를 찾아나가도록 도와주는 활동으로 이어나갔다(예 어떤 아동은 이렇게 자신의 생각을 말하였다. "옆면이 다각형이어야 한다." 이에 대하여 다른 아동이 그 생각에 "옆면은 모두 직사각형이고, 밑면의 모양이 다각형이어야 한다는 것으로 수정되어야 합니다."라고 이견을 제시해 주었다. 그러자 자신의 생각을 말한 아동이 "아하 !"라고 하며 자신의 생각의 오류를 발견하였다는 반응신호를 보였다. 그러나 이에 대하여서도 또 다른 아동이 "지난 시간에 알아보았던 다른 입체도형에서도 밑면은 다각형이었으니 밑면이 다각형이어야 한다는 것은 필수조건이라 말하기 어렵습니다."라고 자신의 생각을 이어나갔다). 결국 몇 명의 생각을 거치면서 (1) 위와 아래에 있는 두 개의 밑면이 서로 평행이고, (2) 두 개의 밑면은 서로 합동이어야 한다는 조건을 공유하게 되었다.

이어진 "이렇게 생긴 입체도형을 무엇이라 하는가? 그렇게 생각하는 이유는 무엇인가? 각기 다른 각기둥을 보며 그 이름을 어떻게 붙여야 하는가? 왜 그렇게 생각하는가?"라는 질문에 대하여 많은 아이들이 정확하게 답을 노트에 기록하여 주었다. 이후에는 실제 각기둥 모형을 눈으로, 피부로 직접 관찰하고 느껴가면서 각 부위별 명칭을 함께 익혀나갔다. 비교적 수월하기 빨리 진행되었다.

다음에는 밑면의 모양, 옆면의 수, 모서리의 수, 꼭짓점의 수를 확인하고, 그 속

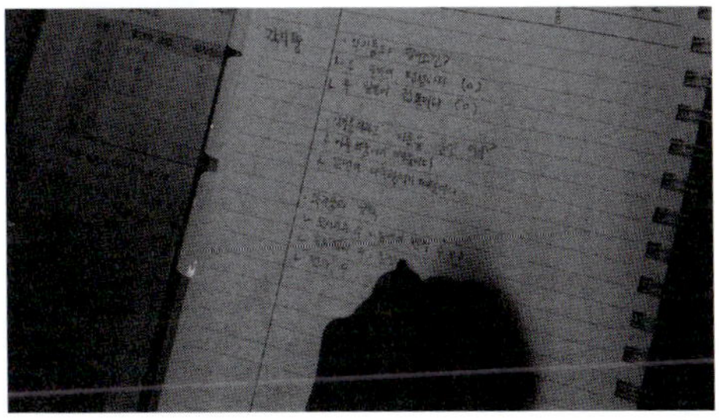

수학 시간 활동 장면: 각기둥 모양 관찰 및 규칙 발견하기 활동 모습, 노트 기록

에서 규칙을 발견해보도록 하였는데 그 과정에서 일부 아이들은 오개념을 갖고 있기도 하였다(예를 들어 모서리 개수를 헤아릴 때 두 밑변에 해당되는 모서리만 헤아리고 옆면에 있는 모서리는 헤아리지 않는 아동도 있었다. 그 아동은 4각 기둥의 모서리 개수를 8개로 대답하였다. 그래서 각 모서리를 직접 손으로 가리키면서 헤아려 보라고 하였다. 그리고 오개념을 수정하기 위해 다른 아이들과 연결짓기를 해 주었다. "어떻게 보충이 이루어져야 할까?"라고 질문하자 한 아동이 "옆면에 있는 모서리를 헤아리지 않았습니다."라고 말해주었다. 그러자 오개념을 갖고 있던 아동은 "아!" 하고 이제야 알겠다는 듯한 표정을 지었다).

이런 과정을 거치면서 30분 조금 넘는 시간이 흘렀다. 이윽고 마지막 질문을 제시하였다. 그러자 아이들은 각기둥 모양을 손바닥 위에 올려놓고 자신의 눈높이보다 높게 두어 관찰하거나 책상 위에 올려놓고 바닥에 앉아 올려다보며 여러 각도에서 관찰하기도 하였다. 관찰 끝에 여러 의견들이 나왔다. 1가지 도형만 답을 하는 아동도 있었고, 2가지 도형을 말하는 아동도 있었고 그 이상을 말하는 아동도 있었다. 그래서 나는 이렇게 힌트를 주었다. "수학에서 도형 단원의 학습을 위해 꼭 필요한 배움의 조건은 날카로운 관찰력이란다. 여러분들 가운데 상당히 많은 사람들은 제시된 장면을 제대로 관찰하지 않았을 가능성이 높고, 그로 인하여 어떤 각도에서 어떤 도형을 바라보아야 저런 모습이 관찰될지 연결 지어 생각하지 못하였을 가능성이 높다."라고 말해주었다. 그러자 아이들은 다시 관찰 및 짝과의 생각 공유 모드에 들어갔다. 그러다가 결국에 가서 많은 아이들이 삼각기둥, 사

마지막 질문에 대한 답을 찾기 위해 입체도형을 관찰하는 모습

각기둥이라는 답을 찾기에 이르렀다. 제시된 그림에서 위쪽의 왼편 모서리와 오른편 모서리 길이가 다르다는 것을 바탕으로 각기둥을 어떤 각도에서 바라보아야 하는지를 깨닫게 되었던 것이다. 그렇게 40분이라는 수학시간은 훌쩍 흘러가 버렸다. 오늘 수학시간도 나름대로 의도한 바대로 잘 진행되었던 시간이었다. 아직은 학년 초이고 연산 영역에 비하여 비교적 부담이 덜해서진지 아이들이 수학시간에 즐겁게 참여하고 있어서 다행이라는 생각이 든다.

[참고] 규칙을 찾는 과정에서 이런 것을 발표하는 아동도 있었다. "(면의 수+꼭짓점의 수) - 모서리 수=항상 2가 나옵니다." 오일러의 정리를 말하는 것이다. 이 짧은 시간에 정말로 이를 발현한 것인지는 모르겠지만 아마도 선행학습, 학원효과가 아닐까 생각되는 씁쓸한 이야기다. 그래도 "좋았어 !"라고 칭찬해주었다.

5학년 과정 〈소수의 곱셈〉 단원 10~11차시 소수끼리 곱의 소수점 위치 알기

수업 흐름	교사의 발문

도입

- 소수×소수의 상황 제시: 0.6×0.4

(1) 세로셈으로 해결

		2
×	0.	7
	1.	4

답의 소수점은 0.7과 같은 소수 첫째 자리에 찍었다.

➡

	0.	6
×	0.	4
	2.	4

이 경우도 답의 소수점은 앞의 것과 마찬가지로 0.6, 0.4와 같은 소수 첫째 자리에 찍는 것이 맞다.

➡

	0.	6
×	0.	4
0.	2	4

과연 그런가?
왜 맞는가?
왜 틀리는가?

> 왜 이 경우 답의 소수점이 0.6, 0.4와 같이 소수 첫째 자리까지 나타난 2.4가 아니라 소수 둘째 자리까지 나타난 0.24가 되었을까?(모두 일어서서 나누기) ⇨ 전체와 공유(발표, 서로 연결 짓기)

전개

(2) 분수로 고쳐서 해결: 위의 (1)번 문제 해결을 위한 설명

$$0.6\times0.4=\frac{6}{10}\times\frac{4}{10}=\frac{6\times4}{10\times10}=\frac{24}{100}=0.24$$

(3) 6×4=24와 비교하여 0.6×0.4=0.24임을 설명하기

⇨ 6×4=24이지만 0.6×0.4은 $\frac{6\times4}{10\times10}=\frac{24}{100}$이어서 분모가 100이 되므로 소수점은 2앞에 찍힌다(소수 둘째자리까지 나타난다). 따라서 답은 0.24가 된다.

- 소수×소수의 상황 제시: 3.6×2.8

(1) 세로셈으로 해결

1	4	
	3.	6
×	2.	8
2	8	8
7	2	
10.	0	8

(2) 왜 10.08로 소수 둘째자리까지 나타내어야 했는가?
(짝 점검 활동)

⇨ $3.6\times2.8=\frac{36\times28}{10\times10}=\frac{1008}{100}$이어서 분모가 100이 되므로 소수점은 '08'앞에 찍힌다(소수 둘째자리까지 나타난다). 따라서 답은 10.08이 된다.

정리

- 교과서 26~33쪽까지 각자 해결하기, 모둠원과 함께 확인하기

5학년 과정 〈자료의 표현〉 단원 1차시 평균의 개념 이해 및 평균 구하기

<table>
<tr><th>수업 흐름</th><th>교사의 발문</th></tr>
<tr><td>도입</td><td>- 평균의 의미 알아보기: 자료 전체의 합을 자료의 개수로 나눈 값
* 전체에서 중간에 있는 값을 가리키기도 함.

- 평균을 구하는 방법 알기
⇨ 평균 = 자료 값의 합 ÷ 자료의 수
평균 × 자료의 수 = 자료 값의 합</td></tr>
<tr><td>전개</td><td>(예 - 1) 철수의 최근 5주 동안의 독서량: 모둠 토론
<table><tr><td>1주</td><td>2주</td><td>3주</td><td>4주</td><td>5주</td></tr><tr><td>3</td><td>5</td><td>4</td><td>5</td><td>3</td></tr></table>
⇨ 위의 자료를 보고 철수의 주당 평균 독서량 구하기
⇨ 위의 자료에 대한 평균값이 의미하는 것은 무엇인가?

(예 - 2) 영희네 월 정기 저축 금액 정하기: 모둠 토론
영희네는 매월 소득이 500만원 고정되어 있다. 최근 5개월간의 총 지출을 계산한 결과는 아래와 같다. 영희네는 매월 똑같은 금액을 은행에 저축하고자 한다. 저축액을 얼마로 정해야 하는가?
<table><tr><td>1월</td><td>2월</td><td>3월</td><td>4월</td><td>5월</td></tr><tr><td>420만</td><td>400만</td><td>440만</td><td>410만</td><td>430만</td></tr></table>
⇨ 위의 자료에 대한 평균값이 의미하는 것은 무엇인가?
⇨ 매월 얼마를 은행에 저축하는 것이 좋겠는가?

(예 - 3) 민수네는 지난 1년 동안 매월 전기 사용료를 구해보았더니 평균 12,000원이 나왔다. 그런데 이번 달에는 전기 사용료가 1만원이 나왔다. 이것을 어떻게 해석할 수 있는가?, 이 결과를 통해 민수네는 어떤 생각을 할 수 있을까?: 개인 생각 ⇨ 모두 일어서서 나누기</td></tr>
<tr><td>정리</td><td>교과서 문제 해결: 176~177쪽 해결</td></tr>
</table>

협동학습 토의·토론으로 온작품 읽기 수업하기

2015 개정 교육과정이 적용되기 전부터 깊이 있는 독서 활동이 현장에 고개를 들기 시작하였고, 국어교육과 관련하여 '한 학기 한 권 읽기' 관련 독서 단원이 등장했다. 또한 그 시점 이후로 책을 깊이 있게 읽어야 한다는 공감대가 현장에 더 큰 울림으로 전해졌다. 그러면서 슬로리딩 또는 온작품 읽기 활동이 보다 활발하게 일어났고 관련 서적들이 여기저기에서 등장하게 되었다. 그런데 관련된 실천서들을 읽어보면 실제 활동 과정들이 협동학습 토의·토론 활동으로 진행된 경우들을 많이 접하게 된다. 용어는 어떠하든 상관이 없다고 생각한다. 온작품 읽기 활동을 하면서 매 수업마다 소량씩 읽고 낱말, 문장 등에 관심을 가짐과 동시에 작품 속 인물, 배경, 사건 등을 파악하고 인물이 겪은 일에 대하여 다양한 생각을 하면서 주변 사람들과 토의·토론을 함으로써 국어과의 문학, 읽기, 쓰기, 듣기, 말하기 영역 핵심성취기준을 도달할 수 있게 하자는 취지 측면에서는 서로 다르지 않다고 필자는 바라보고 있다. 비록 한 권의 책을 읽지만 아이들이 이 활동 과정을 통해 접하는 정보의 양과 깊이는 활동을 어떻게 하느냐에 따라 몇 배로 달라질 수 있다는 점에서 매우 훌륭한 활동이라 할 수 있고 과거에 해 왔던 단순한 독서 후 활동과 비교해 볼 때도 차원이 다른 활동이라 할 수 있다.

온작품 읽기 활동의 평가와 관련해서는 단순한 결과물만 가지고 해서는 안 된다. 무엇보다 과정 중심 평가가 제대로 이루어져야만 한다. 소리 내어 책을 읽는 활동에서부터 책을 읽고 자신이 생각을 정리하고 토의·토론 하는 과정, 그 과정에서 학생들이 보여주는 정의적 영역 전반에 걸쳐 계획적인 평가가 이루어져야만 한다.

1) 협동학습 토의·토론으로 온작품 읽기 수업 절차

반드시 다음과 같은 절차대로 진행해야만 하는 것은 아니지만 대체로 이런 순서에 따라 이루어지는 것 같아 정리해보았다.

① 오늘 읽고 활동할 수 있는 양 정하기(책의 종류, 학년 수준, 교사가 읽어주느냐, 학생들끼리 돌아가며 혹은 번갈아가며 소리 내어 읽느냐, 개인별로 읽느냐 등에 따라 활동량은 크게 달라진다.)

② 관련 교과의 핵심 성취기준 확인 및 핵심 활동 주제 선정하기

③ 핵심 활동 주제 관련 핵심 질문 또는 핵심 활동 정하기

④ 활동에 적합한 협동학습 토의·토론 방법 결정하기

⑤ 평가 고민하기(어떤 과정을 어떻게 평가할 것인지)

⑥ 수업 디자인하기(수업 흐름을 자기만의 방식으로 정리)

2) 소리 내어 읽기 과정에서 할 일

소리 내어 읽기 과정은 매우 중요한 활동이다. 가능하면 소리 내어 읽기 활동은 빠뜨리지 않는 것이 좋다. 큰 소리를 내어 읽다 보면 발표 활동에도 자신감이 붙어 자연스럽게 발표 목소리도 커지는 효과를 볼 수 있다. 읽기 분량, 수업 시간 등에 따라 변화가 있을 수 있지만 조금의 분량이라도 꼭 하고 넘어가도록 하자.

소리 내어 읽은 수업에는 보편적으로 아래와 같은 활동을 많이 거친다.

(1) 모르는 낱말 ○개 정도 노트에 기록하고 사전에서 찾아 뜻 정리하기(읽는 과정에서 동그라미 표시 해두기, 감동적인 부분 밑줄 긋기, 국어사전 필수)

(2) 각 낱말을 사용하여 문장 1개 정도씩 만들어보기

(3) 자신이 찾아 기록한 낱말 모두를 사용하여 짧은 글쓰기 하기

(4) 특별히 감동적인 부분, 문장 등을 찾아 기록하고 그 이유도 함께 쓰기

3) 어떤 책을 골라야 하는가

교사들마다 책 선정 기준은 다를 수 있다. 그래도 어떤 책이 좋은가에 대한 이야기를 나누다보면 "아이들의 흥미와 관심을 끄는 책, 아이들의 현실과 실제 삶이 잘 반영된 책, 책을 통해 자신을 돌아보기에 좋은 책, 우리 역사적 문화적 정서가 잘 반영된 책"이라는 공통점을 찾을 수 있다. 만나는 학생들의 상황과 수준에 따라 관

심분야는 다를 수 있겠지만 보통 연예인, 좋아하는 친구, 우정, 취미, 외모, 학업과 성적, 진로, 키와 체격 등에 공통 관심사를 보이는 경우가 많다.

한편 책의 분량도 중요한 선정 기준에 하나일 수 있다. 1차시에 활동할 수 있는 분량이 그리 많지 않기 때문에 계획한 총 시간에 따라 적당한 분량의 책을 정해야 주어진 시간 안에 모두 읽고 마무리를 할 수 있다.

4) 협동학습 토의·토론으로 온작품 읽기 수업 디자인 사례

필자가 진행했던 수업 디자인 사례 몇 가지만 공유해 보고자 한다. 선정한 책은 비록 그림책이라 분량은 작지만 5학년 학생들의 수준에 매우 적절한 주제를 담고 있기 때문에 의미가 있었던 활동이었다.

1. 제목과 표지로 상상의 나래 펼치기

핵심 주제	책 표지와 제목만으로 생각과 느낌 나누기
핵심 성취 기준	작품을 보고 떠오른 생각과 느낌을 다양한 방법으로 표현 다른 사람과 생각과 느낌을 주고받기
활동 목표	책을 읽기 전 제목, 표지 이미지 등에 담긴 의미를 생각하고 이야기 나누기
활동 과정 (40분)	1. 책 제목과 표지 제시: 각자 제목, 표지 이미지 등을 보고 떠오르는 생각 개인별로 정리 2. 책 표지를 보고 떠오르는 모둠원의 다양한 생각을 버블 맵 활동으로 정리(모둠) ⇨ 발표를 통해 공유 3. 책 제목 "용기"와 관련된 생각을 모둠 문장 활동으로 나누기(개인별로 '용기란 〈한 낱말, 비유적 표현〉~이다. 왜냐하면 ~이기 때문이다.'라고 정리 ⇨ 모둠원과 공유 ⇨ 모둠 내 공유된 비유적 표현 관련 낱말만 모아 칠판 나누기 활동으로 공유 ⇨ 모둠별로 공유된 4개의 낱말을 모두 넣어서 '용기'와 관련된 1개의 문장 만들기 ⇨ 전체 공유하기 ⇨ 총 정리하기) 

2. 야쿠바, 전사가 되기 위한 시험에 들다.

핵심 주제	전사가 되기 위해 용기를 보여주어야 하는 야쿠바
핵심 성취 기준	작품을 읽거나 듣거나 보고 떠오른 생각과 느낌을 다양한 방법으로 표현, 다른 사람과 생각과 느낌을 주고받기
활동 목표	야쿠바 부족의 전통인 '용사되기 시험'을 이해하고 그 과정에 대하여 이야기 나누기
활동 과정 (80분)	1. 교사가 그림을 함께 보여주면서 책을 천천히 읽어주기 또는 책을 정해진 부분까지만 짝끼리 번갈아가며 다시 천천히 성독하기 2. 모르는 낱말을 3~4개 정도씩 찾아 노트에 기록하고 뜻 찾아 정리 3. 각각의 낱말을 넣어서 짧은 문장 만들기 4. 모든 낱말을 넣어서 짧은 글쓰기하기 5. 인상적인 부분을 찾아 이유와 함께 쓰기 6. 모둠 내에서 돌아가며 말하기 ⇨ 모둠 내 한 사람이 모둠원 생각을 모두 모아 정리, 발표(짝 대변인 활동으로 진행해도 좋음) 7. 야쿠바에 대하여 알기: 7단계 질문[사실 질문(5W)+왜(Why)+만일 질문(If)] 활동으로 개인별 활동 - 야쿠바가 살고 있는 지역의 생활모습 상상하기, 야쿠바 부족의 전통(용사되기 시험 과정)에 대하여 생각해보기, 야쿠바의 심정 등에 대하여 생각해보기 등 - 활동 결과를 모둠별로 돌아가며 문제 내기 또는 문제 풀기 활동으로 공유 ⇨ 모둠 내에서 좋은 질문 뽑기 ⇨ 전체와 공유하기 ⇨ 활동 정리하기

3. 야쿠바, 드디어 사자와 마주하다.

핵심 주제	야쿠바, 드디어 사자와 마주하다.
핵심 성취 기준	작품을 읽거나 듣거나 보고 떠오른 생각과 느낌을 다양한 방법으로 표현, 다른 사람과 생각과 느낌을 주고받기
활동 목표	야쿠바가 사자와 만나 어떻게 할 것인지 상상력을 발휘하여 뒷이야기 예상하기
활동 과정 (80분)	 1. 교사가 그림을 함께 보여주면서(야쿠바가 사자와 맞닥뜨린 장면) 뒷이야기가 어떻게 전개될 것인가 예상해보도록 안내하기 2. 몇 명의 학생들이 자유롭게 개인 생각을 발효하는 시간 갖기 3 모둠별로 "이제야말로 용감하게 덤벼들어 싸워야 한다."라는 한 문장이 맨 위에 적힌 활동지 4장씩 각 모둠에 배부하기 4. 각 모둠원은 똑같은 활동지 1장씩 받아들고 그 문장 뒤를 이어서 자신이 상상(예상)한 뒷이야기를 만들어본다(동시다발적으로 돌아가며 쓰기). 5분 정도의 시간이 지나면 활동지를 번호순서대로 모둠 내에서 순환한다. 5. 충분한 시간을 가지고 계속 돌아가면서 쓰기 활동을 하면 모둠 내에서는 4편의 서로 다른 이야기가 완성된다(이 때 주의할 점: 이야기를 진지하게 만들어가야 함. 장난스러운 방향으로 이야기가 전개되지 않도록 미리 안내하기. 이야기를 반드시 마무리 지어야 할 필요는 없음). 6. 모둠원이 4편의 이야기를 함께 읽어보고 그 가운데 가장 잘 이야기가 전개된 1편을 골라 발표를 한다(원작과 비교할 필요는 없음).

4. 야쿠바, 전사가 될 수 있을까?

<table>
<tr><td>핵심 주제</td><td>야쿠바가 보여준 행동을 생각하며 질문 주고받기</td></tr>
<tr><td>핵심 성취 기준</td><td>자신의 생각을 설득력 있게 표현하고, 타인의 이야기 경청하기, 다른 사람을 존중하며 토의·토론하기</td></tr>
<tr><td>활동 목표</td><td>야쿠바가 보여준 행동을 생각하며 질문 주고받기를 하고, 모둠 내 핵심 질문을 1~2개 뽑기</td></tr>
<tr><td>활동 과정
(80분)</td><td>1. 교사가 그림을 함께 보여주면서 책을 천천히 읽어주기 또는 책을 정해진 부분까지만 짝끼리 번갈아가며 다시 천천히 성독하기
2. 모르는 낱말을 3~4개 정도씩 찾아 노트에 기록하고 뜻 찾아 정리
3. 각각의 낱말을 넣어서 짧은 문장 만들기
4. 모든 낱말을 넣어서 짧은 글쓰기하기
5. 인상적인 부분을 찾아 이유와 함께 쓰기
6. 모둠 내에서 돌아가며 말하기 ⇨ 모둠 내 한 사람이 모둠원 생각을 모두 모아 정리, 발표(짝 대변인 활동으로 진행해도 좋음)
7. 질문 만들기 활동: 각 부분별로 2~3개씩 의미 있는 질문 만들기
<table><tr><th>사실 질문</th><th>심화 질문</th><th>적용 질문</th><th>종합 질문</th></tr><tr><td></td><td></td><td></td><td></td></tr></table>8. 얼굴짝끼리 짝 점검 활동으로 질문과 답변 주고받기
9. 짝 끼리 토의 · 토론하며 좋은 질문 2개씩 뽑기
10. 모둠 내에서 뽑아낸 2개씩의 좋은 질문을 활용하여 모둠 토의 · 토론 진행하기
11. 모둠 내에서 가장 잘 만들어진 질문 1개 뽑기
12. 전체 발표로 공유, 이에 대한 대집단 토의 · 토론하기</td></tr>
</table>

5. 야쿠바, 사자를 잡았어야 했을까?

핵심 주제	'야쿠바는 사자를 잡았어야 했을까?'에 대하여 생각해보기
핵심 성취 기준	자신의 생각을 설득력 있게 표현하고, 타인의 이야기 경청하기, 다른 사람을 존중하며 토의 · 토론하기
활동 목표	'야쿠바는 사자를 잡았어야 했을까?'에 대하여 찬/반으로 입장을 바꾸어 가며 토의 · 토론하기(Pro – con 토의 · 토론)
활동 과정 (80분)	1. '야쿠바는 사자를 잡았어야 했을까?'라는 질문을 중심으로 찬/반 토의 · 토론을 실시(Pro – con 토의 · 토론) 2. 모둠 내에서 2명씩 찬/반으로 나뉘어 각자의 주장에 대한 생각을 정리(같은 생각끼리 주장을 정리 – 활동지) 3. 2:2 토의 · 토론 실시(서로 상대의 주장을 함께 요약, 정리하면서 듣기) 4. 입장을 서로 바꾸어 생각을 정리(같은 생각끼리 주장을 정리 – 활동지) 5. 2:2 토의 · 토론 실시(서로 상대의 주장을 함께 요약, 정리하면서 듣기) 6. 토의 · 토론이 마무리되면 최종적으로 모둠 의견을 정리하여 결론을 도출해내기 7. 전체 공유하기(필요시 질의 및 응답 기능)

6. 야쿠바는 과연 전사라 할 수 있는가?

<table>
<tr><td>핵심 주제</td><td>이 책에서 야쿠바가 보여준 모습으로 볼 때 야쿠바는 과연 전사라 할 수 있는지 생각해보기</td></tr>
<tr><td>핵심 성취 기준</td><td>자신의 생각을 설득력 있게 표현하고, 타인의 이야기 경청하기, 다른 사람을 존중하며 토의 · 토론하기</td></tr>
<tr><td>활동 목표</td><td>야쿠바가 보여준 행동으로 볼 때 야쿠바를 전사라 부를 수 있는지 이야기 나누어보기</td></tr>
<tr><td>활동 과정
(80분)</td><td>1. 이야기 속의 중요 상황을 제시하고 그 상황에서 야쿠바는 전사라 부를 수 있는지 생각해보기

야쿠바의 친구들은 모두가 우러르는 전사가 되었지만 야쿠바는 마을 외딴 곳에서 가축을 지키는 일을 하게 되었다. 그런데 마을의 가축을 습격해오던 사자들의 발걸음이 끊긴 것은 바로 이때부터였다. 〈이야기는 이렇게 끝을 맺고 있다.〉

2. 가치수직선 토의 · 토론하기
– '야쿠바는 과연 전사라 부를 수 있는가?'라는 논제에 대하여 자신의 생각 정리하기(6단 논법)
– 자신의 1차 생각을 칠판에 표시하기(붙임딱지)
– 1차 생각을 모둠원과 돌아가며 말하기로 토의 · 토론
– 반 전체와 대집단 토의 · 토론
– 자신의 생각에 변화가 생겼는지 가치수직선에 다시 나타내기(변화가 생겼다면 그 이유는 무엇인지 생각을 정리하여 발표하기)
3. 활동 전체 정리 및 토의 · 토론 결과에 대한 자신의 생각을 글쓰기 활동으로 기록하기(과제와 연결)</td></tr>
</table>

Chapter 07

다양한 협동학습 토의·토론 활동 60가지

많은 종류의 구조를 적용(구조를 여러 개 활용하는 것)보다는 한 가지 구조라도 꾸준히 효율적으로 사용하는 것이 협동학습의 진정한 가치를 확인할 수 있는 지름길이다. 협동학습 구조에 대한 욕심으로 인하여 학생들이 협동학습하는 방법을 배우는 수업을 하게 되는 우를 범하는 일은 없어야 할 것이다. 협동학습을 위해 협동학습 방법을 익히는 것이 아니라 배움을 위해 협동적 활동을 하는 것이라는 사실을 결코 잊어서는 안 된다.

매우 중요한 협동학습 구조 활용의 팁
어떤 구조를 활용하여 수업을 하더라도 제일 먼저 할 일은 해당 주제와 관련하여 혼자 생각할 시간을 가지고 자신만의 생각을 정리할 시간을 갖도록 하는 일이다.

이곳에서 제시된 다양한 활동지 양식은 https://cafe.daum.net/hwork에서 공유합니다.

I. 아이디어의 개발

1 생각 내놓기 토의·토론

1) 기본이해

필자의 교실 – 분류기준 찾기

모둠에서 혹은 학급 구성원 모두가 다양한 생각과 의견을 나누며 토의·토론 활동을 할 때 의견이 중복되거나 너무 많은 의견이 나와서 잘 정리가 되지 않는 경우, 비슷한 것들이 많아 혼란스러운 경우, 모둠별 혹은 학급 전체 회의를 통해서 의견들을 체계적으로 정리하고 종합하기에 어려운 경우 등 교실 안에서 흔히 겪게 되는 토의·토론 활동 속에서 아이디어를 개발하고 문제의 해결방안을 제시하는 과정상의 어려움을 극복하기에 매우 효과적인 구조라 할 수 있다.

이 구조가 가진 대표적인 특징은 ① 모둠원이 의무적으로 자신에게 주어진 쪽지 수만큼의 생각을 적어놓은 뒤에 이를 바탕으로 토의·토론 활동에 참가하며, ② 종이에 적어놓고 토의·토론 활동을 하기 때문에 말하고자 하는 중요한 생각들을 잊어버릴 염려가 줄어들고, ③ 생각이 적힌 종이쪽지가 여기 저기 돌아다니면서 생각의 변화(수정, 변형 등)가 일어난다. 또한 ④ 자연스럽게 분류가 이루어지며, ⑤ 참가한 사람들이 그에 집중하게 된다는 점이다.

2) 진행방법

"혼자 생각하기" 단계는 모든 활동을 시작하기 전에 선행되는 필수 활동!!!

① 교사는 먼저 생각을 기록할 쪽지 또는 이면지(A4의 1/4 크기 배분 ⇨ 학생 각자 4등분)를 나누어준다.

② 주제를 학생들에게 제시하고 안내한 후 혼자 생각할 시간을 갖는다.

③ 주제에 맞는 각자 자신의 생각을 쪽지 1장에 한 가지씩, 주어진 시간만큼 기록해 나간다.

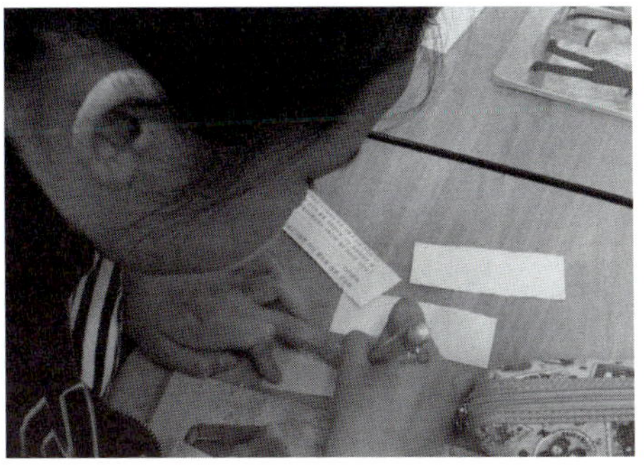

필자의 교실 – 도덕시간 사례

④ 교사가 생각 내놓기 활동을 할 시간을 안내하면, 각 모둠에서는 "돌아가며 말하기" 구조를 활용하여 1번 모둠원부터 자신이 갖고 있는 쪽지(생각)를 한 장씩 내려놓으며 설명을 한다.

⑤ 다른 모둠원은 〈1번〉 모둠원의 설명을 들으면서 자신도 같은 생각을 기록한 쪽지를 들고 있으면 "저도 그런 생각을 했습니다."라는 말과 함께 동시에 내려놓는다(포개어 놓는다). 이렇게 되면 그 모둠에서 한 가지 생각이 분류·정리된다.

⑥ 이어서 2번 모둠원이 자신의 생각을 자세히 설명하며 한 가지 생각이 적힌 쪽지를 내려놓는다. 그러면 나머지 모둠원은 5단계 과정을 반복한다(먼저 내려놓은, 다른 생각이 적힌 종이쪽지와 분리하여 내려놓는다).

필자의 교실: 도덕시간에 자신의 생각을 말하며 쪽지 내려놓기를 하는 장면

⑦ 앞의 4단계, 5단계 과정을 반복하면서 손에 쪽지를 들고 있는 모둠원이 한 명도 없을 때까지 진행한다(자연스럽게 비슷한 생각끼리 포개어진 상태로 분류·정리된다).

⑧ 분류·정리된 생각들을 살펴보면서 재배치(생각이 비슷해서 합치거나 또는 그 반대일 경우)해야 할 의견이 있다면 서로 상의하여 정리한다.

⑨ 정리된 생각 묶음들을 주어진 B4 용지에 분류하여 풀로 붙인다(때로는 붙이지 않고, 분류된 의견들을 정리만 하여 마무리하기도 한다).

필자의 교실: 이미 분류된 생각들을 다시 살펴보면서 재배치하는 장면

⑩ 모두 붙인 후에는 분류된 생각 묶음들 하나하나마다 한 개의 문장으로 정리하여 바로 옆이나 아래에 기록해 둔다(서로 상의하여 좋은 문장을 만들기). 시간이 허락된다면 간단하게 꾸며주는 것도 좋다(활동 주제나 제목 등을 크게 쓰고, 모둠 정체성도 표시될 수 있도록 한다. ⇨ 모둠명, 모둠 상징, 모둠원 이름 등). ⇨ 다양하게 제시되고 분류된 생각 묶음들에 대한 분류기준이 필요한 경우에는 그 생각 덩어리(분류된 쪽지들)를 대표할 수 있는 낱말이나 문구를 논의한 뒤 그 기준들에 따라 쪽지들을 붙이고 정리하도록 한다(범주화하기).

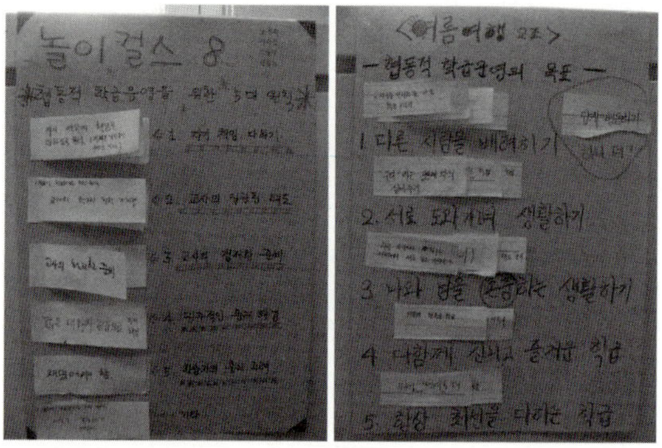

초등협동학습연구회 아래미래 주관 교사 대상 직무연수에서 모둠별 생각을 정리한 사례: 협동적 학급운영 원칙과 목표

⑪ 정리된 결과물을 바탕으로 각 모둠에서 나온 의견들을 모둠 번호 순으로 발표하거나 게시한다.

3) 활동효과

① 각 개인의 생각과 의견을 전체 의견에 꼭 반영시켜서 소수의 의견도 존중하게 해준다(모든 모둠원이 주어진 쪽지의 수만큼 생각을 적을 수 있도록 하여 자연스

럽게 자신의 아이디어 발표 및 동등한 참여를 이끌어 낸다).

② 말로 하는 활동에 비하여 생각이나 의견이 더 정교해지고 다듬어진다(말로 할 때보다 신중해지고 깊은 생각을 하게 된다). 또한 활동 중에도 언제든지 자신의 의견을 수정할 수 있도록 하여 보다 편안한 마음으로 활동에 참여하게 된다.

③ 활동하는 과정 속에서 자연스럽게 비슷한 의견들끼리 분류·분석·범주화가 이루어진다. 그 결과로 나타난 다수의 의견과 그 밖의 의견들을 쉽게 구분할 수 있도록 해준다. ⇨ 시각적인 자극, 말로 하는 활동보다 시간이 절약됨.

④ 모둠원 혹은 학급 구성원 모두의 의견을 한 눈에 쉽게 알아볼 수 있다. 또한 모둠에서 나온 의견들을 바라보는 활동은 또 다른 생각이나 아이디어를 생산하도록 하는 자극제 역할을 하여 끊임없는 아이디어 생산이 이루어질 수 있다.

⑤ 분류·분석의 결과 모둠이나 학급 구성원들의 생각들이 종합적으로 정리, 발표되어 〈아이디어 개발·문제 해결방안 제시〉뿐만 아니라 의사결정이 필요한 때도 많이 활용된다는 점(가장 많은 쪽지가 나온 순서대로 결정 ⇨ 이 경우 결정에 따른 긍정·부정적 효과 등에 대한 모둠 내 평가도 필요)이 큰 특징이자 장점이라 할 수 있다. ⇨ 확산적 사고 및 수렴적 사고가 가능 !

⑥ 모둠원은 자신 및 타인이 내려놓은 쪽지(시각적 자극)를 보면서 활동하는데, 쪽지가 한 곳에 쌓이거나 자신 및 타인이 내려놓은 쪽지가 여기저기로 이동하는 모습을 보면서 활동을 하여 집중도가 높아진다.

4) 주의할 점이나 활동의 팁

① 혼자 생각할 시간은 충분히 주되, 주어진 시간에도 채우지 못한 쪽시는 그냥 빈 채로 내려놓도록 하고, 활동 도중에도 새롭게 떠오르는 생각이 있으면 그 생각을 채울 수 있도록 안내한다(강제성 배제).

② 발표한 후에 결과물들은 복사 후 배부 또는 게시물로 활용하기도 한다

③ 발표 시에는 앞 모둠에서 발표한 내용을 체크해 두었다가 중복되지 않는 의견만 발표하도록 뒷 모둠에게 안내하는 것이 좋다.

④ 필요한 경우에는 언제든지 자신의 생각이나 의견을 수정할 수 있도록 해주어야 편안한 마음으로 활동에 참여할 수 있다.

⑤ 활동 중 시간이 부족하여 다 끝내지 못할 경우에는 쪽지들을 분류된 상태로 모아두거나 큰 종이(B4용지 등)에 붙여두었다가 쉬는 시간 또는 다음 시간에 완성할 수 있도록 한다.

⑥ 발표 방법은 교사의 창의적인 생각에 따라 다양하게 가져갈 수 있다.

예 각 모둠에서 정리한 내용을 실물화상기로 보여주거나 모둠 칠판에 크게 써서 보여주기, 각 모둠이 의견을 발표할 때 교사가 칠판에 정리하며 진행하기, 정리한 내용을 게시하고 〈교실 산책〉 구조로 나누기, 모둠별로 의견 발표 후 같은 의견을 모아서 칠판에 정리하기 등.

모둠별 의견 발표 후 같은 의견을 모아서 칠판·전지에 정리한 사례: 앞의 2장은 필자의 교실에서 도덕시간에 활동했던 사례, 뒤의 1장은 초등협동학습연구회 아해미래에서 주관한 교사 대상 협동학습 직무연수에서 학급규칙 만들기를 주제로 활동했던 사례

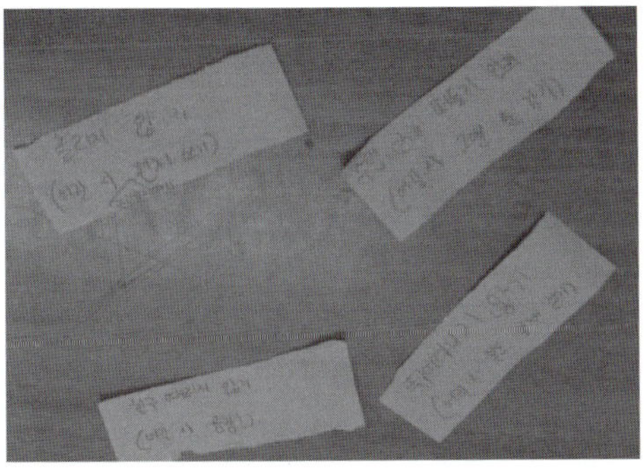

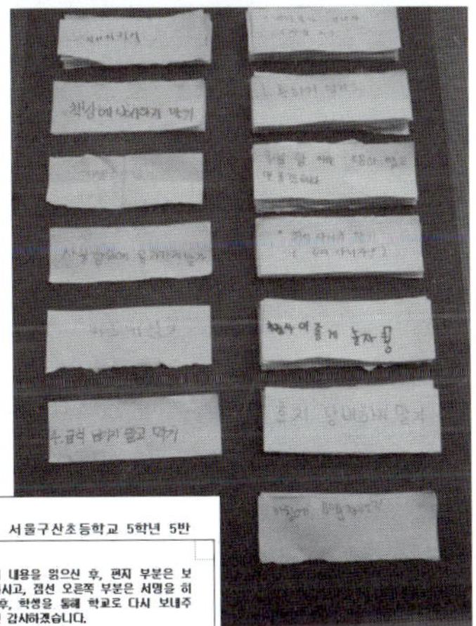

아해미래
초등협동학습연구회

서울구산초등학교 5학년 5반

5학년 5반 학부모님께

저는 2010년에 5학년 5반을 맡아 아이들과 함께 담임교사로 생활하게 된 교사 이상우입니다.

항상 아이들과 생활하면서 최고가 되는 것도 좋지만 무엇보다 최선을 다하는 사람이 되기를, 다른 사람들과 함께 더불어 잘 살아갈 수 있는 아이들로 자라주기를 바라는 마음 간절합니다.

학교에서 생활하다 보면 다양하고도 복잡한 일들이 많이 일어나게 되는데, 보다 안전하고 효율적이며 행복하고도 즐거운 학급을 만들어 나가기 위해 아이들이 지켜나가야 할 최소한의 것들을 아래와 같이 학급 규칙으로 만들어 보았습니다.

1. 사이좋게 지내자.(싸움이 일어났을 때 선생님께서 지도를 해 주시기로 함.)
2. 바른 말 고운 말을 쓰자.(욕을 했을 때 하루 종일 모두에게 존칭어 쓰기->안 하면 1일 추가)
3. 이름을 불러주자.(별명이나 기분 나쁜 말로 부를 경우 그 사람을 위해 하루 종일 봉사활동하기)
4. 실내에서 사뿐사뿐 걸어 다니자.(뛰었을 때 체력 단련 100회->또 뛰면 2배, 3배, 4배 -)
5. 교실을 깨끗이 사용하자.(쓰레기를 버렸을 때 청소담당구역 봉사 1주일)
6. 질서를 잘 지키자.(질서를 지키지 않았을 경우 해당 활동에서 순서를 맨 뒤로!)
7. 시간을 잘 지키자.(그 시간 이후부터 쉬는 시간, 점심 시간 등에서 자리에 앉아 독서하기)
8. 책상을 깨끗하게 사용하자.(모든 책상을 손걸레로 깨끗이 닦아주기 봉사활동)

위의 규칙은 담임교사인 제가 만들어 일방적으로 제시한 것이 아니라 5학년 5반 아이들 자신들이 꼭 있어야 할 것이라 생각하는 규칙을 다양하게 내놓고, 그 가운데서 추리고 추려서 엄선한 것들입니다. 타인에 의해 강제로 주어진 규칙보다는 자신들이 스스로 만든 규칙에 훨씬 더 책임감을 강하게 갖는다는 경험을 바탕으로 아이들과 함께 직접 만든 규칙이라 올해도 우리 반 아이들은 규칙을 잘 지켜나갈 것이라 믿어 의심치 않습니다. 또한 교사로서 5반 아이들이 학급규칙을 스스로 잘 지켜나갈 수 있도록 격려와 지도를 꾸준히 해 나갈 것입니다. 그 과정에서 만약 가정의 도움이 필요하다고 판단이 된다면 수시로 학부모님께 어떤 방식으로든 연락을 드리도록 할 것입니다. 혹시 궁금하신 점이 있거나 저와 대화가 필요하신 분께서는 아동 편으로 보내드린 명함에 적힌 손전화(핸드폰)로 언제든지 연락을 주십시오. 요청에 성심을 다하여 응하도록 하겠습니다. 올 한 해도 아이들과 좋은 학급생활이 될 수 있도록 학교와 가정과 아이들, 이렇게 삼위일체가 되었으면 하는 바람 간절합니다. 잘 부탁드립니다.

2010년 3월 6일

서울구산초등학교 5학년 5반 담임교사 이상우 올림

편지 내용을 읽으신 후, 편지 부분은 보관하시고, 점선 오른쪽 부분은 서명을 하신 후, 학생을 통해 학교로 다시 보내주시면 감사하겠습니다.

5학년 5반 학생 (   )의 학부모는 아이들 스스로 만든 학급규칙에 대한 편지 내용을 잘 읽어보았으며, 이 내용에 동의함을 서면으로 밝힙니다.

학부모(보호자) 성함 ____________

보호자 서명 ____________

학생 서명 ____________

2010년 3월 (   )일

규칙과 관련하여 의견이나 궁금하신 점, 제안해주실 점이 있다면 아래에 적어 보내주시기 바랍니다. 꼭 참고하겠습니다.

선생님도 신나고 아이들도 신나는 교실을 만들어가는 서울초등협동학습연구회 아해미래

2010년 3월 필자의 교실에서 생각 내놓기 구조를 의사결정 활동에 활용, 학급규칙 만들기 활동을 했던 사례로 활동 후에 결정된 학급규칙을 각 가정에도 알리고, 아동 및 학부모 동의를 통해 학생들 스스로 만든 학급규칙의 중요성 인식 및 준칙 정신을 강조하고자 계획했던 활동이다.

⑦ 분류기준에 따른 다양한 아이디어 개발 및 공유 활동사례는 다음과 같다.

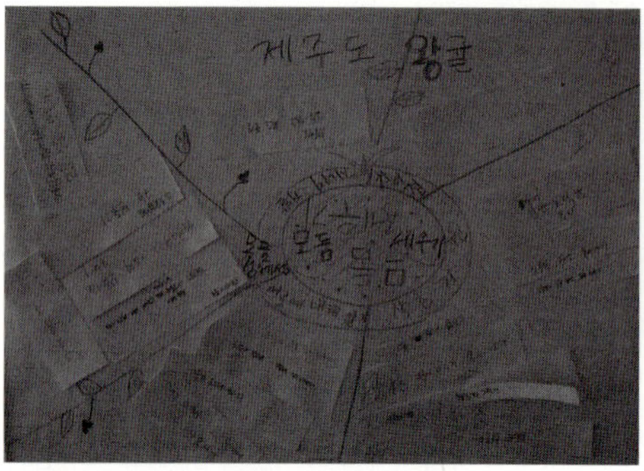

초등협동학습연구회 아해미래 주관 교사 대상 협동학습 직무연수에서 다양한 모둠세우기 활동 사례를 서로 나누고, 분류 기준에 따라 쪽지들을 붙여가며 정리해보았던 사례

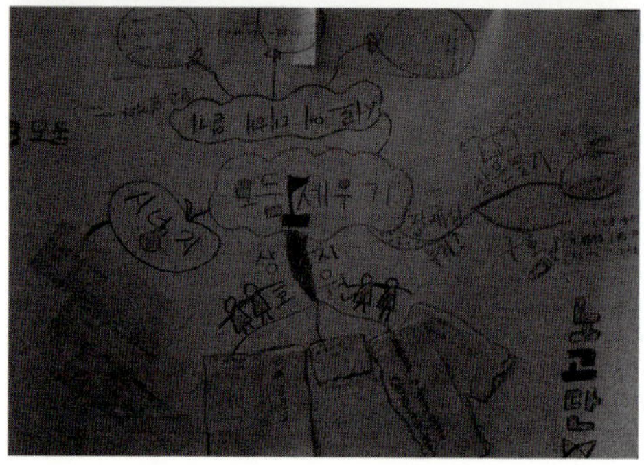

⑧ 학급 구성원 전체의 의견들을 한 곳에 모아 전체 회의 방식으로 진행할 때는 다음과 같은 방식으로 진행한다.

(1) 어느 한 모둠에서 한 가지 의견을 발표하면(또는 누군가 한 가지 의견을 발표하면) 그와 비슷하거나 같은 의견을 쓴 모둠 또는 개인은 해당 의견이 적힌 쪽지들을 모두 한 곳에 모은다(발표한 모둠 또는 개인이 모두 받아둔다).

(2) 발표한 모둠 또는 개인은 받은 쪽지들을 모아 집계하고, 그 의견을 칠판에 기록한 뒤 모인 쪽지의 수(의견을 낸 사람들의 수)를 옆에 적는다. 이때 다소 혼란스러움이 있을 수 있다(비슷한 생각인지, 같은 의견인지 묻는 학생들이 많다).

(3) 위의 1, 2 단계를 계속 반복하여 활동한다.

(4) 개인 또는 모둠에 남은 의견이 없을 때까지 활동을 지속하게 되면, 칠판에는 학급 구성원 전체의 의견이 모아지게 되고, 자연스럽게 의견을 낸 사람

들의 숫자도 파악되어 의사결정 또는 많은 사람들이 어떤 생각을 공통적으로 하고 있는가 등의 파악에도 도움이 된다(다양한 생각과 의견의 공유 및 의사결정에 도움이 된다).

(5) 필요한 경우에는 칠판에 기록, 정리된 내용들을 개인의 노트에 기록하게 하면 그 자체가 수업내용의 정리가 된다.

5) 수업의 실제

'생각 내놓기'를 활용한 국어과 토의·토론 수업

주제	분류 기준 정하기
학습 목표	사물을 분류하는데 필요한 기준을 다양하게 찾을 수 있다.
사회적 기술 목표	도란도란 말하기, 적극적으로 듣기(경청)
학습 자료	타이머, 이면지(개인별 쪽지 만들 재료), 자석, 두 박스 구조 자료(PPT)

단계	학습내용 및 학습구조	교수 · 학습 활동	자료 및 유의점
도입	동기유발 두 박스 구조 (모둠)	▣ 동기 유발하기: 두 박스 구조를 활용하여 기준 찾기 <table><tr><td></td><td>박스 1</td><td>박스 2</td></tr><tr><td>1단계</td><td>소</td><td>독수리</td></tr><tr><td>2단계</td><td>양</td><td>매</td></tr><tr><td>3단계</td><td>염소</td><td>부엉이</td></tr><tr><td>4단계</td><td>돼지</td><td>백조</td></tr></table>* 박스 1과 박스 2를 가르는 기준은 ? 사는 곳 * 박스 1, 2를 가르는 또 다른 기준은 ? - 날개의 유무, 가축인가 아닌가, 다리의 수 등.	• 단계에 따라 순차적으로 제시(PPT자료)
	학습문제 확인	▣ 학습 문제 확인 사물의 분류에 필요한 기준을 다양하게 찾을 수 있다.	• 모두 다 함께 (한 목소리로)
전개	진체 학습	【활동 1】 "분류 기준"의 중요한 조건 2가지 알아보기 - 조건 1: 공통점과 차이점이 있어야 한다. - 조건 2: 객관적이어야 한다. [교사] "맛있는 음식과 맛없는 음식"이 분류기준으로 적절하지 않은 이유는 ? [학생] 객관적이지 않다(사람에 따라서 다를 수 있다).	

	생각 내놓기 구조 (모둠)	**【활동 2】** 다양한 분류 기준 세우기 - 5-5반 친구들을 분류할 수 있는 다양한 기준을 알아보자(다양한 분류 기준이 있음을 알기). - 혼자 생각하기: 쪽지에 기록하기 - 모둠 내에서 나누고 정리하기(이끔이, 기록이 역할 활동) 예 취미나 특기, 사는 지역, 좋아하는 것, 성별, 장래 희망, 안경 착용 유무, 가족 형태, 사는 집의 종류 등	• 개인별로 쪽지를 4장씩 나누어 가진 뒤 생각을 기록한다. • 기록이가 모둠에서 나온 생각들을 정리한다.
정리	전체 학습 칠판 나누기 구조	**【활동 3】** 발표 및 정리: 모둠별로 정리한 다양한 분류 기준을 학급 전체와 나눈다. - 학급 전체와 나누기: 모둠별로 가장 많은 의견이 나온 순서대로 1가지씩 돌아가며 발표하고, 학급 전체에서 나온 같은 의견들을 칠판에 붙인다(자석 활용-칠판 나누기). [교사] 분류 기준들이 잘 세워졌는지 함께 생각해보기(기준으로서 적절하지 않은 것이 있는지 함께 살피기) ▣ 다음 차시 안내: 악기, 운동 등에 대한 다양한 기준을 정하여 글로 쓰기	• 전체적으로 나눈 내용들을 각자 공책에 기록, 정리한다.

※ 많은 사례를 보면 포스트잇을 사용하는 경우가 많은데, 필자는 이에 대해서 낭비라는 생각을 갖고 있다. 버리는 이면지들을 모아 적당한 크기로 미리 잘라 놓거나 A4 크기의 이면지를 4등분해서 학생들에게 나누어 준 뒤 각자 그 종이를 접어서 "4등분"한 후 자르라고 하면 쉽게 쪽지를 만들 수 있다. 이렇게 하면 자원 및 금전적인 낭비를 막을 수 있다고 생각한다(재단기를 활용하면 많은 양을 빠르고 쉽게 미리 잘라 놓을 수 있다).

〈생각 내놓기 활동 중 범주화 사례〉

① 개인별 생각 정리하기(주어진 과제에 따라 개인별로 생각을 쪽지에 정리)

② 모둠별 생각 정리하기: 쪽지를 비슷한 것끼리 묶고 범주화하기

범주 1	범주 2
사는 집	어른이 돼서 하고 싶은 것
아파트냐 연립주택이냐 단독주택이냐	되고 싶은 것
단독주택인가 아닌가?	자신의 꿈
어떤 집에 사는가?	자신의 진로

③ 범주화를 마친 후 각 범주별로 제목을 붙인다.

범주 1: 주택의 종류	범주 2: 장래 희망
사는 집	어른이 돼서 하고 싶은 것
아파트냐 연립주택이냐 단독주택이냐	되고 싶은 것
단독주택인가 아닌가?	자신의 꿈
어떤 집에 사는가?	자신의 진로

〈생각 내놓기 활동 결과로 제시된 대안의 평가 사례: P.M.I. 구조 활용〉

도시의 문제 및 해결 방안		P(Plus)	M(Minus)	I(Improvement)
문제점 : 생활 쓰레기 문제	1. 분리수거 및 재활용 철저	쓰레기의 양을 줄이고 자원을 아낄 수 있다.	강력한 제재조치가 없으면 현실적으로 잘 이루어지지 않는다.	철저한 교육 및 홍보를 확대하고, 수시로 점검·감시한다(위반 시 벌금).
	2. 쓰레기 종량제 실시	쓰레기를 많이 만들지 않으려고 노력하게 된다(쓰레기봉투 값이 많이 들어가서).	쓰레기봉투의 값이 많이 비싸지 않을 경우 쓰레기의 양이 많이 줄어들지 않을 수 있다.	쓰레기봉투의 값을 많이 올리고, 실천하지 않는 가정에 대하여 벌금을 부과한다.
	3. 소각장 설치 및 열병합 발전	소각을 통해 쓰레기의 양을 줄이고, 발생되는 열을 이용해 난방 및 발전을 할 수 있다.	소각장 설치에 많은 돈이 필요하고, 소각할 경우 환경이 오염될 가능성이 있다.	지역별로 예산을 확보하여 설치·운영하고, 환경오염 방지 시설을 의무적으로 설치한다.

※ 본래 "I"는 "Intsresting"인데 개선을 뜻하는 "Improvement"로 변화를 주어 활용하였다.

※ 최종 대안으로 1가지만을 결정해야 할 경우에는 아래와 같은 활동지를 마련한 뒤, 나온 의견들을 종합적으로 살피면서 최종 대안 및 그렇게 결정된 이유를 정리, 발표할 수도 있다.

(　　　　　　) 모둠 – 모둠원 (　　,　　,　　,　　)					
문제 및 해결 방안		P	M	I	결정 여부
문제점 :	1.				
	2.				
	3				
결정 및 발표 내용	우리 모둠이 결정한 해결 방안은 (　　　　　　)입니다. 왜냐하면				

2 브레인스토밍 토의·토론

1) 기본이해

브레인스토밍(Brainstorming)은 창의적인 아이디어를 생산하기 위한 학습 도구이자 토의·토론 방식이다. 브레인스토밍은 3인 이상의 사람이 모여서, 하나의 주제에 대해서 자유롭게 토의·토론 활동을 전개한다. 여기에서 중요한 점은 어떤 사람이 제시한 의견에 대해서 다른 참가자가 절대로 비판을 해서는 안 된다는 것이다. 이 구조는 특정 시간 동안 제시한 생각들을 모은 뒤 1차, 2차 검토를 통해서 그 주제에 가장 적합한 생각을 다듬어나가는 과정에 의해서 이루어지는데, 그 과정 속에서 꼭 지켜져야 할 4가지 원칙이 있다.

(1) 어떤 사람의 의견이라도 절대로 비판하지 않기
(2) 개방적인 분위기 보장하기
(3) 질보다는 양을 중시하기(최대한 많은 아이디어 도출)
(4) 개선하고 결합하여 새로운 것을 만들기(조합과 분리·개선의 원칙)

브레인스토밍의 특징은 ① 창의적인 생각을 끌어내는데 효과적인 방법으로, ② 집단의 크기(대·중·소)에 상관없이 언제든지 활용 가능하고, ③ 교육 현장에서 창의성 발산과 함께 시너지 효과도 기대할 수가 있어서 토의·토론 활동에 안성맞춤이라 할 수 있다.

2) 진행방법

"혼자 생각하기" 단계는 모든 활동을 시작하기 전에 선행되는 필수 활동!!!

① 교사는 학생들에게 토의·토론 주제를 제시한다.

예 내가 서울 시장이 된다면?, 내가 대통령이라면?, 우리 모둠의 협동작품을 좀 더 훌륭하기 만들기 위한 방법은? 등

② 생각할 시간을 갖기 전에 먼저 활동에서의 역할(이끔이: 진행, 기록이 :정리 등)을 정하고 나누어 맡은 뒤, 주제에 대하여 적절한 시간동안 생각할 시간을 갖는다.

③ 활동을 시작하기 전에 중요한 4가지 원칙(비판금지, 자유 토의·토론, 질보다는 양, 조합 및 분리·개선)을 강조한 한 뒤, 주제에 대하여 본격적으로 의견을 나누고 마음껏 말하도록 한다. 활동을 하면서 다음과 같은 말은 사용하지 않도록 사전에 지도를 해야 한다(이런 말들을 소위 Idea Killer라고 말한다).

Idea Killer의 말	
• 그것은 잘못된 거야.	• 그건 전혀 새롭지 않아.
• 그런 것을 말하면 안 돼.	• 그건 구태의연한 생각, 낡은 생각이야.
• 그건 우리가 할 수 없는 일이야.	• 그건 예전에도 있었어.
• 그건 이미 나온 말이야.	• 그건 우리가 할 필요가 없어.
• 그건 저것과 비슷한 거야.	• 그건 너무 급한 것 같아.
• 그건 아마 안 될 거야.	• 그런 것은 눈길도 주지 않을 거야.
• 그건 우리의 힘으로 불가능한 일이야.	• 이유는 그렇지만 그러나….
• 그건 받아들여지지 않을 거야.	• 인원이 부족해서….
• 그건 실천할 수 없는 일이야.	• 너무 바빠서 할 수가 없어.
• 돈이 너무 많이 든다.	• 따로 회의를 하여 정해보자.
• 뒤로 미루자(보류하자).	• 너는 지금 무엇이 문제인지 모르고 있구나.
• 그걸 실천할 준비가 안 되어 있다.	• 너무 앞선 생각이라 따라갈 수가 없다.
• 도대체 무얼 하려는 거니?	• 지금까지 그런 적이 없었다.
• 나도 생각해 보았지만 잘 안 되더라.	• 그런 아주 바보 같은 생각이다.
• 나도 해 보았지만 잘 사용하지 않아.	• 침묵으로 일관하기
• 너무 뒤떨어진 생각이다.	• 넌 아무 말도 하지 마.

④ 주어진 시간 동안 나오는 아이디어들은 모두가 잘 볼 수 있도록 활동지에 빠짐없이 기록하고, 정리한다(미리 모둠 칠판을 준비). 적절한 시간이 지나면 모둠원은 지금까지 나온 의견들을 함께 보면서 새로운 아이디어의 생산, 이미 나온 아이디어의 조합 및 분리, 개선 등을 시도해 본다.

⑤ 조합하고 통합한 개선한 아이디어 가운데 가장 좋다고 생각하는 의견 몇 가지를 결정하도록 한다(찬반 투표, 동전 내놓기, 만장일치 등). ⇨ 버릴 것은 버리고, 남은 것들을 잘 분류하여 정리하도록 한다.

3) 활동효과

① 문제의 원인이나 다양한 해결·개선 방안을 찾기에 유용하다.

② 특정 활동을 위한 계획 세우기 활동에 적합하다.

③ 다양한 아이디어를 개발할 때 많이 활용된다.

④ 특정 주제에 대한 다양한 사고를 이끌어내기 등에 많이 활용된다.

⑤ 집단 사고를 통해 사고의 확산을 가능하게 해준다.

4) 주의할 점이나 활동의 팁

① 앞서 제시한 4가지 원칙이 철저하게 지켜질 수 있도록 한다.

② 연령이 낮을수록 〈조합 및 분리·개선〉원칙을 매우 어려워하고, 사회적 기술이 부족할수록 〈비판하지 않기〉원칙이 잘 지켜지지 않으며, 허용적인 분위기가 형성되지 않은 상태에서는 〈자유토의〉원칙이 잘 지켜지지 않는다. 또한 토의·토론 주제가 너무 어렵거나 브레인스토밍 활동에 익숙하지 않으면 〈질보다 양〉의 원칙도 지켜지지 않게 된다.

③ 활동에 따라서 주제와 관련, 토의·토론에 필요한 역할(엉뚱이, 생각이, 지킴이, 칭찬이 등)을 정하고 활동을 해도 좋다(교사가 필요한 역할을 나누어 주도록 한다. 이 경우 연령이 어릴수록 역할책임에 어려움이 많다는 점을 잊지 말자).

일반적인 안내서에 소개되어 있는 역할과 그에 대한 책임

⊙ 칭찬이: 주도적으로 칭찬을 하는 역할, "아주 멋진 생각이야!", 모든 생각에 대하여 평가하지 말고 적극적으로 받아주고 격려하기

⊙ 지킴이: 시간을 조절하는 파수꾼 역할, "시간이 1분 남았다!, 조금 더 서두르자!", 시간을 지키고 조절하는 역할

⊙ 엉뚱이: 톡톡 튀는 사고의 전환을 가능하게 하는 역할, "좀 더 기발한 생각을 해 보자!", 뒤집어 생각하기, 거꾸로 생각하기, 발상의 전환에 주도적인 역할을 수행하기

⊙ 생각이: 통합과 개선의 원칙을 주도하는 역할, "이 아이디어와 저 아이디어를 합하면 어떻게 될까?, 이걸 조금만 바꾸어 보면 어떻게 될까?", 모둠에서 구성원들이 다양한 생각들을 나누고 조합하고 개선시킬 수 있도록 이끌어가는 역할

※ 필요한 경우에는 명패 형식의 팻말을 만들어 활용할 수도 있다.

④ 때로는 실제 그 인물이 되어보지 않으면 안 될 때도 있다.

예 1 살기 좋은 우리 도시를 만들기 위한 방법: 〈시장, 학생, 일반 직장인, 가정주부〉로 역할을 나누어 브레인스토밍을 한다.

예 2 환경오염 문제를 해결하기 위한 방법: 〈정치인, 환경 운동가, 일반 시민, 학생〉으로 역할을 나누어 브레인스토밍을 한다.

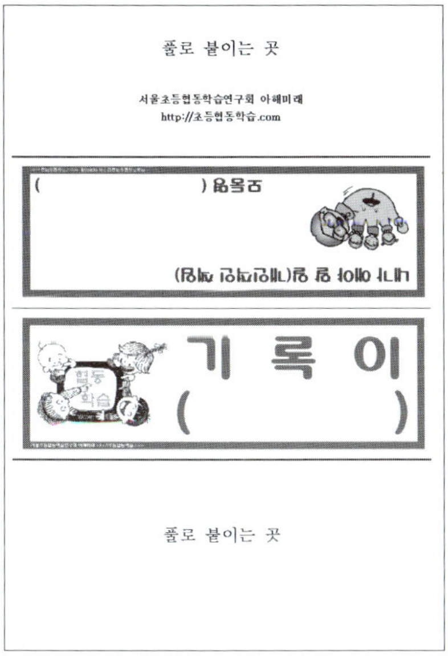

※ 그 속에서 또 다른 역할은 상시 존재한다. 예를 들자면 기록이(브레인스토밍에서 엉뚱이 역할), 칭찬이(브레인스토밍에서도 칭찬이 역할), 점검이(브레인스토밍에서 지킴이 역할), 이끔이(브레인스토밍에서 생각이 역할) 등이 바로 그것이다. 이를 위해서 평소에 모둠원의 역할 책임 속에 브레인스토밍 요소를 적절히 넣어서 익숙해지도록 만들어야 한다.)

※ 역할에 따른 이끔말을 명패 형태의 팻말로 만들어 사용하기도 한다.

5) 수업의 실제

'브레인스토밍'을 활용한 미술과 토의·토론 수업

주제	아름다운 모습
학습 목표	세상에서 가장 아름다운 모습은 어떤 것인지 말할 수 있다(세상에서 가장 아름다운 모습을 사진으로 담아오기 이전의 활동).
사회적 기술 목표	도란도란 말하기, 적극적으로 듣기(경청), 타인의 경험 수용하기
학습 자료	타이머, 보드마카 펜, 보드마카 지우개, 모둠 칠판, PPT

단계	학습내용 및 학습구조	교수·학습 활동	자료 및 유의점
도입	동기유발 전체 학습	▣ 동기 유발하기: 아름다운 모습이 담긴 사진 보여주기(자연, 사람의 모습, 예술 작품 등) - 사진 작품의 제목 생각해보기 - 각자 어떤 느낌이 드는지 이야기해보기 - '아름다운 모습'은 사람마다 차이가 있다는 점 알기	PPT 자료 준비     출처: 네이버 포토 갤러리
	학습문제 확인	▣ 학습 문제 확인 세상에서 가장 아름다운 모습은 어떤 것인지 말할 수 있다.	
전개	모둠 토의	【활동 1】 '세상에서 가장 아름다운 모습'에는 어떤 것들이 있는지 생각해보기 [교사] 보여준 사진 자료를 바탕으로 각자 '세상에서 가장 아름다운 모습'은 어떤 것인지 생각해보도록 하자. [학생] 주어진 시간만큼 각자의 생각을 메모지에 정리한다(개인별로 브레인스토밍하기).	
	브레인 스토밍	【활동 2】 각자 정리한 생각을 모둠원과 나누기 [교사] 각자 브레인스토밍한 내용을 모둠원과 함께 나누어 보도록 하자. [학생] 모둠 내에서 자신의 생각을 자연스럽게 나누기 → 순서 없이 이야기하기(브레인스토밍) → 모둠 내에서 나온 의견 정리하기(활동지: 기록이 정리)	
	의사결정–동전 내놓기	【활동 3】 모둠 내에서 '세상에서 가장 아름다운 모습'이라 생각하는 것 3가지만 정하기 [교사] 각 모둠은 '세상에서 가장 아름다운 모습'이라 생각하는 것 3가지만 정하여 보자(이유도 생각해놓기). [학생] 모둠 내에서 3가지를 정하고, 이유도 정리한다. (활동지에 정리: 기록이) - 1번부터 차례대로 살펴보면서 제외시킬 것과 남겨둘 것을 분류하기 - 남겨진 것들을 바탕으로 모둠원과 서로 상의하여 3가지만 결정한다(동전 내놓기). - 3가지를 결정한 각각의 이유 생각해두기	• 모둠 내 활동지 1장씩 배부 • 모둠 내 활동이 마무리되면 활동지는 제출한다.
정리	전체 학습	▣ 다음 차시 안내: '사진 작품 전시회' 안내 - 2주 후 미술시간은 '사진 작품 전시회' - 전시회 제목: '세상에서 가장 아름다운 모습' - 각자 사진 찍기, 사진마다 제목 붙이기, 찍은 이유 정리해두기, 사진 뽑아오기(인화지 또는 칼라 프린트) - 일정 안내(사진 제출 일자, 전시장, 제반 준비 등)	• 전시회 관련 내용은 교실 게시판에 자세히 정리하여 공지한다.

브레인스토밍 활동지

세상에서 가장 아름다운 모습

○○○○○초등학교 ○학년 ○반 (   )모둠

다음시간에는 각자 자신이 생각하는 '세상에서 가장 아름다운 모습'을 사진에 담아 와서 여러 친구들과 나누고 감상하는 시간을 가질 계획입니다. 이번 시간에는 그 준비시간으로 '세상에서 가장 아름다운 모습'은 어떤 모습일까에 대하여 서로 생각을 나누어 보는 시간을 갖고자 합니다. '세상에서 가장 아름다운 모습'은 과연 어떤 것일지 생각나는 대로 많이 써 보도록 합시다.

(1) 어떤 사람의 의견이라도 절대로 비판하지 않기 (2) 개방적(수용적)인 분위기를 만들기
(3) 질보다는 양을 중시하기(최대한 많은 아이디어 도출) (4) 타인의 의견을 적극적으로 칭찬해주기
(5) 다른 사람의 아이디어를 바탕으로 자신의 생각 덧붙이기 (6) 서로의 차이점 인정해주기
(7) 개선하고 결합하여 새로운 것을 만들기(조합과 분리·개선의 원칙)

순서	아이디어 목록
1	
2	
3	
4	
5	
6	
7	
8	
9	
10	
11	
12	
13	
14	
15	

가장 좋은 아이디어 3개만 뽑는다면?	

3 마인드 맵(Mind-Map) 토의·토론

1) 기본이해

필자의 교실 – 모둠 마인드 맵 활동 장면

본래 〈마인드 맵〉은 1971년 영국의 〈토니 부잔〉에 의해 창시되었으며, 세계적인 두뇌 관련 석학들로부터 수많은 경외와 찬사를 받으면서 객관적이고 과학적인 검증 과정을 거친, 두뇌 활용을 극대화하는 사고 및 학습방법으로 알려져 있다. 본래 〈마인드 맵〉은 왼쪽 뇌와 오른쪽 뇌의 다른 기능 및 양 기능을 통합하여 두뇌 이용의 효율성을 상승, 기억력과 창의적 사고를 극대화 시키는 "사고력 중심의 두뇌개발" 노트법으로 잘 알려져 있지만 협동학습에서는 긍정적 상호작용을 극대화하고, 역할 분담을 통하여 과제를 완성해 나감으로써 1+1=2가 아니라 5도 될 수 있고 10도 될 수 있다는 시너지를 느끼도록 해주는 구조 활동으로 많이 활용하기도 한다. 특히 토의·토론 방식으로서 마인드 맵이 갖는 특징은 ① 창의적인 생각을 끌어내는데 효과적이고, ② 〈주제 ⇨ 주가지 ⇨ 부가지 ⇨ 보조가지〉 단계로 이어지는 체계가 여기저기 흩어져 있는 기억의 조각들을 모아주어 많은 생각을 끌어내는데 도움을 주며, ③ 교육 현장에

개념 잡기

마인드 맵핑(Mind Mapping)은 머릿속의 생각을 마치 거미줄처럼 지도를 그리듯이 핵심어를 이미지화하여 펼쳐나가는 기법으로서, 자신의 머릿속에 있는 사고를 보다 체계적으로 정리하기 위한 기법으로 창안되었다.

[참고 자료] 마인드 맵 배우기(1995), Nancy Margulies 저, 한국부잔센타 역(영교·브레인파워)
반갑다 마인드 맵: 아이들을 위한 마인드 맵(1994), 한국부잔센타(사계절)

서 창의성 발산과 함께 시너지 효과도 기대할 수가 있어서 토의·토론 활동에 안성맞춤이라 할 수 있다.

2) 진행방법

"혼자 생각하기" 단계는 모든 활동을 시작하기 전에 선행되는 필수 활동!!!

① 준비 도구: 용지 및 필기구(다양한 크기의 종이를 준비하되 줄이 그어진 종이는 생각을 펼치는데 제한을 주므로 백지를 준비해야 되고, 색 펜은 일반적으로 주가지의 수만큼 준비한다.〈보통은 4~5색을 사용한다.〉)

② 마인드 맵 작성 과정

◎ 1단계: 중심 이미지(주제) 그리기(그림이나 상징기호), 글의 주제나 제목을 써도 좋다. 이를 표현할 때도 2~3가지 정도의 색을 사용하면 한눈에 들어온다.

◎ 2단계: 주가지 그리기, 대분류를 표현하는 것으로서 나무의 굵은 가지에 해당된다. 중심 이미지와 바로 연결되어 있는데, 시작되는 부분은 굵고 점점 가늘어지게 그린다. 곡선모양으로 그리면 더 좋다. 이 부분은 어찌 보면 가장 중요한 부분으로서 조직적이고 체계적인 사고가 요구되는 부분이라 하겠다(가지별로 색을 구분하여 그리면 좋다). 너무 많이 그리지 않도록 한다(4~7개 이내).

◎ 3단계: 부가지 그리기, 소분류를 표현한 부분으로서 나무의 잔가지에 해당된다. 주가지에 연결되는데, 주가지를 더 명확하게 하거나 상세하게 하는 역할을 한다. 보통은 가

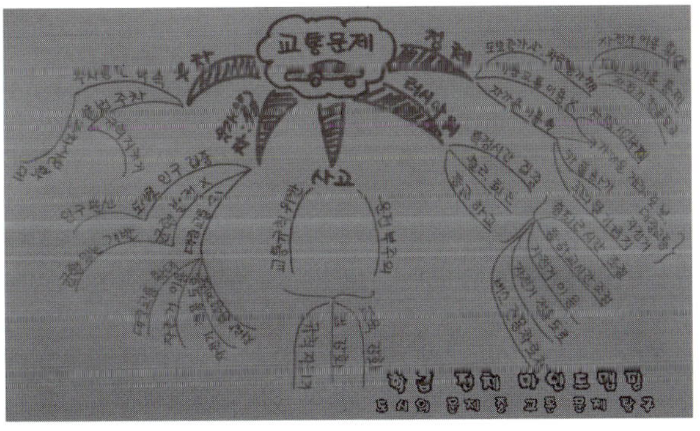

필자의 교실: 도시의 문제점 중 교통 문제 탐구에서 대집단 마인드 맵핑 사례(학급전체)

는 곡선으로 나타내는데 가지의 수에는 제한이 없고, 색을 사용할 경우 주 가지와 같은 색을 쓴다.

◎ 4단계: 세부가지 그리기, 부가지에 연결되는 것으로서 부가지를 더욱 자세하게 나타내는 단계이다. 가지 수에는 제한이 없으며 자유롭게 이어 나간다.

※ 〈마인드 맵〉에 대하여 더 자세히 알고 싶으면 앞에 소개한 자료나 전문서적을 통해 접해보기 바란다. 또한 〈마인드 맵〉이라는 것도 본 내용에서 이야기되는 것보다 더 전문적인 지식이 필요하다는 점을 미리 밝혀둔다.

3) 활동효과

① 다양한 활동을 시작하기 전, 계획서를 작성하는데 도움을 준다.

② 소집단에서 토의·토론 활동한 내용을 체계적으로 분류하여 정리할 때, 발표자료로 활용하고자 할 때 많이 쓰인다.

③ 중심 주제를 바탕으로 사고의 틀을 발전시켜 나갈 수 있는 활동(다양한 아이디어 생산, 다양한 해결방안 찾기 등)에 매우 효과적이다.

④ 하나의 주제를 여러 가지 측면으로 살펴볼 필요가 있을 때 효과적이다.

4) 주의할 점이나 활동의 팁

① 활동할 때 비판을 금지하고, 자유로운 분위기를 조성하며, 질과 양을 동시에 추구하고, 상위·하위개념 등의 상관관계를 잘 살피도록 한다.

② 모든 모둠원은 아이디어 생산을 위해 최선을 다하되 모둠에서 기록이 역할을 두고 한 사람이 토의·토론 활동 내용을 정리하도록 하는 것이 좋다.

③ 저학년에서는 주가지 정도까지는 안내해주는 것이 좋고, 고학년으로 갈수록 주제를 바탕으로 모둠원이 토의·토론을 통해 작성해나가는 것이 좋겠다.

⑤ 집단의 크기는 대·중·소를 가리지 않고 할 수 있다. 특히 학급 전체 토의·토론 활동에도 많이 활용된다(교사가 진행 및 안내를 하고 학생들이 주인이 되어 다양한 아이디어나 문제 해결 방안 탐색, 특정 활동에 대한 계획을 체계적으로 세우고자 할 때 칠판을 활용하여 전체 토의·토론 활동을 해 나갈 수 있다).

⑥ 활동 결과물들은 게시물로 활용하면 좋다.

5) 협동학습에서의 모둠 마인드 맵

① 〈모둠 마인드 맵〉을 이용해 토의·토론 활동을 해 나가는 과정에서 요구되는 사고방식과 학습방법은 두뇌와 자연스럽게 작용한다.

② 〈모둠 마인드 맵〉을 이용한 토의·토론 활동 과정 내내 개인과 모둠 양쪽을 똑같이 지속적으로 강조하게 된다. 개인이 자신의 정신세계를 탐구하는 횟수가 많을수록 모둠으로 돌아가서 모둠을 위해 더욱 많은 공헌을 하게 된다(개인적인 책임을 바탕으로 한 긍정적 상호의존 및 시너지).

③ 개인이 〈모둠 마인드 맵〉을 위해 공헌을 하면 〈모둠 마인드 맵〉은 즉시 그 힘을 다시 개인에게 피드백해 주고 이렇게 함으로써 개인이 〈모둠 마인드 맵〉 활동에 기여할 수 있는 능력은 더욱 증진된다.

④ 〈모둠 마인드 맵〉활동은 무의식적으로 의견의 일치를 찾아내기 때문에 모둠의식(모둠 정체성)을 돈독히 하고 모둠의 목표와 목적에 모든 구성원들의 정신을 집중시킨다.

⑤ 〈모둠 마인드 맵〉을 이용한 토의·토론 활동 중 구성원들은 서로에 의해 표현되는 모든 생각을 타당한 것으로 받아들이게 된다.

⑥ 〈모둠 마인드 맵〉활동은 모둠 기억에 있어서 하드카피와 같은 역할을 한다. 때문에 〈마인드 맵〉을 이용한 모둠별 토의·토론 활동이 끝날 때가 되면 각 구성원들은 성취한 것에 대해 서로 비슷하고 포괄적인 이해를 할 가능성이 커지게 된다.

6) 〈모둠 마인드 맵〉의 장점

① 모든 창의적 사고 기술을 무의식적으로 활용 ⇨ 아이디어 생산이 확대된다.

② 〈마인드 맵〉을 활용하여 토의·토론 활동에 참가하는 모둠원이 공동의 목표를 향해 나아감에 따라 정신적 에너지는 시너지 효과를 발휘한다.

③ 동시에 많은 요소들을 빠르고 쉽게, 한눈에 볼 수 있게 해 줌으로써 창의적인 연상능력과 통찰력을 높여 준다.

④ 신속하게 시작하고, 짧은 시간 동안 많은 아이디어를 발상해 내게 한다.

⑤ 〈마인드 맵〉을 활용하여 토의·토론 활동에 참가하고 있는 모둠원의 주변에 애매하게 흩어져 있는 사고들을 쉽게 찾아낼 수 있도록 도와준다(두뇌에 숨어 있는 잠재적 가능성을 쉽게 이끌어 낸다).
⑥ 모둠 구성원들이 새로운 통찰력을 얻을 수 있는 가능성을 높여 준다.
⑦ 작은 공간에 모둠원의 모든 정보(양과 질)를 표현할 수 있도록 해준다.
⑧ 논리적인 순서나 세부사항에도 관여해 다양한 아이디어나 문제점에 대한 원인, 결과, 해결방안 등을 체계적으로 정리할 수 있게 해준다.

이야기 마인드 맵 – 참고자료 www.mindmapschool.com

소가 된 게으름뱅이

일하기를 싫어하는 게으름뱅이가 살았습니다. 마누라가 바쁘다고 잔소리를 해도 뒷산에 올라갔습니다. 그런데 한 노인이 게으름뱅이가 쓰면 좋다고 농부에게 황소탈을 씌어 주었습니다. 그런데 농부가 그 탈을 벗으려고 해도 벗겨지지가 않아 소가 되고 말았습니다. 장터에 내다 팔린 소가 된 농부는 그동안 게으름을 피웠던 일을 후회하며 열심히 밭일을 하게 되었습니다. 그 노인이 무를 먹으면 죽는다고 했던 말을 기억하고 죽을 각오로 무를 먹었습니다. 그런데 다시 사람이 되었습니다. 그 농부는 다시 사람이 되어 기뻐하며 부지런한 농부가 되어 일을 열심히 하였다고 합니다.

5) 수업의 실제

'마인드 맵'을 활용한 1~6학년 독서(재량) 토의·토론 수업

단원	재량활동 – 독후 활동				
주제	이야기 마인드 맵	차시	1~2 / 2(80분)	지도 교사	○○○
학습 목표	모둠원이 함께 읽은 이야기 내용을 '이야기 마인드 맵'으로 정리할 수 있다.				
사회적 기술 목표	도란도란 말하기, 다 함께 참여하기, 개인적인 책임				
학습 자료	타이머, PPT(예시 작품), 4절지(모둠 협동 작품), 색연필과 싸인펜				

단계	학습내용 및 학습구조	교수·학습 활동	자료 및 유의점
도입	동기유발 전체 학습	▣ 동기 유발하기: '이야기 마인드 맵' 사례 보여주기 – PPT 자료 제시 – 주가지를 어떻게 나누었나 살펴보기 – 부가지를 어떻게 나누었나 살펴보기 – 지금까지 각 모둠에서 읽은 책 내용과 연관시켜보기	PPT 자료 준비   출처: 네이버 카페 '꿈키아(Koomkia)'
	학습문제 확인	▣ 학습 문제 확인 모둠원이 함께 읽은 이야기 내용을 '이야기 마인드 맵'으로 정리할 수 있다.	
전개	모둠 토의 브레인 스토밍	【활동 1】 각 모둠원이 함께 읽은 이야기 내용 살피기 [교사] 각 모둠에서는 함께 읽은 이야기 내용을 살피고 어떻게 정리할 것인가 살펴보도록 하자. [학생] 〈주가지, 부가지〉를 어떻게 정할 것인가 이야기 나누기(브레인스토밍) → 각기 다른 '주가지'마다 부가지 정리해 나가기(이면지에 정리: 브레인스토밍) → 각 가지를 정리할 역할 책임 나누기	
	이야기 마인드 맵 (협동작품)	【활동 2】 이야기 마인드 맵 [교사] 각 모둠에서 정리한 내용을 바탕으로 '이야기 마인드 맵' 활동을 시작해 보도록 하자. [학생] 각 모둠에서 정해진 역할 분담에 따라 협동작품 활동하기 – 주가지, 부가지, 보조가지 등에 대한 체계화 – 주가지, 부가지, 보조가지 순서대로 작업하기 – 모둠원과 시각화 작업에 대한 통일(이미지 등) – 생각과 자료 등 모든 것들을 공유하도록 한다. – 활동이 마무리되면 마인드 맵 활동을 바탕으로 이어 이야기 내용을 간단하기 정리하기	• 모둠 내 활동지 1장씩 배부(4절지) • 모둠 내 활동이 마무리되면 활동지는 제출한다(교실 내 적절한 장소에 게시하기).
정리	전체 학습 (교실산책)	【활동 3】 '이야기 마인드 맵' 감상하기 [교사] 각 모둠에서 만든 '이야기 마인드 맵' 작품을 "교실산책 구조"로 감상해 보도록 하자. [학생] 각 모둠원과 함께 작품을 둘러보면서 감상활동을 해 나간다(작품별로 잘된 점 찾아 칭찬해주기).	• 모둠원과 함께 나니면서 감상하기(좋은 점 찾아서 칭찬하기)

※ 교실 산책 구조에 대한 안내: 작품을 교실 공간에 적절히 배치(게시)한 뒤 각자(또는 모둠원과) 작품을 둘러보고 각 작품에 대한 느낌과 생각 등을 정리해보는 활동(감상)이다. 작품을 설명하는 학생은 따로 두지 않는 이 구조는 주로 글쓰기 작품이나 미술 작품, 협동 작품 등을 전시하고 자유롭게 감상할 수 있도록 하기 위해서 활용하는 구조이다(이 경우에는 작품 옆에 방명록이나 노트 등을 놓아두고 감상평이나 조언 등을 기록할 수 있도록 하는 것이 좋다).

4 모둠 문장 토의·토론

1) 기본이해

모둠 문장 구조는 문장 중에 한 낱말을 비워놓은 뒤 그 자리에 여러 가지 생각을 넣어서 서로 생각을 나누어 보고 느껴보게 하는 구조이다(모둠원이 모여서 함께 토·토론하는 과정을 통해 주제와 관련된 새로운 하나의 문장을 창의적이면서도 통합적으로 만들어나가도록 해준다). 문장 중에 비어있는 부분을 낱말로 채운 뒤 함께 토의·토론하는 과정에서 학생들은 서로의 생각에 대한 차이와 경험의 차이를 느낄 수 있으며, 주제와 관련된 사고 및 이해를 보다 깊이 있게 할 수 있게 된다. 이 구조가 가진 가장 큰 특징은 ① 개인사고 활동을 바탕으로 자신의 생각과 다른 모둠원의 생각이 어떤 위치에 어떻게 들어가야 좋은가에 대해 서로 나누는 과정에서 토의·토론 활동이 매우 활발해진다는 점인데, ② 그 이유는 자신의 사고결과가 전체 활동에서 분명한 위치를 차지하기 때문에 토의·토론 활동 참여에 대한 동기가 이미 충분해져 있기 때문이다.

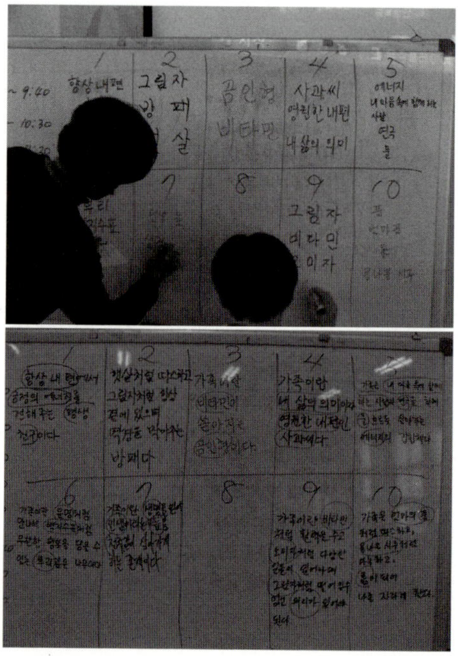

초등협동학습연구회 아해미래 주관 협동학습 직무 연수에서 낱말을 중심으로 모둠문장 만들기 활동을 했던 사례

2) 진행방법

"혼자 생각하기" 단계는 모든 활동을 시작하기 전에 선행되는 필수 활동!!!

1. 주제를 알려주고 적절한 시간동안 생각하고 기록할 시간을 충분히 준다(활동지로 제시해도 좋다).
   ① 혼자서 주제에 대한 생각을 바탕으로 하여 그에 대해 한 문장으로 활동지에 나타낸다(그렇게 나타낸 이유까지 자세하게 쓴다).
   ② 주로 비유적인 표현을 많이 하게 되는데, 무엇에 비유하였는지 살펴보는 것도 중요한 과정이 된다.

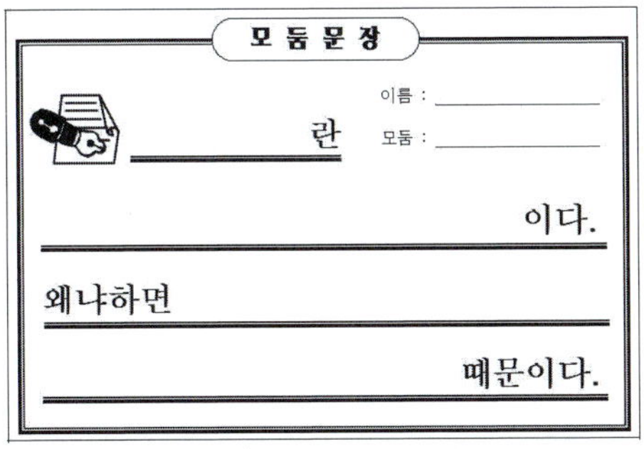

모둠 문장을 만들기 – 의견을 나누고 토의·토론하는 모습

2. 개인적으로 쓴 문장을 모둠 내에서 비평 없이 순서대로 돌아가며 발표한다(보충 및 설명하며 발표하기).
   ① 돌아가며 발표한 후에 각 모둠은 개인적인 문장들에 대해서 토의하고(누구의 문장이 좋았는지, 창의적이었는지, 감동적이었는지 등) 중요한 용어(처음에 비어있었던 부분의 낱말)들을 찾아 나열해본다.
   ② 처음에 비어있었던 부분에 대한 낱말만 기록이가 정리하여 기록한다.
3. 각 모둠의 기록이는 정리한 낱말을 칠판에 적는다(칠판 나누기).
4. 학생들 모두는 칠판에 기록된 결과물들을 보고 그 의미를 생각해본다. 교사는 기록된 낱말들에 대하여 학급 구성원 모두와 나눔의 시간을 갖는다. 학급 구성원 모두가 칠판에 기록된 낱말 하나 하나를 살펴보면서 왜 그런 생각을 하였는지에 대한 이해가 되는지를 묻고, 이해가 잘 되지 않는 사람이 많다면 그 낱말을 쓴 친구를 찾아 그렇게 생각한 까닭(이유)을 묻고, 설명이 끝나면 칭찬이나 보상을 적극적으로 해 준다.

각자의 생각 정리 및 기록 (1)

각자의 생각 정리 및 기록 (2)

모둠 내에서 나누기(발표)

기록이가 칠판에 정리

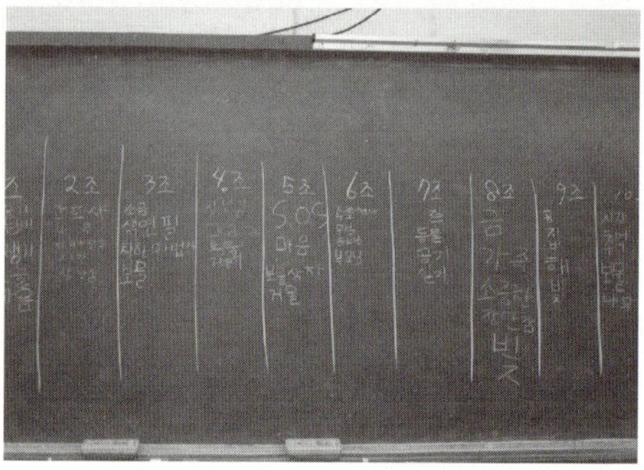

칠판 나누기 한 결과

의미 나누기(생각한 까닭)

5. 나눔의 시간이 끝나면 각 모둠에서 나온 중요한 낱말들을 가지고 모둠이 합의해서 1개의 의미 있는 문장을 만들도록 한다. 중·고학년의 경우 이 단계까지 충분히 진행할 수 있으나 저학년의 경우에는 4단계(나눔의 시간을 갖는 것)까지만 진행을 해도 괜찮다고 생각한다. 왜냐하면 저학년의 경우 주제와 의미가 통하는 하나의 문장으로 만드는데 어려움을 많이 느끼기 때문이다.

① 모둠원의 문장 가운데 가장 좋다고 생각되는 문장 하나를 선정한 뒤에 그를 바탕으로 하여 다듬으면서 개선해 나가도 좋다.

② 2명 혹은 3명, 4명 모두의 문장을 조합하여도 좋다(조합한다는 이야기는 결국 처음에 비어있었던 부분에 해당되는 중요한 낱말을 2개, 3개, 4개 모두 넣어서 주제와 관련된 새로운 문장을 재창조해 니긴다는 말과 같다).

6. 각 모둠의 기록이는 만들어진 문장을 칠판에 적는다(칠판 나누기).

① 각 모둠별로 돌아가며 모둠 문장을 큰 소리로 읽는다(자기 모둠의 문장).

② 다 읽은 후에 설명이 필요한 부분이 있거나 궁금한 부분이 있으면 서로 질문을 주고받으며 보충한다(교사가 진행).

상의하여 모둠 문장 만들기 (1)

상의하여 모둠 문장 만들기 (2)

완성한 문장 ⇨ 칠판 나누기

7. 마무리하는 차원에서 시너지 개념(서로의 생각을 공유하여 좋은 문장을 만들어낸 것에 대한 이해)에 대하여 서로 나누는 시간을 갖고, 이어서 이 시간의 활동과정을 통해서 배운 점, 새롭게 알게 된 점, 학습한 내용에 대하여 정리할 시간을 갖는

다(위의 활동을 통하여 새롭게 알게 되었거나 느낀 점 등을 모둠 안에서 "돌아가며 말하기" 구조를 활용하여 나눌 시간을 갖는 것이 제일 좋다. 모둠원 중에서 1명씩 무작위로 뽑아서 마무리 단계에서 가졌던 느낌과 생각한 내용을 발표하기도 한다. 이후에는 각자의 공책에 학습한 내용을 정리하는 시간을 갖는다. 보통 마지막 8단계 과정을 많이 생략하기도 하지만 해 주는 것이 더 좋다).

3) 활동효과

① 학생들이 고차원적이고도 통합적인 사고와 깊이 있고 추상적인 생각까지 이끌어낼 수 있도록 해 준다.

② 개인적인 사고를 집단적인 사고과정까지 확장시켜줌으로써 핵심 개념에 대한 이해의 폭을 보다 넓고 깊게 해 줌과 동시에 1+1=2가 아니라 그 이상이 될 수 있다는 시너지를 느끼게 해준다.

③ 모둠 문장 구조를 활용한 토의·토론 과정에 참여하면서 자신이 생각하지 못한 것-특히 언어의 창의적·창조적 활용-을 다른 사람이 생각하고 있다는 점을 잘 느낄 수 있다. 그 과정에서 자연스럽게 배움이 일어나게 된다.

④ 어떤 개념이나 가치에 대한 정의(특히 도덕시간에 각 단원의 가치나 덕목에 대하여 미리 생각해 보거나 마지막 정리 차원에서 적용하기), 나름대로 받아들인 특정한

모둠문장을 활용한 모둠 시 사례

오랜 친구

오랜 친구란 일기장이다.
왜냐하면 만날 때마다
지난 옛 일을 떠올리게 하기 때문이다.
오랜 친구란 추억이다.
왜냐하면 함께 지낸 만큼
진한 감정이 남아있기 때문이다.
오랜 친구란 된장이다.
왜냐하면 오랜 친구와 된장은
오래 묵을수록 제 맛이 살아나기 때문이다.
오랜 친구란 보험이다.
왜냐하면 함께할수록
믿음이 가고 마음 든든하기 때문이다.

주제나 현상에 대한 개념 정의(과학, 사회, 실과 등에서 어떤 가치가 담긴 단원이나 주제에 대한 것: 환경이란, 자연이란, 문화재란, 공기란…), 국어시간에 빗대어 표현하기 활동("컴퓨터란 ○○○이다.", "우산이란 ○○○이다." 등), 동화나 이야기가 가져다주는 교훈, 글이 가져다주는 감동, 특정 대상에 대한 생각이나 느낌 등에 대하여 생삭해보는 차원에서 활용하기에 효과적이다.

예 오랜 친구란 "일기장"이다.(모둠원 1)
오랜 친구란 "추억"이다.(모둠원 2)
오랜 친구란 "된장"이다.(모둠원 3)
오랜 친구란 "보험"이다.(모둠원 4)
〈모둠 문장〉 오랜 친구란 묵은 된장처럼 구수하고 보험처럼 곁에 있어 든든하며 오랜 일기장처럼 옛 추억을 방울방울 떠올리게 하는 일기장 같은 존재이다.

⑤ 학급세우기, 모둠세우기 활동 및 학급운영 과정에서 경험하게 되는 다양한 현상들에 대한 그 느낌을 모둠 문장으로 정리하고 마무리하기 효과적인 구조이다.

예 어떤 문제가 발생했을 때, 그에 대한 학급회의 혹은 이야기를 진지하게 나눌 시간을 갖고, 모둠 문장으로 마무리하기 - 마음속 깊이 새기는 과정 ⇨ "욕이란, 폭력이란, 왕따란" 등.

⑥ 의미 있는 활동을 하고 난 뒤에 마무리하는 차원서 그 느낌이나 소감을 모둠문장 구조로 나누어 볼 수 있다. 대체로 그 활동을 통하여 알게 된 중요한 사실이나 정보, 인상 깊었던 점, 감동적이었던 부분, 속이 상했던 점 등을 떠올려 쓰기 마련이다. 이런 글들을 모아서 나

채인선 - 아름다운 가치사전(한울림 어린이 - 출판)

중에 학급문집이나 졸업앨범, 학급신문, 학급 홈페이지 등에 실어도 아주 좋은 내용물이 될 수 있다.

예 "아름다운 가치사전"이란 책이 있다. 이 책에는 24가지의 가치를 아이들의 목소리로 생생하게 담아 읽는 이들에게 감동을 주고 있는데, 이와 같은 책을 한 학급에서도 쉽게 만들어볼 수 있다. ⇨ "○○반 가치사전"(학급운영을 하면서 다루는 수많은 일들을 바탕으로 꾸준히 모둠문장 구조 활동을 적용해 온 뒤, 그 글들을 모아내면 한 권의 훌륭한 책이 될 수 있다.)

4) 주의할 점이나 활동의 팁

① 저학년, 때로는 중학년의 경우에는 4단계까지만 진행하는 것도 좋다(어휘력이 떨어지고 추상적인 사고를 통한 창의적(창조적) 활동을 힘들어하며, 낱말을 조합하여 새로운 문장을 만드는 데 어려움이 있다).

② 이 구조 활동은 모두의 생각이나 모둠의 생각을 한눈에, 빠른 시간에, 쉽게 비교하고, 알아볼 수 있도록 하기 위해서 주로 〈칠판 나누기〉 구조와 함께 활용되고 있다. 따라서 다양한 〈칠판 나누기〉 방법에 대한 교사의 준비가 필요하다.

③ 자신의 모둠에서 나온 낱말들을 조합하여 하나의 문장을 새롭게 만들 때 학년 수준에 따라 2낱말 이상 사용하기, 3낱말 이상 사용하기, 모든 낱말을 넣어서 만들기 등으로 조건을 주어도 된다. 물론 이 때에도 본시의 학습 주제와 관련된 문장을 만들도록 해야 한다는 사실을 잊지 않도록 한다.

④ 진정한 모둠문장의 묘미를 맛볼 수 있는 단계는 바로 5단계(하나의 문장 만들기)이기 때문에 교사는 여기에 더 각별한 주의와 신경을 써 주어야 한다.

⑤ 활동 결과물에 대한 활용 방안도 미리 생각해 두고 적용하는 것이 좋다(목적에 따라 활동 결과물들을 잘 모아두거나 정리해 두어야 한다. – 학급 가치사전, 학급문집이나 학급신문, 졸업앨범, 학급 홈페이지 등에 실을 수 있도록 꾸미거나 다듬는 작업까지 고려하여 진행한다).

참 고 칠판 나누기 구조에 대하여

1) 기본이해

칠판 나누기 구조란 칠판을 모둠 숫자만큼 분할하여 모둠별로 활동한 결과를 칠판에 동시다발적으로 기록하는 활동을 말한다. 이 구조는 각 모둠의 의견이나 활동 결과 혹은 학급 구성원 모두의 생각이나 결과를 한 눈에, 쉽고 빠르게 알아보고자 할 때 많이 활용된다. 칠판 나누기 구조는 칠판에 적힌 다른 모둠이나 친구들의 생각을 보면서 나와 비슷한 점, 다른 점, 차이점, 공통점 등을 생각해보고 이를 통해 나와 다른 생각이 많다는 것을 느끼게 해 주며 더 나아가 서로의 생각을 인정해 주고 존중해 줄 수 있도록 해준다.

필자가 있는 협동학습 연구회 아해미래 주관 교사 대상의 협동학습 직무연수 과정에서 칠판 나누기 구조를 체험하고 있는 장면

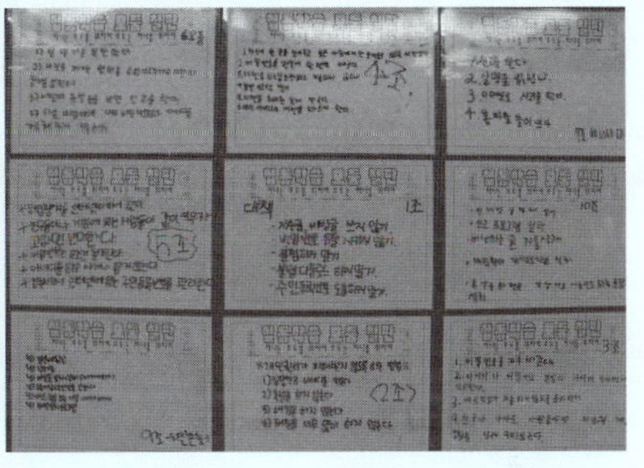

B4용지를 코팅한 뒤 그 뒷면에 고무자석을 뒤에 대고 보드마카로 글씨를 쓴 뒤 칠판에 붙여서 활동한 사례

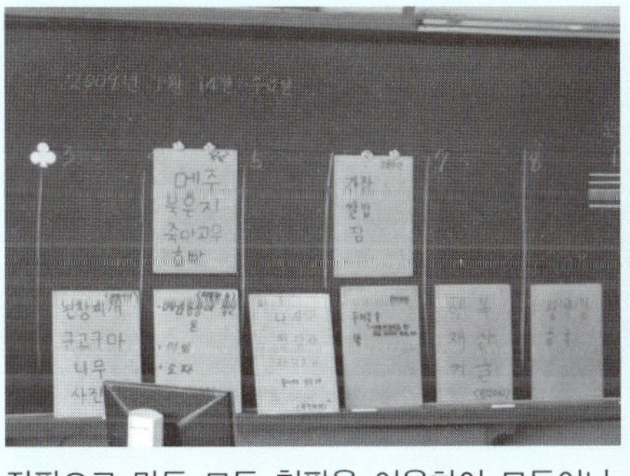

장판으로 만든 모둠 칠판을 이용하여 모둠이나 개인의 의견을 정리하고, 칠판 앞에 세워놓고 활동한 사례

작은 크기의 종이 – 메모지에 개인이나 모둠의 의견을 기록, 정리한 뒤 전지에 분류하여 붙이면서 활동한 사례(아해미래 직무연수)

칠판 나누기 구조는 독자적으로 활용되는 구조가 아니라 다른 구조(주로 모둠문장 구조)와 함께 활용되면서 다른 구조 활동을 뒷받침해주고, 그 구조 활동의 과정 및 결과를 빛내주는 역할을 한다.

2) 진행방법

1. 교사는 학습 과제를 제시하고, 학생들은 각자 자신의 생각을 정리한다.
2. 정리한 개인 생각을 모둠 내에서 다양한 구조를 활용하여 나눈다.
3. 각 모둠의 기록이는 학습 과제를 정리한 뒤, 칠판 앞으로 동시다발적으로 나와 자기 모둠에게 주어진 영역에 과제 내용을 기록한다. 이 때 다른 모둠의 아동들은 자기 모둠의 결과와 서로 비교해보면서 내용을 잘 살핀다.
4. 마무리로 교사는 각 모둠의 활동 결과물들을 내용을 비교하며 설명한다. 때에 따라서는 각 모둠에게 설명을 하게 하거나 질문을 해도 좋다.

5) 수업의 실제

'모둠문장'을 활용한 도덕과 토의·토론 수업

주제	분류 기준 정하기
학습 목표	다양한 사례를 통해 '성실'이란 무엇인가에 대하여 정의를 내릴 수 있다.
사회적 기술 목표	도란도란 말하기, 적극적으로 듣기(경청), 타인의 경험 수용하기
학습 자료	타이머, 보드마카 펜, 보드마카 지우개, 모둠 칠판, PPT

단계	학습내용 및 학습구조	교수·학습 활동	자료 및 유의점
도입	동기유발 전체 학습 학습문제 확인	▣ 동기 유발하기: 시 한 편 들려주기 "커다란 면장갑" - 들려주는 시 한 편에 담긴 아버지의 모습은 어떤 모습일지 상상하여 보자. - 자신의 부모님을 생각해 보면서 잘 들어보도록 하자. ▣ 학습 문제 확인 다양한 사례를 통해 '○○'이란 무엇인가에 대하여 정의를 내릴 수 있다.	
전개	나눔 토의	【활동 1】 들려준 시 속에 들어있는 아버지의 모습에서 찾을 수 있는 가치와 같은 모습들을 우리 생활 속에서도 찾기(지금부터 보여주는 것 속에서 공통적으로 이야기하고 있는 가치는 무엇인지 생각해보기) [교사] (PPT 제시) 무엇을 표현한 것인가? [학생] 모둠원끼리 서로 생각을 나누고 1가지 가치를 찾아내어 모둠 칠판에 크게 적는다. [교사] 여러분들이 찾은 것 속에는 답이 있을 수도 있고, 없을 수도 있다. 앞으로 몇 번 더 보여주는 것을 통해 모두가 같은 생각을 할 수 있을지 보도록 하겠다. (이와 같은 과정을 계속 반복한다. 학생들은 제시된 슬라이드 속에 담긴 가치를 찾기 위해 지속적으로 논의를 해 나가는데 슬라이드를 새롭게 제시해 나가면서 학급 전체의 의견이 하나로 모아지게 된다. 물론 제대로 찾을 수도 있고, 그렇지 않을 수도 있다.)	 여러 장의 슬라이드를 준비해둔다.
	돌아가며 말하기 모둠문장	【활동 2】 보여준 것과 같은 방식으로 '성실'이라는 것의 정의를 각자 써 보기 [교사] 보여준 내용과 같은 방식으로 '성실'이라는 것에 대한 자신의 생각을 한 문장으로 정리해 보자. [학생] 자신의 생각을 정리하고, 모둠원과 서로 나눈다. 나눈 후에 각 모둠의 기록이는 내용을 정리하여 발표한다. 【활동 3】 '성실'이란 ○○○이다(한 낱말로 정의하기). [교사] '성실이란 ○○○이다. 왜냐하면 ~ 때문이다.'에 맞게 각자 생각을 정리하고, 모둠에서 나눈다. [학생] 모둠 내에서 서로 나누고, 칠판에 기록한다. [교사] 칠판에 적힌 내용들에 대하여 서로 소통한다. [교사] 각 모둠에서는 자기 모둠에서 나온 낱말을 엮어서 하나의 문장으로 만들도록 한다. [학생] 모둠원과 서로 논의하여 하나의 멋진 문장으로 만든 뒤, 칠판에 기록하고 나눈다.	• 기록이는 모둠에서 나온 각자의 문장을 한 장의 종이에 잘 정리하여 발표하고, 끝나면 선생님께 제출한다. • 전체적으로 나눈 내용들을 잘 정리해 두었다가 문집에 싣는다.
정리	전체 학습	▣ 정리 및 다음 차시 안내: 우리 주변에서 성실하게 생활하고 있는 사람들에 대하여 나누어 보도록 하겠다.	

5 SWOT 분석 토의·토론

1) 기본이해

SWOT는 Strength(강점), Weakness(약점), Opportunities(기회), Threats(위기)의 첫 글자를 따서 만든 용어이다. SWOT 분석은 이러한 4가지 요소를 활용하여 주어진 문제 상황을 분석하고, 그에 때한 적절한 대책을 세울 수 있도록 하는데 유용한 방법이라 할 수 있다.

SWOT 분석을 위한 매트릭스 표

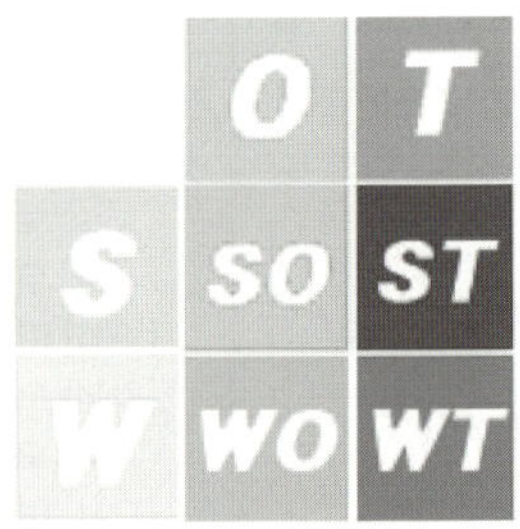

SWOT 분석을 활용한 전략 도출표

본래 이 방법은 스탠퍼드 대학에서 1960년대와 1970년대에 포춘(잡지) 선정 500대 기업들을 연구하면서 얻게 된 결과를 바탕으로 Albert Humphery가 고안해낸 내·외부환경 분석 방법의 하나로, 경영 전략을 수립하기 위한 분석 도구로 활용하였던 것인데, 이러한 분석을 통해 경영자는 회사가 처한 시장 상황에 대한 인식을 할 수 있으며 앞으로의 전략을 수립하기 위한 중요한 자료로 삼을 수 있었다고 한다(위키백과사전).

〈SWOT 분석표〉

내적 요소 / 외적 요소	강점(S)	약점(W)
기회(O)	**공격전략** - 강점을 활용 - 기회 잘 살리기	**만회전략** - 약점을 보완 - 기회 잘 살리기
위기(T)	**우회전략** - 강점을 활용 - 위기 극복 or 최소화	**생존전략** - 약점을 보완 - 위험 회피 or 최소화

이 분석표는 현재의 상황을 내적 요소와 외적 요소로 구분하고, 내적 요소는 강점과 약점을, 외적 요소는 기회와 위기로 분석하고, 이를 극복하기 위한 전략을 세울 수 있도록 해 준다. 최근에는 개인의 취업 등과 관련하여 자기 분석을 통해 자신의 장점을 잘 부각시키고 단점을 극복할 수 있는 방안(개인 이력서)으로서 활용되기도 한다. SWOT 분석표 작성에 있어서 마지막 단계는 완성된 분석표 상의 각 요인들을 따져보아 현재 자신 또는 집단이나 조직의 위치가 4개의 사분면 중 어떤 위치에 있는지를 파악하는 것으로서 매우 중요한 과정이라 할 수 있다. 꼭 어느 한 사분면에만 한정되어야 할 필요는 없으며 각 사분면에서 추출된 전략들의 상대적인 우선순위를 정해보고자 함이 이 단계의 주목적이라 할 수 있다. 이 분석을 바탕으로 각 그룹 또는 개인은 O/S에 위치할 수 있도록 노력을 하지 않으면 안 된다. 현재 자신의 그룹 또는 개인의 위치에서 O/S로 가기 위한 효과적인 전략을 수립하고 이를 위한 활동 등을 통해 그룹 또는 개인의 상황을 O/S로 이동시키는 것이 SWOT 분석의 목적이다.

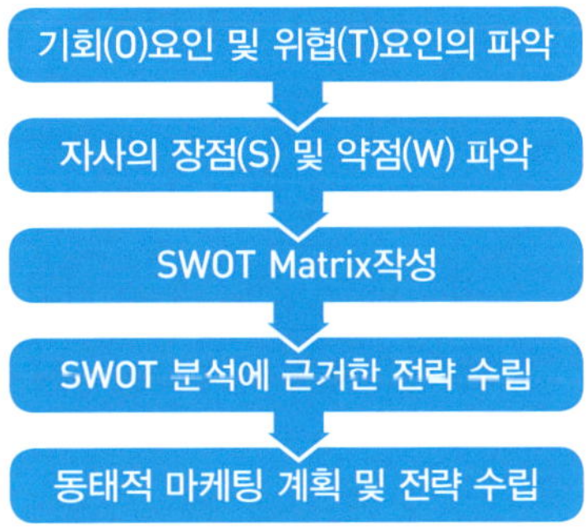

SWOT 분석에 의한 전략 수립 단계

2) 진행방법

"혼자 생각하기" 단계는 모든 활동을 시작하기 전에 선행되는 필수 활동!!!

1. 교사는 과제를 제시하고 개인용 SWOT 분석표 및 모듬용 SWOT 분석표를 각 모둠에 나누어주고, 작성 방법을 자세하게 설명한다.

   예 과제: 김치를 보다 널리 알릴 수 있는 방안 찾기

2. 주어진 과제에 대하여 개인적으로 기회 및 위기, 강점과 약점을 찾아 작성한다. 기회와 위기는 외적 요소를 말하는 것으로서 개인일 경우는 '나'를 제외한 외부 환경에 대한 것들을 기록하고, 그룹이나 국가의 문제라는 경제적·사회적 환경 또는 국제사회의 환경에 대한 것들을 작성하면 된다. 강점과 약점

은 내적 요소를 말하는 것으로 '나' 자신 혹은 '그룹, 국가'에 대한 것들을 작성한다.

3. 각 개인이 작성한 개인용 SWOT 분석표를 바탕으로 모둠용 SWOT 분석표를 작성한다(강점, 약점, 기회, 위기 각 항목별로 돌아가며 말하기 혹은 생각 내놓기 구조 등을 활용하여 모둠 내에서 분류, 분석을 할 수 있도록 한다).

예 앞에서 제시한 사례에 대한 모둠 SWOT 분석표: 김치 알리기

– 중요한 키워드: 건강, 음식, 볼거리, Wellbeing, 행사, 세계화

기 회(O)	강 점(S)
• 건강에 대한 관심이 날로 증가 • Wellbeing 상품 유행 – 다양한 행사와 관련 상품의 개발이 가능하다. • 상품 구매자가 날로 증가(바쁜 생활) • 세계 속 한국의 위상이 날로 커짐	• 우리의 기본 음식이다. • 우리의 것이 곧 세계의 것이다. • 건강에 도움이 된다. • 쉽게 관심을 끌 수 있다. • 국제 경쟁력을 갖춘 건강식이다.
• 유사제품이 있다(일본의 기무치). • 비슷 또는 다양하고 많은 종류의 행사 – 관심 끌기 어려움 • 차별성, 효과적 홍보, 적절한 규모를 정하기가 어렵다.	• 행사 진행에 제약이 많다(볼거리, 사람 모으기, 행사 규모, 장소, 소재 등). • 외국 사람의 입맛을 맞추기 어렵다. • 관련 기관, 예산, 전문가 부족 • 우리 자체의 관심도 부족
위 기(T)	**약 점(W)**

4. 문제를 해결할 전략을 세운다. 전략을 세울 때 현제의 위치(S/O, S/T, W/O, W/T)를 파악하고, 가능하면 S/O(강점을 활용, 기회를 살리는 전략)로 가기 위한 효과적인 전략을 세울 수 있도록 한다.

예 ① 사람들이 누구나 좋아하는 소재(O)이지만, 볼거리가 약하다는 점(W)에서 기본적으로 관계되는 볼거리를 개발해볼 필요가 있다.

② 유사 행사들(T)이 많은 가운데 Wellbeing이라는 요소(O)를 효과적으로 활용하기 위해서 제품을 차별화 시키도록 한다(신제품 개발, 유사 제품 개발).

③ 국가적(지역적) 특성을 연결하여 홍보(O) 전략을 개발한다. – 도자기 또는 황토, 숯, 인삼 등의 특산품과의 함께 판매한다(W).

④ 국가적으로 관련 기관이나 부서를 두고 예산 편성, 전문가 지정을 통해 우리나라를 알리는 다양한 전략(O:우리 전통문화 알리기 축제 등) 속에서 함께 이루어질 수 있도록 한다(W).

5. 세워진 전략을 나눌 수 있도록 한다(발표, 전시 또는 과제물로 제출한다). 아래는 실제 분석에 따라 세워진 전략의 사례인 만큼 참고하기 바란다.

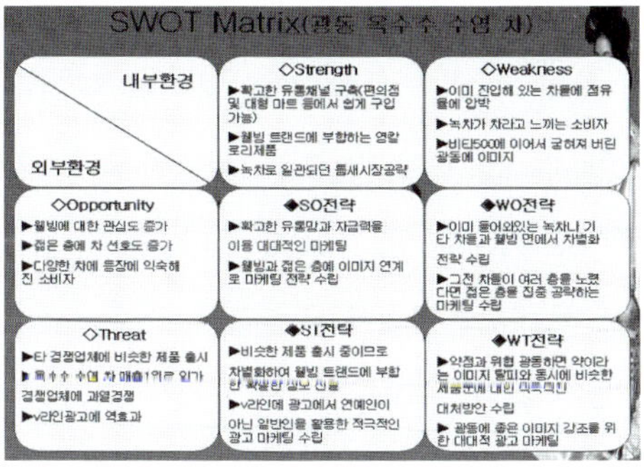

출처: http://cafe.naver.com/toodcoordi/1284

출처: http://cafe.naver.com/primary9/72

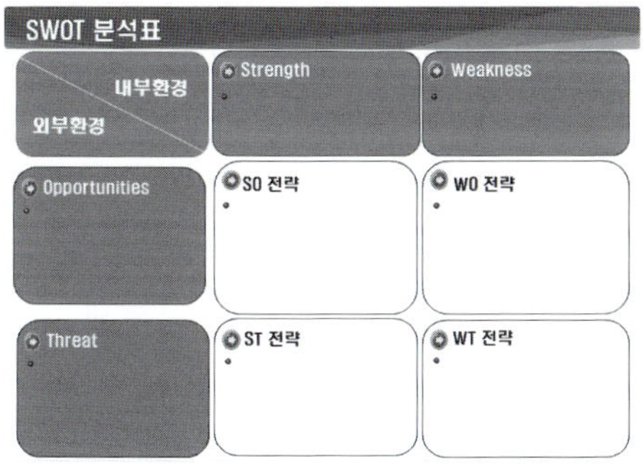

SWOT 분석 및 전략 세우기 양식 사례

3) 활동효과

1. 내적인 요소로서의 약점과 강점을 생각해보고 짚어볼 수 있다.
2. 외부적인 환경에 대한 분석을 통해 기회와 위험 요소를 분석해 볼 수 있다.
3. 주어진 문제를 정확하게 진단하고(분석표), 이를 바탕으로 자연스럽게 대안을 만들 수 있도록 도와준다(약점에 대한 보완, 강점 살리기).

4. 토의·토론을 통해 문제 상황에 대하여 종합적으로 사고하고, 분류·분석하고, 정리할 수 있도록 해준다.
5. "知彼知己百戰不殆"(지피지기백전불태: 상대를 알고 나를 알면 백 번 싸워도 위태롭지 않다는 뜻으로 상대편과 나의 약점과 강점을 충분히 알고 승산이 있을 때 싸움에 나서면 승리할 수 있다)를 느낄 수 있도록 해 준다.
6. 앞에 놓인 문제 상황과 그에 대한 내적 요소, 외적 요소의 분석을 통해 하고자 하는 일과 할 수 있는 일 간의 차이, 우리가 하고자 하는 일과 하게 될 일 간의 차이, 그리고 우리가 하고자 하는 것과 주어진 상황 간의 차이를 확인하고 그룹 또는 개인이 할 수 있는 일과 할 수 없는 일, 앞으로 해야만 하는 일을 결정하고 선택하는 일들을 보다 쉽게 파악할 수 있도록 해 준다.
7. 앞으로의 방향성에 대하여 정보를 기반으로 한 선택을 도와준다.
8. 무엇보다도 큰 장점은 그 적용 범위가 매우 넓다는 데 있다(마케팅, 생산, 판매, 프로젝트, 제품이나 서비스, 사업, 기업, 그룹이나 기업, 개인 등의 분석, 상황에 대한 분석, 문제 상황에 대한 해결 방안 찾기 등).

4) 주의할 점이나 활동의 팁

1. 꼭 해야만 하는 것은 아니겠지만 토의·토론 활동이 왕성하게 이루어질 수 있도록 하기 위해 학생 개개인이 먼저 개별적으로 SWOT 분석표를 작성해 보도록 한 다음 모둠 SWOT 분석표를 작성, 전략 세우기 활동으로 이어질 수 있도록 지도하는 것이 좋다.
2. 되도록 개별적으로 SWOT 분석표를 작성하는 시간에는 서로 상의하는 일이 없도록 하는 것이 좋다.
3. 앞서 제시한 것과 같이 전략을 세운다는 것(S/O, W/O, S/T, W/T로 나누어 전략을 세우는 일)은 여간 어려운 일이 아닌 만큼 학생들의 수준에 맞게 전략 세우기 방안을 적절하게 고민해 둘 필요(앞서 제시한 "김치 널리 알릴 수 있는 방안 찾기 전략" 사례 참고, S/O, W/T 영역을 중심으로 전략 세우기 등)가 있다.
4. 아래와 같이 자기 자신의 장점과 단점을 잘 살피어 보다 발전적인 자기 개발을 해 나갈 수 있는 분석의 틀로도 많이 활용되고 있다.

출처: http://mjstar.kr/90090510862

	기회(Opportunities)	위협(Threats)
	- 산학실습 - 부모님·친구들의 응원 - 우리학교 교육 프로그램 - 보충수업	- 높은 취업 경쟁률 - 시간부족
강점(Strength)	SO	ST
- 긍정적인 마인드 - 성실성 - 다양한 경험 - 젊음 - 강인한 체력 - 적극적인 성격	지인의 응원을 받아 성실함과 적극성을 바탕으로 산학실습에서 최선을 다하여 열심히 한다.	- 긍정적인 마인드와 젊음으로 높은 취업의 경쟁률에도 극복해내고 취업한다. - 강인한 체력으로 주말에도 쉼없이 열심히 공부한다.
약점(Weakness)	WO	WT
- 자격증 미비 - 영어실력 - 어학점수 미 취득	목요일 오후에 보충수업을 통해 부족한 영어실력을 향상시킨다.	주말에 회화와 토익공부를 하고 자격증을 취득하기 위해 공부한다.

출처: http://blog.naver.com/forever2sy

5. 때에 따라서 마인드 맵 형식으로 변환되어 활용되기도 한다.

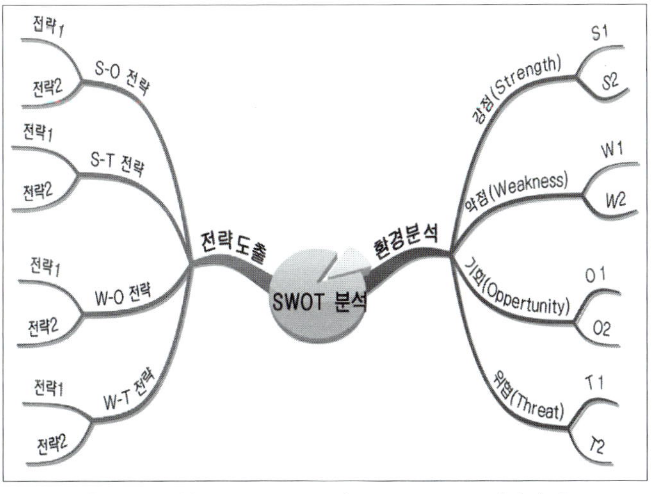

출처: http://cafe.naver.com/mindmapcenter(정광진)

6. 이끔이는 전략 세우기 단계에서 아래와 같은 이끔말을 할 수 있도록 지도한다.
   - 우리가 갖고 있는 강점을 어떻게 하면 잘 활용할 수 있을까?
   - 우리의 강점으로 이 위기를 어떻게 잘 극복할 수 있을까?
     주어진 기회를 놓치지 않기 위해 우리의 약점이 드러나지 않도록 할 수 있는 방법은 없을까 고민해 보자.
   - 위기를 극복하면서 약점이 드러나지 않도록 할 방법은 없는지 찾아보자.

5) 수업의 실제

‘SWOT 분석’을 활용한 국어·사회과 토의·토론 수업

주제	전략 세우기(우리 문화 알리기)
학습 목표	우리 문화유산을 세계에 널리 알릴 수 있는 효과적인 전략을 세울 수 있다.
사회적 기술 목표	도란도란 말하기, 타인의 생각 수용하기, 개인적인 책임
학습 자료	타이머, SWOT 활동지(개인, 모둠), 2절지(발표 자료 만들기 – 전시장 관람용)

단계	학습내용 및 학습구조	교수·학습 활동	자료 및 유의점
도입	동기유발 전체 학습 학습문제 확인	▣ 동기 유발하기: 자랑스러운 우리의 세계 문화유산에 대한 사진 자료 보여주기(창덕궁 화성 석굴암과 불국사 해인사 장경판전 종묘 경주 역사 유적 지구 고창·화순·강화의 고인돌 유적 제주 화산섬과 용암 동굴 등) ▣ 학습 문제 확인 우리 문화유산을 세계에 널리 알릴 수 있는 효과적인 전략을 세울 수 있다.	PPT자료 준비  (수원화성)  (경주 불국사)
전개	모둠 토의 (SWOT 분석)	【활동 1】 지난 시간에 각 모둠별로 결정한 문화유산과 준비한 자료를 바탕으로 우리 문화유산을 세계에 널리 알릴 수 있는 효과적인 전략을 세우기 위해 SWOT 분석을 먼저 해 보도록 하자. [교사] 개인별 SWOT 분석을 위한 개인, 모둠 활동지 배부→활동 순서 안내(단계와 시간을 자세히 안내: 칠판에 정리 or PPT로 안내) [학생] 1단계 – 개인적으로 SWOT 분석하기 2단계 – 모둠 내에서 SWOT 분석자료 모으기 (모둠별로 1장의 SWOT 분석자료 작성 – 기록이) 【활동 2】 각 모둠에서 작성한 SWOT 분석자료를 바탕으로 효과적인 홍보 전략을 세워 보도록 하자. [교사] 각 모둠이 효과적인 홍보 전략을 세울 수 있도록 순회하면서 도움을 준다. [학생] SWOT 분석자료를 바탕으로 효과적인 홍보 전략을 세운다. → 세워진 전략을 바탕으로 발표할 자료를 만든다(각 모둠에서 논의한 문화유산에 대한 안내와 홍보 전략을 2절지에 정리: 발표 자료는 시간 내 마치지 못할 경우 수업이 끝난 이후 발표 당일까지의 시간을 잘 활용하여 준비하도록 한다).	• 개인별 SWOT 활동지 및 모둠별 활동지를 배부 • 각 모둠에 2절지 배부 • 각 모둠에서 자료 제작에 도움이 될 수 있는 참고작품(SWOT 분석자료 및 전략)을 게시해 두도록 한다.
정리	전체 학습	▣ 정리 및 다음 차시 안내: 각 모둠에서 준비한 “우리 문화유산 알리기 홍보전략”을 전시장 관람 구조로 발표할 수 있도록 한다(1주일 정도의 시간 여유를 두고 세부적으로 점검하고 안내하고 도움을 줄 수 있도록 함). - 각 모둠별로 발표 자료 완성하기(○월 ○일까지) - 각 모둠별로 발표 당일 배부할 홍보물 제작하기(○월 ○일까지 선생님에게 제출: 복사해서 배부할 수 있도록 도움) - 각 모둠별로 발표 연습하기(1차, 2차, 3차, 4차 발표자 순서 정하기 – ○월 ○일까지) -교사는 모둠별로 진행되는 사항을 꼼꼼하게 체크	• 일정은 학급 게시판을 이용하여 안내하고 수시로 진행되는 상황을 점검하도록 한다.

〈SWOT 분석표 1〉

내적 요소 / 외적 요소	강점(S)	약점(W)
기회(O)	SO전략	WO전략
위기(T)	ST전략	WT전략

〈SWOT 분석표 2〉

<table>
<tr><td colspan="3" rowspan="3">내적 요소
외적 요소</td><td colspan="8">내부 환경</td></tr>
<tr><td colspan="4">강점S</td><td colspan="4">약점W</td></tr>
<tr><td></td><td></td><td></td><td></td><td></td><td></td><td></td><td></td></tr>
<tr><td rowspan="8">외부 환경</td><td rowspan="4">기회 O</td><td></td><td colspan="4" rowspan="4">SO전략</td><td colspan="4" rowspan="4">WO전략</td></tr>
<tr><td></td></tr>
<tr><td></td></tr>
<tr><td></td></tr>
<tr><td rowspan="4">위기 T</td><td></td><td colspan="4" rowspan="4">ST전략</td><td colspan="4" rowspan="4">WT전략</td></tr>
<tr><td></td></tr>
<tr><td></td></tr>
<tr><td></td></tr>
</table>

6 만다라트 토의·토론

1) 기본이해

아이디어를 모으는 도구인 만다라트는 일본의 디자이너인 이마이즈미 히로아키가 개발한 발상기법이다. 만다(Manda), 라(La), 아트(Art)의 합성어로 목적을 달성하는 기술 또는 도구를

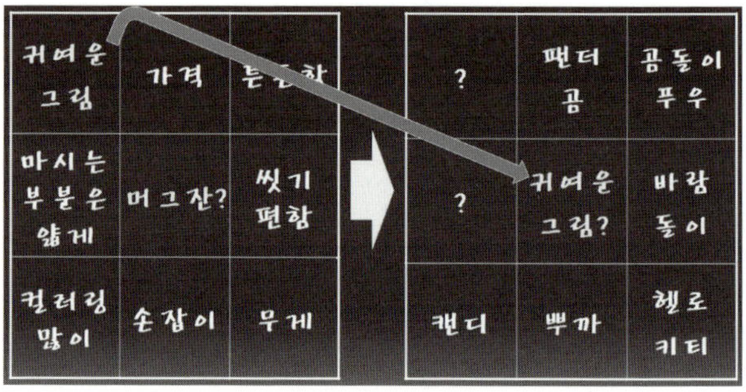

(필자의 반) 디자인 수업에서 만다라트 설명을 위해 만든 것

뜻한다. 떠오르는 아이디어를 즉시 구조화하여 전시하도록 해주는 이 방법은 사람의 뇌 구조에 적합한 방식으로, 생각을 보다 쉽게 정리함은 물론 다양한 아이디어들의 조합을 눈으로 확인할 수 있도록 해준다.

[참고 자료]

가토 마사하루(2003). 박세훈 역. 생각의 도구. 21세기북스.
'만다라트'에 대한 내용은 위의 서적을 참고로 하여 재구성한 것임.

가. 아이디어맨이 되기 위한 준비

1. 조금만 새로워도 충분히 새롭다.
2. 아무리 시시해도 아이디어는 아이디어다. 넓히고 정리하라.
3. 얼핏 보기에 쓸 만한 아이디어를 구체적인 모양으로 정리하라.
4. 넓혀진 아이디어를 과제해결에 적용하라.

5. 새로운 아이디어에 기존의 아이디어를 결부시키면서 실현가능성이라는 잣대를 높이 쳐들고 정리하라.
6. 사용할 수 있는지 없는지를 냉정하게 판단하여 아이디어를 선택하라.
7. 아이디어에서는 끊임없이 넓히고 기획으로 나아갈 때는 좁혀라.
8. 아이디어를 넓힐 때는 자유분방하게 하라.
9. 기획으로 좁힐 때에는 단순하게 하라.
10. 직선적인 생각의 방식을 방사형으로 바꿔라.

〈가토 마사하루, 2003, p.41〉

출처: http://cafe.naver.com/kaffeeheinz
아이디어의 확장과 적용 사례

출처: http://www.cardonizer.com
생각의 방식 – 비즈니스카드(명함) 사례

나. 아이디어의 특징

1. 아이디어와 아이디어의 재로는 서로 다르지 않다.
2. 아이디어를 떠올리는 데 순서는 없다.
3. 아이디어는 예상치 않은 곳에서 느닷없이 찾아온다.
4. 시행착오가 많을수록 아이디어는 다양해지고 기획은 단단해진다.
5. 흩어져 있는 정보를 자주 정리할수록 아이디어는 풍부해진다.
6. 아이디어는 끌어내면 끌어낼수록 끊임없이 나온다.

〈가토 마사하루, 2003, p.100〉

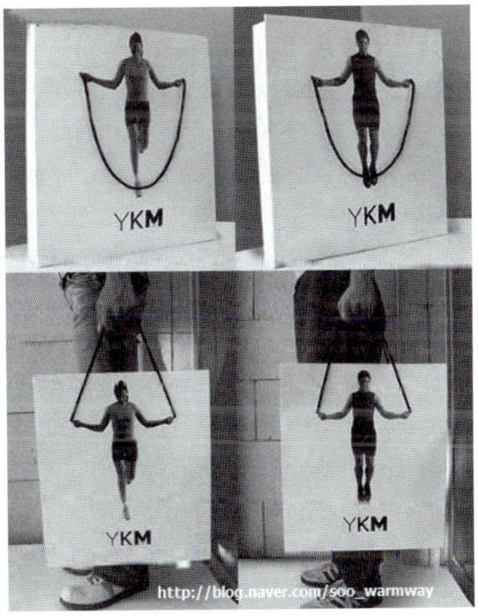

번뜩이는 아이디어 YKM 쇼핑가방
http://blog.naver.com/soo_warmway

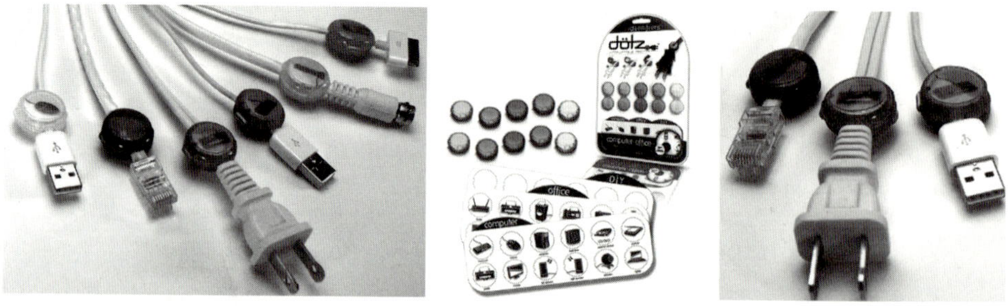

아이디어상품 디자인 사례 – 플러그 인식표(출처: http://cafe.naver.com/motiontree/13551)

다. 아이디어 스케치 요령

1. 아이디어를 스케치할 종이를 아끼지 말 것
2. 머리 회전의 속도와 유연성을 최대화할 것
3. 아이디어를 자기 마음대로 풀어놓을 것
4. 시시하거나 유치한 아이디어라도 주저말고 밀고 나갈 것
5. 기존의 모든 상황을 다르게 생각할 것
6. 생각의 폭을 넓히고 넓히고 또 넓힐 것
7. 조그만 차이를 중요하게 생각할 것
8. 뜻하지 않은 방향으로 흐르더라도 멈추지 말고 스케치할 것

〈가토 마사하루, 2003, p.93〉

2) 진행방법

"혼자 생각하기" 단계는 모든 활동을 시작하기 전에 선행되는 필수 활동!!!

1. 과제를 제시하고 활동지를 배부한다(각 모둠 1장).
2. 학생들은 활동지를 받아들고 중앙에 주제를 적어 넣는다(기록이 활동).
3. 중앙 주변의 칸에 주제와 연관된 아이디어를 적어 넣는다(모둠 내 브레인스토밍 – 반드시 8개를 채워야 한다).
4. 방금 적어 넣은 만다라트 주변 칸을 주제로 하여 하나씩 확장시켜 나간다(모둠 내 브레인스토밍).

※ 첫 장의 아이디어를 한 장씩만 확장 시켜나간 다 해도 아이디어는 8×8=64개가 된다.

5. 모둠 내에서 정리된 것을 발표(제출)하고, 필요한 경우엔 게시물로 활용한다. 실천이 따르는 일에는 작성된 기획안에 따라서 곧바로 실천에 들어가면 된다.

※ 본래 이 활동은 먼저 개별적으로 활동지를 작성하게 하는 것이 더 좋겠으나 교실 수업 속에서는 현실적 여건상 개인 아이디어를 짜내고, 다시 모둠원의 다양한 의견들을 모아내는 활동까지 진행하기엔 너무 많은 시간이 걸린다는 한계가 있어 모둠에 1장의 활동지를 주고, 모둠원이 브레인스토밍 방식으로 진행할 수 있도록 지도해 보았는데 별 무리 없이 진행되었다.

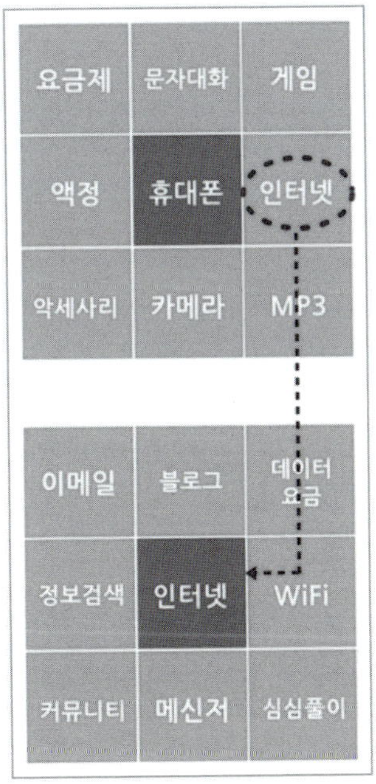

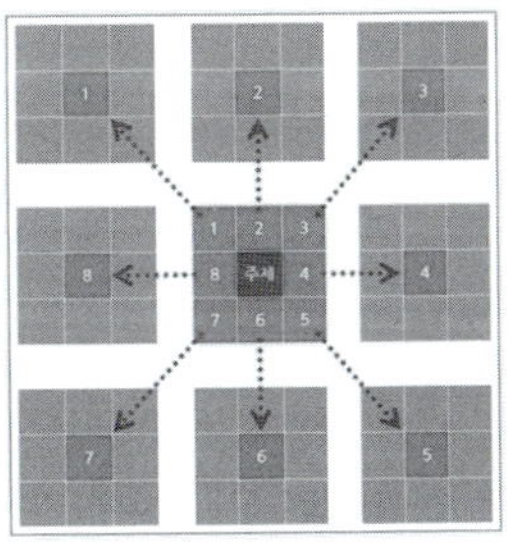

아이디어의 확장

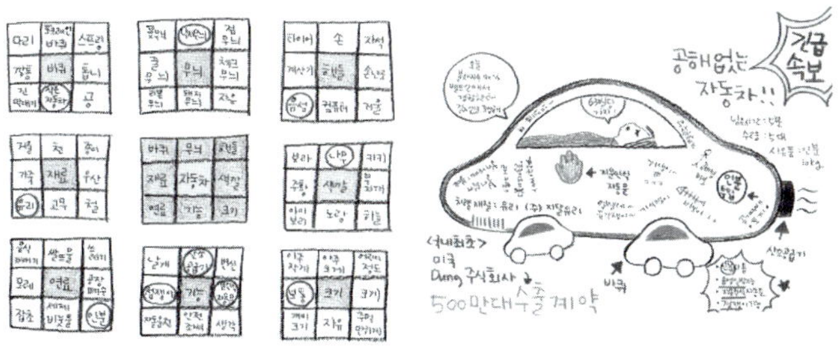

내가 만들고 싶은 물건(출처: 창의넷 http://www.tcnc.net)

3) 활동효과

1. 8개의 출발점에서 시작하여 각각 8개씩 확장하면 64개의 아이디어가 만들어지는데, 64개의 아이디어에서 더 확장하게 되면 수학적으로 억이나 조 단위까지 뻗어나갈 수 있다.
2. 참가 인원에 따라 다양하고 엄청난 아이디어가 쏟아지게 된다.

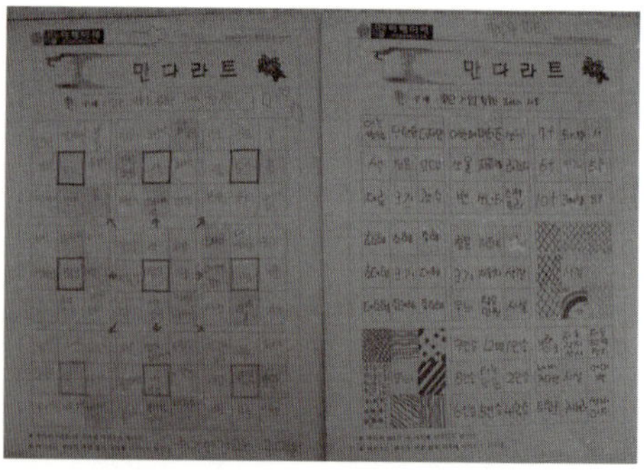

필자의 반 사례: 첨단기술 활용 제품 아이디어 논의

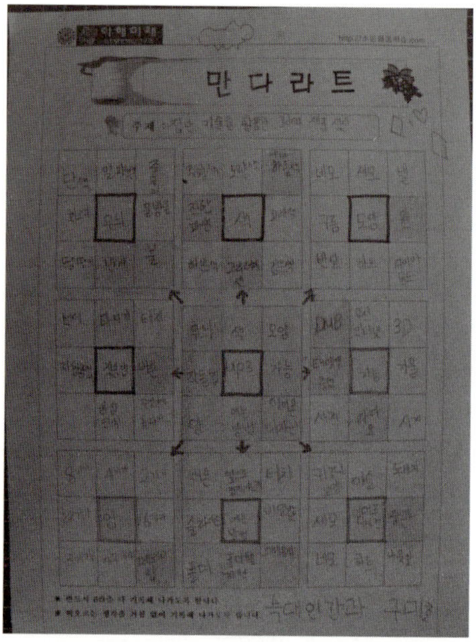

첨단기술 활용 ⇨ MP3 개발 사례

3. 아이디어의 재료가 되는 요소가 한 테이블 위에 올려져 있기 때문에 많은 아이디어가 생산될 수 있다.
4. 머릿속에 있던 정보와 아이디어의 힌트들을 눈에 보이는 간단한 형태로 변환시켜줌으로써 놀랄 만큼 다양한 아이디어가 나올 수 있는(요소를 조합하기 쉬운) 환경을 자연스럽게 만들어준다.
5. 방사상으로, 나선형 구조로 움직이는 머리의 구조에 가장 적합한 생각의 도구라 할 수 있다.
6. 펼쳐져 있는 아이디어들로 다양한 아이디어 조합의 맛을 느낄 수 있다.

4) 주의할 점이나 활동의 팁

1. 첫 장의 중앙 주변에 있는 8개의 칸에는 반드시 8개를 다 적을 수 있도록 하는 것이 좋다. 왜냐하면 아이디어를 생산하는데 있어서 강제력이 작용하면 필사적으로 생각하게 되기 때문이다. 그러면서 새로운 것이 나올 때가 많다.

2. 되도록 떠오르는 생각을 거침없이 적어 나가도록 한다.
3. 개별적 활동, 팀 활동 모두에 적용될 수 있다. 하지만 교실 수업 속에서는 시간적 여건상 개별 활동 단계를 생략하고 곧바로 팀 단위 활동으로 들어가 아이디어를 공유하고 활동지를 작성할 수 있도록 하는 방안을 주로 활용하게 된다.
4. 만다라트는 마인드 맵과 비슷한 점들이 많으므로 다른 사항들은 "마인드 맵" 편을 참고하기 바란다.
5. 필요에 따라서 교실 전체 학생들을 대상으로 하여 학급 행사를 기획하는 차원에서 칠판에 큰 양식 1개를 그려놓고 전체 회의를 할 때도 유용하게 활용된다.

※ 만다라트와 마인드 맵은 모두 확장과 전개가 한 장의 종이 위에서 이루어진다는 점에서 많은 공통점을 갖고 있다. 하지만 가장 큰 차이점은 만다라트가 "8"이라는 수를 기본으로 하는 데 비하여 마인드 맵은 숫자의 제약이 없다는 것이다. 따라서 격식을 싫어하는 사람은 마인드 맵을 활용하는 것이 더 좋을 수도 있다.

6. 만다라트 자체적으로 아이디어의 구조화가 가능하다. 생각을 보다 체계적으로 정리하여 구조화된(구체적인) 아이디어를 얻을 수 있도록 한 것이 바로 "5W 만다라트"이다.

※ 5W 만다라트에 대하여

1. 기획을 위한 도구로서 5W 만다라트를 이용할 수 있다. 일반 만다라트와 조금 다르게 5W 1H 중 5W에 해당하는 What, Who, Why, Where, When의 공간을 만다라트에 할당하고 여기에 그것에 해당하는 내용을 기재하는 방식으로 활용하는 것이다.
2. 한가운데 칸에 Who를, 아래에 Why를, 위에 What을, 왼쪽에 Where를, 오른쪽에 When을 적는다.
3. What, Who, Why의 축은 주체적인 행동의 축, Where, Who, When은 주인공을 둘러싼 환경의 축이다.

	WHAT 작품 전시회	
WHERE 전시장	WHO ○학년 ○반 학생들	WHEN ○월○일 ~ ○월○일
	WHY 떨림 설렘 자부심	

필자의 반 작품 전시회 기획하기 사례

◎ WHY: 작품 전시회가 필요한 이유는 무엇인가? 작품 전시회가 아이들을 움직이게 하는 이유는 무엇인가? 작품 전시회가 아이들에게 어떤 도움을 주는가?

◎ WHAT: 아이들이 참여할 수 있는 활동에 대한 아이디어 응모용지를 만들어 배부하고 수집한다(전시할 작품은 어떤 것들로 할 것인가?). 전시장은 어떻게, 무엇으로 꾸밀 것인가? 전시회 문구는 무엇으로 할 것인가? 전시회를 빛나게 할 특별한 아이디어는 없는가? 홍보 방법은? 전시회를 위한 역할 분담은?

◎ WHERE: 전시회장소(교실 또는 복도?), 홍보물 게시 장소는?(벽보, 인터넷)

◎ WHEN: 1차 준비기간, 2차 준비 기간, 작품 제출 기간, 전시회 기간 등.

4. 이런 식으로 5W 만다라트를 작성해 나감으로써 아이디어의 실행을 위한 방법(How)이 명료해지는 것이다. 다시 말해 이 모두를 합친 것이 HOW가 되는 것이다(흔히 말하는 6하 원칙에서 HOW가 빠진 이유가 여기에 있다).
5. 실제 필자의 경우는 교실 현장에서 5W 만다라트를 더 많이 활용하고 있다. 그 이유는 학교 및 교실 속에서 이루어지는 많은 일들이 "행사"와 관련되어 있고, 이를 기획할 때 아주 유용하게 활용할 수 있기 때문이다. 아울러 수업 속에서도 학생들이 자신들의 생각을 정리할 때(개인 또는 모둠, 전체) 체계적인 아이디어를 도출해 낼 수 있기 때문에 자주 활용하고 있는 편이다.

5) 수업의 실제

'만다라트'를 활용한 사회·미술과 토의·토론 수업

주제	상품 개발 및 디자인
학습 목표	첨단 기술을 이용한 상품을 번뜩이는 아이디어로 개발, 디자인할 수 있다.
사회적 기술 목표	도란도란 말하기, 타인의 생각 수용하기, 개인적인 책임
학습 자료	타이머, 만다라트 활동지(모둠), 4절지(개발 상품 전시 자료 만들기), PPT자료

단계	학습내용 및 학습구조	교수·학습 활동	자료 및 유의점
도입	동기유발 전체 학습 학습문제 확인	▣ 동기 유발하기: 미래의 첨단 생활 모습이 담긴 PPT자료 보여주기 - 현재 생활 속의 첨단 제품 사례 알아가기 - 현재의 생활 모습과 앞으로의 변화될 모습 상상하기 ▣ 학습 문제 확인 첨단 기술을 이용한 상품을 번뜩이는 아이디어로 개발, 디자인할 수 있다.	PPT자료 준비  아이패드(애플)
전개	모둠 토의 돌아가며 말하기 말하기카드 만다라트 (브레인스토밍 방식) 모둠 협동작품 만들기	【활동 1】 각 모둠별로 어떤 첨단 제품을 개발하면 좋은지 아이디어를 모아 결정하기 [교사] 현재의 모습 속에서 개발하고 싶은 첨단 제품에 대한 아이디어를 나누어보고, 모둠에서 개발할 첨단제품 1가지를 선정해 보자. [학생] 혼자 생각하기 → 모둠 내 돌아가며 말하기로 나누기(기록이 정리) → 나온 의견에 대한 토의·토론(말하기카드 활용) → 개발할 첨단제품 결정하기 【활동 2】 각 모둠별로 결정한 첨단제품에 대한 개발 아이디어 나누기 [교사] 각 모둠에서 결정한 제품에 대하여 현재의 모습보다 더 발전한 상품 아이디어를 개발해 보도록 하자(모둠별로 1장의 만다라트 활동지 배부). [학생] 모둠별로 1장의 만다라트 활동지를 놓고, 상품 개발을 위한 아이디어를 나눈다(브레인스토밍 방식). → 나눈 아이디어를 바탕으로 하여 개발할 상품 디자인하기 준비를 한다. 【활동 3】 각 모둠별로 결정한 상품에 대한 디자인하기 [교사] 각 모둠에서 결정한 상품에 대한 디자인 및 세부적인 설명을 1장의 종이에 그리고 정리한다. [학생] 작성한 만다라트 활동지를 바탕으로 각 모둠에서 결정한 제품의 디자인 및 세부적인 설명이 들어간 계획서를 작성한다(4절지). - 모둠원끼리 역할을 분담하여 협동적으로 작품을 완성한다(완성된 작품은 교실에 전시). - 교사는 각 모둠을 순회하면서 꼼꼼하게 체크하고 도움을 준다.	 첨단TV(삼성) • 각 모둠별로 1장의 만다라트 활동지 배부 • 각 모둠별로 1장의 4절지 배부
정리	전체 학습	▣ 정리 및 다음 차시 안내: 미래 시대에 발달할 산업에 대한 자료 조사 과제 제시(유전공학, 생명공학, 문화, 환경, 극미세기술, 우주개발, 정보통신 등)	• 작품이 완성되는 대로 교실에 전시를 한다.

〈만다라트 활용양식 – 1〉

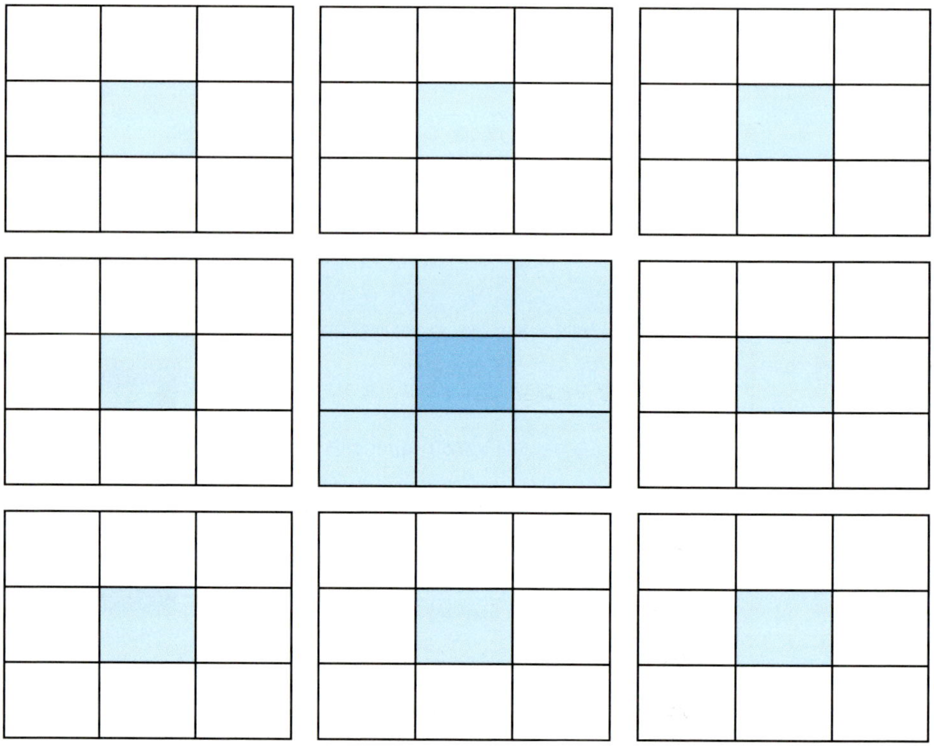

〈만다라트 활용양식 – 2〉

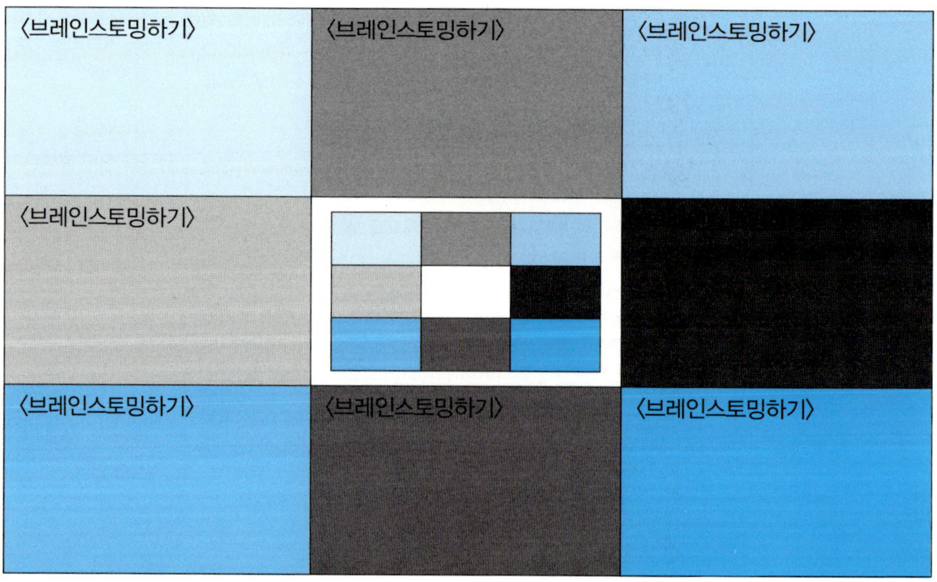

P.M.I. 분석 토의·토론

1) 기본이해

P.M.I. 구조는 '좋은 점(Plus)', '나쁜 점(Minus)', '흥미로운 점(Interesting)'으로 나누어 문제점에 대한 비판적 분석을 해 나가는데 도움을 준다. 앞에 놓인 문제점이나 제안된 아이디어의 장점(P), 단점(M), 흥미로운 점(I)을 따져 본 후 그 아이디어를 평가하고 개선방안을 찾아가는 기법으로서 하나의 아이디어나 문제점에 대해 집중적으로 분석해 보고자 할 때 간단하면서도 효과적으로 활용할 수 있으며 이를

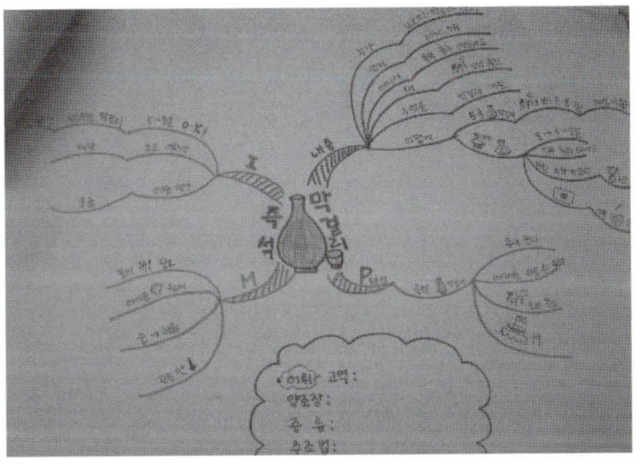

출처: http://blog.naver.com/mamma1221(신문 기사를 바탕으로 한 P.M.I. 구조의 마인드 맵핑)

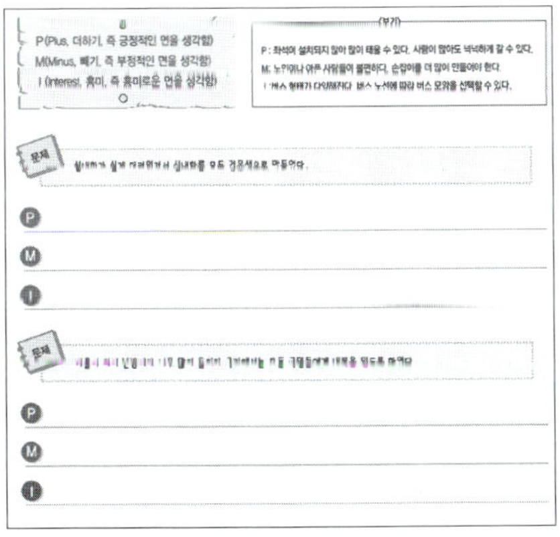

P(Plus, 더하기, 즉 긍정적인 면을 생각함)
M(Minus, 빼기, 즉 부정적인 면을 생각함)
I (Interest, 흥미, 즉 흥미로운 면을 생각함)

〈보기〉
P : 좌석이 설치되지 않아 많이 태울 수 있다. 사람이 많아도 넉넉하게 갈 수 있다.
M: 노인이나 아픈 사람들이 불편하다. 손잡이를 더 많이 만들어야 한다.
I : 버스 형태가 다양해진다. 버스 노선에 따라 버스 모양을 선택할 수 있다.

문제
P
M
I

문제
P
M
I

어린이동아 창의력 교실(2007.12.12)

이담초등학교 사례 – 발명반 및 발명기법 수업 사례
(출처: http://cafe.naver.com/idaminventioncha)

통해 비판적 분석능력을 기르고 문제점에 대한 대안을 찾아나갈 수 있다. 현재 이 구조는 마인드 맵 형식으로 변화를 주어 활용되기도 하며, 발명교육이나 창의성 교육 등에도 많이 활용되고 있는 편이다.

2) 진행방법

"혼자 생각하기" 단계는 모든 활동을 시작하기 전에 선행되는 필수 활동!!!

1. 교사는 모둠에게(개인에게) 주제를 제시한다.
2. 각 개인과 모둠에 활동지를 배부한다(개인 활동을 먼저하고, 이를 바탕으로 모둠 의견을 모을 수도 있고, 개인 활동이 없이 바로 모둠 활동으로 넘어갈 수도 있다).

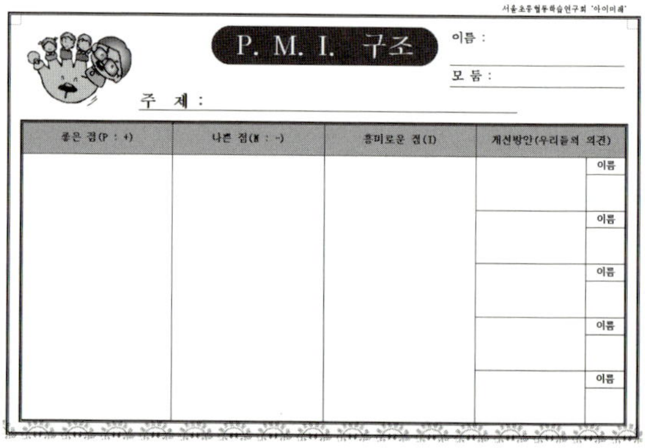
서울초등협동학습연구회 '아이미래'

P. M. I. 구조

이름 :

모 둠 :

주 제 :

좋은 점(P : +)	나쁜 점(M : -)	흥미로운 점(I)	개선방안(우리들의 의견)
			이름
			이름
			이름
			이름
			이름

서울초등협동학습연구회 아해미래 홈페이지 자료

3. 각 개인은 모둠 내에서 돌아가며 말하기(또는 돌아가며 쓰기)로 개인 생각을 말하고, 기록이는 모둠 활동지에 기록한다(P → M → I 순서로 정리).
4. 모든 내용이 정리되면 기록이는 내용을 모둠원에게 한 번 읽어준다.

아이디어	버스 안에 있는 좌석은 모두 치워 버려야 한다.
P (Plus)	• 버스에 더 많은 사람이 탈 수 있다(공간 활용). • 버스를 타거나 내리기가 더 쉽다. • 버스를 제작하거나 수리하는 비용이 보다 적게 들 것이다.
M (Minus)	• 버스가 갑자기 서면 승객들이 넘어질 것이다(위험성). • 노인이나 장애를 가진 분들은 버스를 이용할 수 없을 것이다(불편함). • 쇼핑백을 들거나 아기를 데리고 다니기가 어려울 것이다.
I (Interesting)	• 한 가지는 좌석이 있고, 다른 한 가지는 좌석이 없는, 두 가지 유형의 버스를 생각하게 하는 흥미로운 아이디어이다. • 같은 버스라도 유형을 달리하면 일을 더 많이 할 수 있다는 흥미로움이 있다. • 버스에서는 편안함이 그렇게 중요하지 않을 수도 있다는 재미있는 아이디어이다.

5. 문제해결방안이나 개선점을 찾는 주제라면 이를 바탕으로 토의·토론을 해 나가도록 한다(앞의 '생각 내놓기' 구조를 소개하는 내용 중 맨 뒤의 〈생각 내놓기 구조 활동 결과로 제시된 대안의 평가 사례: P.M.I. 구조 활용〉 사례 참고하기).
6. 정리된 자료는 발표물, 형성평가자료, 게시물 등으로 활용한다.

3) 활동효과

1. E. de Bono가 개발한 CoRT(Conitive Research Trust) 프로그램 속의 사고 기법으로서 긍정적, 부정적, 재미있는 측면 등으로 나누어 대안의 모든 측면들을 고려해 본 다음에 의사를 결정하는데 도움을 주어 열린 마음과 태도로 활동에 임할 수 있도록 해준다.
2. 어떤 문제 상황에 대하여 충동적으로 아이디어를 내거나 정서적으로 반응하는 것을 막고 시야를 넓혀 주는 데에 큰 도움이 된다.

4) 주의할 점이나 활동의 팁

1. 자신의 모둠 또는 한 개인(자신 또는 타인, 위인, 책 속의 인물 등)에 대한 분석에도 활용할 수 있다.
2. 이야기 속의 상황 속에서 문제점을 찾아 대안을 제시하는데도 활용할 수 있다.
3. 시간을 충분히 확보하여 개인 활동시간을 갖도록 하는 것이 더 바람직하다.
4. 본래 "I"는 "Intsresting"인데 개선을 뜻하는 "Improvement"로 변화를 주어 활용할 수도 있다. 최종 대안으로 1가지만을 결정해야 할 경우에는 아래와 같은 활동지를 마련한 뒤, 나온 의견들을 종합적으로 살피면서 최종 대안 및 그렇게 결정된 이유를 정리, 발표할 수도 있다.

<table>
<tr><th colspan="6">(   ) 모둠 – 모둠원 (,   ,   ,   )</th></tr>
<tr><th colspan="2">문제 및 해결 방안</th><th>P</th><th>M</th><th>I(개선방안)</th><th>결정 여부</th></tr>
<tr><td rowspan="3">문제점 :</td><td>1.</td><td></td><td></td><td></td><td></td></tr>
<tr><td>2.</td><td></td><td></td><td></td><td></td></tr>
<tr><td>3</td><td></td><td></td><td></td><td></td></tr>
<tr><td>결정 및
발표 내용</td><td colspan="5">우리 모둠이 결정한 해결 방안은 (   )입니다.
왜냐하면</td></tr>
</table>

서울초등협동학습연구회 아해미래 홈페이지 자료

필자의 반 사례: 첨단기술의 발전에 따른 장점과 단점 살피기

5) 수업의 실제

'P.M.I. 분석'을 활용한 사회과 토의·토론 수업

주제	이동수단의 발달과 그 영향
학습 목표	이동수단의 발달이 우리 생활에 미친 영향을 말할 수 있다.
사회적 기술 목표	도란도란 말하기, 타인의 생각 수용하기, 경청하기
학습 자료	타이머, P.M.I. 활동지(개인), PPT 자료, 4절지(모둠별 P.M.I. 활동 내용 정리)

단계	학습내용 및 학습구조	교수·학습 활동	자료 및 유의점
도입	동기유발 전체 학습	▣ 동기 유발하기: 지난 시간에 공부한 교통수단의 발달에 관련된 이미지 보여주기 바다, 하늘, 도로의 교통수단 발달사 보기 교통과 관련된 문제 상황 이미지 보여주기	PPT자료 준비 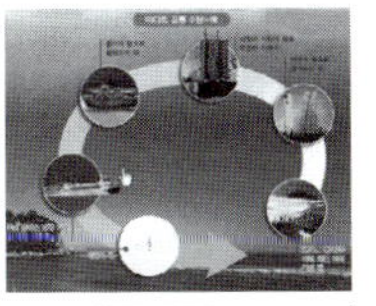  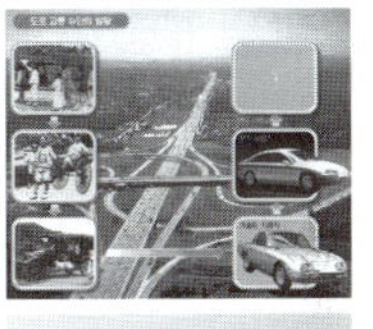 
	학습문제 확인	▣ 학습 문제 확인 이동수단의 발달이 우리 생활에 미친 영향을 말할 수 있다.	
전개	전체 학습	▣ 학습 방법 탐색(분류 기준 세우기) [교사] 어떤 방법으로 과제를 해결할 것인가 알아보자. [학생] 좋은 점, 나쁜 섬, 미래생활에 미치는 영향으로 나누어 알아보도록 해요.	
	모둠토의 P.M.I. 구조	【활동 1】 개인별로 P.M.I. 활동지 기록하기 [교사] 각 개인별로 P.M.I. 활동지에 자신의 생각을 정리하도록 합니다. [학생] 이동수단의 발달에 따라 좋아지는 점(P), 이동수단의 발달에 따라 생기는 문제점(M), 이동수단의 발달이 미래 생활에 미치는 영향(I)으로 나누어 정리(활동지) 【활동 2】 모둠별로 P.M.I. 활동 내용 정리하기 [교사] 각 모둠별로 P.M.I. 활동지를 직접 그리고, 그 속에 모둠원의 생각을 모두 정리하도록 합니다. [학생] 모둠별로 나누어준 4절지에 이동수단의 발달에 따라 좋아지는 점(P), 이동수단의 발달에 따라 생기는 문제점(M), 이동수단의 발달이 미래 생활에 미치는 영향(I)으로 나누어 정리한다(돌아가며 말하기, 기록이 정리).	
	전체 학습	【활동 3】 모둠별로 정리한 내용 발표하기 [교사] 모둠별로 정리한 내용을 발표하도록 하자. [학생] 정리한 내용 발표하기, 질문 및 보충하기, 정리한 자료는 교실에 게시하기	• 각 모둠별로 4장의 P.M.I. 활동지 및 4절지 1장 배부 • 정리한 자료가 완성되는 대로 교실에 전시를 한다.
정리		▣ 정리 및 다음 차시 안내 이번 시간을 통해 알게 된 점 말해보기, 각자 노트에 공부한 내용 정리하기 다음 시간에는 이동, 의사소통수단의 발달과 우리 생활과의 관계를 이해하는 시간을 가져보도록 하겠다.	

※ 교과서 내용의 재구성을 통해 "이동수단"과 통신수단"을 따로 분리, 재구성하여 지도함.

※ 교과서 내용의 재구성을 통해 14차시 "미래의 이동과 의사소통 모습 상상하여 표현하기"는 미술시간과 연계하여 활동하기로 하고, 13~14차시 수업을 위의 계획안에 따라 진행함.

개인별 P.M.I. 활동지

이동수단의 발달이 우리 생활에 미치는 영향

○○○○초등학교 제 ○학년 ○반 (　　　　　　)모둠 이름 (　　　　　)

이동수단의 발달이 우리 생활에 미친 영향은 무엇인지 좋은 점, 나쁜 점, 미래생활에 미치는 영향으로 나누어 생각해 봅시다.

P(Plus)	
이동수단의 발달이 우리에게 가져다 준 좋은 점	
M(Minus)	
이동수단의 발달이 우리에게 가져다 준 나쁜 점	
I(Interesting)	
이동수단의 발달이 미래생활에 미치는 영향	

돌아가며 쓰기·말하기 토의·토론

1) 기본이해

◎ 돌아가며 말하기

돌아가며 말하기 구조는 교사가 하나의 주제를 주면, 학생들은 그 주제에 대한 자신의 생각을 모둠원과 돌아가면서 한 사람씩 차례대로 이야기로 나누는 것이다. 이 구조를 통해서 모둠원은 서로의 생각과 창의적 아이디어를 공유할 수 있고 주제나 상황에 따라 반복적으로 돌아가면서 사용할 수 있다(1바퀴만 도는 것이 아니라 2회, 3회 … 돌아가며 말할 수 있다). 이 구조의 장점은 ① 모둠원 모두가 능동하게 참여할 수 있도록 해주고, ② 적극적으로 말하고 서로의 생각을 들어 줄 수 있도록 해주는 활동으로서, ③ 모든 사람들의 참여를 최대한 이끌어내는데 주된 목적을 두어 활용된다.

◎ 돌아가며 쓰기

돌아가며 쓰기 구조는 적용하기가 매우 쉽고 간단하다. 교사가 주제를 제시하면, 학생들은 그 주제에 대한 다양한 생각과 창의적 아이디어를 돌아가면서 종이 위에 펜으로 적어서 나누도록 하는 것이다. 이 구조는 글을 이용하여 모둠원의 생각을 알아볼 수 있도록 해주고, 학습한 내용을 잘 이해하였는지 확인하는데 도움을 주기도 한다. 또한 주제나 상황에 따라 반복적으로(2회 이상 돌아가며 쓰기) 활동을 할 수도 있다. 이 구조는 모둠원 모두가 동등하게 참여할 수 있도록 해주고 모든 사람들의 참여를 극대화시키는 방안으로 많이 활용된다.

※ "돌아가며 말하기"와 "돌아가며 쓰기"는 서로 상보적인 특성을 갖고 있으므로 각각의 활동이 가진 장점과 단점(말과 글)을 잘 살려서 활동할 필요가 있다.

2) 진행방법

"혼자 생각하기" 단계는 모든 활동을 시작하기 전에 선행되는 필수 활동!!!

◎ 돌아가며 말하기

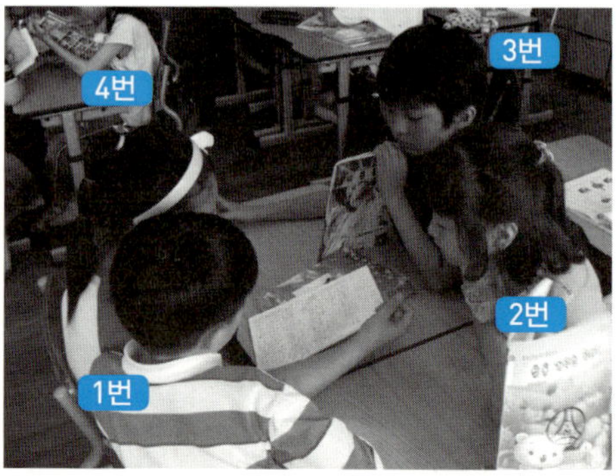

필자 교실에서의 활동 사례

1. 교사가 주제를 제시한다.
2. 각자 주제와 관련된 생각할 시간을 잠시 갖는다.
3. 모둠 내에서 번호순으로 (1번~4번) 돌아가면서 자신의 생각을 나눈다(목소리는 2단계 "도란도란" 말하기).
4. 교사와 함께 정리한다.

◎ 돌아가며 쓰기

필자 교실에서의 활동 사례

1. 교사가 주제를 제시한다.
2. 주제와 관련된 생각할 시간을 잠시 갖는다.
3. 학생들은 자신의 모둠 내에서 돌아가며 주어진 활동지에 펜으로 한 가지씩 돌아가며 적는다(1번~4번).
4. 각 모둠에서 정리하거나 적은 내용을 전체 앞에서 발표를 하고, 교사와 함께 정리하고 마무리한다.

3) 활동효과

1. 이 두 가지 구조는 언제 어디서나 쉽고 빠르게 서로의 다양한 생각과 창의적인 아이디어를 나눌 수 있는 특징과 효과를 갖고 있다.

2. 이 두 가지 구조는 활동하는 사람들의 참여를 극대화시킬 수 있도록 해준다.
3. 수업의 도입, 본시, 정리 단계 어떤 곳에서도 부담 없이 활용할 수 있다.

4) 주의할 점이나 활동의 팁

모둠 마이크 활용

1. 돌아가며 말하기 활동을 할 때 각 모둠별로 〈모둠 마이크 – 말하기 마이크〉를 활용하면 순서에 대한 상징성과 말하기 차례에 대한 권한을 느낄 수가 있고(마이크를 들고 있는 모둠원만 말할 수 있음), 교사는 각 모둠별로 누가 말하는 차례인지, 순서에 따라 누구까지 진행되었는지를 확인할 수 있다(이렇게 간단한 구조에서 매번 모둠 마이크를 활용한다는 것은 어찌 보면 불편함 – 마이크를 꺼내오고, 가져다 두고, 마이크로 장난을 할 수도 있고 – 을 초래할 수도 있기 때문에 깊이 있게 고민하고 활용하는 것이 좋다).
2. 돌아가며 말하기 활동을 할 때 필요에 따라서는 돌아가며 말하기 활동을 하는 동안 메모지나 공책 등에 각 모둠원의 생각을 기록하고, 정리하도록 하게 하면 집중하여 듣기 활동에 도움을 줄 수 있다.
3. 돌아가며 말하기 활동을 할 때는 모둠별로 생각이나 아이디어를 정리할 수 있는 담당자를 두도록 하는 것이 좋다(기록이).
4. 돌아가며 쓰기 활동을 할 때는 모둠 내에서 각 모둠원의 활동에 대한 내용을 알고자 한다면(누가 어떤 생각을 썼는지 확인함.) 색깔펜을 활용한다(색깔펜을 활용하는 이유에 대해서는 앞의 "노구 준비"에서 안내한 바가 있다).
5. 두 가지 활동 모두 자신의 의견이나 생각이 더 이상 없을 때는 "패스"를 하고 다음 사람에게 차례를 넘기도록 한다. 모든 사람이 패스를 하고 넘기게 되면 활동은 마무리된다.
6. 돌아가며 쓰기 구조는 각 모둠별로 연필 한 자루와 활동지 한 장만 가지고 활동하기 때문에 어떤 순간에도 생각을 쓰고 있는 모둠원 이외에 다른 모둠원

은 활동지에 기록된 내용을 꼭 보고 있어야 한다는 규칙이 필요하다. 그렇게 하지 않으면 차례가 되어 쓰고 있는 모둠원 이외에 다른 모둠원은 불필요한 활동을 하거나 활동을 방해하기도 하고, 아예 활동에서 벗어나 있으려고 하는 상황이 발생하게 된다. 활동에 참여하지 않거나 활동을 방해하거나 활동에서 벗어나 있으려고 하는 학생이 발생하는 경우는 흥미가 없거나 꼭 보고 있지 않아도 별 문제가 없는 상황이어서 굳이 협동할(생각이나 의견을 나눌) 필요성을 못 느낄 때이거나 사회적 기술(특히 다른 사람의 생각이나 글을 존중하고 이해하며 활동하기)이 부족한 경우 등이다. 따라서 "돌아가며 쓰기"구조를 활용할 때는 이 구조가 가장 알맞은 구조인가?(가장 효율적인가?) 꼭 이 구조로 할 필요가 있는가? 보다 더 효과적인 구조는 없는가? 꼭 협동학습으로 할 필요가 있는가? 등에 대하여 고민하지 않으면 안 된다(물론 다른 구조도 마찬가지이겠지만).

7. 특히 돌아가며 쓰기 활동의 경우, 한 가지의 주제가 주어질 때는 활동지가 1장만 필요하겠지만 2가지 혹은 4가지의 주제가 주어질 때는 활동지가 2장 혹은 4장이 필요하고 이 경우에는 동시다발적으로 돌아가면서 쓰기 활동을 하지 않으면 안 된다. 이는 돌아가며 쓰기 구조의 변형으로서 따로 "동시다발적으로 돌아가며 쓰기"라는 구조 활동으로 이름을 붙여 활용한다.
8. 두 가지 구조 모두 활동이 끝나면 신호체계를 활용하여 알릴 수 있도록 한다.
9. "돌아가며 말하기"는 "휘발성(말은 기록되지 않는다)"이 있는 반면 "돌아가며 쓰기"는 "기록성"이라는 특징을 갖고 있다는 점에서 구별된다고 할 수 있다. 또한 "말하기"는 빠르고 쉽지만 "쓰기"는 시간이 많이 걸리고 힘들다는 특징도 갖고 있다. 따라서 각각의 활동이 가진 장점과 단점, 그리고 상황에 따라 적절하게 "쓰기"와 "말하기" 활동을 구분하여 활용할 수 있는 교사의 지혜

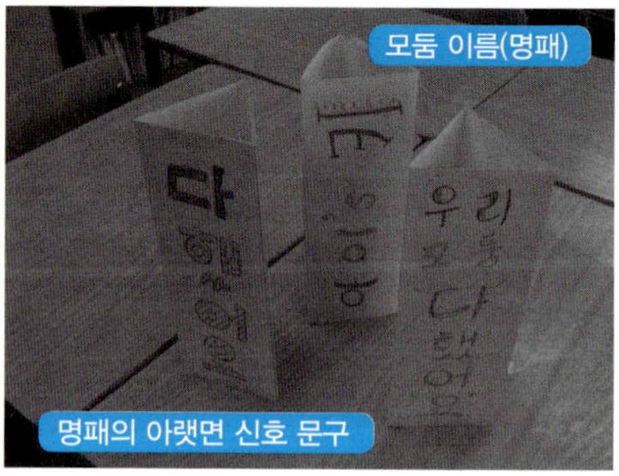

모둠 팻말의 두 면에는 모둠 이름을, 아랫면에는 신호 내용을 쓴다.

가 필요하다.

10. 두 가지 구조 활동 모두 시간 관리가 잘 이루어져야 한다. 학생들은 간단한 질문에도 시간 체크를 하지 않으면 무한정 시간을 쓰려고 한다. 따라서 구조를 적용한 활동에는 시간 체크는 필수적인 것이라 할 수 있다(타이머 활용하기, 사전에 활동 시간을 꼭 강조하기 각자 생각하기 3분, 돌아가며 쓰기 5분, 지킴이의 시간 조절, 주어진 시간 안에 책임 완수하기를 강조 등).
11. '돌아가며 말하기'와 '돌아가며 쓰기' 활동에서 인원수를 2명으로 조정하여 짝끼리 활동을 하게 되면 '번갈아 말하기'와 '번갈아 쓰기'로 활동 명칭이 바뀌게 된다. 필요에 따라서 둘씩 짝지어 활동을 할 필요도 있다.

참고 1 패스제도에 대한 이해

구조를 적용한 활동을 하다 보면 차례가 되었을 때 자신의 생각을 말하거나 쓰지 못하는 경우가 종종 발생한다. 이유는 다양하다. 미처 생각을 하지 못했을 때, 이미 생각해 놓은 것들을 다 말하고 나서 더 이상 말하거나 쓸 것이 없을 때, 아무리 생각해도 생각이 나지 않거나 좋은 아이디어가 떠오르지 않을 때, 알고 있는 것이 없을 때, 주어진 문제에 대한 판단이 서지 않았을 때 등. 이런 경우에 해당된 학생 차례에서 계속 멈추어 있게 할 수는 없는 일이고, 아무리 재촉하지 말고 정중하게 기다려주라고 말은 하지만 그리 쉽지만은 않다는 것을 우리들은 너무나도 잘 알고 있다. 이럴 때를 위해 활용할 수 있는 것이 바로 "패스" 제도이다. 이 제도를 활용할 때도 나름대로의 약속과 규칙이 필요하다. 그 내용을 살펴보면 아래와 같다.

[규칙 ①] 패스는 활동 과정 속에서 반드시 1회 혹은 2회로 제한한다.
[규칙 ②] 패스를 쓰더라도 다음 차례가 왔을 때는 꼭 말하거나 쓰기 활동을 해야 한다.
[규칙 ③] 연속으로 사용하지 않도록 한다.
[규칙 ④] 패스를 사용했을 때는 다른 사람이 다 활동을 하고 난 후에, 반드시 마지막에 패스를 사용한 사람이 꼭 자신의 생각을 말이나 글로 나타내야 한다.
[규칙 ⑤] 말로 의사소통을 하는 과정에서 할 말이 없거나 판단이 되지 않아 패스를 활용한 경우에는 다른 사람들의 의견을 잘 듣고, 다른 사람의 의견 가운데서 자신이 판단해 볼 때 좋다고 생각하는 점이나 동의하는 점을 기억해 두었다

가 나중에 자신의 차례에서 다른 사람의 의견에 동의하듯이 말하는 정도라도 하도록 한다(예 "나는 철수가 말한 것처럼 자연을 보호해야 하는 이유가 〈자연은 우리 후손들에게 잘 물려주어야 할 소중한 재산〉이기 때문이라고 생각해.").

[규칙 ⑥] "패스"를 말할 때는 작은 소리고 말하기(너무 크게 말하지 않기) ⇨ 이를 위해서 패스 카드를 만들어 모둠 사물함에 넣고 쓰기도 한다.

[규칙 ⑦] 패스제도를 활용할 때도 사회적 기술을 잘 사용할 수 있도록 한다.

참고 2 '돌아가며 ○○하기'와 '번갈아 ○○하기'에 대한 이해 돕기

"돌아가며" 활동과 "번갈아" 활동은 어찌 생각해보면 인원수의 차이만 있을 뿐 서로 다르지 않다고 생각할 수도 있다. 상당히 많은 점에서는 그렇다. 하지만 이 구조를 어떻게, 어떤 상황에서 활용하느냐에 따라서 전혀 다른, 독립적인 구조로 생각할 수도 있게 된다. 또한 어떤 단계(연령)의 학생들에게 적용하느냐에 따라 달라지기도 한다.

[사례 1] 일반적으로 저학년 학생들에게는 "돌아가며"보다는 "번갈아"가 더 유용하다. 왜냐하면 저학년 학생들에게는 활동의 결과보다는 참여의 기회를 극대화시키는 것이 더 중요하다고 보기 때문이다. 고학년의 경우에는 "돌아가며"가 더 유용한데 그 이유는 참여의 기회도 중요하지만 다른 사람의 생각이나 의견을 집중해서 듣고(보고) 자신의 생각과 비교도 하고 공통점과 차이점도 생각해 보도록 하는 것이 더 중요하다고 보기 때문이다.

필자 교실의 사례: 번갈아 쓰기

[사례 2] 다양한 사례나 아이디어의 공유, 깊이 있는 사고를 바탕으로 다른 사람과 내 생각의 비교, 대조 등의 작업이 필요한 활동에는 "돌아가며" 활동을 하는 것이 더 좋다.

[사례 3] 간단한 생각이나 의견의 교환, 한 가지 주제에 집중하여 대화를 할 필요가 있을 때는 "번갈아" 활동을 하는 것이 더 좋다.

[사례 4] 토의나 토론 활동(많은 사람들과 다양한 생각과 사고의 교환)에 가까운 주제나 과제에 대해서는 "돌아가며" 활동을 하는 것이 더 좋다.

[사례 5] 친밀도를 높이기 위한 활동이나 간단한 활동(주제)에 대해서는 "번갈아" 활동을 하는 것이 더 좋다.

[사례 6] "돌아가며" 활동과 "번갈아" 활동은 독자적인 구조로 활용되기도 하지만 다른 구조 활동 속에 녹아들어가 다른 구조 활동을 빛내는데 활용되기도 한다 (공통적인 3가지 주요 목적: 정보의 처리, 이해력 높이기, 참여의 극대화).

참고 3 동시다발적으로 돌아가며 쓰기에 대한 이해

1) 기본이해

동시다발적으로 돌아가며 쓰기 구조는 〈돌아가며 쓰기〉 구조를 보완한 것으로 두 가지 구조가 서로 유사한 특징을 가졌으면서도 나름대로는 큰 차이점을 가지고 있다. 돌아가며 쓰기의 경우는 모둠 내에서 한 장의 활동지와 한 개의 연필로 활동을 하는 데 비해 동시다발적으로 돌아가며 쓰기는 모둠 내에 인원 수만큼의 각기 다른 주제나 질문이 적혀 있는 활동지가 존재하고, 각각의 모둠원은 자기 앞에 한 장씩 활동지를 가지고 주어진 시간만큼 활

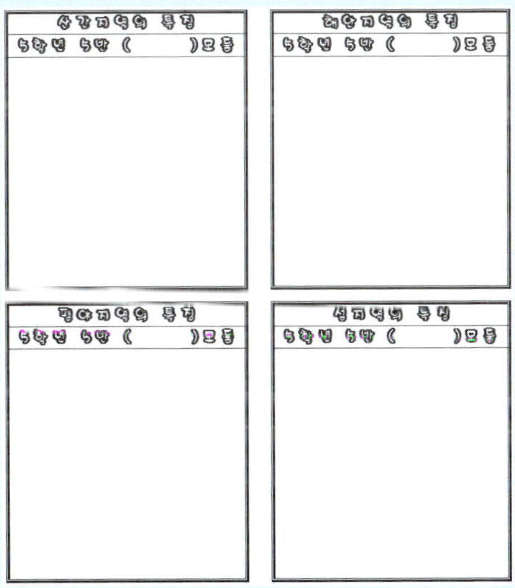

동시다발적으로 돌아가며 쓰기 활동지 양식 사례

동을 한다는 점이 바로 그것이다. 이 구조는 학생들이 과제에 더 잘 집중할 수 있도록 해 주고, 글을 이용하여 각기 다른 주제에 대한 모둠원의 다양한 생각을 짧은 시간 내에 알아볼 수 있도록 해주며, 모둠원 모두가 동등하게 참여할 수 있도록 해 줌으로써 모든 학생들의 참여를 극대화시키는 방안으로 많이 활용되고 있다.

2) 진행방법

필자 교실의 사례 (1)

필자 교실의 사례 (2)

1. 교사는 4가지 주제 또는 4가지 질문을 제시한다(활동지).
2. 4명의 모둠원은 각기 다른 활동지를 받아들고, 자신에게 주어진 질문에 대한 다양한 생각을 정리하여 기록한다.
3. 교사는 적절한 시간을 주고, 타이머를 띄운다. 학생들은 주어진 시간 동안 생각을 정리하여 쓰도록 한다.
4. 정해진 시간이 지나고, 교사가 신호를 하면 학생들은 시계방향으로 활동지를 돌린다(동시 신호에 따르지 않고 각자 따로 돌리지 않도록 함).
5. 학생들은 자기에게 오는 활동지의 내용을 잘 읽어보고 이미 다른 사람이 쓴 것에 추가하여 더 적거나 수정해야 할 것, 생각해볼 점 등이 있다면 어떤 것이 그런지 쓰고, 이유도 함께 적어주도록 한다.
6. 3단계부터 시작해서 계속 반복한다(처음 기록을 시작했던 활동지가 본인에게 돌아올 때까지).
7. 모두 다 돌았으면 활동지를 가운데 놓고 모둠원 모두가 동시에 살피면서 더 보충할 것이 없는지 상의하고, 다 정리되었으면 한 장의 큰 종이에 붙이거나 다른 활동지에 종합, 정리하도록 한다(이를 위한 충분한 시간을 확보해야 보다 양질의 활동이 이루어질 수 있다).

3) 활동효과

1. '돌아가며 쓰기' 및 '번갈아 쓰기' 활동에 비하여 집중도 및 참여도가 더 극대화된다.
2. 여러 가지 소주제에 대한 다양한 생각이나 창의적인 아이디어들을 짧은 시간 안에 효과적으로 모아낼 수 있다.
3. 정보의 공유와 소통, 문제해결방안의 제시, 창의적인 아이디어 개발 등에 많이 활용된다.

4) 주의할 점이나 활동의 팁

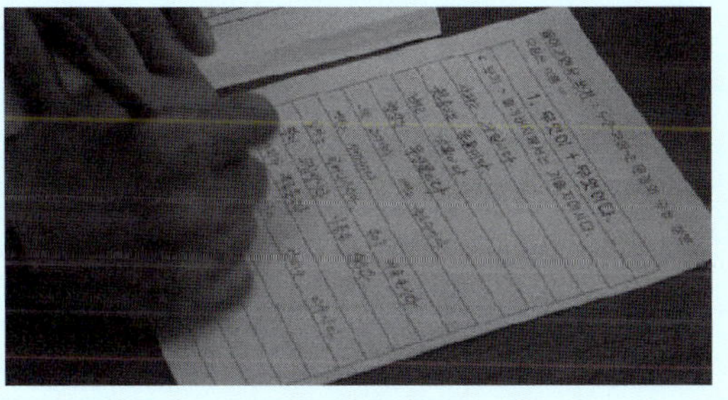

색깔펜 활용 사례

1. 활동이 끝나고 나면 활동지를 한 장의 종이에 붙이거나 정리하여 발표 자료로 활용하기도 하고 게시물로 활용하기도 한다(활동 결과를 교사와 함께 정리하는 시간이 필요).
2. 때로는 4가지의 색깔펜을 이용할 필도도 있다(개인적인 책임 부분을 알 수 있게 해주고, 각 모둠원이 활동에서 얼마나 참여했는지를 알 수 있다. –앞에서 이미 설명함).
3. 시작 신호와 함께 타이머를 띄우고, 시간을 체크할 수 있도록 하며, 신호를 주기 전에는 활동지를 개별적으로 돌리지 않도록 한다(모둠 내에서 개별적으로 돌리게 하면 주어진 시간을 충분히 활용하여 깊이 있는 사고나 다양한 사고를 하지 않게 되며, 어느 한 학생 앞에 활동지가 모두 쌓여있는 상황을 자주 목격하게 될 것이다).
4. 미리 만들어 둔 4장의 활동지(4가지 주제는 병렬적이어야 함)도 좋지만, 이면지를 활용하여 학생들이 직접 상단에 주제를 기록하고 시고활동을 해도 좋다.

5) 수업의 실제

'동시다발적으로 돌아가며 쓰기'를 활용한 사회과 토의·토론 수업

주제	도시의 여러 가지 문제 해결하기
학습 목표	도시의 여러 가지 문제(교통문제, 주택문제, 환경문제, 쓰레기문제)에 대한 해결 방안을 찾을 수 있다.
사회적 기술 목표	개인적인 책임 다하기, 시간 지키기, 타인의 생각 수용하기
학습 자료	타이머, 동시다발적으로 돌아가며 쓰기 활동지(개인), PPT 자료, 4절지

단계	학습내용 및 학습구조	교수·학습 활동	자료 및 유의점
도입	동기유발 번호순으로 구조 학습문제 확인	▣ 동기 유발하기: 지난 시간에 공부한 내용을 다시 한 번 생각해 보기 - 번호순으로 구조 활동(4문항을 미리 준비) - 번호순으로 돌아가며 답하기(답하기 전에 모둠원과 답을 공유할 시간 갖기) ▣ 학습 문제 확인 도시의 여러 가지 문제에 대한 해결 방안을 찾을 수 있다.	PPT자료 준비 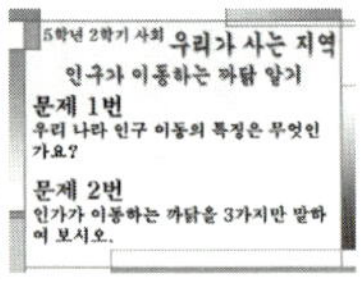
전개	전체 학습 동시다발적으로 돌아가며 쓰기	▣ 학습을 위한 소주제 탐색(대표적인 도시의 문제) [교사] 도시의 여러 가지 문제 가운데 대표적인 문제 4가지만 뽑아 보도록 하자. [학생] 교통, 주택, 환경, 쓰레기 문제가 있습니다. 【활동 1】 각 도시의 문제에 대한 특징 알아보기 [교사] 대표적인 4가지 도시의 문제에 대한 특징과 원인을 모두가 함께 정리하여 보도록 하자. [학생] 4가지 도시의 문제에 대한 특징과 원인을 생각나는 대로 발표하기 [교사] 학생들의 발표에 따른 정리 및 부연 설명 [학생] 칠판에 정리된 내용을 노트에 기록하기 【활동 2】 모두 함께 알아본 4가지 도시의 문제에 대한 특징과 원인을 바탕으로 각 문제에 대한 해결 방안을 찾아 정리하기(B4용지) [교사] 각 모둠 내에서 정리한 내용을 바탕으로, 각 문제에 대한 해결 방안을 '동시다발적으로 돌아가며 쓰기' 구조로 찾아서 정리해 보도록 한다. [학생] 각 모둠별로 주어진 활동지를 이용하여 '동시다발적으로 돌아가며 쓰기' 구조로 해결방안을 찾아 정리 - 1차적으로 동시다발적으로 돌아가며 쓰기 활동 - 2차적으로 활동지를 1가지씩 살펴보면서 수정, 보완, 삭제, 추가 활동을 해 나간다. - 1, 2차 활동을 통해 정리된 해결방안을 B4용지에 정리하도록 한다.	• 모두 함께 나눈 내용은 칠판에 정리하고, 학생들은 칠판에 정리된 내용들을 자신의 노트에 정리해 두도록 한다. • 활동지는 6분, 5분, 4분, 3분씩 시간을 할애하여 쓰고 돌린다(자기 것으로 만들어 기억하고, 이해하는 시간 포함).
정리	전체 학습	▣ 정리 및 다음 차시 안내 - 각 모둠별로 정리한 내용 발표하기, 질문 및 보충하기, 정리한 자료는 교실에 게시하기, 다음 차시 안내	• 모둠별 활동지는 교실에 게시

짝 토의·토론

1) 기본이해

짝 토의·토론은 협동학습에서 손 꼽힐 만한 매우 간단한 구조 가운데 하나이다. 이 구조는 분단별로 앉거나 혹은 다른 방식의 조별학습, 협동학습에서 언제든지 활용할 수 있다. 간단한 활동지와 함께 "네 짝과 토의·토론을 해 보아라."라고 말만 해 주면 된다. 이렇게 모둠 혹은 분단식 자리배치에서 짝을 이용해 활동을 구조화시키면 매우 효과가 크다(1명은 생각이나 의견을 말하고, 또 다른 1명은 경청 – 모두가 토의·토론 활동에 참여, 집중도가 높아진다).

2) 진행방법

"혼자 생각하기" 단계는 모든 활동을 시작하기 전에 선행되는 필수 활동!!!

1. 모둠 내에서 둘씩 짝을 지어 미니 모둠을 만든다.
2. 교사는 학생들에게 과제를 제시하고 그 주제에 대하여 혼자 생각할 시간을 갖도록 안내한다.
3. 본격적인 토의·토론 활동이 시작되기 전에 "각자가 들은 이야기는 전체 앞에서 발표하도록 할 것이기에 반드시 메모하면서 잘 듣도록 해야 한다."라고 강조를 해 준다.
4. 토의·토론 활동이 시작되면 한 학생이 먼저 자신의 생각을 발표한다. 이 때 다른 학생은 말없이 활동지나 노트에 메모하면서 듣도록 하되, 간단한 질문은 허용될 수 있도록 한다(예 다시 한 번 말해주세요. 그게 무슨 뜻인가요? ~라는 말이지요? 천천히 말해주세요).
5. 한 사람의 활동이 끝나면 서로 역할을 바꾸어서 위의 3~4번 단계에 해당되는 활동을 반복한다.

6. 활동이 끝나면 교사는 학생들에게 들은 이야기를 발표할 수 있도록 한다(스스로 발표하게끔 먼저 유도하는 것이 좋고, 발표할 사람이 없으면 뽑기나 지명을 통해서 발표하도록 한다. 아울러 뒤에 발표하는 사람들은 중복되는 것을 피하기 위해 앞에서 나온 이야기는 빼고 발표하도록 안내해줄 필요가 있다).

3) 활동효과

1. 모둠 단위보다 짝 토의·토론이 더 효과적이라 말할 수 있는데, 그 이유는 적극적인 참여도(말하기 및 듣기, 집중도 등)가 모둠에 비하여 2배나 더 증가하기 때문이다.
2. 수학 문제 풀기에서 다양한 문제 해결 방법을 찾고자 할 때, 과학 실험 중 예상대로 결과가 나오지 않는 이유, 사회과 학습에서 어떤 현상에 대한 원인이나 이유 찾기 등 다양한 아이디어를 찾고자 할 때 적용할 수 있다.
3. 대화 상대가 둘밖에 없기 때문에 매우 편안한 상태에서 진행할 수 있다.
4. 특히 발표할 때는 타인의 것을 자기의 것으로 이해하고 받아들인 뒤 발표하도록 되어 있어서 듣기 능력 및 발표력이 향상되고 고급사고가 가능해진다(내 생각은 짝이 발표하고, 짝의 생각은 내가 발표한다).
5. 자기의 생각을 다른 사람이 이해하여 발표하는 것을 듣고 자기 생각에 대한 피드백을 하게 된다(내가 저렇게 말했구나. 내 생각이 저렇게 받아들여졌구나. 그래, 내가 그렇게 말했지. 내 생각을 보다 더 잘 표현해 주었구나).
6. 두 사람의 생각을 학급 전체로 확장시켜서 모두의 의견을 모으게 되면 엄청나게 많은 양의 아이디어를 모을 수 있다.
7. 발표하는 내용은 자기의 생각이 아니라 들은 이야기인 만큼 발표하는 사람에게 부담이 많이 줄어든다.

4) 주의할 점이나 활동의 팁

1. 활동 주제에 따라 다른 구조나 활동지가 함께 사용되기도 한다.

   예 지구본과 전도의 공통점과 차이점 생각하기: 짝 토의·토론으로 활동을 하되, 벤다이어그램 활동지를 함께 활용하여 해결한다.

2. 둘 보다 넷의 생각이 더 낫다고 생각할 경우 짝 토의·토론을 모둠 토의·토론 활동으로 발전시킬 수 있다. 차이점은 2명이 활동하던 것을 4명이 함께 활동하는 것일 뿐이다. 모둠 토의·토론 활동의 경우 본 서적에서 안내하는 다양한 방식으로 서로의 아이디어를 공유할 수 있다.
3. 모둠 내에서 번갈아가면서 나눈 내용을 발표할 때는 두 사람 모두 발표하되, 서로 생각을 바꾸어서 발표하도록 한다.

10 만일 그래프 토의·토론

1) 기본이해

만일 그래프는 일어난 상황을 정리해 보게 한 뒤, 그와는 다른 상황(쉽게 생각하여 반대되는 상황만 생각할 필요는 없다)을 생각해보게 함으로써 그 뒤에 일어날 수 있는 다양한 결과에 대하여 예측할 수 있도록 도와준다.

만일 그래프는 주어진 상황에 대하여 한 사람 한 사람의 다양한 생각들을 스스로 정리해 보고 다른 사람들과 공유할 수 있도록 해 주기도 하지만 모둠의 다른 사람과 서로 이야기를 나누어보게 함으로써 미리 예측한 결과를 서로 비교, 분석해 보면서 다양한 아이디어, 문제해결방안 또는 교훈과 감동 등을 얻을 수 있도록 해 주고, 서로의 가치관에 대한 이해 및 수용이 가능하도록 돕는다.

2) 진행방법

"혼자 생각하기" 단계는 모든 활동을 시작하기 전에 선행되는 필수 활동!!!

1. 교사는 학생들에게 하나의 상황을 제시한다.
2. 학생들은 주어진 상황에 대하여 다양한 방향으로 자신의 생각을 정리한다(꼭 "있다: 없다", "했다: 안 했다" 와 같이 2분법적으로 생각할 필요는 없다는 것을 미리

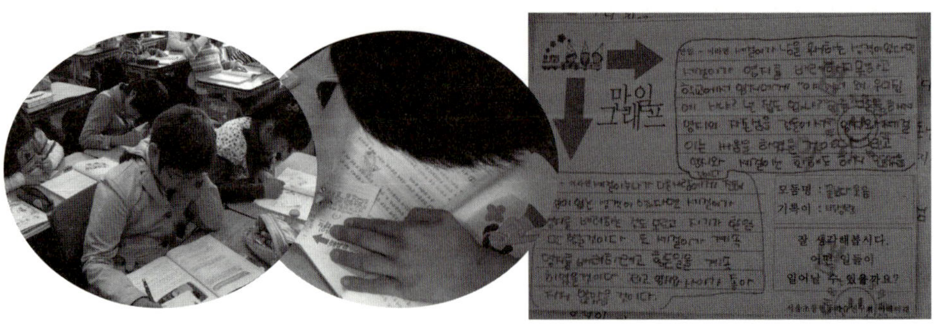

국어 읽기 "우리집에 이사 온 아이" – 인물의 성격과 사건의 전개에 주의하며 글 읽기

알려주는 것이 좋다).

3. 각자 정리한 생각을 바탕으로 모둠 내에서 서로의 생각을 나눈다.

모둠 내에서 각자 생각 나누기

모둠원의 결과물 모으기

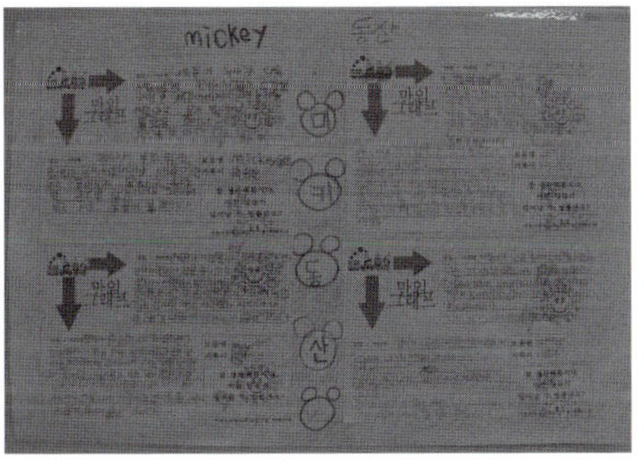

모둠원의 결과물을 모은 사례

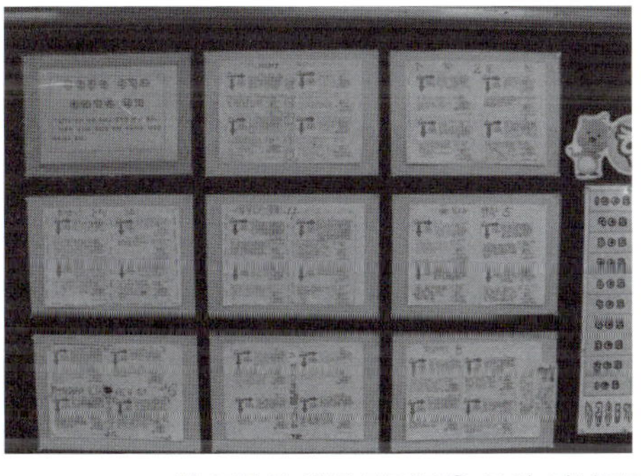

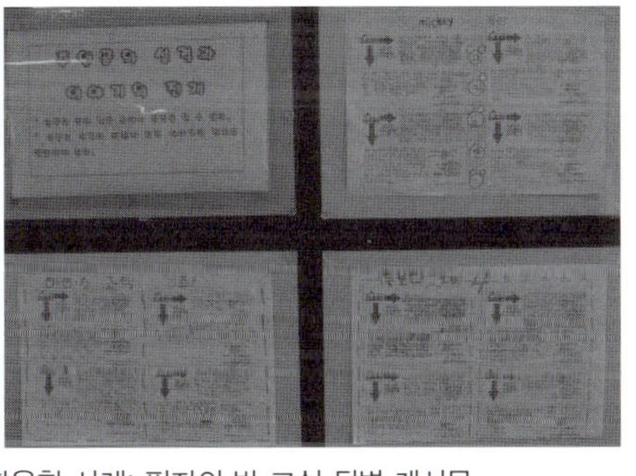

각 모둠의 활동 결과물을 모아 게시물로 활용한 사례: 필자의 반 교실 뒷벽 게시물

4. 나눈 생각을 바탕으로 서로 비교, 분석하여 바람직한 방향을 선택한다.

5. 선택한 결과를 바탕으로 과제를 완수한다.

3) 활동효과

1. 주어진 상황에 대한 결과를 미리 예측해 봄으로써 바람직한 문제해결방안을 찾을 수 있도록 해준다.
2. 여러 사람과 생각을 나눔으로써 같은 상황에 대해서도 가치관에 따라 다양한 생각을 할 수 있다는 점, 각자의 입장을 이해할 수 있도록 해 준다는 점, 교훈과 감동을 얻을 수 있다는 점에서 긍정적이라 할 수 있다.
3. 상황을 정확히 분석하고 그에 따라 벌어지게 될 결과를 미리 예측, 서로가 생각한 결과에 대한 비교, 분석이 가능하도록 해 준다.
4. 비교 분석한 결과를 토대로 바람직한 방향으로의 의사결정에도 도움을 준다.

4) 주의할 점이나 활동의 팁

1. "만일 ~ 이라면"의 가정 하에 "있다 : 없다", "했다 : 안 했다"와 같이 2분법적으로만 생각할 필요는 없다는 것을 미리 알려주는 것이 좋다.

   예 인물의 성격과 이야기의 전개에 있어서 "세걸이가 용기 있는 아이였다면, 세걸이가 소심한 아이였다면, 세걸이가 남을 잘 무시하는 아이였다면, 세걸이가 잘난 척을 잘 하는 아이였다면…

2. 개인적인 생각은 노트에 정리해도 좋고, 규격화된 활동지에 쓴 뒤 모아서 큰 종이에 붙인 뒤 전시물로 활용해도 좋다(위의 사진).
3. 의사결정을 위해 특정 상황에 따른 다양한 방향으로의 결정과 그에 따르는 장·단점을 예상하고 그를 바탕으로 비교 분석을 하고자 할 때 활용할 수도 있다.

활동지 사례

국어 말하기/듣기/쓰기-이야기의 일부분을 바꾸어 표현하는 방법 알기("종범이"를 읽고)

종범이가 친절한 아이였다면?

아이들 가운데 힘이 센 아이가 있었다면?

내가 종범이 또는 아이들 가운데 한 명의 입장이었다면?

(　　　　)모듬

이름(　　　　　　)

Ⅱ. 쟁점 분석

11 말하기 카드/다시 말하기 카드 토의·토론

1) 기본이해

이 두 가지 구조는 바로 의사소통과 관련하여 모둠 내에서 대화를 통한 학습 활동이 보다 원활하게 이루어질 수 있도록 돕는 것으로서, 그 자체로 어떤 활동 결과물을 만들어낸다기보다는 다른 구조 활동이 잘 이루어질 수 있도록 옆에서 돕고 보조해주는 역할을 해 준다는 데서 그 의미를 찾을 수 있다. 이 활동도 궁극에 가서는 도구를 쓰지 않으면서도 원활한 활동을 해 나갈 수 있는 능력을 자연스럽게 길러나가고자 함에 그 목적을 두고 있다고 볼 때, 가능한 많은 활동에서 이 두 가지 중 한 가지만이라도 제대로 활용할 수 있도록 계획하고 실천해나간다면 교사가 의도하는 방향으로 흘러가게 될 가능성이 높다.

◎ 말하기 카드

말하기 카드는 이를 이용하여 활동에 소극적인 학생, 참여를 하지 않지 않고 수업 활동에서 벗어나려는 학생, 논의에 대한 주도권을 독점하려고 하는 학생 등의 발생을 최소화시키고자 함에 그 목적이 있다. 이 카드는 모든 구성원들이 동등하게 말할 수 있도록 해주고 어느 한 사람이 이야기를 독점해 나갈 수 없도록 해준다. 이에 모둠 구성원들이 익숙해지면 궁극에 가서는 카드 없이도 자연스럽게 대화에 적극적으로 참여할 수 있게 되며 동등한 참여의 원리를 내면화하게 된다(토의·토론 활동의 구조화에서 토의·토론 활동의 비구조화로 가기).

◎ 다시 말하기 카드

다시 말하기 카드를 활용하는 이유는 상대방이나 이전에 발표한 사람의 말을 그대로 혹은 자기가 이해한 데로, 자기 말로 정리하여 말한 다음에야 자기의 생각을 말할 수 있도록 하기 위함이다. 자신의 의견을 말할 때는 반드시 전 사람의 말을 되풀이하여 말해야 하는데, 이를 위한 권한을 표시하면서 활동 자체의 목적을 잊지 않도록 하기 위해서 상징적으로 활용하는 도구인 것이다. 다시 말하기 카드는 ① 듣는 사람이 없이 각자 자기 말만 하는 상황을 해소시켜주고, ② 자신의 생각을 상대방이 어떻게 이해하고 듣는지 알게 되어 의사소통기술에 관한 힌트를 얻게 되며, ③ 발표를 하기 전에 이전 사람의 말을 다시 한 번 반복하여야 하기 때문에 발표하는 사람의 이야기를 집중해서 듣도록 해 준다는 좋은 점이 있다.

아래 안내된 카페에 가면 이런 도구들을 다운 받아 이용할 수 있다(직접 만들어 쓰는 것이 제일 좋다. 왜냐하면 만들면서 한 번 더 고민하게 되기 때문이다. 그냥 색종이나 빨대, 도미노 칩 등을 이용해도 얼마든지 가능하다). 필자가 활동하고 있는 연구회 카페: 서울초등협동학습연구회 아해미래(https://cafe.daum.net/hwork)

말하기 카드

다시 말하기 카드

2) 진행방법

"혼자 생각하기" 단계는 모든 활동을 시작하기 전에 선행되는 필수 활동!!!

◎ 말하기 카드

1. 교사는 토론 주제를 제시한다.
2. 모둠원 중 아무나 말하기 카드를 한 장씩 내려놓으면서 토의·토론 활동을 시작한다. 학생들은 각자 토의·토론 활동을 할 때 모둠의 중앙에 말하기 카드를 내려놓는다. 그들은 모든 모둠원이 말하기 카드를 한 장도 들고 있지 않을 때까지 계속 활동한다.
3. 말하기 카드를 모두 내려놓은 모둠원은 더 이상 발언권이 없다.
4. 모둠원 전체가 말하기 카드를 다 사용했는데도 불구하고 논의가 끝나지 않았으면 다시 말하기 카드를 똑같이 나누어 가진 뒤 1, 2, 3단계를 반복한다.

말하기 카드 활용 – 교사 연수

◎ 다시 말하기 카드

1. 교사는 토론 주제를 제시한다.
2. 모둠원 중 누군가 자신의 의견을 이야기하면 이어서 자신의 의견을 말하고 싶은 사람이 다시 말하기 카드를 집어 들고, 바로 자신의 앞 차례에 말한 사람의 의견을 간략하게 정리하여 말해주고, 자신의 생각을 말하도록 한 뒤 다시 말하기 카드를 내려놓는다.
3. 다음에 말하고자 하는 사람은 "2번"과정을 반복하면서 토의·토론 활동을 지속한다.

다시 말하기 카드 활용 사례: 필자의 반 사례 및 교사 연수 사례

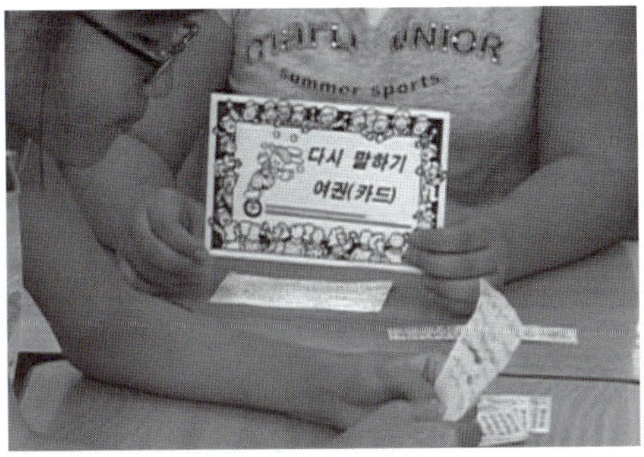

3) 주의할 점이나 활동의 팁

1. 말하기 카드를 색깔카드로 만들어 사용하면 교사가 한눈에 누가 대화를 독점하는지, 누가 대화에 참여하고 있는지, 참여하고 있지 않는지를 확인할 수 있어서 매우 좋다.
2. '네/아니오'의 대답은 말하기 카드를 내지 않아도 된다.
3. 다시 말하기 카드는 모둠당 1장만 만들어 사용하되 카드의 크기를 조금 크게 만들어 사용하게 되면 각 모둠별로 누가 말하고 있는지를 확인할 수 있다.
4. '말하기 카드'나 '다시 말하기 카드'를 활용한 활동에 익숙해져서 없이도 충분히 활동할 수 있는 단계(이 경우에는 카드의 활용 – 구조화 – 이 오히려 활동을 방해하게 된다)가 되면 구조화를 해체시키는 것(카드를 전혀 사용하지 않고 그냥 활동에 임하는 것)이 오히려 활동에 더 도움이 된다는 사실 또한 꼭 기억해 두도록 하자.

참 고

소집단 토의·토론과 협동학습

교실에서 가장 많이 이루어지고 있는 토의·토론 활동은 주로 소집단 토의·토론이다. 협동학습으로 토의·토론하기도 소집단에 그 기반을 두고 있는데, 소집단 토의·토론은 주제에 따라 모둠 내에서 역할을 나누고 진행하거나 특별히 역할을 정하지 않고 자유롭게 생각을 주고받을 수 있다는 점에서 큰 장점을 가지고 있다. 하지만 이를 위해서 ① 소음 조절 능력, ② 시간 조절 능력, ③ 토의·토론 훈련(말하기/듣기/태도 등), ④ 토의·토론 활동의 목적(어디까지 결과를 이끌어내야 하는가 등에 대한 한계 지정) 공유, ⑤ 시간 한계(주어진 시간) 지키기 등에 대한 명확한 이해와 훈련이 필요하다.

12 신호등 토의·토론

1) 기본이해

협동학습으로 토의·토론하기는 주로 소집단(모둠) 중심의 토의·토론 활동인데 비해서 신호등 토의·토론은 대집단을 대상으로 한 활동에 많이 활용된다는 점에서 크게 구분된다고 할 수 있다. 하지만 현장에서 많이 활용되고 있기에 '협동학습으로 토의·토론하기'와는 별도로 소개해 보고자 한다.

신호등 카드 사례 – 필자의 반

신호등 토·토론 수업은 다른 활동에 비하여 진행의 주도권을 교사가 갖고 있다는 점부터 많이 다르다. 주로 교사가 주제와 관련하여 질문을 던지면 학생들이 그에 따른 각자의 의견을 발표해 나가게 되는데, 주어진 주제에 대하여 찬성이면 녹색 카드를, 중립이거나 또 다른 생각이 있으면 노란색 카드를, 반대면 빨간색 카드를 들게 한고, 색깔마다 고르게 발표할 수 있도록 진행된다.

교사가 수업을 진행해 나가면서 교사와 학생 사이에 질문과 답변이 오고 가는 면만을 보면 보통 강의식 수업과 큰 차이점을 못 느낄 수도 있겠지만 ① 학생들 모두가 자신의 의사를 어떤 식으로든(신호등 카드) 표현을 할 수 있도록 해주며, ② 학생들은 단순한 '예, 아니오'의 의사표현을 넘어서 '그렇게 생각하는 까닭, 이유'를 설명할 수 있어야 한다는 점, ③ 그리고 발표를 하지 않아도 카드로 의사표현을 하는 것만으로도 토의·토론 활동에 참여하고 있다는 효과를 줄 수 있다는 점에서 분명한 차이를 느낄 수 있다.

2) 진행방법

"혼자 생각하기" 단계는 모든 활동을 시작하기 전에 선행되는 필수 활동!!!

1. 교사는 학생들에게 신호등 카드를 배부한 뒤, 주제를 제시한다(질문하기).
   - 질문 유형: "여러분들은 학교에서 교복을 입는 것에 대하여 어떻게 생각하나요?"('예/아니오'로 답을 할 수 있으면서도 그 까닭/이유를 설명할 수 있는 것이어야 한다.)
2. 학생들은 선생님이 던진 질문이나 주제, 문제를 신중히 생각하여 자기 의견을 공책이나 메모지에 정리한다(필요하다면 활동지를 만들어 배부).
3. 교사의 신호에 따라 학생들은 자신의 의사를 결정, 찬성, 반대, 중립의 신호등을 든다(물론 수업 전에 색깔별 카드의 의미와 활용법을 설명한다).
4. 교사는 찬성, 반대, 중립 신호등을 든 학생들을 고르게 지명, 의견을 듣는다.
5. 학생들은 계속해서 자신이 선택한 카드를 들고 있도록 한다.
6. 한 가지 주제나 질문만으로 토론 수업을 계속 해 나가도 좋고, 같은 방식으로 계속 다른 질문을 던져가면서 토론 수업을 진행해 나가고, 학생들의 의견을 듣도록 해도 좋다.

신호등 카드 활용 수업 사례 – 필자의 반

3) 활동효과

1. 학생들의 흥미를 높이고 참여를 적극적으로 유도할 수 있다(자신의 의견을 카드로 표현하는 것만으로도 토론 활동에 참여하는 효과를 얻을 수 있다).

2. 참여하는 학생들의 이야기를 신중하게 듣도록 해준다(비교 분석 가능).
3. 자신의 생가에 대한 근거를 제시하는 능력을 키워준다.
4. 간단한 준비만으로도 참여하는 모든 학생들의 생각과 의견을 빠른 시간 내에 파악할 수 있다.
5. 짧은 시간 활용(여러 가지 주제나 질문에 대하여 간단하게 살펴볼 때)해도 좋고, 장시간 활용(특정 주제를 깊이 있게 논의하고자 할 때)해도 충분히 좋은 활동이 된다.

4) 주의할 점이나 활동의 팁

1. 때로는 발표 잘하는 친구를 먼저 지명하여, 의견 발표의 요령을 아이들이 알게 할 필요도 있다.
2. 노란색 카드를 든 친구를 설득하는 방향으로 이야기를 진행하면 효과가 좋을 때도 있다.
3. 누군가를 먼저 지명할 때, 같은 의견(같은 색깔 카드)이지만 그 근거가 다른 학생의 의견을 추가로 더 들어보고 다른 의견(다른 색깔 카드)을 들어보도록 하는 것이 더 좋다.
4. 토의·토론 중간에 신호등 카드를 다시 한번 들게 하여 이전과 생각이 달라진 학생은 없는지 살펴보고, 있다면 왜 바뀌게 되었는지를 들어보는 것도 좋다(토의·토론을 하면서 카드의 색이 한쪽으로 몰리면 의견이 모아지는 것, 계속 다양하게 나오면 논쟁적인 활동이 되고 있다고 보면 된다).
5. 자리배치는 교실 앞쪽(교사)을 바라보도록 하되, 가능하면 오른쪽에서 보는 그림과 같은 형태가 제일 좋다고 할 수 있다. 이런 자리배치 형태는 모두 마주보는 듯한 느낌을 주며 교사가 학생들을 고르게 둘러볼 수 있도록 해주어 주로 대집단 토의·토론 활동을 할 때 많이 쓰이고 있다.

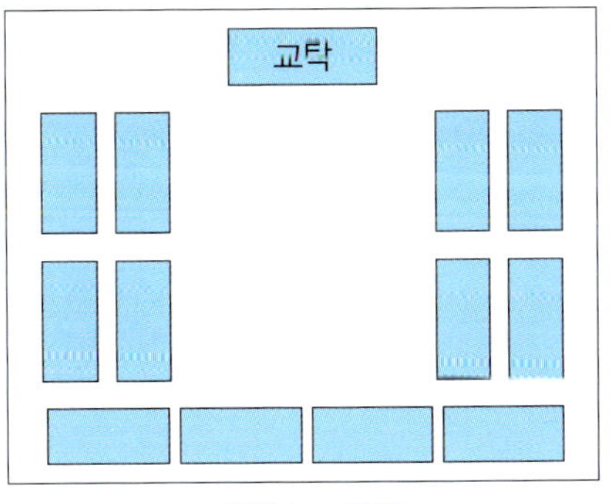

마체형 – ㄷ자형

5) 수업의 실제

'신호등 토의·토론'을 활용한 국어과 토의·토론 수업

주제	적절한 근거를 들어가며 토의 · 토론하기
학습 목표	기념일의 필요성에 대하여 적절한 근거를 들어가며 토의 · 토론할 수 있다.
사회적 기술 목표	경청하기, 사람을 비판하지 않기
학습 자료	타이머, 신호등 카드, PPT 자료

단계	학습내용 및 학습구조	교수·학습 활동	자료 및 유의점
도입	동기유발 번호순으로 구조	▣ 동기 유발하기: 지난 시간에 공부한 내용을 다시 한 번 생각해 보기 (PPT자료 제시) - 토의 · 토론의 좋은 점 알아보기 - 토의 · 토론할 때 주의할 점 알아보기 - 주장에 따른 근거의 중요성 이해하기	PPT자료 준비 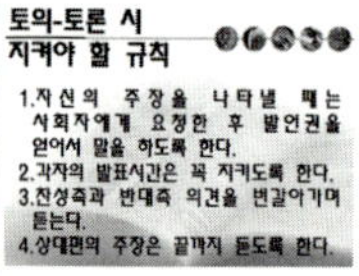 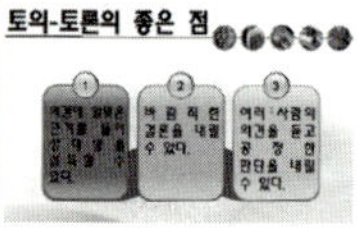
	학습문제 확인	▣ 학습 문제 확인 빼빼로 Day의 필요성에 대하여 적절한 근거를 들어가며 토의 · 토론을 할 수 있다.	
전개	개별학습	▣ 토의 · 토론을 위한 개인적인 생각 정리하기 [교사] 지금부터 '빼빼로 Day의 필요성'에 대한 자신의 생각(찬성/반대)을 근거와 함께 정리해 보도록 합니다. [학생] 찬성/반대의 의견과 함께 그를 뒷받침하는 근거를 정리해 보도록 한다. - '빼빼로 Day'의 시작과 그 의의에 대한 자료 제시 - 현실 속에서 '빼빼로 Day'의 실제 상황 자료 제시 - 제시된 자료를 바탕으로 자신의 의견을 세우고, 그 근거가 될 수 있는 자신의 생각 정리하기	
	신호등 토의 · 토론	【활동 1】 신호등 토의 · 토론 [교사] 각자 자신이 갖고 있는 신호등 카드를 사용하여 자신의 입장을 표현해 보도록 하자. [학생] 각자 자신의 입장을 신호등 카드로 제시한다. [교사] 찬성, 반대, 중도 입장을 가진 학생들을 차례대로 지명하여 주장과 근거를 들어본다. [학생] 자신의 입장과 그 근거를 충분히 설명한다. - 앞 사람의 반대 의견 혹은 중도 입장을 가진 여러 사람의 생각과 근거를 충분히 듣도록 한다.	• 다른 사람의 의견을 들을 때 중요한 내용은 메모하며 듣도록 한다(6단 논법으로 정리할 때 도움이 된다).
	개별학습 (6단 논법으로 논술하기)	【활동 2】 최종적으로 대안 마련하기 [교사] 지금까지 토의 · 토론 활동을 한 결과를 바탕으로 자신의 최종 입장을 정리해 보도록 한다. - 토의 · 토론 과정에서 제기된 긍정적인 면을 잘 반영하고 부정적인 면을 최소화시킬 수 있는 자신의 생각과 방안을 글로 정리하기(6단 논법으로 정리하기) [학생] 교사의 안내에 따라 자신의 생각을 정리하기	
정리	전체 학습	▣ 정리하기 - 각 개인별로 정리한 자신의 생각을 발표하기 - 발표한 자료는 모아 둔 뒤 수행평가 자료로 활용하고, 문집 등에도 활용한다(다음 차시 안내).	

활용을 적극 고려해볼 필요가 있는 신호등 토의·토론 활동지 사례

신호등 토의 · 토론 정리표

토론주제		
배경설명		
내용	찬/반 중립	입장 선택의 이유 및 근거 정리
배경설명 후의 입장 결정		
주제 관련 자료 확인 후의 입장 결정		
토론 후의 입장 결정		

13 두 마음 토의·토론

1) 기본이해

두 마음 토의·토론은 소집단 중심의 찬반 토론 수업을 할 때 간단하지만 매우 효과적으로 사용할 수 있는 방식이다. 일반적으로 토의·토론 수업의 실제 장면을 살펴보면 특정 학생이 토의·토론 시간을 독점하는가 하면 일부 학생은 참여에 소극적이어서 바람직한 토의·토론 활동이 이루어지지 않고 있는 실정임에 비하여 두 마음 토의·토론은 구조화된 활동 자체가 소집단 구성원 모두를 자연스럽게 적극적이고도 동등한 참여 속으로 끌어들일 수 있도록 해 준다는 장점을 갖고 있다. 따라서 이 활동에 참여하는 학생들은 재미와 역동적인 움직임을 경험해볼 수 있어서 매우 유용하다 할 수 있다. 특히 중립자에게 찬성 및 반대 입장의 주장과 그를 뒷받침하는 근거를 정리하면서 자신의 입장(어떤 쪽에 손을 들어줄 것인가/그에 대한 이유)을 밝힐 수 있도록 한다는 점에서 매우 특이한 점을 갖고 있다.

2) 진행방법

"혼자 생각하기" 단계는 모든 활동을 시작하기 전에 선행되는 필수 활동!!!

1. 교사는 학생들에게 찬성과 반대로 나뉘어져 토의·토론할 수 있는 갈등 상황의 주제를 제시한다(주제는 문장으로만 제시해도 좋으나 이야기 형식이나 기사 자료와 같은 형식으로 제시해주면 더 좋은 활동이 될 수 있다).
2. 교사는 모둠원에게 각자의 역할을 부여한다. 여러 안내서에 따르면 보통은 3인 1조로 소집단 구성을 소개(2명은 토론자, 1명은 중립자)하고 있으나 협동학습의 특성상 4인 1조를 중심으로 한다는 점에서 "관찰자" 1명을 더 두고 그에게 특별한 임무를 부여하였다.

협동학습 모둠에서 두 마음 토론을 위한 역할 및 책임 활동 예시

1번	찬성 토론자	찬성하는 입장에서 토의·토론 활동에 참여한다.
2번	반대 토론자	반대하는 입장에서 토의·토론 활동에 참여한다.
3번	중립자 (판사)	중립적인 입장에서 양측의 주장과 근거를 들어보고, 자신의 입장을 정리하여 밝힌다(어떤 쪽에 손을 들어줄 것인가/그렇게 판정한 이유).
4번	관찰자 (사회자)	모둠에서 이루어진 토의·토론 활동을 지켜본 결과 및 소감을 학급 전체 앞에서 발표하도록 한다. 아울러 사회자 역할도 함께 해 나가도록 한다.

※ 역할은 교사가 지정할 수도 있고, 모둠 내에서 상의하여 결정하도록 할 수도 있다.

3. 모둠 내에서의 자리 배치를 T자형으로 하고, 중립자가 찬성 및 반대 토론자 모두를 정면에서 바라볼 수 있는 중간 위치에 앉도록 하며 관찰자는 중립자 옆에 자리하여 활동을 주의 깊게 바라보면서 활동 과정 및 소감을 수시로 정리해 나가도록 안내한다.

4. 활동 규칙을 자세하게 안내한다.

① 규칙 1: 중립자가 고개를 돌려 쳐다본 토론자만 이야기할 수 있도록 한다.

② 규칙 2: 토론자(찬성 측/반대 측) 사이에는 어떤 대화도 하지 않는다.

③ 규칙 3: 토론자는 필요한 경우 딱 1회만 중립자에게 자기를 주목해 줄 것을 요청한 뒤 자신의 생각을 말할 수 있다.

④ 규칙 4: 중립자 또한 어떤 이야기도 하지 말고 듣기만 하도록 한다.

⑤ 규칙 5: 중립자는 꼭 1번씩 번갈아가며 토론자의 이야기를 들어줄 필요는 없으나 가능하면 고르게 이야기할 수 있도록 기회를 준다.

⑥ 규칙 6: 중립자는 이야기를 듣다가 중간에 고개를 다른 토론자에게로 돌릴 수도 있으나(이야기를 충분히 이해했을 때, 별로 듣고 싶지 않을 때, 같은 이야기가 반복되고 있을 때, 주제와 먼 이야기를 하고 있을 때, 시간을 혼자서 너무 많이 사용하고 있을 때, 설득력이 떨어질 때 등) 가능하면 이야기하던 토론자가 말을 마칠 수 있도록 충분한 시간을 주는 것이 좋다. 이때 중립자가 고개를

돌리면 이야기를 하던 토론자는 즉시 이야기를 멈추어야 한다.

⑦ 규칙 7: 반드시 시간제한을 둔다.

⑧ 규칙 8: 중립자는 자신의 개인적인 입장에서 벗어나 주제에 대한 중립을 반드시 지켜야 한다(토론자의 이야기만을 바탕으로 판정을 내린다).

5. 학생들은 교사의 시작 신호에 따라 규칙을 지켜가며 토의·토론 활동을 해 나간다. 이 때 가능하면 중립자는 판단의 근거로 삼을 만한 내용들을 메모하며 듣도록 한다.
6. 주어진 시간이 지나면 모둠 내 중립자는 양측에서 이야기한 것을 바탕으로 하여 어느 편의 이야기가 타당한지 판단하여 마음의 결정을 내린다(약간의 시간을 주어 판단의 근거를 정리하도록 하는 것이 좋다).
7. 각 모둠의 중립자는 모둠 내에서 판단의 근거를 들어가며 판정을 내리도록 한다(여러 안내서에 따르면 이 단계에서 중립자가 학급 전체에 발표하도록 되어 있는데, 필자의 경우 협동학습 모둠의 특성상 중립자는 모둠 내에서만 판정을 내리고 정리하는 방식으로 활동을 진행하였다).
8. 교사의 진행에 따라 각 모둠의 관찰자는 모둠 내 토의·토론 과정 및 판정 결과, 판정을 지켜본 자신의 소감 등을 학급 전체에 발표할 수 있도록 한다.

3) 활동효과

1. 모든 학생들이 열심히 참여하는 모습을 볼 수 있다(흥미와 참여).
2. 조금이라도 설득이 되지 않으면 중립자가 바로 다른 쪽 방향으로 고개를 돌리기 때문에 열심히 자신의 입장에 대한 근거를 찾아 이야기하게 된다.
3. 모든 모둠원이 무엇인가 하지 않으면 안 되도록 활동을 구조화하였기에 협동학습의 4가지 원리가 잘 녹아들어갈 수 있도록 해준다.
4. 중립자에게는 토론자의 이야기를 듣고 비고, 분석을 할 수 있도록 해주고, 관찰자에게는 활동 전 과정을 지켜보면서 종합적인 정리를 할 수 있도록 해준다. 아울러 관찰자는 사회자 역할도 함께 병행하며 규칙이 지켜질 수 있도록 한다.

4) 주의할 점이나 활동의 팁

1. 중립자가 고개를 돌리면서 활동하는 것보다 모둠 마이크를 활용하여 토론자 앞으로 가져가면 그 사람이 말할 수 있도록 하는 것이 더 좋다.
2. 주제가 잘 선정되어야 한다. 토론 주제가 너무 막연하거나 별로 학생들의 흥미를 끌지 못한다면 활동은 잘 이루어질 수 없다.
3. 두 마음 토의·토론은 참여자가 적절한 토론능력을 갖추고 있을 때 비로소 효과가 높아질 수 있다. 따라서 가능하면 주제와 관련하여 어느 정도의 사전 지식이나 정보를 학생들에게 제공하거나 미리 공부해올 수 있도록 안내해야 한다.
4. 특히 중립자는 자신의 개인적인 입장에서 벗어나 주제에 대하여 중립에 설 수 있도록 지도해야 한다(판정은 순전히 토의·토론 과정에 따른 것이어야 한다).
5. 마무리 단계에서 정리를 잘 해 주어야 한다. 특히 어떤 가치를 다루는 주제일 경우에는 교사 나름대로의 입장과 교육적인 측면을 고려하여 학생들에게 논리적으로 잘 설명해 줄 필요도 있다.
6. 다른 어떤 활동보다도 논리적 판단능력과 친분관계 등에 얽매이지 않는 자세, 관련 주제에 대한 보다 많은 정보력 등을 요구하는 만큼 연령대가 낮은 학생들보다는 높은 학생들에게 적절한 활동이라 할 수 있다.

5) 수업의 실제

‘두 마음 토의·토론’을 활용한 도덕과 토의·토론 수업

주제	다른 사람의 권익 존중하기
학습 목표	다른 사람의 권익을 존중해야 하는 까닭을 말할 수 있다.
사회적 기술 목표	경청하기, 공정하기 평가하기
학습 자료	타이머, 모둠 마이크, 뉴스 자료(악성댓글로 인한 사건 사고 사례: PPT)

단계	학습내용 및 학습구조	교수·학습 활동	자료 및 유의점
도입	동기유발	▣ 동기 유발하기: 폭력적인 악플로 인해 발생한 다양한 사건, 사고 사례 제시(PPT) - 왜 이런 일이 일어나게 되었는가? - 그 원인은 무엇인가? - 다른 사람의 권익이란 ?	PPT자료 준비 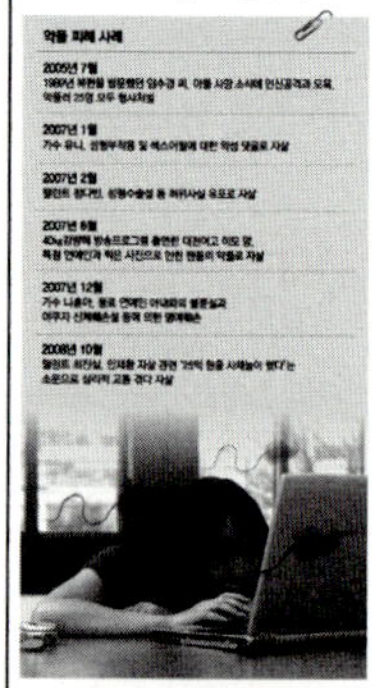 http://cafe.daum.net/747kw(출처)
전개	학습문제 확인 전체 학습	▣ 학습 문제 확인 다른 사람의 권익을 존중해야 하는 까닭을 말할 수 있다. ▣ 다른 사람의 권익을 존중해야하는 까닭 알기 [교사] 다른 사람의 권익을 존중해야하는 까닭을 알아봅시다. [학생] “사람은 모두 소중한 존재이기 때문입니다.” 등. [교사] 다른 사람을 차별하지 않고 똑같이 권리를 존중해야 하는 까닭을 알아봅시다. [학생] “모두 사람으로서의 권리를 누려야 하기 때문입니다.” 등.	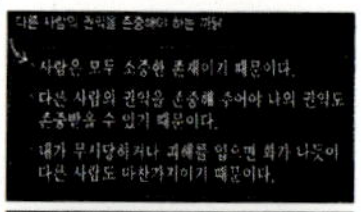 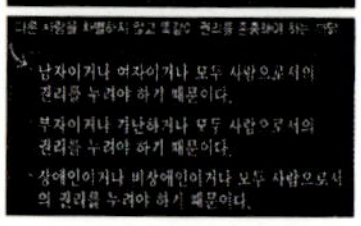
	두 마음 토의 · 토론	【활동1】 두 마음 토의 · 토론하기 [교사] 각 모둠에서는 다음의 주제를 놓고 모둠 내에서 역할을 정하여 ‘두 마음 토의 · 토론’을 해 보도록 하자. [학생] 모둠 내에서 역할 나누고, 생각할 시간 갖기 - 주제: ‘인터넷 실명제’는 실시되어야 하는가? - 역할: 찬성측, 반대측, 중립자, 관찰자 - 교사가 역할에 따른 책임 및 주의할 점 안내 - 각 입장별로 충분한 생각을 한 뒤 준비가 되었으면 토의 · 토론을 시작하도록 한다. - 중립자는 활동을 진행하고, 관찰자는 내용을 기록, 정리해 나가도록 한다. - 주어진 시간 동안의 활동이 끝나면 중립자는 모둠 내 활동에 대한 결과를 발표한다.	• 특히 중립자는 철저하게 자신의 입장을 버리고, 중립적 위치를 잘 지켜나가도록 한다.
정리	전체학습	【활동2】 모둠 내에서 정리한 내용 발표하기 [교사] 관찰자는 각 모둠 내에서 정리한 내용을 바탕으로, 모둠 순서에 따라 활동 결과를 발표하도록 한다. [학생] 모둠 내 활동 및 중립자의 판정을 바탕으로 관찰자가 관찰 결과를 발표한다. ▣ 정리 및 다음 차시 안내 - 전체 발표가 마무리되면 교사가 전체 활동에 대한 평가 및 정리를 해 주도록 한다. - 정리가 끝나면 다음 차시 안내로 마무리한다.	

가치수직선 토의·토론

1) 기본이해

이 구조는 주제에 대한 자신의 현재 상태를 살피고 이를 통해서 자신의 모습을 발견하도록 해주고, 자신과 입장이 다른 사람들의 생각을 들어본 뒤 자신의 생각과 입장에 변화가 있었는지를 살펴보게 함으로써 자기의 가치판단 경험, 그에 따른 실천적 변화, 자기 자신에 대한 신념과 자존감 향상을 꾀하는데 도움을 주는 구조이다. 이 활동의 특성상 토의·토론 집단은 본래 모둠을 벗어나 의도적으로 극찬성, 극반대, 중립자들이 각 모둠에 고르게 섞일 수 있도록 구성하거나 정 반대의 입장을 가진 짝을 만나서 1:1 토의·토론을 하도록 하는데, 이를 통해 학생들은 여러 사람의 생각과 가치를 접하게 됨으로써 서로의 가치관에 대한 차이를 인정·수용하고 받아들일 수 있는 기회와 경험을 갖게 되고, 그 과정 속에서 자기 가치관에 대한 이유를 논리적으로 분명하게 표현함으로써 발표력 및 자신감을 향상·긍정적인 분위기를 형성시켜나갈 수 있게 된다.

2) 진행방법

"혼자 생각하기" 단계는 모든 활동을 시작하기 전에 선행되는 필수 활동!!!

활동 방식에는 대표적으로 2가지 방식이 있는데 본래 협동학습 모둠을 그대로 활용한 모둠 가치 수직선과 본래의 모둠을 벗어나 생각이 다른 사람들과 새롭게 모둠을 구성하거나 정 반대 입장을 가진 사람과 만나 1:1 토의·토론을 하게 되는 학급 가치 수직선 방식이 있다.

◎ 모둠 가치 수직선

1. 주제 제시: 교사는 찬성－반대의 가치 판단을 내릴 수 있는 주제를 제시한다.

2. 위치 정하기: 학생들은 자신의 생각을 바탕으로 강한 찬성과 강한 반대, 또는 그 사이 어느 지점에 자신의 위치를 표시한다(활동지).
3. 모둠 내 토의·토론: 각자의 입장을 바탕으로 3단계 인터뷰나 모둠 토의·토론(말하기 카드, 다시 말하기 여권 활용) 방식으로 이야기를 나누며 생각의 차이 및 그 근거를 파악하고 모둠원을 설득하거나 이해시킨다.
4. 새로운 위치 정하기: 1차 토의·토론 이후 2단계로 돌아가 위치를 다시 정하고, 3단계를 반복한다. 4단계부터는 선택적으로 할 수 있는 활동으로서 학생들의 수준에 따라서 4단계 이후까지 진행할 수도 있고 3단계에서 끝낼 수도 있다.
5. 주제 속에 담긴 가치 찾기 및 종합: 학생들은 주제 속에 담긴 핵심 가치, 자신의 위치가 의미하는 가치 등을 찾아 이야기할 준비를 한다.

출처 – http://www.cyworld.com/psjiyeon

갈팽이를 잡아 아버지를 살릴 것인가?(사진 속의 사례)

99세의 생명이 위독한 아버지를 살리려면 멸종 위기에 처한 갈팽이를 잡아 쓸개를 꺼내 아버지의 약으로 써야 한다. 하지만 갈팽이는 멸종 위기에 처한 동물로 이제 막 새끼를 낳은 상태이며, 갈팽이 새끼는 어미가 약 3년 동안 길러주어야 살 수 있다고 한다.

– 갈들을 일으키는 가치관 1: 아버지의 생명이 위독하시다.
– 갈등을 일으키는 가치관 2: 멸종 위기에 처한 갈팽이와 어린 생명도 소중하다.

이렇게 주제 속에 내재된 핵심 가치들을 발견할 수 있다면 학생들은 이 양자의 욕구를 충족시킬 수 있는 대안을 생각해낼 수 있는 준비가 되었다고 할 수 있다. 이 단계까지 가려면 학생들의 수준(연령, 사고 수준 등)이 상당한 수준까지 와 있지 않으면 어렵다고 볼 수 있다.

6. 자신이 정리한 내용을 모둠 내 또는 학급 전체에 발표하고 나눈다.

◎ 학급 가치 수직선

1. 주제 제시: 교사는 찬성–반대의 가치 판단을 내릴 수 있는 주제를 제시한다.
2. 위치 정하여 가치 수직선에 표시하기: 학생들은 자신의 생각을 바탕으로 강한 찬성과 강한 반대, 또는 그 사이 어느 지점에 자신의 위치를 표시한다(개인 활동지 속 가치 수직선).
3. 위치 결정하기: 학생들은 자리에서 일어나 교실을 가로지르는 상상의 수직선 위에 말 그대로 자기 위치를 결정하여 선다.
4. 옆 사람과 이야기 나누기: 수직선상에서 자신의 옆에 선 사람과 짝을 지어 왜 이 지점에 서게 되었는지 이야기를 나눈다.

필자의 반 학급 가치수직선 활동 사례

5. 가치 수직선 접기: 찬성 쪽에 선 학생들이 반대쪽에 선 학생들과 만나 새롭게 짝을 만든다. 이렇게 짝이 만들어지면 강한 찬성측 학생과 강한 반대측 학생이 서로 마주보게 되고, 그 다음에는 두 번째 상하게 서로 상반된 의견을 가진 사람끼리, 다음에는 세 번째….
6. 토의·토론하기: 학생들은 새롭게 만난 짝과 다시 말하기 구조를 활용하여 열띤 토의·토론 활동에 들어간다.
7. 새로운 위치 정하기: 1차 토의·토론 이후 3단계로 돌아가 위치를 다시 정하고, 이후 활동을 반복한다. 7단계부터는 선택적으로 할 수 있는 활동으로서 학생들의 수준에 따라 6단계 이후 자신의 1차 선택과 2차 선택 결과를 바탕으

로 변화가 있었는지(예 1차 선택은 +5, 2차 선택은 -3)의 유무, 변화가 있었다면(없었다면) 왜 그런 결과를 얻게 되었는지에 대하여 자신의 활동지에 정리하도록 하고 끝낼 수도 있다.

8. 주제 속에 담긴 가치 찾기 및 종합: 학생들은 주제 속에 담긴 핵심 가치, 자신의 위치가 의미하는 가치 등을 찾아 이야기할 준비를 한다(이 단계부터의 내용은 모둠 가치 수직선 활동과 같다).
9. 자신이 정리한 내용을 모둠 내 또는 학급 전체에 발표하고 나눈다.

3) 활동효과

1. 학생들은 자기 자신의 가치를 더욱 명료화시킬 수 있게 된다.
2. 바람직한 방향으로 흘러간다면 서로의 차이점을 '축하'하게 된다.
3. 서로 다름을 인정하고 수용하는 만큼 학급과 모둠은 성숙하게 발전할 수 있다(서로 다르기 때문에 더 풍요롭다).

4) 주의할 점이나 활동의 팁

1. 모둠 내에서 성숙한 토의·토론을 통해 서로의 차이점을 수용하고, 개개인의 생각과 가치가 존중받고 의미 있게 받아들여질 때 성공할 수 있는 만큼 학급 내 분위기 조성에 주의를 기울이지 않으면 안 된다.
2. 학급 가치 수직선에서 가치 수직선에 표시할 때, 되도록 양극단은 정말, 아주 강하게 그렇게 생각하지 않은 한 표시하지 않도록 할 필요도 있다.
3. 학급 가치 수직선에서 위치 결정하기 단계를 보다 수월하게 하기 위해 가치 수직선의 단계를 20단계 정도로 두고, 중립은 "0", 극찬성은 "+10", 극반대는 "-10"으로 놓아 자신의 위치를 표시한 뒤, 일어나서 자신의 위치를 다른 사람과 비교하며 찾아서 설 수 있도록 하면 된다.
4. 학급 가치 수직선 활동을 할 때 서서 활동하는 것보다는 의자를 2열로 나란히 놓아두고, 서로 마주보고 앉은 상태에서 진행하면 더 좋다.

5. 모둠 가치 수직선이나 학급 가치 수직선 활동에서 짝이 맞지 않을 경우에는 교사도 자신의 위치를 찾아 학생들과 함께 활동해주는 것이 좋다.
6. 학급 가치 수직선이나 모둠 가치 수직선 활동이 마무리된 이후 "글쓰기" 활동으로 이어지면 "토의·토론" 활동이 "논술"로 이어지게 되어 더 좋은 학습 효과를 볼 수 있다(토의·토론과 논술이 큰 차이가 있겠는가, 자신의 생각을 말로 하면 토의·토론이 되는 것이고, 글로 정리하면 논술이 되는 것이지 뭐).

참고

가치 수직선 접기

1단계: 자신이 정한 가치 점수에 따라 1열로 줄을 선다.

2단계: 가운데를 중심으로 가치 수직선을 접는다(서로 반대 의견을 가진 사람끼리 만나게 된다).

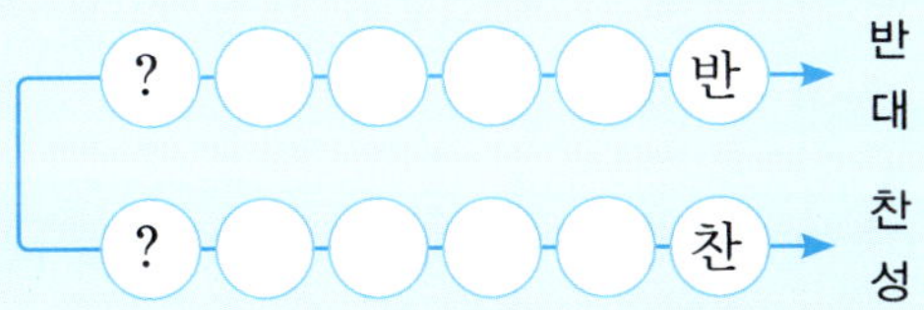

아래와 같이 가치 수직선을 나누어 짝을 지을 수도 있다. 이 경우, 특히 주제에 대하여 특별한 관점이 없거나 다른 시각에서 바라보는 사람들은 강한 찬성/반대 의견을 갖고 있는 사람들과 마주보게 된다. 그렇게 됨으로써 두 사람 사이의 강한 상호작용이 일어나 설득이 되거나 반대 입장으로 돌아서기도 한다.

5) 수업의 실제

'가치 수직선'을 활용한 도덕·과학과 토의·토론 수업

주제	생명을 존중해야 하는 까닭 알기
학습 목표	생명을 존중하는 태도와 그 중요성을 이해할 수 있다. 환경 보전 방법을 알고 실천에 옮기려는 태도를 가질 수 있다.
사회적 기술 목표	개인적인 책임 다하기, 시간 지키기, 타인의 생각 수용하기
학습 자료	타이머, PPT 자료 및 인쇄물(기사 자료)

단계	학습내용 및 학습구조	교수·학습 활동	자료 및 유의점
도입	동기유발	▣ 동기 유발하기: 신문 기사 자료 읽어보기(신도림역 맹꽁이를 기억하십니까?) - PPT를 통해 기사 자료 보여주기 - 이런 일이 일어난 까닭은 무엇인지 알아보기	PPT자료 준비 
	학습문제 확인	▣ 학습 문제 확인 생명을 존중하는 태도와 그 중요성을 이해할 수 있다. 환경 보전 방법을 알고 실천에 옮기려는 태도를 가질 수 있다.	
전개	개별학습	▣ 학습을 위한 문제 탐색 및 개인 입장 정리하기 [교사] 기사 자료를 읽고 개인의 입장 및 그렇게 생각하는 까닭을 6단 논법으로 정리하여 봅시다. - 개발인가, 보존(생명 존중 및 환경 보전)인가? [학생] 자신의 입장을 정하고, 그에 따른 논리적 근거를 6단 논법으로 정리한 후 자신의 입장은 가치 수직선의 어느 지점에 있는지 생각해 본다.	신도림역 맹꽁이를 기억하십니까? http://www.moazine.com
	모둠토의 (가치 수직선)	【활동 1】 가치 수직선 토의 · 토론 [교사] 이 상황에 대한 자신의 입장을 가치 수직선 위에 표시해 보고, 그 순서에 따라 한 줄로 선다. [학생] (1) 생각을 정리한 노트를 들고 자신의 위치를 찾아 줄을 맞추어 선다. (2) 가치 수직선 접기로 대형을 맞춘다. (3) 대형을 맞춘 상태에서 4인 1모둠을 구성하여 모둠 토의 · 토론 활동을 진행한다. - 서로 간 의견에서 받아들일 수 있는 점 찾아 기록하고, 이를 바탕으로 좋은 해결 방안을 생각해보기 - 각 모둠에서 찾은 해결방안 발표하기 - 실제 사례 제시하기(앞의 기사에 대한 실제 상황)	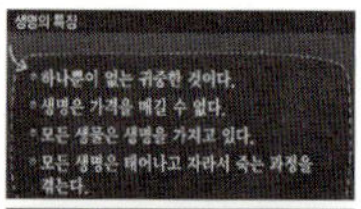 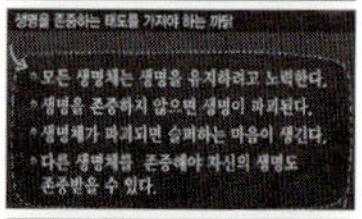 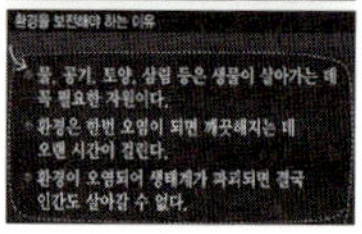
	협동화 (모둠활동)	【활동 2】 환경 포스터 만들기 [교사] 지금까지의 결과를 바탕으로 환경 포스터를 제작해 보도록 한다. [학생] 본래 모둠으로 돌아가서 환경 포스터를 제작 - 제작한 포스터는 교실 내 게시물 활용, 전시한다.	
정리	전체 학습	▣ 정리 및 다음 차시 안내 - 생명의 소중함 및 환경 보전의 필요성 정리하기 - 다음 차시 안내하기	

찬반 논쟁 학습(Pro-con)

1) 기본이해

찬반 논쟁 학습(Pro – con)은 Johnson & Johnson이 창안한 것으로 알려져 있다. 이 활동은 모둠 내 서로 반대되는 작은 모둠을 만들어 갈등 상황을 의도적으로 만들고, 그 속에서 참석자들이 자신의 생각과 다른 주장, 경험, 관점들을 동시에 경험하게 함으로써 개념 갈등과 심적 불평형 상태를 만들어주어 최초로 가졌던 자신의 신념에 대하여 회의를 품고 이를 해결하기 위해서 보다 많은 정보의 습득과 경험, 추론, 확산적 사고를 할 수 있도록 만들어준다. 이 과정을 통해서 참석자들은 관련된 주제에 대한 지식을 재구성하게 된다. 이 활동의 가장 큰 특징은 Pro(찬성), con(반대)로 의견이 나누어져 있고 대립되는 논쟁의 과정에서 찬성과 반대의 입장을 다 경험해 봄으로써 최선의 해결책을 모색하여 문제를 해결해 나가도록 하는 데 있다.

개인이 논쟁적인 문제에 직면할 때 일어나는 사고과정

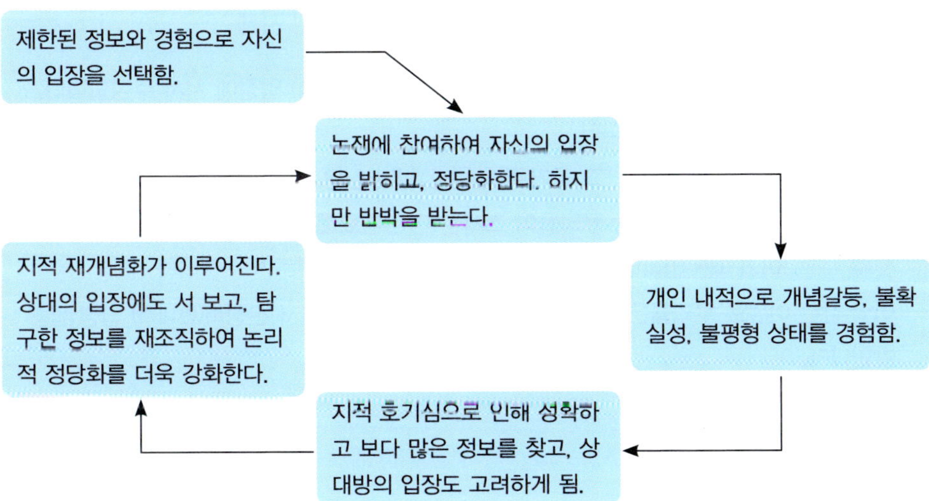

출처: 정문성, 2008, 토의·토론 수업방법36, 교육과학사, p.119.

2) 진행방법

"혼자 생각하기" 단계는 모든 활동을 시작하기 전에 선행되는 필수 활동!!!

Pro – con 토의·토론을 학습에 적용하게 될 때 다음과 같은 6단계에 의해 진행된다. 입장 바꿔 토의·토론하기는 협동학습이기에 가능하며 다른 입장에서 사고를 했던 토론자들의 아이디어는 상대방이 미처 생각하지 못한 것을 지적해 줄 가능성이 많다. 하지만 학년 수준에 따라 어려워할 수도 있는 만큼 5단계 입장 바꿔 토의·토론하기는 생략할 수 있다.

1. 교사는 학생들에게 과제를 제시한다.
2. 학생들은 모둠 내에서 역할을 정한다(찬성 2명, 반대 2명).
3. 각 모둠 내에서 같은 입장을 가진 사람끼리 팀이 되어 자료를 준비하고 공유한다(바람직한 활동을 위해서 미리 모둠 내에서 역할을 나누고 나서 자료를 조사해올 충분한 시간적 여유를 준 뒤, 본시 수업 초기에 자료를 공유할 갖고 나서 시작하는 것이 좋겠다).
4. 각 모둠 내에서 팀별로 자신들의 주장을 밝힌다(찬반 대립 토의·토론에서 입론 과정에 해당된다). 이 때 같은 팀끼리는 자신들의 주장을 밝히면서도 상대팀이 주장하는 내용을 메모하며 듣는 활동이 동시에 이루어져야 한다.

찬반 대립 토의·토론에서의 입론 과정 사례

우리들은 "○○○○○○"라는 주제에 대하여 찬성측(반대측) 입장에 서서 주장합니다.
그 이유는 (　　)가지가 있습니다.
첫째, (　　)이기 때문입니다. 그 근거로 ○월 ○일자 신문기사 사례를 들 수 있습니다.
둘째, (　　)이기 때문입니다. 우리들이 조사한 ○○자료에 의하면 …입니다.
셋째, (　　)이기 때문입니다. 이 분야의 전문가 ○○○에 의하면 …입니다.
이와 같은 이유로 우리들은 "○○○○○○"라는 주에 대해서 찬성측(반대측) 입장임을 밝힙니다.

5. 각 모둠 내에서 팀별로 협의 시간을 갖고 상대팀에게 질문할 목록을 작성한다.

질문할 목록의 예시

- 자료는 언제 것이고, 출처는 어디입니까?
- 지금의 현실과 잘 맞는 새로운 것을 보여 주십시오.
- 혹시 "○○○○○○"라는 점에 대해서는 어떻게 생각하시는지요?
- 그 전문가의 말에 혹시 문제점은 없나요? 이를테면….
- 그 자료가 일반화 될 수 있는 것인가요?
- 그 근거가 흔히 있을 수 있는 일인가요?
- 근거 자료로 "○○○○○○"를 들었는데, 이 근거자료는 "○○○○○○"라는 점에서 문제가 있다고 생각합니다. 그에 대한 생각은 어떠한가요?

6. 질문할 목록을 바탕으로 모둠 내에서 자유 토의·토론 시간을 갖는다. 이 때 자기 팀의 주장은 열심히 정당화하고, 상대 팀의 주장이나 비판에 대하여 열심히 반박하도록 한다(8단계를 위해 메모하며 활동할 필요성이 있다).
7. 자유 토의·토론 활동이 끝나면 입장을 바꾸어 다시 한 번 토의·토론 시간을 갖는다(찬성 입장이었던 팀은 반대 입장에서, 반대 입장이었던 팀은 찬성 입장에서 토의·토론 활동 시간을 갖는다). 이 단계는 처음에 섰던 자신들의 입장과는 다른 관점에서 상대 팀의 주장이나 근거에 대한 오류를 찾아주고 지적해주는 활동일 가능성이 많아진다(8단계를 위해 메모하며 활동할 필요성이 있다).
8. 토의·토론 활동이 끝나면 각 모둠은 활동 과정에서 에서 나왔던 모든 생각들을 모아서 정리한다. 이 과정에서 각 모둠은 자신들만의 입장을 선택하도록 하는데, 찬성, 반대 또는 제 3의 대안을 선택할 수도 있다는 것을 알려준다.
9. 각 모둠별로 합의된 결과를 발표하도록 한다. 발표할 때는 그렇게 결정하게 된 근거도 함께 제시할 수 있도록 한다.
10. 교사는 모든 과정을 함께 정리하도록 한다(교사의 심사평 및 정리).

3) 활동효과

1. 토의·토론 과정에서 문제를 풀어가는 심리적 갈등과정이 그대로 반영된다(찬반 양쪽에 서 봄으로써 심적 불평형 상태를 모두 경험, 그 과정 속에서 나온 의견들이 모둠 입장을 정하는데 큰 영향을 준다).
2. 본래의 모둠을 그대로 활용하기 때문에 모둠원 모두가 소외됨이 없이 토의·토론에 참여할 수 있다.
3. 모둠 내 서로 다른 주장에 대한 근거를 충분히 다룸과 동시에 반대 입장에 서 보는 경험을 하기 때문에 양측 입장에 대한 정확한 판단을 내릴 수 있게 된다.
4. 하나의 모둠 내 두 개의 작은 모둠이 만들어져 찬반 대립 토론을 하지만 이는 모둠이 의사결정을 해 나가는데 꼭 필요한 협동적 과정이다.
5. 논쟁적 활동이 협동학습 속에서 이루어질 때에는 문제 해결을 위한 새로운 해결책을 만들어내는 창조적 활동에 더 큰 가치를 두게 되어 긍정적 상호의존 및 시너지 효과를 경험하게 된다.

4) 주의할 점이나 활동의 팁

1. 모둠 내 토의·토론 과정에서 찬성과 반대 의사 표시로 신호등 카드를 활용해도 좋다.
2. 모둠 내 역할 분담을 할 때 교사가 임의로 팀을 나누어 주는 것도 좋다. 왜냐하면 찬성과 반대로 팀을 나누어 토의·토론 활동을 하는 것은 일종의 역할놀이와 같은 차원이기 때문이다. 따라서 학생들에게 이런 취지와 목적을 명확히 알리고 부담을 갖지 않도록 충분히 설명해주는 것이 좋다. 다만 모둠 내에서 토의·토론 능력 등이 떨어지는 학생끼리 한 팀이 되지 않도록 해야 한다는 점은 잊지 않도록 한다.
3. 모둠 내 토의·토론 과정에서 최대한 의도적으로 자신의 입장을 적극적으로 지지하고 밝힐 수 있도록 강조할 필요도 있다. 찬반 양쪽을 다 경험하고 새로운 결론을 이끌어내는 것이 핵심인데, 그 이전에 모둠 내에서 의견을 조정하

여 정리해 버린다면 활동은 그 의미를 잃어버리게 될 것이다.

4. 학생들의 연령대에 따라서 〈입장 바꾸기〉 단계를 어려워 할 수도 있다(실제로 이 단계를 제일 어려워하고 힘들어 한다). 따라서 학생들 수준에 따라 이 단계를 생략하고 바로 다음 단계로 넘어가는 것도 한 번 고려해 볼 필요가 있다.

참 고 토의·토론 활동에서 많이 나타나는 질문의 유형

※ 질문 유형은 일반적인 수업 시간에 교사가 학생들에게 하는 질문의 유형과 거의 일치한다(출처: http://blog.naver.com/yullissam/22981830 통합논술방).

1. 의견을 유도하는 질문
   - 그 의견(이야기)의 핵심(가장 재미있었던 점)은 무엇입니까?(왜 그렇게 생각하는지 말해줄 수 있습니까?)
   - ~라는 의견에 대해서 어떻게 생각하나요?
   - ~라는 점에 대하여 하실 말이 있으신가요?
   - ~라는 점에 대하여 생각해 보겠습니까?
   - ~에 대하여 잘 이해가 되지 않는 부분이 있습니까?

2. 의견을 명료화하기 위한 질문
   - 지금 하신 말씀은 ~라는 말(뜻)입니까?
   - 당신의 생각을 좀 더 자세히 말씀해 줄 수 있겠습니까?
   - 당신의 말을 좀 더 쉽게 설명해 주실 수 있나요?
   - 당신의 의견(말)에 대한 예를 들어 설명해 주시겠습니까?
   - 당신의 의견(이야기)에 대한 결론은 무엇입니까?

3. 의견의 요점을 파악하도록 하는 질문
   - 당신이 한 말 중에서 어느 것이 가장 중요하다는 것인가요?
   - 당신의 의견을 간단하게 줄여서 말해주세요.
   - 당신의 의견을 요약해줄 수 있습니까?

4. 의견의 결과를 탐색하는 질문
   - 모든 사람이 당신의 생각대로 된다면 어떻게 될까요?
   - 당신의 생각대로 일이 이루어진다면 어떻게 될까요?

- 당신의 생각대로라면, ~일 경우에는 어떤 일이 벌어질까요?
- 그렇게 된다면 어떤 결과가 나타나게 될까요?
- 예외가 되는 경우는 없을까요?
- 좀 다르게 생각하는 사람은 없을까요?
- 당신의 의견이 틀린 것일 가능성은 없을까요 ?

5. 신념이나 의견의 논거를 탐색하는 질문

- 그렇게 생각하는 이유는 무엇인가요?
- 왜 그렇게 생각하시나요?
- 당신의 의견에 대한 근거를 제시해 주실 수 있나요?
- 이 의견에 찬성하는(반대하는) 이유는 무엇인가요?
- 당신의 주장을 증명하기 위한 예시나 반대사례를 제시해줄 수 있나요?

6. 해답이나 결론을 알게 된 방법을 묻는 질문

- ~이라구요 ? 그것을 어떻게 알게 되었나요?
- 지금 그 근거(의견, 말)는 확실한 것인가요?
- 그것에 대한 더 확실한 근거(반증, 반례)는 없는 것인가요?

7. 새로운 대안을 도출하고 검토하게 하는 질문

- 다른 의견을 갖고 있는 분은 없으신가요?
- 또 다른 방법은 없는 것일까요?
- 이 의견에 대하여 어떻게 생각하시나요?
- 또 다른 가능성은 없는 것일까요?

8. 관계를 탐색하는 질문

- 서로 같은 의견이 있는지 살펴보겠습니까?
- 비슷한 특징을 가진 것은 무엇인가요?
- 두 가지 중에서 어떤 것이 더 큰 의미를 갖고 있나요 ?
- ~과 –의 공통점과 차이점은 무엇인가요?

9. 질문에 대한 질문

- 그 질문이 적절하다고 생각하시나요?
- 그 질문이 현실성이 있다고 생각하시나요?
- 그 질문을 하시는 이유는 무엇인가요?

10. 상대방의 표현을 해석하는 질문

- 한 마디로 말해서 ~라는 것인가요?
- 당신의 말은 ~라고 표현해도(이해하여도) 되겠습니까?
- 그러니까 당신은 ~라 생각하고 있는 것이지요?

11. 일관성을 추구하는 질문

- 조금 전에 당신이 한 말과 바로 지금 당신이 한 말은 같은 의미인가요?
- 두 사람의 생각(두 가지 의견)이 서로 반대(모순)되는 것은 아닌가요?
- 두 사람의 생각(두 가지 의견)이 어떤 점에서 반대(공통)되는 것인지 이야기를 해 주시겠습니까?
- 두 사람의 생각(두 가지 의견)은 비슷한데 서로 다른 방법으로 말하고 있는 것은 아닌가요?

12. 개념의 정의나 명료화를 묻는 질문

- ~란 말은 무엇을 뜻하는 것인가요?
- ~란 낱말, 용어의 뜻은 무엇인가요?
- ~의 중요한 특징은 무엇인가요?
- ~의 반대되는 표현에는 어떤 것이 있나요?
- 당신이 말한 ~란 의견에 포함되는 사례에는 어떤 것들이 있나요 ?
- 그 말 속에는 ~라는 것들이 포함되나요?

13. 가정이나 전제를 묻는 질문

- 왜 그렇게 생각하나요?
- 당신의 말이 가리키고 있는 것은 무엇인가요?
- 당신 말의 전제는 무엇인가요?
- 어떤 전제(가정)에서 그렇게 말을 한 것인가요?
- 당신의 말은 ~을 가정(전제)하고 있는 것인가요?

14. 가정이나 전제의 정당성을 묻는 질문

- 그 가정(전제)들이 왜 옳다고 생각하는 것인가요?
- 그 전제는 과연 참일까요?
- 당신의 그 전제가 옳다는 것을 증명할 수 있나요?
- 왜 그런 가성을 했나요?
- 그 반례는 없는 것일까요?

5) 수업의 실제

'찬반 논쟁 학습'을 활용한 국어과 토의·토론 수업

주제	이야기 바꾸어 쓰기, 문제 해결
학습 목표	이야기의 일부분을 바꾸어 표현하는 방법을 알 수 있다. 실생활 속에서 겪을 수 있는 문제 상황을 지혜롭게 해결해 나갈 수 있다.
사회적 기술 목표	토의 · 토론 규칙 지키기(시간, 순서, 사람 비판하지 않기 등)
학습 자료	타이머, 이야기 자료(듣기 자료)

단계	학습내용 및 학습구조	교수·학습 활동	자료 및 유의점
도입	동기유발 (전체 학습) 학습문제 확인	▣ 동기 유발하기: '종범이'이야기 읽기 - 같은 경험 떠올리기, 그때의 마음은 어떠했는가? - 혹시 자신이 '종범이'와 같은 적은 없었는가? ▣ 학습 문제 확인 실생활 속에서 겪을 수 있는 문제 상황을 지혜롭게 해결해 나갈 수 있다. 이야기의 일부분을 바꾸어 표현하는 방법을 알 수 있다.	• 가능한 경우에는 이야기 속의 상황을 역할극으로 재현해도 좋다. 
전개	찬반 논쟁 (모둠별) 전체 학습 (교과서 속 이야기 내용 탐색) (학습 문제 해결)	【활동 1】 찬반 논쟁하기 [교사] 모둠 내 2명씩 찬성/반대 역할을 나누고, 논제에 대한 입장과 그 근거를 논의하여 계획서에 정리한다. 종범이에게 놀이터를 양보해야 하는가? [학생] 자신의 입장 및 근거를 정리하고 같은 팀끼리 의견을 나눈 후, 절차에 따라 찬반 논쟁 활동하기 - 주장 발표하기(찬성측부터 시작) - 상대방 주장에 대한 비판 및 반박(반대측부터 시작) - 입장 바꾸어 논의(찬성은 반대로, 반대는 찬성으로) - 바꾼 입장에 따른 의견과 근거 제시하기 - 모둠 내에서 의견 모으기 및 발표(지금까지 나온 의견을 종합하여 학급 전체에 발표) [교사] 각 모둠에서 나온 의견을 바탕으로 활동 정리하기(지혜롭게 상황에 대처하기 및 동생들 배려하기) 【활동2】'이야기의 일부분 바꾸어 표현하기'를 위한 방법 찾기 [교사] 종범이가 아이들을 밀쳐냈을 때 아이들의 마음은 어떠했을까?, 종범이가 주먹을 치켜 올렸을 때 아이들이 움츠린 까닭은 무엇인가?, 종범이의 성격은 어떠한가?, 종범이가 다정한 아이였다면?, 아이들 가운데 힘이 센 아이가 있었다면?, 동네 아저씨가 옆을 지나가고 있었다면?, 자신이 그 아이들 중 한 명이었다면? [학생] 각 질문에 따른 다양한 답변을 한다. [교사] 이야기 일부분을 바꾸어 표현하는 방법을 알아보자. [학생] 인물의 행동이나 성격 바꾸기, 새로운 인물을 등장시켜 표현하기, 사건을 바꾸어 표현하기, 일이 일어난 시간적 · 공간적 배경을 바꾸어 표현하기 등	• 찬성 및 반대측에서 1명씩 기록이 역할을 할 사람을 선정하여 논의한 내용을 정리한다. • 바꾸어 표현한 이야기는 과제로 다음 날까지 제출한다.
정리	과제 제시	[교사] 여러분들이 말한 방법에 따라 '종범이'이야기를 바꾸어 표현하고 내일까지 제출합니다.	

토의·토론망(Discussion Web)

16

1) 기본이해

우리 모두는 민감한 주제를 놓고 토의·토론 활동에 참여한 적이 있거나 토의·토론하는 장면을 본 경험을 갖고 있는데, 이럴 때 보면 토의·토론에 너무 집중한 나머지 매우 흥분된 감정을 주체하지 못한 자신을 발견하거나 그런 상태에 놓이게 된 침석자들을 접하게 된다. 하지만 때로는 진지한 자세로 대화에 참여하기도 하였을 것이다. 이처럼 토의·토론 활동에는 동전의 양면성과도 같은 점이 존재한다. 대화를 서로 주고받으면서 자신의 생각을 정리하기도 하고 상대방의 주장에 대하여 반박하기도 하지만 동시에 상대의 주장과 대안, 다양한 정보들을 받아들이기도 한다. 바로 이 점에 착안하여 고안된 것이 바로 토의·토론망이다.

토의·토론 수업이 학생들의 고급 사고력 신장에 매우 도움이 된다는 것은 누구나 잘 알고 있는 사실이다. 하지만 학생들을 토의·토론 활동에 적극 끌어들이는 일은 여간 어려운 일이 아니다. 하지만 토의·토론망은 주로 제시되는 이야기(문학작품 등)나 구체적이면서도 현실적, 역사적, 사회적 상황 등이 있어서 모든 학생들을 토의·토론 활동으로 쉽게 끌어들일 수 있다는 장점을 갖고 있다.

2) 진행방법

"혼자 생각하기" 단계는 모든 활동을 시작하기 전에 선행되는 필수 활동!!!

1. 교사는 이야기나 역사적 사실 속에 등장하는 인물의 행동에 대해 의견이 대립되거나 논쟁의 여지가 있는 자료를 제시한다.
2. 학생들은 이야기와 관련된 배경 지식을 활성화하고(브레인스토밍, 마인드 맵 등), 글을 읽는 목적을 정하게 된다.

3. 학생들이 글을 읽은 뒤, 토의·토론망을 소개하고, 토의·토론 주제를 이끌어 내기 위한 발문을 시작한다.

예-1 경제활동 속에서 경쟁은 과연 도움을 주기만 하는 것인가?(5학년 2학기 사회과 1단원 우리나라의 경제성장 중 "자유와 경쟁" - 동네에 피자집이 1개만 있었다가 1개가 더 생겼다.)

예-2 첨단 산업과 기술이 발달은 우리에게 이롭기만 한 것인가?(5학년 2학기 사회과 2단원 정보화 시대의 생활과 산업 중 "첨단 기술과 산업의 발달" - 첨단 기술로 우리의 생활과 산업이 많이 변해가고 있다.)

4. 학생들은 모둠 내에서 2명씩 짝을 이뤄 역할을 정한다(찬성 2명, 반대 2명).
5. 모둠 내 두 팀은 서로 반대되는 입장에서 토의·토론 활동(질문과 답변, 주장과 근거 제시 등)을 해 나간다. 필요한 경우 제시된 자료나 이야기 본문을 참고할 수 있도록 한다.
6. 토의·토론 과정에서 나오는 다양한 의견 및 근거들을 토의·토론망(활동지)에 정리해 나간다(충분히 설득력 있는 논거들을 마련해야 한다).
7. 정리 후에 모둠 내에서 의견이나 입장이 서로 같은 학생들끼리 다시 미니 모둠을 만들도록 한다(1:3, 2:2, 어느 한쪽으로의 쏠림 현상 등 다양한 모습이 나타날 수 있다).
8. 모둠 내 미니 모둠은 주제나 문제에 대한 의견이 충분히 일치하도록 논의할 시간을 갖는다(토의·토론망〈활동지〉을 앞에 놓고 이를 바탕으로 의견을 주고받으면서 어느 한쪽으로 합의하기).

9. 각 모둠은 합의한 결론에 대한 근거와 함께 토의·토론망(활동지)에 정리한다.

경제활동 속에서 경쟁은 과연 도움을 주기만 하는 것인가?

아니다

	근거 제시
1	기업에게 경쟁에 따른 무리한 투자를 요구하여 손실을 가져올 수 있다.
2	경쟁에서 뒤떨어진 기업에게는 큰 손실을 가져다 주어 사회적, 경제적으로 큰 어려움을 겪게 된다.
3	극단적으로 가게 되면 경쟁하는 모든 기업은 결과적으로 모두 손해를 보게 된다(출혈경쟁).
4	경쟁을 위해 사용한 만큼의 비용은 모두 물건 값에 포함되어 소비자에게 부담을 주게 된다.
5	과정보다는 결과를 중요하게 생각하게 되어 도덕적으로 많은 문제가 발생할 수 있다(부정부패 등).
6	지나친 경쟁은 독과점, 매점 매석, 담함 등의 현상을 초래하게 되어 사회적, 경제적 문제가 된다.
7	지나친 경쟁은 상품의 질이나 가격, 제품의 양 등에 영향을 주어 소비자가 손해를 보게 될 수 있다.
8	지나친 경쟁은 사람의 가치를 소홀하게 생각하도록 만들어 비인간적인 사회가 될 수 있다

그렇다

	근거 제시
1	기업은 좋은 물건이나 상품을 개발하기 위해 노력하게 된다.
2	기업은 좋은 서비스를 제공하기 위해서 노력하게 된다.
3	기업의 이익이 증가하고 기업의 이미지가 좋아져 더 나은 기업으로 발전하게 된다.
4	경쟁을 통해 국가는 외화를 벌어들일 수 있다.
5	경쟁을 통해 일자리가 증가하고, 국가 경제가 발전하게 된다.
6	소비자는 질이 좋은 물건을 얻을 수 있다.
7	소비자는 보다 저렴한 가격에 물건을 구입할 수 있다.
8	소비자는 다양한 상품을 놓고 선택할 기회가 많아진다.

결론

경제활동 속에서 경쟁은 도움을 주기도 하지만 많은 폐해가 나타나기도 하는 만큼 지나친 경쟁적 상황이 나타나지 않도록 노력해야 할 필요가 있으며, 경쟁보다는 협동적 활동을 통해 서로 함께 잘 되어살 수 있는 방향을 찾아나가도록 노력해야 할 것이라 생각한다. 물론 협동만 강조하다 보면 기술 개발이나 발전을 위한 노력을 게을리 할 위험도 있겠지만 협동적 상황이 경쟁적 상황보다는 사회적 문제를 덜 발생시킬 수 있고, 비리나 빈익빈 부익부 현상을 최소화시킬 수 있을 것이라 생각한다.

10. 각 모둠은 내린 결론 및 그에 대한 근거를 입장별(찬성 혹은 반대)로 순서를 정하여 발표한다. 이 때 근거는 각 모둠별로 1가지씩만 발표하게 한다(앞에서 모두 발표하게 되면 뒤에 발표하는 모둠은 새로운 의견을 낼 수 없게 되는 현상이 일어나는 것을 막기 위함이다). 이를 위해서 각 모둠은 적극적 듣기 활동에 신경을 써야 한다.
11. 앞의 과정을 마무리하면 학생들은 논의 주제에 대하여 각자 개인적인 의견을 정리할 수 있도록 한다(논술하기). 협동적 활동 이후에 이루어지는 개별적 과정인 이 단계는 글을 통해 최종적으로 자신의 생각을 이끌어낼 수 있도록 해 주며 글을 쓰는 과정에서 반대편 의견에 대한 반박, 같은 의견에 대한 새로운 생각을 덧붙여 나갈 수 있도록 해 준다.

3) 활동효과

1. 언어 활동의 4가지 측면(말하기, 듣기, 읽기, 쓰기)을 모두 포함하고 있다.
2. 학생들이 협동적 활동을 통해 상호작용하는 기회를 다양하게 맛볼 수 있다.
3. 특히 문학 수업이나 사회과에서 토의·토론 수업을 할 때 유용하다.
4. 학생들이 토의·토론 활동에 적극적으로 참여할 수 있도록 해 준다.
5. 어떤 주제나 문제점에 대하여 두 가지 측면을 모두 고려하고 평가할 수 있다는 생각의 틀을 갖도록 해 준다.
6. 자신의 의견을 주장하기 전에 상대편의 주장 및 그 근거를 한 번 더 찾아보고 생각할 수 있도록 해준다.
7. 학생들은 자기 자신의 주장에 대하여 체계적이고 타당한 근거를 들어 글을 쓸 수 있게 된다(논술문).

4) 주의할 점이나 활동의 팁

1. 5~6단계에서 참가자들은 양쪽의 입장 모두 옳다는 생각을 잠시 접어둘 필요가 있다. 이 단계는 Pro–con(찬반 논쟁 학습)에서처럼 일종의 역할놀이와 같은 차원에서 하는 활동이기 때문이다. 따라서 학생들에게 이런 취지와 목적

을 명확히 알리고 부담을 갖지 않도록 충분히 설명해주는 것이 좋다.

2. 위의 1번과 같은 이유로 모둠 내에서 2개의 팀으로 나눌 때는 교사가 임의로 나누어줄 필요도 있다. 다만 모둠 내에서 토의·토론 능력 등이 떨어지는 학생끼리 한 팀이 되지 않도록 해야 한다는 점은 잊지 않도록 한다.
3. 가능한 시간을 확보하여 논술문 쓰기 활동까지 이어지도록 하되, 시간이 부족하면 과제로 제시하거나 온라인 토의·토론방(학급 홈페이지)에 올릴 수 있도록 안내를 한다.

5) 수업의 실제

'토의·토론망'을 활용한 사회과 토의·토론 수업

주제	자유와 경쟁
학습 목표	자유와 경쟁의 사례를 통해 그 장점과 단점을 이해할 수 있다.
사회적 기술 목표	타인의 생각 수용하기(지지하거나 인정), 더 나은 생각 만들어내기
학습 자료	타이머, PPT 자료, 토의 · 토론망 활동지

단계	학습내용 및 학습구조	교수·학습 활동	자료 및 유의점
도입	동기유발 (전체 학습)	▣ 동기 유발하기: 지난 시간에 공부한 내용 알아보기 - 우리나라 경제 제도의 특징 - 자유와 경쟁에 대한 이해	
	학습문제 확인	▣ 학습 문제 확인 자유와 경쟁의 사례를 통해 그 장점과 단점을 이해할 수 있다.	PPT자료 준비 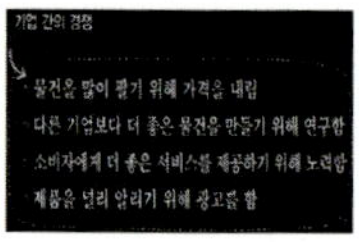
전개	모둠 활동 돌아가며 말하기	【활동 1】 기업 간의 다양한 경쟁 사례 알아보기 [교사] 기업 간의 다양한 경쟁 사례에는 어떤 것들이 있는지 알아보도록 하자. [학생] 혼자 생각할 시간 갖기 ⇨ 모둠 내에서 돌아가며 말하기로 나누기 ⇨ 전체와 함께 나누기 [교사] 경쟁으로 인해 일어나는 다양한 사례 설명하기(긍정적인 면, 부정적인 면 몇 가지 사례 설명)	
	토의 · 토론 망 분석	【활동 2】 기업 간 경쟁이 가져다주는 장점 · 단점 알기 [교사] 각 모둠에서는 기업 간의 경쟁이 가져다주는 장점과 단점에 대하여 토의 · 토론망을 통해 분석해본다. [학생] 모둠 내에서 2(장점):2(단점)로 팀을 나눈다. - 팀 내에서 각자의 입장을 생각해보는 시간 갖기 - 서로 반대되는 입장에서 토의 · 토론 활동 ⇨ 그 속에서 나온 의견들을 토의 · 토론망에 정리해 나가기 - 모둠 내 입장이 같은 사람들끼리 다시 미니 모둠을 만들어 서로 토의 · 토론 활동 진행 ⇨ 충분한 논의를 통해 모둠 내 의견을 어느 한 방향으로 정리해 나간다. ⇨ 지금까지 나온 의견을 종합하여 합의에 의한 결론을 도출한 뒤 토의 · 토론망에 정리한다. ⇨ 각 모둠에서 정리한 결과를 전체와 나눈다. [교사] 학생들이 발표한 내용을 토대로 경쟁이 가져다주는 장점도 있지만 경쟁의 폐해도 있다는 사실을 충분히 이해할 수 있도록 지도 · 정리한다.	
	개별 학습 (논술)	【활동 3】 개인적인 생각 정리하기 [교사] 각 모둠에서 활동한 내용 및 다른 모둠의 발표를 통해 이해하게 된 것을 바탕으로 '경쟁의 장점과 단점'에 대한 자신의 생각을 글로 정리한다. [학생] 각자 자신의 생각을 글로 정리한다(논술하기). - 각자 정리한 내용을 전체와 나눈다.	PPT자료 준비 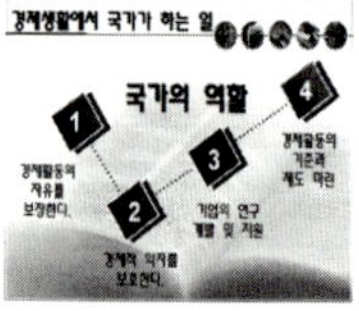
정리	전체 학습	▣ 정리 및 다음 차시 안내 [교사] 기업 간의 경쟁을 잘 조절하기 위해 국가가 하는 일을 안내하고 설명해주기, 다음 차시 안내하기	

17 증발 구름(Evaporating Cloud)

1) 기본이해

이 활동은 개인의 딜레마, 의견 불일치, 찬반 논쟁, 의사결정 문제와 같은 갈등 상황을 다룰 때 많이 활용된다. 주로 갈등상황을 바라보기 위한 사고의 틀로써 서로 비난하지 않고 문제를 분명하고 정확하게 정의하는데 활용하면 좋은 효과를 거둘 수 있다. 좀 더 자세히 소개하면 아래와 같다.

① 먼저 증발 구름의 구조부터 이해할 필요가 있다.

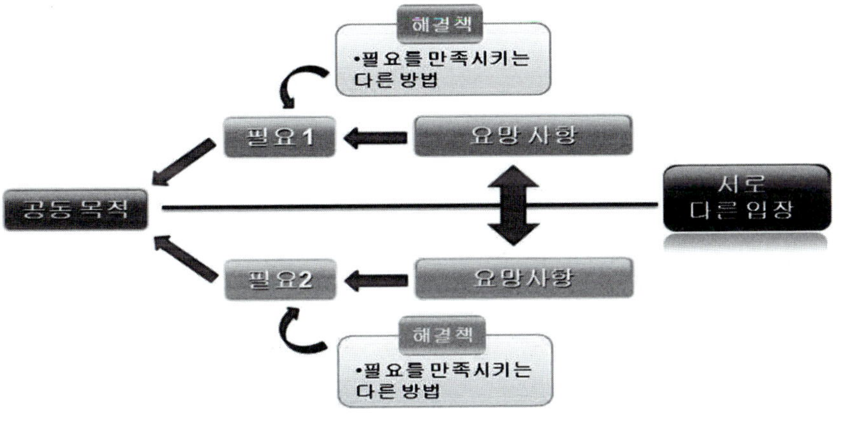

② 위의 그림에서 보는 바와 같이 두 개의 다른 요망 사항은 두 사람 모두 동시에 성취하지 못하는 갈등을 나타낸다.

③ 필요는 공통의 목표를 해결하기 위해 충족되어야 할 조건으로 각자가 요망사항을 원하는 이유를 말한다. 쌍방 각자의 필요를 달성하기 위해 각각 자기의 요망사항을 성취하는 것이 필수목적이다. 이 필요조건은 각각이 공통목표를 달성하기 위해서 일리가 있는 것으로 구성되어야 한다.

④ 공동 목적은 쌍방 모두가 이루기를 바라는 상황이다. 그렇지만 그 목적에 도달하기 위해서는 각자가 자기의 필요를 달성할 수 있어야만 한다. 공동 목적을 안다는 것은 해결책을 찾아내려는 욕구를 증진시키는 역할을 한다.

⑤ 해결책은 Win－Win 방식으로 해결하기 위해 최소한 한쪽이 자기의 필요를 만족시킬 수 있는 다른 방법을 찾아내는 것을 말한다(두 사람 모두의 만족을 위해).

⑥ 요망사항은 각각의 필요를 만족시키기 위해서 필요한 또 다른 조건으로서 직접적인 갈등이 일어나게 되는 부분이다. 즉, 필요는 각각이 서로 '다르다'라는 정도의 의미라면 전제조건은 현실적으로 동시에 충족시키기 어려운 '대립 상황'으로 이해하면 될 것이다.

⑦ 우리 자신의 문제를 잘 해결하기 위해 가장 먼저 해결해야 할 선결 요건은 누구도 비난하지 않도록 공정하고 명백하게 "우리 문제를 정의하는 일"이다.

2) 진행방법

1. 교사는 갈등상황이 담긴 문제를 제시한다.
2. 모두가 함께 문제를 정의한다.
3. 제시된 문제를 바탕으로 문제 상황에 대한 정의를 내린 후 공정한 방법으로 분석하여 증발 구름 틀 속에 정리한다.
4. 증발 구름 틀 속에 정리할 때는 "요망사항" ⇨ "필요"쪽으로 관점을 전환한다.
5. 문제 해결 방안을 찾을 때는 반드시 윈－윈 해결책을 제시하여야 한다.
6. 윈－윈 해결책을 위해 상대방의 입장에 서서 자신의 필요를 만족시킬

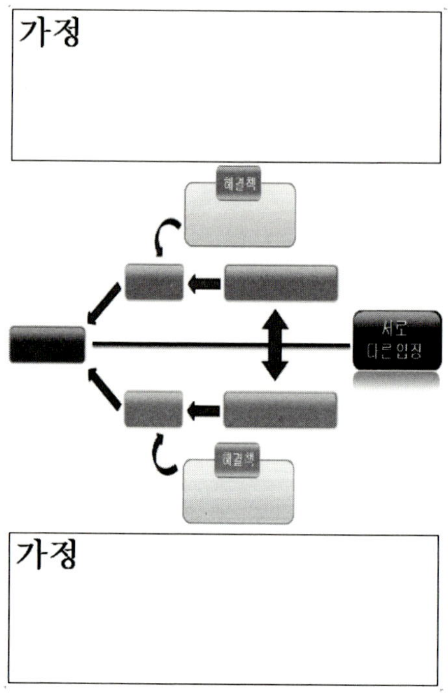

증발 구름 활동지 사례

수 있는 다른 방법을 찾아보도록 노력한다(자신의 요망 사항만을 만족시키기 위한 대안을 찾지 않도록 한다).

7. 함께 찾은 방법을 공유한다.

3) 활동효과

1. 문제의 양면을 열린 마음으로 볼 수 있게 해준다.
2. 자기 및 타인을 배려할 수 있는 의식을 갖게 한다.
3. 양쪽 모두가 존중받고 있다는 느낌을 갖게 한다.
4. 갈등 상황에서 자신의 위치를 이해할 수 있게 해준다.
5. 감정이입 및 상대방의 입장을 이해할 수 있도록 돕는다.
6. 갈등에 연계된 감정을 이해할 수 있게 된다.
7. 문제를 공정한 방법으로 분석할 수 있도록 돕는다.
8. 갈등의 핵심적 논쟁에 집중하게 되고, 갈등상황에서도 상대방과 의사소통이 가능할 수 있게 된다.
9. 윈-윈 해결방안을 도출할 수 있도록 돕는다.

4) 주의할 점이나 활동의 팁

1. 문제를 정의하는 노하우가 필요하다. 상황을 제대로 바라보기 위해서는 갈등 상황에 대하여 문장으로 정리하는 것이 가장 우선되어야 하기 때문이다. 이를 위해 아래와 같은 문장으로 정리하면 큰 무리가 없다.

   예 …는 …를 하기 위해, …를 …원한다.

2. 윈-윈 해결방안을 찾을 때 상대방의 입장에 서서 자신의 필요를 만족시킬 수 있는 방법을 찾도록 한다(자신의 필요만을 만족시키는 방법은 윈-윈 해결방안이 될 수 없다).
3. 갈등을 해결하는 방법은 팽팽한 의견 줄다리기, 강요, 타협, 회피, 포기, 윈-윈 방식이 있는데 특히 타협이라는 방법을 윈-윈 방안이라고 착각해서는 안 된다.

4. 해결방안을 찾기 위해서는 요망 사항과 필요 사이의 "필요충분조건"을 찾아야 한다. 그 "필요충분조건"에 해당되는 다양한 이유를 "가정"이라고 한다. 가정은 각 요망 사항과 필요 사이를 논리적으로 연결하기 위해서 우리가 전제조건 이외에 반드시 참이라고 생각해야 하는 "숨은 가정"들이다. 이 가정(Assumption)이 실제로 갈등의 해소를 불러올 수 있는 핵심적인 고리이다. 숨은 가정들을 차근차근 검토하다 보면 논리적 허점이 발견되는 경우도 있고, 숨은 가정을 만족시키면서 두 개의 필요를 모두 충족시킬 수 있는 제 3의 대안을 추출할 수도 있다. 이에 대하여 아래의 예를 통해 이해하기 바란다.

가정

내 필요의 만족을 위해서는 요망 사항을 성취해야 한다. 그 이유는 "가정" 때문이다.

필요 1 ← 요망 사항

필요: 감기가 와서 몸이 아프기 때문 ← 요망 사항: 에어컨을 끄기를 희망

왜?: "가정", 필요와 요망 사이의 관련성
(1) 콧물과 재채기가 계속 나온다.
(2) 몸이 춥고 떨린다.
(3) 머리가 '띵'하고 아프다.
(4) 몸이 아파 활동에 집중할 수가 없다.

⊙ 타당하지 않는 가정

- 내 몸은 에어컨이 없는 경우에만 아프지 않고, 감기도 낫는다.

⊙ 몸이 아프지 않고 감기가 낫도록 하기 위한 다른 제안

- 몸이 좋아질 때까지 에어컨 바람이 가지 않는 곳으로 자리를 이동하기
- 실내 온도를 조금만 더 높이기
- 에어컨의 강약 및 바람의 방향 조절하기

5. 갈등은 사물을 서로 다른 관점에서만 바라보기 때문에 발생한다는 점을 꼭 이해할 필요가 있다.

증발구름 활동을 위한 세부적인 절차

(1) 공동복표를 확인

(2) 공동목표 달성을 위해 서로가 상대방의 필요를 확인하고 설명한다(나는 상대방의 필요를 확인하고 설명).

(3) 내가 확인하고 설명한 상대방의 필요를 충족시키기 위한 요망 사항을 설명한다.

(4) 공동의 목표를 달성하기 위한 나의 필요를 설명한다.

(5) 나의 필요를 충족시키기 위한 나의 요망 사항을 설명한다.

(6) 갈등이 생긴 원인은 요망 사항의 갈등에 있음을 확인한다.

(7) 중요한 것은 요망 사항이 아니라 필요를 충족시키는데 있음을 강조한다.

(8) 요망 사항이 가정을 깨고 공동의 목표를 달성시킬 수 있음을 이해한다.

(9) 해결책을 제시하고 그것이 양쪽의 필요를 모두 충족시킬 수 있음을 이해한다.

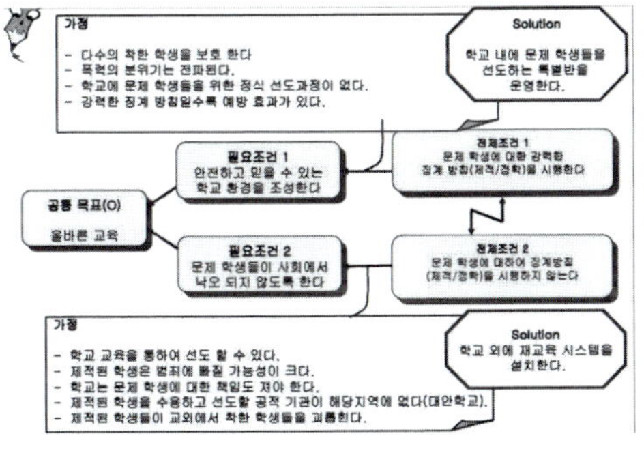

예시 1 – 출처: 문제 학생에 대한 처리 방안
http://blog.naver.com/jhlee1026200/20139655031

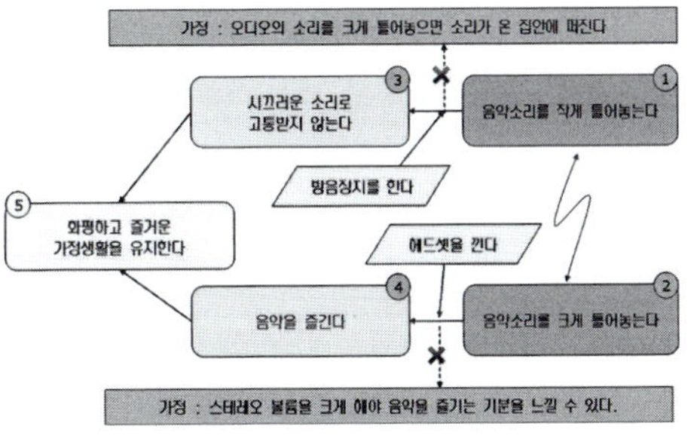

예시2 – 출처: 음악소리 크기 해결 방안
http://blog.naver.com/ssambbag_72/50070722677

예시 1에서의 문제 정의 (증발 구름을 해결하기 전)	예시 2에서의 문제 정의 (증발 구름을 해결하기 전)
A는 올바른 교육을 위해 안전하고 믿을 수 있는 학교 환경을 조성해야 한다고 생각한다. 그리고 이를 위해 문제 학생에 대한 강력한 징계방침(제적, 정학)을 시행해야 한다고 생각한다(B도 같은 방식으로 정의).	동생은 화평하고 즐거운 가정생활 유지를 위해 시끄러운 소리로 고통 받지 않기를 원한다. 그리고 이를 위해 언니가 음악 소리를 작게 틀어 놓기를 원한다(언니도 같은 방식으로 정의).

Ⅲ. 지식 습득

18 직소 모형/모둠 내 직소 토의·토론

1) 기본이해

직소(JIGSAW) 모형은 과제 분담 학습 모형이라고 달리 부르기도 하는데, 이 개념은 직소의 명칭에서 드러나는 바와 같이 직소퍼즐에서 유래된 것으로, 본래의 모집단이 전문가 집단으로 갈라졌다가 활동을 한 후 다시 모집단으로 돌아오는 모습이 마치 퍼즐 조각 그림 끼어 맞추기와 같다고 하여 붙여진 이름이다. 퍼즐 조각 그림이 한 조각이라도 빠지거나 다른 곳에 가 있으면 그림이 완성될 수 없는 것처럼, 이 모형은 과제 분담이라는 구조화를 통해서 모둠 구성원 간의 긍정적인 상호의존성을 높이고자 하는 차원에서 아론슨(Aronson)에 의해서 개발되었다. 직소모형은 모둠에서 각 개인에게 주어진 일부만의 과제나 불완전한 과제를 주고 같은 과제를 맡은 사람들끼리 모여서 과제를 해결하게 한 뒤, 동료들 간에 긍정적이고 상호의존적인 환경을 만들어주어 '배움'이 일어날 수 있도록 해 주었다. 그 이후에 학습 주제나 단원 전체에 대하여 평가를 받도록 하였는데, 이에 따라 각 모둠의 구성원들은 서로 도움을 주고받지 않을 수 없게 되었다.

직소모형은 아직도 많은 교사들에게 사랑받고 있으며 그 나름대로의 단점을 보완하여 현재 Jigsaw-1, Jigsaw-2, Jigsaw-3까지 수정, 보완이 된 상태이다. 직소모형 1, 2, 3에 대한 차이점을 간단히 설명하면 아래와 같다.

직소 3	직소 2	직소 1	단계	내용
직소 3	직소 2	직소 1	1단계	모집단: 과제 분담 활동
			2단계	전문가 집단: 전문가 활동
			3단계	모집단: 상호 교수 및 질문, 응답
			4단계	모집단: 평가
			5단계	일정 기간 경과
			6단계	모집단 재소집: 평가 대비 공부
			7단계	평가 실시: 팀 성취도 배분 학습 평가 방법 사용

정문성, 2002, pp.179~180 참고

* 직소 1 = 개인평가만 있고 모둠 평가(특히 집단 과정 평가)가 없었음.
* 직소 2 = 활동 후 곧바로 개별 평가(STAD평가)를 통해 집단 보상(개별 보상에 집단 보상을 추가 ⇨ 이 과정에서 향상점수제도를 도입하였다.)
* 직소 3 = 일정 시간이 지난 후 모집단을 재소집해 복습을 한 뒤 개별 평가 후 집단 보상을 하였다(직소 1은 학습 동기와 향상을 학습자 간의 상호 협동과 응집성에 바탕을 두었으나, 직소 2, 3은 보상 체계를 통한 개인의 책임과 모둠원 사이의 상호 의존성에 의한 학습 동기 유발과 학습력 향상을 꾀하고자 한 점이 큰 차이점이다).

2) 진행방법

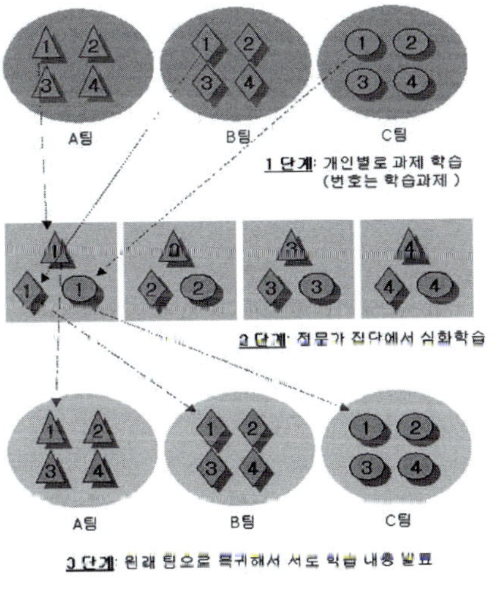

1. 교사는 모집단에 과제를 제시하고, 각 모둠에서는 과제를 분담하도록 한다.
2. 전문가 집단을 구성하고, 전문가 활동을 진행한다. 활동은 주로 토의·토론으로 진행되는데, 활동이 끝나면 각 전문가 집단별로 전문가 학습지를 만들게 된다. 전문가 집단에서 다루어야 할 핵심적인 사항과 범위 등은 전문가 집단이 구성되면 교사가 아래와 같은 자료를 작성하여 제시해주는 것이 좋다(아래와 같은 자료를

모집단에 배부할 경우, 각자 역할을 맡은 학생은 자신의 역할에 대한 내용을 잘라서 전문가 집단으로 모이도록 하면 되고, 모집단에 주제만 제시할 경우에는 전문가 집단이 구성되면 전문가 집단별로 자료를 따로 만들어 제시하면 된다).

전문가 모둠 1: 모시에 대하여

1. 모시의 특징에 대하여 알아보도록 합시다.
2. 모시의 재료와 그(재료) 특징에 대하여 알아봅시다.
3. 모시를 만드는 과정에 대하여 알아봅시다.
4. 옛날과 오늘날 모시가 어떻게 활용되고 있는지에 대하여 알아봅시다.

전문가 모둠 2: 삼베에 대하여

1. 삼베의 특징에 대하여 알아보도록 합시다.
2. 삼베의 재료와 그(재료) 특징에 대하여 알아봅시다.
3. 삼베를 만드는 과정에 대하여 알아봅시다.
4. 옛날과 오늘날 모시가 어떻게 활용되고 있는지에 대하여 알아봅시다.

전문가 모둠 3: 무명에 대하여

1. 무명의 특징에 대하여 알아보도록 합시다.
2. 무명의 재료와 그(재료) 특징에 대하여 알아봅시다.
3. 무명를 만드는 과정에 대하여 알아봅시다.
4. 옛날과 오늘날 모시가 어떻게 활용되고 있는지에 대하여 알아봅시다.

전문가 모둠 4: 명주에 대하여

1. 명주의 특징에 대하여 알아보도록 합시다.
2. 명주의 재료와 그(재료) 특징에 대하여 알아봅시다.
3. 명주를 만드는 과정에 대하여 알아봅시다.
4. 옛날과 오늘날 모시가 어떻게 활용되고 있는지에 대하여 알아봅시다.

3. 각 전문가 집단에서 학습지를 만들 때는 모집단으로 돌아가서 어떤 방식으로 정보를 나눌 것인가에 대한 협의도 함께 이루어질 수 있도록 지도한다.
4. 각 전문가는 다시 모집단으로 돌아가 동료들과 정보를 나눈다. 이 때 다른 학생들은 다른 동료들이 알아온 것에 대하여 공부를 하지 않은 상태이기 때문

에 각 주제별 전문가의 설명을 잘 듣고, 자기의 것으로 만들어야 한다(필요한 경우에는 각자의 공책에 메모하며 듣도록 하고, 각 전문가들은 자신들이 정리한 내용을 모둠원에게 복사하여 나누어주는 것도 생각해볼 필요가 있다).

3) 활동효과

1. 자신이 맡은 주제에 대하여 책임과 의무를 지게 되며, 책임과 의무를 다하지 않으면 같은 모둠의 다른 동료들에게 부정적인 영향을 끼치게 되므로 구성원 모두가 활동에 중요한 핵심 인물이 되도록 한다.
2. 직소모형은 모둠에서 각 개인에게 서로 다른 과제(배타적 과제)를 맡도록 하여 개별적 책무성을 강화시켰다.
3. 각 개인에게 부여한 개별적 책무성은 결국 학습 동기 강화시키는 효과를 가져왔다.
4. 동료들 간에 긍정적이고 상호의존적인 활동(각자 공부한 내용을 가르쳐주고 배움)은 학생들의 인지정교화에 큰 효과가 있었고, 듣기 능력 향상에도 크게 영향을 주었다.

4) 주의할 점이나 활동의 팁

1. 직소모형을 적용하기 위해서는 ① 학습 과제가 혼자의 힘으로는 해결할 수 없는 것이어야 하고, ② 모둠의 인원수만큼 분리되는 것이어야 하며, ③ 내용상으로는 병렬적인 관계에 있는 주제나 과제가 좋다. 아울러 ④ 난이도 또한 조절이 필요한데 너무 어려운 과제가 아니어야 하고(중-중 수준 정도), ⑤ 각 모둠에서의 "하"수준 학생들에 대한 배려가 있어야 한다. 아울러 ⑥ 학생들의 사회적 기술(특히 듣기능력은 필수적인 것이다. 듣지 않고서는 다른 사람이 공부해온 것들을 내 것으로 만들 수 없다)이 상당한 수준에 올라 있어서 보다 효과적이라 할 수 있다.
2. 과제에 대한 문제: 보통은 각 개인별로 맡은 과제를 조사해오라고 한다. 그러면 학생들은 인터넷을 검색, 바로 인쇄해 가지고 오는 경우가 보통이다. 그런

경우 이해도 없이 그냥 오는 경우가 많다. 이런 문제점을 해결하기 위해서는 최소한의 자료는 교사가 제시하고, 더 부족한 부분을 알아오기 위해 각자 역할 분담을 하되, 단순히 조사해온 자료의 조합이 아니라 알아온 내용을 바탕으로 모둠원이 내용을 재구성하여 정리해 나갈 수 있도록 해야 한다. 아울러 도움이 되는 책을 교실에 비치(도서실 대여 혹은 집에 있는 책 가져오기 등)하거나 자료를 구할 수 있는 곳(특히 온라인 사이트)을 안내해주는 일도 필요하다.

개념 잡기

이 부분에서 가장 많은 오류가 나타난다. 수평적인 구조 – 병렬적인 구조가 아닌 주제나 과제를 제시하고 무조건 인원수만큼 잘라서 과제를 해결하게 한다고 다 되는 것은 아니다. 예를 들자면 "임진왜란의 원인, 경과, 결과, 역사적 의의"와 같이 나누어 놓고 과제 분담 학습을 하게 하는 경우와 같은 오류를 많이 범한다. 분리된 소주제가 서로 연관성을 가지고 있으며 수직적 관계를 갖고 있는 과제나 주제는 함부로 잘라서 제시하면 안 된다. 전후 관계를 따져보면서 전체적이고, 종합적인 이해가 필요한 주제나 과제는 그 특징에 맞게 전체적인 윤곽을 그려가면서 유기적으로 다루어가지 않으면 제대로 이해할 수가 없다. 직소모형을 적용하기에 적당한 주제라면 봄, 여름, 가을, 겨울의 계절별 별자리, 조선의 궁궐 탐구〈경복궁, 창덕궁, 창경궁, 경운궁〉, 옷감의 재료〈모시, 삼베, 무명, 명주〉, 지역에 따른 가옥의 특징〈북부, 중부, 남부, 기타 – 제주, 울릉도, 산간지역〉 등과 같은 것이 좋다고 할 수 있다.

3. 과제를 나눌 때도 과제를 상, 중상, 중하, 하 수준으로 분류를 해 놓고, 각 과제를 모둠에서 어떻게 분담할 것인가에 대한 대책도 필요하다. 바람직한 경우 모둠 내에서 서로 상의하여 과제를 나누어 맡게 되겠지만 자칫하면 모둠 내에서 학습력이 떨어지는 학생이 최상 수준의 과제를 가져가는 문제점도 발생할 수 있다. 때문에 필요하다면 교사가 과제를 직접 지정해 주거나 조정해 줄 필요도 있다(각 모둠마다 과제가 같을 경우는 각 모둠별로 이끔이는 과제 1번, 지킴이는 과제 2번, 칭찬이는 과제 3번, 기록이는 과제 4번을 해결, 모둠마다 과제가 다를 경우 과제 계획서를 교사가 점검하면서 과제 분담 상태 조절해주기).

4. 모집단으로 돌아가서 전문가 활동을 한 결과를 나눌 때에도 다양한 협동학습 구조를 활용하도록 안내한다(돌아가며 말하기, 플래시 카드, 짝 점검, 부채모양 뽑기, 정리한 자료를 복사하여 나누어주기 등).
5. 평가를 대비한 모둠원의 준비과정에서도 협동학습 구조가 활용될 수 있도록 한다(플래시 카드, 문제 보내기, 5단계 OX퀴즈, 짝 점검 등).
6. 전문가 집단이 구성되었을 때 너무 인원이 많으면 오히려 활동을 제대로 할 수 없다는 점을 감안하여 6명 정도의 전문가집단까지는 그대로 운영하되 7명은 3명과 4명으로, 8명은 4명과 4명으로, 9명은 4명과 5명으로 다시 나누어 전문가 집단을 운영하는 노하우가 필요하다(교실 내 A그룹과 B그룹으로 나누어진 전문가 집단이 활동을 하게 된다. 8모둠일 경우 1~4모둠은 A그룹, 5~8모둠은 B그룹으로 지정하여 활동).
7. 모집단에서는 과제 분담만 하고 자료는 전문가 집단에 모였을 때 제시하도록 한다. 그리고 제시함과 동시에 전문가 활동을 구조화시켜야 한다. 예를 들자면 자료는 2~3명이 하나의 자료를 가지고 보게 하기(개인별로 자료를 받아들면 개별활동이 이루어지기 십상이다.), 자료를 읽을 때 "돌아가며 읽기"구조 활용하기, 구체적으로 활동하기 전에 역할 분담하기(전문가 집단 내에서 이끔이, 기록이, 칭찬이, 지킴이 등을 분담), 전문가 활동을 할 때 적절한 협동학습 구조 활용하기, 모둠으로 돌아갈 준비할 때 여러 가지 자료를 함께 만들기(플래시 카드, 퀴즈 문항, 각종 활동지 등), 사회적 기술이 적극적으로 발휘될 수 있도록 구조화하기 등이 그것이다.

직소모형의 단계별 활동에 대한 일반적인 이해

1. 교사가 교재를 재구성하여 모둠의 인원수만큼 과제를 분할한다.
2. 학습집단 나누기(4~6명)
3. 각 그룹별 역할 분담하기
4. 새로운 그룹으로 이동 → 전문가 집단 만들기
5. 공통 과제 해결 → 학습 결과 도출
6. 모집단으로 돌아가기
7. 서로 상호 학습하기
8. 공동 학습 후 상호 평가하기
9. 교사의 정리

협동학습 구조를 통해 분석해 본 직소모형의 단계별 활동에 대한 이해

1. 교사가 교재를 재구성하여 모둠의 인원수만큼 과제를 분할한다.

⬇

2. 학습집단 나누기(이질 집단 - 모둠 편성)

⬇

3. 각 그룹별 역할 분담하기(모둠별 고유 번호 - 과제 분담)

⬇

4. 새로운 그룹으로 이동 → 전문가 집단 만들기(같은 번호 - 과제)

⬇

5. 과제 해결 → 생각 - 짝 - 나누기, 돌아가며 말하기, 짝 토론 등

⬇

6. 모집단으로 돌아가기

⬇

7. 상호 학습하기 → 돌아가며 말하기, 모둠 인터뷰 등

⬇

8. 공동 학습 후 상호 평가하기 → 번호순으로 퀴즈, 플래시 카드 등

⬇

9. 교사의 정리 → 일제학습, 경쟁학습, 개별학습 등으로 정리

참고 모둠 내 직소 토의·토론

이 구조는 큰 틀에서는 직소모형(Jigsaw)과 차이가 없다. 하지만 모둠 내 직소구조는 직소모형을 장점을 도입하되, 전문가 집단으로 흩어졌다가 다시 본래의 집단으로 돌아오는 과정을 생략하고, 각 모둠 내에서 과제에 대한 역할 분담을 한 뒤, 각자가 각 과제에 대하여 개별적으로 충분히 공부하고 숙지하여 모둠 내 다른 모둠원에게 설명하고 나눌 수 있도록 한 "구조"활동으로서 직소모형의 단점(적용의 어려움, 장시간을 필요로 한다는 점, 많은 준비가 필요하다는 점 등)을 해결하기 위해서 변형된 것이라고 생각하면 무리가 없을 듯 하다. 모둠 내 직소 구조는 자료의 조사 및 정리, 의사소통 및 의사 조절 능력, 정보의 나눔과 지식의 습득 활동에 도움이 되며 교사의 아이디어에 따라 다양한 변형이 가능하다. 직소모형과 모둠 내 직소 구조의 차이를 간단히 살펴보면 아래와 같다.

직소모형	항목	모둠 내 직소
전문가집단을 구성하여 활동함.	전문가집단 구성	전문가집단을 구성하지 않음. 모둠 내에서 각 개인이 스스로 전문가 역할을 함.
여럿이서 함께 나누며 해결	과제 학습	혼자 해결함.
중중 수준이 적당	과제의 난이도	중하 수준이 적당
일부만 주어지거나 주제에 따라 전문가집단이 조사하여 마련함.	과제해결을 위한 자료	모든 자료가 주어지거나 각자 조사하여 마련함.
다소 많을 수 있음.	전체 과제의 양	1차시 내에서 소화할 수 있는 정도의 분량
개인 평가를 통한 집단 평가	평가	없거나 최소화함.

1) 진행방법

1. 교사가 과제를 미리 모둠 인원수만큼 나누어놓고, 과제의 난이도에 따라 각 모둠원에게 서로 다른 과제를 부여한다(과제를 4가지로 나누어주기만 하고 각 모둠 내에서 상의하여 과제를 분담할 수도 있다).

   예 1번은 탄수화물의 역할과 음식, 2번은 단백질의 역할과 음식, 3번은 지방의 역할과 음식, 4번은 비타민의 역할과 음식

2. 각 모둠원은 교사에게서 받은 자료를 가지고, 자기 자리에서 조용히 각자에게 주어진 과제에 대하여 공부를 한다(자료를 조사해오도록 할 수도 있다).
3. 일정 시간이 지나면 각자 학습한 내용을 다른 모둠원에게 설명한다.
4. 교사가 학습한 내용에 대하여 점검을 한다(퀴즈나 형성평가 등으로). 이때도 〈번호순으로〉 구조 등을 활용하여 퀴즈 게임 활동을 할 수 있겠다. 이 경우 본래 자신이 맡았던 내용에 대한 질문은 하지 않는다(각 모둠의 2번 학생이 "단백질"에 대한 내용을 담당했을 경우, 2번 모둠원에게는 "단백질"에 대한 질문은 하지 않도록 한다).

2) 주의할 점이나 활동의 팁

① 한 차시 혹은 2차시 연속으로 할 수 있을 만큼의 많지 않은 내용이나 주제이면서도 병렬적인 구조를 가진 과제에 적용 가능하다.

② 조사 활동을 과제로 한 후 다음 시간에 그 내용을 서로 나누고 이해하는 활동을 해도 좋고, 교사가 모든 자료를 만들어 나누어 주고 활동을 해도 좋다.

③ 모둠 내 정보를 나누는 활동이 끝난 후 퀴즈식 평가에 대비하여 서로 공부하는 시간을 주는 것이 좋다.

④ 학생들의 수준차를 고려하여 과제를 부여하며, 직소모형처럼 너무 어려운 주제는 적절하지 못하므로 1~2차시 내에 충분히, 손쉽게 학습할 수 있는 내용을 선정한다.

⑤ 평가가 없거나 최소화되어서 학습 동기와 성취도의 향상을 학습자 간의 상호 협동과 응집성만으로 기대기가 힘든 점도 있다. 이를 해결하기 위해 과제 수행 과정 및 태도, 퀴즈 결과에 따른 보상 등의 방법을 도입하는 것도 고려해 볼 필요가 있다(필자의 경우에는 어떤 경우에도 외적 보상을 하는 것에 대하여 반대의 입장을 분명히 한다).

5) 수업의 실제

'직소모형'을 활용한 과학과 토의·토론 수업

주제	태양계 행성 및 그 특징
학습 목표	태양계 내 행성의 종류와 그 특징에 대하여 말할 수 있다.
사회적 기술 목표	개인적인 책임 다하기(특히 과제에 대한 책임), 소곤 소곤 말하기
학습 자료	타이머

단계	학습내용 및 학습구조	교수·학습 활동	자료 및 유의점
도입	동기유발	▣ 동기 유발하기: 지난 시간에 공부한 내용을 다시 한 번 생각해 보기(기본 용어 이해 및 태양계 가족)	PPT자료 준비 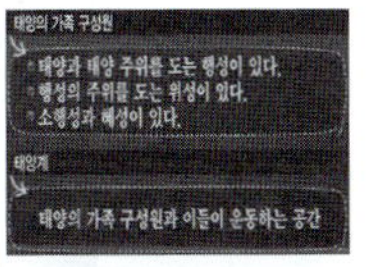 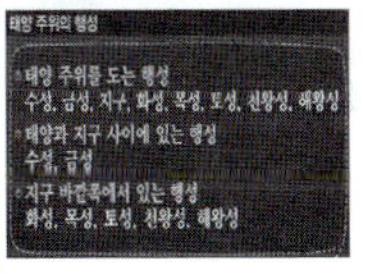
	학습문제 확인	▣ 학습 문제 확인 태양계 내 행성의 종류와 그 특징에 대하여 말할 수 있다.	
전개	전체 활동	▣ 활동 안내 [교사] 사전에 모둠 내에서 과제에 대한 역할을 분담하였다. 각자의 역할 분담에 따라 조사해 온 것을 바탕으로 전문가 집단을 만들어 활동에 들어가도록 하겠다. [학생] 공통 과제를 중심으로 본래 모둠을 벗어나 전문가 집단을 구성한다. – 수성과 금성, 지구와 화성, 목성과 토성, 천왕성과 해왕성(4개의 그룹으로 전문가 집단 만들기) – 학급 전체 논의를 통해 각 행성에 대한 특징을 정리하는 방식에 대한 합의를 이끌어 낸다. ⇨ 행성의 실제 모습(사진), 행성의 크기 및 특징, 행성의 주요 구성 성분, 행성의 위성, 기타	• 논의 결과에 따른 활동지는 교사가 만들어 배부
	모둠 활동 전문가 활동 (직소)	【활동 1】 전문가 활동하기 [교사] 각 전문가 집단별로 과제 활동지를 바탕으로 전문가 활동에 들어가도록 한다. [학생] 전문가 집단별로 합의한 바에 따라 행성의 특징을 정리 ⇨ 모집단으로 돌아가서 활동할 자료 제작(학급 전체 논의를 통해 합의한 방식에 따라 자료 만들기: 교사가 활동지를 만들어 배부) ⇨ 각 전문가 집단별로 제작한 자료를 복사하여 나누어 갖기(교사가 일괄적으로 수합한 뒤 인원수만큼 복사를 해준다.) ⇨ 본래의 모집단으로 돌아가기	• 각 전문가 집단별로 역할분담(기록 및 진행 등)
	모둠 활동 모집단 활동	【활동 2】 전문가 활동 결과를 모집단에서 나누기 [교사] 각 전문가 집단에서 정리한 내용을 모둠 내에서 다양한 방식으로(예 돌아가며 말하기) 발표 · 공유한다. [학생] 각자 전문가 활동을 통해 정리한 내용을 다른 모둠원에게 알려주기 ⇨ 서로 배우면서 가르치기 ⇨ 배운 내용은 각자의 노트에 정리하기 ⇨ 배운 내용을 종합적으로 정리 · 확인하기(형성평가 대비 공부)	• 모집단 활동 후 형성평가를 볼 것이라는 안내가 필요하다. • 평가에 대비하여 공부할 시간도 준다.
정리	전체 학습	▣ 정리 및 확인(형성평가) – 개인별로 형성평가를 실시한 후, 교사는 전문가 활동에 대한 전체 내용을 종합적으로 정리해준다(우수한 모둠에 대하여 칭찬: 예 ⇨ 향상점수제도 등).	• 개인별 형성평가 및 정리

목성, 토성 전문가 집단 활동지

서울구산초등학교 ○학년 ○반 이름 (   )

행성의 실제 모습(사진)	행성의 크기 및 특징
 목성	1. 태양계 내에서 가장 큰 행성 2. 표면에 여러 개의 줄무늬가 있다. 3. 거대한 소용돌이가 관측된다. 4. 가장 큰 소용돌이(눈 모양)를 대적반(대적점)이라고 한다.
행성의 위성	**행성의 구성 성분 및 기타**
16개 이상의 위성이 관측됨. 가니메데, 이오, 칼리스토, 유로파 등	대부분이 수소로 구성되어 있다. (얼음상태로 되어 있다.)

행성의 실제 모습(사진)	행성의 크기 및 특징
 토성	1. 태양계 내에서 두 번째로 큰 행성 2. 여러 개의 고리가 있다. 3. 고리는 안쪽과 바깥쪽으로 구분되어 있다. 4. 고리의 안쪽과 바깥쪽을 구분 짓는 검은 띠를 '카시니의 간극'이라고 부른다.
행성의 위성	**행성의 구성 성분 및 기타**
22개 이상의 위성이 관측됨. 가장 큰 위성은 타이탄	대부분이 수소로 구성되어 있다. (얼음상태로 되어 있다.)

태양계의 가족: 모집단 내에서의 개인별 활동지

태양계 행성의 특징 알아보기	서울○○초등학교 ○학년 ○반 (　　　　모둠) 이름 (　　　　　　　)

행성	특징
수성	태양에서 가장 가깝다. 태양계에서 가장 작은 행성이다. 공기가 없다.
금성	지구에 가장 가깝고, 지구 안쪽에서 돈다. 지구와 비슷한 크기이다. 이산화탄소로 구성된 대기가 있다.
지구	표면에 물이 있어 생명체가 존재하는 유일한 행성이다. 위성이 1개 있다. 지구의 위성은 달이다.
화성	지구의 바로 바깥쪽을 돌며, 빛깔이 매우 붉은 행성이다. 물이 흐른 흔적이 있다. 2개의 위성을 갖고 있다.
목성	태양계에서 가장 큰 행성이고, 16개 이상의 위성을 가지고 있다. 표면에 여러 개의 줄무늬가 있고, 큰 소용돌이(대적점)가 관측된다. 대부분이 수소로 이루어져 있다.
토성	아름다운 여러 개의 고리와 많은 위성이 있다. 태양계에서 두 번째로 큰 행성이다. 대부분이 수소로 이루어져 있다.
천왕성	태양계에서 세 번째로 큰 행성으로 많은 위성이 있다. 메탄으로 이루어져 있어 푸른색을 띤다.
해왕성	크기는 천왕성과 비슷하고, 메탄으로 이루어져 있어 푸른색을 띤다. 태양계에서 가장 멀리 떨어져 있다. 13개 이상의 위성이 관측되었다.

개인별 형성평가지: 사진 확인을 위해 TV로 크게 보여주면서 형성평가를 합니다.

	태양계 행성의 특징 알아보기	서울○○초등학교 ○학년 ○반 (　　　　 모둠) 이름 (　　　　　　　　)

◎ 다음과 같은 특징을 가진 행성의 이름을 쓰고, 알맞은 사진을 오려 붙이시오.

행성의 특징	이름	모습
태양에서 가장 가깝고, 태양계에서 가장 작은 행성입니다.		
태양계에서 가장 아름다운 행성으로 여러 개의 고리가 있습니다.		
태양계에서 세 번째로 크고, 두 번째로 멀리 떨어진 행성입니다.		
지구와 가장 가깝고, 새벽 동쪽 하늘이나 초저녁 서쪽 하늘에서 볼 수 있습니다.		
표면에 물이 있어 생물이 존재하고 위성인 달을 가지고 있는 초록별입니다.		
태양에서 가장 멀리 있고 천왕성과 크기가 비슷합니다.		
지구의 바로 바깥쪽을 돌고 있고 빛깔이 붉습니다.		
태양계에서 가장 큰 행성으로 표면에는 여러 개의 줄무늬가 있습니다.		

◎ 오려서 해당되는 칸에 붙이세요.

  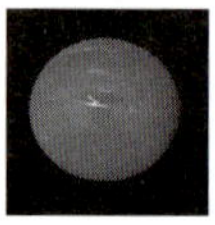     

○가고 ○남기 토의·토론

1) 기본이해

이 구조는 각 모둠별로 토의·토론을 한 후에 다른 모둠의 정보와 서로 교환하는 것을 목적으로 한다. 다른 모둠의 정보를 모아오기 위해 2명이 가고, 2명은 모둠에 남아서 자신의 모둠에 찾아온 다른 모둠원에게 공부한 내용을 설명하는 방식이 있고, 3명이 가고 1명이 남는 방식(그 반대의 경우도 가능)도 있다. 주로 내용이 많지 않으며 복잡하지 않은 정보(기본 사고 수준)나 기술(기능: 종이 접기 방법 등) 등을 나눌 때 많이 사용되는데, 듣기 능력이 떨어지거나 정리, 메모하는 능력이 떨어지는 경우 또는 학년 수준이 낮거나 기억력 등이 부족한 경우에는 활동하기에 어려울 수도 있다. 여기에서는 그래도 많이 사용되고 있는 셋 가고 하나 남기와 둘 가고 둘 남기 구조에 대하여 안내해 보기로 하겠다.

2) 진행방법

◎ 셋 가고 하나 남기

1. 교사는 토의·토론을 통해 정보의 공유(지식 습득)를 할 수 있는 과제를 제시한다. 이 경우 각 모둠별로 과제는 서로 다른 것이어야 한다.
2. 모둠 내에서 제시된 과제에 대한 토의·토론 활동을 통해 충분한 학습이 이루어질 수 있도록 한다(조사해 온 자료 나누기 또는 교과서 내용 활용하기, 선생님께서 나누어 준 자료 활용하기 등).
3. 모둠 내에서 충분한 학습이 이루어진 후에는 꼭 필요한 내용만 뽑아서 차트나 북-아트를 활용하여 정리해 두도록 한다.
4. 모둠 내에서 이동해야 할 사람과 남아야 할 사람을 정한다.
5. 남기로 정해진 학생은 자료를 갖고 모둠에 남아 있고 이동해야 할 학생들은

아래와 같은 방법 가운데 한 가지에 따라 순환하는 방식으로 이동을 한다. 어떤 방식이든 장점과 단점이 있는 만큼 상황에 따라 적절한 선택이 필요하다.

① 3명이 모두 개별적으로 흩어져 각기 다른 모둠에 1명씩 가서 정보를 수집한 후 모둠으로 돌아가 각자 알아온 정보를 나누는 방식(직소와 비슷)
② 3명이 함께 돌아다니면서 계속 정보를 수집한 후 3명이 함께 알아온 정보를 모둠에 남아있었던 1명의 모둠원에게 설명하고 알려주는 방식
③ 3명이 함께 다니되 모둠을 옮길 때마다 3명 중 1명은 모둠에 남아있던 1명의 모둠원과 교체하고 다시 함께 다니게 함으로써 모둠에 남아 설명하는 역할도 골고루 맡아서 할 수 있게 하는 방식

6. 다른 모둠으로 이동하는 학생들은 돌아다니면서 다양한 정보를 수집해온다(이 때 메모하거나 정리하며 듣는 것은 필수!). 필요한 경우 각 모둠에 남아서 설명을 하는 학생들은 다른 모둠에서 온 학생들에게 나누어줄 자료(복사물 등)를 만들어 놓고 배부하도록 한다.
7. 이동하던 학생들이 다 돌아다닌 후 본래 모둠으로 돌아오면 활동의 막바지에 접어들게 된다. 이 단계가 되면 돌아다녔던 학생들은 모둠에 남아있던 학생에게 자신들이 수집해온 정보에 대하여 들은 대로 설명 및 전달을 해 주어 지식 습득에 결손이 생기지 않도록 한다.
8. 필요에 따라서 교사는 각 모둠별로 활동에 따른 결과물이나 완성한 과제를 제출하도록 할 수도 있고, 발표나 퀴즈 또는 형성평가로 간단하게 성취도를 파악할 수도 있다.
9. 교사는 마무리하는 차원에서 최종 정리를 해 주도록 한다(자칫 잘못된 정보의 나눔이나 오개념이 형성될 수도 있기 때문이다).

◎ 둘 가고 둘 남기

1. 교사는 토의·토론을 통해 정보의 공유(지식 습득)를 할 수 있는 과제를 제시한다. 이 경우 각 모둠별로 과제는 서로 다른 것이어야 한다.
2. 모둠 내에서 제시된 과제에 대한 토의·토론 활동을 통해 충분한 학습이 이루

어질 수 있도록 한다(조사해 온 자료 나누기 또는 교과서 내용 활용하기, 선생님께서 나누어 준 자료 활용하기 등).

3. 모둠 내에서 충분한 학습이 이루어진 후에는 꼭 필요한 내용만 뽑아서 차트나 북-아트를 활용하여 정리해 두도록 한다.
4. 모둠 내에서 이동해야 할 사람과 남아야 할 사람을 정한다.
5. 두 사람은 모둠에 남고, 두 사람은 다른 모둠으로 정해진 규칙에 따라 이동하여 정보를 나누도록 한다. 이때도 다음과 같은 지혜가 필요하다.

   ① 남아 있는 학생들의 경우: 맡은 역할 책임을 1번씩 돌아가면서 수행한다. 예를 들자면 1명은 설명할 때 다른 1명은 자료 배부를 하거나 듣는 태도를 평가할 수 있도록 한다. 그런 후 다른 모둠원이 오면 역할을 바꾼다.

   ② 이동하는 학생들의 경우: 역시 맡은 역할 책임을 1번씩 돌아가면서 수행한다. 예를 들자면 1명은 설명을 들으면서 내용을 꼼꼼하게 메모하도록 하고, 다른 1명은 설명을 들으면서 발표하는 태도를 평가할 수 있도록 한다. 그런 후 다른 모둠으로 이동하게 되면 역할을 바꾼다.

6. 학생들은 앞의 5번 단계를 정해진 횟수만큼 이동하며 반복한다(이동하는 방법과 횟수에 대해서는 뒤에 따로 안내함).
7. 이동하던 학생들이 다 돌아다닌 후 본래 모둠으로 돌아오면 활동의 막바지에 접어들게 된다. 이 단계가 되면 돌아다녔던 학생들은 모둠에 남아있던 학생에게 자신들이 수집해온 정보에 대하여 들은 대로 설명 및 전달을 해 주어 지식 습득에 결손이 생기지 않도록 한다.
8. 필요에 따라서 교사는 각 모둠별로 활동에 따른 결과물이나 완성한 과제를 제출하도록 할 수도 있고, 발표나 퀴즈 또는 형성평가로 간단하게 성취도를 파악할 수도 있다.
9. 교사는 마무리하는 차원에서 최종 정리를 해 주도록 한다(자칫 잘못된 정보의 나눔이나 오개념이 형성될 수도 있기 때문이다).

3) 활동효과

1. 개인적 활동이 소집단 활동으로, 대집단 활동으로 확장되는 효과를 얻게 된다. 결국 학급 구성원들은 모두 같은 내용을 학습하게 된다.
2. 다른 모둠에 가서 정보를 얻는 학생은 흥미를 가지고 참여할 수 있으며, 그 과정에서 듣기 능력도 향상되고, 모둠으로 돌아와서는 알아온 정보에 대한 설명이 필요하기 때문에 발표력도 향상될 수 있다.
3. 모둠에 남아서 설명하는 학생은 기본 사고(지식, 이해) 수준의 정보를 나누어 주지만 설명하고 질문에 대한 답변 및 보충설명, 사례제시 등을 하는 과정에서 적용·분석력 등의 고급 사고력 및 발표력을 향상시킬 수 있다.
4. 자리를 이동하는 학생과 남아있는 학생 사이의 역동적인 활동이 전개된다.
5. 소집단 내에서 동시다발적으로 발표하기 및 듣기 훈련 활동이 진행된다.
6. 자신의 역할에 대하여 책임감을 갖고 활동할 수 있도록 해준다.
7. 교사중심의 전달 방식보다 학생들의 참여도, 집중도가 더 높아진다.

4) 주의할 점이나 활동의 팁

1. 다른 모둠으로 이동해서 알아 와야 할 정보나 기능의 수준이 많거나 높을 경우에는 학습력이 높은 학생을 보내는 것이 좋다(설명해야 할 내용이 많지 않거나 간단할 경우에는 학습력이 높은 학생이 다른 모둠으로 이동하는 것이 좋다).
2. 하나의 모둠에서 활동하는 시간은 교사가 적절하게 시간을 배분하여 정해두고, 정해진 신호에 따라서 이동할 수 있도록 안내하는 것이 좋다(나누고자 하는 정보의 내용에 따라 5분 정도 내외의 시간이 필요하다).
3. 이동시 발생하는 다소의 소음은 어쩔 수 없으나, 이 또한 최소화시킬 수 있도록 규칙을 만들어두고 실천하게 한다.
4. 이동하기 전에는 반드시 자신의 모둠이 맡은 것에 대해서 서로 나누고 공부하는 시간이 꼭 필요하다.
5. 이동할 때는 반드시 메모하고 정리하며 듣는 습관을 갖도록 하는 것이 좋다.

6. 각 모둠의 활동 상황(듣는 태도, 발표하는 태도 등)을 점검하기 위해서 간단한 체크리스트를 만들어 나누어주고 활동하게 하는 것도 하나의 방법이다(다른 모둠으로 돌아다니는 학생들은 각 모둠에 남아있는 학생의 발표 태도에 대한 평가를 하고, 각 모둠에 남아있는 학생은 정보를 구하러 오는 학생들의 듣기 태도에 대한 평가를 하도록 한다).

참고 이동하는 방법과 횟수에 대한 안내

학급 내 모둠이 너무 많으면 과제의 수를 적절히 조절하고, 모둠을 2그룹 또는 3그룹으로 나누어 활동하게 하면 효과적이다.

1. **6모둠일 경우:** A, B 두 그룹으로 나누고 과제를 3가지로 하여 각 모둠이 1개씩 과제를 맡으면 이동은 각 그룹별로 2번만 해도 된다.

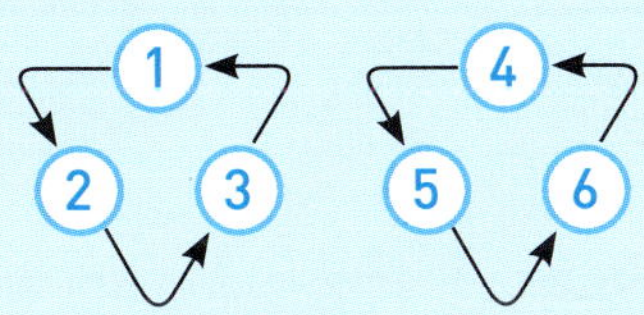

6모둠 3과제일 경우

2. **9모둠일 경우:** A, B, C 세 그룹으로 나누고 과제를 3가지로 하여 각 모둠이 1개씩 과제를 맡으면 이동은 각 그룹별로 2번만 해도 된다.

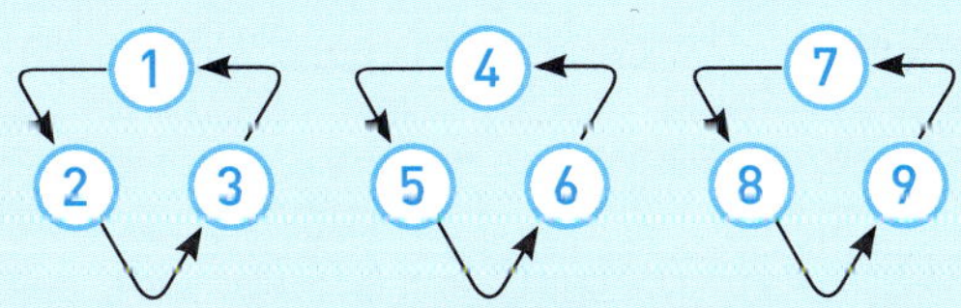

9모둠 3과제일 경우

3. 8모둠일 경우: A, B 두 그룹으로 나누고 과제를 4가지로 하여 각 모둠이 1개씩 과제를 맡으면 이동은 각 그룹별로 3번만 해도 된다.

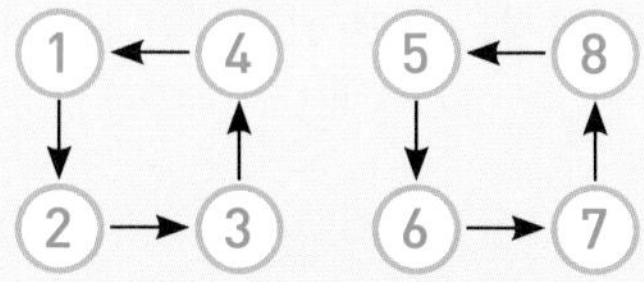

8모둠 4과제일 경우

4. 둘 가고 둘 남기의 경우 사례

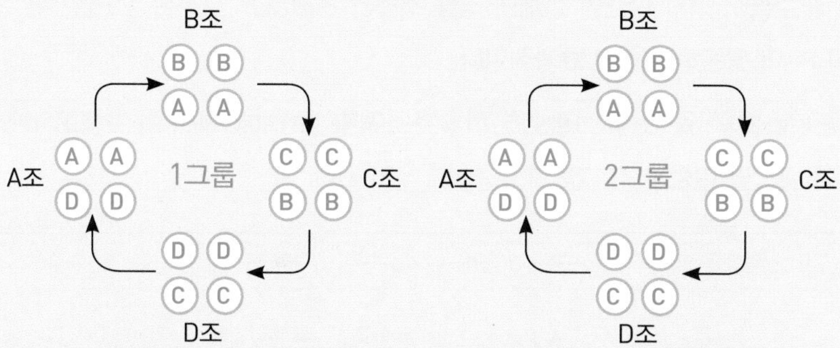

8모둠 4과제일 경우 1, 2그룹으로 나누어 활동하는 사례

5. 셋 가고 하나 남기의 경우 사례

1그룹과 2그룹의 과제는 동일, 각 그룹별로 과제가 4개일 경우, 이동하는 3명이 각자 다른 조로 흩어져서 동시에 1가지씩 책임을 맡아서 활동하고 본래의 모둠으로 돌아오는 경우의 사례

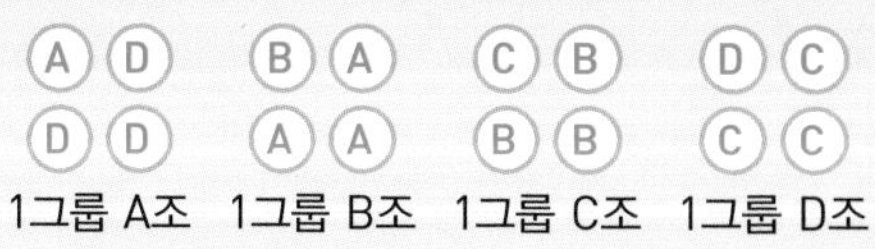

1그룹과 2그룹의 과제는 동일, 각 그룹별로 과제가 4개일 경우, 이동하는 3명이 함께 같은 조로 이동하여 설명을 듣고, 순서대로 3번의 이동을 한 후 본래 모둠으로 돌아오는 경우의 사례

협동학습에서는 주로 4인 1모둠을 원칙으로 하기 때문에 각 모둠별로 인원수가 4명이 아닐 경우에는 문제가 발생할 수 있으며, 모둠의 수도 위의 사례와 같은 경

우가 아닐 때(예를 들어 5모둠이거나 7모둠일 경우 등)에는 활동하기에 어려울 수도 있다.

6. 활동 주제의 사례

1. 주제가 3가지일 경우: 조상들의 의생활, 조상들의 식생활, 조상들의 주생활
2. 주제가 4가지일 경우: 봄철의 생활모습, 여름철의 생활모습, 가을철의 생활모습, 겨울철의 생활모습
3. 주제가 기능적인 요소일 때: 1조는 물고기 모양으로 색종이 접기, 2조는 꽃 모양으로 색종이 접기, 3조는 비행기 모양으로 색종이 접기, 4조는 사람 모양으로 색종이 접기

※ 필자의 경험으로 볼 때, 가고 남기 구조는 기능적인 요소를 다룰 때 훨씬 더 효과적이라 생각한다. 왜냐하면 주제가 많아질수록 생각보다 시간이 많이 걸리고, 지식 습득에 대한 결손이 생길 우려가 크며, 주제가 3가지 혹은 4가지일 경우 가고 남기 구조보다 직소모형(모둠 내 직소)으로 활동하는 것이 더 효과적일 수 있으며 또 다른 구조의 적용을 통해 나누는 것이 효과적일 수도 있기 때문이다.

5) 수업의 실제

'셋 가고 하나 남기'를 활용한 사회과 토의·토론 수업

주제	촌락의 생활 모습
학습 목표	촌락의 자연환경과 산업, 시설, 문화, 발전사례를 이해할 수 있다.
사회적 기술 목표	개인적인 책임 다하기, 시간 지키기, 메모하며 듣기
학습 자료	타이머, 전문가 활동지

단계	학습내용 및 학습구조	교수·학습 활동	자료 및 유의점
도입	활동 안내	▣ 셋 가고 하나 남기 구조에 대한 소개 - 수업 절차 안내 및 유의점 설명 - 모둠 내에서 전문가 활동을 적극적으로 하도록 한다. - 모둠 내에서 1가지씩 역할을 나눈다(남아서 설명할 1명과 다른 곳으로 이동하여 새로운 정보를 알아올 3명 및 각기 다른 역할 책임을 나눈다. ⇨ 촌락의 자연환경과 산업, 시설, 문화, 발전사례). - 1모둠: 촌락의 자연환경과 산업 - 2모둠: 촌락의 자연환경과 시설 및 문화(이 주제는 2명이 책임을 맡도록 한다.) - 3모둠: 촌락의 자연환경과 발전	• 각 모둠별로 맡은 과제에 대하여 조사 자료를 준비하도록 한다. • 2모둠 주제는 내용이 비교적 많으므로 2명이 함께 활동한다(설명도 2명, 배우러 가는 학생도 2명).
	학습문제 확인	▣ 학습 문제 확인 촌락의 자연환경과 산업, 시설, 문화, 발전사례를 이해할 수 있다.	
전개	모둠 활동 주어진 과제에 대한 전문가 활동	【활동 1】 각 모둠 내 주어진 과제에 대한 전문가 활동 [교사] 각 모둠에서는 조사한 자료를 바탕으로 주어진 과제에 대한 전문가 활동을 진행하도록 한다. [학생] 각자 조사해온 자료를 바탕으로 주어진 과제에 대한 전문가 활동을 진행한다. - 주어진 전문가 활동지를 바탕으로 내용을 정리한다. - 각 모둠 구성원은 해당 과제에 대한 전문가가 된다.	• 각 모둠은 맡은 과제에 대하여 모두가 전문가가 될 수 있도록 한다. (전문가 활동지)
	셋 가고 하나 남기	【활동 2】 셋 가고 하나 남기 활동 [교사] 각 모둠 내에서 역할 분담을 한 뒤, 각자의 역할에 따라 해당 모둠으로 이동합니다. [학생] 맡은 역할에 따라 활동을 시작한다. - 남아서 설명할 사람 1명, 나머지 3가지 주제에 대하여 각각 알아올 사람 1명씩 정한 후 흩어진다. - 주어진 시간 동안 정보의 공유가 이루어진다(정보의 공유와 배움의 과정이 자연스럽게 이루어진다).	• 각 개인은 자신이 맡은 과제에 대하여 책임을 질 수 있도록 안내한다. • 필요시 전문가 활동 자료를 복사하여 배부한다.
	모집단 활동	【활동 3】 모둠 내에서 정보 공유하기 [교사] 각자가 알아온 정보를 모둠 내에서 나눈다. [학생] 맡은 역할에 따라 알아온 정보를 모둠 내에서 돌아가면서 설명하고 안내한다. - 다른 모둠원은 설명하고 안내해주는 내용을 자신의 활동지나 노트에 기록, 정리 ⇨ 형성평가 대비 공부	• 모둠 내에서 정보의 공유가 이루어진 뒤 충분히 공부할 수 있도록 안내한다(형성평가 대비 공부).
정리	전체 학습	▣ 정리 및 확인(형성평가) - 개인별로 형성평가를 실시한 후, 교사는 전체 내용을 종합적으로 정리해준다.	• 우수 모둠 칭찬

촌락의 자연환경과 산업: 모집단 내에서의 전문가 활동지

	촌락의 생활모습 알아보기	서울○○초등학교 ○학년 ○반 (모둠)

1. 주요 용어 정리

촌락	
농촌	
어촌	
산시촌	

2. 촌락의 모습을 조사하는 방법

3. 촌락에서 볼 수 있는 모습

농촌	어촌	산지촌

4. 촌락의 자연환경과 산업과의 관계

구분	농촌	어촌	산지촌
자연환경			
자연에서 얻을 수 있는 것			
주로 발달한 산업			

5. 촌락마다 발달한 산업이 다른 이유

촌락의 자연환경과 시설 및 문화: 모집단 내에서의 전문가 활동지

	촌락의 생활모습 알아보기	서울○○초등학교 ○학년 ○반 (　　　　　모둠)

1. 촌락에서 볼 수 있는 다양한 시설과 시설이 필요한 이유

구분	시설 이름	시설이 필요한 이유
공통시설	마을 회관	
농촌	정미소	
	저수지	
	인공 수로	
	저장 창고	
어촌	건조장	
	소금 창고	
	등대, 방파제	
	생선 직판장	
산지촌	목장	
	광산	

2. 촌락의 시설을 통해 짐작할 수 있는 촌락 지역 주민들의 생활모습

3. 촌락의 가옥 분포 특징

농촌	
어촌	
산지촌	

4. 촌락의 문화 활동과 뜻

구분	문화 활동	뜻
농촌	기우제	
	풍물놀이	
어촌	풍어제	
산지촌	산신제	

	촌락의 생활모습 알아보기	서울○○초등학교 ○학년 ○반 (　　　　　　모둠)

1. 촌락의 옛날과 오늘날 모습

구분	옛날	오늘날
인구		
건물		
도로		
하는 일		

2. 촌락의 인구가 점점 증가하는 까닭

※ 귀농현상이란 ?

- 귀농현상이 나타나는 이유

3. 촌락의 발전 사례

농공 단지 조성	
지역 축제	
특화 산업	
친환경 농업	
생태 마을 조성	
농수산물 해외 수출	

20 동심원(물레방아-회전목마) 토의·토론

1) 기본이해

이 구조는 학생들이 안쪽과 바깥쪽으로 2개의 원을 만들고, 안쪽에 선 학생과 바깥쪽에 서서 마주본 학생들끼리 짝이 되어 정보나 생각을 나누는 것으로서, 교실 안에서 보다 많은 사람들과 깊이 있고 의미 있는 생각과 정보를 나눌 수 있도록 하는데 도움을 준다. 동심원 토의·토론은 보통 지식 습득 활동에도 많이 활용되지만 쟁점 분석 활동에도 많이 활용되고 있는 상황이다. 하지만 교실 여건이 이 활동을 하기에 조금은 불편한 점(동심원 가운데가 비어 있게 되는 활동 구조상, 넓은 공간이 필요한데 교실에서는 학생들이 많을 경우 책상과 의자가 활동에 방해가 될 수 있다)이 있어서 활동을 할 때 생각과 고민이 필요하다.

2) 진행방법

"혼자 생각하기" 단계는 모든 활동을 시작하기 전에 선행되는 필수 활동!!!

1. 교사는 학생들에게 과제를 제시하고, 학생들은 잠시 생각할 시간을 갖는다.
2. 동심원 구조 활동에 필요한 자리 배정을 한다(예 각 모둠의 1, 2번은 바깥쪽 원, 각 모둠의 3, 4번은 안쪽 원을 만든다. 남자는 바깥쪽에, 여자는 안쪽에 할 수도 있다).
3. 배정된 자리에 맞게 학생들은 둥글게 안쪽 원과 바깥쪽 원 2개를 만든다.
4. 안쪽의 원과 바깥쪽의 원에 선 학생들은 서로 마주본 사람들끼리 짝이 되어 토의·토론 활동을 하게 된다.
5. 주어진 시간 동안 활동을 한 후 교사의 신호에 따라 두 개의 원이 엇갈리게(예 바깥쪽 원은 시계 방향, 안쪽 원은 그 반대 방향) 돌게 되는데, 이 때 다시 새롭게 마주본 사람과 짝을 만들어 또다시 정보를 교환한다.

6. 여러 사람을 만나 충분히 활동을 했으면 본래 모둠으로 돌아가 자신이 알아온 정보나 지식을 모둠원과 "돌아가며 말하기" 방식으로 나눈다.
7. 교사가 활동을 정리하도록 한다.

3) 활동효과

1. 서로의 생각을 보다 깊고 넓게 할 수 있다.
2. 역동적으로 발표하고 듣고, 메모할 수 있도록 해준다.
3. 많은 사람들을 만나 다양한 정보와 생각을 나눌 수 있다(사고력 신장).
4. 학생들의 토의·토론 활동에 참여가 극대화된다(절반은 말하고, 절반은 듣기).
5. 여러 사람과 정보를 공유하고 생각을 나누는데 시간이 많이 걸리지 않는다. 아울러 빠른 시간 안에 말하고, 메모하고, 정리하고, 이동하기 때문에 학생들의 이해력 및 듣기능력, 정리능력, 발표력 등이 신장된다.

4) 주의할 점이나 활동의 팁

1. 활동은 "번갈아 말하기" 방식으로 정보를 교환하고 듣는 사람이 메모하고 기록하는 방법을 가장 많이 활용하지만 때로는 "번갈아 쓰기" 방식으로 말을 사용하지 않으면서 서로의 생각을 글로써 주고받는 방식으로 진행하기도 한다.
2. 그냥 서서 활동을 할 수도 있지만 여건이 허락된다면 책상을 모두 교실 가장자리 주변으로 밀어놓고, 의자만 교실 가운데로 가져가 2개의 원을 만든 뒤 앉아서 활동을 하는 방법 생각해 볼 수 있다.
3. 안쪽과 바깥쪽 두 개의 원이 서로 반대 방향으로 이동할 때는 교사가 나름대로 규칙을 세워 이동하게 하는 것이 좋다(예 안쪽 또는 바깥쪽 중 어느 한쪽의 원만 3번 이동하기, 안쪽과 바깥쪽의 원 모두 서로 반대방향으로 2번만 이동하기, 안쪽과 바깥쪽의 원 모두 가벼운 발걸음으로 돌아가 교사가 범춤 신호를 주면 정지한 후 마주보고 있는 학생과 짝이 되기 등).

4. 쟁점 토의·토론 활동에 이용할 경우 원을 만드는 방식은 달리하는 것이 좋다.

① 교사가 주제를 제시하면 학생들은 충분히 생각할 시간을 갖는다.

② 안쪽 원은 찬성측, 바깥쪽 원은 반대측 입장을 선택한 학생들끼리 선다.

③ 마주본 학생들끼리 짝이 된 후, 교사가 제시한 주제에 대하여 안쪽에 선 학생이 먼저 자신의 의견과 그에 대한 근거나 이유를 말한다.

④ 바깥쪽에 선 학생도 자신의 의견과 그에 대한 근거나 이유를 말한다.

⑤ 이후에 번갈아 말하기 구조를 활용하여 토의·토론 활동을 한다.

⑥ 교사의 신호에 따라 안쪽의 원과 바깥쪽의 원이 서로 반대 방향으로 돈다.

⑦ 다시 마주하게 된 학생과 짝이 되어 앞의 3, 4, 5, 6단계 활동을 반복한다.

⑧ 토의·토론 활동이 몇 차례 반복된 후에 학생들은 자기 자리로 돌아가 들은 의견을 종합·정리하여 최종 보고서를 쓴 후 제출한다.

5) 수업의 실제

'동심원'을 활용한 과학과 토의·토론 수업

주제	생활에서 자석을 이용한 예
학습 목표	자석이 우리 생활 속에서 이용되는 예를 말할 수 있다.
사회적 기술 목표	질서 지키기, 소곤소곤 말하기, 메모하기 듣기
학습 자료	타이머, 활동지(개인), PPT 자료, 영상물(자석으로 기록한 정보)

단계	학습내용 및 학습구조	교수·학습 활동	자료 및 유의점
도입	동기유발 (전체 학습) 학습문제 확인 개별 학습	▣ 동기 유발하기: 지난 시간에 공부한 내용을 다시 한 번 생각해 보기 - 자화란?, 못을 이용한 나침반 만들기 ▣ 학습 문제 확인 자석이 우리 생활 속에서 이용되는 예를 말할 수 있다. ▣ 혼자 생각하기 [교사] 자석이 우리 생활 속에서 이용되는 사례를 찾아보도록 한다. [학생] 혼자 생각하기: 학습지에 정리하기	PPT자료 준비 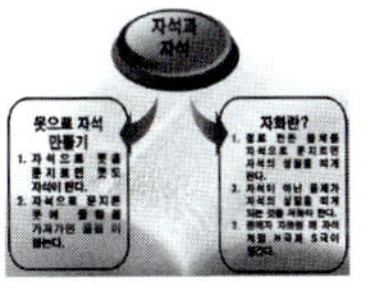 • 개인 활동지 배부하기
선개	선체 학습 동심원 구조 활동 모둠 활동 돌아가며 말하기 전체 학습	【활동 1】정보 나누기 [교사] 안과 밖 2개의 원으로 만든 후, 마주 한 사람과 짝을 지어서 개인적으로 정리한 내용을 나눈다. [학생] 마주보고 있는 짝과 각자 알고 있는 정보를 나누도록 한다. 이때 새롭게 알게 된 정보는 자신의 활동지에 다른 색 펜으로 추가해 나간다. - 주어진 시간 동안 활동을 한 후 선생님의 신호에 따라 서로 다른 방향으로 이동한 후 새롭게 만난 사람과 짝을 이루어 다시 정보를 나눈다(2~3차례 더 진행). - 선생님의 신호에 따라 본래 모둠으로 돌아간다. 【활동 2】모둠 내에서 정리한 내용 나누기 [교사] 동심원 활동을 통해 서로 알아온 내용을 모둠 내에서 나눈다. [학생] 수집한 정보를 '돌아가며 말하기'구조로 발표하고, 공유한다(활동지에 최종 정리). 【활동 3】자석으로 기록한 정보의 모습 관찰하기 [교사] 자석으로 기록한 정보의 모습이 담긴 영상물을 시청하고, 신용카드에 철가루를 뿌려보도록 하겠다. [학생] 영상물을 시청한다. ⇨ 검은 띠에서 철가루가 늘어선 모양은 상품의 바코드와 비슷한 모양 - 신용카드의 검은 띠에 철가루 뿌려보기 및 관찰	• 개인 활동지에 다른 색 펜으로 새롭게 알게 된 정보를 기록해 나간다. • 영상물 준비
정리		▣ 정리 및 다음 차시 안내 - 생활에 이용된 예 냉장고, 필통, 자석일판, 바둑판, 자석집게, 클립 통, 자석 드라이버 등 - 정보를 기록한 예 녹음테이프, 공중전화카드, 예금통장, 비디오테이프, 디스켓, 신용카드 등 - 다음 차시 안내	

과학과 동심원 활동을 위한 개인별 활동지

	자석과 우리의 생활	○○○○초등학교 ○학년 ○반 (　　)번 이름 (　　　　　)

1. 자석을 우리 생활에 이용하는 예를 찾아봅시다(이 부분만 동심원 활동).

철로 된 물체를 끌어당기는 성질을 이용한 사례	
일정한 방향을 가리키는 성질을 이용한 사례	
자석으로 정보를 기록한 사례 (소리, 그림, 문자 등)	

2. 자석을 이용할 때 편리한 점을 적어봅시다.

1.

2.

3.

4

3. 신용 카드의 검은 띠에 철가루를 뿌리면 어떤 모양을 관찰할 수 있는지 알아봅시다.

K·W·L 차트 토의·토론

1) 기본이해

K·W·L(know, want to know, learned) 차트는 교수–학습활동에 학생들의 배경지식을 적극 활용할 목적으로 〈Ogle〉에 의해 개발되었다. K·W·L 차트는 사실적 내용을 담고 있는 글을 읽거나 듣기 활동을 하기 이전과 그 이후에 사용하는 것을 목적으로 한다(읽거나 듣기 이전과 읽거나 듣고 난 후의 생각과 지식의 변화에 중점을 둔다. ⇨ 배경지식을 바탕으로 하여 모둠 내에서 토의·토론 활동을 한 후 학생들의 지식 체계–인지구조에 변화가 생긴다는 구성주의적 입장과 맥을 같이한다).

이 구조는 독서 후 활동에도 많이 활용되고 있다. 독서를 하는 이유도 읽기 전에 자신의 경험 혹은 사진 지식을 책과 연결시키고, 책을 읽고 난 후에 새롭게 알게 된 사실을 자신의 생활 속에 활용할 수 있도록 하며, 책을 읽고 난 후에 파생된 또 다른 궁금함이나 좀 더 깊이 있게 알고자 하는 점들을 찾아서 정리하도록 하는데 그 목적이 있다. 이 구조는 그런 활동이 보다 효율적이고 쉽게 이루어질 수 있도록 도와주는 틀이 되어준다(개인적으로 활동할 때는 정리 및 기록을 위한 틀로써 활용, 모둠원이 함께 한 가지 주제나 과제를 놓고 해 나간다면 모둠원이 탐구한 주제나 과제에 대한 모든 과정을 고스란히 보여주며 그 속에서 지식과 정보를 나누고 습득할 수 있도록 도와주는 자료가 된다. – 책 읽기, 과제 분담 학습, 주제 탐구 학습 등을 할 때 많이 활용된다).

2) 진행방법

"혼자 생각하기" 단계는 모든 활동을 시작하기 전에 선행되는 필수 활동!!!

1. 이미 알고 있는 것(사실, 사전 지식): 첫 번째 난에 글을 읽기 전, 과제를 탐구하기 전에 주어진 내용이나 과제에 대해 알고 있는 것을 기록한다. – 브레인스토밍 하기(What I Know 칸에 적어 놓는다. – 배경 지식 확인하고 일깨우기)

2. 알고자 하는 것(사실, 탐구할 내용, 탐구 목적): 두 번째 난에 그 글을 통해서 알고 싶은 것에 대해 적는다(What I Want to know 칸에 적어 놓는다. - 책이나 글을 읽는 목표 설정하기).

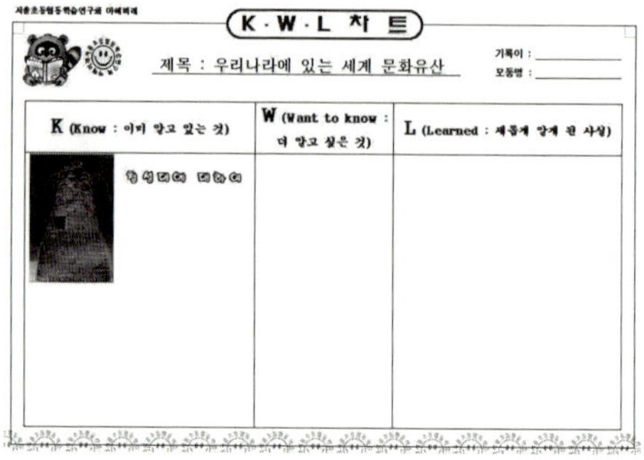

K·W·L 활동지 사례

3. 학생들은 관련된 글이나 서적을 통해 스스로의 질문에 대한 답이나 정보를 찾아 그 주제에 대한 이해를 확장시키도록 한다. 이때는 "W - 알고 싶은 것"에 따른 "L - 배운 것"에 주의를 기울이면서 읽도록 안내한다.
4. 모둠원끼리 주어진 과제에 대하여 토의·토론 활동을 하는 과정 속에서 책이나 탐구활동으로 인하여 새롭게 알게 된 것(사실, 지식), 활동을 통해 새롭게 배운 것, 알게 된 것을 적는다(What I 〈have〉 Learned 칸에 적어 놓는다. - 목적 달성).

K·W·L 차트 활동을 바탕으로 모둠별 탐구 내용을 정리하여 발표 자료 및 학생들에게 배부할 자료로 만든 것 - 2003년 당시 6학년 학생들의 작품 사례를 정리하여 발표 자료 및 학생들에게 배부할 자료로 만든 것 - 2003년 당시 6학년 학생들의 작품 사례

5. 활동을 마무리한 다음에는 차트를 바탕으로 모든 정보를 종합·정리해 놓은 개념 지도(마인드 맵)를 만들어 보도록 하는 것도 좋다. 이 활동은 개인적으로 해도 좋고, 모둠원과 함께 해도 좋고, 학급 전체와 함께 해도 좋다.

3) 활동효과

1. 모둠별 주제 탐구 학습, 모둠별 조사 혹은 과제 분담 학습(사회나 과학 등)에 활용되며 새로운 지식의 습득과 인지구조 변화에 많은 도움을 준다.
2. 독서 활동 전·후에 많이 활용되기도 한다(책을 읽기 전 알고 있는 사실, 읽고 나서 알게 된 사실, 더 알고 싶은 점 등 예 위인전, 과학적 사실이나 지식에 대한 것, 역사적 사실이나 지식에 대한 것, 설명문이나 주장하는 글, 자연 현상에 대한 지식을 담은 서적 등에 적합하다).
3. 프로젝트 학습이나 문제 중심 학습 활동(PBL)을 할 때 많이 활용된다(이 활동을 바탕으로 앞쪽의 그림과 같은 발표 자료와 배부 자료를 만들어 볼 수 있다).
4. K·W·L(아는 것 – 궁금한 것 – 배운 것) 차트는 학생들의 사전 지식을 접목, 활용하기 위해 가장 널리 활용되고 있다. 이 구조는 학생들이 특정한 단원이나 주제에 대해 본격적인 학습을 하기 전에(단원 학습 들어가기 활동) 이미 알고 있는 것을 물어봄으로써 사전 지식을 확인시켜주고, 본격적인 단원 학습이나 주제에 대한 탐구활동을 시작하기 전에 개인적인 관심도와 흥미를 높여준다.
5. 글을 읽기 전이나 탐구활동 등을 하기 전에 주제에 대해 알고 있는

주어진 자료를 읽어보고, 이미 알고 있는 정보 공유

알고자 하는 것을 탐구하고, 그에 따른 역할 분담하기

역할 분담에 따라 각자 조사해온 자료 및 정보 공유

기존 지식을 활성화시키고, 더 알고 싶은 내용을 생각해 보면서 흥미를 자극할 수 있다.

6. 글을 읽거나 탐구활동을 하면서 자신의 예측이 옳은지 확인하고 글을 읽은 후 또는 과제 활동을 마무리 한 후에는 새롭게 배운 내용, 새롭게 알게 된 사실이 무엇인지 평가하고 조직적으로 종합·정리하는 능력을 길러준다.
7. 각 단계와 과정을 겪으면서 아이들은 능동적으로 책읽기 및 탐구 과정에 참여하게 된다(자기 질문 기능 신장, 주제에 대한 자신의 질문에 스스로 답을 구하기 위하여 적극 참여한다).
8. 글을 읽거나 토의·토론 활동을 하기 전에 자신이 알고 있는 것과 모르고 있는 것을 생각하게 하여 활동에 능동적으로 참여할 수 있도록 해준다.
9. 학생들은 자기질문 능력을 신장시키고, 주제에 대한 자기 자신의 질문에 대하여 답을 찾기 위해 능동적으로 글을 읽고 필요한 정보를 찾는 능력을 길러준다.
10. 학생들은 정보를 의미 있게 조직하는 방법 및 그 능력을 신장시킬 수 있다.

4) 주의할 점이나 활동의 팁

1. 칸을 한 개 더 만들고, 네 번째 난에 글을 읽고 난 후에 느끼는 정서(affect)를 추가할 수도 있는데, 이 경우는 K·W·L·A 차트라 한다. 이 항목에는 개인적인 느낌과 관련된 것을 적는 곳으로 글에서 혹은 활동을 하면서 가장 흥미롭게 느낀 것, 가장 좋아했던 것이나 싫어한 것을 적고, 왜 그 정보가 가장 중요하다고 느꼈는지도 적도록 한다.
2. 읽기 활동을 돕는 효과적인 전략 중에 한 가지로 적극 활용할 수 있다.
3. 어떤 한 가지 주제에 대하여 서로 상호작용하는 활동 등에도 쓸 수 있다. 예를 들자면, 토의·토론 활동 주제 등에 대하여 시작을 하기 전에 각자가 먼저 생각하는 시간을 가지면서 이미 알고 있는 사실을 K 칸에 먼저 정리해 둔다. 이후 충분한 시간을 가지고 토의·토론 활동을 진행한 다음 활동을 통해서 알게 된 사실을 L 칸에 정리한다. 그런 다음 마무리 과정으로 전체적인 활동을

하면서 더 알고 싶은 것, 더 논해보고 싶은 것 등에 대한 내용을 W 칸에 정리해 놓으면 된다.

(1) K·W·L 차트는 학생들이 이미 알고 있는 것으로부터 의미를 체계화하고, 이미 알고 있는 지식과 새로운 지식을 비교하고, 아이디어를 보다 명확하게 제시할 수 있게 해준다(구성주의적이다).
(2) 또한 주제에 대한 집중력과 관심(학습에 대한 흥미와 호기심)을 유지하고 지금까지 배운 내용이 무엇인지 추적할 수 있는 방법을 제공해준다.
(3) 궁극적으로 K·W·L 차트는 학생이 배운 내용을 확인하기 위한 평가 자료의 하나로서 활용이 가능하다(개인, 모둠의 진단 자료).
(4) 학생들은 새로운 학습 단원을 시작하면서 차트 작성을 시작하여 단원이 완료될 때까지 지속적으로 꾸준하게 각 칸에 해당되는 내용을 기록해 나가고, 참고하게 된다.
(5) K·W·L 차트는 채점 대상이 아니다. 왜냐하면 학생들은 점수에 연연하지 않고 자신의 생각이나 질문을 자유롭게 적어 넣을 수 있어야 하기 때문이다.
(6) 이 차트는 또 일대일 토론 또는 전체 학급 토론을 준비하기 위한 자료로도 활용이 가능하다.

"태양계 행성"에 관한 K·W·L 차트

이미 알고 있는 것	알고 싶은 것	알게 된 것
• 옛날에는 주로 눈으로 관찰하였다. • 오늘날에는 뛰어난 성능의 망원경으로 관찰 • 명왕성은 빠지게 되었다. • 태양이 가장 중심에 있다. • 행성: 항성의 주위를 도는 것을 말한다. • 지구에서 가장 가까운 항성은 바로 '태양'이다. • 항성: 스스로 밝은 빛을 내는 동그란 모양의 큰 별을 말한다. • 행성에는 수성, 금성, 지구, 화성, 목성, 토성, 천왕성, 해왕성이 있다.	• 더 자세하게 행성을 관찰할 수 있는 방법은? • 각각의 행성에 대한 특징은 무엇인가? • 생명이 살 수 있을 만한 곳은 없는가? • 왜 다른 행성에는 생명체가 없는 것인가? • 태양계 행성이 되기 위한 조건은 무엇인가? • 명왕성은 왜 빠지게 되었는가? • 현재 우리나라의 우주탐사는 어떻게 되고 있는가?	• 전파 망원경, 허블 망원경, 우주 탐사선, 인공위성을 이용하여 관측 • 수성 – 태양계에서 가장 작은 행성, 금성 – 지구에서 가장 가까움, 지구 – 생명체가 있는 이유는 물이 있기 때문, 화성 – 빛깔이 붉고, 생명체가 있을 가능성이 가장 높음, 목성 – 태양계 행성 중 가장 크고 위성이 16개나 됨, 토성 – 아름다운 고리가 있고, 위성도 많음, 천왕성 – 태양계에서 3번째로 크고 위성도 많음, 해왕성 – 천왕성과 비슷한 크기이고, 푸른 색임. • 태양계 행성이 되기 위한 조건은 ① 태양 주위를 돌아야 하고, ② 어느 정도 질량을 갖고 있으며 지구처럼 둥근 형태이어야 하며, ③ 공전궤도상에 다른 물체가 없어야 한다는 것이다. • 명왕성은 자기 공전궤도 내에서 지배적인 역할을 하지 못하고, 적당한 크기를 갖고 있지 못하여 태양계에서 제외되었다. • 우리의 우주 탐사: 과학용으로 우리별 1, 2, 3호, 방송통신용으로 무궁화 1, 2, 3호가 발사되었다.

5) 수업의 실제

'K·W·L 차트'를 활용한 과학과 토의·토론 수업

주제	분출하는 화산
학습 목표	화산의 모양 및 화산이 분출할 때 나오는 물질에 대하여 말할 수 있다.
사회적 기술 목표	적극적으로 칭찬하기, 타인의 생각 수용하기, 친절하게 알려주기
학습 자료	K·W·L 차트 활동지(개인, 모둠), 화산 관련 동영상, 백과사전이나 전문서적

단계	학습내용 및 학습구조	교수·학습 활동	자료 및 유의점
도입	동기유발 번호순으로 구조	▣ 동기 유발하기: 화산 관련 영상물 시청하기 - 화산 폭발 관련 영상물 시청 - 영상물을 시청하면서 화산 폭발 시 분출하는 물질에 대하여 자세히 관찰하도록 안내하기	동영상 자료 준비 (화산 관련 영화 – 단테스피크) 
	학습문제 확인	▣ 학습 문제 확인 화산의 모양 및 화산이 분출할 때 나오는 물질에 대하여 말할 수 있다.	
전개	개별 학습	▣ 학습 목표 관련 개인적인 생각 정리하기 [교사] 화산의 모양 및 화산 폭발 시 나오는 물질에 대하여 이미 알고 있는 것과 알고 싶은 것을 각자 차트에 정리해 보도록 한다. [학생] 개인적으로 생각할 시간을 갖고 차트에 정리	
	모둠 활동 K·W·L 차트 만들기	【활동 1】 모둠별 K·W·L 차트 만들기 [교사] 모둠별로 K·W·L 차트를 작성해 보도록 한다. - 개인적으로 알고 있는 사실과 궁금한 점을 돌아가며 말하기로 발표한다. - 이때 누군가의 궁금한 점에 대해 다른 모둠원이 설명해줄 수 있다면 그를 통해 충분히 해결하도록 한다(완전히 해결된 것이 아니라면 계속 "W" 항목에 둔다). - 모둠별 질문을 살펴보고, 학습목표 관련 중요한 사항이 어느 항목(K,W)에도 들어있지 않을 경우 해당 모둠에게 질문 방식으로 탐색할 문제를 제시한다. [학생] 각자의 K·W·L 차트 활동지를 모둠 내에서 돌아가며 말하기로 발표하고 소통한다(정보의 공유). - 각 모둠의 기록이는 모둠 K·W·L 차트를 정리한다.	• 개인별 K·W·L 차트에 정리 • 모둠별 K·W·L 차트에 정리(기록이가 정리) • 필요한 경우 핵심 질문을 교사가 제시한다. • 질문을 만들 때 실험관찰 책을 반드시 참고할 수 있도록 안내한다.
	모둠 활동 정보 검색 및 문제 해결	【활동 2】 정보 검색을 통한 문제 해결 [교사] 각 모둠은 역할 분담을 통해 준비한 자료를 바탕으로 문제를 해결해 나가도록 한다(미리 백과사전이나 화산 관련 전문 서적을 준비할 수 있도록 안내함). [학생] 모둠 내에서 해결하지 못한 궁금한 점은 미리 준비해 온 백과사전이나 전문 서적을 통해 함께 해결해 나가도록 한다. - 찾은 정보는 모둠 내 소통을 통해 반드시 공유한다. - 찾은 정보는 핵심만 추려서 차트에 정리한다.	• 사전에 백과사전이나 화산 관련 전문 서적을 준비할 수 있도록 안내한다.
정리	전체 학습	▣ 형성평가 및 정리, 다음 차시 안내 - 전체 활동에 대한 형성평가 및 정리 - 정리한 모둠별 K·W·L 차트는 교실에 게시하기 - 다음 차시 안내	• 모둠별 활동지는 교실에 게시

과학과 형성평가지

	분출하는 화산	○○○○초등학교 ○학년 ○반 (　　)번 이름 (　　　　　)

1. 제주도에 있는 한라산은 크기가 크고 경사가 완만하지만, 산방산은 크기가 작고 경사가 급한 모양을 하고 있습니다. 이처럼 같은 화산임에도 불구하고 모양이 서로 다른 이유로 가장 알맞은 것은 무엇입니까? ····································(　　)

   (가) 화산이 분출하는 시간에 따라 모양이 달라진다.
   (나) 화산이 분출할 때의 날씨에 따라 모양이 달라진다.
   (다) 분출되는 화산 가스의 양에 따라 모양이 달라진다.
   (라) 분출되는 용암의 끈적거림에 따라 모양이 달라진다.

2. 다음은 화산이 분출할 때 나오는 물질을 상태에 따라 기체, 액체, 고체로 구분한 것입니다. 빈칸에 알맞은 말을 넣으시오.

기체 상태	
액체 상태	
고체 상태	

3. 다음 중 화산의 특징과 거리가 먼 것은 무엇입니까? ····················(　　)

   (가) 봉우리가 하나이다.
   (나) 삿갓을 엎어놓은 원뿔 모양을 하고 있다.
   (다) 화산 꼭대기에는 용암이나 화산 가스가 분출한 흔적으로 움푹 파인 분화구가 있다.
   (라) 화산 꼭대기에는 호수가 생기기도 한다.
   (마) 화산은 여러 개의 산이 연결되어 산줄기나 산맥을 이루고 있다.

4. 다음 중 화산이 분출한 후 지표면의 변화에 대한 설명으로 옳지 않은 것은 무엇입니까? ···(　　)

   (가) 산의 모양이 변하거나 없어지기도 한다.
   (나) 바다에서의 화산활동은 섬을 만들기도 한다.
   (다) 용암이 흐르면 땅이 모두 녹아 없어지기도 한다.
   (라) 흘러내린 용암이 굳으면서 새로운 모양의 땅이 생기기도 한다.
   (마) 편평했던 지면에 화산 분출물이 쌓여 산처럼 솟아오르기도 한다.

5. 다음은 무엇에 대한 설명인지 쓰시오.

고체상태의 화산 분출물, 회색을 띠는 물질 손으로 만지면 밀가루처럼 부드럽다.	(답)

하나 주고 하나 받기 토의·토론

1) 기본이해

이 구조는 각 모둠별로 토의·토론을 한 후에 다른 모둠의 정보와 서로 교환하는 것을 목적으로 한다. 다른 모둠의 정보를 모아오는 것(지식 습득 및 공유)을 주목적으로 하는데, 1차적으로 학생들은 모둠에서 서로 정보를 나누며 공유를 하고, 모두 자리에서 동시에 일어나 돌아다니면서 다른 모둠원과 1:1로 만나 지식을 1가지씩 공유하도록 한 것이 가장 큰 특징이라 할 수 있다. 이 구조는 지식 습득만이 아니라 아이디어의 공유를 목적으로 할 때도 많이 활용된다.

2) 진행방법

"혼자 생각하기" 단계는 모든 활동을 시작하기 전에 선행되는 필수 활동!!!

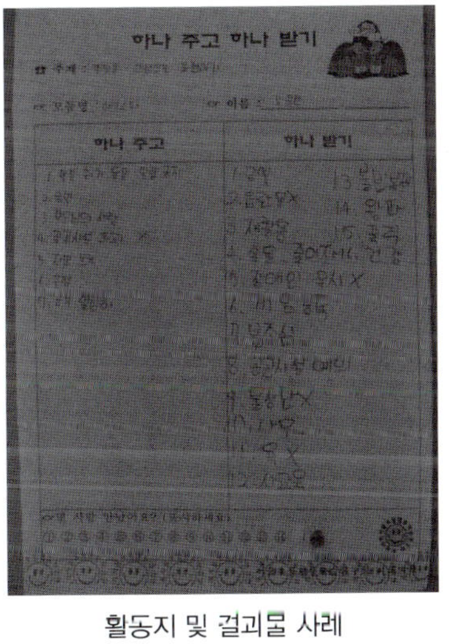

활동지 및 결과물 사례

1. 교사는 학생들에게 토의·토론 주제를 제시하고 내용을 기록할 활동지를 4장씩 배부한다.
2. 각 모둠원은 과제와 관련하여 개인적인 생각을 정리할 시간을 갖는다(메모할 필요도 있다).
3. 혼자 생각하는 시간이 지나면 모둠원끼리 브레인스토밍 토의·토론을 한다(지식의 공유 및 습득).
4. 브레인스토밍을 하면서 "하나 주고" 항목에 들어갈 좋은 내용이라고 모둠원이 동의하면 각자의 활동지에 그 내용만 기록한다(동의하지 않으면 그 의견은 버린다).

5. 주어진 시간 동안 "하나 주고" 항목에 서로 공유할 지식을 채웠으면 모두 자리에서 일어선다.
6. 모든 학생은 자리에서 일어나 다른 모둠의 학생과 만나 짝을 이룬다.
7. 짝을 이룬 학생과 함께 "하나 주고" 항목에 있는 아이디어를 하나씩 나눈다. 나누면서 자신에게 없는 아이디어는 "하나 받기" 항목에 기록하도록 한다.
8. 1개씩 정보를 나눈 후에는 헤어지고, 다시 다른 짝을 찾아 나선다. 이후에 새로운 짝을 만나 7~8단계 활동을 반복한다.
9. 활동이 끝나면 본래 모둠으로 돌아와 자신이 새롭게 습득한 지식과 정보를 모둠원과 '돌아가며 말하기' 구조를 활용하여 나눈다.

※ 3, 4단계를 생략하고, 개인적인 생각을 "하나 주고"에 정리한 뒤 자리에서 일어나 다니면서 다른 사람과 나눈 생각들을 "하나 받기"에 정리한 후, 그 결과물들을 갖고 모둠으로 돌아와 나누면서 최종 정리를 해 주어도 좋다.

혼자 생각하기

자리에서 일어나 서로 나누기

모둠으로 돌아와 나누기

3) 활동효과

1. 활동이 매우 역동적(발표, 듣기, 메모 등)이고, 활동에서 소외되는 학생들이 거의 없다(일단 모둠에서 토의·토론 활동을 1차적으로 하고 돌아다니기 때문에 내 생

각만을 가지고 다른 사람을 만나갈 때보다 자신감이 많이 생기고, 부담감도 그만큼 줄어든다).

2. "우리의 생각: 합의된 집단적 지식"을 가지고 활동에 참여하기 때문에 학생들이 능동적이게 된다.
3. 한 가지 과제나 주제에 대하여 모든 학생들이 보다 많은 양의 새로운 지식과 정보를 공유(많은 사람들을 만나 나누게 됨)할 수 있도록 하고자 할 때 많이 활용되며, 그 결과로 학생들의 인지구조 변화에 많은 도움을 준다.
4. 서로 1가지씩 지식과 정보를 주고 받으면서 긍정적인 관계(지적 공동체: 협동적 배움)를 맺어나간다.
5. 학생들의 토의·토론 활동에 참여가 극대화된다(절반은 말하고, 절반은 듣기).
6. 여러 사람과 지식 및 정보를 공유하고 생각을 나누는데 시간이 많이 걸리지 않는다. 아울러 빠른 시간 안에 말하고, 메모하고, 정리하고, 이동하기 때문에 학생들의 이해력 및 듣기능력, 정리능력, 발표력 등이 신장된다.

4) 주의할 점이나 활동의 팁

1. 자리에서 일어나 돌아다니면서 짝을 만날 때는 소음을 보다 줄일 수 있는 방안을 마련한 뒤 활동할 필요가 있다(예 짝이 없는 사람은 오른 손을 번쩍 들어올리고, 왼손은 입에 가져간 후에 말을 하지 않고 눈으로만 의사표시를 하며 다른 짝을 만나가도록 한다).
2. 활동을 충분히 하였으면(서로 많은 것을 주고 받았으면) 교실 모퉁이나 어느 지점에 서서 소극적인 모습을 보이거나 아직 내용을 많이 채우지 못한 친구에게 도움을 주도록 안내하는 것이 잊지 말아야 한다.
3. 활동량은 개수(예 받은 정보의 양을 6개 채운 사람들은 못 채운 친구들을 도와주거나 자리로 돌아간다)로 정할 수도 있고, 시간제한(예 나누는 시간은 5분, 주어진 시간 동안 최대한 많이 나누도록 한다)을 두고 할 수도 있다.
4. 필요한 경우에는 또 다른 조건을 두고 짝을 만나 나눌 수 있도록 할 수도 있다(예 남자는 반드시 여자를 만나고, 여자는 반드시 남자를 만난다. 자기가 만난 사람 가운데 반은 여자이어야 하고, 반은 남자이어야 한다).

5) 수업의 실제

'하나 주고 하나 받기'를 활용한 국어과 토의·토론 수업

주제	하나의 낱말이 여러 가지 뜻으로 사용되는 경우 살펴보기
학습 목표	1. 하나의 낱말이 여러 가지 뜻으로 사용되는 경우를 말할 수 있다. 2. 하나의 낱말이 지닌 여러 가지 뜻을 구별하는 방법을 알 수 있다.
사회적 기술 목표	소곤소곤 말하기, 시간 지키기, 질서 지키기
학습 자료	타이머, 활동지, 듣기 자료, 국어사전

단계	학습내용 및 학습구조	교수·학습 활동	자료 및 유의점
도입	동기유발 번호순으로 구조 학습문제 확인	▣ 동기 유발하기: 교과서 속 그림을 살펴보면서 같은 낱말이나 뜻이 다르게 쓰인 말 찾기 - "해"에 대한 다양한 뜻 이해하기 ▣ 학습 문제 확인 하나의 낱말이 여러 가지 뜻으로 사용되는 경우를 말할 수 있다.	
전개	전체 학습	【활동 1】 들려주는 이야기를 듣고 답하기 [교사] 이야기를 듣고 다음 물음에 답을 해보자. - 두 사람의 대화에서 반복되는 말은 무엇인가요? [학생] '눈'입니다. [교사] 민수가 말한 '눈'은 어떤 뜻인가요? [학생] '시력'을 뜻합니다.	• 듣기 자료 준비
		【활동 2】 혼자 생각하기 [교사] 개인적으로 하나의 낱말이 여러 가지 뜻으로 사용되는 경우를 써 보도록 하자. [학생] 개별 활동지에 하나의 낱말이 여러 가지 뜻으로 사용되는 경우를 적는다(그 의미도 함께 적어주기).	• 하나 주고 하나 받기 활동지 준비
	하나 주고 하나 받기	【활동 3】 하나 주고 하나 받기를 통해 공유하기 [교사] 혼자 생각하여 정리한 내용을 다른 사람과 만나서 함께 나눌 수 있도록 한다. [학생] 자리에서 일어나 여러 친구들과 짝을 이루어가며 정보를 하나씩 주고 받는다(새로운 정보는 기록).	
	돌아가며 말하기	【활동 4】 모둠으로 돌아와 알아 온 정보 나누기 [교사] 활동을 통해 알게 된 정보를 모둠원과 함께 나누도록 한다. [학생] 돌아가며 말하기를 통해 서로 나누고 정리한다. [교사] 모둠 활동 후 전체적으로 하나의 낱말이 여러 가지 뜻으로 사용되는 다양한 경우를 함께 나누어본다.	
		【활동 5】 들려주는 이야기를 듣고 답하기 [교사] 이야기를 듣고 낱말의 뜻을 구별해 보자(54쪽). [교사] 문장을 읽고 낱말의 뜻을 구별해 보자(55쪽). [학생] 사전을 찾거나 문장의 앞뒤 관계를 따져가면서 각자 해결하고 함께 나누기(답 확인하기)	• 듣기 자료 준비 • 사전 준비
정리	전체 학습	▣ 정리 및 다음 차시 안내 - 하나의 낱말이 지닌 여러 가지 뜻을 구별하는 방법 정리(국어사전 찾기, 문장의 앞뒤를 살펴보기)	• 시간이 남으면 낱말 찾기 놀이하기(57쪽)

모둠 인터뷰 토의·토론 23

1) 기본이해

모둠 인터뷰는 모둠원이 정해진 시간 동안 모둠 구성원 중 특정 역할을 맡은 한 학생을 놓고, 나머지 학생들이 인터뷰를 하는 방식으로 진행된다. 예를 들자면 모둠 내에서 한 학생이 어떤 역사적 인물이나 특정 분야의 전문가 역할을 맡아 가상으로 그 인물이 되어보기 또는 전문가 되기를 하고, 나머지 모둠원은 그 학생에게 인터뷰나 질문을 하는 방식이 있을 수 있다. 또 다른 방식으로는 주제에 맞게 각자 인터뷰할 질문을 만들게 한 뒤 각 모둠 내에서 자신이 만든 질문지를 이용하여 돌아가면서 다른 모둠원을 인터뷰하는 방식도 있을 수 있다(예 첫 만남의 날, 서로 궁금한 점과 관련하여 질문지를 만들고 인터뷰 방식을 통해 여러 사람들의 생각을 알아보고자 할 때 활용할 수 있다). 한편 가상 인물이 되어보는 활동으로서 모둠 범위를 넘어서서 학급 전체 속에서 특정 개인, 특정 모둠원이 교실 앞으로 나와 가상 인물의 입장이 되어 간단한 연기 활동을 하거나 정지동작을 보여 준 이후에 인터뷰를 받고 그에 대한 답변을 하는 방식으로도 얼마든지 가능하다. 이사 인터뷰나 질문은 주로 알고 싶은 점, 궁금해 하는 점 등에 대하여 하는데, 인터뷰를 받는 학생은 가상의 인물이나 전문가가 되어보거나 또는 자신이 처한 입장에서 솔직한 생각이나 의견을 대답하도록 하여 감정 이입 및 간접적 경험(당시의 상황이나 입장에서 인물의 심리적 상태를 간접적으로 경험 – 일종의 역할극체험)을 하게 되고, 호기심과 탐구심을 바탕으로 한 질문 주고받기를 통해 질문하는 학생은 지적 호기심 충족 및 정보의 교환과 지식 습득을 하게 된다.

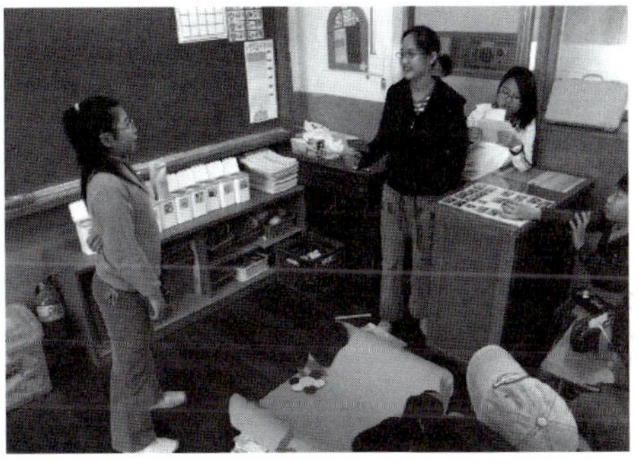

필자의 교실 사례: 교육 연극을 먼저 보여준 이후에 인터뷰 활동이 이어졌다.

2) 진행방법

“혼자 생각하기” 단계는 모든 활동을 시작하기 전에 선행되는 필수 활동!!!

꼭 다음에서 안내하는 방식으로 진행하지 않아도 얼마든지 가능하다.

1. 각 모둠에서 인터뷰할 인물을 설정한다. 인터뷰할 인물은 가상의 인물일 수도 있고, 역사적 인물일 수도 있고, 어떤 상황에 놓인 특정 인물일 수도 있으며 이야기 속의 등장인물일 수도 있다(교사가 정해줄 수도 있고, 학생들이 스스로 선택할 수도 있다).
2. 모둠 내에서 한 학생이 결정된 인물의 역할을 맡아 인터뷰를 받는다.
3. 다른 모둠원은 인터뷰할 질문을 만들 시간을 잠깐 갖는다(기자 역할).
4. 주어진 시간 동안 모둠 내에서 인터뷰 활동이 진행된다. 인터뷰는 자유롭게 하고 싶은 질문을 하거나 돌아가며 말하기 방식으로 해도 좋다.
5. 인터뷰가 끝나면 설정된 가상 인물의 역할을 모둠 내에서 다른 사람에게 넘긴다(보통은 번호 순서대로 역할을 맡는데, 모두가 경험해보도록 한다).
6. 또 다른 사람이 인물의 역할을 맡으면 앞의 4단계, 5단계 활동을 반복해서 진행한다. 이렇게 되면 같은 질문에 대해서도 다양한 답변이 나오게 된다.
7. 모든 활동이 끝나면 느낀 점이나 소감을 서로 나눈다(모둠 내 ⇨ 학급 전체).

※ 모둠 내에서가 아니라 학급 전체에서 몇 몇의 학생이 특정 인물이 되어보도록 한 뒤(예 이야기 속의 인물 되어 보기), 교실 앞으로 나와서 모든 학생들에게

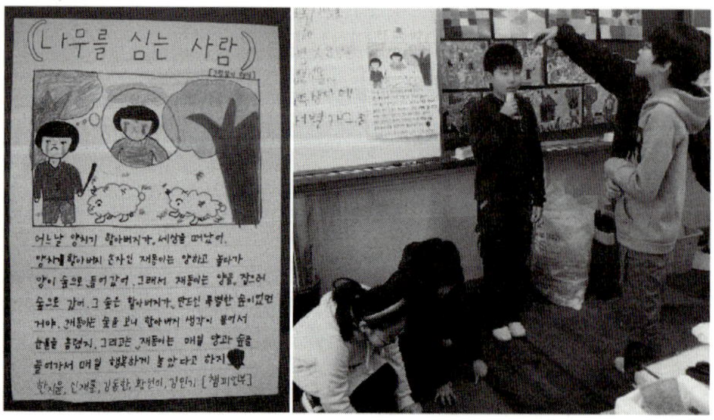

국어 교과서 속 “나무를 심는 사람들”의 앞. 뒤 이야기 만들기 및 타블로 활동(움직임이 없는 정지동작) – 정지 장면 완성 후 마음속의 이야기를 듣고, 동작의 주인공이 되어서 다른 학생들의 질문에 답변을 한다.
http://blog.joinsmsn.com/yoo9792/10473802(yoo9792님의 블로그)

다양한 질문을 받도록 하고 그에 대한 가상 인물의 입장에서 답변해 보도록 하는 방식도 가능하고, 특정 모둠원 모두가 이야기 속의 가상 인물이 되어 교실 앞으로 나와 모든 학생들에게 다양한 질문을 받도록 하고, 그에 대한 가상 인물의 입장에서 답변해 보도록 할 수도 있다. 주로 학교 현장에서는 교육연극 차원에서 많이 도입, 적용하고 있다(주로 같은 책 또는 같은 이야기를 듣거나 똑같은 상황에 처해 있다는 전제를 바탕으로 활동을 하게 된다).

3) 활동효과

1. 교육 연극 분야에서 많이 활용되고 있는 "Hot – Chair"(핫 체어 또는 핫 시팅)와 같다고 보면 된다. 이야기 속의 등장인물을 한 아이가 맡아 의자에 앉고, 나머지 아이들이 인터뷰를 하는데, 주로 인물의 성격이나 생각, 말과 행동에 따른 이유 등을 나누어 보고자 할 때 많이 활용된다.
2. 교육 연극 분야에서 많이 활용되고 있는 타블로(움직임이 없는 정지 동작) 기법도 이와 같은 맥락에서 바라볼 수 있겠다.
3. 활동에 빠져들게 되면 전문가적인 책임성과 진지한 태도를 갖게 된다.
4. 하나의 상황 속에서 다양한 사람들의 생각을 통해 공통점 및 차이점을 느낄 수 있게 된다(인물의 심리를 보다 구체적으로 추측하고 이해하게 됨).

동화를 읽어주고, 동화 속의 그 무엇이 되어 친구들의 질문 받기 – 입장 바꿔 생각하기: 동화 속의 주인공 또는 사물이 되어 친구들의 질문에 답변하는 장면
http://blog.joinsmsn.com/yoo9792/10284385
(yoo9792님의 블로그)

5. 이야기 속의 인물이 되어보는 활동에서나 질문을 하는 입장에서나 모두 인물을 바라보는 시각과 사건을 바라보는 시각에서 깊이와 폭이 달라진다(등장인물의 성격과 그가 처한 상황, 이야기의 내용을 정확히 이해하고 있어서 가능하기 때문에 학생들은 이야기를 보다 깊이 있게 바라보고 이해하게 된다).
6. 약간의 즉흥적인 요소도 가미되어 있어서 순발력과 창의력도 향상된다.
7. 때로는 즉흥적으로 떠오르는 생각을 부담 없이 이야기할 수 있도록 하여 발표력 향상에도 도움을 준다.
8. 모든 학생들이 다 참여하게 된다(소외되는 학생이 없다).

4) 주의할 점이나 활동의 팁

1. 인터뷰를 받을 때 결정된 인물의 이름을 목걸이나 명찰과 같이 만들어 활용하면 더 실감나게 활동할 수 있다.
2. 목걸이나 명찰은 모둠 내에서 어떤 사람이 인터뷰를 받고 있는가를 확인할 수 있는 도구가 되기도 한다(모둠별 진행 상황 파악).
3. 인터뷰 할 때 기자 역할을 맡은 학생은 좀 더 실감나는 활동을 위해서 모둠마이크를 사용한다.
4. 인터뷰 활동이 성의 없거나 장난스런 활동으로 변질되지 않도록 각별한 주의가 요구된다.
5. 역할이 보다 전문성을 요하는 활동일 때는 그에 맞는 가상 상황을 설정하고 토의·토론 활동이 이루어질 수 있도록 한다(그 상황과 관련된 전문적인 지식을 가진 전문가 역할 예 박물관 상황에서의 고고학자, 사건 해결에 있어서의 탐정이나 형사, 문제 해결 방안을 찾아나가는 데 있어서의 정치인이나 사회학자, 과학적 현상을 탐구해 나가는 데 있어서의 과학자 등). 이때 아이들이 자신의 경험과 지식을 최대한 발휘하여 발표하고 토의·토론을 해 나갈 수 있도록 전문가적인 자세와 진지한 태도, 책임의식 등에 대하여 강조해 둘 필요가 있다.
6. 이야기를 바탕으로 인터뷰를 하기 위해서는 등장인물이 처한 상황이나 인물의 성격 등을 보다 자세히 알아두어야 하고, 이야기의 내용 또한 정확히 이해

하고 있어야 한다(이야기를 꼼꼼하게 읽어야 한다). 이런 경우에는 보통 학급 전체를 대상으로 하여 활동 범위를 확대시키는 경우가 더 많다(교육연극으로서).

7. 특정 상황에 따른 전문가가 되어보는 활동에서는 관련된 사전 지식이 필요하기 때문에 미리 공지하고 그에 분야에 대한 전문가가 되어 오도록 할 필요가 있다(미리 중요한 정보나 자료 찾아보기, 공부나 탐구해오기 등).
8. 이야기 속의 인물이 되어보기에서는 각 모둠원이 동시에 서로 다른 역할을 맡아 인터뷰를 주고받는 방식으로 진행을 해도 좋다. 이때는 질문이 특정 인물에게 집중되지 않도록 적절한 안배가 필요하다(이야기 선정에 있어서 주인공이 여럿이거나 비중이 있는 인물이 4명 정도 등장하는 이야기를 택하도록 한다).

① 모둠 내에서 각자 1가지씩 등장인물의 역할 맡기
② 각자 궁금한 것에 대한 질문 만들기(어떤 인물에게 무엇이 궁금한가)
③ 모둠 내에서 각자 궁금한 점을 해당 인물에게 질문하고 답변을 듣기(질문하는 사람에 대한 범위를 모둠 내로 꼭 한정시킬 필요는 없다. 특정 한 개의 모둠을 앞으로 나오라고 하여 의자에 앉게 한 뒤, 나머지 학급 구성원 모두가 질문을 할 수 있도록 해도 의미 있는 활동이 될 수 있다.)
④ 충분한 시간을 가지면서 위의 3단계를 반복한다.
⑤ 활동이 끝나면 소감을 나누고 정리한다.

참고 **3단계 인터뷰 토의·토론에 대한 이해**

1) 기본이해

3단계 인터뷰 구조는 모둠원이 정해진 순서에 따라 짝을 지어 인터뷰를 하고, 인터뷰한 내용을 번호 순서에 따라 돌아가며 말하기 구조를 이용하여 모둠 내에서 서로 나눌 수 있도록 만들어진 구조이다. 이 구조는 자신이 알고 있는 것을 바탕으로 다른 사람에게 그것을 설명할 수 있는 능력을 길러주고 서로 정보를 교환할 수 있도록 해 주는 데 도움을 주며 관심 분야에 대해 더 학습할 수 있도록 예상 가능한 상황을 만들어 주거나 한 가지 주제에 대한 개인적인 경험을 나누는 데 유용하다(예를 들자면 역사 속의 한 인물 역할을 맡아 인터뷰를 진행하며 그의 성격을 알아내는 활동, 내가 박물관의 관장이 된다면? 등). 3단계 인터뷰 구조는 한 단원의 시작 단계에 단원 개관 차원에 자주 활용할 수 있으며, 수업의 도입 단계나 종합적인 정리 단계에도 활용할 수 있다(내용 이해 및 내용 익히기에 유용). 또한 학급세우기 및 모둠세우기 활동에도 많이 활용되는 구조이기도 하다(서로를 알아가는 데 유용한 구조라 할 수 있다).

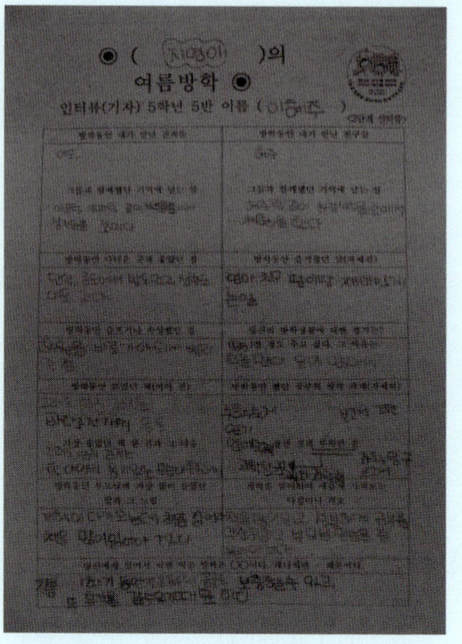

필자의 교실 사례: "여름방학이 끝나고"

2) 진행방법

"혼자 생각하기" 단계는 모든 활동을 시작하기 전에 선행되는 필수 활동!!!

1. 학생들은 모둠 내에서 2명씩 짝을 짓는다(활동의 특성상 얼굴을 마주하는 사람과 함께 하는 것이 좋다. 모둠식의 자리배치가 아니라면 그냥 어깨짝끼리 해도 무방하다). 한 사람은 인터뷰를 하는 사람이 되고 다른 한 명은 인터뷰를 받는 사람이 된다.

2. 교사는 인터뷰 활동지를 미리 준비하여 학생들에게 나누어준다.
3. 인터뷰를 시작하기 전에 주어진 활동지 속의 질문에 대하여 잠시 혼자 생각할 시간을 갖도록 한다. 왜냐하면 곧바로 답하기에 어려운 질문이 올 수도 있기 때문이다.
4. 저학년의 경우 질문지는 모두 만들어주는 것이 좋겠고, 중·고학년의 경우는 한 두 칸 혹은 그 이상의 빈 칸을 주고, 하고 싶은 질문을 직접 만들 수 있도록 하는 것도 좋다.
5. 인터뷰 1단계: 가령 모둠 내 1번이 자신의 얼굴짝인 2번을, 3번이 자신의 얼굴짝인 4번을 동시에 인터뷰하고, 그 내용

1, 2단계를 어깨짝끼리 진행하고 있는 사례

을 활동지에 메모해둔다.

6. 인터뷰 1단계가 끝나면 서로의 역할을 바꾸어 인터뷰 2단계를 진행한다(역할을 바꾸어서 2번이 1번을, 4번이 3번을 인터뷰하고, 그 내용을 활동지에 메모해둔다).
7. 각자 인터뷰한 내용(짝에 대한 내용)을 〈돌아가면서 말하기〉 구조를 이용해서 자신의 모둠 내에서 발표한다.

모둠원과 3단계 활동 진행 - 국어과 수업 (경험 속으로)

3) 활동효과

1. 독서 후 활동으로 활용해도 좋다(교사가 미리 인터뷰 질문지를 만들어 놓고 각자 읽은 책에 대하여 인터뷰를 하도록 한다. 가령 제목, 작가에 대하여, 줄거리에 대하여, 감동받은 부분, 기억에 남는 부분, 인물에 대하여, 책을 통해 얻은 교훈, 이 책을 친구에게 꼭 소개한다면 어떻게 소개하고 싶은가 등).

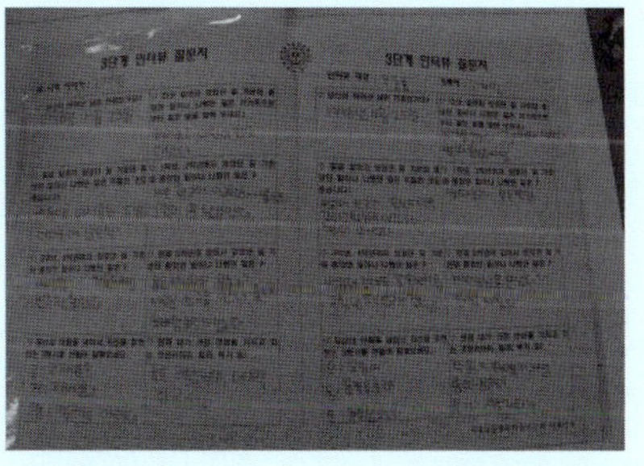

국어과 수업 (경험 속으로) - 시간을 나타내는 말(결과물)

2. 정답이 있는 질문이 아니라 개방적인 질문을 여러 개 만들어놓고, 서로 묻고 답하면서 다른 사람들의 다양한 생각을 서로 나눌 수 있는 내용이면 얼마든지 좋다(이 과정을 통해서 서로를 알아갈 수 있도록 할 수도 있고, 특정 주제와 관련된 내용의 이해 및 정보 공유하기 활동 등에도 유용하게 사용된다).
3. 역사 속의 인물이나 이야기 속의 인물이 되어보고, 그와 관련된 깊이 있는 활동을 바탕으로 그 인물에 대해 인터뷰 주고 받기 등의 활동을 할 수 있다.
4. 특정 교과목의 단원을 시작하기 전에 주제에 대한 사전 지식과 경험이 어느 정도 갖추어져 있는지 파악해 보고, 단원에 대한 흥미와 동기를 유발하고자 할 때 활용하기(사회과나 과학과 등의 대단원 도입을 위한 준비나 동기유발 - 이 단원에서 배우고 싶은 내용은?, 이 주제와 관련된 경험을 해 본적은 있는가?, 이 내용에 자신에게 어떤 도움이 될 것이라 생각하는가?, 이 주제와 관련하여 생각나거나 이미 알고 있는 내용 혹은 낱말들은 무엇인가? 등), 단원이나 특정 주제와 관련된 차시 활동의 마무리 단계에서 활용하기(이 단원 or 차시에서 무엇을 배웠는가?, 더 알고 싶은 것은 무엇인가?, 배우고 느낀 것을 어떻게 활용하고 싶은가?, 내게 도움이 되는 점은 무엇인가? 등)

5. 학년 초기에 혹은 모둠을 처음 구성한 뒤 서로 인사를 나누고 알아갈 수 있도록 하기 위한 첫 활동으로 해도 참 좋다(자기 소개하기).
6. 이야기, 시, 주어진 자료, 영상물, 특정 상황에 대한 경험을 놓고, 그를 통해 느끼고, 관찰하고, 깨닫고, 특이하게 경험한 점 등을 나눌 수 있다(예 한 편의 시를 읽고, 그 시를 통해서 느낀 점, 재미있었던 점, 슬펐던 점, 감동적인 부분, 나라면 어떻게 했을까, 특정 부분을 바꾸어 쓴다면 어느 부분을 바꾸고 싶은가, 더 좋은 표현이 있다면 등의 내용을 3단계 인터뷰 활동으로 나누기).
7. 수련회, 현장학습 등을 다녀온 후에 그와 관련된 인터뷰 질문지를 만들어 활동하기 (사후 정리 학습 활동)
8. 학급에서의 다양한 행사나 활동(특히 프로젝트 활동, 장시간 진행된 의미 있는 활동 등)을 한 후에 반성의 차원에서 그와 관련된 인터뷰 질문지를 만들어 활동하기
9. 말하고 듣기의 중요성을 깨닫게 하기 위한 훈련, 발표 활동에 어려움이 많은 학생들에 대한 자신감 획득을 위해 활용하기(많은 사람들 앞에서 발표하는 것에 대한 부담-주목받는 것, 틀릴지도 모른다는 점 등-을 많이 갖고 있거나 수줍음을 많이 타는 학생들에게는 2~3인 앞에서 발표하거나 말하기가 훨씬 더 안정적이고 부담이 줄어드는 상황이 된다.)

좀 더 자세히 말하자면 발표하는 사람은 자신에 대한 것을 말하는 것이 아니라 다른 사람에 대한 입장을 대변해주어야 하기 때문에 좀 더 귀 기울여 듣게 되고 책임감도 생긴다는 점, 발표할 때도 자신의 이야기가 아니기 때문이 부담감도 훨씬 줄어들게 된다는 점, 그로 인하여 발표에 대한 거부감도 많이 사라지게 된다는 점, 그리고 무엇보다도 인터뷰를 주고 받는 과정에서 기록하고 메모하는 활동을 통해서 보고 할 것이 있다는 것에 대한 안도감, 인터뷰를 주고 받는 활동 자체가 어떻게 보면 발표라고 말할 수 있겠지만 이 구조는 발표활동을 "인터뷰"라는 것으로 포장하여 학생들이 발표라고 느끼지 못하게 만들어 준다는 점에서 매우 "신선한 발표 방법의 한 가지"라고도 말할 수 있다는 점 등에서 매우 효과적이라 할 수 있다.

4) 주의할 점이나 활동의 팁

1. 질문에 대하여 개인적으로 답하고 싶지 않을 때는 그 마음을 존중해주어 말하고 싶은 다른 것으로 이야기를 해도 좋다는 규칙을 만들 필요가 있다.
2. 질문지는 미리 만들어두는 것이 좋겠지만 학년에 따라서 차이를 두는 것이 좋다. 가령 1, 2, 3학년 정도는 다 만들어주는 것이 좋겠지만 4학년 정도부터는 질문지 가운데 1~2칸 정도를 비워두고 그 빈 칸에 자신이 생각하는 질문을 직접 만들어

본 후 인터뷰를 할 수도 있다. 가능하다면 고학년으로 갈수록 빈 칸의 수를 늘릴 수 도 있고, 더 능숙한 수준에 이르렀다면 처음부터 질문지를 빈 칸으로 주고, 직접 질문을 만들 수 있는 시간을 준 뒤 인터뷰를 하게 할 수도 있다.

3. 짝끼리 할 때는 소곤소곤 말하기를, 모둠 내에서 돌아가며 말하기를 할 때는 도란도란 말하기를 통해 대화를 나눌 수 있도록 한다.
4. 적절한 시간 안배가 반드시 필요하다. 인터뷰하는 시간에 있어서 모둠별, 각 개인별로 편차가 매우 심하다. 따라서 각자 정해진 시간을 책임질 수 있도록 해야 하고 반드시 모두가 볼 수 있도록 타이머 등을 이용해 시간 체크를 꼭 하도록 한다.
5. 인터뷰한 내용에 대해서는 개방적인 생각과 느낌을 갖도록 한다.
6. 꼭 필요한 경우에만 모둠 마이크 등을 활용하도록 한다.
7. 인터뷰 질문지를 받자마자 바로 시작하지 말고, 같은 문항에 대하여 서로 어떤 답변을 주고 받을 것인지에 대한 개인적인 시간을 반드시 갖도록 하는 것이 좋다. 질문에 따라 개인적으로 깊이 고민해서 답변을 하거나 난감한 상황이 있을 수도 있기 때문이다. 질문을 만들이시 할 경우에도 예민한 질문이나 난처한 질문은 하지 않도록 안내해야 한다.
8. 다른 사람의 생각이나 의견을 대신 발표한다고 하여 성의를 보이지 않거나 대충 이야기하고 넘어가는 일은 절대로 없어야 한다(개인적인 책임 및 긍정적인 상호의존 강조).
9. 학급세우기 차원에서 학년 초 자기 소개하기 활동을 할 경우 3단계 활동과정의 폭은 "모둠 내"라는 범위로 한정지을 필요는 없다. 다시 말해서 2단계까지는 짝끼리 하고, 3단계 활동은 전체 앞에서 발표하는 방식으로 해도 별 무리가 없다.

인터뷰한 짝의 내용을 학급 전체 학생들과 나누고 있는 모습

5) 수업의 실제

'모둠 인터뷰'를 활용한 국어과·재량 토의·토론 수업

주제	새롭게 꾸민 이야기와 연극
학습 목표	새롭게 꾸민 이야기를 연극으로 나타낼 수 있다.
사회적 기술 목표	개인적인 책임 다하기, 타인의 의견 수용하기, 타인의 입장 이해하기
학습 자료	미리 꾸민 이야기, 각종 연극용 소품을 만들 재료, 도깨비 방망이 동영상 자료

단계	학습내용 및 학습구조	교수·학습 활동	자료 및 유의점
도입	동기유발 (전체 학습) 학습문제 확인	▣ **동기 유발하기:** 도깨비 방망이 동영상 시청 - 등장인물의 특성을 관찰하면서 동영상 시청하기 ▣ **학습 문제 확인** 새롭게 꾸민 이야기를 연극으로 나타낼 수 있다.	동영상 자료  도깨비 방망이
전개	전체 학습	**[활동 1]** 등장인물 흉내 내기 [교사] 이야기 속 등장인물의 흉내를 내 보도록 하자. [학생] 다양한 표정을 지으며 흉내를 내 보도록 한다. - 교과서 249쪽 표정 딱지를 붙이고 흉내 내보기 - 등장인물의 말투가 살아있도록 흉내 내기	
	모둠 활동 (모둠별 연극 만들기)	**[활동 2]** 등장인물의 특성을 살려 연극으로 만들기 [교사] 지난 시간에 모둠별로 꾸며 본 이야기 속 등장인물의 특성을 살려 이야기를 다시 꾸며 보도록 하자. [학생] 이야기 속 등장인물의 특성을 잘 살릴 수 있는 역할을 배정하고 연극 활동 준비 및 연습을 한다. - 필요한 경우 소품을 준비해 오거나 직접 만들되 간단하게 제작할 수 있도록 한다(시간 절약하기). - 부족한 점들에 대해서는 미리 예고한 발표일 전까지 틈나는 대로 준비, 연습을 충분히 해 오도록 한다.	• 각 모둠별로 지난 시간에 만들어 놓은 이야기를 바탕으로 연극 활동으로 꾸미기(여기까지가 1시간, 나머지 활동은 며칠 간 준비 및 연습시간을 주고 활동하도록 한다.)
	전체 활동 연극 발표하기	**[활동 3]** [며칠 뒤] 발표 및 질문 주고 받기 [교사] 각 모둠별로 준비한 연극을 발표해 보고, 관람한 친구들은 궁금한 점에 대하여 질문을 해 본다. [학생] 각 모둠별로 준비한 연극을 발표한다. - 연기를 할 때 이야기 속의 주인공이 되어 보고, 그 입장에서 말하고 행동하도록 한다. - 충분한 연습을 통해 대본을 보고 읽거나 더듬거리며 대사를 하는 일이 최소화될 수 있도록 한다. - 한 모둠 한 모둠 연기가 끝나면 연극을 보고 나서 궁금한 점 등에 대하여 질문을 받도록 하고, 그에 대하여 해당 인물의 입장에서 답변을 할 수 있도록 한다. - 한 모둠 한 모둠 발표가 끝나면 잘된 점들에 대하여 이야기를 해 주도록 한다. - 각 개인별로 평가표를 받아들고, 모둠별 연기 활동에 대하여 나름대로의 관점으로 평가를 하도록 한다.	• 학생 개인별로 평가표를 가지고 각 모둠의 연극 활동에 대하여 나름대로의 관점에서 평가를 해 나갈 수 있도록 한다. • 나중에 평가표를 수거하여 평가 자료로 활용한다.
정리	전체 학습	▣ **정리 및 다음 차시 안내** - 교사는 각 모둠별로 준비에서부터 발표에 이르기까지 모든 사항에 대하여 조언을 해 준다(주로 칭찬하기).	

사전지식 브레인스토밍 토의·토론

1) 기본이해

여러분이 개미에 대해 알고 있는 것은 무엇인가? 지렁이에 대해서 어느 정도나 알고 있는가? 달에 대해서는 어느 정도 알고 있는가? 세종대왕에 대해서는 얼마나 알고 있는가? 만일 여러분이 이런 것들에 대한 글을 읽게 된다면 읽기 전에 잠시나마 이미 알고 있는 것들에 대해 머릿속에 떠올리게 될 것(사전 지식에 대한 점검)이다. 이처럼 우리 모두는 어떤 글을 읽거나 어떤 주제에 대하여 이야기를 나눌 때 이미 알고 있는 지식이나 적절한 정보를 떠올림으로써 관련된 주제나 글 속의 새로운 자료와 연결시켜 주제나 글의 내용을 예측하거나 상상할 수 있게 된다(효율적인 책 읽기나 주제에 대한 탐구는 글을 읽거나 어떤 주제에 대하여 탐구를 해 나가기 전에 자신이 알고 있는 것을 활성화시키는 것을 포함한다). 따라서 적절한 사전 지식을 확인하도록 하는 일은 새로운 주제에 대한 탐구나 책 읽기를 시작하는 방법으로 매우 유용하다 할 수 있다. 왜냐하면 수업과 관련하여 학생들이 떠올리는 사전지식과 경험은 새로운 주제에 대한 학습이나 책 읽기를 성공적으로 이끌어나가는데 결정적인 역할을 하며, 인지구조의 재구성에 필수적인 요소이기 때문이다. 이렇게 볼 때 교사는 학생들이 새로운 주제에 대한 탐구나 독서 활동을 시작하기 이전에 이미 알고 있는 것이 무엇인지를 체크해 봄으로써 학생들이 기존의 지식을 유용하게 처리할 수 있도록 도와주고, 학생들이 이미 알고 있는 것을 드러낼 수 있도록 해 주며, 장차 배우게 될 내용과 관련짓도록 돕는 일에 최선을 다하지 않으면 안 되는데, '사전 지식 브레인스토밍' 활동이 바로 그런 목적(학습 전에 학생들의 사전 지식을 끌어내는 일)을 달성하는데 매우 유용한 틀이라 할 수 있다.

개념 잡기

사람들은 글에 있는 정보와 자신의 배경지식 사이의 상호작용에 의해 의미를 재구성해 간다. 따라서 학습 주체가 적절한 배경지식을 사용하지 못하는 경우 글을 잘못 해석하거나 특정 주제에 대해 제대로 이해하지 못하게 된다. 이것이 바로 스키마 이론인데, 스키마는 새로운 정보를 받아들일 수 있는 틀을 제공하며, 중요한 정보를 판단하게 하여 정보를 선택적으로 받아들일 수 있도록 해주고, 글 속에서 생략된 정보를 추론할 수 있게 하는 등의 다양한 기능을 가지고 있다. 따라서 스키마를 새로운 주제의 탐구나 독서 과정의 적절한 시기에, 최대한 활용하면 지식 습득 및 이해에 지대한 영향을 미치게 된다. 학교 현장에서는 이를 위해 연상하기, 예측 및 추론하기, 질문하기 등을 많이 활용하고 있다. 이러한 스키마 이론이 일상생활 속에서는 "아는 만큼 보이고 본 만큼 안다.", "새로운 것을 알 때도 100% 모르는 것에서 알 수 없다.", "배경지식이 많을수록 새로운 지식의 활용도가 높다.", "기존의 가지고 있던 지식을 통해서 지식 구조를 만들어 낸다."와 같은 말로 이해되어지고 있다.

2) 진행방법

"혼자 생각하기" 단계는 모든 활동을 시작하기 전에 선행되는 필수 활동!!!

'사전지식 브레인스토밍' 활동을 위한 전략으로써 가장 많이 활용되고 있는 것은 〈알기 – LINK〉, 〈목록작성 – 분류 – 명명〉, 〈알파벳 표 채우기〉 등이다.

◎ 알기 – LINK(List – Inquire – Note – Know) 활동 – 학급 전체 활동(대집단)

이 활동은 사전 지식에 대한 논의가 학생 주도로 이루어지도록 하고자 할 때 많이 활용된다.

1. 교사는 공부하게 될 단원이나 탐구 주제에서 핵심어나 개념을 뽑아낸다.
2. 뽑아낸 단서를 칠판의 중앙에 큰 글씨로 적는다.
3. 학생들은 그 핵심어와 관련하여 떠오르는 것들을 모두 정리한다(약 5~10분).
   (예 "태양계" 하면 떠오르는 것들을 모두 써 보자.)
4. 학생들에게 1가지씩 생각한 것들을 발표하도록 한다. 그리고 학생들이 발표한 내용을 칠판에 써 나간다(학급 전체 활동).

5. 더 이상 나올 내용이 없으면 칠판에 적힌 항목들에 대하여 학생들이 다양한 질문을 할 수 있도록 안내한다.
6. 교사는 학생들의 질문에 대하여 적절한 답변과 함께 "왜 그렇게 생각하니? 왜 그런 질문을 하게 되었니? 그 부분이 바로 우리가 앞으로 탐구해 나가야할 내용이다."와 같은 반응을 보이면서 그들의 사고를 자극한다.
7. 이 단계에서 교사는 학생들이 칠판에 적힌 단어나 개념들에 대해 서로 관련을 맺도록 해주고, 각자의 이해와 공유 및 확장 과정에서 상호작용이 잘 일어날 수 있도록 지도한다(질문하는 동안 잘 들어주기, 서로 존중해주기, 칭찬하기 등).
8. 질문하는 단계가 마무리되면 칠판에 적힌 낱말들에 대하여 주고받은 내용들을 스스로 정리해보는 시간을 갖도록 한다(사전 경험 및 교실 내에서 이루어진 논의를 근거로 정리).
9. 이후 읽을 책이나 탐구할 주제에 대한 학습이 마무리되면 활동을 통해 새롭게 알게 된 사실들을 따로 정리할 수 있도록 지도하는 것이 좋다.

◎ 목록작성 – 분류 – 명명(List – Group – Label) 활동

이 활동은 읽을 책이나 주제에 대하여 어느 정도 적절한 지식이나 정보를 갖고 있는 학생 개인을 상대로 하거나 주제에 대하여 공동탐구를 해 나가야 할 모둠에게 효과적인 전략이라 할 수 있다.

1. 핵심 주제나 낱말을 제시하고, 학생 개인 또는 모둠원에게 그 낱말로 연상되는 것들을 모두 적을 수 있도록 한다(약 5~10분).
2. 모둠원과 함께 할 경우, 돌아가며 말하기 방식 또는 브레인스토밍 방식으로 모둠에서 나온 생각들을 하나의 활동지에 기록하도록 한다(관련이 없거나 관련성이 떨어지는 것들은 협의를 통해 제외시킨다).
3. 충분한 의견 공유가 이루어졌거나 개인적인 활동이 마무리되었다면 이를 바탕으로 하여 공통점을 갖는 항목끼리 묶어나갈 수 있도록 한다. 이 때 적절한 활동지를 배부하여 각 항목별로 구분하여 정리해나가도록 안내한다(활발한 토의·토론 활동이 이루어질 수 있도록 지도하되, 항목은 최소한 3개 정도 이상이 될 수 있도록 한다).

4. 마지막으로 범주화 단계를 거친다. 이 단계는 각자 혹은 모둠원이 정리한 것을 검토하고, 각 항목에 알맞은 적절한 이름을 붙이는데, 이는 각 하위 목록의 제목으로 이용될 수 있다.
5. 각 개인 혹은 모둠에서 범주화시킨 결과물들을 공유한다(이때 목록을 조직한 근거도 함께 설명할 수 있도록 한다).

   (예) 양서류(탐구 주제) ⇨ 생각한 것들(개구리, 도롱뇽, 물가 근처에 사는 생물, 두꺼비, 벌레를 먹음, 냉혈, 연못, 어항, 점액성 피부 등) ⇨ 분류하고 범주화하기 ⇨ 제목 붙이기(양서류 동물의 종류, 서식처, 특징 등)

◎ 알파벳 표 채우기(Sequential Roundtable Alphabet) 활동 – 자음표 채우기

이 활동은 폭넓은 배경 지식을 갖고 있는 학생들에게 매우 효과적인 전략이라 할 수 있다(주로 용어, 사실, 사건에 대한 기억을 촉진시켜준다).

1. 각 개인이나 모둠에 알파벳 채우기 표를 배부한다(우리나라의 경우 자음표를 만들어 배부하면 된다).
2. 각 알파벳(자음)으로 시작되는 단어를 연상하여 적는다(정해진 시간 안에 가능한 많은 내용을 채우도록 한다).
3. 각 개인 또는 모둠에서 적은 내용을 모둠원과 함께 공유하고 정리한다.
4. 모둠에서 공유한 내용을 학급 전체에 발표한다.

자음표 채우기 (주제:)	ㄱ	ㄴ	ㄷ	ㄹ
ㅁ	ㅂ	ㅅ	ㅇ	ㅈ
ㅊ	ㅋ	ㅌ	ㅍ	ㅎ

3) 활동효과

1. 학생들은 이미 알고 있는 지식을 바탕으로 하여 새로운 것들에 대한 학습을 준비하거나 새롭게 공부할 내용에 대한 예측을 할 수 있다(단원 도입 활동을 할 때 매우 많이 활용된다).

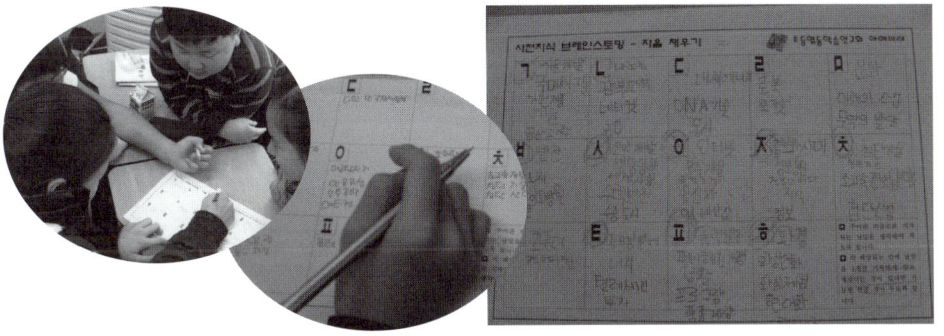

자음표 채우기 활동: 필자의 반 사례

2. 이미 알고 있는 것을 바탕으로 글을 읽거나 학습을 내 나감으로써 학습 동기가 높아지게 된다.
3. 보다 넓은 사전지식을 갖고 있는 학생들과 지식과 정보를 공유하게 됨으로써 모든 학생들이 학습 주제나 책에 대하여 나름대로 친숙한 상태에서 학습 또는 책 읽기를 시작할 수 있다.
4. 배경지식이 전혀 없던 학생들도 학습을 시작하기 전에 어느 정도 기초가 되는 정보를 접하거나 습득할 수 있다.
5. 배경지식에 오류가 있거나 잘못된 지식과 정보를 갖고 있었던 학생들에게는 그것들을 수정해 나갈 수 있는 좋은 기회가 된다.
6. 학생들이 스스로 질문을 만들고, 설명을 듣고, 생각을 꺼내 놓은 과정에서 참여에 대한 책임을 지게 된다.
7. 충분한 학습 후에는 그 내용을 바탕으로 복습도 가능하게 해준다(단원을 총정리 하는 차원에서도 자주 활용된다).

4) 주의할 점이나 활동의 팁

1. 어떤 활동을 하더라도 상대방에 대한 의견을 존중해주고, 수용하는 자세가 필요하다(특히 주제와 관련성이 떨어지는 의견들이 나왔을 때 더욱 그렇다).
2. 일종의 브레인스토밍 활동이기 때문에 나머지 주의할 점이나 활동의 팁은 앞 장의 "브레인스토밍"을 참고하기 바란다.

25 집단 탐구를 위한 Co-op Co-op 토의·토론

1) 기본이해

집단 탐구를 위한 Co-op Co-op 모형은 "자율적 협동학습 모형"이라고도 불리는데, 이 활동은 학생들의 자연적인 호기심과 표현력 등을 발전시킬 수 있는 조건을 제공하는 것을 중요하게 생각한다. 그리고 이러한 능력을 발휘시킬 수 있는 조건은 학생 자신이 흥미와 관심을 갖고 있는 주제에 대하여 같은 관심을 가진 동료들과 함께 그 주제에 대한 토론과 조사를 할 수 있는 학습 환경을 만들어 주는 것이라는 데 핵심이 있다. Kagan이 개발한 자율적 협동학습 모형은 한 학급에서 토의·토론 과정을 통해 학습할 주제를 학생들이 직접 선정하고, 각자의 흥미에 따라 소집단을 구성한 다음 소집단 내에서 각 구성원들은 자신이 맡아 수행할 주제를 다시 선택·조사·정리·재구성하여 집단의 과제를 완성하고, 각 집단의 과제가 함께 모여 학급 전체의 학습과제를 완성하게 된다는 것인데, 소집단 간의 상호 협동적 활동을 통하여 학급 전체의 학습목표를 달성하도록 한 것이 가장 큰 특징이라 할 수 있다. 이처럼 학급 전체가 협동적으로 학습과제를 해결하기 위해 소집단들이 협동학습을 한다고 하여 "협동을 위한 협동학습"이라는 이름으로도 불리고 있다. 이 모형의 특징을 살펴보면 다음과 같다.

① 학생들의 자연적인 호기심과 지적 능력, 표현력을 이끌어내고 신장시키는 것을 강조한다(호기심에 따라 행동 ⇨ 새로운 경험 ⇨ 그 속에서 새로운 지식을 습득하고 만족감을 얻는다).

② 집단 내의 협동과 집단 간의 협동을 강조해서 학급 전체가 특정한 주제와 관련된 학습 경험을 나눌 수 있도록 되어 있다(집단 구성원들끼리 함께 공부 ⇨ 지식 습득 및 이해의 폭 확장 ⇨ 산출한 결과물들을 학급 전체와 공유 ⇨ 다른 집단의 구성원들도 함께 지식 습득 및 이해의 폭 확장).

2) 진행방법

1. 학습 주제 소개하기

교사는 수업 초기에 학생들이 앞으로 탐구하게 될 주제에 대한 자신의 흥미를 발견하고 이를 적극적으로 표현하도록 유도하고 격려한다. 보통 교사가 학습 주제를 학생들에게 소개하는데 있어서 강의, 인쇄물, 비디오 또는 학생들의 관심을 자극할 수 있는 자료 읽기 등의 방법을 많이 사용한다. 이 단계의 가장 큰 목적은 학생들의 흥미와 호기심을 유발시켜 자발적인 학습 동기를 불러일으키고 참여도를 높이는 것이라 할 수 있다.

2. 학생 중심의 학급 토의·토론

학생들은 주제에 대하여 이미 알고 있는 것, 더 알고 싶은 것 등을 브레인스토밍하고, 교실 전체 토의·토론을 하게 된다. 이 과정에서 한 주제에 대해 다양한 소주제들이 만들어지게 된다. 이렇게 만들어진 다양한 소주제를 바탕으로 토의·토론을 거쳐 주제들을 분류한 뒤 최종적으로 다룰 소주제들을 결정한다. 이 단계에서 토의·토론 활동의 목적은 학생들 스스로가 주제에 대하여 공부를 해 나가도록 이끄는 것뿐만 아니라 자신의 호기심을 자극하고 발견해서 학습에 더 많이 참여하도록 하는데 있다. 따라서 Co-op Co-op 모형의 성패는 1단계와 2단계에 있다고 해도 과언이 아닐 것이다.

3. 소집단 구성을 위한 소주제들 선택하기

2단계까지의 활동을 통해 생산된 다양한 학습 주제들 중에서 학생들 스스로가 학습하고자 하는 소주제를 각자 선택한다.

4. 소주제별 소집단 구성하기

학생들 각자가 스스로 선택한 주제를 중심으로 소집단을 구성한다. 이 단계에서 주의해야 할 점이 있다면 집단 구성에 있어서 한 집단 내의 이질성을 최대화시켜 학생들 간의 긍정적인 상호작용이 일어날 수 있도록 해야 한다는 점인데, 이는 말처럼 그리 쉽지만은 않다(특정 소집단에 잘하는 아이들이 몰릴 수도 있고, 그 반대의 상황이 벌어질 수도 있다).

5. 모둠 세우기를 통한 집단 세우기 및 사회적 기술 개발

자율적 협동학습 모형은 "우리는 하나"라는 집단의식이 형성되기 전에는 성공적으로 과제를 완수할 수 없다. 따라서 소집단이 구성되면 모둠 세우기 활동은 필수적이라 할 수 있다. Kagan(1999)은 그의 저서에서 모둠 세우기의 목표를 다음과 같이 정하고 있다.

① 서로에 대해 알기	② 모둠 정체성 세우기	③ 상호 지원
④ 차이점 존중하기	⑤ 시너지 개발	

한편 토의·토론 활동이 원활하게 이루어질 수 있도록 하기 위해 사회적 기술을 개발하고 지속적으로 유지될 수 있도록 해야 하는데, 꼭 필요한 것으로는 아래와 같은 것이 있겠다.

① 상대방의 말에 경청하기	② 도움이 되는 비판하기(사람 비판 금지)
③ 지원적인 질문	④ 갈등 해결 기술

바람직한 이질 모둠 구성 및 성공적인 주제 탐구 활동을 위해 앞의 3~5단계를 다음과 같이 진행하기도 한다(실제로는 이 방법을 더 선호한다).

- 3단계: 학습 집단 구성하기(보통은 미리 교사가 이질 모둠 구성해 놓는다.)
- 4단계: 모둠 세우기 및 사회적 기술 개발
- 5단계: 구성된 모둠원이 서로 토의·토론하여 소주제를 선정(서로 신뢰하고 의사소통기술을 잘 개발, 습득하였다면 모둠은 자신들의 특성에 맞는 알맞은 주제를 선택하게 된다. 교사는 그 과정에서 각 모둠을 순회하면서 촉진자 역할을 충실히 해내도록 한다. 만일 이 과정에서 여러 집단이 같은 소주제를 선택하게 된다면 서로 접근 방법을 다르게 하여 진행하거나 다른 집단이 또 다른 소주제를 선택하도록 유도해 나갈 필요가 있다. 아울러 매우 중요한 소주제임에도 불구하고 그것을 선택한 모둠이 없을 경우,

이를 충분히 알려서 이를 다룰 수 있는 모둠이 생겨나도록 해야 한다.)

6. 소주제의 정교화

소주제별로 모인 소집단은 소집단 내에서의 토의·토론 활동 통해서 자신들이 맡은 소주제를 보다 정교한 형태로 구체화시키고, 연구할 범주를 정하도록 한다.

7. 각 개인별 과제 선택과 분업

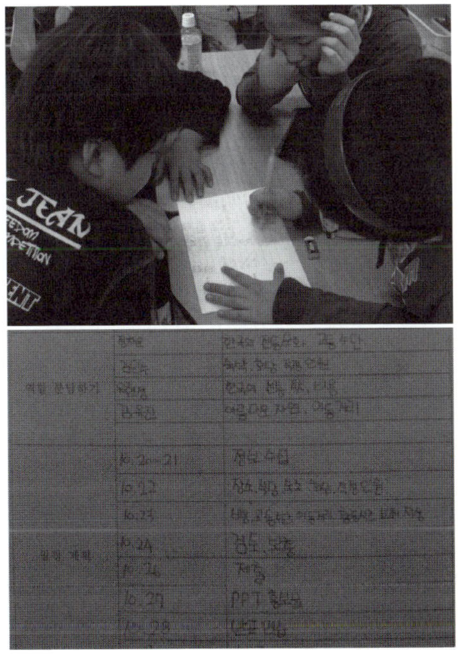

필자의 반 사례: 역할분담

소집단 구성원들은 소주제를 몇 개의 하위 과제로 나누고 구성원 모두가 자신이 원하는 과제를 분담하도록 한다. 학생들이 개별적으로 선택한 과제는 모둠이 선택한 소주제의 각기 다른 한 부분을 말한다. 이들 하위 과제들은 어느 정도 서로 중첩되는 부분이 있어서 모둠 구성원들은 서로 수집한 정보를 나눌 수 있도록 해야 하며 각기 자신만의 독특한 과제 수행을 통해 모둠에 기여할 수 있어야 한다. 이 때 교사는 학생들의 수준에 따라 과제가 잘 분담되었는지 살펴보고, 그렇지 않은 모둠이 있다면 조절해 줄 필요가 있다(과제 분담에 도움을 주는 방법: 과제와 학생의 능력 사이의 적절성 안내, 과제 수행을 위해 활용할 수 있는 자원 안내하기, 나누어진 과제에 대한 자세한 안내 등).

모둠 구성원들이 집단에 중요한 기여를 하도록 하는 방법

① 다른 동료의 집단에 대한 기여도를 평가하도록 한다.
② 각자의 과제에 대한 보고서나 프로젝트를 만들도록 한다.
③ 교사가 각자의 기여도를 점검하도록 한다.

8. 각 개인별 책임 과제 완수(하위 과제 해결)

각 모둠의 학생들은 자신이 맡은 과제를 개별학습(자신만의 독특한 방식으로 과제 수행)하고 소집단 내에서 발표할 준비를 한다. 이때 교사는 학생들이 되도록 많은 준비를 하고 자신이 선택한 과제에 대하여 책임을 지게 함으로써 집단 전체의 성패가 자신에게 살려 있음을 깨닫도록 지도해야 한다.

9. 모둠 내에서의 개인별 과제 발표

이 단계에서 학생들은 자신이 맡은 과제에 대한 학습 및 조사 결과를 발표함으로써 서로의 학습 경험을 공유하게 되는데, 이때의 과정은 직소모형과 비슷한 양상을 보이게 된다. 이때 학생들은 발표(토의·토론)자, 기록이, 진행자 등의 역할을 분담하여 발표의 질을 높이도록 해야 한다.

모둠 내 개인 과제 발표 사례

10. 소집단별 학급 전체 발표 준비

모둠 내에서 과제에 대한 발표가 모두 마무리되면, 학생들은 그동안에 나타난 결과물들을 종합적으로 정리하고 수정·보완해서 학급 전체에 보고할 수 있도록 준비한다. 이때 각 소집단별로 준비한 것들은 단지 모둠 내에서의 개인별 과제를 종합한 것 이상의 의미를 담고 있는 것이 될 수 있도록 해야 한다. 이를 위해 발표 방식을 다양하게 할 필요가 있으며(예 논쟁, 전시, 설명, 역할극, 프리젠테이션, 인터넷 홈페이지 활용, 전시

모둠별 발표 준비(홍보물)

장 관람구조 활용 등), 교사는 발표를 연습할 수 있는 기회를 충분히 제공해주어야 한다.

11. 소집단별 학급 발표

소집단별 학급 발표 단계에서는 소집단별로 전체학급에 대해 발표하고 교실 전체가 그에 대하여 토의·토론 활동을 해 나간다. 이때 소집단별로 발표시간을 정해주고, 다른 모둠에 속한 학생으로 하여금 시간 관리를 해 나갈 수 있도록 한다. 발표의 특성에 따라 질의·응답 혹은 피드백이 필요할 수도 있는 만큼 교사의 적절한 지도와 안내가 필요한 단계라 할 수 있다.

모둠별 발표 사례: 필자의 반

12. 평가와 반성

학업성취에 대한 개인별 평가는 형성평가 등의 시험을 통해 이루어지기도 하고, 소집단별 평가는 학급 전체 학생들에 의한 발표 평가, 소집단 보고서에 대한 교사

개인별 성찰 일기 쓰기(반성)

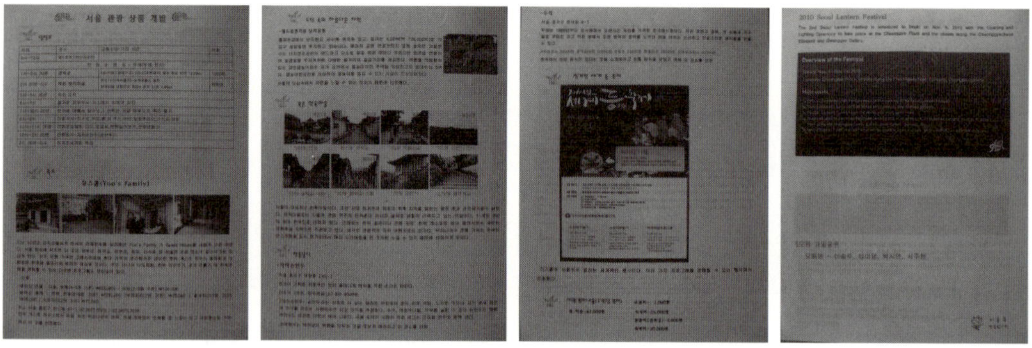

필자의 반 모둠별 보고서 사례

의 평가, 소집단 구성원들에 의해 이루어지는 집단 내 개인의 기여도에 대한 평가, 각 학생들의 과제 보고서나 과제 발표에 대한 교사의 평가, 개인별 활동에 대한 반성(성찰 일기) 등을 통해 이루어진다. 이를 위해 교사는 발표 내용이나 형식에 있어서 장단점에 대한 것들을 학급 구성원 모두가 토의·토론해 나갈 수 있도록 유도하고, 형식적인 평가 양식을 개발하여 체크해 나가도록 한다(특히 활동이 마무리되기까지의 과정에서 학생들이 보여준 사회적 기술에 대한 반성, 집단 구성원 각자에 대한 집단에의 기여도를 반드시 체크해 나갈 수 있도록 한다).

지금까지 안내한 자율적 협동학습 모형의 주요 절차를 간단히 나타내보면 아래와 같다.

- **1단계** 학습 주제 소개 →
- **2단계** 학생 중심의 학급 토의 · 토론 →
- **3단계** 학습 집단 구성하기 →
- **4단계** 모둠 세우기 · 사회적 기술 개발 →
- **5단계** 학습할 소주제 선택 →
- **6단계** 학습할 소주제 정교화 →
- **7단계** 개인별 과제 선택 및 분업 →
- **8단계** 각 개인별 책임 과제 완수 →
- **9단계** 각 모둠 내에서 개인과제 발표 →
- **10단계** 각 모둠별 학급 전체 발표 준비 →
- **11단계** 각 모둠별 학급 전체 발표 →
- **12단계** 평가 및 반성

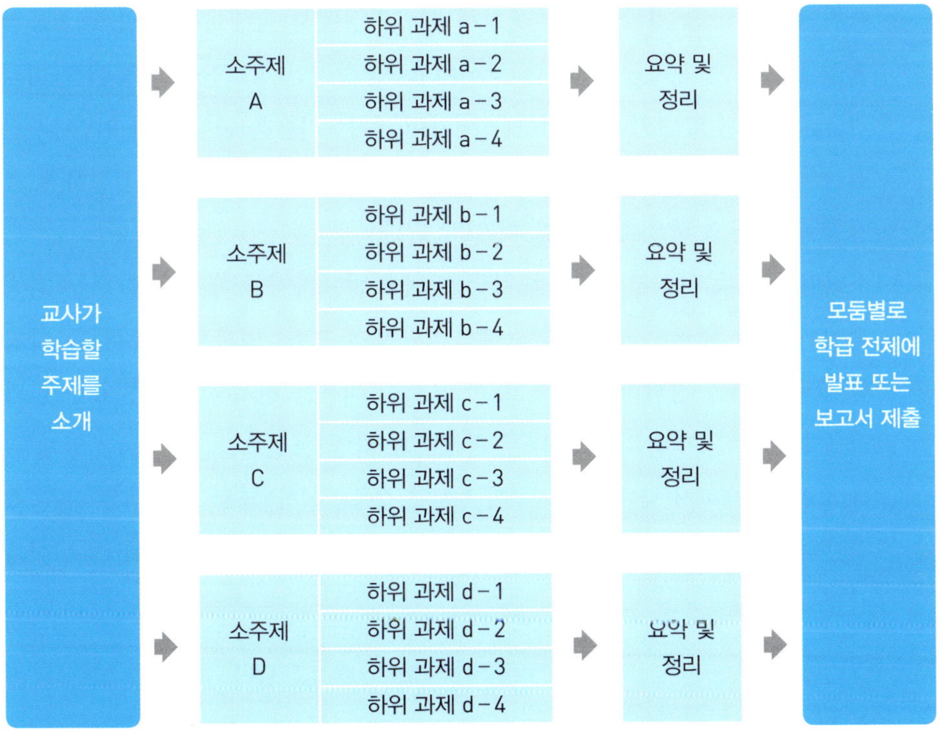

3) 활동효과

1. 학생들이 학습할 주제와 집단을 직접 선택할 수 있어서 자율성이 신장되고 자연스럽게 내재적 동기유발이 이루어진다(학급 전체가 학습할 주제를 토의·토론 ⇨ 학생 각자는 자신의 흥미에 따라 소주제 선택 ⇨ 소주제를 중심으로 집단 구성 ⇨ 협동적으로 활동 ⇨ 외적 보상이 불필요).
2. 소집단 구성원 한 사람이라도 자신의 책무에 소홀하게 되면 집단 전체의 실패로 이어지며, 이는 곧 학급 전체의 실패로 직결되기 때문에 이 활동에 참가하는 학생 모두는 "나의 실패는 곧 전체의 실패"라는 생각을 가지고 책무성을 높여 나갈 수 있게 된다.
3. 학생들이 주제를 탐색하고, 소집단 형성 및 수행할 과제를 선택하는 과정에서 토의·토론 활동이 자연스럽게 일어나게 되고, 폭이 넓고 심도 깊은 사고를 할 수 있게 되어 학생들의 고급사고력 신장에 도움이 된다.

4. 소집단별로 학습 결과물들을 생산해내는 과정에서 학생들은 분업적·협동적 활동을 통해 통합학습능력을 신장시키고, 긍정적인 상호작용을 통해 사회적 기술(특히 관계 맺는 기술)을 터득해 내가며, 듣는 기술을 통해 감정 이입 및 관점 선택 능력을 신장시키고 다른 사람의 주장과 자기의 주장을 적절하게 조절할 수 있는 능력을 향상시킬 수 있게 된다.
5. 소집단별로 정리한 결과물들을 학급 전체에 발표하기 위해 준비를 하는 과정 속에서 토의·토론 능력, 협상 능력, 비판적 사고력, 의사결정 능력 등 다양한 고급 사고를 경험하게 된다. 또한 조사한 내용을 전체 학급에 발표하는 과정을 통해 같은 학급의 모든 다른 학생에게 다양한 정보를 제공할 수 있게 된다(소주제 영역에서 깊이 있는 지식과 정보를 습득). 그 결과로 학생들은 다른 소집단의 발표에 대해 적절한 판단과 지지를 보내면서 역시 사고력과 발표력을 신장시키게 된다.

4) 주의할 점이나 활동의 팁

1. 그 어떤 활동보다 과제에 대한 개인적인 책무성이 강조되는 만큼 학생들이 과제 해결에 최선을 다할 수 있도록 지도하고 관리할 필요가 있다(예 과제 점검표를 만들고 매일 아침에 각 모둠별로 체크한 후 교사가 관리, 과제 해결에 어려움을 겪고 있는 학생들을 찾아 문제 해결을 위한 도움 주기, 학급 홈페이지 등을 활용하여 매일 과제를 올리고 점검하기, 모둠 구성원들이 홈페이지를 통해 과제에 대한 다양한 정보를 나눌 수 있도록 하기, 결석으로 인한 차질 예방 등).
2. 과제에 대한 개인적인 책무성이 강조된 만큼 소집단 내에서 과제가 적절하게 배분(특히 난이도 면)되었는가에 관심을 가져야 한다.
3. 학생들이 자유롭게 주제를 선정하도록 하는 만큼 교사가 생각하는 것과 거리가 멀어질 수도 있으므로(예 보다 본질적인 주제를 다루었으면 좋겠는데 학생들은 지엽적인 주제를 선택하고자 할 때, 꼭 다루어야 할 중요한 소주제가 나오지 않았을 때 등) 학생들이 의견을 제시할 때 교사는 학습목표와 관련지어 핵심적인 주제로 유도할 필요가 있다.

4. 실제로 소주제를 선택할 때 특히 학생들의 흥미와 관심을 끄는 소주제가 있기 마련이다. 이럴 때 소주제 선택을 통한 집단 구성에 교사가 강제로 개입을 하게 되면 내적동기가 그만큼 떨어지게 되어 "자유로운 주제선택"이라는 원칙을 크게 벗어나게 된다. 따라서 이럴 때 교사는 학생들이 선호하지 않는 소주제에 대하여 학생들의 흥미를 유도할 수 있는 자료 제시나 안내 및 설명을 해 주어 학생들이 자발적으로 다른 소주제로 이동할 수 있도록 해 주어야 한다.

26 Bloom의 학습지 토의·토론

1) 기본이해

학생들은 학습지라는 것에 대하여 긍정적인 인식보다는 부정적인 인식을 더 많이 갖고 있다. 왜냐하면 지식의 암기와 이해 수준에 머물고 있는 문제에 대한 단순 반복과 숙달이 중심이고, 진행 방식도 학습지를 나누어주고 각자 풀고 모두 함께 답을 맞추고 설명해주거나 특정 학생을 지목하여 풀게 하는 틀에서 벗어나지 못하여 학생들의 흥미와 지적 욕구를 자극하지 못하기 때문이다(개별식 구조, 일제식 구조의 틀을 벗어나지 못함으로 인하여 학생들끼리의 지적 상호작용이 턱없이 부족함). 그 속에서 학생들은 결코 지적 만족감과 즐거움을 느끼지 못한다. 그러다 보니 수업시간이 끝나고 나서 쉬는 시간에 보면 학습지가 교실 바닥에 나뒹굴거나 쓰레기통에서 발견되기도 한다. 그런 모습을 볼 때마다 교사로서 만감이 교차하게 된다("내가 이 학습지를 만들기 위해 밤잠도 설쳐가면서 어렵게 만들었건만 이렇게 쉽게 버려진 모습을 보니 화가 나네! 누구의 것인지 찾아내서 혼을 내?"). 하지만 Bloom의 학습지는 그에 대한 좋은 대안이 될 수 있다. 왜냐하면 좋은 학습지는 학생들의 흥미와 관심을 끌고 학생들의 사고와 지적 욕구를 자극하여 배움이 일어날 수 있도록 해 주며 모둠 내에서 구성원들끼리의 상호작용(토의·토론)이 활발하게 일어날 수 있도록 적절히 구조화되어야 하는데, Bloom의 학습지는 그런 면들을 모두 갖추고 있기 때문이다.

2) 학습지 만들기

Kagan(1999)은 그의 저서에서 모둠에서의 협동적 활동을 위한 '협동 학습지'를 만드는 6가지 원칙을 아래와 같이 제시하고 있다(필자가 요약·재구성함).

1. 명료성: 질문은 명확하게 해야 한다. 왜냐하면 질문이 명확하지 않으면 문제 해결보다도 그 문제가 무엇을 요구하는 것인지 파악하느라 시간을 허비하기

때문이다.

예 "~에 해당되는 것을 모두 찾기" ⇨ "~에 해당되는 것 3가지 찾기"

2. 모둠 언어: 모둠 학습지는 모둠원이 함께 답하고 연구해야 하는 것이다. 모둠에 개별적인 '너'는 없다. 오직 모둠원 전체의 공유와 검증을 통한 합의가 있을 뿐이다. 왜냐하면 모둠원이 항상 의견 일치를 보는 것은 아니기 때문이다. 자칫하면 모둠의 토의·토론, 과제 해결, 정보 찾기 과정은 분쟁과 불일치, 힘겨루기의 시간으로 전락할 있다는 것을 잊어서는 안 된다.

예 "가장 중요한 것은 무엇일까?" ⇨ "~의 중요성 3가지를 적으세요."

3. 난이도 순서: 가장 쉬운 문항을 처음에 둔다. 왜냐하면 성적이 낮은 학생이 처음부터 어려운 문제로 시간을 끌다 결국 다 끝내지 못하고 마는 상황을 만들지 않기 위함이다. 그 다음엔 지식과 이해 수준을 넘어 적용과 분석 문제를, 마지막으로 종합, 평가의 문항을 낸다.

예 처음: 지식, 이해 수준(~을 찾아라, 이것을 무엇이라 하는가?, ~을 써라.)
중간: 적용, 분석 수준(비교하라, 대조하라, ~게 나누어라.)
끝: 종합, 평가 수준(공식화하라, 만들어보라, 비평하라.)

4. 마지막 질문은 개방형 질문으로!: 왜냐하면 모둠마다 과제를 해결하는데 있어서 시간 편차가 발생하기 때문에 다른 모둠이 끝낼 때까지 기다리면서 풀 수 있는 개방형 문제를 제시해 주는 것이 좋다.

예 ~에 관한 이유를 모두 적어라, ~의 장 단점을 모두 찾아보시오.

5. 시고력 훈련을 위한 구성: 학습지의 구성을 어떻게 하느냐에 따라 학생들에게 일어나는 사고의 종류와 양은 매우 크게 달라진다. 형식이 없는 학습지보다는 형식에 의한, 개방적인 문제가 포함된 학습지에서 보다 풍성한 결과를 얻을 수 있을 것이다.

예 구조화되지 않은 학습지와 구조화된 학습지 사례 비교

〈구조화되지 않은 학습지〉

도시와 촌락의 차이점 비교하기

도시	촌락

〈구조화된 학습지〉

도시와 촌락의 차이점 비교하기

도시	항목	촌락
	건물의 모양	
	직업	
	땅의 이용	
	인구	
	집과 집 사이 거리	
	교통-통신	
	문화 생활환경	
	자연환경	
	〈기타〉	

6. Bloom 학습지: 다양한 인지력의 전 영역을 학습지에서 다루기 위해 블룸의 분류법을 사용하라. 좋은 학습지는 모든 학습자들을 위한 그 무엇인가가 있다. 다시 말해서 좋은 학습지는 학습력이 떨어지는 학생도 풀 수 있는 문항과, 학습력이 높은 학생도 도전의식을 가지고 참여할 수 있는 자극적인 문항이 함께 있다.

3) Bloom의 분류법을 사용한 학습지 만들기

평가문항을 작성할 때뿐만이 아니라 학습지를 만들 때도 Bloom의 분류는 매우 유용하다. Bloom의 분류 각 단계로부터 학습할 문항을 추출한다면 큰 도움이 될 것이다.

1. 지식 수준: 정보의 기억 및 인식에 대한 것을 말한다(사실의 기억, 용어나 법칙 등에 대한 인지). 주로 암기와 반복의 과정으로 진행된다.

예 기억하라, 확인하라, 무엇인가, 누구인가, 정의를 내려라 등

2. 이해 수준: 학습 도구 다루기, 다른 말로 고치기, 자신의 말로 자세히 묘사하기 등에 해당된다. 주로 설명과 예를 들어 말하기 등의 과정으로 진행된다.

예 자세히 쓰시오, 비교하라, 예를 들어 설명하여라, 이유는 무엇인가, 중심 주제는 무엇인가 등

3. 적용 수준: 학습한 내용을 문제 풀이에 응용하기에 해당된다(습득한 지식과 그에 대한 이해를 바탕으로 다른 상황에서의 문제를 해결해 나감). 주로 실습이나 현실생활에서의 실천적 적용 또는 현실적인 문제 상황을 해결하는 방향으로 이어진다. 활동지에 응용 수준의 문항이 많으면 많을수록 좋다. 학습을 통해 습득한 지식과 정보를 다른 문제 해결에 응용하도록 하는 것은 깊이 있는 '배움'으로 이끄는 효과적인 방법 중 하나라 할 수 있다.

예 적용하라, 분류하라, 선택하라, 해결하라, ~을 사용하여 –을 설명하라 등

4. 분석 수준: 이유, 원인, 동기 분석하기, 적절한 증거를 근거로 결론 내리기 및 추론하기, 일반화시키기 및 보조 증거를 찾기 위한 결론, 추론, 일반화, 분석하기 등에 해당된다(어떤 문제를 세부적으로 나누고, 그 부분들 사이의 관계를 살핌). 주로 연역이나 귀납에 의한 논리적 사고를 중심으로 진행된다.

예 ~을 분석하라, 원인을 파악하여라, 추론하여라, ~로부터 내릴 수 있는 결론은 무엇인가, ~에 대한 증거를 들어 설명하여라 등

5. 종합 수준: 아이디어나 관련 정보 묶기에 대한 것으로, 독창적인 의사소통 방식 산출, 여러 정보를 기초로 예견하기, 여러 자원을 활용하여 문제 해결하기 등이 이에 해당된다. 주로 창의적–확산적 사고를 바탕으로 결합–분리 등을 통해 문제 상황에 대한 해결 방안을 찾아 일반화시키는 과정으로 진행된다.

예 ~을 바탕으로 고안하라, 계획하라, 구성하라, 개발하라, 주어진 조건을 모두 충족시킬 수 있는 계획을 세워라, ~과 –을 연관지어보시오 등

6. 평가 수준: 아이디어, 해결책, 미학적인 과제들의 장점을 판단하고, 논의하고,

칭찬하고, 비평하기 등에 해당된다(여러 가지 산출물에 대한 가치 판단). 수업 속에서는 주로 토의·토론, 논술 활동으로 진행된다.

예 얼마나 좋은가, 아름다운가, 2가지 대안의 긍정적인 면과 부정적인 면을 써라 등

참고 학습지에 대한 또 다른 생각

현장에서 제작, 공유되고 있는 학습지를 보면 질문 유형이 주로 지식, 이해 수준, 단순 문제 풀이나 단답형 수준(기본 사고 수준)에 머물고 있어서 학생들의 고급사고(적용, 분석, 종합, 평가)를 자극하지 못하고 있다. 최근 들어 구성주의적 사고가 학교 현장에도 영향을 주면서 "정답은 무엇이니?(수렴적 질문)"라는 식의 질문보다 "네 생각은 무엇이니? 왜 그렇게 생각하니?(확산적 질문)"라는 식의 질문이 더 바람직한 것으로 여겨지고 있지만 아직도 그 수준은 미미한 정도에 머물고 있다 해도 과언이 아니다. 더욱이 미래형 교육과정을 논하고 창의적인 인재 육성을 준비하며 혁신학교(학교혁신) 분위기가 무르익어가는 이 때, 학교 현장에서의 수업이 기본 사고 수준에 머물러 있거나 그 수준을 과히 벗어나지 못하고 있다면 심각한 문제가 아닐 수 없다. 따라서 학습지를 제작하는데 있어서 기존의 사고와 틀을 과감히 벗어던지고 다양한 유형의 학습지를 제작, 개발하여 현장에 적용할 필요가 있다.

예 마인드 맵, 그림이나 만화로 표현하기, 도표 활용하기, 윈도-패닝, K·W·L 차트, 함께 차드, P.M.I. 활동지, 만다라트 활동지 등(창의적 사고와 확산적 사고-고급사고를 자극하는데 도움이 되는 활동지 제작에 힘을 써 보자).

함께 차트 토의·토론

1) 기본이해

함께 차트 구조는 한 가지 주제에 대한 여러 사람의 생각이나 여러 가지 관점을 정리하는 데 매우 유용한 구조라 할 수 있다. 이 구조는 주어진 한 가지 주제에 대한 토의·토론 과정을 거치면서 생산된 다양한 의견, 내용, 문제 해결 방법 등을 한눈에 보면서 서로의 생각에 있어서 차이점과 공통점 및 찬성/반대 입장 등을 알 수 있도록 해준다. 의사결정 및 정보의 교환, 정보 수집, 비교 및 분류, 분석, 대조 등에 유용하다고 할 수 있겠다.

2) 진행방법

"혼자 생각하기" 단계는 모든 활동을 시작하기 전에 선행되는 필수 활동!!!

1. 활동을 위한 학습지를 미리 제작한다(행의 수: 항목의 수만큼, 열의 수: 5칸 – 보통 모둠의 인원을 4명이라고 놓고, 제일 가운데에 주제 또는 항목을 쓰는 칸을 마련한다).
2. 맨 윗줄에 각 모둠원의 이름을 쓰고, 제일 가운데 칸은 주제와 관련된 항목(비교할 내용 등)을 쓰도록 한다. 주제는 활동에 따라 교사가 미리 써 놓고 활동지를 나누어주어도 좋고, 때에 따라서는 아동들이 직접 분류 기준 혹은 주제에 따른 여러 가지 항목을 직접 정하여 모둠별로 작서 해 보는 것도 좋다(아래 예시).

교사가 미리 준비해두어야 할 활동지 양식

모둠원 1(이름)	모둠원 2(이름)	주제	모둠원 3(이름)	모둠원 4(이름)
		항목 1		
		항목 2		
		항목 3		
		항목 4		
		항목 5		

3. 돌아가며 쓰기 구조 등을 이용, 각자 생각한 내용을 채운다(또는 기록이가 정리한다).

4. 활동 결과에 따라 모둠 내에서 발표시간을 갖거나, 모둠 내에서 정리하여 학급 발표를 하기도 하고, 그 결과물 자체를 학급 게시물로 활용하여 다른 모둠과 비교해 볼 수도 있겠다.

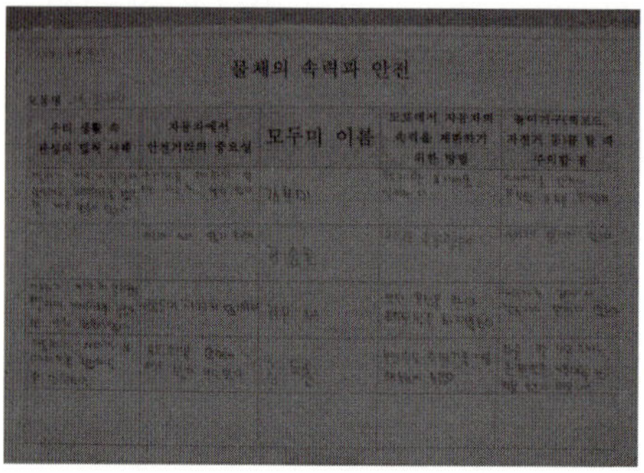

함께 차트 활동 결과 사례

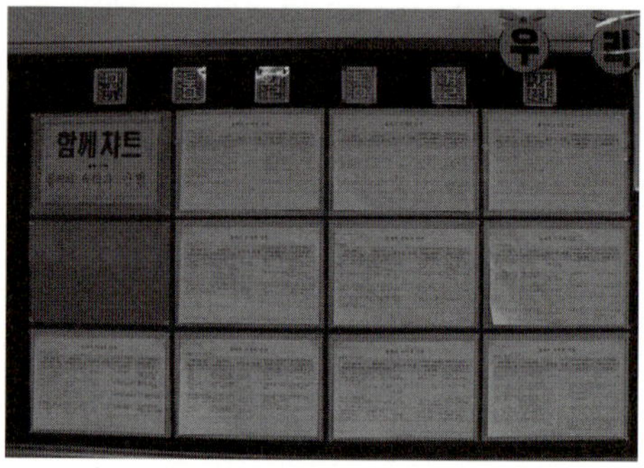

구조 활동 결과물 게시판 사례

3) 활동효과

1. 각 학년의 국어교과나 독서 후 활동으로 각 이야기에 나오는 인물끼리 비교하거나 나와 책 속의 인물을 비교하는 활동에도 이용될 수 있다.

수학 – 우리의 몸 각 부위의 길이 재보기

모둠원1	모둠원1	길이	모둠원3	모둠원4
		입		
		손 한 뼘		
		눈썹 사이		
		머리카락		
		발 크기		

인물 비교하기 – 주인공과 나

장영실	장영실과 나	나
	인내심	
	창의성	
	습 관	
	문제해결력	
	도전정신	

2. 학년 초 학급 세우기, 모둠 세우기 차원에서 서로에 대하여 소개하는 알아가는 활동에도 효과가 있다(항목의 예: 좋아하는 과목, 좋아하는 색, 감명 깊게 읽었던 책, 취미, 특기, 좋아하는 것, 싫어하는 것, 특기나 잘 하는 것 등).

학급활동을 위한 활동지 사례

모둠원 1	모둠원 2	항　목	모둠원 3	모둠원 4
		가족 소개		
		좋아하는 책		
		감명 깊었던 영화		
		취미		
		별명		
		좋아하는 노래		

3. 학급 또는 모둠에서 회의한 결과로 제시된 다양한 사례에 대하여 각자 개인의 의견을 묻는 활동지로 활용할 수도 있다. 의사표현 및 의사결정의 한 방법으로 '함께 차트'를 활용하면 보다 쉽게 의사결정에 도달할 수 있으며, 보다 많은 사람들이 찬성하는 의견이 어느 쪽인지 한눈에 쉽게 알아볼 수 있다.

회의 결과를 놓고 의사결정과정에서 활용할 수 있는 활동 사례: 안건 3에 모두 찬성

모두미 1	모두미 2	제시된 의견	모두미 3	모두미 4
찬성	찬성	안건 1	반대	반대
반대	찬성	안건 2	찬성	찬성
찬성	찬성	안건 3	찬성	찬성
찬성	반대	안건 4	찬성	반대
반대	반대	안건 5	반대	찬성
반대	찬성	안건 6	찬성	반대

※ 위의 사례에서 볼 때, 의사결정은 〈안건 3〉으로 될 가능성이 많다.

※ 경우에 따라서 〈안건 2〉와 〈안건 3〉을 놓고 다시 토의·토론 활동을 진행할 수도 있다(4명 중 3명이 찬성을 하였다는 것은 나름대로 가치가 있는 것으로 판단할 수 있기 때문).

※ 문제 해결방안 찾기에서 복수 선택이 가능한 경우라면 위의 사례에서는 〈안건 2〉와 〈안건 3〉은 채택, 〈안건 1, 4, 6〉은 재논의를 할 필요가 있다고 볼 수도 있다.

4. 자신의 생각이나 의견을 말하기 전에 생각을 노트나 메모지에 정리하게 함으로써 생각을 보다 깊이 있게 하고, 정교하게 다듬을 수 있도록 해주며, 생각한 것을 잊지 않도록 해주어 정확한 사고 및 추상적 사고의 구체화를 가능하게 해준다(이를 위해서는 주어진 항목별로 자신의 생각을 메모지에 의무적으로 기록, 정리할 수 있는 시간을 갖도록 해야 한다).
5. 자신의 의견을 말하는 것과 함께 타인의 의견을 잘 들을 수 있도록 해 준다(공통점, 차이점, 비교, 대조 등을 하기 위함).
6. 주로 지식의 습득 및 정보의 공유에 효과가 크다.
7. 자신이 생각한 내용과 타인이 생각한 내용을 눈으로 직접 보면서 활동함으로써 타인의 생각과 경험 및 지적 수준에 대한 폭과 깊이를 자신과 비교하게 되어 긍정적인 자극을 받는 계기가 되기도 한다.

4) 주의할 점이나 활동의 팁

학습지에 기록하는 방법은 여러 가지가 있겠다. 교사는 효율적인 기록 방법을 꼭 마련해 두어야만 한다. 왜냐하면 특히 기록하는 분량이 많을 경우 기록이가 무척 힘들어하는 경우가 있기 때문이다.

1. 한 장의 모둠 활동지에 모두가 동시다발적으로 기록하는 방법을 사용할 수도 있다.
2. 돌아가며 각자 색이 다른 펜으로 채워가는 방법을 사용할 수도 있다.
3. 다른 방법으로는 돌아가며 말하기 방식으로 모둠 내에서 생각을 말하고, 기록이가 정리하는 방식도 있을 수 있겠다.
4. 그 외에 의견을 적을 수 있는 크기 정도의 종이 또는 "포스트 잇"을 각 개인에게 여러 장 나누어주고, 그 종이쪽지에 적은 뒤 각각 자기가 채워야 할 항목의 빈 칸에 붙이도록 하는 방법도 있겠다. 기타 여러 가지 방법이 있을 수 있겠다.

어떤 것이 제일 효과적이고 합리적인지는 나름대로 고민하여 판단하는 것이 좋겠다(필자의 경우는 주로 종이쪽지에 써서 붙이는 방법을 이용한다. 내용이 간단하면 기록이가 정리하여 쓰거나 돌아가며 쓰기로 하겠지만 그렇지 않을 경우 기록이에게 어려움이 생길 수도 있다. "포스트 잇"의 사용에 대한 필자의 견해는 부정적이다. 왜냐하면 이와 같은 활동에 "포스트 잇"을 사용할 경우, 매우 많은 양이 필요한데, 그에 소모되는 자원과 예산 낭비는 매우 심하다고 볼 수도 있기 때문이다. 따라서 "포스트 잇"보다는 재단기로 미리 적당한 크기의 이면지를 많이 잘라놓고 필요한 수만큼 가져가서 쓰고 붙이도록 하면 예산도 절약되고, 자원 낭비도 막을 수 있다).

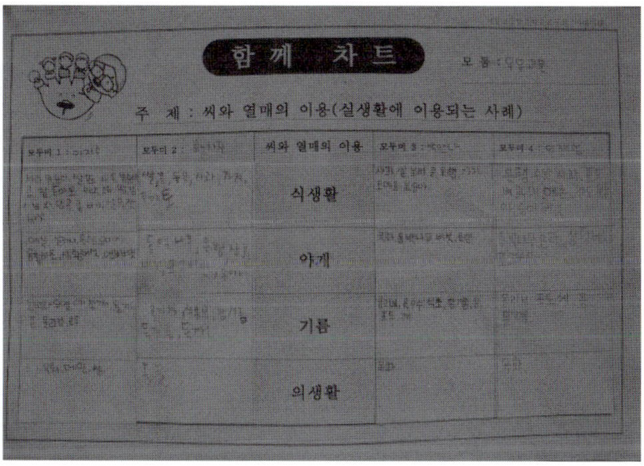

이면지를 잘라서 쓰고 붙인 사례

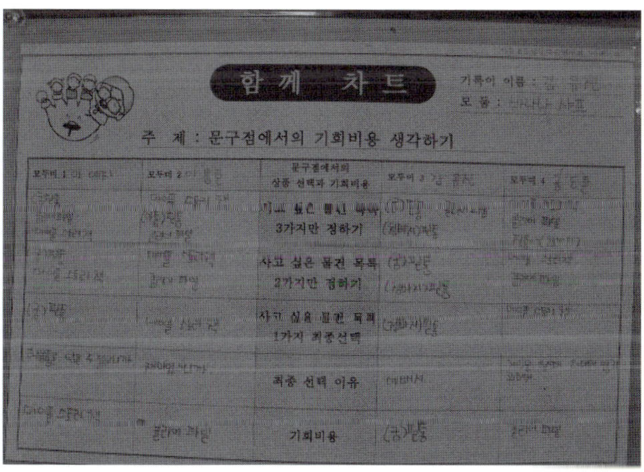

사회-경제교육 활동에서 활용 사례

5) 수업의 실제

'함께 차트'를 활용한 과학과 토의·토론 수업

주제	씨와 열매의 이용
학습 목표	씨와 열매가 우리 생활 속에서 이용되는 사례를 말할 수 있다.
사회적 기술 목표	개인적인 책임 다하기, 차례 지켜 말하기, 도란도란 말하기
학습 자료	타이머, 모둠용 함께 차트 활동지, 이면지(쪽지), 번호순으로 퀴즈 PPT

<table>
<tr><th>단계</th><th>학습내용 및
학습구조</th><th>교수·학습 활동</th><th>자료 및 유의점</th></tr>
<tr><td>도입</td><td>동기유발
번호순으로
구조</td><td>▣ 동기 유발하기: 지난 시간에 공부한 내용을 다시 한 번 생각해 보기(씨가 퍼지는 방법 알아보기)
- 번호순으로 구조 활동(4문항을 미리 준비)
- 번호순으로 돌아가며 답하기(답하기 전에 모둠원과 답을 공유할 시간 갖기)</td><td>• 미리 문항을 PPT로 만들어둔다.</td></tr>
<tr><td>전개</td><td>학습문제
확인

개별 학습

모둠 학습
함께 차트

전체 학습</td><td>▣ 학습 문제 확인
씨와 열매가 우리 생활 속에서 이용되는 사례를 말할 수 있다.
【활동 1】 씨와 열매가 우리 생활 속에서 이용되는 사례에 대하여 각자 생각하기
[교사] 씨와 열매가 우리 생활 속에서 이용되는 사례에 대하여 각자 생각해 보도록 하자.
[학생] "식생활, 약재, 기름, 의생활" 4가지로 나누어 각각의 사례에 대하여 생각해 보도록 한다.
- 개인별로 4장의 작은 쪽지에, 각각 1가지 소주제에 대한 사례를 적어 보도록 한다.
【활동 2】 모둠 내에서 정리한 내용 나누기
[교사] 개인별로 생각한 내용을 모둠 내에서 돌아가며 말하기로 발표하고 공유하자.
[학생] 모둠 내에서 각자 생각한 내용을 '돌아가며 말하기'구조로 발표하고, 공유한다(각자 생각한 내용을 발표한 뒤에 모둠용 함께 차트 활동지에 붙인다).
【활동 3】 각 모둠에서 정리한 내용 발표하기
[교사] 각 모둠 내에서 정리한 내용을 발표해 보도록 하자. 1모둠부터 식생활 속에서의 사례에 대하여 발표해 보도록 하자(다음 모둠은 앞 모둠에서 발표한 내용은 빼고 말한다).
[학생] 모든 모둠이 식생활에 대한 내용을 먼저 나누고 공유, 그 다음으로 약재, 기름, 의생활에 대한 내용을 같은 방식으로 나누고 공유한다.
- 자기 모둠원이 생각하지 못한 내용이 나오면 다른 색깔 펜으로 추가하여 정리해 두도록 한다(기록이).</td><td>☞ 이면지를 작은 크기의 쪽지로 잘라 둔다.

정리활동을 위한 PPT자료 준비
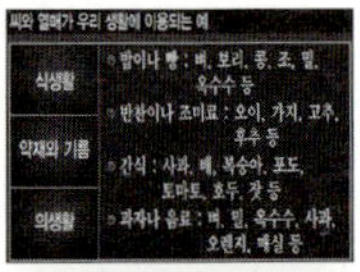

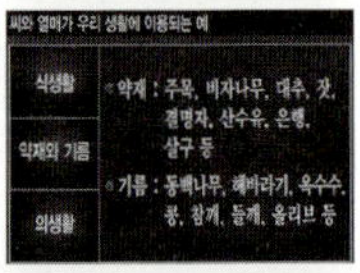

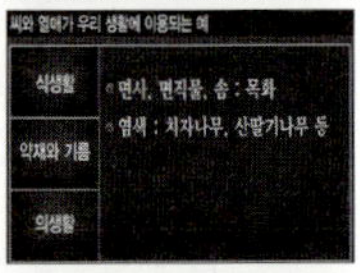

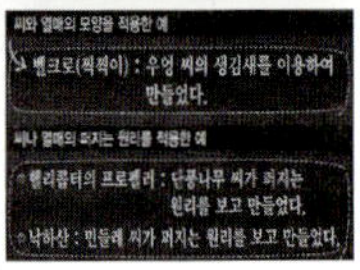
</td></tr>
<tr><td>정리</td><td></td><td>▣ 정리 및 다음 차시 안내
- 씨나 열매가 우리 생활 속에 적용된 사례 나누기(씨나 열매의 모양을 응용: 벨크로-우엉의 씨, 씨나 열매가 퍼지는 원리를 응용: 낙하산-민들레 씨, 프로펠러-단풍나무 씨)
- 각 모둠별로 정리한 자료는 교실에 게시하기</td><td></td></tr>
</table>

전시장 관람 토의·토론

1) 기본이해

전시장 관람 구조는 전시장에 가면 큐레이터(미술관이라면 도슨트)가 방문객에게 여러 작품을 설명하듯이 각 모둠에서 다양한 방식을 통하여 만들어낸 모둠 작품(전시물, 미술 작품, 발표 자료, 글쓰기 결과, 모둠 과제 등)을 모둠의 대표가 다른 모둠의 구성원들에게 설명하는 방식으로 활동하는 것을 말한다. 이 때 학생들은 모둠별로 모여서 순서대로 옮겨 다니면서 다른 모둠의 작품을 감상하고 정보 및 지식을 습득하거나 평가하기, 토의 및 토론하기, 필요한 경우에는 조언도 해주면서 교실 안을 돌아다니게 된다.

발표 자료 준비 및 논의

발표 자료 제작 논의

2) 진행방법

1. 교사가 활동 주제나 과제를 제시하고, 각 모둠은 역할을 분담하여 과제를 해결한 뒤 발표 자료를 만드는데 필요한 모든 준비물을 미리 마련해 놓는다(전지, 크레파스,

발표 자료 제작 과정

색연필, 싸인펜, 풀, 가위, 색종이, 칼, 가위, 발표 자료, 각종 사진 등).

2. 각 모둠별로 작품 활동에 들어간다(글, 그림, 입체작품, 전시물, 발표물 등).
3. 모둠별로 완성한 작품을 교실 벽면의 지정된 장소에 붙인다.
4. 본격적인 발표에 들어가기 전에 각 모둠에서 발표 연습을 한다(돌아가며 한 번 씩 해 보기, 잘하는 사람을 모델로 삼아서 따라 하기, 발표 내용 다듬기 등).

발표 자료 전시 및 각 모둠별 대표자 발표 사례: 발표를 잘하는 사람이 모델로 활동

5. 발표 연습을 다 하였으면 1번 발표자(큐레이터)만 남기고 나머지 모둠원은 정해진 순서(시계바늘이 돌아가는 방향 혹은 그 반대)에 따라 옆 모둠 작품 앞으로 이동한다. 이를 위해 교실 가장 자리 주변의 책상이나 사물들을 가운데 쪽으로 모아 두거나 방해되지 않도록 한쪽으로 몰아두도록 한다. 소규모의 강당이나 활동 공간(특별실 등)이 학교에 있다면 그런 장소로 옮겨가서 해도 좋다.
6. 교사의 동시 시작 신호에 따라 발표자는 자기 앞에 온 다른 모둠의 학생들에게 자기 모둠의 작품이나 발표물에 대한 내용을 설명한다. 설명을 마치면 질문이나 궁금한 점에 대하여 나누도록 한다. 이 때 교사는 시간 관리를 한다(타이머를 띄우고 활동 시간 체크).
7. 일정한 시간이 지나면 교사의 신호에 따라 일제히 정해진 방향으로 이동하여 6단계 과정을 되풀이한다(신호 없이는 이동하는 일이 없도록 한다. 이동을 할 때도 저학년의 경우에는 어깨에 손을 얹고 한 줄로 - 기차놀이 하듯이 이동하면 훨씬 질서 유지도 잘 되고 안정적인 모습을 보이게 된다. 고학년의 경우에는 가볍게 손을 잡거나 모여서 이동할 수 있도록 안내하면 좋다).

8. 한 아동이 계속 발표자 역할을 하게 되면 다른 모둠의 작품을 볼 수 없기 때문에 2~3회 정도 작품 설명을 할 때마다 각 모둠의 설명하는 학생을 교체하여 각 모둠의 전원이 발표 활동에 골고루 참여할 수 있도록 한다(발표하는 학생의 부담도 줄어들게 된다).

각 모둠별 발표 및 타 모둠 활동 결과물 공유(순회)

벽면에 붙여놓고 활동했던 사례: 발표 장면

발표 후 전체 둘러보기

발표 후 전체 둘러보기

9. 단순한 감상에서 그치지 않고 중요한 정보를 공유하고, 기억하고, 이해하지 않으면 안 될 내용으로 활동을 한다면 관람 활동을 시작하기 전에 "끝에 가서 퀴즈나 형성평가 등이 있을 것이다."라는 안내를 미리 해 두어야 학생들이 그에 대비할 수가 있고, 그 결과로 활동에 대한 효과를 최대한 이끌어 낼 수 있다(성의 없는 학생, 집중하지 않는 학생, 대강 보고 넘어가는 학생, 적극적으로 듣지 않는 학생의 발생을 최소화시킨다).

교사 연수: 작품 제작사례

10. 때로는 활동이 끝나면 좋은 작품이나 아이디어를 낸 모둠을 선정하기 위하여 스티커를 1장씩 나누어 주고 마음에 드는 작품 옆에 붙이고 오도록 한다(자기 모둠에 붙이지 않기, 공정한 평가 해주기 등에 대한 강조가 필요).

교사 연수과정에서 작품 발표사례

11. 교사의 정리 설명을 통해 다른 모둠의 내용을 못 들은 발표자를 배려하며, 설명을 잘한 발표자를 선정하여 개인티켓으로 격려한다(서로 듣지 못한 내용에 대해서는 각 모둠별로 돌아가며 설명하고 듣도록 구조화해도 좋다).

3) 활동효과

보통 모둠별로 발표를 할 때 전지 등에 내용을 정리하고, 앞쪽에 붙여놓은 뒤 학생 전부를 대상으로 일방적인 전달만 하게 된다. 이럴 경우 학생들은 적극적으로 들어주지 않는다. 발표를 통해 중요한 내용을 다른 사람들에게 전달하고, 듣는 사람은 그 내용을 자기의 것으로 만들기 위해 노력해야 하지만 현실적으로는 그렇지 못하다. 전시장 관람 구조는 이런 단점을 많이 보완해주고 있는데, 학생들이 발표를 큐레이터 활동처럼 느끼게 만들어 자연스럽게 접근하게 만들어주고, 발표를 하기 위해 각 모둠에서 준비할 시간을 주어 부담이 많이 줄어들게 되며, 준비 과정 및 타 모둠의 발표를 통해서 학생들이 많은 것을 배우고 익히게 된다. 뿐만 아니라 학생들은 모든 일련의 과정 속에서 서로 돕고, 긍정적인 상호작용을 활발하게 해 나가며, 자신의 과제 책임과 그에 따른 역할 수행을 적극적으로 해 나가려고 애 쓰게 된다. 그 결과로 학급은 모두가 하나가 될 수 있으며 개인과 개인, 모둠과 모둠은 타인 및 모둠에 대하여 책임을 지는 자세와 그 방법을 터득하게 된다(집단 속에서 자신을 드러내지 않으려는 일이 없도록 최선을 다해 노력함).

4) 주의할 점이나 활동의 팁

① 발표를 위한 방안으로써 활용가치가 높은 만큼 이 구조 활동을 자주 사용하기 위한 교사의 의도적인 노력이 필요하다.

② 이 구조 활동은 상당한 사회적 기술이 필요하다고 볼 수 있다. 그런 만큼 준비되지 않은 상태에서 시도하지 말고 학급 구성원들이 협동학습에 어느 정도 익숙해졌을 때, 사회적 기술이 어느 정도 체득되었을 때 실시해야만 문제점들을 최소화시킬 수 있다.

③ 발표하는 친구에게 타 모둠원은 적극적인 칭찬과 격려를 아끼지 않도록 당부한다(누구나 발표를 다 해야 하고, 자신 스스로도 상대방의 마음과 다르지 않다는 것을 잘 알고 있기에 발표하는 사람에 대한 배려와 공감, 그리고 격려는 필수적인 것).

④ 각 모둠별로 발표가 끝나는 한 단계 한 단계 말미에 설명을 들은 모둠원에게 핵심 내용에 대하여 퀴즈 형식으로 이벤트를 마련하여 보상을 하기도 한다(사탕 등을 준비).

5) 수업의 실제

'함께 차트'를 활용한 사회과 토의·토론 수업

주제	도시의 여러 문제 및 해결방안
학습 목표	도시에서 발생하는 여러 가지 문제 및 그 해결방안을 제시할 수 있다.
사회적 기술 목표	개인적인 책임 다하기, 도란도란 말하기, 질서 지키기
학습 자료	타이머, 전지, 각 모둠별 발표 자료

단계	학습내용 및 학습구조	교수·학습 활동	자료 및 유의점
도입	전체 학습 및 모둠 학습	▣ 1차시: 도시의 다양한 문제점 알아보기(1일차) - 교통, 환경, 주차, 주택, 쓰레기 등 - 각 모둠별로 해결 과제 선택하기 - 각 모둠별로 역할 분담하기(선택한 과제에 대하여 역할분담을 통해 실태 파악, 문제의 원인, 해결방안 등에 대한 자료 수집): 역할 분담한 내용을 선생님께 제출	• 수시로 수집해 온 자료에 대하여 회의를 하고, 부족한 것이나 수정해야 할 내용을 보완한다.
전개	조사 및 자료 정리 발표 연습	▣ 2차시: 발표 자료 제작 및 발표 연습하기(2일차) - 각 모둠별로 준비해 온 자료(수정 및 보완)를 바탕으로 전지에 발표 자료를 제작한다. - 교사의 확인 및 지도 조언이 꼭 필요하다(혹시 빠졌거나 부족한 내용, 수정 및 보완해야 할 것들 살피기). - 자료 제작 후 모둠별로 발표 연습을 한다.	• 2일차: 첫 시간을 마치고 며칠 후에 진행
정리	전시장 관람	▣ 3차시: 전시장 관람 순서에 따라 발표하고 순회하면서 전체적으로 함께 학습을 해 나간다(3일차). - 전체적으로 활동이 끝나면 형성평가를 실시한다.	• 활동이 끝난 후 모둠별로 반성의 시간을 꼭 갖도록 한다(잘 된 점, 부족한 점 찾기: 성찰 기록문 쓰기).

IV. 의사결정하기

29 결정 흐름 차트 토의·토론

1) 기본이해

결정 흐름 차트는 토의·토론 활동 중 어떤 사안에 대하여 의사를 결정해야 할 상황에 놓이게 되었을 때 유용하게 활용되는 구조이다. 이 구조는 여러 항목을 미리 나열해 놓고 모둠원이 각각의 항목에 대한 장점과 단점을 다양하게 뽑아내어 기록, 정리해 본 다음 가장 좋은 항목으로 결정하는데 큰 도움을 준다. 또한 이 구조는 투표나 특별한 도구를 사용하는 방식과는 달리 문제 해결 과정에 대한 흐름을 읽을 수 있다는 장점도 가지고 있어서 많이 활용되고 있다.

2) 진행방법

"혼자 생각하기" 단계는 모든 활동을 시작하기 전에 선행되는 필수 활동!!!

1. 교사는 토의·토론 주제를 제시한다.
2. 학생들은 주제 및 그에 따른 항목을 추출, 차트에 기록한다(기록이).
3. 학생들은 서로 토의·토론하여 각 항목에 장단점을 기록한다(브레인스토밍).
4. 가장 좋은 항목을 선택한다(가장 단점이 적으면서도 장점이 가장 많은 항목).
5. 아주 특별한 이견이 없는 한 모두가 결정에 따르는 것을 원칙으로 한다.

주제: 우리 시도의 교육 문제 해결(교육감 선거)

	후보 A	후보 B	후보 C	후보 D
장점				
단점				

과제 확인, 토의·토론 준비

모둠 내 토의·토론

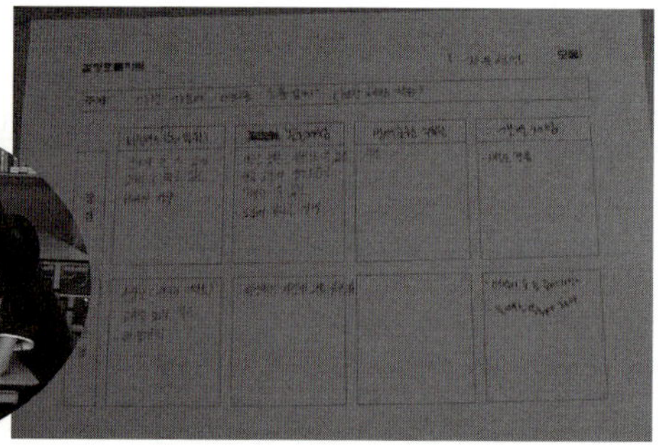

모둠별 토의·토론 내용 정리

3) 활동효과

1. 누구나 토의·토론 활동에 참여할 수 있으며, 브레인스토밍하는 과정을 통해 다른 사람의 생각과 내 생각의 공통점과 차이점을 이해하게 되고, 다른 사람의 경험적 사고를 나의 것으로 이해하고 받아들이게 된다.
2. 토의·토론을 통해 주제에 따른 항목별로 세부적인 사항을 따져봄으로써 현 상황을 분석하고, 장점과 단점 등을 파악하여 의사결정하는 데 도움을 준다.
3. 적어놓은 자료를 언제든지 수정할 수 있어서 편안한 가운데 참여하게 되고, 활동 과정이 끝나면 자연스럽게 의사결정에 이르도록 해준다.

모둠별로 주제 토의

토의한 내용 – 차트에 기록

동전 내놓기로 의사결정

4) 주의할 점이나 활동의 팁

1. 어떤 쪽으로 결론이 나도 모두가 반드시 결정에 따라야 한다는 사전 약속이 반드시 필요하다. 그렇지 않으면 이 활동은 무의미하다고 할 수가 있다.
2. 항목을 꼭 4개로 할 필요는 없다. 상황에 따라서 2개만 가지고 회의를 할 수도 있다.
3. 최종 결정을 할 때는 가장 단점이 적으면서도 장점이 가장 많은 항목이 좋겠다. 그러나 현실적으로 딱 떨어지게 구별되지 않는 상황이 더 많다. 그리고 나온 항목에 따라서는 단점이 많지만 그 곳에 마음이 끌리게 되는 경우도 많다(예 현장학습을 가려고 하는데 "산"의 경우 장점이 많이 나왔고 단점은 조금 나온데 비하여 "놀이공원"은 장점은 적지만 단점이 많이 나왔다. 하지만 학생들은 산과 놀이공원 가운데 마음은 놀이공원에 끌릴 수밖에 없다). 이런 경우가 발생하지 않도록(위 사례의 경우 결정하기 전에 주어진 시간 동안 놀이공원의 장점을 충분히 더 생각해보기) 충분히 논의해야 할 필요도 있지만, 필자의 경우 최종 결정을 내릴 때 주로 〈동전 내놓기〉구조를 활용하여 결정할 때가 많다.
4. 이 구조는 구성원들에게 강제적으로 생각을 내도록 구조화되어 있지 못하다. 따라서 자칫하면 활동이 한두 사람에 의해서 주도될 가능성이 크다. 가능하면 활동 시작 전에 혼자 생각할 시간을 확보하여 개인적인 생각을 가지고 활동에 참여할 수 있게 지도할 필요가 있다.
5. 이 구조는 꼭 의사결정의 상황이 아니더라도 다양한 주제와 항목에 대한 분석의 틀로서 이용되기도 한다. 예를 들자면 이런 경우이다.

주제: 이야기 속에 나오는 인물에 대한 탐구

	흥부	놀부	흥부 부인	놀부 부인
장점				
단점				

주제: 환경오염에 대하여

	토양 오염	공기 오염	물의 오염
현상	• 생물이 잘 자라지 못함 • 건강 피해 • 미나마타병 등	• 건강 피해(호흡기 등) • 스모그 현상 • 지구 온난화 현상	• 물이 더러워짐 • 건강 피해 • 물속 생물의 폐사
원인	• 중금속 • 농약	• 자동차 매연(화석연료) • 공장 굴뚝의 연기 • 쓰레기 소각	• 생활하수 • 각종 쓰레기 • 공장, 축사의 폐수
해결 방안	• 농약 사용 줄이기 • 퇴비 사용하기 • 농사법 개발(유기농) • 토양 휴식년제 등	• 굴뚝에 집진장치 설치 • 자전거 많이 이용하기 • 대체 에너지 개발하기 • 자동차 사용 줄이기 등	• 하수 정화 처리하기 • 쓰레기 버리지 않기 • 공장, 축사 폐수 정화 • 수질오염 감시하기 등
우리 할일	• 쓰레기 버리지 않기 • 홍보하기 • 유기농산물 애용하기 • 나무 많이 심기	• 자전거 많이 이용하기 • 걸어 다니기 • 홍보하기 • 에너지 절약하기	• 쓰레기 버리지 않기 • 물 아껴 쓰기 • 생활하수 줄이기 • 수질 오염 감시하기

동전 내놓기 토의·토론

30

1) 기본이해

보통 의사결정을 할 때 다수결 혹은 투표의 방법을 많이 활용하고 있는데, 이는 구성원들이 민주적인 시민의식을 갖추었을 때는 유용할 수 있으나 그렇지 않을 경우에는 다양한 문제가 발생하게 된다(소수의 의견 무시, 결정 따르지 않기 등). 또한 다양한 대안 가운데 어느 한쪽으로 의견이 모아질 때 100% 찬성하여 결정되는 경우는 매우 드물다. 이는 단지 다른 것보다 결정된 것이 더 낫다고 생각하는 것일 뿐이다. 하지만 결과적으로 본다면 결국 다른 대안은 버리고 그 대안에 100% 찬성 의견을 내는 것과 마찬가지인 것이다. 하지만 동전 내놓기 활동을 통해 의사결정을 하게 되면 그런 단점을 보완할 수 있다. 왜냐하면 이 활동은 주어진 대안들 가운데 복수를 선택하고, 그 각각의 의견에 따른 자신의 생각을 좋아하는 만큼만 표현하도록 해 주어 복수 선택 및 질적 의사결정이 가능하도록 해주기 때문이다. 동전 내놓기 활동은 학생 각자가 모의 화폐를 동일한 액수만큼 나누어 갖도록 한 다음, 제시된 의견에 대하여 액수를 정하여 제시하게 하고, 끝으로 각 항목에 놓은 액수를 합산하여 결정을 내리도록 하면 된다. 의사결정과 관련하여 신속한 결정을 내려야 할 경우에 "동전 내놓기" 구조를 활용하면 매우 유용하다. 이 구조는 투표와 달리 분명한 승자와 패자를 만들지 않는다는 큰 장점을 가지고 있어서 많이 활용되고 있다.

필자가 만들어 활용하는 모의화폐

2) 진행방법

"혼자 생각하기" 단계는 모든 활동을 시작하기 전에 선행되는 필수 활동!!!

협동학습연구회 아해미래 주관, 교사 대상 협동학습 직무연수과정 – 동전 내놓기 활동 장면

1. 토의나 브레인스토밍, 돌아가며 말하기 등을 통해 가능한 많은 의견을 찾아 제시한다.
2. 제시된 여러 의견들을 3~4개 정도로 정리한다(모둠원끼리 상의하거나 피라미드 토의·토론, 함께 차트, 결정 흐름 차트, 창문 열기 등을 통해서).
3. 모둠원 각자는 10원, 100원, 500원짜리 등의 동전을 똑같은 액수로 나누어 가진다(모의 화폐를 미리 만들어 놓고 사용하면 좋다. 또한 교사의 의도에 따라 다양한 액수만큼 동전을 나누어주고, 각각의 안건에 대하여 자신이 매기고 싶은 가치만큼만 모의화폐를 내려놓게 하면 된다. 그리고 화폐의 종류도 교사의 생각과 의도에 따라 다양하게 만들어 활용하면 된다).
4. 각각의 안건마다 동전 1개씩을 사용할 수 있다(모의 화폐의 액수를 달리 갖고 할 때는 모든 안건에 나름대로의 가치만큼 돈을 내려놓을 수 있도록 한다. 특정 안건에 '올인' 하거나 전혀 돈의 가치를 부여하지 않는 상황은 발생하지 않도록 한다).
5. 각각의 안건에 모인 동전의 합에 따라 최종 결정을 내린다.

3) 활동효과

1. 학생들이 활동에 흥미를 갖고 참여할 수 있도록 해준다.
2. 결과에 대한 기대 및 결과에 따른 거부감이 다른 방식(투표, 다수결 등)에 비하여 현저히 줄어들게 되어 마음이 보다 편안해진다.
3. 주어진 대안들 가운데 복수를 선택하고, 그 각각의 의견에 따른 자신의 생각을 좋아하는 만큼만 표현하도록 해 주어 복수 선택 및 질적 의사결정이 가능하도록 해준다(이런 이유 때문에 이 활동의 명칭을 "복수선택 질적 의사결정"이라고 부르기도 한다).
4. 한 개인의 선택에 대한 다양성을 높여주고, 집단 내에서의 합의 도출에 있어서 그 가능성을 매우 높게 만들어준다(개인이 여러 개를 질적으로 선택하고, 그 중에서 다수가 질적으로 높이 평가한 것을 선정하게 함으로써 소수의 의견이 무시되지 않으면서도 합의에 이를 수 있도록 해준다. 때에 따라서는 만장일치의 효과도 얻을 수 있다).

4) 주의할 점이나 활동의 팁

① 한 가지 의견에 모의 화폐를 몰아서 의사표현을 하지 않도록 한다(올 인 하지 않기).

② 어느 한 가지 의견에만 가치를 표현하지 않는 일도 없어야 한다는 규칙이 반드시 필요하다. 왜냐하면 대체로 수많은 의견들은 나름대로의 가치를 포함하고 있기 때문이다(의견 가운데 마음에 들지 않는 것이 있더라도 최소한의 가치 표현은 반드시 하기).

③ 화폐의 종류, 나누어 가진 모의 화폐의 액수, 가치를 표현해야 할 의견의 가지 수 등 여러 가지 변수에 따라 상당히 흥미진진 상황이 전개된다. 따라서 교사는 할 수 있는 한 다양한 상황에 대하여 예측하고 대비책을 마련해 두어야 한다(이 구조를 많이 활용하다 보면 어느 정도는 예측이 가능해진다).

④ 화폐가 아니어도 된다(도미노 칩, 스티커, 별표 등 – 최고 3개, 중간 2개, 보통 1개). 또한 모의 화폐가 없을 경우 가상의 화폐가 주어진 상태에서 각각의 대

안에 가치를 부여할 수 있도록 안내하는 방법도 있다(예 각자에게 1만원씩의 가상 화폐가 주어졌다고 생각하고, 모둠에서 나온 각각의 대안에 분산해서 가치를 부여하기).

⑤ 모둠 내에서 의견을 제시할 때 근거까지 명확하게 말하고, 다른 사람들은 그 의견과 근거에 대한 타당성, 실현 가능성 등을 충분히 검토하며 듣는 자세가 필요하다.

⑥ 의견은 비판하되 사람은 비판하지 않도록 하며, 되도록 적극적으로 수용하며 듣는 자세를 갖도록 해야 한다.

⑦ 질적 의사결정이라는 것에 대한 확실한 설명이 필요하다. 왜냐하면 학생들이 이에 대한 확실한 이해를 갖고 있다면 의사결정 결과에 따르는 마음이 보다 편안해질 수 있기 때문이다(다수결에서 소수의 의견은 그냥 무시되어지지만, 이 활동에서는 의사결정이 질적으로 이루어지면서 내 생각이 각각의 의견에 어떤 식으로든 반영되어있기 때문에 마음속에 거부감이 그만큼 사라지게 된다).

창문열기 토의·토론

1) 기본이해

창문열기 구조는 모둠 내에서 토의·토론을 통해 정보(생각이나 의견)를 나누고 정리하는 방법으로 주로 활용되고 있다. 하지만 모둠원끼리 다양한 정보들을 내 놓고 〈찬/반 혹은 가/부〉의 의사결정 과정을 거쳐 다양한 생각들이나 의견들을 분류함과 동시에 공통점과 차이점들을 쉽게 찾아낼 수 있도록 해주고 서로의 생각에 대한 차이점을 이해하고 존중할 수 있도록 해주는 활동에도 많이 활용되고 있다. [협동학습(케이건)]에서는 모둠세우기 과정 가운데 "서로에 대해 알기"에 목적을 두고 할 수 있는 구조로 소개하고 있다. 그러나 구조라는 것이 생각의 폭을 좀 더 확장시켜본다면 얼마든지 다른 곳에 적용 가능한 것이라는 것을 깨닫는다면 모둠 세우기뿐만 아니라 교과 활동에도 적용할 수 있는 곳이 많다는 점을 알게 될 것이다.

2) 진행방법

"혼자 생각하기" 단계는 모든 활동을 시작하기 전에 선행되는 필수 활동!!!

1. 4명의 모둠원은 자신에게서 가장 가까운 백지의 꼭짓점으로부터 종이의 중앙을 향하여 약 5cm 정도의 선을 1개씩만 긋는다(4명이 동시에 그리도록 한다).
2. 4명의 모둠원은 꼭짓점으로부터 나온 선의 끝에서 다른 선의 끝을 연결하여 종이의 중앙에 네모를 그리도록 한다(4명이 동시에 그리도록 하되, 각자 선을 1개씩만 긋도록 한다. 꼭 자를 이용하지 않아도 좋다).
3. 4명의 모둠원은 나누어진 가장자리 네 부분에 각자의 고유 자리 번호 1, 2, 3, 4를 한 개씩 쓴다(여기에서 각각의 번호는 모둠 내에서 각각의 의견이나 대안에 찬성하는 사람의 수라고 안내를 해 준다).

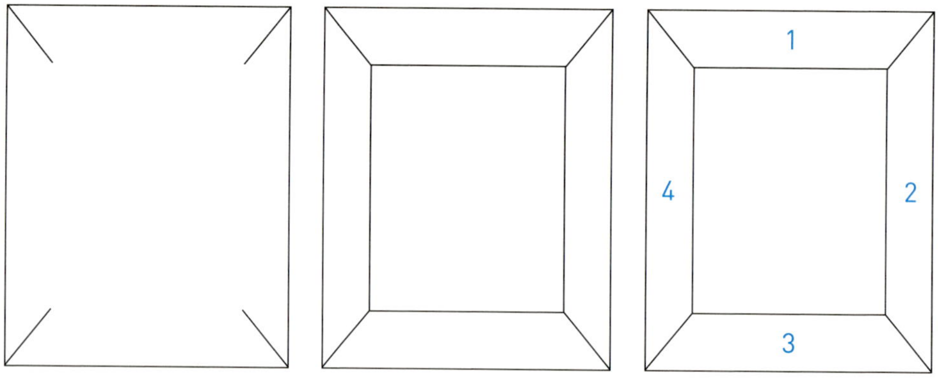

4. 교사는 토의·토론 주제를 제시한다(예 교실 내 욕설 문제 해결 방안).
5. 학생들은 주어진 주제를 중앙에 큰 글씨로 쓰고, 그와 관련하여 개인적인 의견 또는 대안을 마련할 충분한 시간을 갖는다.
6. 4명의 모둠원 가운데 1번 모둠원부터(순서는 임의로 정해도 좋다.) 자신이 생각한 의견이나 대안을 1가지만 제시한다(예 욕하는 사람은 벌로 1일 청소).
7. 이 의견에 대하여 모든 모둠원이 찬성한다면 번호 "4"의 칸에 "욕하는 사람은 벌로 1일 청소"라고 쓴다. 만약 2명만이 찬성하였다면 번호 "2"의 칸에 "욕하는 사람은 벌로 1일 청소"라고 쓰면 된다.
8. 그 다음에는 2번 모둠원이 6단계, 7단계의 과정을 되풀이한다. 2번 모둠원 끝나면 3번 모둠원, 3번 모둠원이 끝나면 4번 모둠원이 앞의 과정을 되풀이한다. 다시 1번 모둠원의 차례가 돌아오면 계속 반복해 나간다(시간을 정해놓고 할 수도 있고, 모둠 내에서 생각한 의견이 더 이상 없을 때까지 할 수도 있다).
7. 활동이 끝나면 4번 칸에 있는 의견이나 대안에 따르는 것(의사결정)으로 하고, 4번에 있는 의견이나 대안을 정리하여 모둠별로 학급 전체 발표한다.

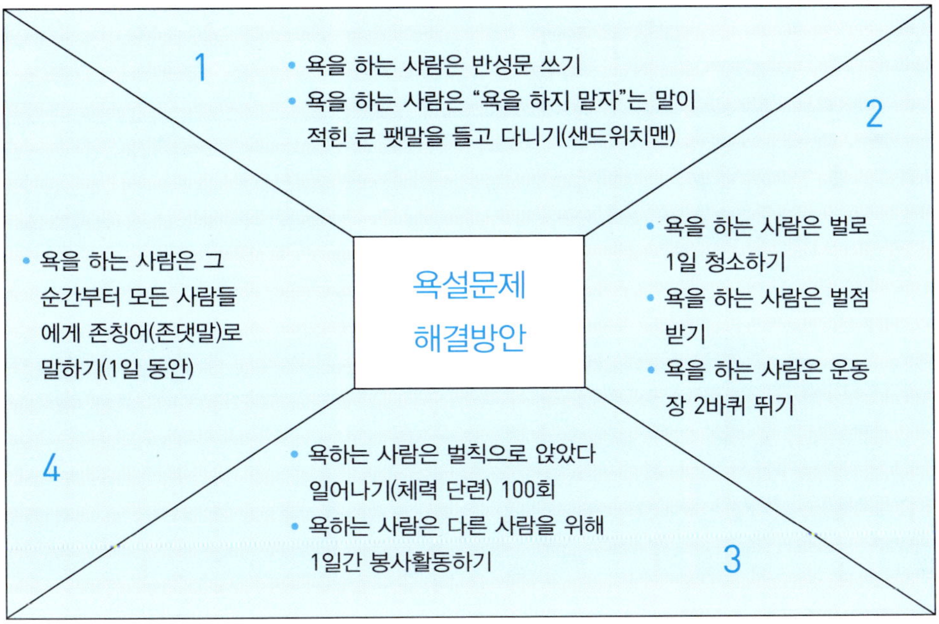

3) 활동효과

1. 실제로 필자의 반에서 "욕설문제 해결방안"을 모둠별로 활동 후 전체 활동으로 확장시켜서 토의·토론을 해 보았고, 그 과정에서 나온 사례를 앞에 창문열기 사례로 제시해 본 것인데 다양한 의견들이 나오게 됨과 동시에 자연스럽게 의사결정으로 이어질 수 있도록 해준다.
2. 흥미를 가지고 참여하며 서로의 공통점과 차이점을 느낄 수 있도록 해 준다.
3. 모둠 이름 만들기 활동에도 쓸 수 있다.
4. 문제해결방안을 놓고 고민하거나 학급회의 시간에 다양한 의견을 놓고 각 의견마다 몇 명이 찬성하고 반대하였는가에 대하여 알아보며, 가장 많은 사람이 찬성한 의견이나 문제해결방안을 결정하기 위한 방법으로 활용할 수도 있다.

돌아가며 질문하고 기록

손을 들어서 의사표시하기

모둠 이름을 정하기

협동작품 – 모둠 상징 그리기

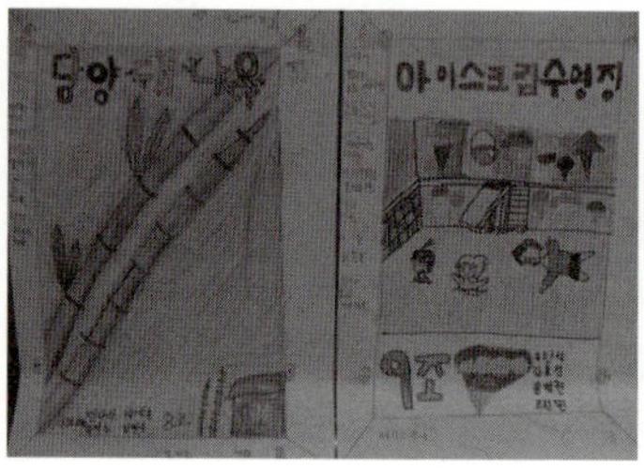

완성된 모둠 이름과 상징

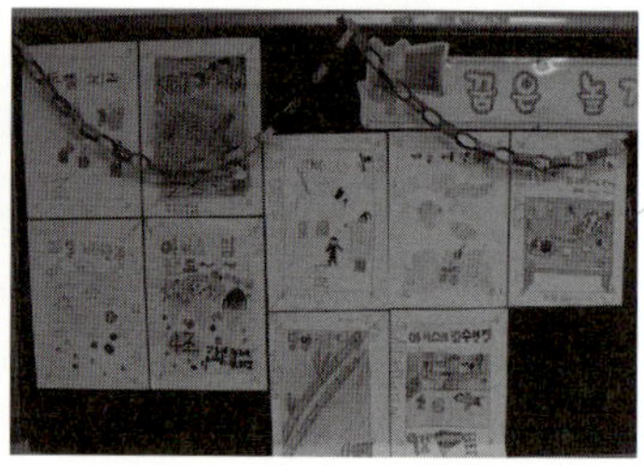

완성된 모둠 이름과 상징

모둠 구호를 만들고 연습

모둠별로 만든 구호 외치기

모둠별로 만든 구호 외치기

완성된 모둠 이름 및 모둠 상징 작품 사례

4) 주의할 점이나 활동의 팁

1. 활동지에 낱말이나 문장을 쓸 때에도 자기 차례가 와서 질문을 한 사람이 쓸 수 있도록 하는 것이 협동학습의 4가지 원리를 잘 적용한 것이라 할 수 있다. 자칫하면 질문은 돌아가며 하지만 기록은 한 사람이 가지고 하기 십상이다. 활동지를 돌려가며, 질문을 한 사람이 기록을 할 수 있도록 하자(연필을 1개만 가지고 활동하면 좋다).
2. 이 활동은 아동들이 많은 흥미와 재미를 느낄 수 있고 기본적으로 말을 할 수밖에 없는 활동이기 때문에 소음이 많이 발생하게 된다. 이럴 때는 이런 규칙을 정하고 해 보자. 그러면 굉장히 조용한 상태에서 활동을 마무리할 수 있다.

   예 "각 모둠별로 질문을 하는 사람만 이야기할 수 있습니다. 질문에 대한 찬성/반대의 표시는 조용히 손만 들어서 표현하도록 합니다."

3. 모둠원끼리 하는 활동이므로 목소리 크기는 2단계 "도란도란" 크기로 하며, 지킴이가 목소리의 크기를 조절하는 책임을 지도록 한다.
4. 각 단계별로 적절하게 시간 배분을 하여 계획적인 활동을 할 수 있도록 한다(예를 들면 혼자 생각하는 시간10분, 모둠 내에서 의견 나누기 10분, 모둠에서 결정한 사항 정리하기 3분 등).

5) 수업의 실제

창문열기'를 활용한 국어과 토의·토론 수업

주제	문제의 해결 방안 찾기(말/듣/쓰)
학습 목표	'텔레비전 시청 시간 2시간 넘어'를 읽고 문제 해결 방안을 찾을 수 있다.
사회적 기술 목표	개인적인 책임 다하기, 시간 지키기, 타인의 생각 수용하기
학습 자료	타이머, 창문열기 활동지

단계	학습내용 및 학습구조	교수·학습 활동	자료 및 유의점
도입	동기유발 및 전체 학습 학습문제 확인	▣ 동기 유발하기: 개인별 TV 시청 시간 알아보기 - 우리 반 TV 시청 시간 알아보기 - '텔레비전 시청 시간 2시간 넘어' 읽기 ▣ 학습 문제 확인 '텔레비전 시청 시간 2시간 넘어'를 읽고 문제 해결 방안을 찾을 수 있다.	• 돌아가며 읽기로 교과서 내용 살펴보기(시간이 부족하다고 판단될 경우 교과서 내용은 미리 집에서 읽어오도록 해도 좋다.)
전개	전체 학습	▣ 내용 파악하기 [교사] 글쓴이가 제시한 문제는 무엇인가? [학생] TV 시청 시간이 너무 길다. [교사] 문제가 되는 것은 무엇인가? [학생] TV 시청 시간이 너무 길고, 문제가 되는 프로그램도 많다. [교사] TV를 유익하게 활용하지 못하는 까닭은? [학생] 학습계획이 없기 때문, 좋은 프로그램과 그렇지 못한 프로그램을 구별할 줄 모르기 때문	
	모둠 활동 창문 열기	【활동 1】 TV를 유익하게 활용하기 위한 좋은 방법 찾기 [교사] 각자 개인별로 바람직한 방향으로 TV를 시청하기 위한 좋은 방법을 찾아보도록 하자. [학생] 먼저 좋은 방안을 찾기 위해 혼자 생각한다. - 혼자 생각한 내용을 바탕으로 모둠 내에서 1가지씩 돌아가며 말하기를 한다(근거도 함께 말하기). - 발표된 의견에 대한 자신의 찬/반 의견을 표시한다. - 찬성하는 사람의 수에 따라 창문열기 활동지에 기록한다. - 각 모둠에서 나온 의견을 전체적으로 공유(발표)	• 창문 열기 활동지 준비
	전체 활동	【활동 2】 문제와 해결의 짜임으로 글쓰기 [교사] 각 모둠에서 찾은 해결 방안을 바탕으로 하여 문제와 해결의 짜임으로 글쓰기를 해 보도록 한다. - 서론 부분에 들어가야 할 내용, 본론 부분에 들어가야 할 내용, 결론 부분에 들어가야 할 내용에 대한 설명을 통해 학생들의 이해 및 글쓰기 활동을 돕는다.	• 예시자료를 통해 설명하기
	개별 학습	[학생] 선생님의 설명을 듣고, 그를 바탕으로 개별 활동에 들어간다. - 서론, 본론, 결론으로 나누어 개요 짜기 - 개요 짜기가 끝나면 글쓰기 활동으로 들어간다.	• 글쓰기를 위한 개별 활동지 준비
정리	전체 학습	▣ 정리 및 다음 차시 안내 - 학생들의 발표 들어보기(자신이 쓴 글 발표) - 학생들의 결과물은 수합하여 형성평가로 활용하기	• 발표 시간이 부족하면 글쓰기 결과물을 수합하여 형성평가 자료로만 활용한다.

32 피라미드 토의·토론

1) 기본이해

피라미드 토의·토론이란 엄밀히 말하면 역피라미드 토의·토론 방식의 의견 수렴 및 합의 방식으로 이해하면 좋을 것 같다. 이 활동은 주어진 논제에 대한 각자의 의견을 브레인 라이팅 기법에 의해 1인당 의견이 적힌 종이 카드를 4매씩 작성한 후, 옆 사람과 1:1 토의·토론 과정을 거쳐 카드 매수를 4매로 줄인 다음, 다시 다른 팀과 만나 2:2 토의·토론 과정을 거쳐 매수를 또 다시 4매로 줄인다. 다시 다른 팀과 만나서 4:4의 토의·토론 과정을 거쳐 매수를 또 4매로 줄여나가며 점차로 인원수를 확대해 간다(8:8명, 16:16명 등). 참여자 수에 따라 2~4개의 팀이 남을 때까지 진행하고 마지막 팀별로 발표자를 선정한다. 마지막 4장의 카드(의견)를 전지에 붙이거나 칠판에 기록하고 대표자가 전체 앞에서 발표하도록 되어 있다.

이 피라미드 토의·토론은 서로 다른 생각들이 토의와 토론의 과정을 거쳐 합의점을 찾아가는 과정을 시각화하여 보여줌으로써 본격적인 토의·토론에 앞서 활동에 참석하는 패널의 입을 열게 하는 마음열기 활동으로 많이 쓰는 방법이다. 그러나 학교 현장에서는 의견을 합의해 나가면서 하나의 의사결정으로 수렴해 나가기 위한 방안으로 많이 활용된다.

2) 진행방법

"혼자 생각하기" 단계는 모든 활동을 시작하기 전에 선행되는 필수 활동!!!

1. 교사는 토의·토론 활동을 위한 주제를 제시한다.

   예 도시의 교통문제를 해결하기 위한 좋은 방안 4가지 생각하기

2. 학생 모두에게 1인당 쪽지(이면지를 똑같은 크기로 자른 규격화된 종이–의견 카

드) 4장씩 나누어 준다(필기도구는 각자 준비하기, 받침대가 필요하다면 따로 마련하기, 받침대는 책으로 대신해도 무방하다. 쪽지 종이도 꼭 4장씩 나누어줄 필요는 없다. 교사의 의도에 따라 장수의 조절은 얼마든지 가능하다).

3. 토의할 주제에 대한 각자의 생각을 주어진 시간 동안 기록한다(쪽지 1장에 한 가지 의견을 기록한다. 모두 4가지 의견을 기록한다).
4. 각자 4장의 쪽지를 들고 두 사람(옆 사람 혹은 앞 사람)이 1:1로 짝을 이루어 앉는다.
5. 짝을 이룬 사람들끼리 4장씩 모두 8장의 의견이 적힌 쪽지를 가운데 놓고 주어진 시간 동안 1:1 토의·토론 과정을 거쳐 4장의 쪽지만 남기고 나머지 4장은 버린다(의견 줄이기 과정: 이때 버린 쪽지를 모아둘 바구니는 따로 마련한다. 교실 바닥에 그냥 버려지지 않도록 한다. 토의하여 의견 수를 줄이는 시간은 교사가 적절히 안배하여 조절한다. 보통은 5~7분 정도씩 할당하면 좋다. 남길 의견 수는 적절히 조절한다).
6. 이러한 과정을 거쳐 2:2명, 4:4명 순으로 확장시켜 나간다. 이때도 의견 수는 항상 4가지로 줄이도록 한다.
7. 최종적으로 1개 팀이 남을 때까지 계속 진행한다.
8. 최종적으로 4개의 대안이 정해지면 학급 전체의 의견으로 정리되어 모두에게 공유된다. 이후에는 교사가 모든 활동에 대한 정리를 해 준다.

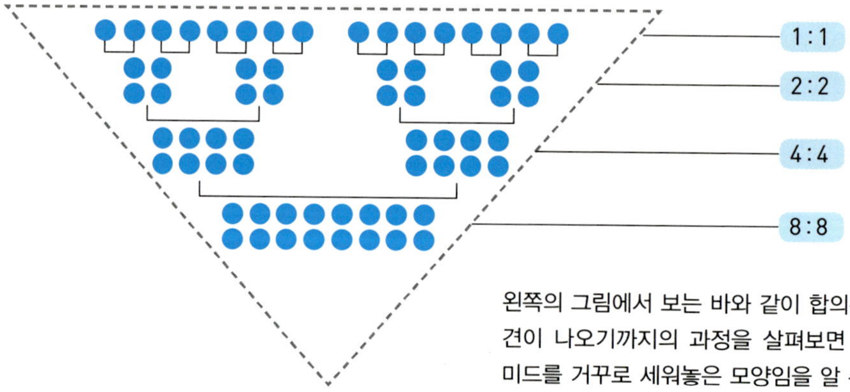

피라미드 토의 · 토론 과정

왼쪽의 그림에서 보는 바와 같이 합의된 의견이 나오기까지의 과정을 살펴보면 피라미드를 거꾸로 세워놓은 모양임을 알 수 있다. 이런 특징 때문에 피라미드 토의 · 토론이라 명칭이 붙여진 것이라 할 수 있다.

3) 활동효과

1. 이 활동을 통해 결정된 사항은 구성원 모두가 함께 여러 차례 토의·토론을 통해 합의한 의견이어서 신뢰도가 매우 높고, 그에 무게가 많이 실리게 된다.
2. 같은 주제에 대하여 비슷한 주장을 반복해서 하게 되므로 발표력 및 표현력, 듣기능력이 점점 향상되어가는 경험을 하게 된다.
3. 피라미드 토의·토론을 많이 활용하는 이유는 학생들이 토의·토론 과정에 참여하여 자신의 생각과 의견을 내놓도록 하기 위함이요, 자기가 왜 그런 의견을 내놓게 되었는지에 대하여 충분한 근거를 바탕으로 논리적 설명이 가능하도록 하기 위함이며, 다른 사람의 생각을 듣고 내 생각과 비교해 가면서 좋은 의견에 대한 이해를 바탕으로 합의를 이끌어내는 방법과 자세를 터득할 수 있도록 하기 위함이다(자기의 생각을 상대방에게 표현하고 양보와 관철을 위해 설득과 바람직한 대화를 경험하게 하는 것이 토의·토론 수업의 주된 목표라 할 수 있다).
4. 어떤 사안에 대한 여러 가지 대안 중 우선순위를 정하고자 할 때나 조직의 구성원이 지켜야 할 규칙이나 합의안을 도출할 때 효과적이다(중·고학년 이상에서 학급 규칙 등을 만들 때).
5. 처음에는 두 사람이 1:1로 만나서 논제에 대한 자신의 주장으로 상대방을 설득시키지만 합의가 끝나 두 사람의 의견이 정해지면 그 순간부터 두 사람은 상대편이 아니라 동지가 되어 짝 모둠을 형성하게 된다. 이 순간부터 두 사람은 앞으로 만나게 될 다른 상대편인 두 사람을 설득시키기 위한 공동작전을 펼쳐야 한다는 점이 매우 특이한 점이다(오늘의 상대방이 내일의 동지가 되는 것). 이렇게 네 사람, 여덟 사람으로 확장시켜 나가는 과정에서 자신의 주장을 좀 더 논리적으로 체계화할 수 있고, 상대방을 잘 이해하고 받아들일 수 있는 기회가 되어 토론에 익숙하지 못한 학생들에게 적용하면 매우 효과적이라 할 수 있다. 단 수업 시간이 부족하여 여유 있게 토론을 하지 못하게 되는 경우가 많으므로 시간확보에 특별히 유의해야 한다.
6. 학생들이 1:1, 2:2, 4:4 식으로 토의·토론 활동을 해 나가면서 여러 생각들을 줄이고 묶는 경험을 통해 이해력 및 종합적 사고력을 키우게 된다.

7. 다수의 생각을 줄이는 과정에서 각각의 생각들에 대한 가치(중요성)나 경중(사소함 또는 핵심적인 것)을 따지거나 비교 분석(포함 관계 등)을 해 나가면서 분석적·평가적 사고력을 키우게 된다.
8. 자신 및 타인의 생각이 적힌 의견 카드(시각적 자극)를 보면서 활동하게 되는데, 자신(또는 모둠) 및 타인(또는 타 모둠)의 생각이 적힌 카드가 결정되거나 그 반대의 경우를 직접 지켜보면서 활동을 하게 되므로 집중도가 매우 높아진다.

4) 주의할 점이나 활동의 팁

1. 의견 카드는 꼭 4매로 한정지어서 생각할 필요는 없다. 상황 또는 학년 수준에 따라서 2~3매 혹은 5매, 또는 더 이상으로 약속을 할 수도 있다.
2. 의견을 줄이는 과정에서 각각의 의견들은 수정될 수도 있고, 새롭게 떠오른 생각을 제시하여 토의·토론 활동을 진행할 수도 있다.
3. 학급의 학생 수가 홀수일 경우 어느 한 사람은 처음부터 둘이 한 팀이 되어 시작하면 된다. 이 경우 '상'수준의 학생과 '하'수준의 학생이 한 팀을 이루어 시작할 수 있도록 하는 것이 좋다. 또한 학급 전체 인원이 4의 짝수 배수(8명, 16명, 24명 등)가 안 될 경우에는 〈팀:팀〉을 이루어 활동하는 데 있어서 활동을 못하는 팀이 생길 수 있다. 이럴 경우 그 팀은 토너먼트 방식의 게임에서의 부전승 개념으로 이해하여 다음 팀을 만날 때까지 기다릴 수 있도록 하면 된다.
4. 한 팀의 수가 커지면 토의·토론 활동에서 소외되는 학생 또는 관심을 갖지 못하여 주변에서 배회하는 학생이 발생할 수 있고, 합의를 이끌어내는 시간도 많이 걸릴 수 있다. 따라서 적정한 크기의 팀(보통은 8:8 토의·토론을 통해 16명의 팀이 만들어질 때까지 진행하는 경우가 많다)이 만들어지게 되면 최종적으로 1팀으로 의견이 모아지지 않더라도 그 단계까지 모아진 각 팀들의 의견들을 바탕으로 학급 전체 토의·토론을 통해 의사결정을 하는 것이 좋다.
5. 이 활동은 팀별 인원수가 그다지 중요하지는 않다. 제일 중요한 것은 주장과

설득을 위한 근거, 그리고 대화의 요령인 것이다(합의 과정에서 다수결 등의 과정이 없도록 하는 것이 좋다. 오직 상대방 의견에 대한 이해와 설득, 그리고 양보와 타협에 의한 합의만이 필요할 뿐이다).

6. 자리에서 일어 선 채로 토의 활동을 하게 되면 질서가 없고 산만해지기 때문에 팀을 만난 다음에는 주변에 있는 자리에 앉아 토의할 준비를 하고, 교사의 신호에 따라 동시에 토의를 시작하고 동시에 끝낼 수 있도록 한다.
7. 팀을 이루어 토의·토론하는 시간은 교사가 타이머를 이용하여 적절히 조절할 수 있도록 한다.
8. 이 활동을 하기 전에 개인별로 브레인스토밍하는 것이 도움이 된다.
9. 교실 속에서 현실적으로 8:8 그 이상까지 가는 것이 매우 힘들 수도 있다고 판단된다면 모둠 내에서의 피라미드 토의·토론으로 변화를 주어서 해 보는 것도 좋다(예 주제에 대하여 개인별로 2가지(2장의 의견 쪽지에 기록)씩 생각해두기 → 얼굴짝끼리 1:1로 토의·토론을 하여 의견 쪽지의 수를 2가지로 줄이기 → 모둠 내에서 2:2 토의·토론을 하여 의견 쪽지의 수를 다시 2가지로 줄이기 → 모둠 내에서 1가지만 결정해야 할 경우에는 동전 내놓기로 1가지 결정하기).

5) 수업의 실제

'피라미드 토의·토론'을 활용한 국어, 창·체 활동 수업(학급 규칙 제정을 위한 어린이 회의)

주제	학급 규칙 제정
학습 목표	1년 동안 생활하게 될 우리 반의 학급 규칙을 만들어 본다.
사회적 기술 목표	개인적인 책임 다하기, 타인의 생각 수용하기, 도란도란 말하기
학습 자료	타이머, 의견을 기록할 쪽지(1인당 4장씩)

단계	학습내용 및 학습구조	교수·학습 활동	자료 및 유의점
도입	동기유발 번호순으로 구조	▣ 동기 유발하기: 지금까지 학교생활을 해 오면서 어렵고 힘들었던 점들에 대하여 나누기 [학생] 남들을 괴롭히는 아이들이 많았다. 욕하는 아이들이 많았다. 남들을 배려하지 않는 아이들이 있다. [교사] 그런 모습들이 사라질 수 있도록 하기 위해 우리 반만의 학급 규칙을 만들어 보도록 하자.	• 다음과 같은 방법으로 학년 초에 학급규칙 제정을 위한 회의를 한다.
전개	학습문제 확인	▣ 학습 문제 확인 – 1년 동안 생활하게 될 우리 반의 학급 규칙을 만들어 본다. – 한 나라에는 질서 유지를 위한 법이 있듯이 우리 교실에도 질서 유지 및 행복한 교실을 만들기 위한 최소한의 규칙이 필요하다. 우리 교실이 행복해지기 위해서는 어떤 규칙이 있으면 좋겠는지 생각해 보도록 한다.	
	개별 활동	【활동 1】 개인적인 생각 [교사] 우리 교실에 꼭 있어야 할 학급규칙 4가지만 생각해 보도록 한다. [학생] 개인적으로 4가지 규칙을 생각하여 적는다.	• 개인적으로 생각한 것들은 쪽지(의견 카드)에 기록한다.
	피라미드 토의·토론	【활동 2】 모둠 내 1:1, 2:2 토의·토론 [교사] 모둠 내에서 얼굴짝끼리 1:1, 2:2 토의·토론을 하여 규칙을 4가지로 정리해 보도록 한다. [학생] 토의·토론을 하여 모둠 내에서 의견을 4가지로 줄인다. 【활동 3】 모둠 간 4:4, 8:8 토의·토론 [교사] 모둠 간 4:4, 8:8 토의·토론을 하여 규칙을 4가지로 정리해 보도록 한다. [학생] 모둠 간에 토의·토론을 하여 의견을 4가지로 정리한다.	• 선택된 의견쪽지만 남기고 나머지는 버린다(버린 쪽지를 모아두는 바구니를 마련해 둔다).
정리	전체 학습	【활동 4】 학급 규칙 결정하기 [교사] 8:8 토의·토론을 통해 정해진 학급 규칙을 칠판에 적어보고, 최종 합의에 도달해 보도록 한다. [학생] 이전 활동까지의 결과로 정리된 학급 규칙을 바탕으로 전체 회의를 통해 학급 규칙에 최종 합의한다. – 마지막 점검을 통해 수정, 삭제, 추가해야 할 규칙을 생각해 본다. – 최종 합의가 이루어지면 학급 규칙으로 선포하고, 문건으로 작성하여 각 가정으로 안내한다.	• 최종 합의에 이른 학급 규칙은 문건으로 만들어 각 가정에 알리고, 학급에 게시한다.

33 Stahl의 의사결정 모형

1) 기본이해

Stahl은 개인적 의사결정과 집단적 의사결정을 통합한 상황 의사결정모형을 제시하였는데, 의사결정의 과정에서 집단의 만장일치를 고려하면서 어떤 전략을 사용하여 의사결정을 해야 하는지를 직접 익히게 하는 모형을 개발하여 의사결정의 과정이 대립과 논쟁의 과정으로서 토론이 아니라 대안제시와 협상의 과정으로서 토론임을 보여주었다. 에피소드 모형이라고 불리는 이 모형은 학생들이 배워야 할 내용을 하나의 일화(에피소드)로 만들어 그 일화를 완성하는 과정에서 자연히 달성해야 할 목표와 내용을 학습할 수 있도록 한 것이다. 이 모형의 특징을 살펴보면 다음과 같다(구정화, 2009, pp.214~218 참고).

① 이미 대안들이 제시되어 있다.

② 제시된 대안을 평가하고 대안에 대한 개인적인 결정을 먼저 내린다.

③ 각 개인들이 내린 결정에 비추어 집단 의사결정과정에서 협상을 어떻게 해야 하는지를 배울 수 있도록 구성되어 있다.

④ 의사결정 자체가 목적이 아니라 그 과정에 필요한 기능(대안의 평가 및 서열화, 강제 선택, 협상 능력, 창안 결정)을 익히도록 하는 데 목적이 있다.

⑤ 다수결 의사결정의 단점을 막기 위해 만장일치를 원칙으로 삼는다.

⑥ 미완성 상황을 제시하고, 학생들이 완성해 나가는 과정에서 집단 내 토의·토론 활동이 왕성하게 일어나게 함으로써 달성해야 할 목표와 내용을 자연스럽게 배워나갈 수 있도록 하였다.

2) 진행방법

학습지 만들기

① 상황의 제시: 의사결정을 위한 단초를 제시하는 일상의 상황을 말한다. 가능하면 현실의 상황이면서도 학생들이 일화 속의 실제 주인공이 될 수 있는 상황을 제시하는 것이 훨씬 더 효과적이다(역사적 사실, 현실 속의 사례 바탕).

② 대안의 제시: 제시된 상황에서 행위자가 그 상황에서 선택할 수 있는 여러 가지 대안을 세우는데, 일반적으로 대안의 수는 3배수로 제시해 준다. 왜냐하면 세 범주로 분류하는 것이 학습과제이기 때문이다(보통 6~9개 정도를 제시한다).

③ 범주의 제시: 주어진 대안에 대하여 3가지 범주로 묶을 수 있도록 하는 안내 역할을 하는 것이다("반드시 관철시킬 것, 논의를 보류할 수 있는 것, 포기할 수 있는 것" 등과 같이 3가지 범주로 제시한다).

④ 격려문과 의사결정기록표 제시: 의사결정을 해야 할 당사자라는 것, 의사결정방식은 만장일치제라는 것, 개인의 의사결정이 집단의 의사결정에 많이 반영될수록 성공이라는 것 등의 격려문을 주어 토론에 적극 참여하도록 유도한다.

수업 절차

1. 수업 목표 설정 및 제시: 교사는 수업 목표에 따라 교과 내용을 구조화된 열린 상황이야기(일화)로 만든 후 학생들에게 목표를 제시하고 설명한다.
2. 교사의 배경 설명: 교사는 수업하고자 하는 내용에 대해 필요하다고 생각되는 기본적인 배경을 설명해준다.
3. 학습 과제지 배부: 교사는 일화가 적혀있는 학습지를 나누어준 다음 학생들에게 이를 읽게 하고 더 필요한 정보들을 공부하도록 안내한다. 그리고 집단 토의·토론을 통해 모둠 구성원 모두가 그 정보들에 대한 충분한 검토 및 이해를 하고 있는지 확인한다.
4. 개인 의사결정 학습지 배부 및 개인 의사결정: 개인 의사결정 학습지는 집단 결정을 하기 전에 개인적인 의사결정을 내려 보도록 하기 위해 준비된 것이다.

학습지 사례: 관련단원 및 교과: 사회-국토 가꾸기, 도덕-서로 다른 주장)

은평구 진관동 주민의 선택

당신은 은평구 진관동에서 태어나고 자란 사람으로 은평구 진관동에 거주하고 있으면서 누구보다도 은평구의 자연환경을 사랑하고 아끼고 있는 구민이면서, 구의회 의원이다.

은평구는 본래 숲이 많고 잘 가꾸어져 공기가 맑고 자연환경이 잘 보존된 곳이었으나 최근 은평 뉴타운이 들어서면서 은평구의 쓰레기 발생량이 증가하게 되자 쓰레기 문제를 자체적으로 해결하기 위해 새로운 방법을 모색하게 되었고, 여러 가지 방안을 모색한 결과 쓰레기 소각장을 건설하기로 결정하였다. 이에 따라 몇 군데의 후보지를 선정하여 입지 조건 및 경제성과 타당성을 고려한 결과 은평구 진관동이 가장 적합한 매립지로 확정이 되었다. 그리고 이 결과를 각종 방송 매체와 신문사를 통해 보도하면서 쓰레기 소각장 설치에 따른 여러 문제에 대해서는 적절한 보상과 예방을 할 것을 약속했다.

그러나 소각장이 설치됨으로써 생기는 악취 및 대기오염, 소각 시 발생되는 환경오염물질, 각종 질병, 쓰레기 운반 문제, 분리수거 문제, 땅값의 하락 등을 가져올 것을 우려하여 구의원인 당신은 은평구 진관동 주민대표들로 "쓰레기 소각장 설치 반대 위원회"를 구성하여, 그 대책회의를 하였다. 대책회의 결과 대다수 위원들은 소각장이 이미 결정되어 진관동 주민들이 반대를 한다고 해도 은평구가 결정을 철회하지 않을 것을 예상하였고 그렇다고 살던 지역을 떠날 수도 없다는 것에 의견일치를 보았다. 그리하여 은평구의 결정인 쓰레기 소각장 설치와 진관동 주민들의 희망인 우리 고장 지키기를 모두 만족시킬 수 있는 대안 및 조건을 은평구청에 제시하기로 결정했다. 그 내용은 다음과 같다.

1. 쓰레기 소각장이 들어가는 토지의 보상금에 대해서는 세금을 전액 면제한다.
2. 일일 소각하는 쓰레기의 양은 주민대표와 협의하여 한정한다.
3. 생활쓰레기 가운데 환경오염물질이 발생되는 쓰레기는 절대로 소각하지 않도록 약속하고, 그 분류 방안을 마련한다.

4. 소각장이 들어서는 것에 반대하여 이사를 결정한 주민에 대해서는 이사에 필요한 모든 비용을 은평구에서 부담한다.
5. 관리 및 운영은 은평구가 하되, 철저하게 감독하고 감시할 수 있도록 감독권을 은평 구민 대표에게 일임한다.
6. 소각장 설치로 인한 각종 질병 예방 및 치료는 전액 은평구에서 부담한다.
7. 은평구 거주 주민들에 한하여 쓰레기 종량제 봉투 보급을 구청이 1/2 부담, 구민이 1/2 부담할 수 있도록 한다.
8. 공기정화시설 및 환경오염물질 발생 억제 시설을 갖추어 은평구의 공기가 오염되지 않도록 대책을 마련하고, 기준치 이상의 오염물질 발생 시 즉시 가동을 중지한다.
9. 은평구 이외의 지역에서 발생하는 쓰레기는 절대로 반입하지 않는다.

그러나 이 조건을 은평구가 모두 받아들이지 않을 것을 잘 알고 있다. 그래서 협상하기 전에 다음과 같은 계획을 세웠다.

가. 진관동 주민들의 건강과 재산권 보호를 위해 반드시 은평구청이 받아들이도록 해야 할 조건 3가지를 선택한다.
나. 지금 당장은 아니지만 차후에라도 협상에 임하여 은평구청이 받아들이도록 해야 할 3가지 조건을 선택한다(위의 '가'항보다는 덜 중요한 것).
다. 최악의 경우 포기할 수 있는 3가지 조건을 선택한다(은평구청이 강력하게 거부할 수 있는 것이면서도 진관동 주민에게 가장 덜 중요한 것).

쓰레기 소각장 설치는 진관동 주민 개개인 모두에게 중요한 문제이므로 주민 모두가 참여하여 제시된 안건에 대해 다수결이 아닌 만장일치제로 단일한 의사결정을 하여야 한다. 그러므로 당신은 위의 가, 나, 다를 먼저 결정하고, 주민들을 상대로 합리적으로 설득하여 당신의 의견이 반영되도록 한다면 주민들로부터 장래 은평구청장이 될 인물로 인정받게 될 것이다.

개인 의사결정표

선택 기준	선택 내용	이유
가. 진관동 주민들의 건강과 재산권 보호를 위해 반드시 은평구청이 받아들이도록 해야 할 조건 3가지를 선택한다.		
나. 지금 당장은 아니지만 차후에라도 협상에 임하여 은평구청이 받아들이도록 해야 할 3가지 조건을 선택한다(위의 '가' 항보다는 덜 중요한 것).		
다. 최악의 경우 포기할 수 있는 3가지 조건을 선택한다(은평구청이 강력하게 거부할 수 있는 것이면서도 진관동 주민에게 가장 덜 중요한 것).		

모둠 의사결정표

선택 기준	선택 내용	이유
가. 진관동 주민들의 건강과 재산권 보호를 위해 반드시 은평구청이 받아들이도록 해야 할 조건 3가지를 선택한다.		
나. 지금 당장은 아니지만 차후에라도 협상에 임하여 은평구청이 받아들이도록 해야 할 3가지 조건을 선택한다(위의 '가' 항보다는 덜 중요한 것).		
다. 최악의 경우 포기할 수 있는 3가지 조건을 선택한다(은평구청이 강력하게 거부할 수 있는 것이면서도 진관동 주민에게 가장 덜 중요한 것).		

필자의 반 학생들 사례: 개인 생각 정리하기 단계 활동

개인적인 의사결정이 끝나면 집단 토론을 통해 자신의 생각과 다른 구성원들의 생각을 나누어 수정 보완하게 된다.

5. 집단 의사결정 학습지 배부 및 집단 의사결정: 집단 의사결정 학습지를 배부한 다음 모둠원이 충분히 토의·토론 활동을 통해 ○개의 규칙 중에서 반드시 성사시켜야 할 ○개 규칙, 양보할 수 있는 ○개 규칙, 차후에 협상해도 되는 ○개 규칙을 결정할 수 있도록 한다. 이 때 다수결이 아닌 만장일치로 단일한 의사결정을 하여야 한다.

필자의 반 학생들 사례: 개인 생각을 바탕으로 모둠별 토의 · 토론을 통해 집단 의사결정하기

6. 각 모둠의 의사결정 발표: 소집단의 의사결정이 끝났으면 학급 전체를 대상으로 각 소집단의 집단 의사결정 결과를 보고하고, 교사는 미흡한 부분을 보완해 주도록 한다. 이 때 각 모둠의 학생들은 다른 모둠에서 나온 결과를 자신

들의 모둠과 비교해 보면서 어떤 점이 같고, 어떻게 다른지 비교해 본다.

7. 평가: 활동이 모두 끝나면 개인적인 평가를 한다(활동 전체에 대한 소감 및 반성 등).

필자의 반 사례: 전체 발표

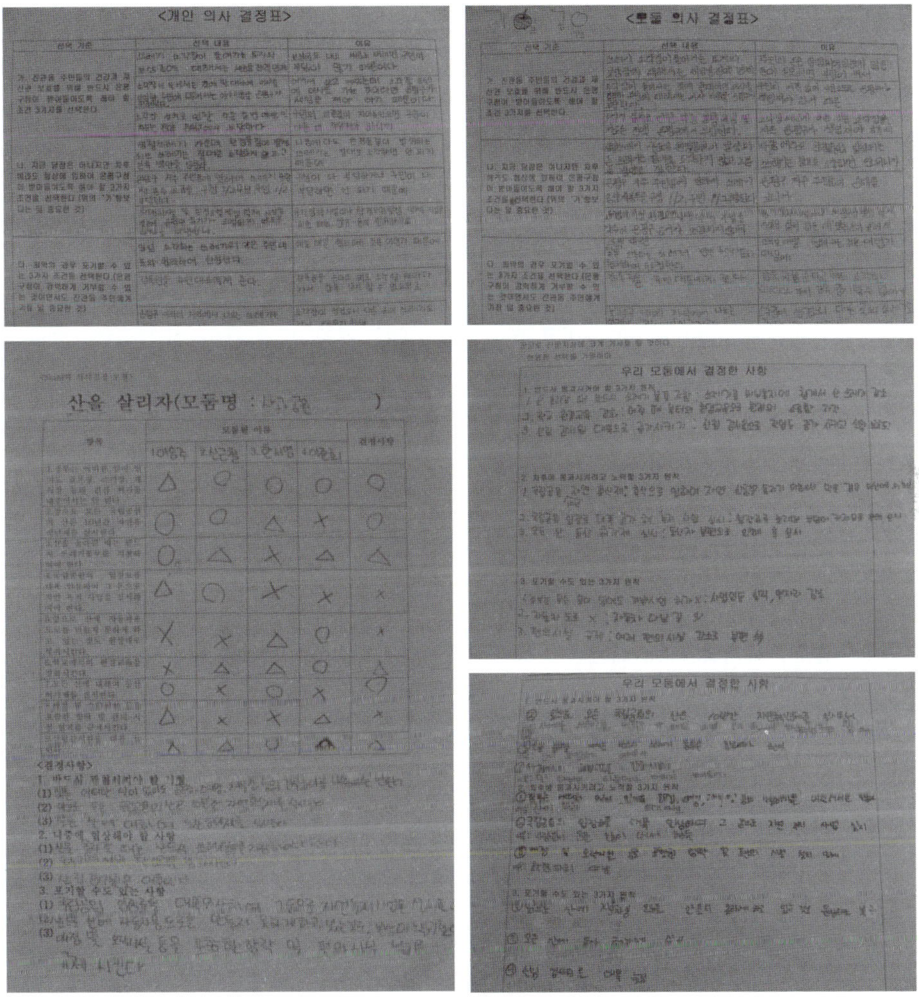

필자의 반 사례: 의사결정표 및 활동 결과물 사례

3) 활동효과

1. 스탈의 모형은 수업을 진행하는 동안 학생들이 다음과 같은 4가지 의사결정 능력을 신장시킬 전략을 사용하도록 구조화해 놓은 것이 장점이다.

   ① 서열화 능력 전략(ranking - order decision strategy): 여러 대안들의 장단점을 신중히 검토한 후 현실성 있게 우선순위를 정하는 것을 말한다. 또한 학생들은 서열화를 한 이유에 대해서도 합리적인 기준을 제시하면서 논할 수 있어야 한다.

   ② 강제 선택 전략(forced - choice decision strategy): 여러 대안 중 어떤 대안을 선택하면 나머지는 포기해야만 한다는 전략이다. 의사결정에 있어서 현실적으로 강제선택은 필수 과정인데, 서열화 단계를 잘 거쳤다면 선뜻 결정하기 어려워도 서열이 1순위에 가까울수록 포기할 수 없는 것이고, 후순위일수록 포기할 수 있도록 해 주어 선택의 중요성을 깨닫게 해 준다.

   ③ 협상 전략(negotiation strategy): 의사결정에는 찬성과 반대만 있는 것이 아니다. 특히 타협은 민주주의 사회에서 가장 필수적인 전략이다. 그러므로 이러한 경험이 의사결정 모형에 포함되어야 한다. 이 전략은 여러 대안들을 몇 가지로 범주화하여 정리하는 것이다. 보통은 3가지로 범주화한다. 첫째는 가장 선호하는 대안, 둘째는 기꺼이 포기할 수 있거나 첫 번째 범주를 선택하기 위해 버릴 수 있는 대안, 셋째는 차후에 선택할 수도 있는 대안으로 범주화하는 것이다. 이 과정에서 학생들은 범주화 및 협상 능력을 신장시키게 된다.

   ④ 창안 결정 전략(invention decision strategy): 학생들의 선택 기회는 열려 있어야 한다는 생각에 따라 학생들이 제시된 대안을 중심으로 수정, 결합, 창안할 수 있도록 한 것이다. 이때는 새로운 대안을 내놓을 수도 있고, 여러 개의 대안을 결합하여 새로운 대안을 제시할 수도 있다. 그리고 최후의 대안을 제시하기 전에 예상되는 결과들, 손해와 이익, 얻는 것과 잃는 것 등을 기술하도록 하는 것이 좋다. 이는 성급한 표면적인 의사결정을 막기 위해서이다.

2. 모둠 내 토의·토론 활동 속에서 현실적인 상황과 비슷한 경험을 하게 함으로써 학생들의 의사결정 능력을 향상시켜준다.
3. 역사나 사회 수업 등에 활용할 경우 학습자들이 실제적인 의사결정의 주인공처럼 생각하고 활동할 수 있다. 또 만장일치제이기 때문에 반대하는 사람을 설득하는 과정에서 논리적이고 비판적 사고를 기를 수 있다.
4. 개인적 의사결정과 집단적 의사결정이 통합되는 것을 볼 수 있다.
5. 학생들이 배워야 할 내용을 하나의 일화(에피소드)로 만들고, 그 일화를 완성해나가는 과정에서 자연스럽게 학습 목표를 달성하고 내용을 익힐 수 있도록 하였다.
6. 의사결정과 관련하여 특히 사회과 수업에서 많은 효과를 볼 수 있다. 사회과 교육의 목표는 훌륭한 민주시민을 양성하는데 있고, 최근에는 의사결정능력이 사회과의 중요한 목표로서 부각되었는데, 이는 현대사회가 다원적이라는 인식에 바탕을 두고 있기 때문이다. 복잡하고 다원화된 현대 사회의 다양한 특징 중 하나는 〈개인 및 집단 간 가치 갈등의 심화〉인데, 이를 극복하기 위한 방안으로 사회과에서 개인적, 집단적 문제에 적극적으로 참여하고 이를 합리적으로 해결할 수 있는 의사결정 능력이 중요하게 부각되었다고 볼 수 있다.

4) 주의할 점이나 활동의 팁

1. 대안을 만들어 제공하거나 직접 만들어 보도록 할 때는 3의 배수로 제시하거나 만들도록 한다. 왜냐하면 범주화할 때 보통 3가지 영역으로 나누는데, 이때 대안을 동일한 수로 분류시키는 것이 혼란스러움을 줄일 수 있다. 물론 학생들의 수준이나 상황에 따라서 각 범주마다 동일한 수로 대안을 분류하지 않아도 된다고 말해주는 것도 하나의 방법이 될 수 있다.
2. 일화는 무엇보다도 현실성이 있어야 하고, 학생들의 피부에 와 닿을 만큼의 상황이어야만 한다. 때문에 보통은 실제 있었던 사건이나 역사적 사실을 바탕으로 하여 일화를 제시하는 경우가 많다. 이를 통해 학생들은 자신의 의사

결정과 실제 현실에서 이루어진 의사결정을 비교해 보면서 많은 것들을 깨닫고 느끼게 된다.

3. 일화는 교사 혼자의 힘으로 제작하려고 하기 보다는 여러 교사들(예를 들자면 동학년 교사들)의 조언을 받아 수정, 보완하는 것이 더 좋겠다.
4. 교사가 제시한 대안에서만 개선방안을 찾는 것 보다는 학습자 스스로도 대안을 창안할 수 있도록 기회를 제공한다면 사고의 폭과 깊이가 더 넓고 깊어질 수 있다. 따라서 일화를 제작할 때 학년 수준에 따라 학생들의 의견을 적을 수 있는 자리를 적절하게 비워두는 것이 좋다(예 초등학교 중학년은 모두 제시, 초등학교 고학년은 2~3개 비워 두기, 중학생은 4~6개 비워두기, 고등학생 이상은 모두 비워두고 요구사항을 스스로 만들어 보기).
5. 의사결정 과정상의 시간적 제약(시간이 많이 필요)을 극복하기 위하여 상황설명에 필요한 시간을 줄이고 집단 의사결정 시간을 늘려서 토의·토론 시간을 충분히 확보하도록 한다.
6. 주어진 시간 내에 마무리하지 못한 모둠이 발생할 경우 시간을 더 주지 말고, 일단 의사결정이 마무리된 모둠을 먼저 발표하게 한 뒤 마무리되지 못한 모둠에서는 왜 그런 일이 일어났는지를 생각하고 발표하게 함으로써 어떤 점들이 힘들고 어려운지, 어떤 전략이 부족했는지 등에 대하여 고민해볼 수 있도록 한다. 이 경우 교사는 만장일치를 통해 의사결정이 마무리된 모둠이나 서로 다른 의견을 끝까지 조정하면서 토의·토론 활동을 했던 모둠도 모두 훌륭한 활동이며 좋은 경험을 한 것이라는 사실을 반드시 알리고 격려해주어야 한다.

의사결정이란?

의사결정(decision-making)이란 어떤 문제 상황에 직면하였을 때 문제해결을 위하여 최종적인 판단을 내리는 과정과 그에 따른 행위를 뜻한다. 의사결정을 하기 위해서는 정확한 사실에 대한 정보를 획득해야 하고 과학적인 방법에 의해 결과를 예측할 수 있어야 하며 일반화가 가능한지에 대해 판단해야 한다.

의사결정의 특징

1. 의사결정의 방법에는 여러 가지가 있을 수 있는데 사회과에서 의도하는 의사결정은 무엇보다도 문제를 합리적으로 해결하기 위해서 이성에 바탕을 둔 반성적 사고과정이어야 한다.
2. 의사결정의 토대는 정확한 사실(exact fact)이어야 한다. 정확한 사실이란 문제 상황과 관련된 “참”인 사실정보라는 의미뿐만 아니라 사실 정보가 그 상황을 전체적으로 설명함에 있어서 한쪽으로 치우치지 않도록 균형을 이루면서도 광범위한 사실을 나타내는 정보이어야 한다는 것이다. 즉 문제 상황과 관련된 지식은 타당하다고 입증된 사실이어야 하며, 한 영역으로부터의 지식이 아닌 다양한 원천으로부터 지식, 즉 다학문적·간학문적 지식이 필요하다.
3. 의사결정 과정이 합리적이고 타당하기 위해서는 대안의 발생가능성과 의사결정자의 유용성이 충족되어야 한다. 아무리 바람직한 결과를 초래할 것이라고 판단되는 대안이라 하더라도 그 실행에 어려움이 크거나, 그 결과가 합리적이지 못할 것으로 예측된다면 그 대안에 따르는 의사결정을 할 수 없을 것이다.
4. 의사결정은 사회적 도덕적으로 공정(fair)해야 한다. 즉 사회정의에 부합해야 한다. 이렇게 볼 때 합리적 의사결정능력은 학교 교육 내용의 지식적인 면과 정의적인 면을 포함하는 것으로 자신의 지식과 가치를 적용하여 문제를 해결하는 종합적인 능력이라고 볼 수 있다(최명숙, 2002).

5) 수업의 실제

'Stahl의 의사결정 모형'을 활용한 도덕·사회과 토의·토론 수업

주제	민주적으로 문제 해결하기, 환경 문제의 합리적 해결
학습 목표	도시에서 일어나는 환경 문제를 합리적(민주적)으로 해결할 수 있다.
사회적 기술 목표	개인적인 책임 다하기, 타인의 생각 수용하기
학습 자료	타이머, 일화 자료, 의사결정을 위한 활동지

단계	학습내용 및 학습구조	교수·학습 활동	자료 및 유의점
도입	동기유발 번호순으로 구조	▣ 동기 유발하기: 지난 시간에 공부한 내용을 다시 한 번 생각해 보기(환경 문제 해결을 위한 우리들의 노력) - 번호순으로 구조 활동(4문항을 미리 준비) - 번호순으로 돌아가며 답하기(답하기 전에 모둠원과 답을 공유할 시간 갖기)	• 퀴즈 문항을 PPT로 만들어 미리 준비하기
	학습문제 확인	▣ 학습 문제 확인 도시에서 일어나는 환경 문제를 합리적(민주적)으로 해결할 수 있다.	
전개	개별 학습	▣ 일화 자료 제시 및 개별 활동 [교사] 지금 나누어주는 일화자료를 읽고 개인 의사결정표에 자신의 선택과 그렇게 결정한 이유를 정리해 보도록 한다. [학생] 나누어준 일화자료를 읽고, 주어진 대안에 대한 서열화 작업을 진행한다. 또한 이를 바탕으로 개인적인 강제 선택 작업에 들어간다(3개씩).	• 예화 자료와 개인별 의사결정 활동지 준비 및 배부하기
	모둠 활동 Stahl의 의사결정 모형	【활동 1】 모둠원끼리 협상 및 결정하기 [교사] 각 모둠에서는 개인적인 결정을 바탕으로 토의·토론을 시작하고, 협상을 통해 3단계로 나누어 3가지씩 의사결정을 내리도록 한다. [학생] 먼저 모둠 내에서 개인적인 결정 및 그 이유를 들어보도록 한다(돌아가며 말하기). - 먼저 동일한 결정을 한 항목을 추출해 낸다(이 항목은 더 이상 논의할 필요가 없다). - 서로 다른 의사결정을 내린 항목에 대하여 토의·토론을 진행하고, 합리적인 의사결정을 내리도록 한다.	• 모둠 의사결정 활동지 배부하기 • 결정 단계에서 제시된 대안의 수정, 결합, 창안 등이 잘 일어날 수 있도록 안내한다.
	전체 학습	【활동 2】 모두 함께 나누기 [교사] 각 모둠에서 결정한 내용을 돌아가며 발표하면서 공통점 및 차이점에 대하여 생각해 보도록 한다. [학생] 모둠 순서에 따라 돌아가며 발표한다. - 다른 모둠 학생들은 들으면서 공통점과 차이점을 비교, 분석해 본다.	
정리	개별 학습	▣ 정리 및 다음 차시 안내 - 전체 발표를 바탕으로 느낀 점 및 소감을 정리한다. - 소감문은 학급 홈페이지에 등록한다.	

V. 기타 다양한 협동학습 토의·토론 활동 모음

34 5단계 OX퀴즈

1) 기본이해

각 차시, 단원별 활동이 마무리된 후 정리학습 차원에서 많이 활용되는 활동이다. 반드시 알고 넘어가야 할 점들을 짚어주기에 유용하다. 꾸준히만 활용한다면 효과는 매우 높다고 할 수 있다.

- 준비물: 5단계 OX퀴즈판, 5단계 OX 질문, 보드마커 및 지우개, 모둠칠판

2) 진행방법

"혼자 생각하기" 단계는 모든 활동을 시작하기 전에 선행되는 필수 활동!!!

1. 교사가 각 단계별로 차근차근 OX 문제 읽어보기
2. 학생들은 단계별로 토의 토론하며 OX를 살펴 퀴즈판을 짚어가기
3. 최종 5단계까지 풀었을 때 마지막에 적혀 있는 낱말을 모둠 칠판에 기록

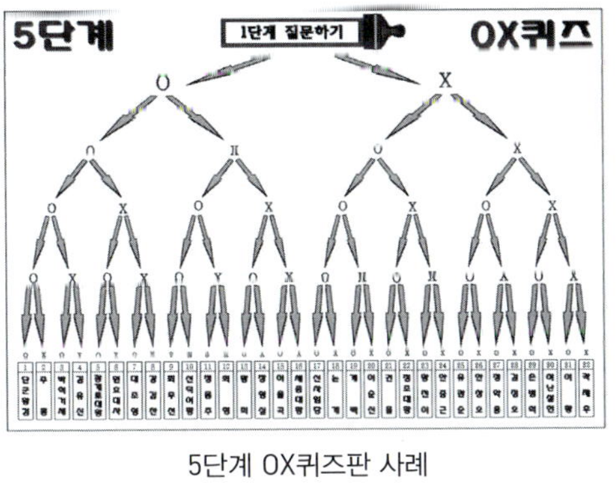

5단계 OX퀴즈판 사례

4. 모든 모둠이 들어 보인 뒤에 1단계부터 모두 함께 짚어가며 정답 확인하기

3) 주의할 점이나 활동의 팁

1. 절대로 경쟁이 일어나지 않게 주의한다.
2. 퀴즈판은 오래 사용할 수 있도록 제작한다.
3. 정답 확인 시 곧바로 말하지 말고 1단계부터 다시 한 번 차근차근 짚어간다.
4. 5단계에 사용할 낱말로 이왕이면 교육적인 주제를 넣어서 만든다(나라, 들꽃, 우리나라 및 세계 위인, 주기율표 원소 등).
5. 거의 대부분 교과에서 꾸준히 활용하면 좋은 활동으로, 지난 시간에 공부했던 중요한 내용들을 다시 한 번 되짚어 보는 활동에도 활용이 가능하다.

35 벤 다이어그램

1) 기본이해

서로 다른 두 개의 대상을 비교, 대조(공통점과 차이점)할 때 활용할 수 있는 활동이다. 관찰력과 사고력을 발전시킬 수 있는 활동이라 할 수 있다.

- 준비물: 벤 다이어그램 활동지, 색깔 펜

2) 진행방법

"혼자 생각하기" 단계는 모든 활동을 시작하기 전에 선행되는 필수 활동!!!

1. 활동지를 학생들에게 배부
2. 주어진 주제와 관련하여 각 개인별로 생각한 내용을 개인 활동지에 먼저 기록
3. 겹치는 부분은 공통점 기록, 별도로 떨어진 공간에는 각각의 특성, 차이점을 기록
4. 모둠원의 생각을 모둠용 활동지에 토의·토론하면서 종합, 정리

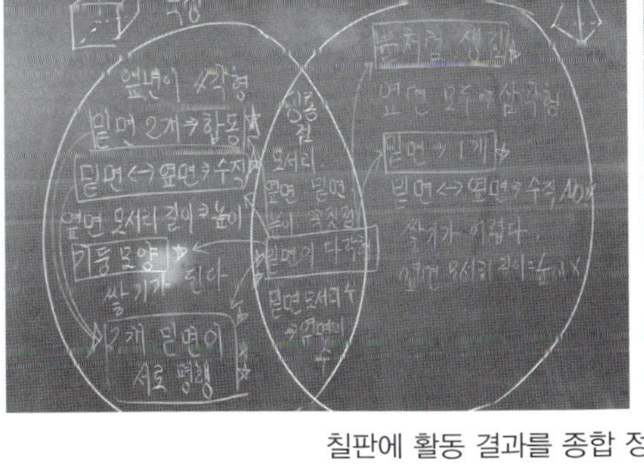

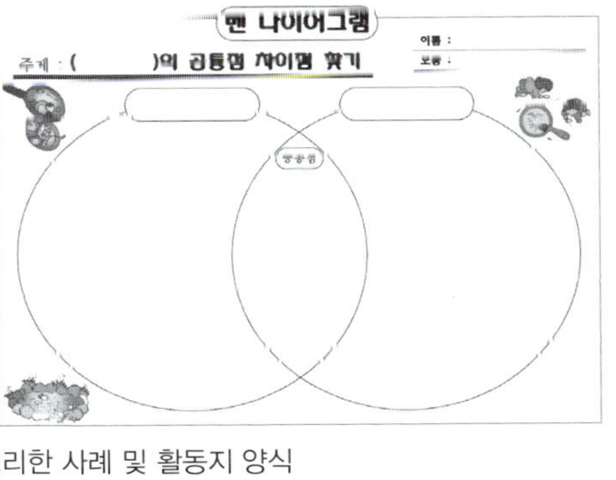

칠판에 활동 결과를 종합 정리한 사례 및 활동지 양식

5. 학급 전체와 공유하기 및 교사의 정리

3) 주의할 점이나 활동의 팁

1. 2인 1조로 짝 활동으로 해도 좋고, 모둠원 모두가 동시에 참여해도 좋다.
2. 처음부터 모둠에 1장의 공통 활동지를 주고 해도 좋고, 개인별 활동지와 모둠 활동지를 구별하여 나누어 준 뒤 먼저 개인적으로 생각을 정리하게 한 후 최종적으로 모둠 활동지에 정리하여 발표까지 이어지도록 하는 것이 더 좋을 수 있다.
3. 활동 후에는 칠판에 함께 내용을 정리하여 한 눈에 볼 수 있도록 하는 것도 좋다.
4. 국어과의 비교, 대조하는 글쓰기, 등장인물의 공통점과 차이점 비교하기, 수학과의 도형 관련 비교, 대조하기, 사회과의 지구본과 세계지도와의 공통점 및 차이점 비교하기 등에 적용 가능하다.

이야기 엮기 36

1) 기본이해

그림이나 사진(4컷 만화 등)을 활용하여 이야기, 활동 내용 등을 순서대로 엮어가는 활동으로 학생들의 표현력을 기르고 논리적 사고가 가능하도록 도와줄 뿐만 아니라 내용 이해에도 도움이 된다.

- 준비물: 여러 컷으로 된 사진이나 그림, 활동지, 풀, 편지봉투

2) 진행방법

"혼자 생각하기" 단계는 모든 활동을 시작하기 전에 선행되는 필수 활동!!!

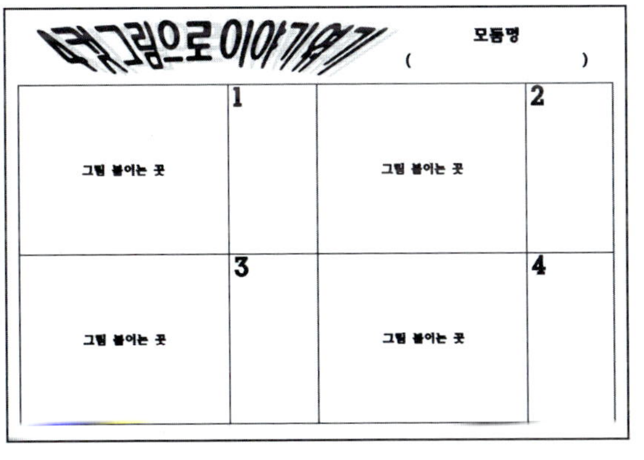

1. 준비된 여러 컷의 그림, 사진 등을 편지봉투에 넣어 각 모둠에 배부
2. 각 모둠원은 1장씩 나누어 갖기(다른 사람에게 보여주지 않기)
3. 각각 그림을 살펴보고 어떻게 설명할지 생각하기
4. 돌아가며 그림을 말로 설명하고 나머지 모둠원은 집중하여 듣기
5. 설명만 듣고 그림의 순서를 정하는 토의·토론 진행
6. 이야기 순서가 정해지면 그림을 모두 펼쳐놓고 정해진 그림 순서에 따라 이야기 구성
7. 모둠별로 완성된 이야기를 전체와 공유

3) 주의할 점이나 활동의 팁

1. 동화나 소설, 이야기 등은 반드시 원작과 비교할 필요는 없다. 정답이 필요 없다는 말이다.
2. 4컷 만화, 그림 등을 평소에 많이 모아 놓는 것도 좋다. 교과서 속 그림을 그대로 오려서 활용하는 것도 방법이다.
3. 활동 과정, 단계를 그림으로 나타낸 것을 활용하는 것도 좋다.
4. 4컷 또는 그 이상의 활동 과정이나 순서, 단계를 차례대로 나열하는 활동에 응용해도 좋은 활동이 될 수 있다(과학에서 문제 해결 과정, 실험 과정 등에 대한 순서 생각해보기).
5. 활동 주제나 내용에 따라서 1장씩 나누어갖고 말로 그림을 설명하는 단계를 생략하고, 순서 없이 주어진 그림을 모둠원이 함께 보면서 토의·토론을 곧바로 진행해도 좋을 수 있다.

과학과 사례: 원시 지구의 성장과 진화 과정 순서 나열하기

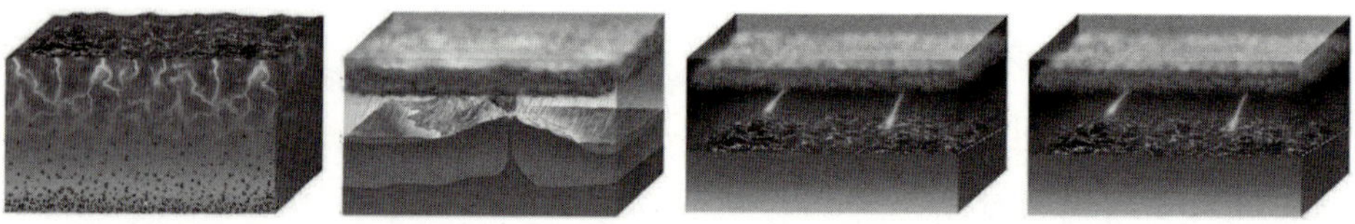

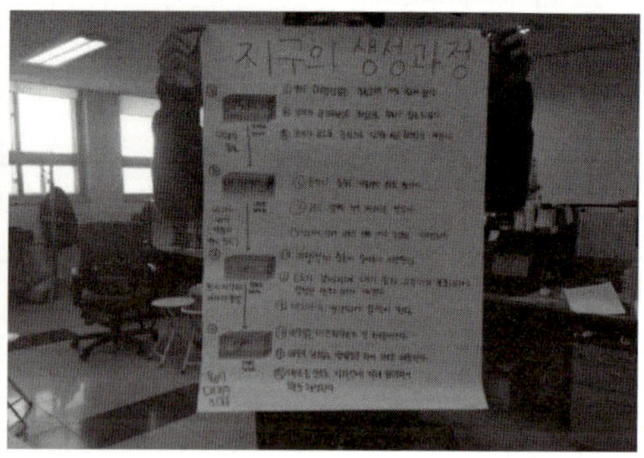

재우스와 함께 하는 지구블로그 https://m.blog.naver.com/earthlab

생각-짝-나누기

1) 기본이해

두 사람이 모둠 내에서 짝을 지어 주제, 대상에 대하여 의견을 교환하거나 토의·토론 활동을 하면서 사고를 확장해 나가는 활동이다. 의사소통, 정보교환, 창의적 사고 확장에 유용하다.

- 준비물: 활동지

2) 진행방법

"혼자 생각하기" 단계는 모든 활동을 시작하기 전에 선행되는 필수 활동!!!

1. 교사는 학생들에게 생각할 주제를 제시, 활동지도 배부
2. 학생들은 각자 생각을 최대한 많이 활동지에 정리(노트에 기록해도 됨)
3. 모둠 내 얼굴짝끼리 번갈아 말하면서 서로 생각을 공유, 정보 교환, 생각 추가 ⇨ 모둠 내 어깨짝과도 같은 방법으로 이야기를 나누면서 정보 교환, 생각 추가
4. 모둠 생각을 총 정리하여 학급 전체와 공유

3) 주의할 점이나 활동의 팁

1. 활동을 모둠 내에서 진행해도 되고 모둠을 떠나 다른 친구들을 만나 가면서 진행해도 좋다(이럴 경우 섞이고-짝-나누기 활동으로 변형되고, 보다 많은 사람들을 만나 정보를 공유할 수 있다).
2. 다양한 답이 있는 질문을 제시하는 것도 좋고 토의·토론이 가능한 질문을 해도 좋다.

3. 짝을 지어 이야기를 나눌 때 말소리 크기를 적절히 조절할 필요도 있다.
4. 문제 해결 방안, 다양한 아이디어 생산, 대상에 대한 창의적 생각, 확산적 사고를 요하는 활동에 적절하다.

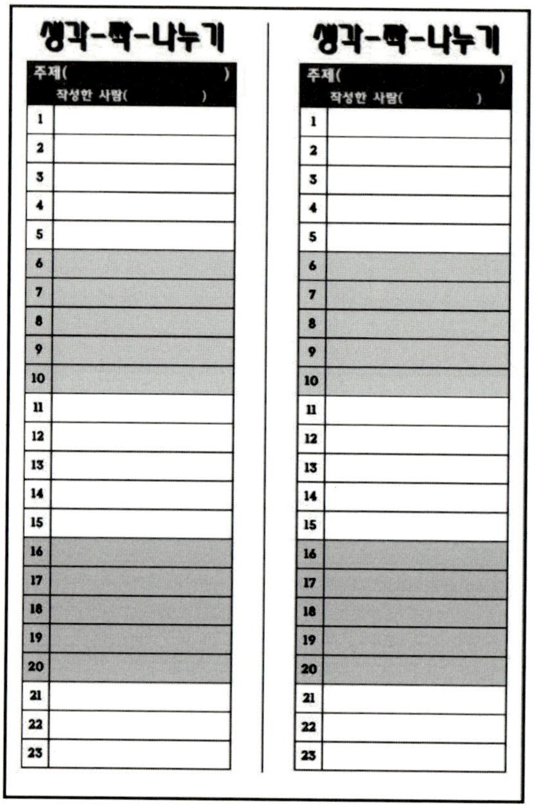

생각-짝-나누기

주제( ) 작성한 사람( )	
1	
2	
3	
4	
5	
6	
7	
8	
9	
10	
11	
12	
13	
14	
15	
16	
17	
18	
19	
20	
21	
22	
23	

생각-짝-나누기

주제( ) 작성한 사람( )	
1	
2	
3	
4	
5	
6	
7	
8	
9	
10	
11	
12	
13	
14	
15	
16	
17	
18	
19	
20	
21	
22	
23	

복수 선택 및 질적 의사결정

1) 기본이해

다수결에 의한 의사결정을 보완하는 방법으로, 한 개인이 의견 중에 다수를 선택하되 각각의 선택한 의견에 대하여 질적으로 선택할 수 있게 한 의사결정 방식을 말한다. 소수 의견도 반영될 수 있도록 하기 위함이라 여기면 좋다. 의사결정에 대한 사고의 폭 확장, 유의미한 정보 선택 능력 신장에 도움이 된다.

- 준비물: 모의 화폐, 활동지

2) 진행방법

"혼자 생각하기" 단계는 모든 활동을 시작하기 전에 선행되는 필수 활동!!!

1. 교사가 문제 제시(문제에 대하여 모둠별로 8가지 의견을 만들라고 조건을 주어도 좋음. 이럴 경우 학생 개인별로 2가지씩 의견을 생각하게 함)
2. 제시된 문제와 관련하여 학생들은 각자 중요한 의견을 2가지씩 생각, 메모
3. 모둠 내에서 각자 생각한 의견 및 이유를 돌아가면서 발표 또는 기록
4. 이렇게 모아진 8가지 의견 가운데 각 개인별로 3가지 정도를 선택하기
5. 개인별로 선택한 3가지 각각에 대해 가중치를 누어 투표하기(모의 화폐 또는 별 3개, 2개, 1개 등으로)
6. 위의 과정을 통해 정리된 결과(모의 화폐 적립금 또는 별의 개수 합산)를 바탕으로 모둠 최종 의견을 선정
7. 결정된 모둠 의견을 근거와 함께 전체 공유

우리 모둠원의 교과목에 대한 생각										
좋아하는 교과										
	국어	수학	사회	과학	음악	미술	체육	도덕	실과	영어
A				200		100	300			
B		100				200	300			
C	100			300			200			
D		300	200				100			
결과		3위		2위			1위			

개인별 가중치를 300, 200, 100으로 하여 표현하도록 한 사례

3) 주의할 점이나 활동의 팁

1. 소수의 의견도 중요하다는 사실을 인식할 수 있도록 분위기 조성하기
2. 다른 사람의 의견이나 주장을 수용하는 자세를 갖도록 하기
3. 의견 및 그 근거를 충분히 설명하고 들을 수 있도록 시간 확보하기

이야기 만들기

1) 기본이해

낱말 카드를 활용하여 하나의 이야기를 모둠원이 함께 만드는 활동으로 학생들의 상상력, 창의적 문장 능력, 어휘력 등을 키우는 데 도움을 준다.

- 준비물: 낱말 카드(4배수: 8장 정도가 적당), 이야기 쓰기 활동지

2) 진행방법

"혼자 생각하기" 단계는 모든 활동을 시작하기 전에 선행되는 필수 활동!!!

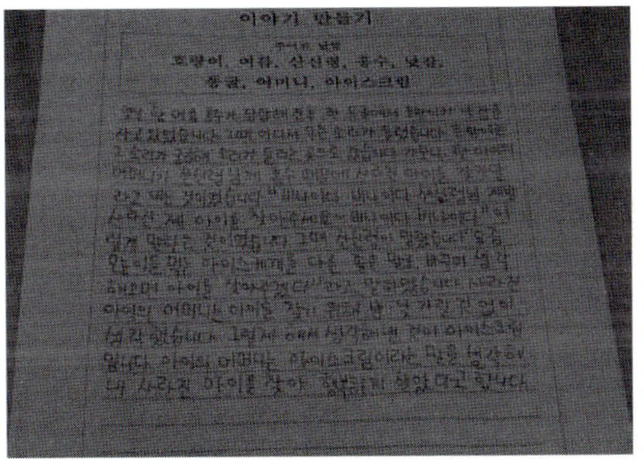

완성된 이야기

1. 교사가 낱말카드 세트를 모둠별로 나누어주기
2. 학생들은 똑같이 나누어 갖기
3. 교사가 활동을 시작할 학생을 정해주면 그 학생부터 낱말카드 1장을 내려놓으면서 그 낱말이 들어가는 짧은 이야기 만들기 활동을 시작함
4. 다음 학생이 똑같은 방법으로 낱말카드 1장을 내려놓으면서 뒷이야기 만들기
5. 낱말카드를 모두 내려놓을 때까지 활동 진행하기 ⇨ 이야기를 다듬고 제목 정하기 ⇨ 전체 발표로 이어가기 ⇨ 소감 나누기

3) 주의할 점이나 활동의 팁

1. 원작이 있더라도 그와 무관하게 이야기 만들기 활동을 실시한다.
2. 국어과에서 한 단원에 나오는 핵심 낱말만 먼저 뽑아 이야기를 만들어보는 활동을 해도 좋다.
3. 이야기 내용이 부정적으로 흐르지 않도록 사전에 주의를 기울인다.
4. 낱말을 이용한 이야기 만들기, 명시 짓기 등이 가능하다.

텔레폰, 파트너 활동

1) 기본이해

텔레폰 활동은 의사소통능력 향상 및 정보 나누기 활동을 목적으로 한다. 파트너 구조는 텔레폰 활동을 보완해서 만든 구조로 발표력 향상에 도움이 된다.

- 준비물: 활동지

2) 진행방법

"혼자 생각하기" 단계는 모든 활동을 시작하기 전에 선행되는 필수 활동!!!

텔레폰 구조

모둠원 중 한 명을 밖으로 보내고 나머지 학생들이 교사의 설명과 안내에 따라 과제를 분담하여 공부를 한 다음 밖에 나갔던 학생이 돌아오면 각자 공부한 내용을 그 학생에게 설명해주는 활동이다. 설명이 끝나면 교사는 나갔다 들어온 학생들에게 얼마나 설명을 잘 해주었는지 퀴즈 활동을 통해 점검한다.

1. 모둠별로 한 명씩 별도의 공간에 모이도록 하기(또 다른 자료를 주어 살펴보게 함)
2. 나머지 모둠원은 각기 다른 학습 과제를 가지고 각사 공부하기
3. 별도의 공간에 모여 있었던 학생이 돌아오면 모둠원은 각자 공부한 내용을 그 학생에게 설명하고 가르쳐주기
4. 교사가 퀴즈로 테스트하기

3) 주의할 점이나 활동의 팁

1. 별도의 공간에 모인 학생들에게도 별도의 자료를 주는 것이 좋다.
2. 활동에 용이한 내용은 분절적, 병렬적, 독립적 특성을 가진 것이 좋다(원인, 결과가 이어지는 내용은 적절치 않음).
3. 퀴즈의 난이도는 너무 높지 않게 한다. 절망감보다는 성취감이 필요하다.
4. 학습력이 높은 학생만 내보내지 않도록 한다.

텔레폰 구조

텔레폰 구조를 보완하기 위해 개발된 것이다. 텔레폰 구조는 한 명을 밖으로 내보내면 그 학생이 아무것도 하는 일이 없이 기다리기만 해야 하고, 테스트 활동을 할 때 한 명에게 너무 큰 부담을 줄 수 있다는 단점이 있다. 이에 비하여 파트너 구조는 공부해야 할 내용을 둘로 나누고 모둠원도 2명씩 짝을 지어 서로 다른 내용을 공부하게 한 후 자신의 짝에게 공부한 내용을 가르쳐줄 수 있도록 개발한 활동이다.

1. 모둠 내 파트너 정하기(예 1, 2번이 A 주제, 3, 4번이 B 주제 공부 파트너)
2. 교사가 파트너에게 각기 다른 주제를 제시하고 공부하게 하기
3. 각 파트너끼리는 주어진 과제를 개별적으로 공부하기(같은 주제를 맡은 학생끼리는 서로 협의도 가능)
4. 공부 시간이 끝나면 1번은 3번에게, 2번은 4번에게 각자 공부한 내용을 설명하기
5. 활동이 끝나면 역할을 바꾸어 진행하기
6. 교사는 1, 2번에게 B주제에 대하여, 3, 4번에게는 A주제에 대하여 퀴즈로 확인

♣ 주의할 점이나 활동의 팁

1. 과제가 2가지 이상으로 나뉠 수 있는 활동이라면 얼마든지 가능하다(과학: 산성 용액의 특징, 염기성 용액의 특징 등).
2. 과제가 분절적이고 병렬적이며 독립적이라면 얼마든지 가능하다(사회: 도시의 특징, 촌락의 특징 등).
3. 내용이 많지 않고 과제의 난이도가 어렵지 않은 활동에 제격이다.

의사결정 매트릭스 41

1) 기본이해

의사결정 조건이 2가지일 때 모둠 내에서 자기 생각의 위치가 어디쯤에 위치하는지 파악하기에 좋은 활동이다. 이를 위해 좌표(매트릭스)를 이용한 활동이라 할 수 있다.

- 준비물: 의사결정 매트릭스 활동지

2) 진행방법

"혼자 생각하기" 단계는 모든 활동을 시작하기 전에 선행되는 필수 활동!!!

1. 교사가 주제를 제시하고 활동지 나누어주기
2. 문제 해결 및 의사결정을 위한 조건 2가지를 명시하기(맛과 값, 재미와 비용 등)
3. 제시한 기준에 따라 모둠 내에서 토의·토론 진행하기
4. 모둠 합의에 따라 매트릭스 활동지 위에 모둠 의사결정 위치 표시하기(물론 개인별로 의사결정 위치까지 표현하면 더 좋을 수 있음)

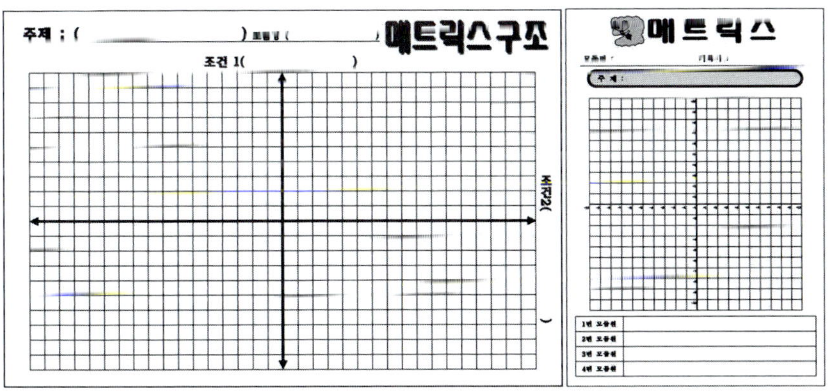

5. 모둠 결정을 전체와 공유(토의·토론 과정 및 의사결정 이유까지 공유)

3) 주의할 점이나 활동의 팁

1. 모둠 의사결정 이전에 개인별로 위치를 표시해두는 것이 좋다.
2. 모둠 의사결정뿐만 아니라 개인적인 위치를 모두 함께 표시하여 전체적인 경향을 파악해볼 수도 있다(포스트 잇 등을 활용).

42 3단계 인터뷰

1) 기본이해

모둠 내에서 2명씩 짝을 지어 인터뷰하는 활동이다. 3회에 걸쳐 짝을 바꾸어가며 서로 질문(인터뷰)을 주고받는 활동을 말한다. 정보교환 능력, 경청하기 능력, 발표력 신장에 큰 도움이 된다.

- 준비물: 3단계 인터뷰 활동지

2) 진행방법

"혼자 생각하기" 단계는 모든 활동을 시작하기 전에 선행되는 필수 활동!!!

1. 모둠 내에서 3회에 걸쳐 돌아가며 짝을 지어 활동한다(얼굴짝, 어깨짝, 대각선짝).
2. 주어진 주제에 대하여 번갈아 인터뷰 주고받기(질문 주고받기)
3. 1차 인터뷰=1단계, 2차 인터뷰=2단계, 3차 인터뷰=3단계

3) 주의할 점이나 활동의 팁

1. 저학년의 경우 질문지는 모두 만들어주는 것이 좋으며, 중·고학년의 경우 질문을 직접 만들어 활동할 수 있도록 하는 것이 좋다.
2. 정답이 없는 질문, 개방적 질문을 주고받는 활용에 유용하다.
3. 답변이 어렵거나 답변하고 싶지 않은 것은 다른 이야기로 대신할 수 있다.
4. 학년 초, 학기 말 자기 소개, 소감 나누기 활동으로도 활용이 가능하고 독서 후 활동으로 책 내용에 대한 인터뷰, 역할극 속에서의 역할에 대한 인터뷰 활

동 등으로 확장시킬 수 있다.

5. 필요시 모둠 내에서 인터뷰한 내용을 종합, 정리하여 학급 전체 발표를 할 수 도 있다.

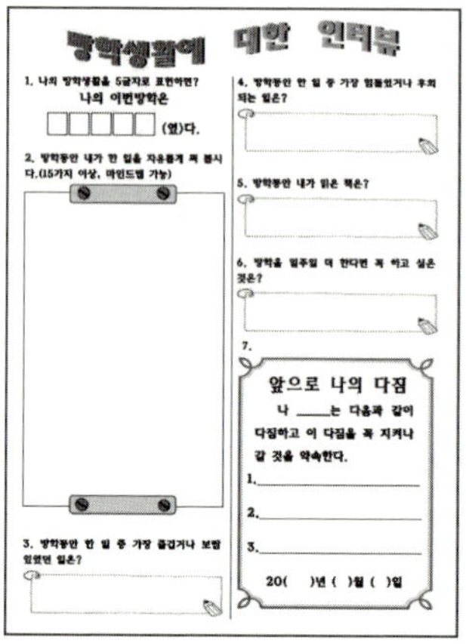

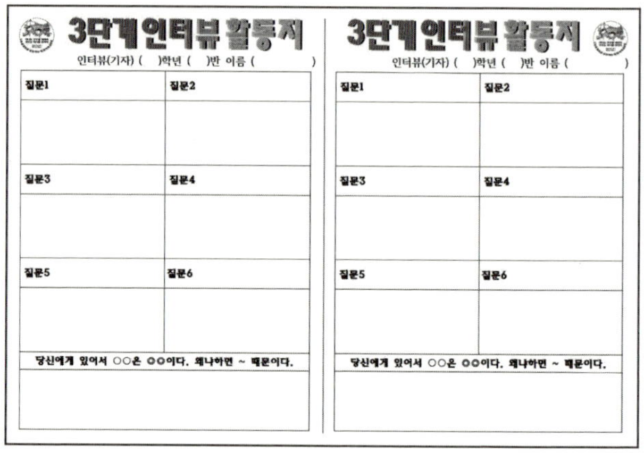

43 문제 보내기

1) 기본이해

학습 내용을 바탕으로 문제를 만든 뒤 다른 모둠으로 보내어 풀게 하는 활동이다. 복습 및 심화 학습에 큰 도움이 된다.

- 준비물: 문제 보내기 활동지

2) 진행방법

"혼자 생각하기" 단계는 모든 활동을 시작하기 전에 선행되는 필수 활동!!!

1. 모둠별로 4장 또는 8장의 문제 카드를 받아 개인별로 1문제 또는 2문제씩 출제하기
2. 출제한 문제를 모둠원이 서로 협의하여 다듬고 엄선하기(8문제 중 4문제를 엄선하고 다듬기)
3. 다른 모둠에게 출제한 문항 보내어 풀게 하기
4. 문제 묶음을 받으면 각 모둠의 중앙에 문제 다발을 놓고 1번 학생이 첫 번째 문제를 읽고 퀴즈식으로 풀거나 개인칠판을 이용하여 답을 쓰도록 하기(수학의 경우 개인칠판을 이용하여 각자 풀고 나서 모둠원이 동시에 칠판을 들어서 답을 확인)
5. 답을 확인한 뒤에 다음 문제로 넘어가기(2번, 3번, 4번 학생이 앞의 과정 반복)
6. 각 모둠별로 활동이 모두 끝나면 카드 묶음은 다음 모둠으로 계속 보내기
7. 앞의 4단계, 5단계 과정을 계속 반복하기

3) 주의할 점이나 활동의 팁

1. 문제 보내기 구조 활동을 할 때는 각 문제에 대한 답을 뒷면에 적어주고, 학생들이 활동지에는 답을 쓰거나 표시해 놓지 않도록 해야 한다.
2. 동시에 시작하고 동시에 다른 모둠으로 넘기는 활동을 할 수 있도록 동시 시작, 동시 멈춤, 동시 이동 등의 다양한 신호를 통해 조절해야 한다.
3. 문제를 풀 때에도 그냥 풀게 하면 어느 한 학생이 주도해 나갈 수 있으므로 이에 대한 적절한 대비책이 필요하다(예 문제 카드를 똑같은 수만큼 나누어 갖고 자기가 갖고 있는 문제는 자기가 출제하기, 문제 카드는 가운데 놓고 모둠 칠판을 이용하여 각자 답을 쓴 뒤 동시에 들어서 서로 확인하기, 카드 뽑기 구조를 적용하여 한 문제씩 순서대로 풀고 답하고 확인하기 등).
4. 문항 수는 4인 1모둠을 기준으로 하여 4배수만큼 출제한다.

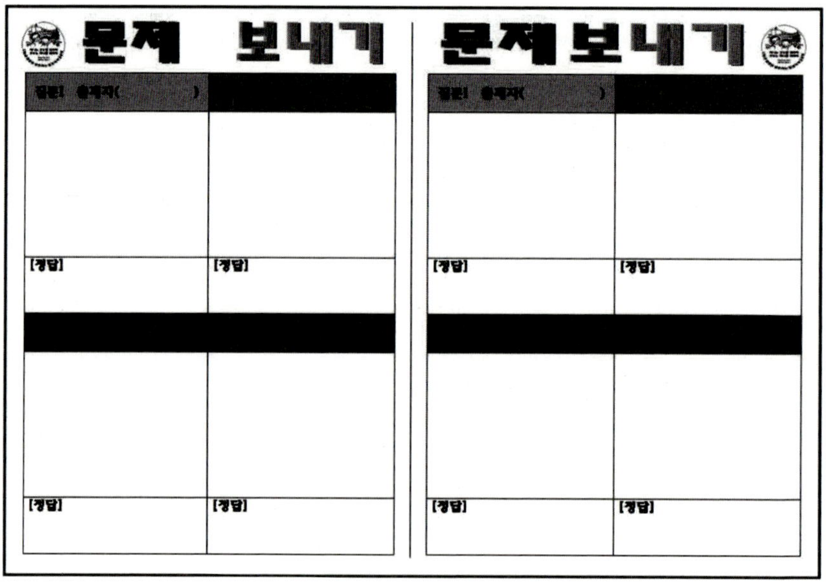

하얀 거짓말(진실인가 거짓인가)

1) 기본이해

중요한 내용에 대한 암기, 이해와 관련된 활동으로 복습을 위해 4개의 항목을 기술, 그 중에 3개는 진실이고 1개는 거짓으로 하여 다른 모둠원이 거짓 문장을 찾도록 하는 것이다.

- 준비물: 하얀 거짓말 문제

2) 진행방법

"혼자 생각하기" 단계는 모든 활동을 시작하기 전에 선행되는 필수 활동!!!

1. 학습한 내용에 대하여 학생 각자는 진실인 문장 3개와 거짓인 문장 1개 만들기
2. 1명씩 돌아가며 자신이 만든 문장 4개를 읽으면 다른 모둠원은 그중 거짓 문장이 무엇인지 맞추기
3. '하나 둘 셋'하면 모둠원이 각자 거짓 문장이라고 생각하는 문장의 번호를 손가락으로 표시하기
4. 모둠 내에서 번호순으로 돌아가며 앞의 과정을 반복하기

3) 주의할 점이나 활동의 팁

1. 학년 초 자기 자신에 대한 문제를 내면 모둠세우기, 학급세우기 활동이 된다.
2. 교과 수업과 관련하여 모둠 내에서 질문을 다듬은 후에는 모둠 간 활동이 가능하다(모둠별로 돌아가며 문제를 내고 다른 모둠이 맞히게 하기: 이 경우 참인 문장 3개, 거짓 문장 1개로 하면 더 좋다. 이렇게 할 때 각 문장도 모둠원이 1개씩 만들면 역할 분담도 이루어지고 개인적인 책임도 갖게 된다).

3. 모둠 내 개인전 활동을 할 수 있다.
4. 모둠 내 1:3 게임으로도 가능하다(정답을 맞히면 세 사람이 점수를 얻고 그렇지 않으면 출제한 사람이 점수를 얻는다).

짝 점검 45

1) 기본이해

활동지의 반쪽에는 나의 과제, 다른 반쪽에는 상대방의 과제가 있는 학습지 한 장을 둘씩 짝지어 서로 점검하고 설명하면서 문제를 풀어낼 수 있도록 고안된 학습 구조이다. 특히 복습 활동, 내용 찾기 활동에 유용하다.

- 준비물: 짝 점검 활동지

2) 진행방법

"혼자 생각하기" 단계는 모든 활동을 시작하기 전에 선행되는 필수 활동!!!

1. 모둠 내 둘씩 짝을 지어 한 장의 학습지로 활동
2. 둘 중 한 명이 문제를 푸는 동안 한 사람은 지켜보면서 도와주기
3. 둘의 의견이 다르면 모둠의 다른 짝과 비교하여 확인 ⇨ 이때도 다르면 옆 모둠에 도움을 요청하거나 모둠 질문하기(교사 도움)

짝 점검 활동 사례

4. 정답이 일치하면 역할을 바꾸어 앞의 과정 진행
5. 모든 문제를 다 해결하면 모둠 내에서 함께 답을 확인 ⇨ 교사가 제공한 답지와 비교 ⇨ 틀린 문제는 다시 풀어서 확인하기

3) 주의할 점이나 활동의 팁

1. 과제 난이도는 두 사람 문제 모두 비슷하게 조절하는 것이 좋다.
2. 난이도를 너무 높지 않게 하는 것이 좋다.
3. 저학년의 경우 교사가 질문을 모두 제시하고 중·고학년으로 갈수록 몇 칸을 비워두고 직접 문제를 낼 수 있도록 하는 것도 좋다.
4. 핵심, 요점 등을 짚어줄 때는 교사가 직접 문제를 내는 것이 좋다.
5. 수학에서 원리, 개념 설명 후 짝끼리 문제를 풀어나갈 때, 사회, 영어, 과학 등에서 중요한 낱말이나 핵심 개념을 짚어줄 때, 국어에서 내용을 바탕으로 사실 질문을 활용하여 활동하고자 할 때 등에 유용(암기, 숙달, 반복학습, 내용 이해 등과 관련된 활동에 유용)

46 순환 복습

1) 기본이해

학생들이 학습한 내용을 확인하고 능동적으로 움직이며 복습, 이해하는 차원에서 적용하는 활동이다. 어떤 주제에 대한 내용을 보다 정확히, 확실히 인지할 수 있도록 해 준다.

- 준비물: 순환 복습 활동지, 색깔 펜

2) 진행방법

"혼자 생각하기" 단계는 모든 활동을 시작하기 전에 선행되는 필수 활동!!!

1. 주제가 적힌 큰 종이를 모둠 수만큼 마련하여 각 모둠에게 제시(주제가 몇 개 안 되면 몇 개의 모둠씩 하나의 그룹으로 묶어주면 됨)
2. 모둠별로 각 주제가 적힌 종이를 받으면 모둠 안에서 그 문제에 대한 답을 알고 있는 대로 최대한 많이 기록(물론 시간 제한이 있음: 일종의 롤링페이퍼와 같은 맥락으로 생각하면 큰 무리가 없음)
3. 교사가 신호를 보내면 자신의 모둠에서 했던 종이를 다음 모둠으로 넘기고, 이전 모둠에서 넘어 온 종이를 받아서 앞 모둠이 적어놓은 것을 읽고 토의·토론한 뒤, 그 이외에 또 다른 답을 추가하여 기록(앞 모둠에서 써 놓은 글과 생각이 다르면 그 옆에 질문을 적어두기, 이를 위하여 각 모둠마다 색깔이 다른 펜으로 활동)
4. 앞의 과정을 계속 되풀이하면서 처음 시작했던 주제에 대한 활동지를 받게 되면 교사는 각 활동지를 모아서 학생들에게 종합적인 정리를 해주기(활동지는 게시판을 이용하여 전시한 뒤, 학생 스스로 학습 내용을 정리할 수 있도록 안내함)

3) 주의할 점이나 활동의 팁

1. 모둠 전체를 2팀, 3팀으로 나누어 활동할 필요가 있다(주제가 3개일 때 9모둠이면 3팀으로 나누어 활동하기 - 1, 2, 3조가 1팀, 4, 5, 6조가 2팀, 7, 8, 9조가 3팀).
2. 활동지를 크게 만들어(4절지나 8절지 정도) 교실 가장자리 벽면에 붙여 놓은 뒤 자리에서 일어나 모둠원끼리 모여서 다니도록 하는 방법도 있다.
3. 시간 관리를 잘 하는 것이 좋다.
4. 색깔 펜을 구분하여 쓰도록 하면 좋다(예 각 팀의 1조는 빨강, 2조는 검정, 3조는 파랑, 4조는 초록).
5. 이상한 점, 궁금한 점, 생각해볼 점 등은 반드시 이유까지 적도록 해야 논의가 가능하다고 볼 수 있다(물음표나 질문, 궁금한 점 등은 전체 활동을 정리하면서 교사와 함께 다 같이 생각해보고 의견을 나누도록 한다).
6. 벽에 붙여놓고 이동하면서 할 때는 동선도 반드시 고려해야 한다(미리 동선 안내).
7. 활동이 끝나면 교사와 함께 정리를 하고 나서 내용들을 복사하여 학생들에게 나누어주는 것이 전체적인 복습 차원에서 더욱 효과적이다.
8. 활동 주제에 따라 맨 마지막에 [종합의견]란을 만들어 모든 모둠에서 나온 것들을 총정리하여 기록, 정리하게 하면 최종 마무리 활동을 하면서도 다시 한 번 복습을 할 수 있게 된다.
9. 하나의 소단원에서 여러 가지 내용을 학습하였을 때 전체적인 내용을 복습하는 차원에서 활용하기(계절의 변화에 따른 생활모습 〈봄, 여름, 가을, 겨울〉, 여러 지역의 생활 〈평야, 산간, 해안, 섬〉, 도시의 문제 〈교통, 주택, 환경오염, 쓰레기〉 등)
10. 학급세우기 활동의 일환으로, 친구에 대하여 알고 있는 내용을 생각하여 기록하기(친구에 대하여 알고 있는 사실을 모두 기록하기: 일종의 롤링페이퍼)

두(세) 박스 게임

1) 기본이해

어떤 분류기준에 따라 사물의 특징을 단계별로 제시하며 해당 사물 및 그 특징을 이해할 수 있도록 하는 활동으로 귀납적 추리, 연역적 사고, 분석적 사고, 개념 이해에 큰 도움이 된다.

- 준비물: 주제 관련 핵심 낱말, 모둠 칠판, 보드마카 및 지우개

2) 진행방법

"혼자 생각하기" 단계는 모든 활동을 시작하기 전에 선행되는 필수 활동!!!

(예시) 어떤 분류기준인가? (답은 물에 뜨는가?)	
없다(박스 1)	있다(박스 2)
강철 바둑돌 타이타닉호 자전거	나뭇잎 깃털 요트 기름

1. 교사는 칠판에 어떤 분류 기준에 따른 두 개의 낱말을 모두에게 단계별로 제시
2. 각 모둠원은 박스 1과 박스 2에 교사가 단계별로 제시하는 낱말들을 유추하여 공통된 특징(연관성)을 도의·토론하기
3. 예상되는 분류기준을 모둠 칠판에 기록하기
4. 하나 둘 셋 하면 동시에 모둠 칠판을 들어서 답을 확인, 정답(분류기준이 무엇인가)이 나오지 않았으면 교사는 다음 낱말을 제시
5. 2단계와 3단계 과정을 답이 나올 때까지 계속 반복, 뒤로 갈수록 분류기준을 쉽게 생각할 수 있도록 쉬운 낱말을 제시

3) 주의할 점이나 활동의 팁

정답(⇨)	평야지역	해안지역	산간지역
1단계	참새	갈매기	부엉이
2단계	보리	김	더덕
3단계	쌀	갈치	밤
4단계	강	바다	계곡(물)

1. 처음에는 매우 어려운 것들을 제시하고, 한 단계 한 단계 뒤로 갈수록 이전 단계보다는 쉬운 것들을 제시하도록 한다.
2. 답을 모둠 칠판에 써서 들게 할 수도 있지만, 정답을 알고 있다고 생각하여 먼저 손을 들거나 하여 우선권을 얻은 모둠에게 기회를 줄 수도 있다.
3. 간혹 보면 눈치가 빠른 학생이나 예리한 관찰력, 유추능력을 갖고 있는 학생, 우연의 일치 등으로 인하여 1단계에서 정답이 나오는 경우도 종종 있다. 이럴 경우 "정말 이게 답일까?" 하면서 다른 방향으로 유도하는 척할 필요가 있다.
4. 모든 모둠이 하나의 답으로 통일될 때까지 진행할 수도 있다.
5. 적절한 단계까지 선을 정하여 학생들이 유추하도록 하고, 그다음 단계부터는 학생들이 연역적으로 사고하여 각 박스에 들어갈 적절한 낱말을 만들어보도록 한다.
6. 과학이나 사회, 국어, 영어, 수학 등 다양한 교과에서 분류기준을 정하고 그에 따른 낱말을 제시하기(동물과 식물, 물에 뜨는 것과 뜨지 않는 것, 사물이 비치는 것과 비치지 않는 것, 고구려와 백제와 신라, 주몽과 이성계와 왕건, 농촌과 어촌과 산촌, 탄수화물과 지방과 단백질, 둥근 모양 네모 모양, 공 모양 상자 모양 등)
7. 두 낱말의 느낌이나 생각에 대한 비교(예 사랑과 우정, 애인과 친구 등)
8. 구조의 특성상 도입 활동 혹은 동기유발 활동으로 많이 활용(흥미와 호기심을 자극하기도 하고 게임적인 요소도 많음)
9. 저학년의 경우에는 2개 박스로, 고학년일 경우는 3개 박스로 해보는 것도 생각해보기
10. 규칙성 있는 낱말이나 사물을 바탕으로 귀납, 유추, 분석적 사고 등을 할 수 있는 활동이라면 모두 가능

웹 구조(햇님 구조)

48

1) 기본이해

한 낱말에 대하여 여러 가지 생각을 이끌어내는 활동이다. 관계 살피기, 한 낱말 또는 주제와 관련된 다양한 사고, 이해의 폭을 넓게 해주며 분류, 정리에 유용하다.

- 준비물: 웹 구조용 활동지(4절 또는 8절), 색깔 펜

2) 진행방법

"혼자 생각하기" 단계는 모든 활동을 시작하기 전에 선행되는 필수 활동!!!

오래전 1학년 학생이 활동지 모습을 보고 해님을 닮았다고 해서 필자는 "해님 구조"라고 이름을 부르기도 한다. 저학년 학생들에게는 웹 구조보다는 더 친밀감이 있다.

1. 웹 구조(해님 구조) 활동지(도화지 또는 인쇄물)를 모둠에 나누어주고, 교사도 칠판에 그려 놓기
2. 원 안에 낱말 또는 주제에 맞는 내용을 기록(학생들도 함께)
3. 원 안에 있는 주제나 낱말과 관련하여 알맞은 내용을 웹 구조(해님 구조) 둘레에 동시다발적으로 돌아가면서 기록하기
4. 기록한 내용을 모둠 내에서 토의·토론하여 다듬고 정리 ⇨ 전체 앞에서 발표

웹 구조 활동

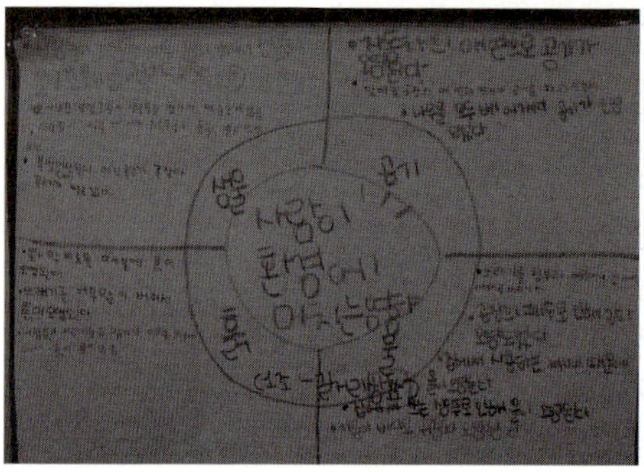

웹 구조 활동 결과물

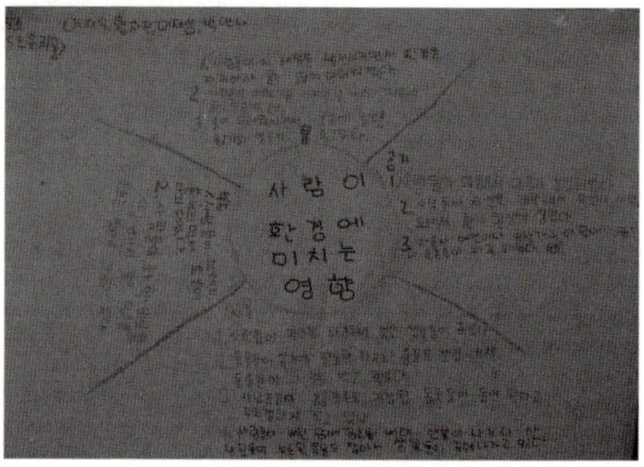

웹 구조 활동 결과물

3) 주의할 점이나 활동의 팁

1. 원 둘레에 돌아가며 쓴 낱말이나 필요한 설명 혹은 부수적으로 기억나는 내용들을 더 적을 수도 있다(내용 정리 및 필기의 차원).
2. 동시다발적 활동을 할 수도 있고 개인 활동 후 토의·토론하면서 모둠 의견을 정리할 수도 있다.
3. 활동에 따라 결과물을 게시물로 활용할 수도 있다.

모두 일어서서 나누기

1) 기본이해

모둠 토의·토론 활동 가운데 하나이다. 주제에 대하여 자신의 생각이 정리되면 일어난 뒤 모둠원 모두 일어서게 되면 토의·토론이 시작되는 활동이다. 문제 해결에 도움이 된다.

- 준비물: 토의·토론 주제 또는 질문

2) 진행방법

"혼자 생각하기" 단계는 모든 활동을 시작하기 전에 선행되는 필수 활동!!!

1. 교사가 토의·토론 관련 주제 또는 문제 제시
2. 생각을 마친 학생은 자리에서 일어서기
3. 모둠원 모두가 일어서게 되면 모둠 내 토의·토론 시작
4. 과제가 해결되거나 합의에 도달하게 되면 앉기
5. 과제에 대하여 전체 발표하기

수학시간 활동 장면

※ 합의에 이르지 못하고 의견이 2:2로 팽팽하게 맞서면 두 의견을 모두 모둠 의견으로 채택하기

3) 주의할 점이나 활동의 팁

1. 모든 모둠이 자리에 앉기를 기다리면 시간이 너무 많이 걸리므로 70~80% 모둠이 자리에 앉게 되면 활동을 어느 정도 종료한다.
2. 합의에 이르지 못할 경우 이야기 나눈 대로 발표한다.
3. 의견이 팽팽히 맞설 경우 두 의견 모두 발표하도록 안내한다.
4. 모둠에서 주제와 관련하여 토의·토론을 하고 있는 것인지 확인이 가능하다.
5. 확산적 사고에 관련된 질문이면 활동에 더 큰 도움이 된다.
6. 일단 질문을 던진 뒤 학생들을 일어서게 하면 자연스럽게 활동이 이루어진다.

같은 생각 앉기

1) 기본이해

비슷한 내용이나 중복되는 내용의 발표가 최소화되고, 학급 구성원 모두의 생각을 차례대로 볼 수 있게 된다. 빠른 시간 내에 전체의 생각, 다양한 사례를 알아볼 때 유용하다.

- 준비물: 다양한 사례나 답이 있는 질문

2) 진행방법

"혼자 생각하기" 단계는 모든 활동을 시작하기 전에 선행되는 필수 활동!!!

1. 교사가 먼저 주제를 제시한다.
2. 주제와 관련하여 생각할 시간을 갖기 ⇨ 생각이 정리되었으면 스스로 자리에서 일어서기 ⇨ 모두 일어설 때까지 충분히 기다리기
3. 교사는 발표자 선정 프로그램을 이용하여 한 사람을 지명 ⇨ 뽑힌 학생은 자신의 생각을 모두에게 발표 ⇨ 같거나 비슷한 생각을 한 친구들은 자리에 앉기
4. 발표한 학생이 자리에 앉을 때 다음 발표할 사람을 정하고 앉기
5. 모든 학생이 자리에 앉을 때까지 계속 진행

발표자 뽑기 - 나무 막대

1차 발표를 하는 모습

발표 후 줄어든 학생 수

3) 주의할 점이나 활동의 팁

맨 끝까지 남아서 발표하는 학생들은 그들의 생각이 기발하거나 창의적이거나 독특하거나 아니면 엉뚱한 경우에 해당된다. 이런 친구들을 적극적으로 칭찬해주는 일이 필요하다.

5W 차트

51

1) 기본이해

이 활동은 주어진 글(텍스트)의 내용을 읽고 육하원칙에 따라 질문을 만들고 답을 찾아봄으로써 본문 내용을 자연스럽게 이해할 수 있도록 돕는다. 본문의 중요한 내용에 대하여 육하원칙에 따라 질문으로 만들어보고 다른 사람들이 답을 찾을 수 있도록 함으로써 질문을 만드는 아동뿐만이 아니라 질문에 대한 답을 찾는 아동들도 본문 내용을 상세하게 살펴볼 수 있다.

2) 진행방법

"혼자 생각하기" 단계는 모든 활동을 시작하기 전에 선행되는 필수 활동!!!

1. 교사는 5W차트 활동지를 제시한다.

5 W 차 트

제목 : 김 정 호 의 집 념

이 름 : ________

모둠명 : ________

who(누구)	what(무엇)	when(언제)	where(어디에서)	why(왜)

※ 아래 낱말을 이용하여 짧은 문장을 만들어 봅시다.

(1) 대량 제작 :

(2) 이마가 불덩어리일세! :

(3) 집념 :

(4) 필생의 사업 :

(5) 열정이 눈물겨웠다. :

2. 각 개인별(또는 모둠별)로 본문을 읽어보고 문제를 만든다.
3. 질문지를 완성한 후 모둠원끼리 문제가 적힌 활동지를 바꾼다.
4. 모둠 내에서 바꾼 질문지를 돌아가며 읽고 풀이한다(예 1번부터 번호순으로 자기가 갖고 있는 문제를 풀고 답을 말한다).
5. 한 모둠원이 자신의 활동지 문제에 대한 답을 말하면 나머지 모둠원은 그에 대하여 정답 또는 오답 표시를 해준다.
6. 답이 맞으면 칭찬을 해주고, 틀리면 격려를 하면서 다시 생각하여 찾을 수 있도록 기회를 준다.
7. 같은 과정을 반복하며 모든 모둠원이 각자 갖고 있는 활동지를 해결한다.

3) 주의할 점이나 활동의 팁

1. 5W는 (1) What happened?(무슨 일이 발생했는가?) (2) Who was there?(누가 있었나?) (3) Why did it happen?(왜 그런 일이 일어났는가?) (4) When did it happen?(언제 일어났는가?) (5) Where did it happen?(어디에서 일어났는가?) 등의 5가지 W로 시작하는 질문을 만들고 그에 대한 답을 생각해볼 수 있는 활동으로 사건의 개요를 구체적으로 정리하거나 기록할 수 있도록 해준다.
2. 이야기 본문의 내용을 구체적으로 정리하거나 이해할 수 있도록 돕기 위해 많이 활용한다.
3. [누가 – 무엇을 – 언제 – 어디서 – 왜]의 질문은 모든 관련된 관점을 보다 명확하게 고려할 수 있도록 하기 위하여 텍스트나 문제 상황, 현상, 기회 등을 보는 관점(시야)을 확장시키는데 도움이 된다.
4. 문제 상황에 도달했을 때 [누가? 무엇을? 어디서? 언제? 왜?]라고 물어봄으로써 고려해야 할 모든 대안들을 염두에 두고 있다는 것에 대한 더 큰 확신을 갖게 된다. 이런 상황에서는 토의 토론을 원활하게 해주는 활동으로도 적극 활용된다.
5. [1H – 어떻게?]라는 질문을 추가하고 그에 대한 답을 찾아봄으로써 5W로 창출한 아이디어들을 실행하기 위한 다양한 방법들을 모색해볼 수 있어 토의 토론 활동을 위한 사고의 틀로 많이 활용되기도 한다.

4) 주의할 점이나 활동의 팁

① 너무 자잘한 내용까지 질문으로 만들지 않도록 세밀한 지도가 필요하다.

② 각각의 5가지 W 질문 항목에 대하여 중요한 질문을 여러 가지 만들어볼 수 있도록 안내를 하고 그에 따른 충분한 시간을 주어야 한다(꼭 필요할 경우 가정 학습 과제물로 제시해도 좋다).

③ 모둠원과 활동지를 바꾸고 번호순으로 문제를 풀고 답을 할 때 최대한 자유로운 분위기 속에서 칭찬과 격려가 오고 갈 수 있도록 한다.

④ 답을 확인하는 과정 속에서 서로 생각이 다를 경우는 교사에게 모둠 질문을 하여 해결할 수 있도록 한다.

⑤ 활동 사례: 각 학년별 국어과 내용 가운데 소설이나 동화, 위인전, 설명문 등의 내용을 정리할 때 또는 각종 문제 사안이 발생하였을 때 활용하면 좋다.

안건	5W 1H 질문
목적	왜(Why) – 우리는 지금 이 회의(토의 토론)을 하고 있는가?
활동	무엇(What)이 – 지금의 안건과 관련 있는가?(무엇이 핵심 – 중점 사안인가?)
장소	어디에(Where) – 이 안건(사안)이 일어나고 있는가?
임원	누가(Who) – 이 활동에 관련되어 있는가?(영향을 주고 받는가?)
시간	언제(When) – 이 사안이 주로 일어나고 영향을 주는가?
방법	어떻게(How) – 이 사안을 해결할 것인가?

52 모서리 토의·토론

1) 기본이해

주어진 주제에 대하여 의견이 같은 사람들이 함께 같은 장소(교실 모서리)에 모여 토의·토론하는 활동을 말한다. 같은 입장을 가진 사람들이 모여 토의·토론을 하고 이를 통해 자신들의 입장과 관련된 주장, 근거를 강화하고 합리적인 의사결정을 할 수 있도록 돕는다.

- 준비물: 토의·토론 주제(꼭 4가지일 필요는 없다.)

2) 진행방법

"혼자 생각하기" 단계는 모든 활동을 시작하기 전에 선행되는 필수 활동!!!

1. 교사가 주제를 제시한다(예 성공을 위해 무엇이 가장 필요할까? ⇨ 돈, 학력, 체력, 인성).
2. 교실의 4곳 모서리에 주제 관련 각각의 요소에 해당되는 장소를 지정해둔다.
3. 학생들은 각자의 선택에 따라 모서리로 이동한다.
4. 각 모서리에 모인 학생들은 사회자, 발표자 등의 역할을 정한다.
5. 같은 입장, 의견을 가진 학생들은 사회자의 진행에 따라 의견을 모은다. 발표자는 모든 의견을 잘 정리하여 발표 준비를 한다.
6. 각 모서리 발표자가 전체 발표를 한다.
7. 전체 발표를 듣고 질의 및 응답 시간을 갖는다.
8. 최종 모서리 선택을 한다. 이에 대하여 교사가 최종 정리를 해 주면 좋다.

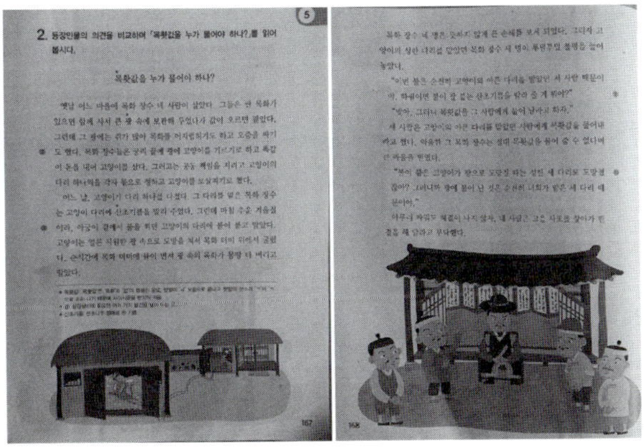

초등 국어 4학년 단원 사례

4가지 입장

1. 네 명 모두 목홧값을 내야
2. 성한 다리를 맡았던 세 사람이 내야
3. 아픈 다리를 맡았던 한 사람이 내야
4. 광의 문을 열어 둔 사람이 내야

3) 주의할 점이나 활동의 팁

1. 활동을 시작하기 전에 자신의 입장을 정리하는 글쓰기(6단 논법 또는 간략한 논술 활동)를 해도 좋고, 활동이 마무리된 후에 글쓰기를 해도 좋다.
2. 활동 진행 과정 중 자신의 입장을 바꿀 수 있는 기회를 주는 것도 생각해 볼 필요가 있다.
3. 각 모서리의 입장을 정리할 때는 6단 논법에 따라 하면 제일 좋다.

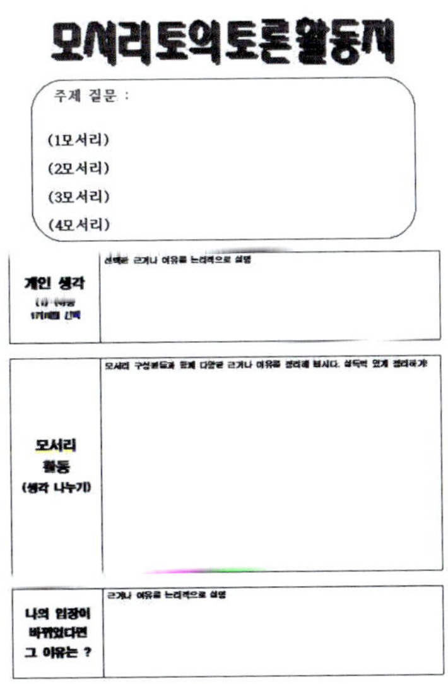

4. 자신의 모서리 입장도 중요하지만 다른 모서리 입장도 귀담아 들을 수 있도록 해야 한다.
5. 활동이 마무리되면 개인의 생각, 소감 등을 함께 나누는 것도 의미 있는 활동이라 할 수 있다.
6. 중간에 입장이 바뀐 학생들이 있다면 그 이유를 들어보는 것도 좋다.
7. 활동지를 만들어 진행할 수도 있다.

53 짝 대변인

1) 기본이해

어떤 주제나 질문에 대하여 먼저 모둠 내에서 짝을 지어 이야기를 나눈 후 발표를 할 때 자신의 생각이 아니라 짝의 생각을 대신 말할 수 있도록 하는 활동이다. 듣기를 기반으로 한 의사소통능력 향상, 핵심 파악 능력 및 기억력 향상, 발표력 및 자신감 향상 등에 효과가 큰 활동이다.

- 준비물: 짝 대변인 활동지

2) 진행방법

"혼자 생각하기" 단계는 모든 활동을 시작하기 전에 선행되는 필수 활동!!!

1. 교사가 주제나 질문을 제시하면 혼자 생각할 시간을 갖는다.
2. 모둠 내에서 짝을 지어 자신의 생각을 서로 번갈아 가며 나눈다.
3. 호명된 학생 또는 각 모둠별로 자리 번호 순으로 인터뷰한 내용을 다른 사람에게 발표하도록 한다.

3) 주의할 점이나 활동의 팁

1. 인터뷰한 내용을 모둠 내에서 발표할 수도 있고, 학급 전체를 대상으로 발표를 할 수도 있다.
2. 자신의 생각이 아니라 짝의 생각을 대신 발표하기 때문에 듣기 능력 향상에 도움을 준다.

짝 대변인 활동이 가진 힘

1. 발표하는 사람은 자신에 대한 것을 말하는 것이 아니라 다른 사람에 대한 입장을 대변해주어야 하기 때문에 좀 더 귀 기울여 듣게 되고 책임감도 생긴다.
2. 발표할 때도 자신의 이야기가 아니기 때문이 부담감도 훨씬 줄어들게 된다.
3. 그로 인하여 발표에 대한 거부감도 많이 사라지게 된다.
4. 무엇보다도 질문을 주고받는 과정에서 기록하고 메모하는 활동을 통해서 보고 할 것이 있다는 것에 대한 안도감도 무시할 수 없는 일이다.
5. 이 구조는 발표활동을 '대변인'이라는 것으로 포장하여 학생들이 발표라고 느끼지 못하게 만들어준다는 점에서 매우 '신선한 발표 방법의 한 가지'라 말할 수 있다.

3. 전체 발표를 할 때 주제에 따라 짝의 생각이나 의견을 먼저 말하고 이어서 자신의 생각이나 의견을 함께 설명할 수 있도록 하는 것도 좋은 활동이 된다.
4. 3단계 인터뷰 활동과 비슷한 점이 있지만 이 활동은 질문 1개만으로도 활동을 할 수 있는 간단한 활동이라 할 수 있다.
5. 저학년 시기부터 꾸준히 적용해 나간다면 경청하기 습관, 의사소통능력, 발표력 향상에 큰 도움이 될 수 있다.
6. 짝이 발표한 내용과 본인의 말한 내용이 다르다면 본인이 보충, 수정, 보완할 수 있다.

원인 결과 가지(Cause and Effect Branch)

1) 기본이해

인과관계와 관련된 사고를 위해 개발된 도구라 할 수 있다. 행동의 결과를 미리 예상해 봄으로써 책임감 있는 의사결정을 할 수 있도록 돕는다. 아울러 "만약 ~이라면 …이다."와 같은 논리로 이어감으로써 주제 관련 내용을 더욱 깊게 이해할 수 있도록 해준다.

- 준비물: 활동지

2) 진행방법

"혼자 생각하기" 단계는 모든 활동을 시작하기 전에 선행되는 필수 활동!!!

1. 교사는 주제를 제시한다.
2. 학생들은 개별 활동지 또는 모둠 활동지를 작성해 나간다.
3. 활동의 가지가 부정적 결과로 끝날 수도 있고, 긍정적 결과로 끝날 수도 있다. 두 가지 모두를 작성하여 비교해 보도록 하는 것도 좋다.
4. 필요를 충족시킬 수 있는 대안을 찾아보고 결정을 짓는다(원하는 결과에 도달할 때까지 가지를 계속 만들어 나가기).

만약 (원인)이면 (결과)이다.

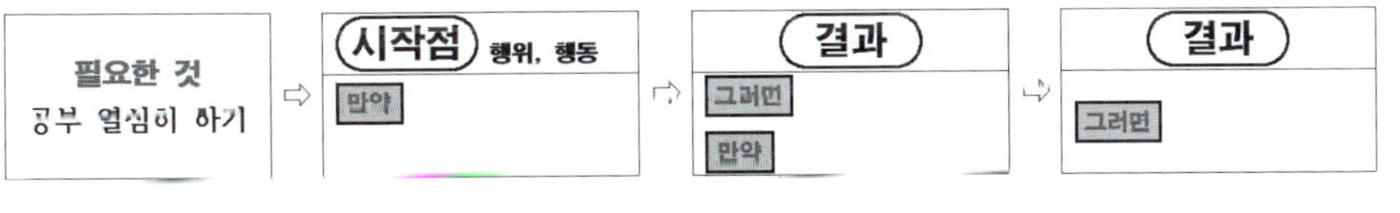

3) 주의할 점이나 활동의 팁

1. 필요한 것에 대한 부정적 가지와 긍정적 가지를 함께 살펴보고 어떤 쪽이 원하는 바인지를 스스로 결정하도록 하는 것이 좋다.
2. 자신에게 또는 모둠에게 의미 있는 결과에 도달할 때까지 계속 가지를 만들어 나가도록 한다.
3. 바람직한 결과이든 아니든 모든 것은 원인과 결과가 있는 법이고, 바람직하지 않는 결과는 결국 어떤(주로 본인) 행동에서 직접적으로 초래된다는 것을 알게 하도록 한다.

필요한 것
철수와 친하게 지낸다.

➡ (시작점)
[만약] 민수가 철수를 '돼지'라 놀린다.

➡ **[그러면]** 민수는 기분이 무척 나쁘다. **[만약]**

➡ **[그러면]** 민수는 화가 많이 난다. **[만약]**

➡ **[그러면]** 민수는 철수에게 찾아가 욕을 할 것이다. **[만약]**

➡ **[그러면]** 철수는 같이 욕으로 맞받아친다. **[만약]**

➡ **[그러면]** 둘 사이에 폭력이 일어난다. **[만약]**

➡ **[그러면]** 두 사람 모두 또는 한 사람이 다친다. **[만약]**

➡ **[그러면]** 두 사람 사이는 더욱 멀어진다.

길을 가다 지갑을 습득하였다.	긍정가지	돈이 많이 들어있다. ⇨ 경찰서에 신고하였다. ⇨ 경찰아저씨로부터 칭찬을 들었다. ⇨ 집에 가는 길이 매우 뿌듯하였다. ⇨ 며칠 후 지갑의 주인이 찾아왔다. ⇨ 고맙다고 사례금을 주셨다.
	부정가지	돈이 많이 들어있다. ⇨ 욕심이 생겼다. ⇨ 갖고 싶은 물건을 샀다. ⇨ 부모님께서 이 물건이 어디서 났느냐고 물으셨다. ⇨ 친구에게 받았다고 거짓말을 하였다. ⇨ 결국 들통이 나서 부모님께 혼이 났다.

가지치기

1) 기본이해

원인과 결과의 과정을 이해하는 데 더 효과적인 활동이다. 원인과 결과를 제대로 이해하려면 논리적으로 뒷받침하는 정보를 추가해야 한다. 그러면 문제에 대해 더 깊이 이해하고 해결책을 찾을 수 있다. 이 활동은 이를 돕는데 큰 도움이 된다.

– 준비물: 가지치기 활동지

2) 진행방법

"혼자 생각하기" 단계는 모든 활동을 시작하기 전에 선행되는 필수 활동!!!

1. 교사는 주제를 제시한다.
2. 학생들은 개별 활동지 또는 모둠 활동지를 작성해 나간다.
3. 원인과 결과를 함께 살펴보고 원인을 제거하여 결과가 일어나지 않도록 할 수 있는 방안이나 대안을 찾아보도록 한다.

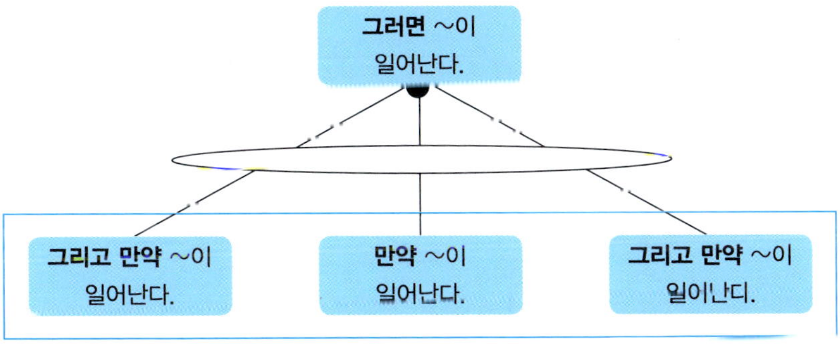

가지치기를 해야 할 곳: 이 부분을 개선하면 위쪽의 결과들(그러면~)은 일어나지 않는다.

읽는 법: 만약 ~(원인)이고 ~(원인)이며 ~(원인)라면 ~(결과)이다.

3) 주의할 점이나 활동의 팁

1. 가지는 최소 1가지일 수 있고, 가지를 얼마든지 늘릴 수 있다.
2. 가지가 많을수록 복잡한 상황이라고 이해할 수 있다.
3. 각각의 가지마다 해결방안, 대안을 찾아 궁극적으로 결과가 일어나지 않도록 대안을 마련하는 것이 좋다.
4. 완전하지 않은 대안일 경우 부정적인 결과가 있을 수도 있다는 점을 감안하여 좋은 점은 취하되 나쁜 점은 생기지 않도록 충분히 이야기를 나눈다.

가치지기 전과 가지치기 한 후의 달라진 결과 예시

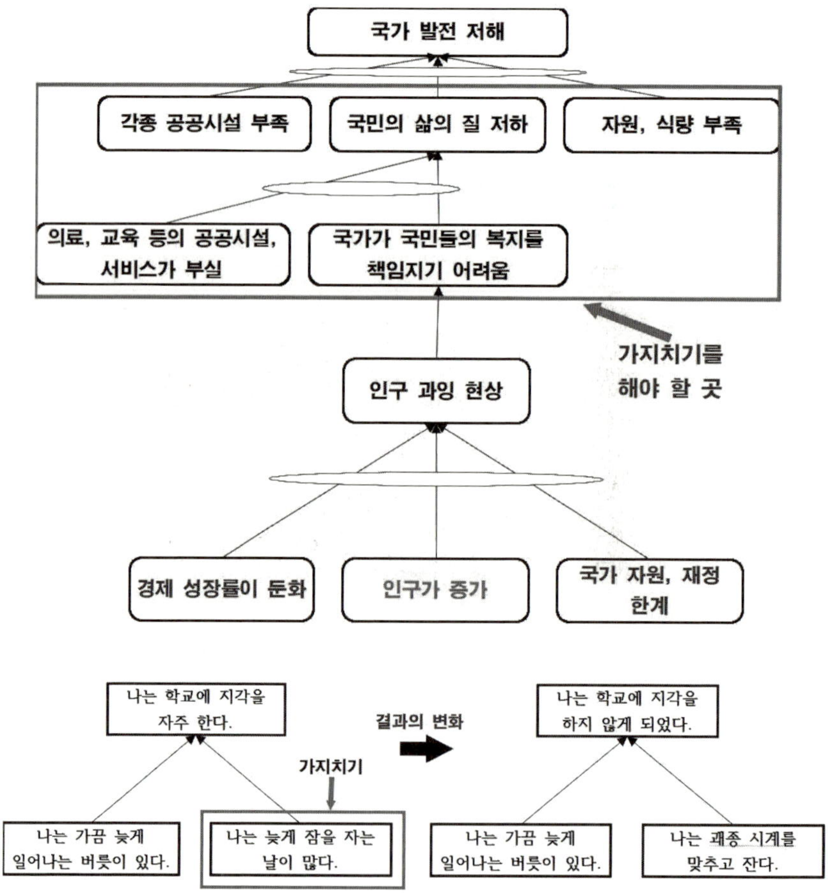

야심찬 목표 나무

1) 기본이해

어떤 목표 달성을 위해 시작 단계에서 체계적으로 기획하고 목표와 현재 상태 사이에 상세한 중간 단계의 효과적인 행동 계획을 만드는 데 유용한 도구라 할 수 있다. 또한 복잡하게 흩어져 있는 정보들을 의미 있는 상태로 바꿀 수 있으며 의미를 요약하고 핵심적인 요소를 더 강조, 부각시켜 이해를 도와준다.

- 준비물: 야심찬 목표 나무 활동지

2) 진행방법

"혼자 생각하기" 단계는 모든 활동을 시작하기 전에 선행되는 필수 활동!!!

1. 교사가 활동주제가 담긴 활동지를 제시하면 학생들은 충분히 생각할 시간을 갖는다.
2. 학생들은 중간 목표 또는 디딤돌 단계 내용 작성한다(걸림돌 내용 기록, 디딤돌 내용 – 걸림돌 내용을 극복할 수 있는 방법).
3. 디딤돌의 순서를 정하기 어려운 경우 더 세분된 단계로 나누어 생각한다(1단계 – 1, 1단계 – 2, 1단계 – 3 등).
4. 개인별, 모둠별로 작성한 내용은 공유하도록 한다.

1단계	목표 명확히 하기(수학 성적 평균 10점 높이기, 체중 10kg 줄이기 등)
2단계	걸림돌 찾기(목표로 가는 길에 반드시 치워야만 하는 조건들: 하는 활동이 너무 많음, 의지가 약함, 시간 여유가 부족함 등)
3단계	걸림돌을 디딤돌로 바꾸기(활동이 많음 ⇨ 활동에 우선순위를 정하여 줄이기, 의지가 약함 ⇨ 주변 사람들에게 알려 나를 살필 수 있도록 하기, 시간 여유 부족 ⇨ 잠을 조금 줄이고 새벽 시간을 활용)
4단계	목표 나무 그리기(디딤돌 가운데 우선순위 정하기: 급하면서 중요한 일, 급하지 않지만 중요한 일, 급하지만 중요한 일, 급하지도 않고 중요하지도 않은 일)
5단계	실행 계획 수립(무엇을, 누가, 언제 실행할 것인지 구체적으로 계획 세우기: ① 이 디딤돌을 위해 반드시 해야만 하는 구체적인 행동들은 무엇인가? ② 이 활동에 대한 책임으로 어떤 것들이 내게 다가올 수 있는가? ③ 이 활동은 언제부터 시작할 것인가? 등)

3) 주의할 점이나 활동의 팁

1. 어떤 도전적인 일을 추진하고자 할 때(학급 행사, 중요한 수업 등), 확실하게 목표가 정해져 반드시 해결해야 할 상황에 놓였을 때(강물의 생태계 보존), 부정적인 상황으로 인해 목표를 향해 제대로 나아가지 못할 때 난관을 극복할 수 있는 계획 수립하기(아파트 건설 도중 인근 생태계 파괴 문제가 발생하였을 때) 등의 활동에 유용하다.
2. 그동안 달성하고 싶었던 점, 지금 달성하고 싶은 목표 등을 생각할 때도 도움이 된다(예 수학 점수 평균 80점 만들기).

야심찬 목표 나무 주제

코로나19로부터 안전하게 학교 다니기

걸림돌	디딤돌로!!
1. 코로나에 걸린 줄 모르고 등교	⇨ 의심증상(열, 기침 등)이 있으면 미리 알리고 등교하지 않고 자가 격리, 검사 받기
2. 많은 학생들이 급식실에서 동시에 마스크를 벗고 식사하여 감염 우려	⇨ 가림판을 설치, 식사 도중 이야기를 하지 않기
3. 학생들이 가끔 불편해서 마스크를 내리거나 제대로 안 씀	⇨ 학교에서 마스크 꼭 쓰기, 여분의 마스크 꼭 갖고 오기, 학교에서 여분의 마스크 준비해두기
4. 손을 잘 씻지 않음	⇨ 손 씻는 방법을 잘 알려주기, 그에 따라 자주 손 씻기
5. 가끔 마스크, 입, 코 등을 손으로 만지는 사람들이 꽤 있음	⇨ 마스크는 끈을 잡고 내리기, 마스크를 만지면 꼭 손 씻기
6. 사람들이 많은 장소에 가는 경우가 종종 있음	⇨ 사람들이 많은 장소는 꼭 가야하는 곳이 아니면 가지 않기, 잘 모르면 어른에게 여쭙기, PC방, 노래방 등은 당분간 가지 않기

우선순위를 정하여 도표화시킨 활동 사례

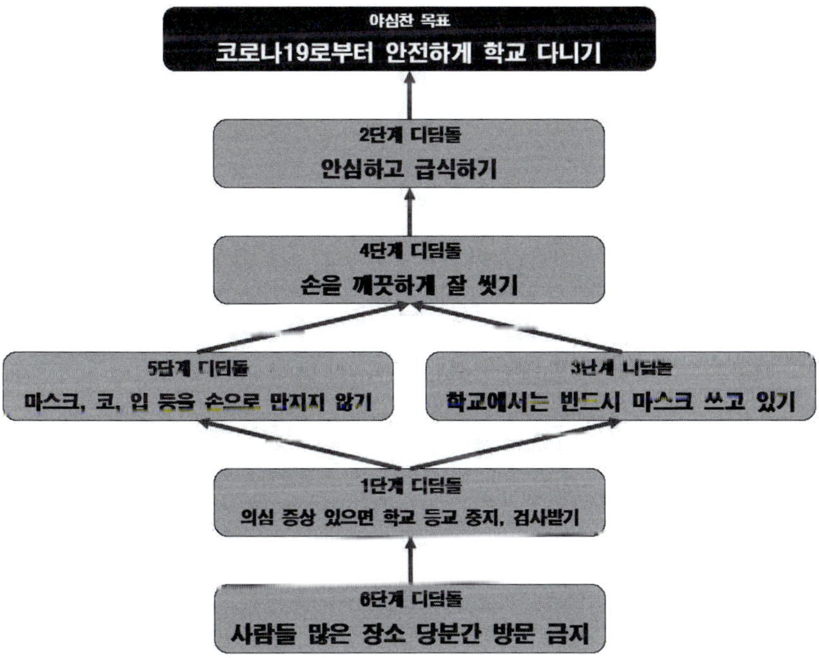

57 모둠 탐구 모형(GI모형)

1) 기본이해

이 활동은 학생 스스로 과제 학습 활동에 대한 주도적 측면이 매우 강한 특징을 갖고 있다. 제시된 큰 과제에 대하여 학생 스스로 하위 과제를 선택하고 동질집단을 형성하여 구성원들과 함께 계획, 실행, 탐구 결과 종합, 정리 및 발표를 해 나가는 활동이라 할 수 있다. 학생들은 능동적으로 정보를 수집, 발표하는 과정에서 자연스럽게 정보를 창의적으로 재조직하는 기회와 경험을 얻게 된다.

– 준비물: 탐구 주제

2) 진행방법

"혼자 생각하기" 단계는 모든 활동을 시작하기 전에 선행되는 필수 활동!!!

1. 교사는 공부하게 탐구할 대주제를 제시
2. 하위 주제와 소집단을 조직(하위 주제는 모둠 내에서 스스로 정할 수도 있고 학급 전체가 함께 협의하여 정할 수도 있음): 주제와 관련된 다양한 질문, 토의·토론을 진행하면서 소주제를 만들고 범주화하기
3. 모둠별 탐구 계획 수립 및 역할 분담: 모둠별로 선택한 하위 주제와 관련하여 구체적으로 누가, 무엇을, 어떻게, 언제까지, 어떤 방법을 활용하여 자료수집, 정리 등을 할 것인지 결정하기
4. 모둠별로 계획에 따라 자료를 수집, 정리, 재창조, 발표 준비: 맡은 역할에 따라 정보 수집, 정리, 통합을 위한 토의·토론하기
5. 최종적으로 모둠별로 탐구한 결과물을 발표하기: 모둠별로 학급 전체에게 발표를 할 준비하기, 발표하기

6. 전체적인 활동 평가하기: 교사는 탐구과정을 지속적으로 관찰하고 평가를 한다. 활동이 마무리된 후 과정을 돌아보며 자기 평가, 동료 평가가 진행될 수 있도록 미리 양식을 마련해둔다.

3) 주의할 점이나 활동의 팁

1. 교과서 중심의 수업을 벗어나야 하는 교사의 교육과정 재구성이 필수다.
2. 어떤 교과, 단원, 주제가 적절한지 세밀한 분석과 교사의 판단이 필요하다.
3. 학생들의 삶과 직접적인 관련을 맺고 있는 자료, 흥미를 유발하는 주제 등을 적극 활용하여야 한다.
4. 교사는 가능한 많은 참여를 자제하도록 한다.
5. 도입 단계부터 치밀한 교사의 계획이 필요하다. 도입이 성공적이면 이후부터는 자연스럽게 진행된다.
6. 모둠 내에서 무임승자, 일벌레 등의 현상이 발행하지 않도록 교사는 수시로 모둠 활동 과정을 지켜보고 문제가 발생했을 경우 꼭 필요한 지점에서만 개입하도록 한다. 물론 개입은 최소화되어야 한다.
7. 충분한 시간적 여유를 가지고 진행되어야 한다. 충분한 수업 시수, 일정 확보가 필수다.

58 생선 뼈 구조(피쉬 본 다이어그램)

1) 기본이해

원인과 필요사항을 한 눈에 알아보기 쉽게 정리할 수 있는 도구라 할 수 있다. 현상을 분석적으로 관찰하고 문제를 해결하기 위한 다양한 요소를 나열한 뒤 그와 관련된 세부 내용들을 생선 뼈 모양으로 정리해 나가는 도구라 할 수 있다. 개인별 활동보다는 집단 활동시에 더 많이 활용된다.

- 준비물: 생선 뼈 구조 활동지

2) 진행방법

"혼자 생각하기" 단계는 모든 활동을 시작하기 전에 선행되는 필수 활동!!!

1. 핵심 주제, 특성, 문제 상황을 머리 부분에 정하여 쓴다.
2. 물고기의 뼈대에 해당되는 대분류에 특성을 유발하거나 핵심 주제의 하부 핵심 요소를 선정하여 기록한다.

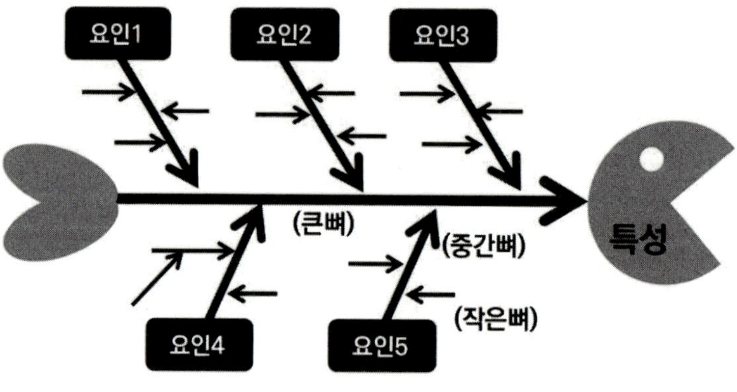

https://mbanote2.tistory.com/409

3. 각 요소별로 세부 요인이나 내용들을 기록해 나간다. 세부요인에서 더 상세하게 나아가 세밀하게 뼈대를 계속 그려나가면서 그릴 수 있다.
4. 이렇게 완성된 생선 뼈 내용은 최종적으로 확인, 검토한 뒤 마무리한다.

3) 주의할 점이나 활동의 팁

1. 복잡한 생각이나 활동에서 각 요소 간의 관계를 시각적으로 나타내고자 할 때 많이 활용한다.
2. 원인과 효과에 대한 생각을 확장시키고자 할 때 많이 활용한다.
3. 알게 된 내용을 조직화하는 단계의 활동에도 많이 활용된다.
4. 특성 또는 대주제와 하부 핵심 요인 사이에는 반드시 인과관계가 성립되어야만 한다(원인 ⇔ 결과, 수단 ⇔ 목적, 요인 ⇔ 특성 사이의 관계가 성립되지 않는다면 반드시 수정, 검토가 필요하다. 〈예〉 기계가 고장 나면 생산을 할 수가 없다.[O], 생산을 할 수가 없으면 기계가 고장이 난다.[X]).

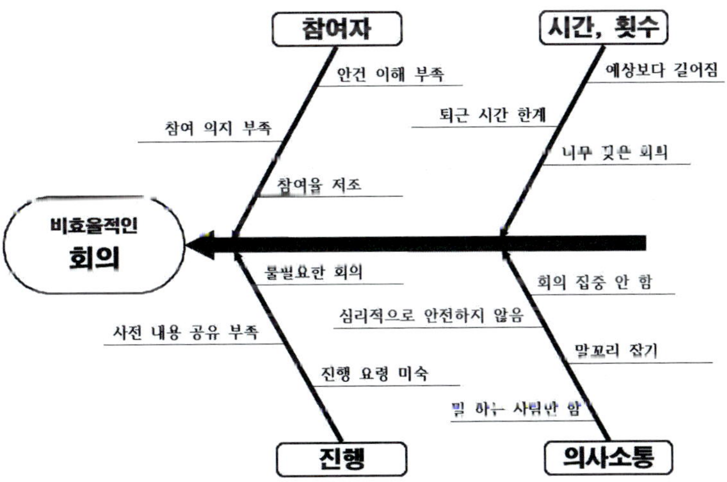

59 버블 맵 토의·토론

1) 기본이해

다양한 그래픽 도구(Thinking Map) 중 하나인 버블 맵을 이용한 활동이다. 복잡한 상황이나 생각을 시각적으로 잘 알아볼 수 있게 정리할 수 있는 도구 중 하나라 할 수 있다. 미국에서 Hyerle가 고안한 것으로 사고력 향상을 위하 8가지 유형으로 일반화한 것인데 그 유형은 (1) 분류, (2) 설명이나 묘사, (3) 비교 분석, (4) 순서, (5) 원인 결과, (6) 정의, (7) 세분화, (8) 추론으로 제시하고 있다. 그 가운데 '분류'의 유형적 특성을 잘 반영한 활동이 바로 버블 맵이라 할 수 있다.

- 준비물: 버블 맵 활동지

2) 진행방법

"혼자 생각하기" 단계는 모든 활동을 시작하기 전에 선행되는 필수 활동!!!

1. 교사는 활동지를 배부하고 활동 주제를 안내한다.
2. 주제와 관련하여 개인적으로 먼저 충분히 생각한다(이 단계를 생략하고 곧바로 3번 단계로 넘어갈 수도 있음).
3. 개인적 사고를 모둠원과 나누면서 함께 버블 맵 활동지에 정리, 기록한다.
4. 모둠별 정리한 내용을 전체와 공유한다(이 과정에서 다른 모둠으로부터 질문을 주고받거나 토의·토론을 추가로 진행할 수도 있음).

3) 주의할 점이나 활동의 팁

1. 개념이나 주제를 심도 있게 이해하거나 토의·토론을 통해 더 발전적으로 심화시켜나가고자 하는 활동에 유용하다.
2. 추상적 사고 과정을 시각적으로 잘 나타내고자 할 때 유용하다.
3. 주제와 관련하여 핵심 단어(주로 형용사 또는 짧고 의미 있는 이구)로 나타내는 것이 좋다.
4. 사물, 대상 등에 대한 설명, 묘사에 활용하기도 한다(예 이야기 속 등장인물에 대한 분석과 설명).
5. 더블 버블 맵을 활용하면 두 대상의 비교, 분석(공통점과 차이점)에도 활용할 수 있다.
6. 비주얼 씽킹 활동과 연계하여 진행할 수도 있다. 다만 시간이 좀 더 걸린다는 점을 감안하여 연계가 꼭 필요한 것인지 고민하여 진행해야 한다.

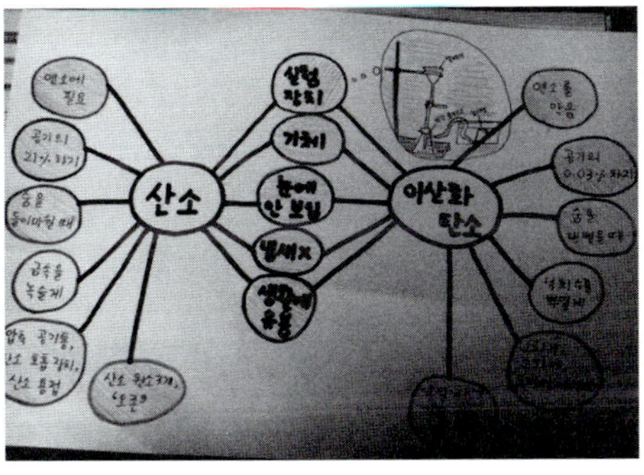

더블 버블 맵 사례
https://blog.naver.com/jiiyoung82/221054128646

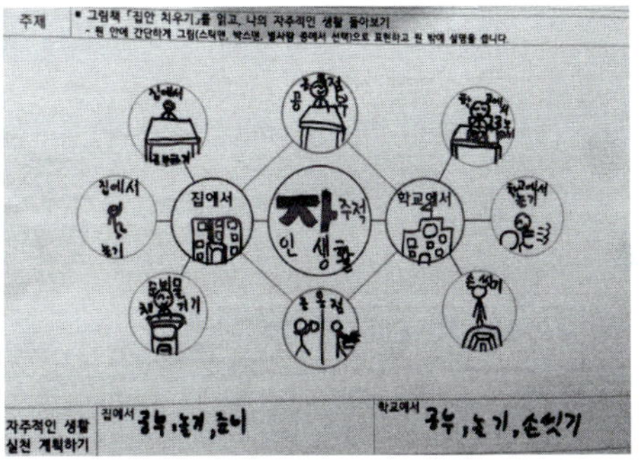

https://blog.daum.net/orangey/12320979
(비주얼 씽킹 연계)

멀티 플로우 맵 토의·토론

1) 기본이해

다양한 그래픽 도구(Thinking Map) 중 하나로 '원인 – 결과'의 유형적 특성을 잘 반영한 활동이 멀티 플로우 맵이라 할 수 있다. 이를 활용하여 토의·토론을 해 나가면 된다.

– 준비물: 멀티 플로우 맵 활동지

2) 진행방법

"혼자 생각하기" 단계는 모든 활동을 시작하기 전에 선행되는 필수 활동!!!

1. 교사는 활동지를 배부하고 활동 주제를 안내한다.
2. 주제와 관련하여 개인적으로 먼저 충분히 생각한다(이 단계를 생략하고 곧바로 3번 단계로 넘어갈 수도 있음).
3. 모둠원과 함께 토의·토론한 내용을 멀티 플로우 맵 활동지에 정리, 기록한다.
4. 모둠별 정리한 내용을 전체와 공유한다(이 과정에서 다른 모둠으로부터 질문을 주고받거나 토의·토론을 추가로 진행할 수도 있음).

원인 1

원인 2

원인 3

사건

결과 1

결과 2

결과 3

3) 주의할 점이나 활동의 팁

1. 어떤 사건이나 현상의 원인 결과를 정리하는 활동에 주로 활용된다(소설, 이야기 등에서 사건의 원인과 결과 분석하기, 결과를 미리 예상하기 등).
2. 비주얼 씽킹 활동과 연계하여 진행할 수도 있다. 다만 시간이 좀 더 걸린다는 점을 감안하여 연계가 꼭 필요한 것인지 고민하여 진행해야 한다.

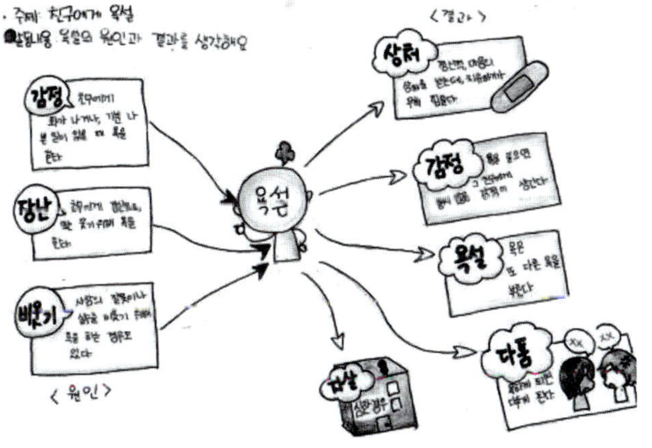

https://m.cafe.daum.net/dulsai/WTg0/221

저자소개

교사 **이상우**

서울교육대학교 윤리교육과 졸업
서울형혁신학교 서울은빛초등학교 10년 근무
현재 서울상현초등학교(서울형혁신학교) 내부형 공모교장으로 재직중(2021년~2024년)

- 각 시도별 교육연수원 및 지역 교육청 직무연수, 1급 정교사 자격연수, 학교별 맞춤식 직무연수 및 각종 자율연수 등에서 협동학습, 교육과정 재구성, 토의·토론, 수학교육과정 재구성 및 토의·토론 수학 수업의 실제, 혁신교육의 이해 등을 주제로 다수 강의
- 서울시교육청 혁신교육 자문단 자문위원(2010~2011), 혁신교육에 대한 이해, 교육과정 재구성 및 수업혁신, 협동학습 이해와 실천 관련 수업 코칭 전문가 및 컨설턴트로 활동 중
- 참교육 원격 연수원 초등 혁신학교 과정 온라인 연수 "협력과 배움을 실천하는 수업혁신(초등)" 30차시 과정 중 5개 차시 협동학습 주제 강의 중
- 티처빌 원격 연수원 혁신학교 과정 온라인 연수 "학교를 바꾸자. 학교혁신. 오래된 상상"에서 30차시 개발 과정 참여 및 1개 차시 협동학습 주제 강의 중
- 아이스크림 원격 연수원에서 협동학습을 주제로 "경이로운 수업의 시작, 협동학습" 30개 차시 전체 개발, 강의 중
- 한국 교원연수원에서 "생각을 움직이는 교실, 학생참여 수업" 30차시 중 9개 차시 협동학습 주제 강의 중
- 저서: 협동학습 살아있네, 협동학습 토의·토론 초등수학교육을 혁신하다, 초등수학 분수 이렇게 가르쳐라, 6학년 수학수업 협동학습으로 디자인하다, 5학년 수학수업 협동학습으로 디자인하다, 살아있는 협동학습 1, 살아있는 협동학습 2, 협동학습 교사를 바꾸다, 협동학습으로 토의·토론 달인 되기, 혁신학교 한국교육의 미래를 열다(공저)

협동학습으로 토의·토론 수업 완전정복

초판발행 2022년 6월 30일

지은이 이상우
펴낸이 박노일
총괄기획 최준규
편 집 심성보
펴낸곳 피앤씨미디어
경기도 고양시 일산동구 강송로 153 310-1501
등록 제396-2012-000203호

전 화 070)7550-3758 팩 스 02)718-8554
홈페이지 www.pncmedia.co.kr 이메일 pnc@pncmedia.co.kr

ISBN 979-11-5730-838-5 93370

정 가 27,000원